Jordanie

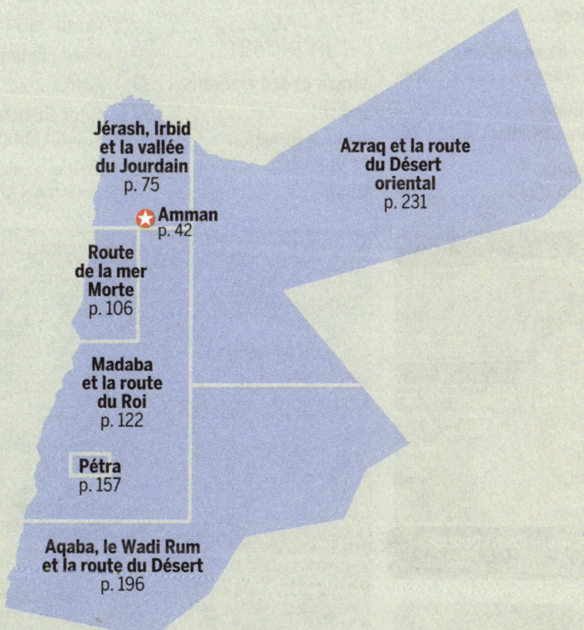

ÉDITION ÉCRITE ET ACTUALISÉE PAR

Jenny Walker, Paul Clammer

PRÉPARER SON VOYAGE

SUR LA ROUTE

NEIL FARRIN/GETTY IMAGES ©

BÉDOUIN AU WADI RUM P. 214

RHKAMEN/GETTY IMAGES ©

SIQ AL-BARID (LITTLE PETRA) P. 193

MATTES RENÃ/HEMIS.FR/GETTY IMAGES ©

MER MORTE P. 109

Sommaire

Bienvenue en Jordanie

Havre de paix dans une région en proie aux conflits, la Jordanie, au carrefour de l'histoire depuis plus de deux mille ans, est riche de trésors du Patrimoine mondial, au cœur de paysages désertiques exceptionnels.

Une terre d'accueil

La Jordanie a une longue tradition d'hospitalité, qui remonte au temps où les caravanes arpentaient la légendaire route du Roi chargées d'encens destiné à être échangé contre des épices. Marchands nabatéens, légionnaires romains, armées musulmanes ou chevaliers croisés, tous sont passés par cette terre que nous appelons Jordanie, y laissant des monuments spectaculaires. Ceux-ci ont attiré par la suite les visiteurs qui, depuis le début du XIXe siècle, sont fascinés par l'histoire ou sont en quête des origines de leur foi.

Merveilleuse Pétra

Nichée au cœur d'escarpements rocheux, Pétra, l'ancienne cité nabatéenne, est le principal joyau des nombreux vestiges antiques que compte le pays. Depuis que l'explorateur suisse Jean Louis Burckhardt a dévoilé, au XIXe siècle, l'existence de cette fabuleuse nécropole à l'Europe, la marche qui mène à travers le Siq jusqu'au Trésor (le monument emblématique de Pétra) n'a cessé d'envoûter les visiteurs. Prévoyez au moins deux jours sur place – d'autant que les sites, particulièrement beaux à l'aube ou à l'approche du crépuscule, sont éloignés les uns des autres ; vous devrez donc beaucoup marcher.

Des paysages désertiques

Traversez le Wadi Rum au soleil couchant, et vous comprendrez ce qui séduisit T. E. Lawrence (Lawrence d'Arabie) dans cette terre faite de roches érodées et de dunes rougeâtres. Les paysages désertiques de la Jordanie ne se limitent toutefois pas au Sud-Est : ils englobent la mer d'eau salée la plus basse du monde, des canyons noyés par les pluies saisonnières, des oasis, des collines arides émaillées de fleurs sauvages au printemps. De plus, il suffit d'un minimum de préparation et d'un budget modeste pour s'y aventurer.

Un havre de paix

Porté à accueillir les nouveaux venus, le pays a reçu, au gré des soubresauts de l'histoire récente, des milliers de réfugiés palestiniens, iraquiens, puis syriens. Malgré cet afflux d'immigrants et un nombre toujours plus élevé de touristes, volontiers oublieux des usages locaux, les campagnes, en particulier, perpétuent leurs traditions. Et, si la Jordanie doit aujourd'hui faire face aux aléas de la modernisation et d'une croissance urbaine galopante, elle demeure l'une des destinations les plus sûres du Proche-Orient.

Pourquoi j'aime la Jordanie

Par Jenny Walker, auteure

Sitôt entendu le premier *"ahlan wa sahlan"* de bienvenue, j'ai su qu'un lien d'une vie allait m'unir à la Jordanie. Après être partie, au temps de mes études, sur les traces de Lawrence d'Arabie, je suis retournée maintes fois m'asseoir dans les tentes basses des Howeitat, boire du thé avec les tisserands de tapis et emboîter le pas aux bergers. Pays magnifique, la Jordanie nourrit autant la mémoire qu'elle enrichit le cœur, tant sont ancrées chez ses habitants des traditions d'accueil et de partage.

Pour en savoir plus sur nos auteurs, voir p. 368.

Ci-dessus : Wadi Rum, p. 214

Jordanie

Jérash
L'une des cités romaines les mieux préservées du Moyen-Orient (p. 77)
Amman
Une capitale accueillante (p. 42)
Wadi Jadid
Une vallée isolée, ponctuée de dolmens (p. 138)
Mt Nébo
Le sommet où Moïse aurait contemplé la Terre promise (p. 135)
Madaba
La cité de la mosaïque, au départ de la route du Roi (p. 124)
Machéronte (Mukawir)
Un cadre superbe, hanté par le souvenir de la danse de séduction de Salomé (p. 280)
Mer Morte
Le point émergé le plus bas de la planète (p. 108)
Réserve de biosphère de Mujib
Un canyon spectaculaire, paradis des amateurs d'aventure (p. 118)
Réserve de biosphère de Dana
Une oasis de terrasses verdoyantes, dans des collines désertiques (p. 149)
Pétra
L'antique cité des Nabatéens, trésor de la Jordanie (p. 157)
Mer Rouge
Des jardins de coraux de toute beauté (p. 29)
Umm Qais
Des ruines envahies par les fleurs sauvages au printemps (p. 96)
Azraq
Les châteaux du désert, palais d'agrément des premiers Omeyyades (p. 237)
Kérak
Une place forte des croisés, à l'histoire passionnante (p. 143)
Wadi Rum
Le désert qui envoûta Lawrence d'Arabie (p. 214)
34°E
35°E
MER MÉDITERRANÉE
LIBAN
Quneitra
Jourdain
Lac de Tibériade (mer de Galilée)
Fiq
Umm Qais
Irbid
Der'a
Suweida
Bosra
Jebel Druze (1 735 m)
Ramtha
Jabir
Salkhad
Ajloun
Mafraq
Umm al-Jimal
Jérash
CISJORDANIE
Vallée du Jourdain
Zarqa
Qasr al-Hallabat
Suweileh
Salt
AMMAN
Qasr al-Azraq
Réserve humide d'Azraq
Qusayr Amra
Azraq
Qasr
Ramallah
Wadi Jadid
Mt Nébo (820 m)
JÉRUSALEM
Suweimah
Madaba
Mer Morte
Machéronte (Mukawir)
Ariha
Dhiban
Réserve de biosphère de Mujib
Wadi Mujib
BANDE DE GAZA
Péninsule du Lisan
Route de la mer Morte (Dead Sea Hwy)
Route du Roi (King's Hwy)
Qatrana
Badia
Karak
Mu'tah
ISRAËL ET LES TERRITOIRES PALESTINIENS
Safi
Wadi Hasa
Fifa
Tafila
Réserve de biosphère de Dana
Qadsiyya
Qasr al-Bint
Bayir
Jebel Atatia (1 641 m)
Néguev
Shobak
Route du Désert (Desert Hwy)
Jebel al-Adhriyat (986 m)
Wadi Araba
Wadi Musa
Udruh
Jebel Haroun
Pétra
Al-Jafr
Ma'an
Qa'al Jafr
ÉGYPTE
Jebel al-'Unnab (1 022 m)
Ras an-Naqb
Jebel 'Atrah (1 382 m)
Quweira
Ar-Rashidiyyah
Eilat
Rum
Jebel Rum (1 754 m)
Wadi Rum
Diseh
Aqaba
Jebel al-Khash
Ad-Durra
Jebel Wmm Adani (1 830 m)
Al-Mudawwara
SINAÏ
Haql
Golfe d'Aqaba (mer Rouge)
Nuweiba
15
65
30
5
40
50
35
66

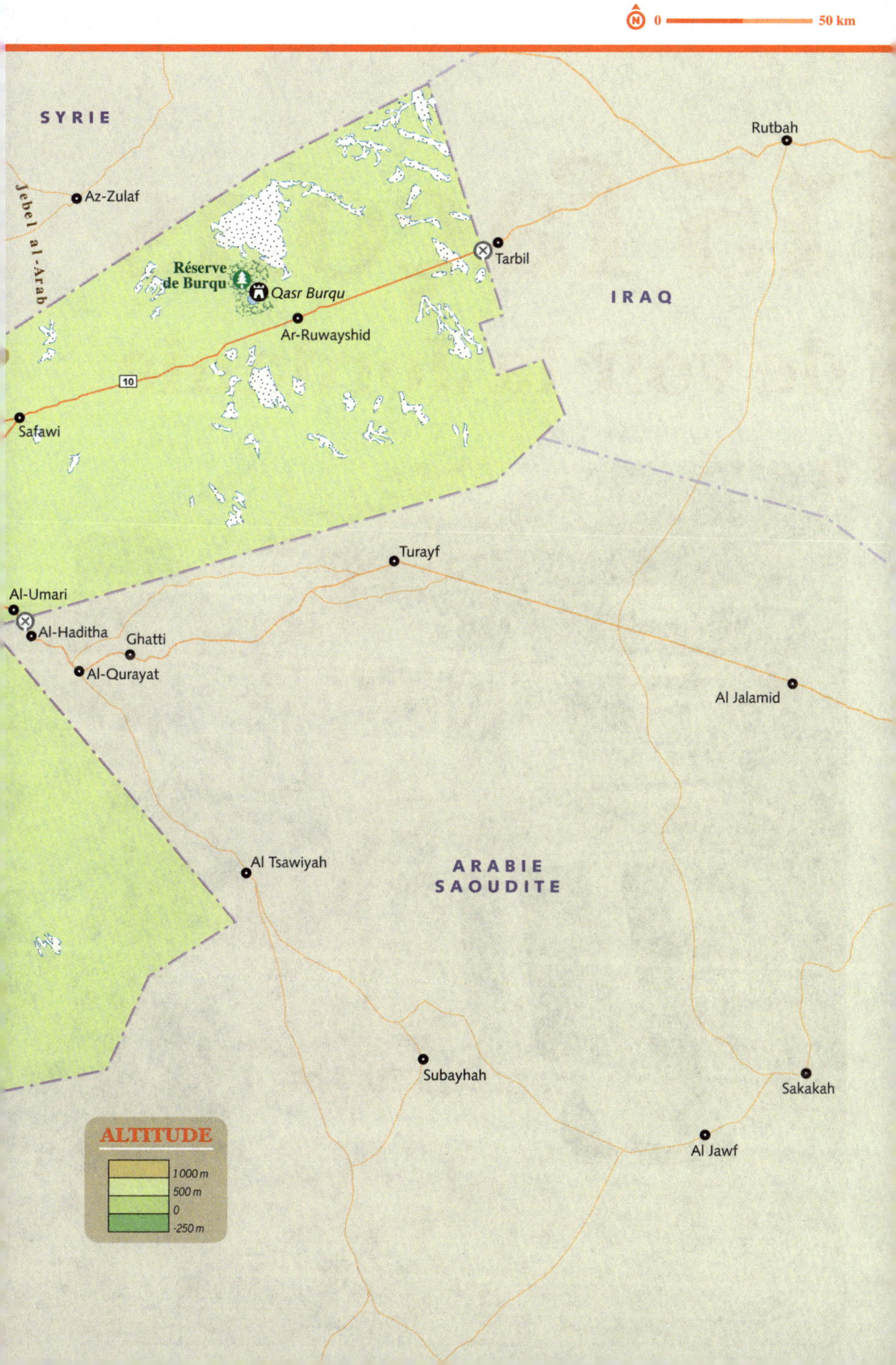

0
50 km
SYRIE
Az-Zulaf
Jebel al-Arab
Réserve de Burqu
Qasr Burqu
Tarbil
Rutbah
IRAQ
Ar-Ruwayshid
10
Safawi
Turayf
Al-Umari
Al-Haditha
Ghatti
Al-Qurayat
Al Jalamid
Al Tsawiyah
ARABIE SAOUDITE
Subayhah
Sakakah
Al Jawf
ALTITUDE
1000 m
500 m
0
-250 m

15 façons
de voir la Jordanie

1

Pétra

1 Depuis que l'explorateur suisse Jean Louis Burckhardt a redécouvert ce site en 1812, l'antique ville nabatéenne de Pétra (p. 157) n'a cessé d'attirer les foules, et demeure le joyau touristique d'un pays riche de merveilles. Lorsque le soleil couchant caresse les reliefs du paysage de tombeaux, de façades sculptées, de colonnes et de collines, la magie du lieu est saisissante. Comptez au moins deux jours pour rendre justice à l'endroit et profiter de ses monuments majeurs aux meilleures heures de la journée. Ci-dessous : dromadaires au repos devant le Trésor (Al-Khazneh ; p. 162)

Vestiges romains

2 La Jordanie recèle des ruines romaines parmi les plus belles qui soit en dehors de l'Italie. Outre la citadelle et le théâtre romain d'Amman, très bien conservés, le Nord compte son lot de trésors, tels les ruines des édifices de basalte noir d'Umm Qais ou les immenses amphithéâtres et les colonnades de Jérash (p. 77). Visitez l'hippodrome de Jérash pendant une course de chars, et les commentaires du centurion vous transporteront à l'époque où la ville était un poste avancé de l'Empire romain. Ci-dessous : vestiges romains, Jérash (p. 77)

ROBERT HOETINK/ALAMY ©

ANTON IVANOV/SHUTTERSTOCK ©

3

IMAGEIMAGE/ALAMY ©

4

AGE FOTOSTOCK/ALAMY ©

Le désert de Lawrence

3 Certes, la vue du Wadi Rum (p. 214), aux falaises de grès brun et aux dunes de couleurs vives, ne manqua pas d'éblouir Lawrence d'Arabie. Mais l'aventurier fut également impressionné par le stoïcisme des Bédouins, endurcis aux épreuves de la vie dans le désert. Aujourd'hui, on peut encore se faire – avec un peu plus de confort cependant – une idée de leur art de vivre traditionnel, dans des campements disséminés dans les étendues sauvages. Ci-dessus : camp bédouin, Wadi Rum (p. 214)

La mer Morte

4 Flotter sur la mer Morte (p. 109) est une expérience incomparable. De fait, il s'agit bien de flotter, car il est impossible de nager, à proprement parler, dans cette mer visqueuse à la salinité extrême (attention aux yeux !), située à 415 m sous le niveau de la mer. L'événement s'accompagne généralement de bains de boue et de soleil, et d'un soin thermal bienfaisant, dans l'un des palais du bien-être modernes qui bordent les rives de la mer Morte.

Les châteaux des croisés

5 Le Proche-Orient est jalonné de châteaux. En Jordanie, on en trouve des exemplaires bien conservés à Ajloun et à Shobak (Shaubak), mais le château de Kérak (p. 144), qui domine les collines semi-arides à mi-parcours de la route du Roi, est le plus beau. Inutile de goûter la chose militaire pour être impressionné par les énormes remparts, qui abritèrent jadis l'impitoyable Renaud de Châtillon. Ci-dessus à droite : château de Kérak (p. 144)

HUW JONES/GETTY IMAGES ©

Madaba, mosaïque historique

6 Des siècles durant, Madaba (p. 124), point d'arrivée de la vénérable route du Roi, a vu se croiser des caravanes de marchandises, des légions armées et des croyants en quête de la Terre promise. Aujourd'hui, avec ses églises, ses mosquées, ses musées, ses marchés et ses ateliers, elle conserve l'empreinte de ces échanges culturels. La plus belle preuve de son passé est peut-être sa collection de mosaïques, dont l'héritage est perpétué dans une école unique en son genre.

DANITA DELIMONT/GETTY IMAGES ©

Plongée avec les demoiselles

7 Les paysages sous-marins de la mer Rouge comptent parmi les plus beaux de la planète. Le long de la petite rive jordanienne, sur le golfe d'Aqaba, des eaux relativement peu exploitées cachent des récifs immaculés, des épaves et des jardins de coraux multicolores. La plongée et le snorkeling (p. 29) parmi les poissons-demoiselles, les tortues et les hippocampes sont des expériences inoubliables – contactez les centres de plongée d'Aqaba et des environs. Certains spots sont accessibles directement depuis la plage, d'autres par une courte traversée en bateau. Ci-dessous : récif corallien, mer Rouge

Quête spirituelle

8 Pour beaucoup, la Jordanie n'est pas seulement une destination touristique mais aussi un lieu de pèlerinage. Les sites à valeur spirituelle sont nombreux, dans ce pays délimité par la vallée du Jourdain. C'est ici, à Béthanie au-delà du Jourdain, que Jean-Baptiste aurait baptisé Jésus, et où, selon la Bible, se tenaient les villes de Sodome et Gomorrhe, dont les habitants provoquèrent l'ire de Dieu. Toutefois, c'est au mont Nébo (p. 135), riche d'une vue sublime sur la Terre promise, que le sentiment du sacré est le plus fort. Ci-dessous : Monolith of the 2000 Jubilee, de Vincenzo Bianchi, mont Nébo (p. 135)

ANDRE SEALE/ALAMY ©

ANTON IVANOV/SHUTTERSTOCK ©

HEMIS/ALAMY ©

MARK DAFFY/GETTY IMAGES ©

La Jordanie à pied

9 On trouve de très beaux sentiers de randonnée en Jordanie. Certains traversent les réserves forestières du Nord, d'autres mènent au-dessus des cascades des *wadyan* ; des guides bédouins vous conduiront sur les pistes empruntées par le bétail à Pétra et dans le Wadi Rum. Au chapitre des plus belles randonnées sauvages, la réserve de Dana (p. 149), royaume des lézards turquoise et des bouquetins farouches, est incontournable. Elle englobe des vergers en terrasses et des *lodges* écologiques. Ci-dessus : réserve de biosphère de Dana (p. 149)

Les châteaux du désert

10 Les plaines de l'est de la Jordanie abritent les “châteaux du désert” : des palais d'agrément, bains et pavillons de chasse du début de l'ère omeyyade, dont la présence paraît incongrue dans cette nature désolée. Si visiter les confins orientaux de la Jordanie requiert une bonne organisation, cette région réserve bien des surprises : l'imposant Qasr Kharana (p. 244). les fresques délicates de Qusayr Amra, la redoute hivernale de Lawrence, à Azraq... Ci-dessus : intérieur du caldarium (p. 242), Qusayr Amra

Miraculeux Mujib

11 L'eau douce est rare en Jordanie, et cette situation est devenue un sujet d'une intense portée politique dans le dialogue avec les États voisins. Plusieurs projets sont actuellement examinés – canal de la mer Rouge à la mer Morte, et pipeline entre les nappes du Wadi Rum et Amman notamment. Les sources de la réserve de biosphère de Mujib (p. 118) sont d'autant plus précieuses. L'eau y traverse un canyon spectaculaire, avant d'inonder une série de bassins naturels profonds.
Ci-dessous : réserve de biosphère de Mujib (p. 118)

Le royaume des fleurs

12 Tapis écarlates de coquelicots dans le désert, rubans de lauriers-roses dans les vallées, frémissement des pétales veloutés d'un iris noir le long de la route du Roi... Partout, la Jordanie dévoile des bouquets de fleurs sauvages. Un spectacle sublime attend les visiteurs quand, par une après-midi ensoleillée d'avril, les hautes marguerites, les chardons, les roses trémières jaunes et les mauves aux tons roses composent une palette chatoyante qui rehausse les vestiges des cités antiques. Ci-dessous : Umm Qais (Gadara ; p. 96)

11

FADI AL-BARGHOUTHY/ALAMY ©

12

LYLE SCOTT NASH/GETTY IMAGES ©

ZAGREB/SHUTTERSTOCK ©

AGE FOTOSTOCK/ALAMY ©

JENNY WALKER ©

La route du Roi

13 Si l'on ne marche pas à proprement parler sur les pas de souverains, en suivant la route du Roi (p. 122), on se rapproche néanmoins des personnages du passé : parmi eux, les Nabatéens (la cité de Pétra est au bout de la route, au sud), les Romains (Umm ar-Rasas, l'un de leurs avant-postes militaires, est inscrit sur la Liste du patrimoine mondial) et les croisés (dont les châteaux, à Kérak et à Shobak, sont des sites incontournables). N'oublions pas Salomé, qui aurait exécuté sa danse des sept voiles sur la colline désolée de Mukawir. Ci-dessus : Machéronte (Mukawir ; p. 138)

L'hospitalité jordanienne

14 La Jordanie accueille des peuples divers, qui partagent un même sens de la responsabilité envers le voyageur. Il peut sembler convenu de dire que les Jordaniens sont plus amicaux que beaucoup d'autres, mais vous constaterez que l'hospitalité fait partie de la culture locale. Que vous partagiez un thé avec des Palestiniens, du pain et du sel avec des Bédouins ou une salade de grenade avec des Tchétchènes à Amman (p. 42), vos contacts avec les habitants seront des temps forts de votre séjour.

Les dolmens du Wadi Jadid

15 Le Wadi Jadid ("nouvelle vallée" en arabe ; p. 138) n'a rien de nouveau. Cette vallée paisible incarne même tout ce que la Jordanie rurale garde d'immuable : brebis au pâturage, gardées par bergers trottant parmi les chardons sur leurs ânes ventrus, parfum de la sauge dans la chaleur estivale... Et en vérité, elle n'aurait rien de remarquable, si des groupes de dolmens de l'âge du bronze n'y ponctuaient les collines en terrasses. Érigés là entre 5000 et 3000 av. J.-C., ces mégalithes valent vraiment le détour. Ci-dessus : dolmen, Wadi Jadid (p. 138)

L'essentiel

Pour plus de détails, voir *La Jordanie pratique* (p. 313).

Monnaie

Dinar jordanien (JD)

Langue

Arabe
(anglais très présent)

Visas

Obligatoire pour tous les visiteurs. Délivré (généralement gratuitement) à l'arrivée à l'aéroport ; également disponible aux postes frontières terrestres (10 JD environ).

Argent

DAB dans tout le pays ; paiement par carte bancaire très répandu.

Téléphone portable

Appels internationaux possibles avec une carte SIM locale ; cartes prépayées faciles à trouver. La 3G est de plus en plus développée.

Heure locale

La Jordanie est à l'heure GMT/UTC +2/3 heures en hiver/été (heure d'été en vigueur d'avril à octobre).

Quand partir ?

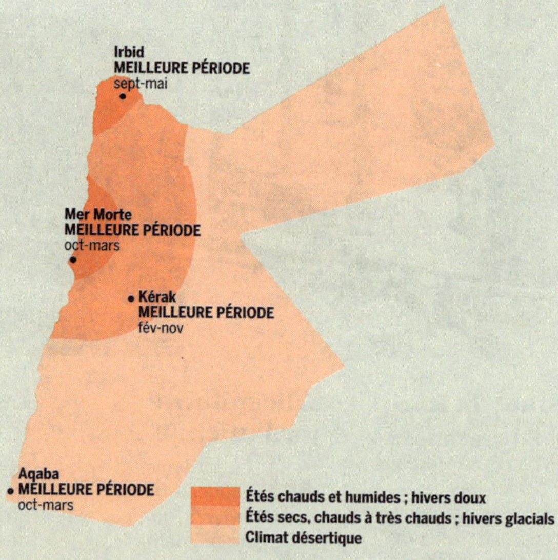

Saison haute
(mars-mai)

- Temps idéal ; journées chaudes et nuits fraîches.
- Le Nord est tapissé de fleurs sauvages en avril.
- Tarifs au plus haut ; réservez les hébergements dans les zones touristiques.

Saison intermédiaire
(septembre-février)

- Meilleure époque pour la mer Rouge ; les prix dans la région d'Aqaba grimpent en conséquence.
- Nuits glaciales dans le désert. La pluie ou la neige peuvent gêner certaines activités.

Basse saison
(juin-août)

- Conditions extrêmes dans le désert ; températures étouffantes dans tout le pays.
- Les prix sont au plus bas ; de nombreux établissements ferment.

Sites Web

Jordan Tourism Board (fr.visitjordan.com). Site officiel de l'Office du tourisme de Jordanie. En français. Très complet.

Lonely Planet (www.lonelyplanet.fr). Informations sur la destination et forum de voyageurs.

Jordan Jubilee (www.jordanjubilee.com). Site pratique sur la Jordanie (en anglais).

RSCN (www.rscn.org.jo). Site officiel de la Royal Society for the Conservation of Nature. Réservation d'hébergements et de circuits éco-aventure dans les réserves naturelles du pays (en anglais).

Ambassade de France à Amman (www.ambafrance-jo.org). Renseignements, recommandations officielles et liens utiles.

Numéros utiles

Indicatif de la Jordanie	☎962
Code d'accès international	☎00
Urgences	☎911
Pompiers	☎911
Police	☎911

Pour une présentation détaillée des codes et numéros à composer pour appeler depuis/vers la Jordanie, voir p. 326.

Taux de change

Zone euro	1 €	0,802 JD
Suisse	1 FS	0,767 JD
Canada	1 $C	0,577 JD
Israël et les Territoires palestiniens	1 NIS	0,185 JD
Égypte	1 £E	0,092 JD

Pour connaître les derniers taux de change : www.xe.com/fr

Budget quotidien

Moins de 40 JD

- Chambre à partager dans une pension bon marché : 10-40 JD
- Cuisine de rue et marchés : moins de 5 JD
- Transports publics : 5 JD
- Sites avec une carte d'étudiant internationale (ISIC ; www.isic.fr) : 5 JD

40-120 JD

- Chambre double dans un hôtel de catégorie moyenne : 40-90 JD
- Repas au restaurant : 5-10 JD
- Location de voiture : 25 JD
- Entrées/activités sans guide : 10 JD

Plus de 120 JD

- Chambre double dans un cinq-étoiles : à partir de 90 JD
- Buffet : à partir de 10 JD
- Location de 4x4 : 140 JD
- Activités guidées : 50 JD

Heures d'ouverture

Les heures d'ouverture sont très variables. De nombreux sites, administrations et banques ferment plus tôt en hiver et durant le ramadan. Les horaires suivants sont donnés à titre indicatif. N'oubliez pas qu'en Jordanie, les deux jours de week-end sont vendredi et samedi ; les horaires sont réduits ces jours-là.

Banques 8h-15h dim-jeu

Restaurants 12h-24h tlj

Cafés 9h-24h tlj

Bars et clubs 21h-1h tlj

Boutiques 9h-20h sam-jeu ; certaines ferment de 14h à 16h

Souks 9h-20h tlj

Arriver en Jordanie

Aéroport international Queen Alia (p. 328). L'Airport Express Bus (3 JD) part en direction d'Amman toutes les 30 minutes, de 6h à 18h ; le bus "de nuit" circule toutes les heures, de 18h à 24h. Un taxi jusqu'à la ville basse (*downtown*, le centre-ville) revient à 17 JD (40 min environ). Vous trouverez des comptoirs de location de voitures dans le hall des arrivées.

Terminal des passagers, Aqaba (p. 334). Depuis le terminal des ferrys, un taxi jusqu'au centre d'Aqaba revient à 8 JD (20 min).

Wadi Araba (Yitzhak Rabin) (p. 333). Depuis la frontière jusqu'au centre d'Aqaba, un taxi coûte 8 JD (15 min) ; comptez 50 JD jusqu'à Pétra (2 heures).

Comment circuler

Les transports publics sont assez limités et adaptés aux besoins des habitants – mais pas des touristes ! Il faut prévoir du temps et s'armer de patience pour rejoindre certains sites.

Voiture Louer une voiture est recommandé, notamment pour découvrir la mer Morte, le désert oriental et la route du Roi (King's Highway).

Minibus privés Certains hôtels d'Amman, de Madaba, de Pétra et d'Aqaba proposent des navettes et/ou des circuits jusqu'aux grands sites touristiques.

Taxi De nombreux Jordaniens empruntent des taxis collectifs. Si vous ne souhaitez pas louer une voiture, négocier un tarif à la demi-journée ou à la journée est une bonne solution.

Pour plus de détails sur les **transports**, voir p. 328.

Envie de...

Ruines romaines

Piliers, frontons et voies pavées de la Rome antique émaillent généreusement la Jordanie.

Jérash Les centurions des temps modernes croisent le fer dans l'hippodrome, au cœur des ruines de Jérash. (p. 79)

Umm Qais (Gadara) Ces vestiges impressionnants donnant sur le plateau du Golan occupent un site stratégique, dont l'accès était malheureusement déconseillé lors de nos recherches.(p. 96)

Pella Peu visitées, ces ruines sont celles de l'une des dix cités de l'antique Décapole. (p. 99)

Citadelle d'Amman Perchées au-dessus de la capitale, ces vestiges offrent une vue superbe sur le théâtre antique de la ville basse. (p. 47)

Voie à colonnades, Pétra La présence des Romains à Pétra se remarque à des détails : la tombe d'un héros déchu ou les piliers écroulés. (p. 169)

Vue sur la Terre promise

Sur la rive orientale du Jourdain, les pèlerins marchent sur les traces des prophètes. Plus d'une centaine de sites jordaniens sont cités dans la Bible.

Béthanie au-delà du Jourdain Le site biblique le plus important de Jordanie. C'est là que Jésus aurait reçu le baptême. (p. 105)

Mont Nébo Portant le regard sur la vallée du Jourdain, Moïse aurait enfin vu d'ici la Terre promise. (p. 135)

Madaba Connue pour abriter la plus ancienne carte de la Terre sainte, Madaba accueille une importante population chrétienne. (p. 124)

Château d'Hérode, Machéronte Seul un pilier demeure au sommet de la colline de Mukawir où Salomé aurait dansé. (p. 138)

Grotte de Loth Pour avoir jeté un regard en arrière, l'épouse de Loth fut changée en statue de sel (p. 120)

Jebel Haroun Vénéré par les musulmans et par les juifs, ce site correspondrait au mont Hor de l'Ancien Testament. (p. 178)

'Ain Musa Moïse aurait frappé le rocher près du mont Nébo ou à Wadi Musa, près de Pétra.

Châteaux des croisés

Aujourd'hui en ruines, leurs remparts, qui servaient jadis à veiller sur les routes marchandes ou à repousser les adversaires de la foi (chrétienne ou musulmane), sont incontournables.

Château de Kérak Château d'entre les châteaux, le bastion des croisés de Kérak est un joyau. (p. 144)

Château de Shobak (Shaubak) Édifié par les croisés au XIIe siècle, ce château est le plus photographié du pays. (p. 155)

Qala'at ar-Rabad (forteresse d'Ajloun) Commandant les hauteurs, elle faisait partie du système de défense de Saladin contre les croisés. (p. 87)

Château d'Azraq Ce château, qui protégeait autrefois une oasis, servit de demeure à Lawrence d'Arabie et au futur roi Abdallah bin al-Hussein au cours de l'hiver 1917. (p. 239)

Macheronte Salomé hante la forteresse d'Hérode le grand (p. 139)

Les châteaux du désert oriental Improprement dénommés "châteaux", ces étranges édifices omeyyades invitent à l'exploration des étendues désertiques. (p. 231)

Thermalisme

La Jordanie compte des dizaines de sources thermales, dont l'eau (d'une température de 40°C en moyenne) est riche en

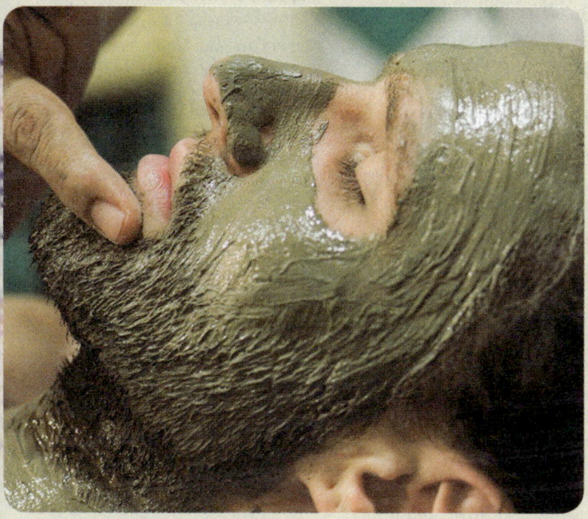

En haut Qasr al-Azraq (p. 239)

En bas Soins dans un spa (p. 111), mer Morte

minéraux bénéfiques pour la santé. Si vous aimez les bains avec des bulles, les spas de la mer Morte vous enchanteront.

Hammamat Ma'in Des fumeroles s'élèvent des flancs de cette source à proximité de Madaba ; les femmes seules s'y sentiront à l'aise. (p. 117)

Hammamat Burbita et Hammamat Afra À l'ouest de la route du Roi, près de Tafila, ces sources comportent une série de bassins et des équipements sommaires. (p. 148)

Hammam Al-Pasha À Amman : étuves, Jacuzzi et gommage ; un hammam très couru. (p. 55)

Hammam Petra Doté de bains réservés aux femmes, le lieu est parfait pour se détendre après une randonnée à Pétra. (p. 183)

Spas de la mer Morte Le nec plus ultra du bain revitalisant et des soins corporels. (p. 111)

Faune et flore

Le désert abrite des espèces animales et végétales qui se distinguent par leur incroyable faculté de survie. Pour voir la vie s'épanouir sur ces terres arides, venez de début avril à fin mai.

Fleurs sauvages À la mi-avril, tout le pays est un ravissement, mais rien n'égale les paysages fleuris des collines du Nord. (p. 96)

Arbousiers La réserve forestière d'Ajloun protège une rare forêt de ces arbres à écorce rouge. (p. 88)

Oiseaux Au cœur du désert, la réserve humide d'Azraq accueille des oiseaux migrateurs et des espèces endémiques. (p. 239)

Iris noir La fleur nationale de la Jordanie aux pétales violet foncé s'épanouit le long de la route du Roi en avril. (p. 122)

Bouquetins de Nubie Ces animaux farouches se perchent sur les rochers escarpés surplombant les *widyan* de la réserve de biosphère de Dana. (p. 149)

Poissons La mer Rouge est réputée pour la diversité de sa faune marine. (p. 29)

Royal Botanic Garden Ce jardin abrite de nombreuses espèces endémiques de Jordanie. (p. 86)

Artisanat

L'artisanat contribue à la préservation des modes de vie traditionnels. Pour des souvenirs qui profitent aussi au pays, rendez-vous à Madaba. (p. 132)

Tapis faits main Les tapis en poil de chèvre tissés par les femmes de Bani Hamida leur permettent d'améliorer leurs conditions de vie. (p. 139)

Broderies palestiniennes Le centre d'artisanat Haret Jdoudna, à Madaba, vend des articles brodés au point de croix. (p. 132)

Mosaïques À Madaba, où l'art de la mosaïque fleurit depuis des siècles, vous trouverez votre arbre de vie. (p. 132)

Œufs d'autruche peints Autrefois, il y avait des autruches dans le pays ; l'art de peindre leurs œufs s'est perpétué à Azraq. (p. 238)

Articles équitables À Amman, Wild Jordan vend des objets fabriqués dans les réserves naturelles du pays. (p. 66)

Lawrence d'Arabie

La Jordanie est le pays que T. E. Lawrence, Britannique excentrique qui combattait au sabre et montait à dromadaire, fit sien pendant la révolte arabe de 1917-1919.

Wadi Rum Son fantôme hante le Wadi Rum, où des falaises ont été baptisées les "Sept Piliers de la sagesse", du nom de son autobiographie. (p. 214)

Wadi Umran Le long de ce *wadi*, toujours accessible à dromadaire, le vent murmure les mots "à Aqaba". (contacter les agences p. 203)

Chemin de fer du Hedjaz Le train de marchandises cahote sur les voies qu'il dynamita autrefois. (p. 54)

Rashidiyya Visitez le Wadi Rum à la saison des spectacles pour voir une reconstitution de la révolte arabe. (p. 229)

Dana Les "maisons en damier du village de Dana" offrent un point de vue idéal sur Araba, "fraîche et verte, à des milliers de pieds en contrebas." (p. 149)

Château d'Azraq Il était fier de se rendre d'Aqaba à Azraq en trois jours ; à présent, le trajet prend une seule journée. (p. 239)

L'Ouest Il quitta Azraq "en chevauchant dans un Occident incandescent, tandis que [...] des formations de grues volaient dans le couchant". (p. 239)

Dans le sillage des Bédouins

Pendant des siècles, l'attachement des Bédouins à la rigueur de la vie dans le désert a suscité l'admiration. Aujourd'hui, beaucoup d'entre eux gagnent leur vie en partageant leur quotidien avec les visiteurs – à ne pas manquer.

Dormir sous une tente en peau de chèvre Étoiles, thé et contes : les campements bédouins du Wadi Rum promettent une nuit inoubliable. (p. 224)

Trek à dromadaire On peut encore louer des dromadaires à Rum et à Pétra. (p. 221)

Goûter au mensaf À Pétra, essayez le *mensaf*, une spécialité bédouine à l'agneau, au riz et aux pignons. (p. 189)

Campement bédouin d'Amarin Le musée de ce campement à l'extérieur de Pétra relate la vie de la tribu locale. (p. 195)

Mets bédouins Au Feynan Ecolodge, apprenez à cuisiner avec du lait de dromadaire, des dattes et du fromage de chèvre. (p. 153)

Randonnée

De mi-mars à mi-octobre, d'exaltantes randonnées sont possibles à travers les forêts, les dunes de sable et les gorges verdoyantes dans des *widyan* asséchés.

Siq Trail Une belle randonnée (2 km, 3 heures) à travers l'étroit canyon du Wadi Mujib, avec de l'eau jusqu'aux genoux. (p. 118)

Wadi Dana Trail Le circuit-phare du Wadi Dana (16 km, 6 heures), pentu, descend à travers des pâturages bédouins. (p. 151)

Prophet's Trail Un superbe itinéraire (8 km, 4 heures) à travers les vergers, jusqu'au lieu supposé de la naissance du prophète Élie. (p. 90)

Canyon de Makharas Cette marche lente, sur du sable (8 km, 2 heures), fait découvrir le meilleur du Wadi Rum. (p. 222)

Wadi Muthlim Entrer dans Pétra à la manière d'Indiana Jones (5 km, 1 heure 30), en traversant ce canyon étroit. (p. 172)

Mois par mois

LE TOP 5

Festival de Jérash, juillet

Saison des randonnées, mars-avril

Floraison des fleurs sauvages, avril

Ultra Marathon de la mer Morte, avril

Festival Distant Heat, août

Janvier

Loin d'être écrasé de chaleur toute l'année, le désert est glacial jusqu'en mars. Pour y échapper, certains vont à Aqaba.

Snorkeling et plongée en mer Rouge

Avec ses hivers chauds et ensoleillés, Aqaba accueille les citadins, descendus des hauteurs pour les vacances. La saison hivernale, de décembre à-mars, se prête à la découverte du monde sous-marin, dans des eaux claires ourlées de ciel bleu.

Avril

Le mois le plus apprécié. Et pour cause : il fait bon et les collines semi-arides du nord du pays se couvrent de fleurs superbes.

Promenades dans la nature

Le printemps, de fin mars à mi-mai, est la meilleure saison pour visiter les réserves naturelles. C'est à cette époque que fleurit le très rare iris noir (la fleur nationale) ; les amateurs de nature peuvent s'offrir de belles randonnées dans les *wadyan* sans craindre une crue soudaine.

Jordan Rally

Les meilleurs pilotes du monde participent à ce rallye de 1 008 km (www.jordanrally.com) qui rassemble les foules sur les rives de la mer Morte.

Ultra Marathon de la mer Morte

Course d'ultrafond (50 km) partant d'Amman, à 900 m d'altitude, pour finir à 400 m au-dessous du niveau de la mer, l'Ultra Marathon de la mer Morte (www.deadseamarathon.com) attire les athlètes aussi bien que les amateurs.

Mai

C'est encore le pic de la saison touristique. Le mercure grimpe et les températures deviennent étouffantes dans les basses terres. Les lauriers-roses qui s'épanouissent donnent de belles couleurs aux *widyan*.

Fête de l'Indépendance

Le 25 mai, les Jordaniens célèbrent la fête nationale à grands renforts de banderoles, de drapeaux et de défilés militaires dans la capitale. Une bonne occasion pour s'inviter chez des amis le temps d'un thé à la menthe ou d'un narghilé !

Randonnée et balades à dromadaire

Certes, la température monte à Pétra et dans le Wadi Rum, mais c'est dans la chaleur que le désert révèle sa vraie nature. Journées brûlantes et nuits douces : on se fait vite au rythme des Bédouins, qui se lèvent tôt et font une sieste après le déjeuner.

Juin

Jusqu'en 2018, le mois de juin va être marqué par des temps forts de l'année musulmane – les dates exactes sont basées sur le calendrier lunaire.

Ramadan

Durant les 30 jours de ramadan, les musulmans doivent s'abstenir de manger, boire et fumer du lever au coucher du soleil. Même s'il entraîne quelques restrictions pour les visiteurs, ce mois est également l'occasion de goûter à des plats de fête servis uniquement à cette période.

Aïd el-Fitr

L'Aïd el-Fitr marque la fin du ramadan. C'est une période de fête pour les musulmans. En conséquence, les horaires d'ouverture sont réduits, et les hôtels et transports publics affichent souvent complet. Ne refusez pas une invitation à vous joindre à la fête : c'est une occasion à ne pas manquer.

Juillet

Le mois de juillet est marqué par des ciels brumeux et des températures étouffantes. Aussi, il est rarement apprécié des visiteurs. Heureusement, des événements culturels en plein air viennent égayer cette période.

Festival de Jérash

Organisée au cœur des célèbres ruines, la manifestation culturelle la plus appréciée de Jordanie fait renaître la Jérash antique à travers des pièces de théâtre, de la poésie, des opéras et des concerts. Tous les ans depuis 1981, le festival (www.jerashfestival.jo) dure 2 semaines environ, avant ou après le ramadan.

En haut Balade à dromadaire (p. 221) dans la région du Wadi Rum

En bas Facile de flotter sur la mer Morte (p. 109) !

Pièces et concerts traditionnels

En juillet et août, des pièces et des concerts traditionnels sont donnés à l'odéon et au théâtre romain d'Amman, ainsi que dans les villes de Salt et de Fuheis.

JOURS FÉRIÉS MUSULMANS

Le mois de jeûne du ramadan et les deux principaux jours fériés musulmans de l'année, l'Aïd el-Fitr et l'Aïd al-Adha (célébrés par des festins et des fêtes familiales), sont respectés dans toute la Jordanie. Les dates sont fixées en fonction du calendrier lunaire ; elles avancent d'environ 10 jours chaque année.

Août

Alors que l'on pensait la température à son comble, août survient et la terre desséchée se met à dégager une chaleur insensée. Sans surprise, les touristes se raréfient.

Distant Heat

Quitte à avoir chaud, autant que ce soit en évoluant sur les rythmes endiablés de ce festival de musique et de danse. Cette fête, qui dure toute la nuit, est organisée dans le Wadi Rum. Elle voit se succéder les plus grands noms de la scène électro-dance internationale.

Septembre

Les Jordaniens montrent des signes de soulagement avec la légère baisse des températures. Les marchés abondent de figues, de maïs et d'huile d'olive fraîche.

Aïd el-Adha

Cette fête musulmane marque la fin du hadj, le pèlerinage annuel à La Mecque. Jusqu'en 2018, elle tombera fin août ou en septembre. Les magasins ferment, car tout le monde rentre chez soi pour des réjouissances familiales.

Octobre

Avec les premières averses automnales, la terre aride revient à la vie et tout le monde s'affaire, à commencer par les agriculteurs.

L'histoire en chair et en os

De fin septembre à fin novembre, vous pouvez embarquer à bord d'un train à vapeur au Wadi Rum, et assister à l'attaque de Bédouins à cheval… grâce aux interprètes de la Jordan Heritage Revival Company (www.jhrc.jo).

Novembre

Ponctué de vents et de fortes pluies, le mois de novembre marque le début de la saison des crues, lorsque l'eau investit les *widyan* asséchés et coule vers le Wadi Araba. La période se prête donc davantage aux visites qu'à la randonnée.

Jordan Running Adventure Race

Généralement entre Pétra et le Wadi Rum, cette course d'ultrafond de 160 km est désormais bien installée dans le calendrier sportif jordanien. Un itinéraire plus court de 80 km attire des participants un peu moins acharnés.

Un bain dans la mer Morte

Les touristes étant plus rares en novembre qu'au printemps, le traditionnel bain dans la mer Morte se savoure dans une moindre affluence. C'est également l'époque des premières récoltes de mangues et de bananes dans la vallée du Jourdain !

Itinéraires

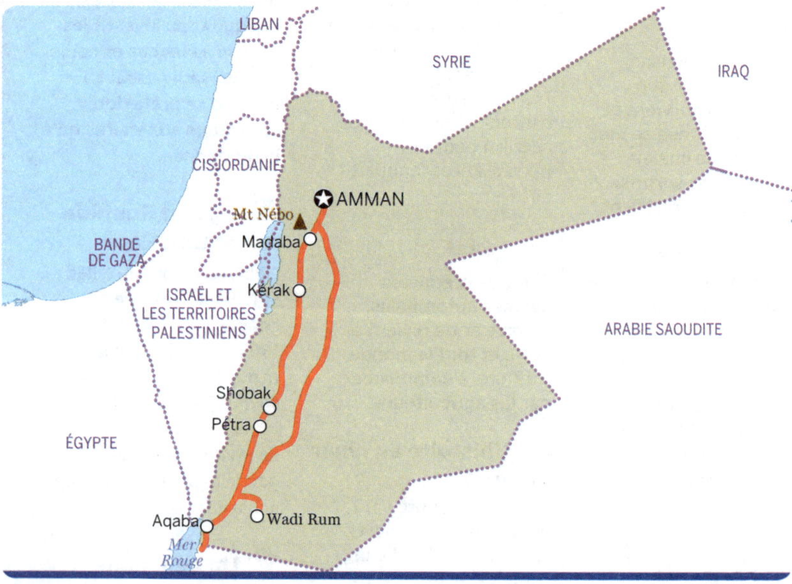

7 JOURS Amman – Aqaba – Amman

Grâce à sa superficie relativement réduite, la Jordanie se prête bien à un court séjour – surtout avec une voiture. Cet itinéraire inclut la plupart des sites touristiques majeurs le long de la route du Roi (King's Highway), l'ancienne colonne vertébrale du pays.

Le premier jour, découvrez la Jordanie moderne dans les souks d'**Amman**, avant d'aller réviser l'histoire biblique dans la ville de **Madaba**, célèbre pour ses mosaïques, puis, tel Moïse, de contempler la Terre promise depuis les hauteurs du **mont Nébo**.

Le troisième jour, suivez le parcours historique des caravanes sur la route du Roi, en traversant le majestueux Wadi Mujib. Dans les châteaux croisés de **Kérak** et **Shobak**, les murs bruissent des échos du passé.

Le lendemain, départ aux aurores pour suivre le défilé du Siq jusqu'à **Pétra** ; grimpez jusqu'à un haut lieu pour déjeuner. Le cinquième jour, faufilez-vous dans le Wadi Muthlim, puis allez contempler le soleil couchant depuis le fameux monastère de Pétra. La ville balnéaire d'**Aqaba** est à 2 heures de route ; le sixième jour, débarrassez-vous du sable du désert dans la mer Rouge. Regagnez Amman (4 heures via la route du Désert) le dernier jour ; en partant tôt, vous pourrez même déjeuner dans le désert au **Wadi Rum**.

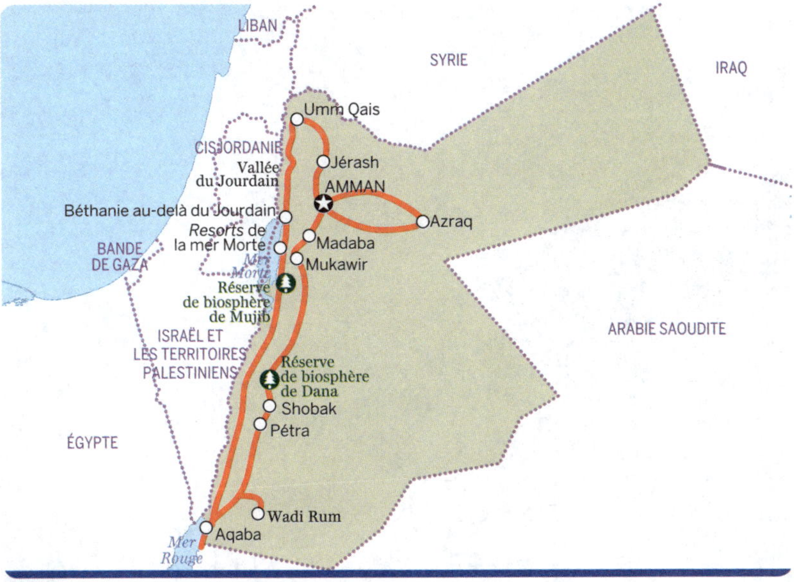

2-3 SEMAINES Le tour de Jordanie

En 18 jours environ, vous découvrirez les sites incontournables de Jordanie, ainsi que quelques trésors méconnus, en suivant les traces des légionnaires romains, des croisés, des guerriers mahométans et des nomades bédouins.

Consacrez d'abord deux jours à **Amman**, puis une journée à **Jérash**, où vous pourrez assister à une course de chars, au cœur des ruines romaines. Si c'est le printemps, partez camper parmi les chênes et les fleurs sauvages de la **réserve forestière d'Ajloun** ou allez marcher sur le site des ruines d'**Umm Qais**, tapissé de marguerites (si la situation à la frontière le permet). Le cinquième jour, descendez dans la **vallée du Jourdain**, au climat subtropical, via **Béthanie au-delà du Jourdain**, où Jésus aurait été baptisé.

Suivez le Jourdain, passez une nuit dans un **resort dc la mer Morte** et profitez, le sixième jour, d'une baignade matinale. Contemplez la Cisjordanie depuis le complexe panoramique, puis cap sur la **réserve de biosphère de Mujib**. Nagez et crapahutez le long du Siq Trail, avant de prendre la route de la mer Morte jusqu'à la grotte de Loth. Le soir, régalez-vous d'un dîner végétarien à la lueur des bougies au **Feynan Ecolodge**.

Deuxième semaine. Deux jours à **Aqaba** vous laisseront le temps de plonger ou de faire du snorkeling dans la **mer Rouge**. Entamez ensuite une randonnée dans le **Wadi Rum**, avec bivouac dans un camp bédouin. Passez les trois nuits suivantes à Wadi Musa et participez au Petra by Night – introduction magique aux merveilles de la cité antique.

Gagnez le Nord depuis Pétra par l'ancienne **route du Roi** (quartorzième jour), via le château de **Shobak**. Faites étape dans la **réserve de biosphère de Dana** (quinzième jour). Le lendemain : repos, promenade dans les villages ou randonnée guidée.

Le seizième jour, profitez de la route du Roi jusqu'à Madaba, en vous arrêtant à Kérak et au château d'Hérode à **Machéronte** (Mukawir). Une fois à Madaba, ville la plus proche de l'aéroport international, consacrez au moins un jour aux emplettes, en faisant aussi le tour des boutiques d'artisanat du **mont Nébo**. Si vous en avez le temps et l'énergie, terminez par une excursion à **Azraq** et aux **châteaux du désert oriental**.

PETER ADAMS/GETTY IMAGES ©

BARNUTI DANIEL IOAN/SHUTTERSTOCK ©

Ci-dessus : théâtre romain (p. 49), Amman

À gauche : Pita, Ajloun (p. 87)

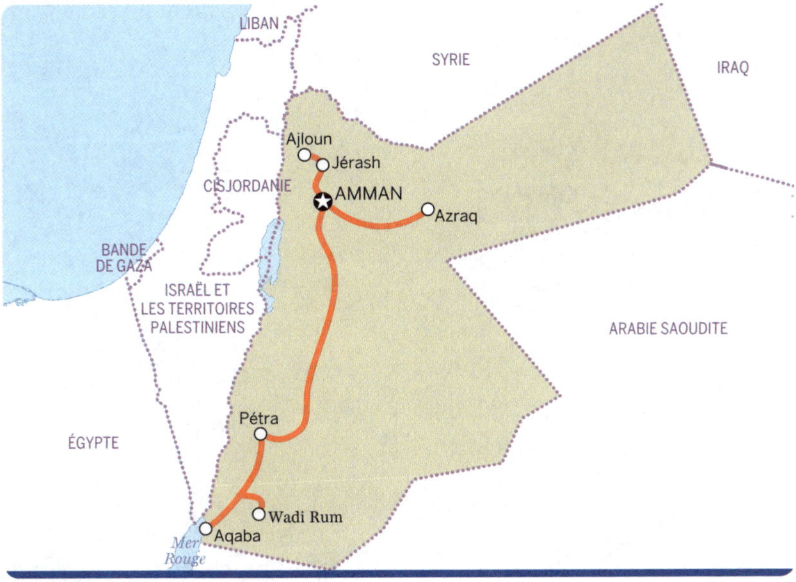

12 JOURS D'une frontière à l'autre

Située au cœur d'une région historiquement riche, la Jordanie est une étape essentielle dans la découverte du Proche-Orient. Cet itinéraire de 12 jours par les transports publics suppose que vous arriviez par bateau depuis l'Égypte et que vous quittiez le pays en bus, à destination d'Israël ou des Territoires palestiniens. Avant toute chose, consultez bien les conseils aux voyageurs (voir p. 309) pour connaître les conditions de sécurité ; les déplacements dans le Sinaï étaient vivement déconseillés lors de nos recherches.

Posez-vous 2 jours à **Aqaba**, le temps de prendre vos marques, en flânant dans les souks et en profitant des restaurants en plein air. Profitez des baignades et du snorkeling – la rive jordanienne de la mer Rouge est riche en jardins de coraux bien préservés. Le troisième jour, prenez un bus tôt le matin et partez sur les traces de Lawrence d'Arabie dans le magnifique désert du **Wadi Rum**. À dos de dromadaire, mettez le cap sur les dunes rouges pour aller passer la nuit avec les Bédouins.

Lever au aurores avec les nomades, puis direction **Pétra**, en minibus. En deux jours dans la "cité rose", vous aurez le temps de grimper vers les hauts lieux, d'apprendre à préparer un repas traditionnel chez Petra Kitchen, d'admirer le coucher du soleil depuis le Monastère (Al-Deir) et de profiter d'une soirée au célèbre Cave bar.

Le sixième jour, cap vers le nord et **Amman** en bus, sur la route du Désert via Ma'an. Profitez de la vie nocturne dans la capitale, sans omettre de vous balader de nuit parmi les vestiges romains de la ville basse. Le lendemain, continuez la visite en partant de la citadelle, et reprenez des forces avec la cuisine typique du Hashem Restaurant.

Sortez des sentiers battus le huitième jour, en vous arrêtant une nuit ou deux à **Azraq**. Aventurez-vous dans la réserve humide, qui rappelle la fragilité de la vie dans la Badia (région désertique). Le maigre cours d'eau qui coule dans l'oasis paraît miraculeux.

Le dixième jour, rejoignez les ruines romaines de **Jérash**. Visitez le site le lendemain matin, puis passez la nuit à **Ajloun**. Avec son château en ruine et sa réserve naturelle, c'est un lieu paisible pour un dernier jour passé en Jordanie, avant de reprendre la route.

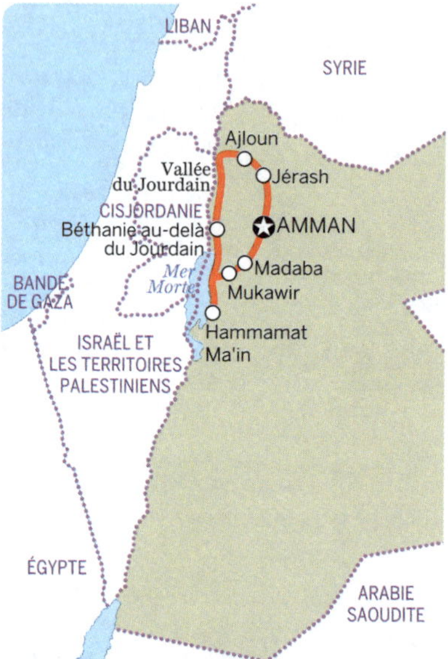

4 JOURS Trésors du Nord

La plupart des visiteurs venus en Jordanie pour un long week-end vont directement à Pétra depuis Amman. Toutefois, réservez plutôt la “cité rose” à un plus long séjour et privilégiez le nord du pays.

Louez une voiture ou prenez un taxi à l’aéroport d’**Amman** et dirigez-vous vers les ruines romaines de **Jérash**. Le lendemain, gagnez la vallée du Jourdain via **Ajloun** et la forteresse de Qala’at ar-Rabad. Après un arrêt à **Béthanie au-delà du Jourdain**, où saint Jean-Baptiste aurait baptisé Jésus, profitez de moments de détente extrême – au point le plus bas de la planète – dans l’un des meilleurs hôtels-spas de la région (avec barbotage dans la **mer Morte** et enveloppement de boue). Passez par le complexe panoramique de la mer Morte pour rejoindre les sources chaudes de Hammamat Ma’in. Depuis **Machéronte** (Mukawir), où Salomé aurait dansé pour obtenir la tête de saint Jean-Baptiste, longez le plateau jusqu’à l’accueillante ville de **Madaba**, réputée pour ses mosaïques. Le dernier jour, grimpez vers le mont Nébo ou jusqu’aux dolmens du Wadi Jadid. Depuis Madaba, comptez 1 heure pour regagner l’aéroport.

6 JOURS À la découverte de Pétra

S’il est possible de découvrir Pétra dans le cadre d’une épuisante excursion d’une journée depuis Amman, l’itinéraire suivant détaille un circuit plus gratifiant à travers le Sud – prévoyez de prendre des taxis.

D’Amman, montez dans un bus sur la route du Désert jusqu’à **Aqaba** ; ses hébergements, son animation et ses excellents produits de la mer en font une halte très agréable. Le troisième jour, prenez un bus tôt le matin pour Wadi Musa, la ville la plus proche des trésors nabatéens de **Pétra**. Aventurez-vous dans le Siq à la mi-journée, plutôt que le matin au milieu des groupes ; prenez le temps de regarder le soleil couchant teinter de rose les tombes royales, puis regagnez la ville, direction le Cave Bar – un repaire de voyageurs.

Le quatrième jour, suivez les fantômes des croisés sur la route du Roi jusqu’à **Shobak** et passez la nuit dans la **réserve de biosphère de Dana**. Le lendemain, randonnez jusqu’au **Feynan Ecolodge**, en veillant à organiser au préalable votre retour jusqu’à Aqaba via la route de la mer Morte – ou jusqu’à Amman, en direction du nord.

Préparer son voyage

Plongée et snorkeling en mer Rouge

Eau cristalline, jardins coralliens et poissons multicolores : voilà ce qui attire les plongeurs chevronnés dans la mer Rouge. Et, en Jordanie, nul besoin d'être un expert pour en profiter : pour une somme modique, même les nageurs occasionnels peuvent enfiler un masque et contempler le spectacle.

Planifier une excursion

La mer Rouge est chère aux amateurs de fonds marins. Plongeurs et adeptes du snorkeling y découvrent des montagnes de coraux, des récifs peuplés de poissons multicolores et des à-pics donnant sur des profondeurs insondables.

Beaucoup ignorent que la Jordanie compte, en bordure du golfe d'Aqaba, 27 km de littoral donnant accès à ce monde des merveilles sous-marin. Plongeurs en quête de récifs pratiquement intacts ou amateurs de baignades tranquilles : tous y trouvent leur bonheur. Et même si vous n'avez aucune intention de plonger, avec ou sans bouteille, le personnel des campings du littoral saura vous faire aimer l'eau !

Pour une expérience plus organisée, dans un cadre luxueux, le complexe de Tala Bay offre un éventail complet d'activités sous-marines – ce qui évite de devoir prévoir des allers-retours depuis Aqaba.

Pour une présentation des plus beaux sites et des conseils d'ordre général sur la plongée, procurez-vous *Plongées autour du monde*, publié par Lonely Planet.

Le top des activités aquatiques

Le top de la plongée

Cedar Pride Cette épave incrustée de coraux est le site de plongée le plus réputé de Jordanie.

Le top du snorkeling

Japanese Garden Accès par la plage et descente en pente douce jusqu'à un récif aux splendides couleurs.

Le top des jardins sous-marins

Gorgonian I Réputé pour son vaste massif de gorgones à 16 m de profondeur et pour son gigantesque corail cuir.

Gorgonian II De spectaculaires coraux dur, coraux de feu et coraux framboise.

Le top des rencontres

Power Station Les tortues fréquentent régulièrement ce site de plongée. Ne vous laissez pas troubler par le voisinage des requins-marteaux : les attaques sont extrêmement rares.

Le top des bars

Royal Diving Club Adresse incontournable pour prendre un verre après la plongée.

Bedouin Garden Village Pour se raconter des anecdotes sous une tente bédouine.

Des eaux cristallines

Cernée par trois façades désertiques, la mer Rouge s'est formée, il y a quelque 40 millions d'années, lorsque la péninsule Arabique s'est séparée de l'Afrique. Elle est l'unique mer tropicale pratiquement fermée. Aucun fleuve ne vient s'y jeter et le flux en provenance de l'océan Indien est faible, de sorte que le mouvement des marées y est minimal et la salinité élevée. Également très houleuse, cette mer ne connaît en moyenne que 50 jours par an de calme plat. Cette conjugaison unique d'éléments fait que la visibilité sous l'eau, généralement parfaite, permet d'observer le kaléïdoscope de la vie sous-marine dans des conditions quasi irréelles.

Une bonne facilité d'accès

De nombreux sites sont aisément accessibles aux adeptes du snorkeling. Les centres de plongée proposent un hébergement proche du rivage.

Si vous préférez l'animation et le confort d'une ville balnéaire, vous trouverez sans difficulté des transports depuis/vers Aqaba, d'où les sites de plongée font l'objet d'excursions à la journée. À proximité, Tala Bay possède des hébergements intermédiaires et haut de gamme.

Quand, où, comment

Quand partir

La température clémente de l'eau (22,5°C en moyenne en hiver, 26°C en été) rend la plongée agréable toute l'année. Mais n'oubliez pas que sur le rivage, il fait très chaud en été et que les risques de coups de soleil sont alors importants en journée.

Les meilleures périodes

Fin janvier à mi-mai Idéal sur le plan du climat. Toutefois, l'afflux de vacanciers en provenance d'Amman à la fin de l'hiver entraîne une flambée des tarifs des hébergements à Aqaba. Le printemps marque le pic de la saison touristique pour le tourisme international. Les centres de plongée tournent alors à plein régime.

Octobre-novembre La seconde saison haute pour la plongée – attention : les nuages et la pluie peuvent nuire aux conditions d'observation.

PLONGÉE ET SNORKELING RESPONSABLES

Les merveilles naturelles de la mer Rouge sont à l'aune des splendeurs historiques et culturelles de la Jordanie, et méritent d'être protégées. Pour préserver l'environnement et la beauté des fonds sous-marins, respectez les règles suivantes :

- Ne touchez pas, ne déplacez pas les coraux. Ne marchez pas sur les récifs, n'y traînez pas votre équipement. Les contacts involontaires avec les pieds ou les palmes détériorent facilement les récifs.
- Dérangez le moins possible les créatures marines. Ne vous accrochez pas au dos des tortues ; ne nourrissez pas les poissons.
- Évitez les mouvements brusques et amples avec les palmes, tâchez de ne pas soulever le sable. En retombant, celui-ci risque d'asphyxier les délicats organismes du récif.
- Ne jetez pas de détritus dans la mer ni sur la plage. Les sacs en plastique, notamment, constituent un grave danger pour la faune. Les tortues les confondent avec des méduses, leur mets de prédilection.
- Vérifiez que le bateau n'est pas ancré sur le récif mais amarré par des bouées.
- Contrôlez votre flottabilité. Des dommages importants peuvent être provoqués par une descente trop rapide et une collision avec le récif. Si votre moniteur ne respecte pas cette règle, avertissez le centre de plongée une fois sur le rivage.
- Résistez à la tentation de remporter des "souvenirs marins". Outre qu'elle nuit à l'intégrité du site, cette pratique est illégale en Jordanie. Par ailleurs, les coquillages servent de demeure aux bernard-l'ermite.

Les pires périodes

Mi-mai à septembre Il fait généralement atrocement chaud sur le littoral en plein été, et le risque d'insolation et de coups de soleil est aussi élevé dans l'eau que sur la terre ferme.

Fin décembre à fin janvier Bien qu'il fasse généralement doux à Aqaba, un froid glacial et des orages venant du désert peuvent s'abattre à tout moment en hiver. Une combinaison est nécessaire ; les habitants se demanderont pourquoi vous passez du temps dans l'eau par un temps si frisquet, alors que vous pourriez tout simplement savourer un thé à la menthe en bonne compagnie !

Où aller

Le littoral jordanien s'étend, le long du golfe d'Aqaba, entre Israël et les Territoires palestiniens d'un côté, et l'Arabie saoudite de l'autre. Les spots de plongée et de snorkeling se concentrent surtout entre le port d'Aqaba et la frontière saoudienne. Ce littoral protégé fait partie du parc marin d'Aqaba, lui-même intégré au parc marin de la Paix en mer Rouge (Red Sea Marine Peace Park), géré conjointement avec Israël et les Territoires palestiniens. Les récifs de cette zone protégée sont en excellente condition ; les coraux mous, en particulier ceux du *Cedar Pride* (voir l'encadré p. 35), sont superbes et variés.

Une quinzaine de spots de plongée méritent le détour. La plupart sont aisément accessibles soit d'une jetée, soit de la plage, ce qui permet d'en profiter en plongée ou en snorkeling. Toutefois, de nombreux adeptes du snorkeling optent pour la plage privée du Royal Diving Club.

Les spots ne sont pas indiqués ni visibles de la route. Vous devrez vous renseigner ou tenter votre chance seul et vous contenter des sites les plus facilement repérables au bord des plages. Globalement, mieux vaut demander conseil aux habitants plutôt que de perdre une demi-journée à dénicher un coin de mer intéressant !

Comment y aller

Les centres de plongée

Rien de plus simple que d'organiser une sortie de plongée en s'en remettant aux centres spécialisés d'Aqaba ou des bords de la mer Rouge, ou encore aux hôtels. Il existe de nombreux clubs réputés.

Plongée et snorkeling

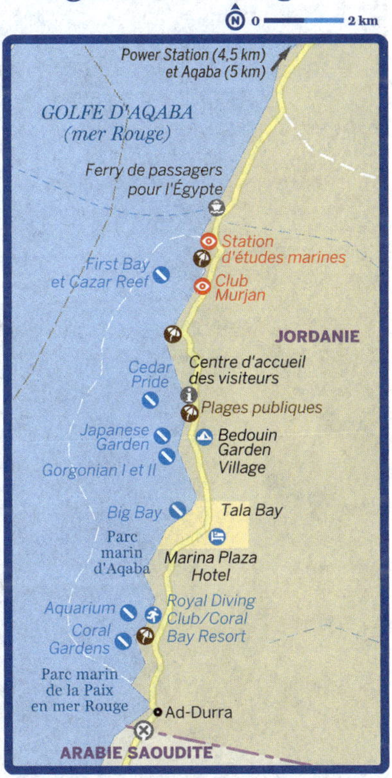

Aqaba Adventure Divers (☎079-5843724 ; www.aqaba-diving.com). Organise des plongées conjointement avec le Bedouin Garden Village.

Aqaba International Dive Centre (☎079- 6949082 ; www.aqabadivingcenter.com). Très demandé et bien équipé. L'un des meilleurs.

International Arab Divers Village Office (☎03-2031808 ; www.aqabadive.com). Recommandé depuis des années par nos lecteurs.

Dive Aqaba Office (☎03-2108883 ; www.diveaqaba.com). Moniteurs très professionnels.

Red Sea Dive Centre (☎03-2022323 ; www.aqabascubadiving.com). Solidement établi à Aqaba.

Royal Diving Club (☎03-2017035 ; www.coralbay.jo). Une véritable institution, à 12 km au sud de la ville. Le meilleur endroit pour des infos à jour sur les principaux sites marins de Jordanie.

JOHN ELK III/GETTY IMAGES ©

Ci-dessus : exploration de l'épave du *Cedar Pride* (p. 35)

À gauche : snorkeling sur le récif près d'Aqaba (p. 198)

Choisir son centre de plongée

➡ Optez pour un centre réputé, faisant de la sécurité une priorité.

➡ Si votre dernière plongée remonte à plus de 3 mois, prenez une séance à l'essai. Le coût sera généralement réparti sur les séances suivantes.

➡ Contrôlez qu'il n'y a ni entailles ni fuites dans les tubas, les embouts et les valves.

➡ Choisissez bien votre combinaison (l'équipement s'abîme vite avec la chaleur) : si elle est usée, vous risquez d'avoir froid et d'être mal en hiver.

➡ Le bateau de plongée doit toujours transporter de l'oxygène pour les urgences.

Les coûts

Cerise sur le gâteau : en Jordanie, ils ne sont pas exorbitants – profitez-en pour apprendre à plonger ou pour parfaire vos talents, quel que soit votre niveau. Pour moins de 10 JD/jour, on peut admirer des éventails de coraux, nager avec les sardines, et barboter au milieu des poissons-anges et des poissons-clowns. Les prix ci-dessous, basés sur ceux du Royal Diving Club, donnent une estimation du budget à prévoir.

PLONGÉE	COÛT
Deux plongées depuis un bateau, bouteilles et lest compris	80 JD
Location de l'équipement complet	25 JD/jour
Cours PAD! Open Water	280 JD
Cours Open Water avancé	340 JD
Cours premiers secours	115 JD
Cours de plongée de secourisme/ *crew pack*/brevet	415JD

SNORKELING	COÛT
Location combinaison	5 JD/jour
Location équipement complet	5 JD/jour
Sortie d'une journée en bateau	45 JD

En immersion

Ce que vous verrez

Selon la **Royal Marine Conservation Society of Jordan** (☎06-5676173 ; www.jreds.org), plus de 110 espèces de coraux durs peuplent les eaux du golfe, ainsi que 120 espèces de coraux tendres, formant des récifs spectaculaires. Ceux-ci abritent un millier de variétés de poissons (poisson-clown, poisson-perroquet, poisson-ange...) et tout un ensemble de créatures marines (dauphins, mollusques, éponges...). On rencontre aussi des tortues vertes, une espèce protégée, et, en été, d'inoffensifs requins-baleines.

Sites Web

Voici quelques-uns des nombreux sites spécialisés :

Wind Finder (www.windfinder.com/forecast/aqaba). Consultez le bulletin météo pour choisir au mieux la date de votre plongée.

H2O Magazine (www.h2o-mag.com). Le site de la publication trimestrielle de la Red Sea Association for Diving and Watersports (association dédiée à la plongée et aux autres sports nautiques en mer Rouge).

Reef Check (www.reefcheck.org). Organisme voué à la protection des récifs coralliens, partout dans le monde.

Les risques en mer

Avant toute sortie de plongée ou de snorkeling, mieux vaut être conscient des risques encourus. Des plaquettes en couleur sur les dangers de la mer Rouge sont en vente dans les librairies des hôtels, à proximité des sites de plongée.

Poisson-pierre Ce poisson venimeux a la fâcheuse habitude de s'enfoncer à moitié dans le sable : portez des chaussures adaptées si vous devez marcher dans l'eau jusqu'au site de plongée. En cas de piqûre, consultez sans attendre.

LA MER ROUGE, MERVEILLE SOUS-MARINE

Vous êtes-vous jamais demandé d'où la mer Rouge, ou Mare Rostrum, tenait son nom ? Pour certains, cela viendrait des montagnes de grès rouge qui l'entourent. D'autres estiment que c'est à cause des algues brun-rouge qui colorent l'eau de façon périodique. Quelle qu'en soit l'origine, en 1989, un aréopage de scientifiques et d'écologistes a distingué la partie nord de cette étendue d'eau longue de 1 800 km comme l'une des sept merveilles sous-marines du monde.

Rascasse volante Elle possède également des épines venimeuses. Une lotion à la calamine, des antihistaminiques et des analgésiques (ainsi que l'urine) peuvent contribuer à limiter la réaction et à soulager la douleur.

Méduses Parfois présentes en rangs serrés, les méduses sont le fléau des eaux chaudes. Selon les espèces, leur piqûre peut être extrêmement douloureuse. Le mieux est de rincer la peau avec du vinaigre.

Requins Dans cette partie du golfe d'Aqaba, on rencontre essentiellement des requins à pointes blanches et des requins à pointes noires (ou requins corail). Les requins-tigres et les énormes requins-baleines mangeurs de plancton évoluent généralement en eau plus profonde. Les attaques de prédateurs sont rarissimes dans le secteur ; toutefois, si vous avez une blessure qui saigne, faites preuve de bon sens.

Coraux Les coupures occasionnées par les coraux sont lentes à guérir. Nettoyez bien la plaie pour éviter tout risque d'infection. Contrairement aux eaux froides des mers du Nord, l'eau de mer subtropicale comporte quantité d'organismes pouvant causer des infections graves.

Acanthaster pourpre Cette espèce d'étoile de mer épineuse se nourrit de coraux et les détruit. Si vous apercevez un spécimen, signalez-le.

Autres créatures à éviter Les anguilles-murènes, les oursins, les coraux de feu, les poissons-globes, les balistes et les poissons-scorpions.

Conseils de sécurité

Toute équipée sous-marine recèle une part de danger. Vous minimiserez les risques en vous préparant, en vous renseignant et en faisant preuve d'un minimum de bon sens. Consultez l'encadré ci-dessous avant de réserver votre sortie. En cas de problème, sachez que l'excellent **Princess Haya Hospital** (p. 209) d'Aqaba est équipé pour traiter les incidents liés à la pratique de la plongée, les coupures, les piqûres et les morsures notamment. Surtout, il dispose d'une **chambre hyperbare** (de recompression ; ☎03-2014117) dont le

PLONGER EN TOUTE SÉCURITÉ

Avant de partir

Êtes-vous assuré ? Le traitement en chambre hyperbare peut revenir très cher. Si vous décidez de plonger à l'improviste, sachez que tous les bons clubs pourront vous fournir une assurance.

Avez-vous prévenu votre médecin ? Si vous suivez un traitement médicamenteux, sachez que la plongée peut affecter le métabolisme et nécessiter un changement de posologie.

Avez-vous consommé de l'alcool ? L'effet déshydratant de l'alcool, surtout sous un climat sec, augmente les risques de décompression.

Pendant la plongée

Connaissez-vous vos limites en termes de profondeur ? Les eaux claires et l'excellente visibilité de la mer Rouge incitent souvent les plongeurs à descendre beaucoup trop profondément. Pour un plongeur amateur, la limite est fixée à 30 m. Sachez vous y tenir.

Saurez-vous reconnaître votre bateau ? Certains sites sont très fréquentés et les bateaux se ressemblent tous vus du dessous. Il arrive régulièrement que des plongeurs restent en rade pour n'avoir pas vu partir le leur.

Après la plongée

Avez-vous prévu d'attendre 24 heures avant de prendre l'avion ? Les plongeurs courent un réel danger de décompression s'ils prennent l'avion trop tôt.

Avez-vous prévu de rester sur place 12 heures avant de quitter Aqaba ? La plupart des itinéraires pour quitter la ville étant en montée, le changement d'altitude peut déclencher des problèmes de décompression. Si vous devez vous rendre à Pétra ou au Wadi Rum, repoussez le trajet au lendemain.

personnel est formé au traitement des accidents de ce genre. Les grands centres de plongée réputés embarquent des réserves d'oxygène en cas d'urgence, ainsi que des kits de premiers secours et un téléphone portable.

Les plus beaux sites de plongée

Power Station

Emplacement 500 m au sud d'Aqaba

Niveau Intermédiaire

Accès Par la plage ou par bateau

Depuis un récif de coraux de feu, un plateau corallien et sablonneux descend jusqu'à un à-pic de 200 m, passant de 12 m à un écueil étroit à 40 m de profondeur.

First Bay

Emplacement À côté de la Marine Science Station

Niveau Débutant

Accès Par la plage ou par bateau

Récif en plateau à faible profondeur, avec des mini-lagons et des bras sablonneux menant à un récif frangeant de coraux de feu. Au sud s'étend le Cazar Reef, connu pour ses arbres de coraux noirs.

Cedar Pride

Emplacement 5 km au nord du Royal Diving Club

Niveau Intermédiaire

Accès Par la plage ou par bateau

Parfaitement intacte et festonnée de coraux mous, l'épave du *Cedar Pride* est incontournable : magnifiques éventails de mer, ophiures et poissons multicolores.

Japanese Garden

Emplacement 4 km au nord du Royal Diving Club

Niveau Débutant

Accès Par la plage ou par bateau

Au sud du *Cedar Pride*, ce récif s'orne de grandes têtes coralliennes, et notamment de corail noir. Des rascasses volantes, des poissons-anges, des vivaneaux et des poissons-papillons peuplent ce récif aux couleurs chatoyantes.

LE CEDAR PRIDE

Le roi Abdallah II serait un grand amateur de plongée. C'est avec son appui que fut créé le premier récif artificiel du pays : l'épave du *Cedar Pride*. Échoué à la suite d'un incendie dans la salle des machines, ce navire de construction espagnole fut remorqué en mer en 1986 par le World Wildlife Fund (WWF) et coulé. Il gît aujourd'hui sur le flanc gauche (bâbord) par 25 m de fond. Facilement accessible depuis la plage, c'est l'un des sites de plongée les plus importants de la mer Rouge.

Gorgonian I et II

Emplacement 3 km au nord du Royal Diving Club

Niveau Débutant

Accès Par la plage ou par bateau

Les spots de Gorgonian I et II doivent leurs noms à de grands éventails de mer solitaires. À proximité, on peut voir de grands coraux chou-fleur et des tortues vertes se nourrissant d'herbes marines.

Big Bay

Emplacement 2 km au nord du Royal Diving Club

Niveau Intermédiaire

Accès Par la plage ou par bateau

Big Bay compte quatre sites – Blue Coral, Kalli's Place, Moon Valley et Paradise – caractérisés par des dentelles de coraux bleus et noirs. Le *long swim* (long parcours à la nage, 1 km) jusqu'au Royal Diving Club est très apprécié.

Aquarium et Coral Gardens

Emplacement Au large du Royal Diving Club

Niveau Intermédiaire

Accès Par la plage ou par bateau

L'Aquarium abrite un spectaculaire récif frangeant, remarquable pour sa gigantesque paroi de coraux de feu. Immédiatement au sud s'étendent les Coral Gardens (Jardins de coraux), peuplés de nombreux poissons de récif, d'hippocampes et de murènes.

Préparer son voyage

La Jordanie avec des enfants

Les Jordaniens adorent les enfants, qui donneront une dimension particulière à votre voyage. Ils brisent immédiatement la glace et permettent de faire plus aisément connaissance avec les habitants. D'autant que les familles étrangères sont encore rares dans le pays.

Le top des régions

Jérash, Irbid et la vallée du Jourdain

Manœuvres de légionnaires et courses de chars !

Mer Morte

Pour flotter dans l'eau très salée.

Madaba et la route du Roi

Les tunnels et passages enflammeront leur imagination à Kérak, et le Musée islamique (p. 146) leur fera découvrir l'histoire des croisés.

Pétra

Promenades à cheval et grottes. Succès total s'ils regardent *Indiana Jones et la dernière croisade* peu de temps avant la visite !

Aqaba

Les adolescents apprendront à plonger ; les plus jeunes pataugeront dans une mer tempérée.

Wadi Rum

Méharée, 4x4, sandboard... Le Wadi Rum déçoit rarement. Demandez au guide de leur raconter une histoire bédouine.

Azraq et la route du Désert oriental

Guettez les oryx et autruches dans la réserve animalière de Shaumari (p. 240), à l'occasion d'un safari nocturne.

Une terre d'hospitalité

Un accueil chaleureux

En dehors de quelques restaurants qui disposent de chaises hautes et de certains centres commerciaux équipés d'espaces de change, les aménagements prévus pour les petits sont rares. Mais les Jordaniens sont souvent prêts à faire des pieds et des mains pour que vous vous sentiez à l'aise, notamment dans les magasins, les hôtels et les restaurants.

La famille jordanienne

Si le concept même d'activités pour les bambins est encore nouveau, c'est parce que les petits Jordaniens prennent part à tout ce que font leurs parents, sorties incluses. En outre, le goût des Jordaniens pour les activités de groupe fait qu'il y a toujours quelqu'un pour aider les parents à s'occuper des plus jeunes.

Excursions culturelles

Si vous hésitez encore, consultez par exemple les messages postés sur le forum de Lonely Planet : cela devrait finir de vous convaincre d'emmener vos enfants visiter Pétra, Jérash, Kérak ou le Wadi Rum – il suffit juste de les préparer un peu à l'avance. La Jordanie est un véritable paradis pour les enfants férus d'histoire romaine – vous aurez matière à préparer des exposés !

À ne pas manquer

Pour les gourmands

Pâtisseries jordaniennes Un régal pour toute la famille, avec des douceurs et d'énormes assiettes de *kunafa* – gâteau de semoule à la crème.

Étals de jus de fruits Un moyen sain et savoureux de lutter contre la chaleur – ceux à la pastèque et à la grenade sont des valeurs sûres.

Wild Jordan Café Un brunch au Wild Jordan Café (p. 61) d'Amman est l'occasion d'en apprendre davantage sur l'environnement jordanien.

Pour les jours de pluie

Centre culturel Haya (p. 56). À Amman. Possède un écomusée interactif.

Parcs d'attractions

Amman Waves (p. 56). Un parc aquatique à l'occidentale, entre Amman et l'aéroport. Gros succès auprès des enfants de tous âges.

Luna Park (p. 56). Manèges et attractions.

Préparer son voyage

Pour des conseils d'ordre général sur le voyage avec de jeunes enfants, consultez le guide *Voyager avec ses enfants*, publié par Lonely Planet.

Quand partir

Le printemps est la meilleure saison pour une visite en famille. Le temps est agréable, tous les sites et attractions sont ouverts et il existe de nombreuses animations en soirée.

L'été (mi-mai–mi-septembre), la chaleur cantonne les activités au début de la matinée et à la fin de l'après-midi. L'hiver (mi-novembre–mi-février) peut être glacial, et de nombreux sites ferment ou pratiquent des horaires réduits ; sans compter le risque de crues dans les *widyan*.

Gare aux fortes chaleurs

Toute l'année, les températures peuvent être très élevées, notamment vers midi. Les excursions à Pétra et au Wadi Rum impliquent de longues périodes d'exposition au soleil, et il n'est pas toujours aisé de trouver de l'ombre. Programmez votre visite en début de matinée ou en fin d'après-midi. Suivez la coutume locale et faites une sieste après déjeuner : vos enfants seront en forme le soir !

Santé

Donnez exclusivement aux enfants de l'eau minérale en bouteille ; évitez les fruits frais déjà pelés et les salades déjà lavées.

On trouve facilement du lait, en poudre ou non ; pour tous les produits laitiers : vérifiez qu'il s'agit bien de lait pasteurisé. Mieux vaut éviter les glaces à la campagne, où l'alimentation électrique n'est toujours fiable, ce qui peut entraîner des ruptures dans la chaîne du froid.

L'eau courante est parfois douteuse : emportez un flacon de solution hydroalcoolique pour les mains.

Allaitement

Allaiter son enfant en public est toléré, pourvu qu'on le fasse discrètement. Pour éviter les regards insistants, prenez un châle pour vous couvrir, vous et le bébé.

À emporter

Il est difficile de trouver des couches jetables en dehors d'Amman et d'Aqaba. Pensez à prendre des sacs en plastique pour les couches usagées.

Pour les mois les plus chauds, munissez-vous d'une moustiquaire et d'un antimoustique. Les piqûres s'infectent facilement à la chaleur.

Les sièges de voiture pour enfant sont peu répandus ; emportez le vôtre. Les trottoirs, quand ils existent, ne sont guère adaptés aux poussettes ; pensez au porte-bébé !

Les Jordaniens tolèrent les mœurs occidentales, mais ils apprécieront que vos enfants soient vêtus de manière appropriée. C'est notamment le cas avec les adolescentes : aussi branchées soient-elles ailleurs dans le monde, les tenues "provocantes" risquent de ne provoquer ici que regards outrés et réactions gênantes.

Sécurité

Les voyages en Jordanie sont en général sûrs. Néanmoins, il est conseillé de consulter les conseils aux voyageurs mis en ligne par les autorités de votre pays (p. 309).

Les régions en un clin d'œil

De nombreux visiteurs viennent avant tout en Jordanie pour Pétra. Et pour cause ! Nichée dans un cadre saisissant, l'ancienne cité nabatéenne est tout simplement l'une des merveilles du monde. Mais le sud de la Jordanie compte aussi bien d'autres trésors : cédez à l'appel des dunes de sable du magnifique Wadi Rum, des sites de plongée de la mer Rouge et de l'atmosphère paisible d'Aqaba,

Les amateurs d'aventures apprécieront les randonnées dans les réserves naturelles essaimées le long de la route de la mer Morte et de la légendaire route du Roi. Tout aussi spectaculaires, l'Est et ses châteaux du désert – un florilège disparate d'édifices remontant à l'âge d'or de la région – invitent à un beau périple hors des sentiers battus.

Un circuit dans les hautes terres semi-arides du Nord est particulièrement agréable au printemps, lorsque les fleurs sauvages éclosent à Jérash, joyau romain de la Jordanie, et dans les sites bibliques des environs de Madaba.

Enfin, n'oublions pas la capitale. Forte de ses ruines romaines et de ses cafés avec vue, Amman est un peu un condensé de la Jordanie d'aujourd'hui !

Amman

Ruines romaines
Modernité
Shopping

La ville basse

La citadelle et le théâtre romain, vestiges antiques au cœur de la ville, valent la visite, tout comme les musées, qui vous aideront à replacer les grands sites du pays dans un contexte historique.

Les cafés de la capitale

Les *malls*, les cafés branchés et la vie nocturne intense ne correspondent pas forcément à l'image que l'on se fait de la Jordanie, que certains imaginent plutôt assoupie. Certes, les valeurs et les traditions du Proche-Orient y sont bien présentes ; mais, pour prendre le pouls de la jeunesse du pays, éduquée et adepte des nouvelles technologies, c'est dans la capitale qu'il faut séjourner.

Chasse aux souvenirs

Des bracelets en or à la monnaie iraquienne de l'ère baasiste, les souks et les rues d'Amman débordent de souvenirs étonnants. Pour donner du sens à vos achats, pensez aux coopératives de quartier.

p. 42

Jérash, Irbid et la vallée du Jourdain

Ruines romaines
Randonnée
Paysages

Avant-postes de l'Empire

Incroyablement préservé, Jérash, ancien avant-poste de l'Empire romain, compte parmi les trois premiers sites touristiques du pays. Si la région est redevenue accessible, gardez du temps pour les vestiges d'Umm Qais. Les amateurs d'archéologie ne manqueront pas Pella.

Tourisme responsable

Véritable bijou, la réserve d'Ajloun est un bel exemple de tourisme durable. On y randonne sur des sentiers au cœur de la Jordanie rurale, en passant par de rares forêts d'arbousiers, et l'on contribue à la prospérité des communautés locales, basée sur l'artisanat.

Promenades dans les campagnes

Suivez n'importe quel itinéraire menant des hauteurs de Jérash, Salt ou Umm Qais jusqu'à la fertile vallée du Jourdain, au climat exceptionnel, et vous prendrez alors une vraie leçon d'histoire naturelle.

p. 75

Route de la mer Morte

Thermalisme
Randonnée
Routes

Flotter sur la mer Morte

Il serait dommage de venir en Jordanie sans faire la planche dans la mer Morte. Les luxueux spas répartis sur le littoral nord-est de cette "mer de sel" sont des havres de détente. Des sources chaudes situées à proximité viendront compléter cette pause "bien-être".

Eaux vives

Entre cascades, oasis et riche vie sauvage, la réserve de Mujib ravit les amateurs de nature et d'aventure. Soyez prêt à plonger, dans des bassins accessibles toute l'année ! Plus au sud, une longue randonnée dans la réserve de biosphère de Dana vous conduira au Feynan Ecolodge, pour un festin végétarien.

Routes en lacets

Des vignobles de la route du Roi aux champs de tomates (et aux usines de potasse) qui ponctuent la route de la mer Morte, la région ne manque pas de parcours superbes.

p. 106

Madaba et la route du Roi

Sites religieux
Artisanat
Randonnée

Quête spirituelle

Moïse, Élie, Jésus ou Jean-Baptiste sont quelques-uns des personnages bibliques qui ont foulé le sol jordanien. Aujourd'hui encore, le mont Nébo est un lieu de pèlerinage. Les châteaux croisés, à Kérak et Shobak, et la cité chrétienne de Madaba témoignent de la pérennité de cet héritage.

Made in Jordanie

Certaines des plus belles créations artisanales du pays proviennent de la région de Madaba. Mukawir est associée à l'art du tissage et la route du Roi, à celui des mosaïques. Et ce ne sont là que deux exemples des productions qui font vivre les communautés rurales.

Merveilles hivernales

Les meilleurs itinéraires de randonnée (et probablement les plus beaux) sont situés le long des *widyan* supérieurs du Wadi Mujib et dans la réserve de biosphère de Dana. Attention : il peut neiger en hiver.

p. 122

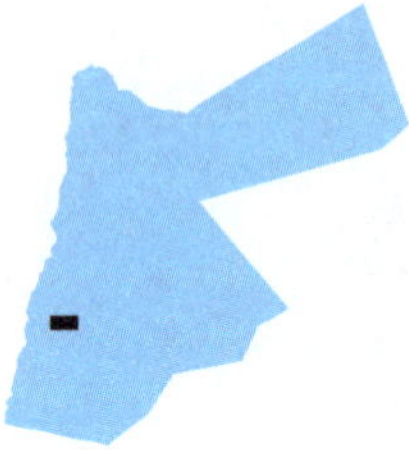

Pétra

Ruines antiques
Randonnée
Paysages

Architecture antique

La cité de Pétra est une merveille. Prévoyez du temps sur place (au moins deux jours). Rejoignez le Trésor tôt le matin, pique-niquez dans un haut lieu vers midi, regardez le soleil se coucher depuis le Monastère, suivez le Siq à la lumière des bougies…

Randonnées jusqu'aux hauts lieux

Les randonnées autour de Pétra sont parmi les plus intéressantes et les plus accessibles de Jordanie. Un guide bédouin vous aidera à redonner vie à l'histoire récente de la “cité rose”. Attention : l'été, la chaleur est insupportable ; et, l'hiver, les pluies rendent certaines randonnées impossibles.

Beautés naturelles

Le grès multicolore, les escarpements érodés par les vents et les *widyan* couverts de lauriers-roses composent un cadre somptueux pour la sublime architecture de Pétra.

p. 157

Aqaba, le Wadi Rum et la route du Désert

Plongée
Nuits dans le désert
Paysages

Merveilles de la mer Rouge

Le golfe d'Aqaba, côté jordanien, vous ouvre les portes des trésors de la mer Rouge. Mieux vaut venir au début du printemps ou à la fin de l'automne, quand les températures sont les plus agréables.

Rencontre avec les Bédouins

Nul besoin de se prendre pour Lawrence d'Arabie pour apprécier de poser ses chaussures à côté de celles des Bédouins après une journée de méharée. Les campements du désert sont confortables ; mais gare aux températures : glaciales au milieu de l'hiver, étouffantes en plein été.

Paysages désertiques

Même si vous n'avez pas le temps de passer une nuit sur place, n'hésitez pas à aller jusqu'au centre d'accueil des visiteurs du Wadi Rum. De là, on aperçoit les “Sept Piliers de la sagesse”, l'un des plus beaux sites de Jordanie.

p. 196

Azraq et la route du Désert oriental

Architecture
Faune
Aventure

Palais des plaisirs

Le désert oriental est émaillé de bains, de pavillons de chasse et de caravansérails typiques de l'architecture omeyyade. Regroupés (à tort) sous l'appellation de “châteaux du désert”, ces avant-postes de la civilisation se dressent au cœur d'un territoire inhospitalier. Un contraste saisissant.

Faune de Jordanie

Si l'oasis d'Azraq n'est plus aussi resplendissante que par le passé, c'est encore un site de premier ordre pour les amoureux des oiseaux. En visitant cette zone humide, vous contribuerez à sa préservation – en espérant que cesse le pompage pour l'alimentation en eau des villes.

Désert ultime

Peu de voyageurs s'aventurent sur les terres arides et rocailleuses de la Badia. Pourtant, c'est dans la réserve de Burqu que l'on saisit ce qu'est vraiment le désert – et son isolement.

p. 231

Sur la route

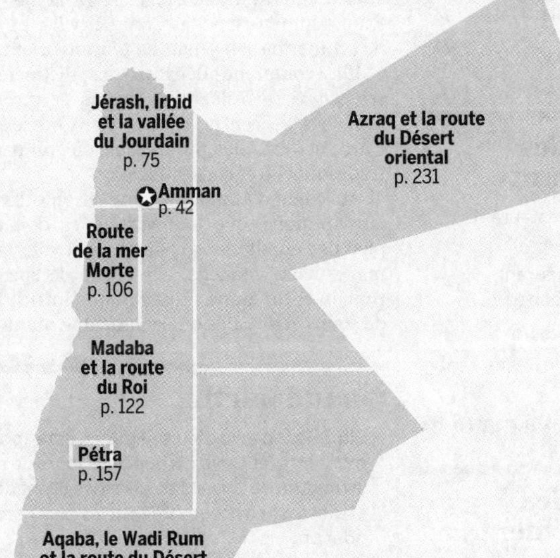

Jérash, Irbid et la vallée du Jourdain
p. 75
Amman
p. 42
Route de la mer Morte
p. 106
Madaba et la route du Roi
p. 122
Pétra
p. 157
Aqaba, le Wadi Rum et la route du Désert
p. 196
Azraq et la route du Désert oriental
p. 231

Amman عمان

☎06 / 2,8 MILLIONS D'HABITANTS / ALTITUDE 850 M

Dans ce chapitre ➡

Le top des restaurants

- Hashem Restaurant (p. 60)
- Afrah Restaurant & Coffeeshop (p. 60)
- Sufra (p. 62)
- Fakhr El-Din Restaurant (p. 62)
- Romero Restaurant (p. 62)

Le top des hébergements

- Jordan InterContinental Hotel (p. 58)
- Hisham Hotel (p. 58)
- Jordan Tower Hotel (p. 57)
- Caravan Hotel (p. 57)
- Palace Hotel (p. 57)

Pourquoi y aller

Pour une ville du Moyen-Orient, Amman est relativement jeune. Mais, si son histoire n'est pas aussi riche ni sa diversité architecturale aussi impressionnante que les autres capitales de la région, elle ne manque pas d'arguments pour vous retenir avant de gagner Pétra, la mer Morte ou le Wadi Rum. Amman est en fait l'une des villes où il est le plus facile de profiter de son séjour au Moyen-Orient.

Elle comprend deux parties distinctes : l'Ouest, avec ses quartiers résidentiels cossus et verdoyants, ses cafés branchés, ses centres commerciaux modernes et ses galeries d'art ; et l'Est, plus pittoresque, où l'on perçoit mieux l'âme traditionnelle et conservatrice.

Au cœur d'Amman s'étend la ville basse, chaotique et labyrinthique, que tout visiteur se doit de découvrir. Au pied des nombreuses collines de la ville, surplombée par la majestueuse citadelle, elle abrite de spectaculaires ruines romaines, un grand musée et une intrication de mosquées, de souks et de cafés qui rythment le quotidien jordanien.

Quand partir

- Située sur des hauteurs, Amman est exposée à des vents mordants (et parfois à quelques jours de neige) durant la froidure de l'hiver. Les périodes allant de mars à mai et d'octobre à novembre sont les plus recommandées pour une visite.
- Si vous supportez la chaleur étouffante de l'été, les rues sans une once d'air, venez en juillet pour le festival de Jérash. C'est l'époque où le théâtre romain prend vie et où les Ammaniens s'adonnent plus qu'à tout autre moment de l'année à la promenade du soir.

À ne pas manquer

1 Les ruines (et le musée) de l'ancienne **citadelle** (p. 47)

2 Le chef-d'œuvre d'ingénierie que constitue le **théâtre romain** (p. 49)

3 Le superbe **Musée national** (p. 45) qui embrasse la riche histoire jordanienne

4 Une balade dans la **ville basse**, où vit une large population d'immigrés

5 Une exposition au **Darat al-Funun** (p. 50) et un thé au milieu de vestiges byzantins

6 Un cours de cuisine au **Beit Sitti** (p. 55)

7 Le **Hashem Restaurant** (p. 60), table légendaire de la ville basse

8 Une escapade à vélo dans la campagne d'Amman, avec **Bike Rush** (p. 56)

9 Un déjeuner au Zuwwadeh Restaurant, dans la bourgade de **Fuheis**, et une balade à **Wadi as-Seer**

Histoire

Malgré une longue histoire, l'actuelle Amman est en grand partie née au XXe siècle, et les visiteurs en quête de vestiges caractéristiques du Moyen-Orient byzantin devront faire preuve de perspicacité. La ville apparaît comme un ensemble homogène d'immeubles en béton beige peu élevés, parfois recouverts d'un marbre blanc éblouissant, parfois grisâtres et défraîchis.

La capitale jordanienne a pourtant un riche passé. D'importants vestiges d'un village néolithique datant de 8500 av. J.-C. ont été découverts dans les années 1970 à Ain Ghazal, dans l'est d'Amman. Ils témoignent d'une culture avancée qui a laissé les plus anciennes statues et sculptures en calcaire et plâtre au monde. On peut admirer certaines de ces trouvailles au Musée national (page suivante).

Il y a aussi le jebel al-Qala'a, site actuel de la citadelle, l'une des parties les plus anciennes et les plus assidûment habitées de la ville, fondée vers 1800 av. J.-C. Appelée ensuite Rabbath Ammon dans l'Ancien Testament, elle fut assiégée par le roi David, qui brûla vifs nombre de ses habitants dans un four en brique. La ville continua néanmoins à prospérer et fournit des armes pour les campagnes guerrières du roi David.

Le passé égyptien d'Amman transparaît également dans les entreprises ou les restaurants appelés Philadelphie, en référence au roi Ptolémée II Philadelphe (283-246 av. J.-C.). La ville, reconstruite sous son règne et renommée Philadelphie, faisait déjà partie de la Décapole romaine, avant d'être absorbée par l'Empire romain sous Hérode, vers 30 av. J.-C. Philadelphie, la "cité de l'amour fraternel", fut alors redessinée suivant le plan des grandes cités romaines,

QUARTIERS D'AMMAN : COMMENT SE REPÉRER

Comme Rome, Amman fut bâtie à l'origine sur sept collines (*jebel*), mais elle en occupe aujourd'hui une vingtaine. Inutile, donc, de penser l'explorer à pied, hormis sa ville basse, que les habitants appellent *il-balad*. Autre précision : les rues droites et nivelées n'existent pratiquement pas à Amman, et le meilleur moyen pour s'orienter consiste à identifier les principaux sites juchés sur les *jebel*.

La principale colline est Jebel Amman, où sont installés de nombreuses ambassades, et quelques hôtels et restaurants à la mode. Les ronds-points de ce quartier central (certains sont maintenant remplacés par des tunnels ou de grands carrefours) sont numérotés depuis la ville basse. D'est en ouest, on va ainsi du 1st Circle (1er rond-point) au 8th Circle (8e rond-point). Les noms de rues sont généralement inconnus des chauffeurs de taxi. Si vous avez recours à leurs services, demandez à être déposé au *circle* le plus proche et continuez à pied, ou indiquez un bâtiment connu (ambassade ou hôtel) proche de votre destination.

Légèrement au nord-ouest du centre-ville, le quartier en plein essor de Weibdeh ne manque pas de restaurants. Prendre un café dans ce coin décontracté vous permettra d'en savourer l'atmosphère quelque peu bohème. Un peu plus loin, dans la même direction, Jebel Al-Hussein, au nord-ouest de la ville basse, est dominé par le Housing Bank Centre, dont vous ne pourrez manquer la façade bardée de terrasses. Cet immeuble marque le début du quartier chic de Shmeisani, qui s'étire vers le nord jusqu'à la verdoyante Sports City. Shmeisani compte d'innombrables restaurants, boutiques, hôtels haut de gamme et discothèques. Abdoun, quelques collines plus au sud, est un autre quartier élégant où des cafés branchés côtoient des ambassades.

Plus proche de la ville basse et plus populaire, le quartier d'Abdali est l'endroit d'où partent les bus. Quelques hôtels pour les petits budgets y sont installés. On le repère aisément au dôme bleu de la mosquée du roi Abdallah.

À l'extrémité ouest de la ville s'étend Sweifieh, un quartier commerçant en pleine expansion. Plus loin, les banlieues et les camps de réfugiés forment une vaste conurbation.

Si vous comptez séjourner ici un moment, ou envisagez de visiter des zones hors du centre, sachez qu'une carte gratuite intitulée *Amman & Jordan* est disponible auprès de nombreux hôtels et loueurs de voitures. Vous pourrez aussi vous procurer dans la plupart des librairies *Maps of Jordan, Amman and Aqaba* (éditions Luma Khalaf).

avec un théâtre, un forum, ainsi qu'un temple consacré à Hercule, dont les vestiges imposants sont encore visibles.

La fortune de la cité déclina avec l'Empire, malgré un regain de prospérité après l'invasion musulmane en 636. On n'entendit plus guère parler d'Amman à partir du Xe siècle et ce, jusqu'au XIXe siècle, quand une colonie de Circassiens s'y installa en 1878.

Le chemin de fer du Hedjaz entraîna au début du XXe siècle un bref essor de la ville, devenue une halte sur la nouvelle "route des pèlerins" entre Damas et Médine (Arabie saoudite). En 1921, le roi Abdallah en fit le quartier général du nouvel État de Transjordanie ; elle devint officiellement la capitale du royaume hachémite deux ans plus tard.

De nombreux Palestiniens s'installèrent à Amman et alentour en 1948, après la création de l'État d'Israël et la guerre qui s'ensuivit. Dans les années 1950 et 1960, la ville s'étendit bien au-delà de ses frontières d'origine en raison de l'afflux de réfugiés palestiniens. À la suite de sa défaite au cours de la guerre des Six-Jours en 1967, la Jordanie perdit Jérusalem et la Cisjordanie, et accueillit à nouveau des milliers de réfugiés palestiniens. En 1970, les répercussions du conflit israélo-palestinien se firent de nouveau tragiquement sentir : au cours du mois que l'on appela "Septembre noir", des affrontements entre l'Organisation de libération de la Palestine (OLP) et l'armée jordanienne enflammèrent les rues.

Une troisième vague de réfugiés palestiniens arriva en 1991, cette fois en provenance du Koweït et à la suite du déclenchement de la première guerre du Golfe. Après l'invasion et l'occupation de l'Iraq en 2003, plus de 100 000 réfugiés iraquiens prirent eux aussi la route de l'exil et de la Jordanie. Issus pour l'essentiel de la haute société et de l'intelligentsia, ces derniers ont permis à Amman de s'ouvrir aux influences internationales.

Avec toutes ces vagues d'immigration (de Palestine, d'Iraq ces dernières décennies et aujourd'hui de Syrie), la ville s'est étendue bien au-delà de ses sept collines d'origine. Il en résulte de graves pénuries d'eau, aggravées par l'absence de planification urbaine.

Malgré ces difficultés, les habitants d'Amman sont d'un optimisme indéfectible. Beaucoup sont heureux de pouvoir commencer une nouvelle vie dans un environnement généreux et stable. Les continuels projets d'agrandissement, d'embellissement et de construction en sont la meilleure preuve, même s'ils durent souvent plus longtemps que prévu. Personne ne se plaint, et la capitale joue un rôle sans cesse croissant dans cette région du monde. Très peu touchée par le Printemps arabe de 2011, Amman est une ville animée, ouverte d'esprit, réputée dans le Moyen-Orient pour ses écoles et confiante en l'avenir.

Désagréments et dangers

Amman est une ville sûre pour les visiteurs. Des agents de sécurité (avec des détecteurs de métaux) sont présents à l'intérieur et près des sites touristiques et des hôtels. Beaucoup jugent positive cette volonté des autorités de protéger les étrangers en visite dans la capitale.

Quant à la criminalité, elle est extrêmement rare à Amman, et les Jordaniens sont très fiers de rappeler que leur pays reste une oasis de paix dans une région déchirée par les conflits.

À voir

Ville essentiellement constituée de constructions modernes, Amman n'est guère évocatrice des grandes civilisations du passé. Pourtant, disséminés parmi les rues bétonnées, subsistent encore quelques vestiges impressionnants de l'antique Philadelphie, notamment les ruines situées au sommet du jebel al-Qala'a, et le théâtre romain. Cela dit, le plus intéressant dans cette cité chaleureuse reste la rencontre avec ses habitants, cosmopolites, dans les souks de la ville basse, par exemple, ou dans les cafés et galeries marchandes des quartiers à la mode de Jebel Amman et au-delà.

Ville basse (Dowtown, centre-ville)

Musée national MUSÉE

(Jordan Museum ; carte p. 52 ; www.jordanmuseum.jo/en ; entre Omar Matar St et Ali Bin Abi Taleb St ; 5 JD ; 10h-14h sam-lun, mer et jeu). Le Musée national, qui jouxte l'hôtel de ville, est un musée d'envergure internationale. Ce bel édifice moderne présente de manière didactique l'histoire mouvementée de la Jordanie, de ses premiers habitants à l'orée de notre époque, en passant par la période nabatéenne. Ses joyaux incluent des statues issues du site d'Ain Ghazal, vieilles de quelque 7 000 ans, la partie des manuscrits de la mer Morte dévolue à la Jordanie,

Ville basse (Downtown)

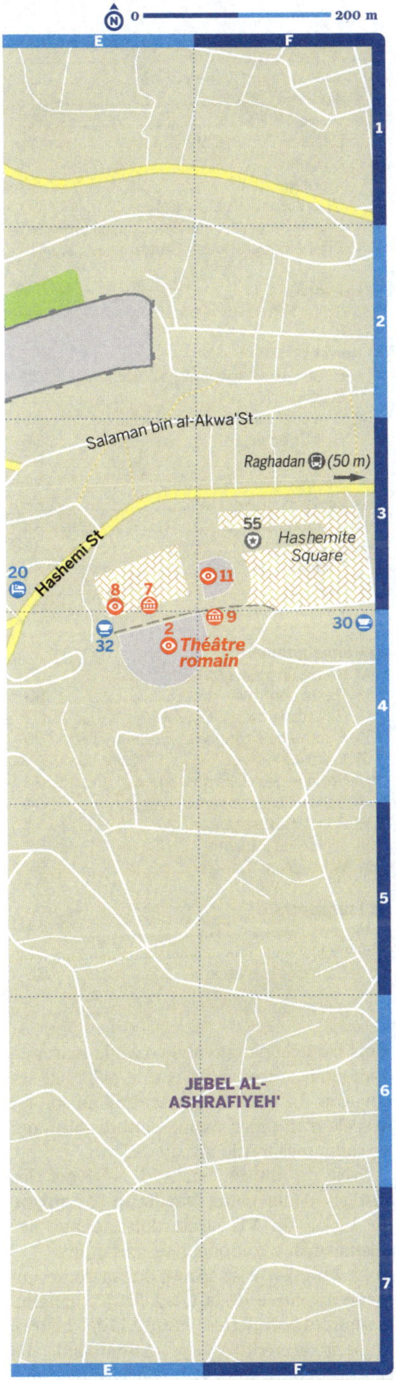

et un ensemble de vestiges de Pétra et de ses environs.

Les salles à l'étage (qui couvrent notamment l'époque s'étendant de la période islamique à la révolte arabe – voir p. 268) n'étaient pas encore ouvertes lors de notre visite, mais le musée demeure incontournable.

Citadelle RUINES

(carte ci-contre ; ☎4638795 ; Jebel al-Qala'a ; 2 JD ; ⌚8h-16h sam-jeu oct-mars, 8h-19h sam-jeu avr-sept, 10h-16h ven toute l'année). Perché au sommet de la plus haute colline d'Amman, le Jebel al-Qala'a (à 850 m au-dessus du niveau de la mer), cet ensemble architectural se dresse sur le site de l'ancienne Rabbath Ammon. Occupé depuis l'âge du bronze (le site servit de forteresse et/ou d'agora – espace ouvert consacré au commerce et à la vie politique – pendant une longue période de son histoire), il est ceint d'un mur de 1 700 m de long, qui fut reconstruit à de nombreuses reprises, notamment sous les Romains, les Byzantins et les Omeyyades. La citadelle offre beaucoup à voir, à commencer par le temple d'Hercule et le palais des Omeyyades.

Les deux piliers colossaux encore debout proviennent du **temple romain d'Hercule**. Autrefois relié au forum (ville basse), ce temple fut érigé sous le règne de l'empereur Marc Aurèle (161-180). Des parties du podium et des colonnes, visibles depuis la ville, sont ses seuls vestiges d'importance. Mais on peut aussi voir une main en pierre sculptée, qui donne une idée de la minutie avec laquelle le temple était orné. Non loin, un point de vue domine la ville basse.

Les édifices les plus impressionnants de la citadelle sont ceux du **palais des Omeyyades**, derrière le Musée archéologique national (dont les collections ont été en grande partie transférées au Musée national – il conserve néanmoins quelques artefacts et reproductions). Cet ensemble de bâtiments royaux et résidentiels fut vraisemblablement érigé vers l'an 720 par les Omeyyades, et fut habité par le gouverneur d'Amman. Mis à bas par un tremblement de terre dès 749, il ne fut jamais entièrement reconstruit.

En arrivant par le sud, le premier bâtiment du palais que l'on rencontre est la salle d'audience. Conçue pour impressionner les visiteurs, elle forme la partie la mieux conservée du site. Elle fut bâtie suivant un plan cruciforme, comme l'église byzantine

Ville basse (Downtown)

Les incontournables
1 Citadelle D2
2 Théâtre romain E4

À voir
3 Mosquée Al-Husseiny C5
4 Basilique byzantine C2
5 Darat al-Funun B3
6 Duke's Diwan C4
7 Musée ethnographique E3
8 Forum E3
9 Musée des Traditions populaires F4
10 Nymphée D5
11 Odéon F3
12 Rainbow Street A5

Activités
13 Ahlan World A2
14 Al-Pasha Turkish Bath A6
15 Beit Sitti A2
Wild Jordan (voir 57)

Où se loger
16 Art Hotel B3
17 Cliff Hotel B4
18 Farah Hotel C3
19 Heritage House B5
20 Jordan Tower Hotel E3
21 Palace Hotel C4

Où se restaurer
22 Afrah Restaurant & Coffeeshop B3
23 Al-Quds Restaurant B3
24 Cairo Restaurant C5
25 Cantaloupe B5
Habibah (voir 23)
26 Hashem Restaurant B3
27 Restaurant Mohammed Malik C4
28 Sara Seafood Restaurant B4
29 Sufra A5
The Café (voir 57)
Wild Jordan Café (voir 57)

Où prendre un verre et faire la fête
30 Al Hail Restaurant & Café F4
31 Al-Rashid Court Café B4
32 Al-Sendabad Coffee Shop E4
Auberge Café (voir 17)
33 Books@café B6
Darat al-Funun Café (voir 5)
La Calle (voir 25)
Montage (voir 35)
Orient Bar & Restaurant (voir 17)
Peace Café (voir 26)
34 Shaher's Penthouse Cafeteria C5

Où sortir
35 Royal Film Commission B6

Achats
36 Boutique de souvenirs Al-Afghani C5
37 Balian B5
38 Bawabet al-Sharq A5
39 Beit Shocair B6
40 Jacaranda B6
41 Jordan River Foundation A5
42 Love on a Bike B6
43 Mlabbas A5
44 Ola's Garden B6
45 Soap House Trinitae B5
46 Souk Jara B5
Wild Jordan Centre (voir 57)

Renseignements
47 Poste de police d'Al-Madeenah C4
48 Poste centrale B3
49 Billetterie de la citadelle D2
50 Bureau des douanes B3
51 Internet Yard A3
53 Service des colis postaux B3
54 Sahloul Exchange Co C4
55 Police touristique F3
56 Welcome Internet B3
57 Wild Jordan Centre B4

Transports
58 Arrêt du bus n°26 C4
59 KLM B2
60 Gare des bus locaux C6

qui se dressait ici avant elle. Longtemps, des spécialistes débattirent pour savoir si l'espace central était à l'origine couvert ou ouvert aux éléments. La question fut finalement tranchée, et la construction d'une coupole fut confiée à une équipe espagnole.

Une **cour**, au nord de la salle d'audience, mène à une **allée de colonnes** de 10 m de largeur, bordée d'arches et de bâtiments résidentiels et administratifs. Plus au nord, on atteint la **résidence du gouverneur**, qui comprend la **salle du trône**.

À l'est de la salle d'audience, la **citerne omeyyade**, gigantesque cavité circulaire dans laquelle plonge une volée de marches, alimentait autrefois en eau le palais et ses environs. Le petit disque central, au sol, est le socle d'un pilier, maintenant disparu, qui servait à mesurer le niveau de l'eau.

Près du musée, au sud, s'élèvent les vestiges d'une petite **basilique byzantine** du VIe ou du VIIe siècle détruite par des séismes ; on y voit quelques mosaïques.

La **billetterie** se trouve sur la route qui mène à l'entrée de la citadelle. En général, des guides polyglottes (jusqu'à 15 JD/heure), dûment accrédités, s'y rassemblent. Ils sauront rendre votre visite plus captivante.

On accède à la citadelle via la rue Al-Malek Ali bin al-Hussein. Mieux vaut prendre un taxi pour y monter (environ 1 JD depuis la ville basse) et garder votre énergie pour la balade à pied dans le sens de la descente. Un escalier situé à l'est de la citadelle rejoint Hashemi St, en face du théâtre romain. C'est un bon point de départ pour une visite à pied de la ville basse (voir p. 50).

♥ Théâtre romain — SITE ANTIQUE

(carte p. 46 ; avec le Musée ethnographique et le musée des Traditions populaires 1 JD ; 8h-16h sam-jeu et 9h-16h ven oct-mars, 8h-19h avr-sept). Ce théâtre magnifiquement restauré est le vestige le plus impressionnant de l'ancienne Philadelphie et, pour la plupart des visiteurs, le site phare d'Amman. Creusé dans le flanc d'une colline, il peut accueillir 6 000 personnes. La lumière douce du matin permet de prendre les meilleures photos ; toutefois, juste avant le coucher du soleil, la vue du haut des dernières rangées de gradins est également superbe.

Le théâtre aurait été édifié au IIe siècle, sous Antonin le Pieux (règne 138-161). Il s'étage sur 3 niveaux : les gouvernants s'asseyaient aux premières loges, près de la scène, dans un espace protégé au milieu par des rangées de soldats, tandis que la plèbe tendait le cou depuis les rangs supérieurs.

Les théâtres avaient alors souvent une fonction religieuse. La petite structure au-dessus du dernier rang des gradins abritait ainsi une statue de la déesse Athéna, qui occupait une place majeure dans la vie religieuse de la cité.

Une restauration complète fut entreprise à partir de 1957, malheureusement avec des matériaux différents de ceux utilisés à l'origine. Néanmoins, le résultat est impressionnant, d'autant que le théâtre a retrouvé sa vocation initiale : depuis quelques années, il accueille des spectacles, parfois en juillet et en août. Renseignez-vous auprès de l'office du tourisme ou de votre hôtel.

Musée ethnographique — MUSÉE

(Folklore Museum ; carte p. 46 ; 4651742 ; site du théâtre romain ; entrée comprise avec le théâtre romain ; 8h-19h sam-jeu et 10h-16h ven mai-sept, 8h-17h sam-jeu et 10h-16h ven oct-avr). Tout de suite à droite en entrant dans le théâtre romain, ce musée abrite une collection modeste d'objets illustrant la vie traditionnelle jordanienne. On y voit notamment une tente de Bédouins en poils de chèvre accompagnée d'outils, des instruments de musique tel le *rababa* (vièle bédouine à une corde frottée), des métiers à tisser, des *mihbash* (moulins à café), des armes et divers costumes, dont une robe circassienne traditionnelle. Ne manquez pas les photos en noir et blanc de l'ancienne Amman, à proximité de l'entrée.

Musée des Traditions populaires — MUSÉE

(Museum of Popular Traditions ; carte p. 46 ; 4651670 ; site du théâtre romain ; entrée comprise avec le Théâtre Romain ; 8h-19h sam-jeu et 10h-16h ven mai-sept, 8h-17h sam-jeu et 9h-16h ven oct-avr). Immédiatement à gauche quand on pénètre dans le théâtre romain, ce petit musée réunit une collection de costumes, bijoux et masques traditionnels. Des mosaïques de Jérash sont exposées dans une salle distincte – elles valent le coup d'œil, car il en reste très peu sur le site.

Forum — SITE ANTIQUE

(carte p. 46). L'esplanade à colonnades située juste devant (au nord) le théâtre romain est tout ce qu'il reste du forum, construit en 190. Il s'agissait de l'une des plus grandes places publiques de la Rome impériale (100 x 50 m environ). Elle était flanquée de colonnades sur trois côtés et, sur le quatrième, du Seil Amman (un cours d'eau) ; presque tous ces éléments sont désormais enfouis sous les rues de la ville moderne. Le site accueillera prochainement un vaste espace public à l'esthétique contemporaine – les travaux étaient presque achevés lors de notre passage.

Odéon — THÉÂTRE

(carte p. 46 ; en journée). GRATUIT L'odéon, d'une capacité de 500 places, se tient à l'est du forum. Édifié au IIe siècle, il accueillait avant tout des représentations musicales. Son petit amphithéâtre était probablement fermé par des toits amovibles en bois ou en toile, destiné à abriter les artistes et les spectateurs. Comme le théâtre romain, il accueille occasionnellement des spectacles.

UN TUNNEL SOUS LA VILLE

Afin d'éviter de se mêler au peuple, les nobles de l'ancienne Philadelphie romaine construisirent un tunnel reliant entre eux les principaux sites de la ville, c'est-à-dire les hauteurs de la citadelle, le nymphée et le théâtre. Le tracé exact du tunnel et son état d'usage sont un secret bien gardé.

Nymphée FONTAINE

(carte p. 46 ; Quraysh St ; en journée sam-jeu). GRATUIT Cette fontaine publique monumentale construite en 191 formait autrefois un ensemble sur deux niveaux, avec des points d'eau, des mosaïques, des sculptures et probablement un bassin de 600 m² - le tout dédié aux nymphes. Des fouilles ont été entreprises en 1993, mais la restauration n'est pas encore achevée. Vous n'y verrez que des colonnes, une belle arche et quelques niche ; des trésors cachés seront peut-être mis au jour dans les années à venir.

Mosquée Al-Husseiny MOSQUÉE

(carte p. 46 ; Hashemi St). GRATUIT Édifiée en 1924 sous le règne du roi Abdallah Ier et restaurée en 1987, cette mosquée de style ottoman se dresse au cœur de la ville basse, sur le site d'un sanctuaire antérieur datant de 640. À défaut de briller par son architecture, c'est un centre animé, où se rencontrent les habitants d'Amman. Les non-musulmans ne sont généralement pas admis.

Duke's Diwan MUSÉE

(carte p. 46 ; Al-Malek Faisal St ; aube-crépuscule). GRATUIT Cet ancien hôtel particulier, construit en 1924, a successivement accueilli la poste centrale (la première d'Amman), le ministère des Finances et un hôtel. Il a été restauré et meublé dans le style de l'époque par un homme d'affaires jordanien, qui est aussi "duc" du village de Mukheiba. Il n'y a pas grand-chose à voir et l'escalier a connu des jours meilleurs, mais l'endroit donne un aperçu d'une ère révolue.

Darat al-Funun MAISON DES ARTS

(carte p. 46 ; 4643251 ; www.daratalfunun.org ; 13 Nadim al Mallah St, Weibdeh ; 10h-19h sam-jeu). GRATUIT Au nord de la ville basse, à flanc de colline, ce superbe ensemble culturel est consacré à l'art contemporain. Le bâtiment principal abrite une petite galerie d'art exposant des œuvres d'artistes jordaniens et d'autres pays arabes, une bibliothèque de livres d'art, et des ateliers de peintres et sculpteurs. Consultez le site Internet ou le *Jordan Times* pour connaître le calendrier des manifestations (expositions, conférences, projections de films et débats).

Le site mérite également le détour pour ses vestiges architecturaux. À l'entrée, les ruines d'une église byzantine du VIe siècle ont été excavées. Les bâtiments situés en surplomb, sur la colline, sont principalement des résidences des années 1920. C'est dans l'une d'elles que T. E. Lawrence, passé à

Promenade Amman à pied

DÉPART CITADELLE
ARRIVÉE HASHEM RESTAURANT
DISTANCE 3 KM ; 2 HEURES

C'est en flânant dans la ville basse, véritable cœur d'Amman, que vous découvrirez la plupart des sites d'intérêt – de préférence le matin (pour les photos) ou en début de soirée, quand les souks sont particulièrement animés.

Partez de la 1 **citadelle** (p. 47), située sur une colline. Les colonnes du temple d'Hercule vous aideront à appréhender les racines de l'ancienne Philadelphie ; de là, remarquez combien la ville s'est étendue au-delà de ses sept collines d'origine.

Suivez Al-Qalat St le long des remparts. Un escalier (près d'une école avec un drapeau) conduit à Salah bin Al-Akwa St : c'est le raccourci des Ammaniens pour gagner la ville basse. Du 2 **point de vue** à droite, contemplez le théâtre romain. Un autre escalier descend encore plus bas, après l'Amman Panorama Art Gallery.

Gagnez l'artère principale (Hashemi St) tout en bas, traversez Hashemite Square et montez sur la colline à gauche du théâtre. Admirez la vue de la citadelle et les façades hétérogènes de l'artère principale ; la plupart furent construites entre le milieu du XIXe siècle et le milieu du XXe. Prenez l'escalier en face du café et passez devant les boutiques de souvenirs pour rejoindre le site du théâtre.

Le petit édifice sur la droite est l' 3 **odéon**, un peu éclipsé par le 4 **théâtre romain** (p. 49), qui semble s'étendre à l'infini sur la colline. Passez entre le théâtre et les colonnes romaines, seuls vestiges du 5 **forum** (p. 49) ; la nouvelle place se prête à la traditionnelle balade du soir, chère aux Ammaniens. De là, le cœur de la ville basse s'offre à vous.

Traversez pour rejoindre Hashemi St ; vous passerez devant des marchands d'amandes, des parfumeries et un magasin d'articles pour les mosquées, comme les croissants dorés des minarets. Tournez à gauche au feu et vous arrivez au 6 **nymphée** (p. 50). Imaginez la grande fontaine romaine et la rivière qui coulait à proximité et passe aujourd'hui sous la rue.

Pénétrez dans le 7 **souk aux fruits et légumes**, situé en face, où vous voyagerez dans tout le Moyen-Orient : dattes d'Arabie saoudite, pistaches d'Iran, olives de Syrie…

À la boutique jaune, tournez à gauche, passez devant les boulangeries, puis prenez à droite dans le 8 **souk des quincailliers**, dévolu aux bouilloires, aux louches géantes… Obliquez à droite dans Petra St (prononcez "Betra") et ouvrez grand vos narines : l'arôme des épices moulues et du café torréfié est particulièrement savoureux. Des deux côtés de la rue, on trouve des 9 **officines de pharmacopée**, avec des crocodiles séchés suspendus, des plateaux d'étoiles de mer et des tiroirs garnis de plantes et de henné.

Tournez à droite dans Hashemi St pour arriver à la 10 **mosquée Al-Husseiny** (p. 50). Le vendredi, à l'heure du déjeuner, des centaines d'hommes en sortent après le prêche hebdomadaire. Devant, des artisans assis derrière leurs outils guettent les clients.

Traversez la rue et entrez dans la petite 11 **boutique de souvenirs Al-Afghani**, où le moindre espace est occupé par des jeux d'échecs, des timbres anciens, des radios-réveils en plastique en forme de mosquée…

Tournez à gauche dans Basman St, où vous admirerez les robes palestiniennes brodées, puis prenez à droite l'escalier qui descend juste avant le n°22. Dans le 12 **souk des femmes**, les allées débordent de lingerie sexy. Ce n'est peut-être pas un hasard si le 13 **souk de l'or** se trouve en face, de l'autre côté de King Faisal St (Al-Malek Faisal St).

En remontant Shabsough St, vous tomberez sur le petit 14 **souk Al-Sri Lankiyitat**, où sont regroupées des échoppes destinées à la communauté sud-asiatique d'Amman.

Continuez dans King Faisal St et vous arriverez au 15 **Duke's Diwan** (p. 50). Désormais, les vieux bâtiments comme celui-là sont signalés par des panneaux en anglais le long de King Faisal St. Ainsi, juste après le beau bâtiment de l'Arab Bank, un panneau indique 16 **Habibah** (p. 60), un marchand de douceurs renommé, où des plateaux de cuivre sont garnis de *kunafa* (gâteau à la semoule, au fromage et au sirop). Après avoir fait le plein de desserts, regagnez Al-Malek Faisal St pour goûter aux succulents houmous et falafels d'Amman au légendaire 17 **Hashem Restaurant** (p. 60).

Jebel Amman

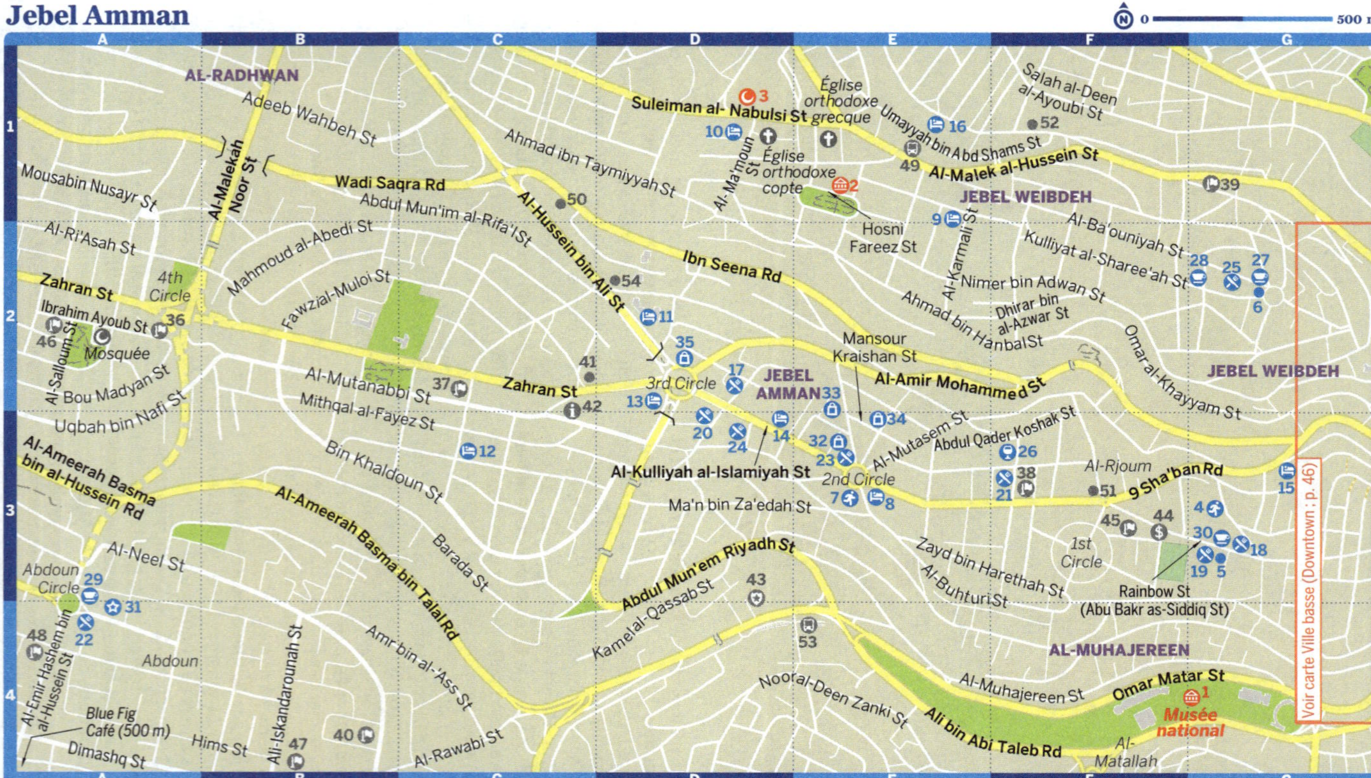
0
500 m
AL-RADHWAN
Adeeb Wahbeh St
Suleiman al- Nabulsi St
Église orthodoxe grecque
Église orthodoxe copte
Al-Ma'moun St
Umayyah bin Abd Shams St
Salah al-Deen al-Ayoubi St
Al-Malek al-Hussein St
Mousabin Nusayr St
Al-Malekah Noor St
Wadi Saqra Rd
Ahmad ibn Taymiyyah St
Abdul Mun'im al-Rifa'I St
Al-Hussein bin Ali St
Ibn Seena Rd
Hosni Fareez St
JEBEL WEIBDEH
Al-Karmali St
Al-Ba'ouniyah St
Kulliyat al-Sharee'ah St
Nimer bin Adwan St
Dhirar bin al-Azwar St
Ahmad bin Hanbal St
Omar al-Khayyam St
Al-Ri'Asah St
Mahmoud al-Abedi St
Fawzial-Muloi St
Zahran St
4th Circle
Ibrahim Ayoub St
Mosquée
Al-Salloum St
Bou Madyan St
Uqbah bin Nafi St
Al-Mutanabbi St
Mithqal al-Fayez St
3rd Circle
JEBEL AMMAN
Mansour Kraishan St
Al-Amir Mohammed St
Al-Mutasem St
Abdul Qader Koshak St
Al-Kulliyah al-Islamiyah St
2nd Circle
Ma'n bin Za'edah St
Al-Rjoum
9 Sha'ban Rd
Al-Ameerah Basma bin al-Hussein Rd
Bin Khaldoun St
Al-Ameerah Basma bin Talal Rd
Barada St
Abdul Mun'em Riyadh St
Kamelal-Qassab St
Zayd bin Harethah St
Al-Buhturi St
1st Circle
Rainbow St (Abu Bakr as-Siddiq St)
AL-MUHAJEREEN
Al-Neel St
Abdoun Circle
Abdoun
Al-Emir Hashem bin al-Hussein St
Blue Fig Café (500 m)
Dimashq St
Hims St
Ali-Iskandarounah St
Amr bin al-'Ass St
Al-Rawabi St
Nooral-Deen Zanki St
Al-Muhajereen St
Omar Matar St
Ali bin Abi Taleb Rd
Musée national
Al-Matallah
Voir carte Ville basse (Downtown : p. 46)
1
2
3
4
5
6
7
8
9
10
11
12
13
14
15
16
17
18
19
20
21
22
23
24
25
26
27
28
29
30
31
32
33
34
35
36
37
38
39
40
41
42
43
44
45
46
47
48
49
50
51
52
53
54
A
B
C
D
E
F
G

Jebel Amman

Les incontournables
1 Musée national G4

À voir
2 Galerie nationale des Beaux-Arts E1
3 Mosquée du roi Abdallah D1

Activités
4 Bike Rush G3
5 British Council G3
6 Institut français G2
7 Marrakech Hammam E3

Où se loger
8 Belle Vue Hotel E3
9 Canary Hotel E1
10 Caravan Hotel D1
11 Grand Hyatt Amman D2
12 Hisham Hotel C3
13 Hotel Le Royal D2
14 Jordan InterContinental Hotel D3
15 Sydney Hostel G3
16 Toledo Hotel E1

Où se restaurer
17 Abu Ahmad Orient Restaurant D2
18 Al Quds G3
19 Ararat G3
20 Bonita Inn D3
21 Fakhr El-Din Restaurant F3
22 Noodasia A4
23 Reem Cafeteria E3
24 Romero Restaurant D3
25 Volk's Burger G2

Où prendre un verre et faire la fête
26 Grappa F3
27 Kepi G2
Living Room .... (voir 24)
28 Rumi G2
29 Tche Tche Café A3
30 Turtle Green G3

Où sortir
31 Galleria A4

Achats
32 Al-Alaydi Jordan Craft Centre E3
33 Al-Burgan E2
34 Artisana E3
35 Oriental Souvenirs Store D2

Renseignements
36 Ambassade des Pays-Bas A2
37 Ambassade de France C2
38 Ambassade d'Iraq F3
39 Consulat d'Irlande G1
40 Ambassade du Liban B4
41 Ministère des Affaires étrangères C2
42 Ministère du Tourisme et des Antiquités C2
43 Poste de police de Muhajireen D3
44 Musharbash Exchange F3
45 Consulat d'Arabie saoudite F3
46 Ambassade de Syrie A2
Police touristique .... (voir 42)
47 Ambassade du Royaume-Uni B4
48 Ambassade du Yémen A4

Transports
49 Gare routière d'Abdali E1
50 Emirates C1
51 Firas Car Rental F3
52 Gulf Air F1
53 Gare routière de Muhajireen E4
Royal Jordanian Airlines .... (voir 14)
54 Turkish Airlines D2

la postérité sous le nom de Lawrence d'Arabie, écrivit une partie des *Sept Piliers de la sagesse*. Vous pourrez profiter sur place d'un café paisible et d'un jardin dominant la ville.

L'accès est plus facile à pied. De l'extrémité sud de King Hussein St, montez l'escalier situé sous l'enseigne de l'hôtel Riviera. En haut des marches, tournez immédiatement à droite dans Nimer bin Adwan St et continuez à monter sur 50 m, avant de prendre à gauche. Le portail d'entrée est sur la droite, quelques mètres plus loin.

Jebel Amman et ses environs

Rainbow Street RUE

(Abu Bakr as-Siddiq St ; carte p. 46). Cette rue de Jebel Amman mérite à elle seule le détour. Les Ammaniens viennent le soir flâner et se rassembler dans les nombreux cafés et restaurants fabuleux, pour voir et être vus. En journée, vous profiterez de nombreuses boutiques (notamment de souvenirs) ; que ce soit de jour ou de nuit, mieux vaut la découvrir à pied, car elle est étroite, à sens unique et donc rapidement engorgée.

Mosquée du roi Abdallah MOSQUÉE

(carte p. 52 ; ☎5672155, poste 219 ; Suleiman al-Nabulsi St, Jebel al-Weibdeh ; avec l'entrée au musée 2 JD ; ⌚8h-11h et 12h30-14h sam-jeu). Érigée selon le souhait de feu le roi Hussein pour rendre hommage à son grand-père, cette mosquée au dôme bleu fut achevée en 1989. L'intérieur peut accueillir jusqu'à 7 000 fidèles et la cour extérieure, 3 000. Un espace de 500 places est réservé aux femmes ; un autre, à la famille royale. La salle de prière octogonale, assez sombre, est surmontée d'une magnifique coupole de 35 m de diamètre, décorée d'inscriptions coraniques. C'est la seule mosquée d'Amman à laquelle les non-musulmans ont accès.

Installé dans la mosquée, le petit Musée islamique présente quelques poteries, des photographies et des effets personnels du roi Abdallah Ier. On y voit également des fragments de poteries anciennes, des pièces de monnaie et des pierres gravées.

La mosquée peut aussi se visiter le vendredi, à condition d'éviter les heures de prière ; mieux vaut toutefois appeler au préalable pour vous en assurer. Les femmes doivent se couvrir les cheveux – des foulards sont disponibles à l'entrée de la mosquée, ainsi que des *abaya* (tuniques noires descendant jusqu'aux pieds), destinés à couvrir les bras, les jambes ou le jean. Il faut se déchausser avant d'entrer.

Galerie nationale des Beaux-Arts MUSÉE

(Jordan National Gallery of Fine Arts ; carte p. 52 ; ☎4630128 ; www.nationalgallery.org ; Hosni Fareez St, Jebel al-Weibdeh ; 5 JD ; 🕘9h-17h mer-lun). Cette galerie, remarquable malgré sa petite taille, permet d'apprécier la peinture, la sculpture et la poterie jordaniennes contemporaines. Rénové en 2005, son bel espace met également en valeur l'art contemporain de tout le Moyen-Orient et du monde musulman. Les expositions temporaires, de haut niveau, sont une précieuse introduction à l'art islamique.

La galerie est indiquée depuis Suleiman al-Nabulsi St, en face de la mosquée du roi Abdallah. Le musée se compose de 2 bâtiments séparés par un petit parc. Au nord du jardin, le bâtiment 1, le plus petit, abrite une excellente boutique de souvenirs. En face, le bâtiment 2 renferme l'essentiel de la collection, ainsi qu'un café.

Autres quartiers périphériques

Musée militaire MUSÉE

(Military Museum ; carte p. 59 ; ☎5664240 ; 🕘9h-16h sam-jeu). GRATUIT Le monument à la mémoire des martyrs, simple et solennel, abrite une petite collection de documents retraçant l'histoire militaire du pays, depuis la révolte arabe de 1916 – qui fit 10 000 victimes parmi les combattants arabes – et jusqu'aux guerres israélo-arabes. Il privilégie toutefois le souvenir sur la vérité historique.

L'édifice se trouve sur la route de Zarqa, à 1 km à l'est du carrefour de Sports City. Comptez environ 6 JD en taxi (individuel) depuis la ville basse.

Chemin de fer du Hedjaz GARE FERROVIAIRE

(Hejaz Railway ; carte p. 73 ; ☎06-4895413 ; King Abdullah I St ; 2 JD ; 🕘aube-crépuscule). Hormis quelques rares trains de marchandises, seuls les courants d'air circulent aujourd'hui dans cette gare historique. Pendant des années, on a cru que des passagers pour Aqaba emprunteraient à nouveau ce chemin de fer, célèbre en Occident grâce aux aventures de T. E. Lawrence. Il y a un modeste musée sur place et l'on peut même s'asseoir dans le Royal Carriage, élégamment décoré. La gare est à 2,5 km à l'est du théâtre romain, en lisière de la ville basse.

Mosquée Abu Darwish MOSQUÉE

L'impressionnante façade de pierre noire et blanche de cette mosquée, érigée en 1961, se dresse au sommet du jebel al-Ashrafiyeh. Les non-musulmans ne sont généralement pas autorisés à y pénétrer. Le *taxi-service* n°25 ou 26, depuis Italian St, dans la ville basse, pourra vous y conduire. La montée à pied, depuis le sud-est de la ville basse, est particulièrement longue et escarpée.

Royal Automobile Museum MUSÉE

(☎5411392 ; www.royalautomuseum.jo ; King Hussein Park ; 3 JD ; 🕘10h-19h mer-lun, 11h-19h ven). Les amateurs de belles voitures apprécieront l'exposition composée de plus de 70 modèles de voitures et motos provenant de la collection personnelle du roi Hussein. Le musée est situé au nord-ouest de la ville, au nord du 8th Circle ; prenez un taxi – le meilleur moyen pour s'y rendre depuis la ville basse.

Activités

Les hôtels haut de gamme proposent un accès à la journée à leurs installations, **piscine** comprise (à partir de 25 JD environ).

Sports City NATATION

(carte p. 59 ; ☎5667181 ; 15 JD casier inclus). Ce complexe, dans le nord d'Amman, comporte un bassin olympique. Les non-membres paieront selon leur heure d'arrivée (plus on arrive tard, plus le tarif baisse). Attention : les femmes risquent de se sentir mal à l'aise dans cet établissement. Le complexe Sports City abrite également des courts de tennis, dont la location revient à 4 JD/heure.

DÉTENTE DANS LES HAMMAMS D'AMMAN

Si vous sentez vos muscles endoloris par une journée de marche dans les collines, attendez de voir comment les masseurs du hammam local arrangeront les choses ! Ces derniers, massifs et musclés (femmes ou hommes, selon votre sexe), n'auraient aucun mal à se reconvertir en sumotoris et vous pouvez compter sur eux pour trouver des parties de votre corps que vous ignoriez jusqu'alors ! De plus, sachez que l'art de l'exfoliation extrême figure parmi leurs multiples talents...

Création ottomane inspirée des anciens thermes romains, le hammam est depuis des siècles un lieu où l'on se réunit, et où l'on procède à des ablutions rituelles. Les hammams d'Amman, bien que modernes pour la plupart, s'inscrivent dans cette tradition, à l'image du **Al-Pasha Turkish Bath** (carte p. 46 ; ✆4633002 ; www.pashaturkishbath.com ; Al-Mahmoud Taha St ; 25 JD ; ⌚9h-2h, dernière réservation à minuit) et du **Marrakech Hammam** (carte p. 52 ; ✆4615551 ; Bldg 45, 2nd Circle ; 30 JD ; ⌚femmes 9h-16h, hommes 17h-1h).

Tout commence par un court passage dans l'étuve, où l'on sue en sirotant un *karkadé* (infusion d'hibiscus sucrée). Attention : la vapeur se condense, et il arrive que des gouttes brûlantes tombent du plafond. Ensuite, il faut se glisser dans un Jacuzzi, afin d'assouplir la peau et de la préparer au gommage. Pour l'étape suivante, le gommage, un employé appelle les clients un par un dans les alcôves alignées le long des murs.

Le gommage, qui est pratiqué avec un gant rugueux, débarrasse le corps de ses peaux mortes. Pour quelques dinars de plus, on peut même s'occuper des callosités de vos pieds avec une lime. Après 5 à 10 minutes d'un gommage souvent énergique, on a la peau aussi douce que celle d'un bébé. Il est alors temps de s'allonger sur la dalle de marbre où l'on procède au massage à l'huile d'olive. Selon le nombre de clients qui attendent leur tour, le massage dure de 10 à 15 minutes. Moyennant un supplément, on peut aussi demander un massage facial ou un enveloppement de boue pour le corps.

Généralement, les femmes sont admises au hammam en journée ; le soir est plutôt réservé aux hommes. Enfin, deux conseils : pensez à réserver, car l'établissement affiche vite complet ; et prévoyez un maillot de bain couvrant suffisamment le corps.

Royal Racing Club COURSES
(✆5850630). Des courses de chevaux et de dromadaires sont organisées au printemps et en été ; il y a aussi des cours d'équitation. Renseignez-vous sur place. Le club est situé en retrait de la route du Désert (Desert Highway), en direction de l'aéroport Queen Alia.

Cours

Amman est devenu un lieu privilégié pour apprendre l'arabe. La ville attire des étudiants qui auraient opté pour le Caire ou Damas en des temps moins troubles.

♥ **Beit Sitti** COURS DE CUISINE
(carte p. 46 ; ✆077-7557744 ; www.beitsittijo.com ; à partir de 30 JD). Pour découvrir les arcanes de la gastronomie jordanienne, rendez-vous à la "maison de grand-mère" (*beit sitti* en jordanien), une villa aux confins de Weibdeh, où les pétulantes sœurs Maria, Dina et Tania Haddad ont ouvert la cuisine de leur demeure familiale à des élèves passionnés. Vous aborderez des recettes classiques et méconnues, puis dégusterez à la fin du cours l'appétissant festin ainsi concocté. Les tarifs varient selon la taille du groupe. Prévenez bien à l'avance si vous êtes végétarien.

Shababeek COURS DE LANGUE
(✆5822158 ; www.shababeekcenter.com ; 23 Baris St, Sweifieh). Les prix varient en fonction du nombre d'élèves et d'heures hebdomadaires : 10 heures (5,500-9 JD/heure), 20 heures (4,500-7 JD/heure).

Ahlan World COURS DE LANGUE
(carte p. 46 ; ✆4612371 ; www.ahlan-world.org ; 8 Fou'ad Slim St, Weibdeh ; 2 semaines à partir de 140 JD). Hébergement possible.

Institut français COURS DE LANGUE
(carte p. 52 ; ✆4612658 ; www.ifjordan.com/ ; Kulliyat al-Sharee'ah St, Weibdeh ; 45 heures 170 JD ; ⌚9h-18h30 sam-mer, 9h-15h jeu). Propose des leçons d'arabe.

Circuits organisés

Les principaux hôtels pour petits budgets organisent des excursions d'une journée au départ d'Amman.

Bike Rush VÉLO
(carte p. 52 ; 079-9454586 ; www.facebook.com/bikerush ; sam-jeu 12h-21h). Excursion d'une journée à environ 18 JD, transport inclus jusqu'à la région visitée. La plupart des destinations sont rapidement accessibles en voiture depuis Amman ; la mer Morte, Madaba et le mont Nebo sont habituellement au programme, mais le choix varie selon la saison. Au printemps, beaucoup optent pour une escapade dans les collines verdoyantes du nord.

Des circuits sur mesure sont proposés, de même que la simple location de vélo (il vous sera même livré à votre lieu d'hébergement). La boutique est à une minute de marche en descendant depuis Rainbow St.

Tropical Desert CIRCUITS AVENTURE
(079-5431616 ; www.tdtrips.com). Amateur d'adrénaline ? Cette agence réputée propose des excursions tous les week-ends. Au programme : escalade, canyoning, randonnée et autres circuits d'aventure encadrés par des guides expérimentés.

Wild Jordan ÉCOTOUR
(carte p. 46 ; 4616523 ; www.rscn.org.jo ; Othman Bin Affan St, ville basse). Il n'existe pas de réserve naturelle dans les environs d'Amman, mais la capitale est le meilleur endroit pour organiser une escapade dans l'un des parcs de la Jordan's Royal Society for the Conservation of Nature (RSCN). L'hébergement doit généralement être retenu à l'avance. Les destinations comprennent les réserves de biosphère de Mujib et de Dana, la réserve forestière d'Ajloun et la réserve humide d'Azraq.

Fêtes et festivals

Des concerts, des représentations théâtrales et d'autres spectacles ont parfois lieu à l'odéon et au théâtre romain en juillet et en août. Le ministère du Tourisme (p. 68), situé près du 3rd Circle, est la meilleure source d'informations. Vous pourrez également consulter les journaux en anglais et les affiches dans les cafés de Rainbow St.

Le festival de Jérash (p. 85) est l'événement culturel phare du pays. Il mérite une excursion d'une journée depuis Amman.

L'**Amman Jazz Festival** (www.ammanjazzfestival.com ; avr) accueille des musiciens locaux et étrangers pour des concerts dans Amman et, occasionnellement, dans des complexes hôteliers de la mer Morte.

Le **projet Hakaya** (5687557 ; www.hakaya.org/fr ; sept) rassemble des organismes et des individus de toute la Méditerranée qui croient au pouvoir du conte comme vecteur de changements culturels positifs. Un festival a lieu à Amman en septembre.

Où se loger

Il existe deux secteurs principaux : le quartier de Jebel Amman, qui offre un choix d'hébergements de catégories moyenne et supérieure proches de la ville basse ; ou la ville basse même, qui concentre la plupart des

AMMAN AVEC DES ENFANTS

Si Amman n'est pas la ville idéale pour les enfants, ces derniers ne s'y sentiront pas moins les bienvenus, même le soir au restaurant.

Amman Waves (4121704 ; www.ammanwaves.com ; Airport Rd ; adulte/enfant 14/8 JD ; 10h-19h). Ce parc aquatique à l'occidentale est situé à 15 km au sud de la ville sur la route de l'aéroport. Pour ne pas froisser la susceptibilité des habitants, les adultes devront revêtir des maillots de bain décents (strings et bikinis à proscrire).

Centre culturel Haya (Haya Cultural Centre ; carte p. 59 ; 5665195 ; Ilya Abu Madhi St, Amman ; 9h-18h sam-jeu). Ce centre conçu spécialement pour les enfants comporte une bibliothèque, un terrain de jeux, un écomusée interactif et un château gonflable. Des activités et des spectacles sont régulièrement proposés aux petits.

Luna Park (carte p. 59 ; 5698925 ; Khaled bin al-Walid Rd, Amman ; 3 JD ; 10h-22h). Certaines attractions s'adressent aux enfants. Possède une annexe dans les jardins du roi Abdallah.

Jordan Bowling Centre (5512987 ; Makkah al-Mukarramah Rd ; 3 JD/partie). Pour jouer au bowling à 10 quilles, rendez-vous au Mecca Mall, dans la banlieue nord-ouest.

établissements pour les budgets serrés. Les cinq-étoiles offrent un bon rapport qualité/prix. Les hôtels de catégorie moyenne ont le Wi-Fi, la climatisation et la TV satellite ; ils occupent généralement des quartiers plus calmes, à l'écart des artères bruyantes. Les hôtels économiques de la ville basse varient en termes de propreté et de confort. Dans tous ceux présentés ci-dessous, vous trouverez des draps propres et au minimum un ventilateur ; de plus, la direction est aimable et expérimentée. La plupart vous aideront à organiser le transport pour la suite de votre voyage. Les tarifs comprennent généralement le petit-déjeuner.

Ville basse (Downtown)

Jordan Tower Hotel HÔTEL $

(carte p. 46 ; ☎4614161 ; www.jordantoweramman.com ; 50 Hashemi St ; dort non mixtes 13 JD, s/d/tr 28/39/46 JD ; ❄@📶). Cet hôtel chaleureux et sympathique (bien qu'un peu bruyant) est idéalement situé : à moins de dormir dans le forum, impossible d'être plus près des principaux monuments ! Il offre des chambres lumineuses et douillettes dotées d'écrans plats (petites sdb), un restaurant sur le toit, et une salle commune spacieuse et sans prétention. Excursions d'une journée à la mer Morte, à Pétra et dans d'autres sites.

Farah Hotel HÔTEL $

(carte p. 46 ; ☎4651443 ; www.farahhotel.com.jo ; Cinema al-Hussein St ; dort 4-6 lits 6 JD, s/d/tr 22/30/39 JD, s/d/tr sans sdb 14/20/27 JD ; @📶). Cet établissement bien géré dans la ville basse a la cote auprès des voyageurs qui apprécient son jardin ombragé et son atmosphère agréable et paisible, tranchant avec celle de ses voisins dans la rue principale. Le toit-terrasse jouit d'une belle vue sur la ville basse. Forts d'une longue expérience, les propriétaires vous aideront à organiser votre transport et des circuits jusqu'aux principaux sites touristiques.

Palace Hotel HÔTEL $

(carte p. 46 ; ☎4624326 ; www.palacehotel.com.jo ; Al-Malek Faisal St ; s/d/tr 20/26/40 JD, sans sdb 18/28/30 JD ; ❄@📶). Des tarifs avantageux et une situation inégalable, au cœur de King Faisal St (entrée par la petite rue piétonne attenante). Les chambres, sobres et aérées, ont pour certaines un balcon dominant l'animation de la rue. L'hôtel propose le transport jusqu'aux sites majeurs à l'extérieur d'Amman (sur inscription).

Cliff Hotel HÔTEL $

(carte p. 46 ; ☎4624273 ; Al-Malek Faisal St ; s/d/tr/qua sans sdb 8/10/12/15 JD, petit-déj 1,500 JD ; 📶). Un hôtel économique bien établi, aux chambres sommaires assez sombres. Les jeunes voyageurs se retrouvent dans le salon lumineux (ne vous laissez pas rebuter par l'entrée peu engageante). Eau chaude dans les sdb communes. Possibilité de dormir sur la terrasse en été. Propose des excursions à la journée (mer Morte, Pétra et autres sites).

Sydney Hostel HÔTEL $

(carte p. 52 ; ☎4641122 ; sydney_hostel@yahoo.com ; 9 Sha'ban St ; dort 7 JD, s/d 27/35 JD ; ❄📶). À l'écart des autres hôtels de la ville basse, cet établissement possède de grandes chambres (une singularité bienvenue) et un immense espace commun autour de la réception. Une bonne surprise pour ce prix. La nuit en dortoir n'inclut pas le petit-déjeuner.

Art Hotel HÔTEL $$

(carte p. 46 ; ☎4638900 ; www.facebook.com/ArtHotelDowntown ; 30 Al-Malek Faisal St ; d environ 70 JD ; 🚭❄📶). Sur le point d'ouvrir lors de notre visite, cet hôtel classieux deviendra sans doute une adresse de choix dans la ville basse – blanc immaculé et chambres bien équipées. Comptoir-traiteur à la réception ; un restaurant était en travaux lors de notre passage. Toit-terrasse avec vue sur la ville.

Jebel Amman et ses environs

Caravan Hotel HÔTEL $

(carte p. 52 ; ☎5661195 ; caravan@go.com.jo ; Al-Ma'moun St ; s/d/tr/qua 22/28/33/38 JD ; @). Un excellent choix, dans une rue tranquille près de la mosquée du roi Abdallah, aux grandes chambres propres et lumineuses avec douche et toilettes. Le Caravan, qui accueille les visiteurs depuis plus de 45 ans, propose aussi un service de transport très complet (chauffeurs anglophones). En taxi, comptez 3 JD jusqu'à la gare routière nord.

Canary Hotel HÔTEL $

(carte p. 52 ; ☎4638353 ; canary_h@hotmail.com ; 17 Al-Karmali St ; s/d 24/32 JD ; @). Dans le quartier verdoyant de Jebel al-Weibdeh, cet hôtel douillet, de type B&B, semble à des années-lumière du tumulte de la ville basse. Les chambres, d'une propreté irréprochable (y compris dans les sdb), sont plus confortables que luxueuses. Agréable jardin.

Heritage House HÔTEL $$
(carte p. 46 ; ☎4643111 ; www.heritageamman.com ; Rainbow St ; ch 90 JD ; 📶). La scène hôtelière a mis du temps à s'intégrer à la métamorphose de Rainbow St, mais l'Heritage House est parvenu à tirer parti de sa position. Ses petites chambres et studios, compacts, raffinés et modernes, permettent d'échapper au tumulte urbain.

Toledo Hotel HÔTEL $$
(carte p. 52 ; ☎4657777 ; www.toledohotel.jo ; Umayyah bin Abd Shams St ; s/d/tr à partir de 70/80/90 JD ; ❄@📶🏊). Cet hôtel moderne propose un hébergement de qualité, proche du haut de gamme. Les chambres, contemporaines et à l'éclairage tamisé, offrent des équipements dignes de la classe affaires et des sdb spacieuses. Céramiques de style marocain et arcs outrepassés dans la réception. Wi-Fi gratuit.

Hisham Hotel HÔTEL $$
(carte p. 52 ; ☎4644028 ; www.hishamhotel.com.jo ; Mithqal al-Fayez St ; s/d à partir de 80/102 JD ; ❄@📶). Ce charmant hôtel permet de résider dans un quartier diplomatique verdoyant de Jebel Amman, à l'écart de l'agitation et néanmoins non loin de la ville basse. Les chambres confortables ont la TV à écran plat et un minibar. Les hôtes apprécient l'ambiance familiale, la décoration et le bar – le Seven Barrels.

Hôtel Le Royal HÔTEL $$$
(carte p. 52 ; ☎4603000 ; www.leroyal.com/amman ; Zahran St, 3rd Circle ; ch à partir de 180 JD ; ❄@📶🏊). Tel un immense phare planté au faîte de Jebel Amman, le Royal, actuellement le plus haut bâtiment de la capitale, bat des records d'ostentation. Résidence favorite des cheikhs et des dignitaires (le pape y a séjourné), il n'est pas conçu pour l'intimité mais pour éblouir. La décoration des chambres est inspirée du Moyen-Orient traditionnel. Le Royal Spa, centre de beauté et de bien-être, est le plus grand d'Amman : 7 000 m² sur deux étages !

Jordan InterContinental Hotel HÔTEL $$$
(carte p. 52 ; ☎4641361 ; www.intercontinental.com ; Al-Kulliyah al-Islamiyah St ; ch à partir de 190 JD ; ❄@📶🏊). Le doyen des hôtels de luxe à Amman. Le majestueux "InterCon", qui accueille des dignitaires étrangers depuis la création de l'État jordanien, est prisé pour les mariages traditionnels (avec percussions). C'est une adresse de choix pour s'initier à la culture locale. Il comprend notamment une boutique d'artisanat et d'antiquités, et d'excellents restaurants jordaniens et libanais. Il dégage enfin un charme suranné, qui fait souvent défaut aux autres établissements haut de gamme.

Grand Hyatt Amman HÔTEL $$$
(carte p. 52 ; ☎4651234 ; www.hyatt.com ; Al-Hussein bin Ali St, 3rd Circle ; ch à partir de 180 JD ; ❄@📶🏊). Avec des centaines de chambres, suites et appartements, des restaurants, des bars, des discothèques, des piscines et même un centre commercial, ce complexe impressionnant est un monument d'élégance. Il est en grande partie construit avec du grès de Jérusalem poli – une touche raffinée qui en modère l'extravagance.

Belle Vue Hotel HÔTEL $$$
(carte p. 52 ; ☎4616144 ; www.bellevue.com.jo ; 2nd Circle, Jebel Amman ; s/d 85/95 JD ; ❄📶). Le Belle Vue, qui domine 2nd Circle, est à la fois un repère pratique pour s'orienter et une adresse confortable. Le service est à la hauteur des prix. De nombreuses chambres bénéficient d'une belle vue (!) sur Amman.

Shmeisani

AlQasr Metropole Hotel HÔTEL $$$
(carte p. 59 ; ☎5689671 ; www.alqasrmetropole.com ; 3 Arroub St, Shmeisani ; s/d 100/110 JD ; ❄@📶). Cet établissement est ce qui se rapproche le plus d'un boutique-hôtel à Amman. À cheval entre les catégories moyenne et supérieure au niveau de ses équipements (mais pas de ses prix !), il vous accueille dans une réception décorée de grandes toiles contemporaines. Dans le quartier à la mode de Shmeisani, il ne compte que 66 chambres, avec parquet, moulures et éclairage tamisé. Excellents restaurants et bars, dont le Vinaigrette (p. 62).

Kempinski Amman HÔTEL $$$
(carte p. 59 ; ☎5200200 ; www.kempinski.com ; Abdul Hamid Shouman St, Shmeisani ; ch à partir de 210 JD ; ❄@📶🏊). Cet hôtel à l'européenne, chic et sophistiqué, est à sa place à Shmeisani, avec ses chambres décorées de meubles de créateurs et ses sdb royales. Nombreux bars et restaurants haut de gamme, et large choix de divertissements (bowling, cinéma, centre de jeux pour les enfants...).

Le Méridien HÔTEL $$$
(carte p. 59 ; ☎5696511 ; www.lemeridien.com ; Al-Malekah Noor St, Shmeisani ; ch à partir de 120 JD ; ❄@🏊). Imposant et élégant. Telles

Shmeisani

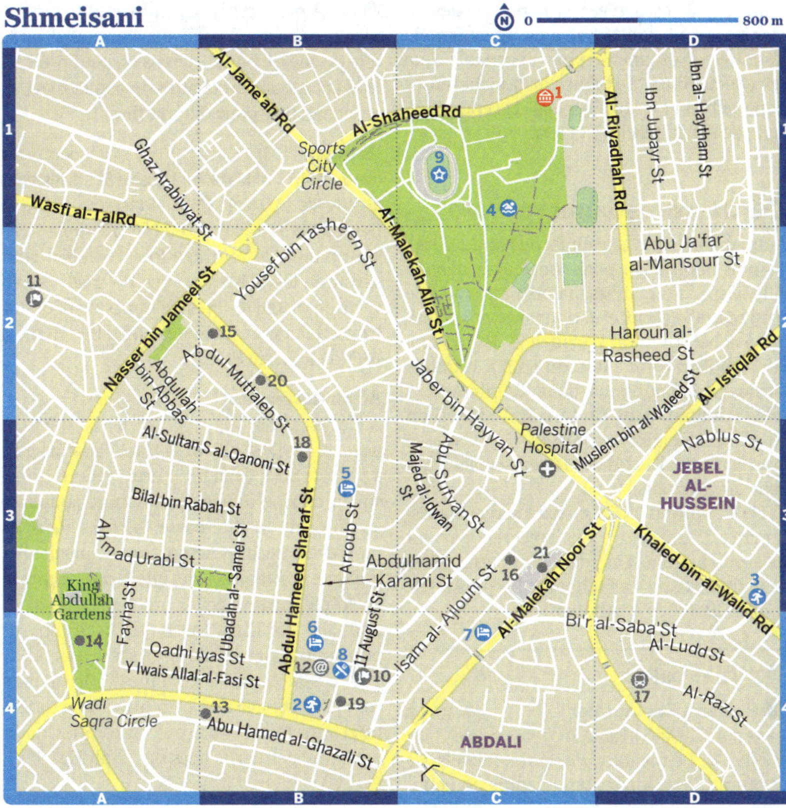

Shmeisani

À voir

1 Musée militaire C1

Activités

2 Centre culturel Haya B4
3 Luna Park D3
4 Sports City C1

Où se loger

5 AlQasr Metropole Hotel B3
6 Kempinski Amman B4
7 Le Méridien C4

Où se restaurer

8 La Terrasse B4
Vinaigrette .... (voir 5)

Où sortir

9 Amman International Stadium C1

Renseignements

10 Ambassade du Canada B4
11 Consulat d'Israël A2
12 Meeranet B4

Transports

13 Air France B4
14 Avis A4
15 Budget B2
16 Europcar C3
Hertz .... (voir 14)
17 JETT D4
18 Kuwait Airways B3
19 Lufthansa Airlines B4
National Car Rental .... (voir 7)
20 Qatar Airways B2
21 Royal Jordanian Airlines C3

sont les deux caractéristiques principales du Méridien, qui vise avant tout une clientèle d'affaires. Nettement plus abordable que ses concurrents, il séduit par ses chambres impeccables et son service exceptionnel. Salle de sport, piscines et spa.

Où se restaurer

Amman offre un vaste choix de restaurants : les plus abordables sont concentrés dans la ville basse ; les établissements plus chics, de cuisine arabe ou internationale, sont regroupés à Jebel Amman, Weibdeh et Shmeisani. Pour choisir votre table du soir à la mode locale, promenez-vous dans Rainbow St à Jebel Amman, dans Culture St à Shmeisani ou dans Waqalat St près du 7th Circle à Sweifieh, et entrez dans l'établissement qui vous tente le plus.

De nombreux pubs et bars servent aussi à manger. On trouve des épiceries partout dans la capitale. Les grands supermarchés sont situés dans les faubourgs les plus aisés, comme Sweifieh et Abdoun.

Ville basse

Hashem Restaurant FALAFELS $
(carte p. 46 ; Al-Malek Faisal St ; repas complet 3 JD ; 24h/24). Le royaume des *vrais* falafels. Ce restaurant légendaire, tenu depuis un demi-siècle par une famille turque, est si prisé des Ammaniens et des touristes que les places sont chères, malgré les tables qui débordent sur la rue (et le service très rapide). Pour éviter la file d'attente, venez déjeuner ou dîner de bonne heure. En milieu d'après-midi, vous pourrez boire un thé à la menthe, à l'heure de la sieste dans la ville basse.

Restaurant Mohammed Malik INDIEN, PAKISTANAIS $
(carte p. 46 ; 079-5440715 ; 56 Shabsough St ; currys 3 JD). Tapi dans le minuscule souk Al-Sri Lankiytat, cette cafétéria pakistanaise sert de copieux plats à la communauté sud-asiatique d'Amman : currys, *biryani*, *dal*, samosas et autres délices. L'endroit est un peu délabré, mais les plats vous réchauffent le cœur, comme les films de Bollywood projetés à la télé.

Cairo Restaurant MOYEN-ORIENTAL $
(carte p. 46 ; 4624527 ; Petra St ; repas 2-5 JD ; 6h-22h). Ce restaurant simple recommandé par des voyageurs sert une bonne cuisine locale à prix serrés. La plupart des Ammaniens choisissent le ragoût de mouton ou la tête de chèvre bouillie, mais on peut préférer le *chich taouq* (brochettes de poulet mariné) – une portion pour deux suffit.

Habibah DOUCEURS $
(carte p. 46 ; Al-Malek al-Hussein St ; pâtisseries à partir de 500 fils). Côté douceurs, il n'y a pas mieux que cette célèbre boutique ! Les gourmands de tout âge font la queue pour savourer les délices gorgés de miel, recouverts de pistaches et enveloppés de pâte filo. Une seconde enseigne est installée dans la Al-Malek Faisal St.

Afrah Restaurant & Coffeeshop MOYEN-ORIENTAL $$
(carte p. 46 ; 4610046 ; Al-Malek Faisal St ; plats à partir de 5 JD ; 9h-1h). L'atmosphère prime sur la cuisine dans ce restaurant populaire au cœur de la ville basse. Nichées dans les moindres recoins d'un hôtel particulier typique, les tables sont vite prises d'assaut en soirée, surtout celles proches des balcons donnant sur King Faisal St. Un groupe de pop arabe joue tous les soirs à partir de 21h. Les alcôves, les colonnes et le plafond sont décorés avec tout un bric-à-brac oriental d'autrefois. Entrée par un escalier raide, dans une petite rue près du Farah Hotel.

Al-Quds Restaurant BÉDOUIN $
(Jerusalem Restaurant ; carte p. 46 ; 4630168 ; Al-Malek al-Hussein St ; pâtisseries à partir de 800 fils, plats à partir de 6 JD ; 7h-22h). Cette adresse spécialisée dans les douceurs et les pâtisseries possède une grande salle à l'arrière, où l'on se régale de plats typiquement jordaniens (bon rapport qualité/prix). La spécialité de la maison est le *mensaf*, un agneau à la bédouine accompagné de riz ; la *maqlouba* (plat traditionnel à base de riz et d'aubergine) est souvent au menu.

Sara Seafood Restaurant POISSON $
(carte p. 46 ; 4561115 ; Al-Malek al-Hussein St ; poisson à partir de 5 JD ; 10h-1h). Certes, de l'extérieur, le Sara Seafood ne paie pas de mine – sans même parler de l'entrée (à côté du Cliff Hotel). C'est pourtant l'un des meilleurs restaurants de poisson du quartier. On s'installe sur le balcon donnant sur l'animation de King Hussein St ou au calme, à l'intérieur. Bon choix de salades, préparées dans la microboutique face à l'entrée.

Jebel Amman, Jebel Weibdeh et Abdoun

Al Quds FALAFELS $

(carte p. 52 ; Rainbow St ; falafels 500 fils). Nous adorons ce tout petit restaurant impeccable de Rainbow St, qui prépare des falafels depuis plus de 50 ans. Vous pourrez opter pour de savoureux sandwichs (avec tomates et pickles), servis en un éclair, sauf à l'heure du déjeuner, quand les employés de bureau arrivent en masse et qu'il y a la queue. Croyez-nous, vous y reviendrez !

Volk's Burger HAMBURGERS $

(carte p. 52 ; ☎4622020 ; www.facebook.com/VolksBurgerJo ; Paris Circle, Weibdeh ; hamburgers à partir de 3,750 JD ; 12h-1h sam-jeu, 18h-1h ven). Nos hamburgers préférés à Amman : de gros steaks hachés dans du bon pain, servis avec des frites poivrées. Excellentes garnitures – mention spéciale à celles du Wonderland (champignons, emmental, bœuf, bacon, laitue) et du Blue Cheese (bleu, oignons sautés et moutarde au miel).

Reem Cafeteria MOYEN-ORIENTAL $

(carte p. 52 ; ☎4645725 ; 2nd Circle ; chawarma à partir de 850 fils). On dénombre des centaines de kiosques à *chawarma* dans Amman, mais peu se targuent d'une aussi longue file d'attente à 3h du matin. Croquez dedans, et vous comprendrez pourquoi. Guettez le store rouge et blanc (là où se forme la file) sur 2nd Circle.

Blue Fig Café FUSION $$

(☎5928800 ; Al-Emir Hashem bin al-Hussein St ; plats 4-8 JD ; 8h30-1h). C'est dans cet établissement tout de verre et d'acier que viennent les Ammaniens branchés pour changer de la cuisine locale et se régaler de plats fusion originaux (crème brûlée à la menthe et au thé vert de Kyoto...). Agréable musique du monde en fond sonore. Lectures de poésie arabe organisées de temps à autre.

Abu Ahmad Orient Restaurant MOYEN-ORIENTAL $$

(carte p. 52 ; ☎3522520 ; 3rd Circle ; plats 5-11 JD ; 12h-24h). Une excellente table libanaise de catégorie moyenne, dont la terrasse verdoyante est très animée en été. On profite ici d'un bel éventail de viandes grillées, et de mezze chauds et froids (le point fort de l'établissement). Essayez le *buraik* (tourte à la viande ou au fromage) ou les *feuilles* de vigne farcies.

Ararat ARMÉNIEN $$

(carte p.52 ; ☎4601097 ; Rainbow St ; plats 6-12 JD ; 11h-23h45). Partez à la découverte de la cuisine arménienne – qui n'est pas sans rappeler la cuisine turque. Optez pour le *sini kufta* (ragoût d'agneau et de blé) et une salade chaude, ou essayez un assortiment d'entrées (2,250-4,500 JD) – nous avons particulièrement aimé le *lemajoun* ("pizza" arménienne), et les *mante* (raviolis), *buererg* (feuilletés au fromage) et *makanek* (saucisses épicées). La carte fait la part belle à la viande.

Wild Jordan Café CAFÉ $$

(carte p. 46 ; ☎4633542 ; Othman Bin Affan St ; plats 7-12 JD ; 11h-24h ;). Ce merveilleux café *eco-friendly* privilégie les fruits et légumes locaux, les *wraps* équilibrés, les salades bio et les herbes aromatiques de la région. Les *smoothies* changent avec bonheur du café proposé dans les établissements analogues. Les baies vitrées et la terrasse extérieure permettent d'admirer la citadelle et la ville basse – une belle manière d'embrasser les principaux sites d'Amman. Le brunch du week-end est populaire.

Noodasia ASIATIQUE $$

(carte p.52 ; ☎5936999 ; Abdoun Circle ; plats 5-10 JD). On se croirait dans les quartiers chics de Shanghai, dans cet élégant restaurant qui marie le chrome et le bois sombre. La carte met toute l'Asie à l'honneur, avec des spécialités chinoises, thaïlandaises et japonaises (nouilles, currys verts, assortiments de sushis...).

CUISINE DE RUE À AMMAN

La cuisine de rue locale s'enorgueillit de deux trésors : les falafels et les *chawarma*. Où déguster les meilleurs ?

Nos falafels préférés sont ceux du petit Al Quds (ci-dessus à gauche), qui se distingue par la fraîcheur et la saveur de ses sandwichs. Si vous êtes plutôt porté sur la viande, sachez que la Reem Cafeteria (à gauche) est souvent reconnue comme la reine des *chawarma* à Amman. Tout comme l'Al Quds, il s'agit d'une gargote facile à rater – pour les trouver, repérez les files d'habitués qu'elles attirent.

Vous pensez en avoir goûté d'autres exceptionnels ? Partagez votre découverte avec nous !

Sufra JORDANIEN $$$
(carte p.46 ; ☎4611468 ; www.facebook.com/SufraRestaurant ; 28 Rainbow St ; entrées à partir de 3,350 JD, plats à partir de 10 JD ; ⏱13h-23h30 dim-jeu, 9h30-23h30 ven-sam). Quand on sait que la famille royale compte parmi les clients de l'établissement, tout est dit. De fait, dans cette ravissante villa ancienne pourvue d'une terrasse sur jardin, on mange *vraiment* bien. Le *mansaf* (agneau au riz et aux noix nappé de sauce au yaourt), spécialité du chef, est un délice.

Romero Restaurant ITALIEN $$$
(carte p. 52 ; ☎4644227 ; www.romero-jordan.com ; Mohammed Hussein Haikal St ; plats 10-18 JD). Fondé par des immigrés italiens il y a un demi-siècle, le Romero occupe un bel hôtel particulier avec des meubles anciens, des lustres vénitiens et une cheminée où le feu crépite en hiver. Avec ses tables intimes placées dans des recoins inattendus, une bonne carte des vins et de succulentes pâtes maison, c'est une adresse romantique, recommandée pour les grandes occasions. N'oubliez pas de réserver.

Cantaloupe INTERNATIONAL $$$
(carte p.46 ; www.cantaloupe.jo ; 10 Rainbow St ; plats 10-16 JD ; ⏱13h-1h). Ce restaurant-lounge autoproclamé "pub gastronomique" est un lieu agréable pour dépenser sans compter. On peut manger à l'intérieur, mais le toit-terrasse vaut vraiment le détour (panorama époustouflant de la ville basse d'Amman). Carte internationale (bons steaks), grand choix de vins et musique jazzy.

Bonita Inn ESPAGNOL $$$
(carte p. 52 ; ☎4615060 ; plats 12-25 JD ; ⏱12h-24h). Pour changer de la cuisine moyen-orientale, cap sur cette "auberge" à dominante espagnole, très appréciée des Ammaniens pour son gaspacho, sa paella *valenciana* et ses tapas. Dans un hôtel particulier typique de Jebel Amman (en face de l'Inter-Continental), charmant et cosy.

Fakhr El-Din Restaurant MOYEN-ORIENTAL $$$
(carte p. 52 ; ☎4652399 ; Taha Hussein St ; plats 8-15 JD). Décoré avec goût, ce restaurant raffiné, au linge de table blanc, occupe une maison des années 1950 pourvue d'un ravissant petit jardin. En dix ans, d'innombrables clients sont venus apprécier "la cuisine et l'hospitalité arabes authentiques" (dixit le patron). Un choix de viandes crues (filet d'agneau, etc.) complète les plats traditionnels.

Shmeisani et autres quartiers périphériques

Vinaigrette FUSION $$$
(carte p. 59 ; ☎5695481 ; AlQasr Metropole Hotel, 3 Arroub St, Shmeisani ; plats 8-15 JD). Au dernier étage de l'AlQasr, et fidèle au style de l'hôtel, ce restaurant privilégie une cuisine fusion moyen-orientale, les sushis et les salades gourmandes – possibilité de composer votre propre assortiment. Jazz en fond sonore et superbe vue sur la ville.

La Terrasse JORDANIEN $$$
(carte p. 59 ; ☎5601675 ; 11 August St, Shmeisani ; plats 10-25 JD ; ⏱13h-1h). Une institution de Shmeisani, réputée pour ses spécialités locales et ses soupes, à déguster dans un espace douillet et décontracté perché au dernier étage. La carte des vins, très fournie, comporte des crus jordaniens et tunisiens (30-40 JD la bouteille). Presque tous les soirs après 22h30, la petite scène accueille des chanteurs et musiciens arabes, qui attirent une clientèle locale.

Diwan al-Sultan Ibrahim Restaurant MOYEN-ORIENTAL $$$
(☎5517383 ; Ocean Hotel, Shatt al-Arab St, Umm Utheina ; plats 10-15 JD ; ⏱12h-24h). Chaudement recommandé par les Ammaniens et les expatriés pour sa cuisine libanaise, le Diwan est spécialisé dans le poisson, présenté frais sur de la glace pilée. À plusieurs, vous pouvez opter pour un grand poisson Ibrahim (30 JD). La salle voûtée est agréable quand il y a foule, mais un peu impersonnelle quand on fait partie des premiers clients.

Kan Zeman BUFFET JORDANIEN $$$
(carte p. 73 ; ☎4128391 ; buffet soir 23 JD ; ⏱19h30-24h). Dans une auberge historique aux plafonds voûtés, chaque soir, les salles anciennes résonnent des notes de groupes de musique traditionnelle. Des ateliers d'artisanat, aménagés dans d'anciennes écuries, vendent de la verrerie, des tapis, des bijoux et d'autres souvenirs. Le Kan Zeman accueille principalement des groupes de touristes. Il mérite le détour uniquement si vous êtes dans le secteur – à environ 15 km au sud du 8th Circle, dans le village d'Al-Yadoudeh (à 3 km à l'est de la route du Désert). En taxi depuis la ville basse, comptez 15 JD l'aller.

Où prendre un verre et faire la fête

La vie nocturne est très animée à Amman. Privilégiez les quartiers de Jebel Amman et de Shmeisani, et les faubourgs ouest : les cafés et bars branchés ne manquent pas, et quelques discothèques et salles de concert sont ouvertes jusqu'à l'aube. Les bars de la ville basse, très couleur locale, sont fréquentés presque exclusivement par une clientèle masculine. Ils sont tapis dans le dédale de ruelles près de la mosquée Al-Husseiny. Presque tous les bars servent aussi à manger.

Dans la ville basse, autour de Hashemite Square et le long de Hashemi St, de nombreux cafés attirent des Ammaniens et des touristes, surtout en été. Le soir, l'animation bat son plein aux abords d'Abdoun Circle, où sont concentrés les cafés en vue – notez que la mode change souvent dans cette partie de la capitale.

Orient Bar & Restaurant — BAR

(carte p. 46 ; ☎4636069 ; bière à partir de 3 JD ; ⏲11h-tard). Connu aussi sous le nom d'"Al-Sharq", ce bar populaire (et très masculin), en retrait d'Al-Amir Mohammed St, sert une large gamme de bières et d'alcools et, si vous vous sentez de taille, de l'arak local. Attention à votre tête dans les escaliers en redescendant !

Al-Rashid Court Café — CAFÉ

(carte p. 46 ; ☎4652994 ; Al-Malek Faisal St, ville basse ; thé ou café à partir de 3 JD ; ⏲10h-24h sam-jeu, 13h-23h ven). Également connu sous le nom d'"Eco-Tourism Café", l'Al-Rashid dispose d'un balcon au 1er étage, tout indiqué pour faire une pause en contemplant l'animation de la ville basse – la concurrence est rude pour obtenir une table. C'est également l'un des meilleurs cafés pour fumer le narghilé (2 JD). Vous n'y verrez probablement pas de Jordanienne, mais la clientèle est habituée aux touristes étrangères. Des drapeaux du monde entier ornent la façade. Entrez par la ruelle adjacente.

Auberge Café — CAFÉ TRADITIONNEL

(carte p. 46 ; Al-Amir Mohammed St, ville basse ; ⏲10h-24h). Un étage en dessous du Cliff Hotel, ce café rustique est apprécié par les hommes du coin. Fendez la nappe de fumée pour rejoindre le balcon donnant sur la rue. Pour vous asseoir, il vous faudra jouer des coudes avec les habitués.

Living Room — BAR À COCKTAILS

(carte p. 52 ; ☎4655988 ; Mohammed Hussein Haikal St, Jebel Amman ; boissons 4-8 JD, plats 8-20 JD ; ⏲13h-1h). Mélange de lounge, de bar à sushis et de café décontracté, doté de fauteuils confortables et d'une cheminée, le Living Room gagne à être connu. On peut s'y restaurer (cuisine de bar) tout en profitant d'une belle programmation musicale, et y siroter un thé glacé parfumé à la menthe et au citron. Côté boissons alcoolisées : des cocktails bien corsés, préparés avec art. Réservez bien à l'avance le week-end.

La Calle — BAR

(carte p. 46 ; ☎077-7266928 ; Rainbow St ; ⏲12h-1h). L'un des rares endroits pour prendre un verre dans Rainbow St. La Calle dispose de 2 espaces bar assez grands et d'une terrasse exiguë à l'étage. On s'y rafraîchit, caressé par la brise, un verre de vin ou une bouteille de bière Carakale en main. Le *happy hour* quotidien (18h-20h) rend les boissons alcoolisées plus abordables (elles sont chères en Jordanie. On peut également manger sur place (hamburgers, pizzas, salades...).

Darat al-Funun Café — CAFÉ

(carte p. 46 ; Nimer bin Adwan St, ville basse ; en-cas à partir de 1 JD ; ⏲10h-19h sam-jeu ; 📶). Dans le centre culturel du même nom, ce café permet d'échapper à l'agitation de la ville basse, dans un beau jardin qui englobe les ruines d'une église byzantine. T. E. Lawrence a rédigé une partie des *Sept Piliers de la sagesse* dans la maison voisine. Fermé pendant le ramadan.

Peace Café — CAFÉ TRADITIONNEL

(carte p. 46 ; ☎079 5297912 ; Al-Amir Mohammed St, ville basse ; ⏲9h-24h). On accède à ce café enfumé et rudimentaire par un escalier peu engageant. Mais cela en vaut la peine : si vous parvenez à obtenir une table sur le balcon, en surplomb de la rue, vous découvrirez l'une des plus belles vues sur la ville basse. Un bon endroit pour fumer un narghilé (2,500 JD) en regardant les gens vaquer à leurs occupations.

Kepi — CAFÉ

(carte p. 52 ; ☎077-5456850 ; www.facebook.com/CafeKepi ; Paris Circle, Weibdeh ; ⏲7h30-1h dim-jeu, 8h30-1h ven ; 📶). Ce café de quartier est un agréable mélange de tradition et de modernité : les boiseries et les plafonds hauts attirent les vieux Ammaniens qui se retrouvent pour jouer aux dominos, mais aussi les jeunes citadins branchés, équipés de leurs ordinateurs. Grandes fenêtres (ce qui garantit de la fraîcheur) ; les plats Tex-Mex sont assez convaincants.

Rumi CAFÉ
(carte p. 52 ; www.facebook.com/rumicafejo ; 14 Kulliyat al-Sharee'ah St, Weibdeh ; ⏲7h-24h dim-jeu, 9h-24h ven-sam ; 📶). Baptisé d'après le poète arabe, ce petit café orné de ses écrits est un établissement récent et charmant. Malgré un vaste choix de cafés, il est spécialisé dans le thé – la carte affiche une variété de mélanges comme ceux venant du Bahreïn (aromatisé à l'eau de rose), d'Iraq (cardamome) et du Maroc (menthe). Petit-déjeuner simple ; gâteaux et sandwichs toute la journée.

Turtle Green CAFÉ
(carte p. 52 ; 46 Rainbow St ; ⏲8h-24h sam-jeu, 10h-24h ven ; 📶). Ce salon de thé, qui doit son nom aux deux tortues visibles dans le terrarium en vitrine, est un bon endroit pour se ressourcer, au milieu de Rainbow St. On y trouve des boissons chaudes, des jus, des pichets de thé glacé (huit sortes !), et un large éventail de *manaeesh* (pita avec thym, fromage et autres garnitures), de salades et de sandwichs. Aux heures d'affluence, l'étage peut être passablement enfumé.

Grappa BAR
(carte p. 52 ; ☎4651458 ; Abdul Qader Koshak St, Jebel Amman ; bière 4-5 JD ; ⏲18h-1h30). Un agréable bar rustique, avec de jolis bancs en bois, et des photos en noir et blanc sur les murs – pour un côté branché. Cela dit, ce sont surtout les grandes baies vitrées avec vue et la terrasse d'été qui attirent les foules.

Books@café CAFÉ
(carte p. 46 ; ☎4650457 ; Omar bin al-Khattab St ; plats 5-12 JD ; ⏲10h-24h). Papier peint au décor floral et aux couleurs psychédéliques, rideaux de perles : les années 1970 sont ici à l'honneur. Dans ce café jordanien moderne et chic, qui sert de bons plats internationaux, des jeunes Jordaniens branchés paressent dans des canapés d'angle ou pianotent frénétiquement sur leur clavier. L'alcool n'est servi qu'en accompagnement d'un plat.

Shaher's Penthouse Cafeteria CAFÉ
(carte p. 46 ; Sahat al-Malek Faysal al-Awal St, ville basse ; café 3 JD ; ⏲9h30-23h). Ce café charmant possède une salle à manger à la décoration traditionnelle et une terrasse extérieure surplombant la ville. Le musicien attitré, Hussein, joue de l'oud ou du violon – agréable contrepoint à la rumeur de la rue.

Rovers Return PUB
(☎5814844 ; Ali Nasouh al-Taher St, Sweifieh ; boissons 3-5 JD, repas 5-8 JD ; ⏲13h-tard). L'ambiance est animée dans ce pub anglais cosy et fréquenté, décoré de boiseries, où l'on déguste d'authentiques *fish and chips* ou le traditionnel rosbif accompagné de sauce au jus de viande. L'entrée peut être difficile à trouver : cherchez le panneau rouge "Comfort Suites" à l'arrière du bâtiment.

Blue Fig Café BAR
(☎5928800 ; Al-Emir Hashem bin al-Hussein St ; plats 5-11 JD ; ⏲8h30-1h ; 📶). Une autre bonne adresse pour passer la soirée dans une ambiance agréable, en compagnie d'une clientèle chic (plusieurs concerts par semaine). Terrasse charmante les soirs d'été.

Al Hail Restaurant & Café CAFÉ
(carte p. 46 ; Hashemite Sq, ville basse ; ⏲9h-24h). Un café sans prétention, où l'on peut prendre son thé à la menthe (3 JD) en jouissant d'une vue exceptionnelle sur la citadelle. Les Ammaniens y viennent plutôt en soirée, quand le théâtre romain tout proche est illuminé.

Al-Sendabad Coffee Shop CAFÉ
(carte p. 46 ; ☎4632035 ; Hashemite Sq, ville basse ; ⏲10h-24h). À environ 150 m à l'ouest du théâtre romain, ce café offre un magnifique point de vue sur la ville (mais pas le théâtre). On peut s'installer sur le toit-terrasse en été.

Tche Tche Café CAFÉ
(carte p. 52 ; ☎5932020 ; Abdoun Circle, Jebel Amman ; en-cas 1-3 JD ; ⏲10h-23h). Arrivez tôt pour trouver une place dans ce café coquet et animé (membre d'une chaîne implantée dans tout le Moyen-Orient), à mille lieues des salons de thé traditionnels. Une clientèle nombreuse de Jordaniennes vient y fumer le narghilé et écouter de la pop arabe.

☆ Où sortir

Cinémas

Plusieurs multiplexes projettent les films récents. Les prix des billets varient. La programmation est publiée dans les journaux de langue anglaise. Les cinémas sordides de la ville basse privilégient les films arabes, indiens et thaïlandais sous-titrés en arabe.

Royal Film Commission CINÉMA
(carte p. 46 ; ☎4642266 ; www.film.jo ; 5 Omar bin al-Khattab St). Quartier général de l'industrie cinématographique jordanienne, la RFC organise régulièrement des projections et festivals mettant à l'honneur les meilleurs films jordaniens et étrangers. L'amphithéâtre en plein air surplombant la ville basse est un endroit de choix pour voir un film. Le classieux café **Montage** (carte p. 46 ; 5 Omar bin al-Khattab St ; ⌚9h-23h ; 📶) vaut le détour à toute heure de la journée.

Cinema City CINÉMA
(☎5527948 ; Mecca Mall). Un multiplexe populaire, spécialisé dans les productions récentes d'Hollywood et de Bollywood.

Galleria CINÉMA
(carte p. 52 ; ☎5934793 ; Abdoun Circle, Jebel Amman). Là encore, les derniers films d'Hollywood et de Bollywood sont à l'honneur.

Expositions et musique

Les centres culturels étrangers établis à Amman organisent des conférences, des expositions et des concerts. Le Darat al-Funun (p. 50) accueille souvent des concerts de musique classique et traditionnelle. La galerie nationale des Beaux-Arts (p. 54) propose parfois des expositions temporaires d'art contemporain.

Pour découvrir l'art de la calligraphie arabe, visitez l'**atelier-galerie d'Hassan Ali Hassan** (☎077 7888007), maître ès-calligraphie, dans la ville basse. Appelez à l'avance pour prendre rendez-vous.

Toutes les manifestations sont annoncées dans les journaux en langue anglaise ou sur les affiches placardées dans Rainbow St.

Sport

Dans leur ensemble, les Jordaniens suivent le football avec ferveur. Les deux principales équipes de la capitale appartiennent à la ligue 1 de Jordanie. Wahadat (formée à l'origine dans les camps de réfugiés, elle est habituellement soutenue par les Palestiniens) joue au **Amman International Stadium** (carte p.59 ; Sports City, Shmeisani ; billet 3 JD) ; tandis que Faisaly, sa rivale (et meilleur club jordanien), joue au **King Abdullah Stadium** (Qwesmeh ; billet 3 JD). Les matchs ont le plus souvent lieu le vendredi.

Achats

La Jordanie possède une riche tradition d'artisanat. Plusieurs centres vendent des objets faits main de qualité et des antiquités dans Rainbow St et aux abords de l'hôtel

LA FACE ARTISTIQUE D'AMMAN

À maints égards, Amman est une ville jeune. Non seulement la capitale date, pour l'essentiel, de la moitié du XXe siècle, mais plus de la moitié des habitants a moins de 30 ans. Une scène artistique fraîche et décontractée est née de la conjugaison de plusieurs facteurs, à commencer par le haut niveau d'éducation de la population et le statut d'îlot pacifique de la Jordanie dans une région en proie aux conflits.

Le renouveau de Rainbow St a marqué un tournant et la rue est devenue un carrefour des projets artistiques dans la capitale. On y rencontre de jeunes branchés qui pianotent sur leurs ordinateurs en fumant le narghilé dans les cafés ou essaient des vêtements dans le magasin de mode Mlabbas (p. 66), et des cinéphiles qui ont leurs habitudes à la Royal Film Commission (ci-dessus). Dans Rainbow St, des affichettes annoncent les concerts, les rassemblements artistiques et des événements sur des thèmes comme le jeu vidéo ou l'animation numérique.

Plus récemment, le pôle artistique d'Amman a migré au sommet de la colline, dans le quartier en plein essor de Weibdeh, pollinisant dans son sillage un art de rue remarquable (avant de quitter Rainbow St, faites un détour par le "Wall of Fame" – le parking du British Council devenu un haut lieu du graffiti jordanien). Des ateliers comme Photograffiti ont participé à l'essor de cet art de rue qui a débouché sur **An Urban Reflection** (www.facebook.com/anurbanreflection), une résidence artistique à but non-lucratif qui invite des artistes à travailler avec les communautés locales pour réaliser des fresques et d'autres œuvres pensées pour un lieu précis.

Si vous séjournez un moment à Amman, rendez-vous à l'espace **Studio** (☎4646367 ; www.facebook.com/thestudiojo ; Prince Mohammed St), où l'on peut prendre des cours d'impression, rencontrer de jeunes artistes et collaborer avec eux, et aller ainsi à la rencontre du milieu artistique de la capitale.

InterContinental. De nombreux magasins sont gérés par des coopératives féminines œuvrant au profit de communautés en difficulté et de la protection de l'environnement. Une multitude de boutiques de souvenirs (bouteilles remplies de sable, ornements de cheveux, cafetières miniatures en cuivre, bijoux bédouins...) sont installées à proximité des sites touristiques de la ville basse.

La folie des centres commerciaux a déferlé sur Amman ces dernières années. Les plus fréquentés sont le **City Mall** (☎5868500), le **Mecca Mall** (☎5527948 ; Makkah al-Mukarramah Rd) et l'**Abdoun Mall** (☎5920246 ; Al Umawiyeen St, Zahran), mais il en existe bien d'autres. Ils abritent des cinémas, des magasins de chaînes internationales, des restaurants et des cafés. Très populaires auprès de la classe moyenne jordanienne, ils constituent un étonnant reflet de la culture jordanienne moderne.

Plusieurs librairies vendent des ouvrages en anglais et chaque hôtel de luxe compte au moins un kiosque où l'on trouve des cartes, des guides et des journaux. Le Books@café (p. 64) dispose d'un fonds honorable, mais le choix est plus étendu dans les centres commerciaux. La **librairie Hakawati** (☎5561466 ; Mecca St) est spécialisée dans les livres pour enfants, notamment en français.

Jordan River Foundation ARTISANAT
(carte p. 46 ; ☎5933211 ; www.jordanriver.jo ; Bani Hamida House, Fawzi al-Malouf St, Jebel Amman ; ⏲8h30-19h sam-jeu, 10h-17h ven). Cette boutique, qui vend des objets artisanaux au profit de grandes causes, est une institution. On y trouve notamment des tapis tissés main de Bani Hamida, de ravissantes broderies de style palestinien, des coussins, des paniers, des articles de la mer Morte... La qualité est toujours excellente (ce qui se ressent dans les prix).

Wild Jordan Centre ARTISANAT
(carte p. 46 ; ☎4633718 ; Othman bin Affan St, ville basse ; ⏲10h-22h). Le magasin du Wild Jordan Centre propose des produits d'artisanat équitable fabriqués dans des réserves naturelles du pays : bijoux en argent, herbes aromatiques bio, confitures, œufs d'autruche peints, bougies fabriquées par des Bédouines du Wadi Feinan, etc. Les bénéfices sont intégralement reversés aux artisans ou servent à financer les réserves naturelles.

Mlabbas VÊTEMENTS
(carte p. 46 ; www.mlabbas.com ; 28 Rainbow St). Vous voulez vous fondre dans la jeunesse branchée du pays ? Rendez-vous dans cette boutique de T-shirts sérigraphiés par des illustrateurs locaux. Au choix : pastiches de grandes marques, graffitis, mangas, dessins animés et jeux de mots en arabe (le personnel vous les traduira). Affiches, cartes postales et autocollants également.

Balian CÉRAMIQUES
(carte p. 46 ; 8 Rainbow St). Venus de Jérusalem à Amman au début des années 1920, les Balian vendent depuis leurs carreaux peints à la main. Ils sont prisés des Ammaniens aisés, soucieux d'afficher leur bon goût. Même sans en décorer une pièce entière, ils font, à l'unité, de ravissants souvenirs.

Soap House Trinitae COSMÉTIQUES
(carte p. 46 ; 4633953 ; 8 Rainbow St). La boue de la mer Morte est loin d'être le seul cosmétique jordanien ! En haut d'une ruelle en bas de Rainbow St, cette jolie villa ancienne avec jardin compte une sélection inégalée de produits de luxe bio, incluant une large palette de savons et de soins pour la peau.

Souk Jara MARCHÉ
(carte p. 46 ; www.facebook.com/soukjara ; Rainbow St ; ⏲10h-22h ven). On trouve toutes sortes d'articles artisanaux dans ce marché aux puces hebdomadaire géré par l'association des habitants du quartier de Jebal Amman. Il y a aussi de sympathiques stands de nourriture et de boissons ; et les concerts occasionnels ajoutent à l'ambiance.

Ola's Garden ARTISANAT
(carte p. 46 ; ☎079 5390136 ; www.facebook.com/ola.garden ; Khirfan St ; ⏲11h-17h30). Une mine de beaux vêtements et bijoux faits main. La propriétaire et créatrice, Ola Mubaslat, présente ses pièces de façon très chaleureuse (on adore ses écharpes et colliers) et propose même des cours de broderie et de création de bijoux.

Love on a Bike ART
(carte p. 46 ; ☎079 6433311 ; www.facebook.com/loveonabike ; Khirfan St). La jeune artiste Rima Malallah a une vision bien à elle de ce que signifie être une Ammanienne moderne. Sa boutique, brillamment décorée, est remplie d'imprimés insolites évoquant des dessins animés, de céramiques peintes à la main et de boîtes en bois.

Beit Shocair ARTISANAT
(carte p. 46 ; 38 Khirfan St). Cette vaste villa située dans l'une des plus vieilles rues d'Amman offre un espace de vente aux artistes

et artisans. L'artisanat traditionnel prédomine, et la variété est souvent telle que l'on déniche toujours quelque chose. Le bâtiment mérite en lui-même le détour, d'autant que le restaurant sur le toit bénéficie d'une belle vue sur la ville basse.

Jacaranda GALERIE D'ART
(carte p. 46 ; ☎4644050 ; www.facebook.com/JacarandaImages ; 18 Omar bin al-Khattab St). L'une des meilleures galeries d'art contemporain d'Amman. Jacaranda programme régulièrement des expositions de talentueux artistes de la région. Les tirages imprimés et les photographiques sont remarquables.

Bawabet al-Sharq ARTISANAT
(carte p. 46 ; ☎4637424 ; Rainbow St, ville basse ; ⏲9h-19h). La "porte de l'Orient" vend des articles pour la maison, tendance kitsch, pour certains réalisés sur place. Les bénéfices de cette production artisanale sont reversés à des associations de défense des droits des femmes.

Al-Alaydi Jordan Craft Centre ARTISANAT
(carte p. 52 ; ☎tel/fax 4644555 ; en retrait d'Al-Kulliyah al-Islamiyah St, Jebel Amman ; ⏲9h-18h sam-jeu). Un vaste centre sur plusieurs niveaux, empli de bijoux, de verrerie, de broderies palestiniennes, de kilims, de sculptures sur bois, d'articles de cuisine et d'accessoires pour tentes bédouines.

Al-Burgan ARTISANAT
(carte p. 52 ; ☎4652585 ; www.alburgan.com ; 12 Tala't Harb St, Jebel Amman ; ⏲9h30-18h30 sam-jeu). Un choix d'artisanat restreint mais de qualité. Le personnel saura vous conseiller et les prix sont abordables. Derrière l'hôtel InterContinental.

Oriental Souvenirs Store SOUVENIRS
(carte p. 52 ; ☎4642820 ; 3rd Circle, Jebel Amman ; ⏲8h-19h sam-jeu). Bienvenue dans la caverne d'Ali Baba ! Une boutique accueillante, tenue en famille, plus rustique que la moyenne.

Artisana SOUVENIRS
(carte p. 52 ; ☎tel/fax 4647858 ; Mansour Kraishan St, Jebel Amman ; ⏲9h30-18h sam-jeu). Cette excellente petite boutique propose une large gamme de foulards, de bouteilles d'eau du Jourdain et d'effrayantes reproductions des fameuses statues d'Ain Ghazal, vieilles de 7 000 ans.

Beit al-Bawadi CÉRAMIQUES
(☎5930070 ; www.beitalbawadi.com ; Fawzi al-Qawuqji St, Abdoun ; ⏲9h-18h sam-jeu). Une bonne adresse pour des céramiques de qualité. Beit al-Bawadi vient en aide à des artisans locaux, que vous pourrez voir à l'œuvre. Le style, parfois agrémenté de calligraphies arabes, mêle les influences traditionnelles et contemporaines. Les articles coûtent entre 50 et 80 JD.

Silsal Ceramics CÉRAMIQUES
(☎5931128 ; Innabeh St, North Abdoun ; ⏲9h-18h sam-jeu). De belles poteries modernes, dans la troisième petite rue sur la droite en venant de Zahran St depuis le 5th Circle.

Renseignements

ACCÈS INTERNET

Les cybercafés ne manquent pas à Amman, surtout dans la ville basse. Le Wi-Fi est de plus en plus répandu dans les cafés et salons de thé.

Internet Yard (carte p. 46 ; ☎5509569 ; dweib@joinnet.com.jo ; Al-Amir Mohammed St, ville basse ; 1 JD/h ; ⏲9h30-24h)

DE L'ART DE TRAVERSER LA RUE À AMMAN

L'un de vos plus grands défis à Amman consistera à traverser la rue. C'est particulièrement vrai dans la ville basse, mais le danger existe aussi ailleurs. Et pour cause, les conducteurs de la capitale semblent tous vouloir arriver le plus vite possible à destination...

L'installation de nouveaux feux a certes rendu les choses moins chaotiques, mais il convient encore de respecter quelques règles de base. Lorsque le trafic est dense, il faut savoir s'imposer : dites-vous qu'il est normal à Amman qu'une voiture pile à quelques centimètres de vous. Mais ne prenez pas de risque inconsidéré pour autant !

Lorsque vous traversez de grandes artères, franchissez une voie après l'autre : si vous attendez que la route soit entièrement dégagée, vous risquez d'y passer la journée. Prenez votre décision, puis n'hésitez plus : les conducteurs agiront en fonction de ce qu'ils s'attendent à vous voir faire – là encore, restez toujours vigilant.

Surtout, armez-vous de patience. Si vous ne parvenez pas à vous lancer, demandez un bras charitable à un autre piéton ou emboîtez-lui le pas.

Meeranet (carte p. 59 ; ☎5695956 ; Ilya Abu Madhi St, Shmeisani ; 2 JD/h ; ⏲24h/24)

Welcome Internet (carte p. 46 ; ☎4620206 ; Al-Amir Mohammed St, ville basse ; 1 JD/h ; ⏲10h30-1h)

ARGENT

On peut facilement changer de l'argent à Amman, notamment dans la ville basse et à Jebel Amman, les deux secteurs les plus fréquentés par les touristes, où sont regroupées de multiples banques. L'Arab Bank, la Jordan Gulf Bank et la Housing Bank for Trade & Finance, pour ne citer qu'elles, sont équipées de nombreux DAB acceptant les cartes Visa et MasterCard. Vous pourrez retirer des dinars avec une MasterCard ou une carte Cirrus dans les machines de la Jordan National Bank et de la HSBC. Vous trouverez un distributeur de la Housing Bank dans le hall des arrivées de l'aéroport international Queen Alia, après les douanes. La banque située juste *avant* le service de l'immigration n'étant pas toujours ouverte, mieux vaut avoir des devises locales sur vous pour payer votre visa, le cas échéant.

De nombreux bureaux de change sont regroupés dans Al-Malek Faisal St, dans la ville basse. **Sahloul Exchange Co** (carte p. 46 ; rdc, Aicco Bldg, Al-Malek Faisal St, ville basse ; ⏲9h-19h sam-jeu) et **Musharbash Exchange** (carte p. 52 ; Rainbow St) changent les chèques de voyage.

MÉDIAS

Les listings du site **BeAmman** (www.beamman.com) sont pratiques pour savoir ce qu'il se passe à Amman.

Jordan Today est une brochure gratuite publiée chaque mois, qui inclut la liste des ambassades, des compagnies aériennes, des agences de voyages et des loueurs de voitures, à Amman et à Aqaba, ainsi qu'un répertoire des restaurants et un agenda des manifestations. Le mensuel *Where to Go*, également gratuit, reproduit les cartes de certains restaurants d'Amman. Ces deux publications sont disponibles dans les offices du tourisme et dans les hôtels et restaurants haut de gamme.

Le *Jordan Times* et le *Star*, deux journaux en langue anglaise, publient le programme des manifestations et une liste de numéros utiles.

POSTE

Il y a quantité de petits bureaux de poste en ville (renseignez-vous auprès de votre hôtel pour connaître le plus proche), notamment à l'hôtel InterContinental, situé entre le 2nd et le 3rd Circle, à Jebel Amman, et dans le Housing Bank Centre de Shmeisani.

Pour expédier un colis volumineux par la poste, allez d'abord le faire peser au service des colis postaux (Parcel Post Office, qui ressemble plutôt à une boutique), situé dans une ruelle derrière la poste centrale de la ville basse. Apportez ensuite le colis non emballé au bureau des douanes, non loin (suivez les panneaux "Customs"), pour remplir une déclaration, avant de le ramener au service des colis postaux pour l'emballer et régler les frais d'envoi.

Bureau des douanes (carte p. 46 ; Omar al-Khayyam St, ville basse ; ⏲8h-14h jeu-sam).

Poste centrale (carte p. 46 ; ☎4624120 ; Al-Amir Mohammed St, ville basse ; ⏲7h30-17h sam-jeu, 8h-13h30 ven)

Service des colis postaux (Parcel Post Office ; carte p. 46 ; Omar al-Khayyam St, ville basse ; ⏲8h-15h lun-jeu et dim, 8h-14h sam)

RENSEIGNEMENTS TOURISTIQUES

Ministère du Tourisme et des Antiquités (Ministry of Tourism & Antiquities ; carte p. 52 ; ☎4642311, 4603360, poste 254 ; fax 4646264 ; rdc, Al-Mutanabbi St, Jebel Amman ; ⏲8h-21h). Cet organisme, au sud-ouest du 3rd Circle, est le meilleur endroit pour obtenir des renseignements. Le personnel, aimable, parle anglais. Le bâtiment abrite également la police touristique.

Wild Jordan Centre (carte p. 46 ; ☎4616523 ; www.rscn.org.jo ; Othman Bin Affan St, ville basse). Fournit des renseignements et s'occupe des réservations d'activités et d'hébergements dans les réserves naturelles de Jordanie, y compris celles de Dana et du Wadi Mujib. Le centre, qui englobe aussi une boutique d'artisanat et un café bio, dépend de la Royal Society for the Conservation of Nature (RSCN).

SERVICES MÉDICAUX

Amman compte une vingtaine d'hôpitaux et certains des meilleurs services médicaux du Moyen-Orient. Le *Jordan Times* et le *Star*, en langue anglaise, publient des listes à jour des numéros de téléphone des hôpitaux, des médecins et des pharmacies de garde.

Italian Hospital (carte p. 46 ; ☎4777101 ; Italian St, ville basse). L'hôpital italien.

Palestine Hospital (carte p. 59 ; ☎5607071 ; Al-Malekah Alia St, Shmeisani). L'hôpital palestinien.

TÉLÉPHONE

Les agences privées proposant des services de téléphonie dans la ville basse sont les adresses les plus intéressantes pour passer des appels nationaux et internationaux.

URGENCES

Police touristique (carte p. 52 ; ☎4603360, poste 254 ; ministère du Tourisme et des Antiquités, rdc, Al-Mutanabbi St, Jebel Amman ; ⌚8h-21h). Une autre antenne de la police touristique, plus petite, est installée près du théâtre romain (carte p. 46 ; Hashemi St).

ℹ Depuis/vers Amman

AVION

La grande majorité des vols internationaux à destination de la Jordanie atterrissent à Amman. Seules quelques liaisons sont assurées depuis/vers Aqaba. Reportez-vous p. 328 pour des renseignements concernant les dessertes internationales depuis/vers la capitale.

Royal Jordanian (carte p. 59 ; ☎5100000 ; www.rj.com ; Al-Malekah Noor St, Shmeisani)

BUS, MINIBUS ET TAXIS-SERVICE

Les deux principales gares routières d'Amman sont la gare routière nord (pour les destinations du Nord, parfois appelée Tabarbour) et la gare routière sud (pour les destinations du Sud, parfois appelée Wahadat).

Des gares routières secondaires desservent des destinations précises, comme la mer Morte. Les bus privés JETT et Trust partent des bureaux de leurs compagnies respectives.

Les *taxis-service* (taxis collectifs), plus rapides, ne respectent pas toujours les horaires indiqués. Ils partent des mêmes arrêts que les minibus.

Les départs sont plus fréquents le matin ; il n'y en a pratiquement plus après le coucher du soleil.

Principales gares routières publiques

Située dans le nord d'Amman, la **gare routière nord (Tabarbour)** dessert... le Nord. On peut la

ℹ S'ORIENTER : NOMMER UNE RUE OU UNE PLACE D'AMMAN

Avec ses impasses, ses escaliers, ses ruelles et ses *jebel*, sans compter les dénominations ambiguës des rues et des ronds-points, Amman ferait perdre le nord à l'explorateur le plus aguerri. Nous avons employé les noms les plus courants sur les cartes et dans les textes de cet ouvrage. Si les plaques des rues, les indications des habitants et les questions des chauffeurs de taxi vous déroutent encore, référez-vous à la table de correspondance ci-dessous.

N'oubliez pas qu'Al-Malek signifie roi, si bien que la rue du roi Fayçal (King Faisal St) correspond à Al-Malek Faisal St. De même, Al-Malekah signifie reine et Al-Emir (Al-Amir) veut dire prince. Ne vous étonnez pas si certains *circles* sont maintenant appelés *squares* ou *maidan* ("place" en arabe).

Circles

- 1st Circle – Maidan al-Malek Abdullah
- 2nd Circle – Maidan Wasfi al-Tal
- 3rd Circle – Maidan al-Malek Talal
- 4th Circle – Maidan al-Emir Gazi bin Mohammed
- 5th Circle – Maidan al-Emir Faisal bin Hussein
- 6th Circle – Maidan al-Emir Rashid bin al-Hassan
- 7th Circle – Maidan al-Emir Talal bin Mohammed
- Weibdeh Circle – Duwaar al-Baris (Paris Circle)
- Ministry of the Interior Circle – Maidan Jamal Abdul Nasser
- Sports City Circle – Maidan al-Medina al-Riyadiyah

Rues

- Rainbow St – Abu Bakr as-Siddiq St
- Zahran St – Al-Kulliyah al-Islamiyah St
- Mango St – Omar bin al-Khattab St
- Saqf Sayl St – Quraysh St
- Police St – Suleiman al-Nabulsi St

rejoindre en taxi depuis la ville basse (3 JD). Des minibus et des *taxis-service* en partent assez régulièrement de 7h à 18h30 pour Ajloun (1 JD, toutes les 30 min, 2 heures), Jérash (900 fils, toutes les heures, 1 heure 15) et Madaba (800 fils, toutes les 10 min, 6h-20h, 45 min). Des liaisons sont également assurées avec Deir Alla (pour Pella, 1 heure), Fuheis (45 min), Irbid (2 heures), Ramtha (2 heures), Salt (45 min) et Zarqa (pour Azraq, 30 min) ; tous ces trajets coûtent moins de 1 JD.

Depuis la gare routière nord, **Hijazi Travel & Tours** (☎ 02-7240721) dessert chaque jour Irbid (2 JD, 1 heure 30, toutes les 15-20 min, 6h-19h).

Une navette quotidienne dessert l'aéroport (3 JD, 45 min, toutes les 30 min, 6h15-24h).

Presque tous les bus et les *taxis-service* à destination du Sud partent de la **gare routière sud (Wahadat)**, située au sud de la ville, à proximité du Middle East Circle (Duwaar Sharq al-Awsat). En taxi, comptez environ 2,500 JD depuis la ville basse.

Pour Pétra, des minibus et des *taxis-service* (5 JD, 4 heures) partent dès qu'ils sont pleins à destination de Wadi Musa, entre 7h et 16h environ (voyagez le matin si possible). Des bus pour Aqaba (5,500 JD, 5 heures) partent toutes les 2 heures environ jusqu'à 21h. Des liaisons régulières par bus sont assurées vers Kérak (6,500 JD, 2 heures) jusqu'à 17h, Shobak (4 JD, 2 heures 30) et Ma'an (2,750 JD, 3 heures). Sur la plupart des lignes, les bus ne circulent plus après 16h.

Pour vous rendre à Dana, empruntez l'un des 3 bus quotidiens (à partir de 11h) à destination de Qadsiyya (3 JD, 3 heures). Une autre option consiste à embarquer à bord du bus pour Tafila (2,750 JD, 2 heures 30), où une correspondance est assurée.

Des *taxis-service* semi-réguliers desservent Kérak (3 JD, 2 heures 30), Ma'an (6 JD, 3 heures) et, moins fréquemment, Aqaba (10 JD, 5 heures).

Autres gares routieres publiques

Gare routière d'Abdali (carte p. 52 ; Al-Malek al-Hussein St, Jebel Amman). À 20 min à pied (2 km de montée) de la ville basse ; les *taxis-service* n°s 6 et 7 au départ de Cinema al-Hussein St passent juste à côté. C'est là que transitent les bus climatisés et les *taxis-service* depuis/vers l'étranger. La gare routière se transforme en un vaste marché aux puces le vendredi, et il est question de réaménager tout le site dans le cadre d'un ambitieux projet urbanistique.

Gare routière de Muhajireen (carte p. 52 ; Al-Ameerah Basma bin Talal St). Cette petite gare fait face au poste de police de Muhajireen. Des minibus fréquents pour Wadi as-Seer en partent en journée. Madaba et le mont Nébo (500 fils, 45 min) sont aussi desservis de 6h à 17h.

C'est de là que partent les minibus pour la mer Morte. Il n'y a pas de service direct : prenez un minibus pour Shuneh al-Janubiyyeh (South Shuna, 1 JD, 45 min), puis attendez le minibus pour Suweimah (Suweimeh). Là, vous devrez prendre un taxi ou terminer la route en stop. Peu de voyageurs se risquent à ce service peu fiable, qui peut vous laisser en rade dans la vallée du Jourdain. Il est préférable de prendre un taxi ou de s'inscrire à un circuit organisé pour la mer Morte dans un hôtel de la ville basse (ou auprès du Black Iris Hotel et du Mariam Hotel à Madaba).

PRENDRE LE TAXI À AMMAN

Il faut être intrépide ou inconscient pour prendre le volant à Amman, où la conduite pâtit des routes complexes qui encerclent les nombreuses collines et d'un trafic dense et imprévisible. Les bus sont lents et leurs horaires peu fiables ; quant aux *taxis-service*, il faut être au bon endroit au bon moment pour en attraper un. Donc, le meilleur moyen de transport est celui qu'emploient les Ammaniens : le taxi.

La plupart des chauffeurs de taxi individuel utilisent un taximètre, mais certains s'y refusent ou refusent des courses. Cela ne trahit pas nécessairement l'intention de gonfler le prix : les tarifs des taximètres, fixés par le gouvernement, ne tiennent pas toujours compte des hausses du prix du pétrole ni du temps perdu dans les embouteillages, surtout dans la ville basse.

Si vous séjournez plusieurs jours à Amman, il peut être utile de repérer un chauffeur de taxi anglophone, voire francophone, habitué à une clientèle de touristes. Ces virtuoses du levier de vitesse connaissent tous les raccourcis et les sites dignes d'intérêt de la ville, et savent vous éviter des heures dans les embouteillages. Ils vous déposent et vous reprennent à l'heure de votre choix ou vous envoient un ami fiable s'ils sont déjà pris. Beaucoup de ces chauffeurs acceptent et sont capables d'assumer de plus longs trajets au-delà d'Amman, jusqu'à Jérash, la mer Morte ou les châteaux du désert. Si vous appréciez un conducteur, prenez son numéro. Autrement, demandez conseil au personnel de votre hôtel.

ITINÉRAIRES DES TAXIS-SERVICE D'AMMAN

Taxi-service n°1 De Basman St au 4th Circle.

Taxi-service n°2 De Basman St aux 1st et 2nd Circles.

Taxi-service n°3 De Basman St aux 3rd et 4th Circles.

Taxi-service n°4 D'une rue adjacente à la poste centrale à Jebel al-Weibdeh.

Taxi-service n°6 De Cinema al-Hussein St au Ministry of the Interior Circle, en passant par la gare d'Abdali et les bureaux nationaux et internationaux de JETT.

Taxi-service n°7 Depuis Cinema al-Hussein St, passe par Al-Malek al-Hussein St, la gare d'Abdali, la mosquée du roi Abdallah et Suleiman al-Nabulsi St pour rejoindre Shmeisani.

Taxis-service n^{os}25 et 26 D'Italian St, dans la ville basse, jusqu'au sommet du jebel al-Ashrafiyeh et à la mosquée Abu Darwish.

Taxi-service n°27 D'Italian St au Middle East Circle et à la gare de Wahadat.

Taxi-service n°35 Départ en face du Palace Hotel et passage à proximité du poste de police de Muhajireen.

Taxi-service n°38 De la ville basse à Makkah al-Mukarramah Rd.

Gare routière de Raghadan Dans la ville basse, à quelques minutes de marche du théâtre romain. Elle sert surtout aux *taxis-service* à destination des quartiers périphériques, mais il est question d'y ajouter des minibus pour les villes voisines.

Gares routières des compagnies privées

Les **bureaux de la compagnie JETT** (carte p. 59 ; ☎5664146 ; www.jett.com.jo ; Al-Malek al-Hussein St, Shmeisani) se trouvent à environ 500 m au nord-ouest de la gare routière d'Abdali. Les départs se font devant les bureaux. Six bus quotidiens rejoignent Aqaba (7,500 JD, 5 heures, 7h, 9h, 11h, 14h, 16h et 18h), et un bus dessert le pont du roi Hussein (King Hussein Bridge ; 2,250 JD, 1 heure, 7h), qui permet d'accéder à Israël et aux Territoires palestiniens. Des bus quotidiens desservent Irbid (1,9 JD, toutes les 30 min, 2 heures, 6h-19h30).

Un bus JETT relie tous les jours Amman à Pétra. Cette liaison a en grande partie été mise en place pour ceux qui souhaitent faire une excursion d'une journée à la cité antique. Le départ a lieu à 6h30 (aller/aller-retour 9,500/19 JD, 4 heures). Le bus dépose les passagers au centre des visiteurs de Pétra, à Wadi Musa, à 9h30. Le bus du retour repart entre 16h et 17h, ce qui laisse peu de temps pour les visites.

Un bus JETT hebdomadaire part pour la plage d'Amman (Amman Beach) et la mer Morte (aller 8 JD) le vendredi à 8h ; il revient à 16h. Il peut être annulé si les passagers sont en nombre insuffisant.

VOITURE

Le chapitre *Transports* (p. 338) contient des renseignements d'ordre général sur la conduite en Jordanie. Voici les coordonnées de quelques agences fiables. Beaucoup d'autres sont réunies du côté des King Abdullah Gardens.

Avis (carte p. 59 ; ☎06-5699420, 24h/24 777-397405 ; www.avis.com.jo ; King Abdullah Gardens, Amman). Premier loueur de voitures en Jordanie. Agences au pont du roi Hussein et à Aqaba ; bureaux à l'aéroport, au Royal Hotel et au Jordan InterContinental Hotel d'Amman.

Budget (carte p. 59 ; ☎06-5698131 ; www.budget.com ; 125 Abdul Hameed Sharaf St, Amman)

Europcar (carte p. 59 ; ☎06-655581 ; www.europcar.middleeast.com ; Isam Al-Ajlouni St, Amman). Agences au Radisson SAS, aux King Abdullah Gardens et à Aqaba.

Firas Car Rental (carte p. 52 ; ☎4612927 ; 1st Circle, Jebel Amman). Une succursale d'Alamo Car Rental.

Hertz (carte p. 59 ; ☎06-5920926 ; www.hertz.com ; King Abdullah Gardens, Amman). Bureaux à l'aéroport, au Grand Hyatt, au Sheraton et à Aquaba.

National Car Rental (carte p. 59 ; ☎24h/24 5591731 ; www.1stjordan.net/national ; Le Méridien, Amman). Autres agences à l'Amman Marriott et au Sheraton.

Reliable Rent-a-Car (☎06-5929676 ; www.rentareliablecar.com ; 19 Fawzi al-Qawoaji St, Amman)

Comment circuler

DEPUIS/VERS LES AÉROPORTS

L'aéroport international Queen Alia (p. 328) est situé à 35 km au sud de la capitale. La **navette Airport Express** (☎4451531, 0880 022006,) assure la liaison entre la gare routière nord (Tabarbour) et l'aéroport, via les 4th, 5th, 6th et 7th Circles. Elle part de l'aéroport toutes les heures de 7h à 23h, ainsi qu'à 1h et 3h. Depuis Amman, elle part toutes les heures de 6h à 22h, et à 2h et 4h. Des bus Sariyah (3 JD, 45 min) assurent la liaison toutes les demi-heures, entre 6h15 et 24h. À l'aéroport, l'arrêt de bus se trouve à l'extérieur du hall des arrivées du terminal 2. Achetez vos billets au guichet situé à la porte.

Avis, Hertz et d'autres loueurs de voitures ont des agences à l'aéroport. Les autres vous donneront rendez-vous à l'aéroport ou y mettront à disposition votre véhicule de location.

Le plus rapide et le plus simple pour rejoindre l'aéroport consiste à prendre un taxi individuel (20-25 JD depuis la ville basse).

Pour vous rendre à l'aéroport de Marka, empruntez un *taxi-service* (200 fils) à la gare de Raghadan.

TAXI

Taxis individuels

Les taxis individuels sont jaunes et nombreux ; on peut les héler au passage, et leurs tarifs sont bon marché. À titre d'exemple, depuis la ville basse, comptez 2,500 JD pour Shmeisani et 3 JD pour Tabarbour. Pour les trajets plus longs, mieux vaut négocier un tarif à l'heure (10 JD lors de la rédaction de ce guide).

Taxis-service

Ces véhicules blancs sont des taxis collectifs qui suivent des trajets définis et ne peuvent pas sortir de la ville. Le tarif est de 400 fils au minimum par siège, et il faut généralement payer la course complète où que l'on descende. Une majoration de 25% s'applique après 20h.

Les files d'attente peuvent être longues aux heures de pointe (8h-9h et 17h-18h). Les taxis se rangent les uns derrière les autres et partent généralement du bas de la colline. Il faut monter dans le dernier de la file ; les autres reculent d'une place après son départ.

ENVIRONS D'AMMAN

Si, à l'exception de la ville basse, l'architecture d'Amman date essentiellement du XXe siècle, il ne faut pas s'éloigner beaucoup de la capitale pour découvrir des sites historiques rappelant le prestigieux passé du pays. Les abords de la ville abritent des vestiges romains, des lieux bibliques, des églises byzantines et des édifices ottomans, s'inscrivant tous au cœur de paysages magnifiques. La plupart des destinations sont aisément accessibles depuis Amman à l'occasion d'une excursion d'une demi-journée.

Wadi as-Seer et Iraq al-Amir

لأميرراق ا و سير وادي

À l'ouest de la capitale, le fertile Wadi as-Seer contraste nettement avec le plateau nu et désolé qui entoure Amman. Cette vallée alimentée par un cours d'eau et plantée de cyprès est ponctuée d'oliveraies et de vergers odorants. Le printemps (avril et surtout mai) est une période de floraison spectaculaire : on voit ainsi s'épanouir des milliers de fleurs sauvages, dont l'iris noir, la fleur nationale de la Jordanie.

Le village lui-même, en grande partie d'origine circassienne, est désormais absorbé par les faubourgs ouest d'Amman. Il n'en conserve pas moins une bonne part d'authenticité, en particulier grâce aux édifices ottomans en pierre et à la mosquée qui se dressent en son centre. Les sites importants du secteur se trouvent plus loin le long du cours d'eau.

Environ 4 km après Wadi as-Seer, sur la route du village d'Iraq al-Amir, se dresse un pan d'**aqueduc romain**. Peu après l'aqueduc, en regardant vers le sommet de la colline sur la gauche, la façade sculptée dans la roche est connue sous le nom d'**Ad-Deir**. Il s'agit probablement d'un pigeonnier ouvragé datant du Moyen Âge.

Six kilomètres plus loin, voici **Iraq al-Amir** ("les grottes du prince"). Ces 11 grottes sont réparties sur deux niveaux : le niveau supérieur forme une longue galerie (partiellement endommagée lors d'un séisme de faible magnitude, en 1999) le long de la falaise. Elles servaient jadis d'écuries. Aujourd'hui, les villageois y abritent leurs chèvres et y stockent la paille. Des marches conduisent aux grottes à partir de la route asphaltée. Ne manquez pas les inscriptions en hébreu ancien près de l'entrée.

En face des grottes, Iraq al-Amir constitue le berceau d'un très réputé **village d'artisans** (⊙8h-16h sam-jeu), où l'on vend des poteries, des tissus, des tapis et des articles en papier. Ce projet, créé par la Fondation Noor al-Hussein, emploie des femmes de la campagne environnante. Les bénéfices sont reversés à la communauté.

Environ 700 m plus loin sur la route se dresse le petit mais impressionnant **Qasr al-Abad** ("château de l'Esclave" ; ⊙en journée) GRATUIT, que l'on ne voit que des grottes. Malgré les apparences et son nom même, il s'agit vraisemblablement d'une ancienne

Environs d'Amman

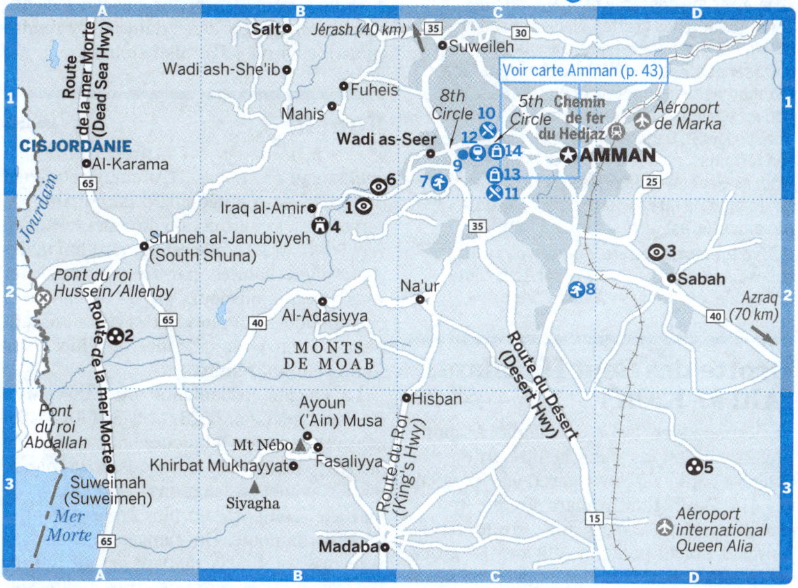

Environs d'Amman

À voir
1 Ad-Deir B2
2 Béthanie au-delà du Jourdain (Al-Maghtas) A2
3 Grotte des Sept Dormants D2
4 Qasr al-Abad B2
5 Qasr al-Mushatta D3
6 Aqueduc romain B1

Activités
7 Amman Waves C1
8 Royal Racing Club C2
9 Shababeek C1

Où se restaurer
10 Diwan al-Sultan Ibrahim Restaurant C1
11 Kan Zeman C1

Où prendre un verre et faire la fête
12 Rovers Return C1

Achats
13 Abdoun Mall C1
14 Beit al-Bawadi C1
Silsal Ceramics .... (voir 14)

villa fortifiée et non d'un fort militaire. On ne connaît pas la date exacte de son édification – les chercheurs s'accordent à penser que Jean Hyrcan Ier, membre de la puissante famille juive des Tobiades, le fit édifier entre 187 et 175 av. J.-C. Bien qu'il n'ait jamais été achevé, ce palais-villa a été en grande partie reconstruit et demeure un édifice spectaculaire.

Il fut bâti avec des blocs de pierre gigantesques : les plus gros mesurent 7 x 3 m. Mais ces blocs n'ont qu'une vingtaine de centimètres d'épaisseur, d'où la fragilité de l'édifice, qui s'écroula lors du tremblement de terre de 362. Ne manquez pas les animaux sculptés sur les murs extérieurs. Repérez la panthère sculptée sur une fontaine, au rez-de-chaussée, les aigles érodés dans les angles du bâtiment et la lionne et ses petits à l'étage supérieur, sur l'arrière.

Le gardien vous ouvrira le monument et vous permettra aussi d'accéder à un petit musée où sont exposés des dessins reproduisant l'ensemble d'origine – prévoyez un pourboire de 1 JD. Si le gardien est absent, demandez le *miftah* (clé) au petit magasin situé à côté du portail.

Depuis/vers Wadi as-Seer et Iraq al-Amir

Des minibus à destination du village de Wadi as-Seer (300 fils, 30 min) partent régulièrement de la gare routière de Muhajireen (p. 70). Les départs sont moins fréquents depuis la gare routière de Raghadan (p. 71), dans la ville basse. De Wadi as-Seer, vous devrez emprunter un autre minibus, ou marcher une dizaine de kilomètres (en descente essentiellement) pour atteindre les grottes. Suivez ensuite les indications pour rejoindre le village d'artisanat d'Iraq al-Amir, situé presque face aux marches qui conduisent aux grottes. Vous pouvez également prendre le bus n°26 dans Shabsough St, dans la ville basse, jusqu'à son terminus, puis une correspondance pour Wadi as-Seer ou un taxi. Des grottes, une petite marche facile vous conduira au *qasr* (la remontée est un peu raide).

Si vous êtes en voiture, dirigez-vous vers l'ouest depuis le 8th Circle et suivez la route principale, qui traverse Wadi as-Seer.

Grotte des Sept Dormants (Ahl al-Kahf) أهل الكهف

La légende des "sept dormants" a connu plusieurs versions dans la littérature. Elle évoque sept garçons chrétiens persécutés par l'empereur romain Trajan, qui se seraient réfugiés dans une grotte où ils auraient dormi pendant 309 ans. La grotte en question pourrait être celle-ci, même si certains pensent qu'elle se situe à Éphèse, en Turquie. De fait, la **grotte principale** (Ahl al-Kahf ; ⏲8h-18h), qui porte également le nom d'Ahl al-Kahf ("gens de la grotte"), comporte 8 petites tombes scellées. L'une d'entre elles est percée, et l'on voit des os humains à l'intérieur. Au-dessus et au-dessous de la grotte se trouvent les vestiges de deux mosquées. Un **cimetière byzantin**, malheureusement plein de détritus, s'étend à environ 500 m à l'ouest du site.

Dans le village de Rajib, en retrait de la route reliant Amman à Sabah, et à quelques pas de la grotte, se dresse une grande mosquée récente. Les bus effectuant le trajet entre Amman et Sabah passent à 500 m de là. Vous pourrez les prendre à la gare routière sud (p. 70) ; le trajet (15 min) coûte moins de 500 fils. Sinon, empruntez un minibus dans Quraysh St, dans la ville basse ; demandez "Al-Kahf" et le chauffeur vous indiquera où descendre pour attraper un bus pour Sabah. Le plus simple est cependant de s'y rendre en taxi (environ 8 JD l'aller simple).

Fuheis فحيص

☎06 / 5 000 HABITANTS / ALTITUDE 1 050 M

À 15 km au nord-ouest d'Amman, cette jolie bourgade est réputée en Jordanie pour ses vergers et… sa production de ciment. Fondée vers 2000 av. J.-C., elle est aujourd'hui majoritairement habitée par des chrétiens, et vous y verrez plusieurs **églises** orthodoxes et catholiques. La plupart des visiteurs viennent surtout pour déjeuner ou dîner dans son restaurant réputé.

La cuisine jordanienne du **Zuwwadeh Restaurant** (☎4721528 ; plats 6-14 JD ; ⏲10h-24h) est en effet fabuleuse, notamment le *fatteh* (pain frit au houmous, à la viande ou au poulet et pignons – le "*fatteh* de mariage" comporte en plus de la tomate et de la cardamome. On mange, au choix, sur la terrasse ombragée ou dans la salle intime. Des concerts d'oud ont lieu presque tous les soirs à l'étage (après 19h). Les Ammaniens et les expatriés connaisseurs apprécient l'ambiance animée et chaleureuse du Zuwwadeh, qui doit beaucoup à son personnel enjoué et attentif. On y sert de l'alcool.

ℹ Depuis/vers Fuheis

Il est facile de rejoindre Fuheis en minibus depuis la gare routière d'Abdali (p. 70), à Amman (500 fils, 40 min). La ville est aussi reliée à Wadi as-Seer, ce qui permet de visiter les deux destinations dans une même journée d'excursion depuis Amman. Si vous dînez au restaurant, il vaut mieux réserver un taxi pour rentrer à Amman (12 JD environ).

L'arrêt du minibus, dans le vieux quartier d'Ar-Rawaq, également connu sous le nom d'*il-balad*, est proche du Zuwwadeh Restaurant, à hauteur d'un carrefour où se dresse une statue de saint Georges terrassant le dragon.

Jérash, Irbid et la vallée du Jourdain

جرش و إربد و الشمال

Dans ce chapitre ➜

Le top des hébergements

- Hadrian Gate Hotel (p. 85)
- Olive Branch Resort (p. 84)
- Biscuit House B&B (p. 90)
- Qalet al-Jabal Hotel (p. 88)

Le top des restaurants

- Lebanese House (p. 85)
- Umm Qais Resthouse (p. 98)
- Bethany Touristic Restaurant (p. 105)

Pourquoi y aller

La pointe nord de la Jordanie est souvent boudée par les voyageurs, qui lui préfèrent la grandeur de Pétra ou les charmes balnéaires de la mer Morte et de la mer Rouge. Or, elle n'en est pas moins riche de vestiges anciens et de sites liés à la Bible, disséminés dans une campagne vallonnée, parée de fleurs sauvages au printemps.

Pièce maîtresse de la région, l'extraordinaire cité romaine de Jérash est une destination de renommée internationale ignorée des foules. Umm Qais, sa contemporaine, est plus modeste, mais ses ruines trônent aux confins de trois pays. Quant à Béthanie au-delà du Jourdain, c'est le point du fleuve où le Christ aurait été baptisé. Le passé islamique est, lui aussi, bien représenté, avec la forteresse de Qala'at ar-Rabad, juchée au sommet d'une imposante colline, et la ville commerçante ottomane de Salt. Pour qui est davantage porté au spectacle de la nature qu'à celui des œuvres humaines, les randonnées dans les réserves forestières d'Ajloun et de Dibbeen sont idéales pour s'évader.

Quand partir

- La période la plus propice pour visiter le nord de la Jordanie est le printemps (de mars à mi-mai), quand les iris noirs – emblèmes du pays – font une modeste apparition le long des routes et où quantité de hautes fleurs sauvages parsèment les collines semi-arides.
- Les ruines romaines résonnent de musiques et de poèmes lors du festival artistique et culturel de Jérash, durant les chauds mois estivaux de juillet et août.
- De début novembre à janvier, tandis que les villes situées en altitude subissent le froid hivernal, des fruits savoureux mûrissent dans la vallée du Jourdain.

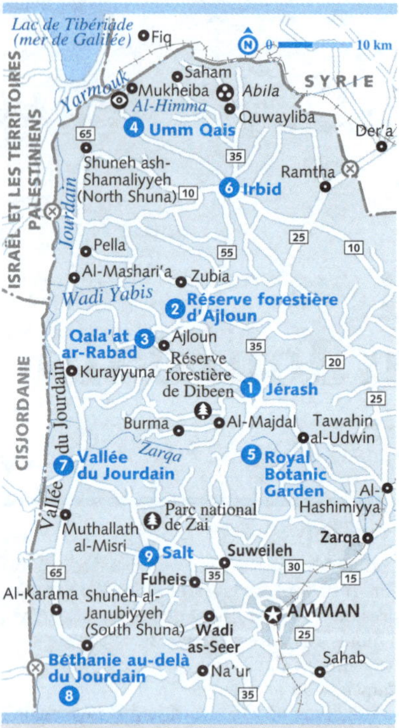

À ne pas manquer

1. Les rues à colonnades de **Jérash** (p. 79), l'une des plus belles cités de l'Antiquité romaine au Moyen-Orient
2. Une randonnée sur les sentiers ombragés de la **réserve forestière d'Ajloun** (p. 88)
3. **Qala'at ar-Rabad** (p. 87), l'une des forteresses islamiques les plus impressionnantes de Jordanie
4. La vue sur les trois pays depuis les ruines d'**Umm Qais** (p. 96)
5. La richesse de la flore jordanienne au **Royal Botanic Garden** (p. 86).
6. La superbe collection du **musée d'Archéologie et d'Anthropologie** (p. 91), sur le campus de l'université de Yarmouk, à Irbid
7. Les fruits de saison dans la **vallée du Jourdain** (p. 95)
8. L'eau du Jourdain à **Béthanie** (p. 104), où Jésus aurait été baptisé
9. Une promenade parmi les maisons traditionnelles de **Salt** (p. 101), en quête de l'origine de son nom.

Histoire

Dans l'extrême nord de la Jordanie, vous tomberez parfois sur la mention du nom de "Galaad" (ou "Guilead"), lequel désignait, à l'époque biblique, la région telle que la délimitaient les eaux du Yarmouk au nord et du Jourdain à l'ouest. Les collines de Galaad composaient l'ancien territoire de la Décapole romaine. Fondées pour la plupart durant la période hellénistique, plus de dix cités-États prospérèrent en bordure des frontières grecque et sémite. Les Romains firent de ces villes d'importants carrefours commerciaux, véritables porte-flambeaux de leur culture aux confins de l'Empire.

Aujourd'hui, le nord du pays en est la région la plus peuplée : celle-ci comprend l'importante agglomération d'Irbid, et quantité de petites villes et de villages, dont beaucoup occupent l'emplacement d'anciens sites. En cherchant un peu, on peut facilement découvrir les tells (monticules) et les vestiges archéologiques de la Décapole, disséminés dans les collines de Galaad. Mais vous pouvez aussi tout simplement vous diriger vers les sites de Pella et surtout de Jérash, où il reste encore assez de vestiges entre les colonnes anciennes, les amphithéâtres et les sols en mosaïques pour prendre pleinement conscience de la splendeur de la culture romaine antique.

Réserves naturelles

Le nord de la Jordanie compte deux réserves, lesquelles, chose rare, incluent toutes deux des forêts. La réserve forestière d'Ajloun (p. 88) est la plus développée, avec d'excellents sentiers et des hébergements. La réserve forestière de Dibbeen (p. 86) est prisée pour les pique-niques du week-end. Le Royal Botanic Garden (p. 86) de Rumman n'est pas, à proprement parler, une réserve naturelle mais n'en mérite pas moins le coup d'œil.

Dangers et désagréments

La région est bordée par Israël et les Territoires palestiniens à l'ouest et par la Syrie au nord. Lors de nos recherches, les autorités françaises déconseillaient formellement les déplacements dans l'extrême nord du pays, aux abords de la frontière avec la Syrie, y compris à destination du site touristique d'Umm Qais (Gadara). Avant de partir, consultez impérativement les conseils aux voyageurs mis en ligne par les autorités de votre pays (voir l'encadré p. 309). Par ailleurs, une certaine discrétion est recommandée lors de tout trajet aux abords de la vallée du Jourdain. Il y a de nombreux postes de contrôle. Gardez votre passeport sur vous et, le cas échéant, votre permis de conduire et les papiers relatifs à la location du véhicule. Mieux vaut également éviter de randonner ou de prendre des photos trop près de la frontière – pas de clichés du Jourdain à proximité des postes de contrôle.

Depuis/vers le nord de la Jordanie

Amman est la principale porte d'accès au nord du pays ; aussi, la plupart des transports publics arrivant d'autres régions transitent par la capitale, même s'il existe des liaisons directes reliant Madaba et Aqaba à Irbid. Il y a 4 postes-frontières dans le Nord, d'où l'on peut rejoindre Israël et les Territoires palestiniens par les transports publics. Il était autrefois possible de franchir la frontière syrienne, mais la guerre civile a mis un terme tragique à cette option. En voiture, vous pourrez pénétrer dans la région via Jérash depuis Amman ou en longeant la vallée du Jourdain depuis la mer Morte.

Comment circuler

En regard d'autres régions du pays, le Nord est bien desservi par les transports publics. Des minibus relient entre eux la plupart des villes et villages (et la ville principale d'Irbid), et circulent à intervalles irréguliers le long de la vallée du Jourdain. Armez-vous de patience le temps que le bus se remplisse et attendez-vous à une tarification fantaisiste ; cela dit, aucun trajet dans le Nord ne devrait coûter plus de 1 JD. Conduire dans la région est très gratifiant mais requiert un sens certain de l'orientation, car certaines routes de campagne mènent à des culs-de-sac formés par des *widyan* escarpés.

JÉRASH ET SES ENVIRONS

Les vestiges antiques de Jérash (appelée Gerasa à l'époque gréco-romaine), souvent comparés à Pompéi, constituent l'un des sites les plus visités de Jordanie, et l'un des plus beaux exemples de municipe romain du Proche-Orient. La cité est forte d'un ensemble d'arcs de triomphe, de deux amphithéâtres, d'un hippodrome où des courses de chars mises en scène ont lieu chaque jour, de temples et d'un impressionnant forum à colonnes, remarquablement conservés par la sécheresse du désert. Que vous soyez archéologue amateur, admirateur des sites antiques ou simple visiteur cherchant une escapade matinale, les ruines de Jérash ne manqueront pas de vous impressionner.

Mais même si les ruines constituent l'attraction vedette de la région, il y a beaucoup plus à voir à Jérash (laquelle compte également une ville moderne et animée) et alentour. Dans la ville voisine d'Ajloun, réputée pour son château, on trouve de nombreux sentiers de randonnée, de jolis coins pour pique-niquer et maintes occasions d'acheter des fruits frais dans les vergers des collines environnantes. Jérash est souvent visitée dans le cadre d'une excursion à la journée depuis Amman. Pourtant, la région mérite largement que l'on y passe la nuit.

Jérash جرش

02 / 123 190 HABITANTS / ALTITUDE 618 M

Avec ses petites rues et ses modestes jardins maraîchers, Jérash ne témoigne pas d'emblée de son auguste passé. Il n'en devient pas moins évident lorsque l'on s'aventure hors de la ville nouvelle et que l'on passe l'imposant arc d'Hadrien. Ce dernier marque les anciennes limites de la cité de Jérash, qui, à l'écart des routes commerciales majeures, devait sa richesse à la fertilité de son sol. De fait, les étals de fruits, omniprésents en toute saison, caractérisent encore la région. Les figues, les pommes, les prunes, les baies et, par-dessus tout, les olives, font aujourd'hui encore la prospérité des producteurs locaux, qui les récoltent en abondance dans les collines alentour.

Jérash est coupée en deux par un profond *wadi* mis en culture. De nos jours, comme à l'époque romaine, la majorité des habitants vivent du côté est du *wadi*. Avec ses bâtiments publics, ses thermes et ses fontaines, la cité fortifiée du côté ouest était dévolue aux affaires administratives, commerciales, civiques et religieuses. Toutes deux étaient reliées par des chaussées ; des sentiers processionnels et de magnifiques portes en marquaient l'entrée. L'accès aux vestiges de la cité fortifiée se fait aujourd'hui par la porte la plus au sud, connue sous le nom de porte d'Hadrien ou arc de triomphe.

D'autres cités recèlent les vestiges d'édifices semblables, mais Jérash se distingue par leur remarquable état de préservation.

Jérash

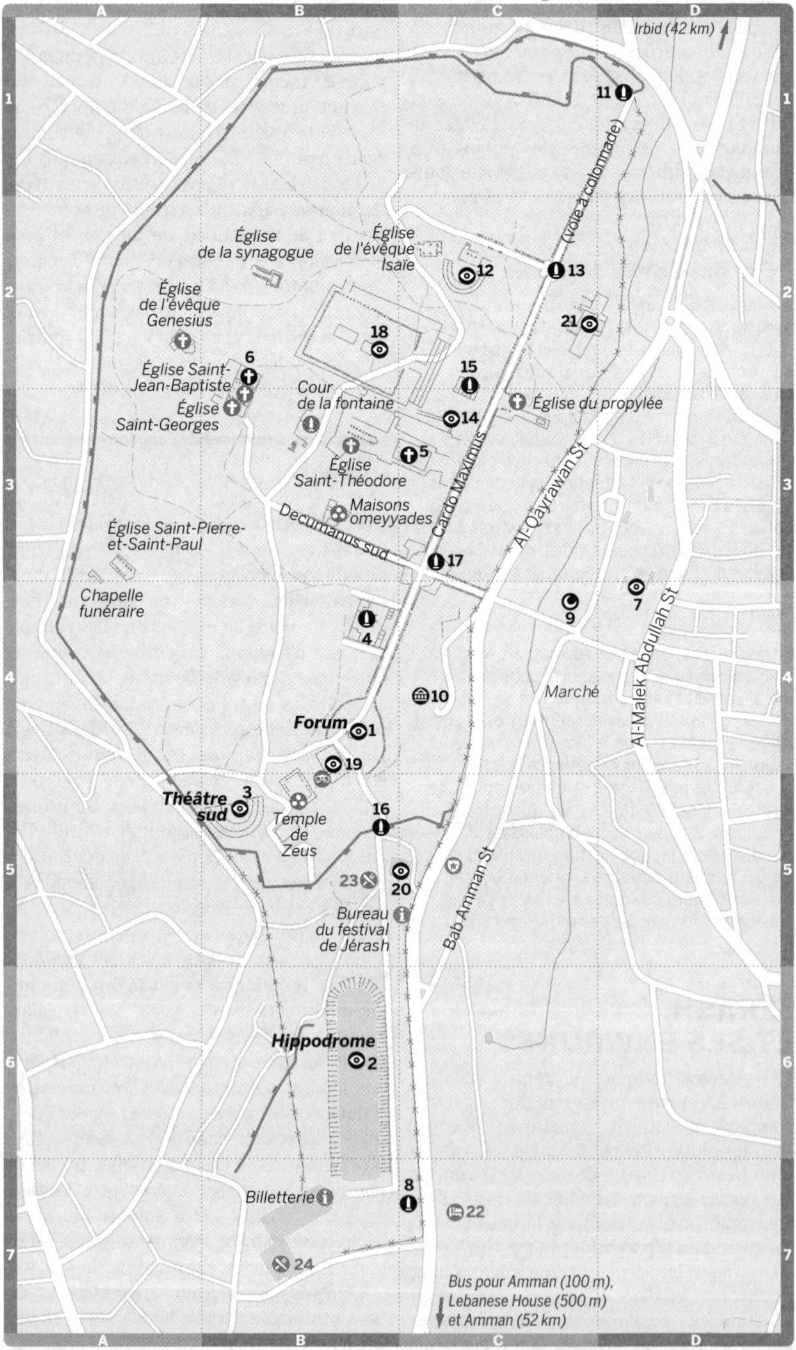
0 200 m
A
B
C
D
1
2
3
4
5
6
7
Irbid (42 km)
11
(voie à colonnade)
Église
de la synagogue
Église
de l'évêque
Isaïe
12
13
Église
de l'évêque
Genesius
21
18
6
Église Saint-
Jean-Baptiste
15
Cour
de la fontaine
Église
Saint-Georges
Église du propylée
14
5
Église
Saint-Théodore
Cardo Maximus
Al-Qayrawan St
Maisons
omeyyades
Église Saint-Pierre-
et-Saint-Paul
Decumanus sud
17
Chapelle
funéraire
7
9
4
Al-Malek Abdullah St
10
Marché
Forum
1
19
Théâtre
sud
3
Temple
de
Zeus
16
Bab Amman St
23
20
Bureau
du festival
de Jérash
Hippodrome
2
Billetterie
8
22
24
Bus pour Amman (100 m),
Lebanese House (500 m)
et Amman (52 km)

Jerash

Les incontournables

Histoire

Jérash fut habitée dès le néolithique et sa création en tant que ville remonte au règne d'Alexandre le Grand (333 av. J.-C.). Toutefois, c'est surtout aux Romains qu'elle doit son développement. Des vestiges bien conservés de nombreux sites romains (forum, *cardo maximus* – axe principal nord-sud à colonnes –, hippodrome, nymphée) sont repérables parmi les ruines.

En 64 av. J.-C., le général romain Pompée s'empara de la région ; Gerasa fut annexée à la province romaine de Syrie, avant de devenir l'une des cités de la Décapole. Pendant les deux siècles suivants, la ville vécut du commerce avec les Nabatéens (fondateurs de Pétra) et s'enrichit considérablement. L'agriculture et l'extraction du fer dans la région d'Ajloun contribuèrent à sa puissance économique.

Au Ier siècle de notre ère, la ville fut redessinée suivant un plan en damier, avec un *cardo maximus* (l'un des points les plus intéressants du site aujourd'hui), que coupaient deux rues orientées est-ouest.

Elle fut encore améliorée en l'an 106, sous l'empereur Trajan. L'arc de triomphe à l'extrémité sud de Jérash (par laquelle on entre aujourd'hui dans la ville) fut construit en 129 à l'occasion de la visite de l'empereur Hadrien. La cité connut son âge d'or au début du IIIe siècle, après avoir été élevée au rang de colonie. Elle comptait alors entre 15 000 et 20 000 habitants.

Le tremblement de terre de 747 amorça son déclin ; la ville perdit alors environ trois-quarts de sa population. Mis à part une brève occupation par une garnison de croisés au XIIe siècle, elle fut complètement désertée jusqu'à l'arrivée des Circassiens de Russie en 1878. On réalisa bientôt l'importance archéologique du site. S'ensuivirent plus d'un siècle de fouilles et de restaurations ; parallèlement, une ville nouvelle vit le jour sur le flanc est des ruines.

À voir

Couvrant une immense superficie, les **ruines de Jérash** (8 JD ; 8h-16h30 oct-avr, 8h-19h mai-sept) impressionnent d'emblée, d'autant qu'il n'y a pas d'indications. Afin de mieux s'orienter dans l'ensemble principal, on peut recourir aux services de l'un des guides (20 JD) qui se tiennent au point de vérification des tickets. Comptez un minimum de 3 ou 4 heures pour couvrir l'itinéraire complet à un rythme tranquille, en prenant le temps de profiter de la vue – il est bien sûr possible d'aller plus vite. Le théâtre est à 10 minutes à pied de l'arc d'Hadrien ; le temple d'Artémis, à 20 minutes. Quand il fait chaud, mieux vaut venir tôt le matin, car l'ombre est rare sur le site.

L'entrée donne au sud de la cité ancienne, près de l'arc d'Hadrien. La **billetterie** (6351272) occupe le centre de la zone réservée aux magasins de souvenirs, au bureau de poste et au café. Votre billet vous sera demandé plus tard, lorsque vous franchirez la porte sud.

Arc d'Hadrien PORTE MONUMENTALE

Pour prendre toute la mesure de la pompe et de la splendeur romaines, passez par cet arc triomphal de 13 m de haut, dressé à l'entrée de Jérash, et construit à l'occasion de la visite de l'empereur Hadrien. La vue s'étend jusqu'aux collines dans le lointain, comme l'avaient prévu les architectes romains.

À l'origine, l'arc était deux fois plus haut et comprenait trois énormes portes en bois.

♥ Hippodrome — CHAMP DE COURSES

Édifié entre le Ier et le IIIe siècle, cet ancien terrain de sport de 244 x 50 m était autrefois entouré de gradins qui pouvaient accueillir jusqu'à 15 000 spectateurs, soit 30 fois la capacité actuelle. Le public venait y assister aux jeux opposant les athlètes et à des courses de chars. Des fouilles ont récemment mis au jour des vestiges d'écuries et d'ateliers de potiers, ainsi que des éléments montrant que les Sassanides, venus de Perse au début du VIIe siècle, s'y mesuraient à l'ancêtre du polo. Deux fois par jour, des comédiens rejouent les courses de chars d'autrefois (p. 81).

Ce spectacle est devenu l'un des temps forts de toute visite de la ville antique, et il serait dommage de le manquer. La représentation débute par l'entrée en scène d'une quarantaine de légionnaires romains (en fait, d'anciens militaires jordaniens), qui défilent dans l'hippodrome et se livrent à une série de manœuvres, de la formation en tortue à l'utilisation d'une catapulte. Quatre gladiateurs leur succèdent, qui s'affrontent à l'aide d'un trident, de filets et du *gladius* (sabre). Enfin, clou du spectacle, la course de chars, qui consiste à faire sept fois le tour de la *spina* en bois, au centre de l'hippodrome.

Porte sud — PORTE MONUMENTALE

À 200 m au nord de l'hippodrome, la porte sud, sans doute érigée en 130, est l'une des 4 entrées qui furent à l'origine aménagées dans le mur d'enceinte. En chemin, vous verrez comment la ville romaine, alors comme aujourd'hui, s'étale de chaque côté du Wadi Jérash ; la zone la plus résidentielle est à l'est.

Le centre d'accueil des visiteurs se trouve sur la droite avant la porte. C'est ici que se louent les services d'un guide. Les tronçons de muraille encore debout, de 3,5 km de longueur et 3 m d'épaisseur, enceignent la cité sur 1 km². N'oubliez pas de lever les yeux en passant sous la porte sud : comme sur l'arc d'Hadrien, les colonnes arborent des motifs élaborés de feuilles d'acanthe et encadraient jadis trois portes de bois. La vue sous l'arc donne sur les colonnes du forum, que l'on découvre de plus en plus nombreuses à mesure que l'on s'en rapproche.

Galerie voûtée — MUSÉE

Sous la cour du temple de Zeus, la galerie voûtée est un bon point de départ pour visiter la cité antique. Une fois la vue accoutumée à la pénombre, on découvre un superbe étalage de colonnes, frontons et autres ouvrages sculptés ornés de raisins, de grenades et de feuilles d'acanthe. C'est l'endroit idéal pour comparer les trois principaux styles de colonnes : dorique, ionique et corinthien. Un coup d'œil à la maquette du temple de Zeus vous aidera à vous le représenter une fois près des ruines.

♥ Forum — FORUM ROMAIN

Indifféremment de la luminosité et de la météo, le forum constitue un temps fort de Jérash. Sa colonnade enceint une place d'un ovale singulier. Cet immense espace (90 m de long et 80 m à son point le plus large) en plein cœur de la cité, reliant l'axe principal (le *cardo maximus*) au temple de Zeus, tenait lieu de place de marché et était le véritable cœur de la vie sociale et politique. Aujourd'hui, il attire encore les foules ; on voit fréquemment des familles jordaniennes y pique-niquer.

Construit au milieu du Ier siècle, le forum est entouré de 56 colonnes, édifiées chacune à partir de quatre gros blocs de pierre ; leurs ombres projetées les rendent encore plus imposantes et nombreuses qu'elles ne le sont en réalité. La place en elle-même n'est pas moins impressionnante, avec son pavage constitué de dalles calcaires de très grande qualité. Ces dalles, dont la taille augmente à mesure que l'on s'éloigne du centre, créent une impression de tourbillon. Pour apprécier pleinement cet effet, il est nécessaire de prendre un peu de hauteur, par exemple en escaladant les marches du temple de Zeus.

Temple de Zeus — TEMPLE

Bâti en 162 sur les vestiges d'un lieu de culte romain antérieur, le temple de Zeus comportait jadis un escalier monumental qui permettait de le rejoindre depuis le temenos (cour sacrée). Trônant au sommet de la colline, l'ensemble domine la ville. En dépit de l'érosion et des tremblements de terre, il subsiste aujourd'hui une part de ce sanctuaire assez grande pour que le visiteur prenne la mesure de sa splendeur passée.

Un sentier ombragé d'arbres mène du temenos au temple. Une pause permet d'y profiter de la vue sur le forum et d'une petite colline plantée de conifères où est installé le musée du site (p. 84). En allant des arbres

À NE PAS MANQUER

JÉRASH À L'HEURE ROMAINE

Vous êtes-vous déjà demandé pourquoi et comment Rome a réussi à conquérir si facilement les terres du Moyen-Orient ? Vous devriez pouvoir trouver la réponse dans les spectaculaires ruines de Jérash.

Pour le dire plus exactement, la réponse ne se trouve pas à proprement parler dans les ruines, mais plutôt dans le spectacle proposé deux fois par jour à l'hippodrome. Ramenant à la vie les jeux du cirque à Jérash pour la première fois depuis 1 500 ans, la reconstitution de la **Roman Army & Chariot Experience** (www.jerashchariots.com ; 12 JD ; spectacles à 11h et 14h sam-mer, 11h ven) est très fidèle à l'historicité, jusqu'aux ordres donnés en latin.

Les visiteurs souriront sans doute du ton enflammé du maître de cérémonie, un certain Adam al-Samadi, qui se fait ici appeler Gaius Victor. Vêtu comme un soldat romain, avec son cimier emplumé, il a tout d'un vrai centurion. "Saluez les troupes", intime-t-il au public en anglais, tout en ajustant sa tunique et en brandissant une lance à un groupe de vétérans de l'armée jordanienne arborant l'uniforme de la sixième région romaine.

"Ces hommes, clame impétueusement Gaius au public, ne voulaient pas mourir sur un champ de bataille perdu au loin. Ils voulaient rentrer chez eux, auprès de leurs épouses et maîtresses, dans la Rome civilisée et profiter de leur solde." C'est, selon lui, la raison pour laquelle les soldats romains étaient les meilleurs du monde : "On entre dans le combat, on en sort, on est efficace – 8 minutes de combat, puis on lance des hommes frais pour à nouveau 8 minutes de combat."

Des soldats adoptent une formation et mènent grand fracas de boucliers scintillants ; ils avancent sur la scène comme un tank humain, insensibles aux simulacres d'attaque à la lance que leur opposent des indigènes vêtus de cuir. "Gaius Victor, lui ai-je demandé à la fin du spectacle, qu'est-ce qui fait qu'un érudit comme vous apprécie ce genre de travail ?" "Du pain et des jeux, m'a-t-il répondu. C'est ce qui rendait les gens heureux à l'époque romaine, et je suppose que c'est ce qui nous contente aujourd'hui."

Et il a ajouté : "Vous savez, il y a ce moment dans le spectacle où l'on demande au public de saluer la troupe et où l'on voit les gens nous saluer. Encore aujourd'hui, ça me donne des frissons que je n'arrive pas à expliquer." Oubliez la discipline militaire, l'organisation du travail et des provisions ; les populations locales sont tombées sous le charme de Rome. Alors qu'un soldat isolé souffle dans une corne depuis le sommet de l'arc de triomphe de Jérash, sa cape écarlate flottant au vent en rythme avec le drapeau jordanien, on comprend facilement pourquoi.

Jenny Walker

au temple, remarquez les frises élaborées de motifs floraux et figuratifs, découvertes par des archéologues français. La finesse du dessin contraste de manière saisissante avec la taille massive des blocs de pierre qui constituent l'intérieur du temple.

♥ Théâtre sud — AMPHITHÉÂTRE ROMAIN

En entrant par la porte de bois située entre les arcs, on ne saurait deviner les trésors que cache la façade, très sobre. Mais, une fois au sommet des gradins, il est difficile de ne pas être impressionné. Construit entre 81 et 96, avec une capacité de 5 000 spectateurs (désormais réduite au tiers) sur 2 niveaux, l'ensemble frise la perfection.

Assis au 30e des 32 rangs (il faut savoir lire les chiffres grecs), on découvre que la scène, décorée de manière très élaborée, n'est en fait que le premier plan d'un ensemble dont la cité antique et la ville moderne forment la toile de fond. Au coucher du soleil, la lumière vient frapper la surface de la scène. Les chœurs sont assurés par les visiteurs, qui tirent parti de l'excellente acoustique du lieu en chuchotant des refrains expérimentaux, ainsi que par les membres d'un groupe jordanien de cornemuse écossaise !

Le Jerash Festival of Culture & Arts (p. 85) donne l'occasion d'apprécier cet endroit, dont la vocation théâtrale demeure vivace après deux millénaires d'existence.

Decumanus sud — RUE

Le *decumanus* sud de Jérash constituait jadis le principal axe est-ouest de la cité romaine. À son extrémité se dresse une **mosquée** moderne, rappel bienvenu de la façon dont la Jordanie a épousé de nouvelles religions au cours des âges et continue de tolérer aujourd'hui différents cultes.

En prenant la bifurcation gauche à l'extrémité ouest de la rue, on rejoint une colline ponctuée des ruines de plusieurs églises. Le chemin qui passe entre le théâtre et le temple d'Artémis dévoile un beau panorama du *decumanus* et de sa double colonnade, qui s'étire vers le sud.

Église Saint-Côme-et-Saint-Damien ÉGLISE CHRÉTIENNE

Avec l'édit de tolérance de Constantin, en 313, puis celui de Thessalonique, promulgué par Théodose Ier en 380, le christianisme gagna rang de religion d'État. Les monuments romains, tenus pour corrompus par les pratiques païennes, tombèrent en désuétude. Rivalisant en matière de construction ecclésiale, les cités romaines virent dans ces constructions une source de matériaux. Quinze églises se trouvent sous les ruines de Jérash. L'église Saint-Côme-et-Saint-Damien (l'ensemble aux 4 colonnes à bulbe et à l'épais mur extérieur) est l'une des mieux conservées.

Elle fut consacrée en 533 en mémoire de jumeaux, tous deux médecins, qui prirent soin des pauvres et des nécessiteux, et moururent en martyrs sous le règne de Dioclétien. Les mosaïques de l'église sont considérées comme les mieux préservées de Jérash. En se tenant au-dessus du mur de soutènement, on distingue aisément des personnages zoomorphes, qui côtoient des formes géométriques et des symboles relevant de la médecine. Une grande partie de ces mosaïques est conservée au musée des Traditions populaires, à Amman (p. 49).

LA DÉCAPOLE

Les cités romaines situées dans les frontières actuelles de la Jordanie, de la Syrie, d'Israël et des Territoires palestiniens étaient regroupées au Ier siècle sous le nom de Décapole. Contrairement à ce qu'indique l'étymologie du mot, il semble que la Décapole rassemblait plus de 10 villes (on dénombra même 18 cités). Ce regroupement tenait sans doute d'une volonté de renforcer les liens entre les possessions romaines et de développer les échanges commerciaux dans la région. En Jordanie, les principales cités étaient Philadelphie (Amman), Gadara (Umm Qais), Gerasa (Jérash), Pella (Taqabat Fahl) ainsi que, probablement, Abila (Qweilbeh) et Capitolias (Beit Ras, non loin d'Irbid).

Rome soutint le développement de la Décapole en concédant aux cités une relative autonomie politique, tout en les maintenant sous sa tutelle. Chaque cité bénéficiait d'un statut similaire à celui d'une cité-État, exerçant son autorité sur les campagnes environnantes et battant monnaie. Les pièces de la Décapole affichaient souvent les mots "autonome", "libre" et "souverain" pour mettre en avant ce statut privilégié.

Or, en dépit de cette semi-autonomie, les villes demeuraient distinctement romaines avec leur plan quadrillé et leurs monuments publics généreusement financés par la capitale. Un réseau de routes romaines permettait le transport des marchandises d'une ville à une autre ; la trace laissée par le passage répété des roues des charrettes est encore visible sur les pavages d'Umm Qais et de Jérash.

Les ingénieurs romains de la Décapole promurent également le "culte impérial", axé sur des rituels obligés en l'honneur de l'empereur romain. Cette pratique, qui fut aussi le moyen d'unir les cités de la Décapole, rappelait constamment au souvenir des habitants la générosité de leurs bienfaiteurs romains.

En se promenant sur le site antique de Jérash, on se figure aisément la vie il y a 2 000 ans : un centre plein de boutiques et de marchands, bordé de fontaines et de spectaculaires façades peintes. Les niches, aujourd'hui vides, logeaient des statues colorées, les édifices étaient couverts de marbre et ornés de paons ou de coquilles gravées et les demeures, coiffées de toits garnis de tuiles.

Le terme Décapole tomba en désuétude après l'annexion de l'Arabie par l'empereur Trajan au IIe siècle, mais les villes continuèrent à entretenir des relations réciproques durant près de 400 ans. Leur déclin final fut sonné par la conquête du Levant par les Omeyyades en 641. Les intérêts politiques, religieux et commerciaux se portèrent sur Damas, marginalisant les villes de la Décapole qui ne s'en relevèrent jamais.

Continuez à remonter et juste avant d'atteindre le grand temple en face de vous, asseyez-vous sur le sarcophage de pierre à proximité pour admirer le panorama : c'est l'un des meilleurs de Jérash. On voit les ruines sur toute leur étendue, de la porte nord jusqu'à l'arc d'Hadrien.

Temple d'Artémis — TEMPLE

Dédié à la déesse de la Chasse et de la Fertilité, fille de Zeus et de Léto, le temple vit le jour entre 150 et 170. Il était alors encadré par 12 colonnes corinthiennes finement sculptées (11 sont encore en place). La construction du temple exigea que de grandes voûtes fussent édifiées au nord et au sud pour aplanir la cour. À une époque, tout le temple était recouvert de marbre étincelant, et les voûtes abritaient des trésors considérables qui venaient s'ajouter aux précieuses statues d'Artémis.

Par temps couvert, on peut espérer voir les piliers du magnifique temple d'Artémis briller soudain à la première éclaircie.

Après l'édit de Théodose, en 380, qui autorisa notamment le démantèlement des temples païens, les bâtisseurs empruntèrent des matériaux ici et là, et utilisèrent les précieux dallages en marbre du temple. Au dire des archéologues, les Byzantins eurent raison de la majesté du lieu en y installant un atelier de batteries de cuisine et de vaisselle. Au XIIe siècle, le temple fut ramené à la vie après avoir été fortifié par les Arabes, pour être ensuite détruit par les croisés.

Si vous commencez à fatiguer, c'est un bon endroit pour revenir sur vos pas. Vous pourrez descendre par le **propylée**, construit en 150 pour servir de porte monumentale au temple d'Artémis et flanqué à l'origine d'échoppes. De là, il faut compter 20 minutes sur le *cardo maximus* jusqu'à l'arc d'Hadrien. Autrement, pour prendre la mesure de l'étendue complète de Jérash, dirigez-vous vers la porte nord. Vous devriez croisez une ou deux surprises en chemin.

Théâtre nord — AMPHITHÉÂTRE ROMAIN

En contrebas du temple d'Artémis se dresse le beau petit théâtre nord. Construit aux environs de 165 et agrandi en 235, l'édifice était sans doute dévolu aux réunions officielles plutôt qu'aux spectacles artistiques. Il comptait à l'origine 14 rangs de sièges et deux passages voûtés menant à l'avant, ainsi que cinq couloirs internes accédant aux gradins supérieurs. Sur les sièges du bas, remarquez les noms des délégués qui votèrent au conseil municipal.

Comme de nombreux autres monuments prestigieux de Jérash, le théâtre nord fut détruit par les séismes, puis en partie démantelé par les Byzantins et les Omeyyades. Il a été superbement restauré ces dernières années, et conserve une capacité d'accueil d'environ 2 000 spectateurs. Malgré sa vocation originelle plus politique que scénique, le théâtre n'en arbore pas moins d'exubérantes sculptures de danseurs et musiciens au pied des escaliers, ainsi que des détails comme les niches arrondies ou les coquilles Saint-Jacques inversées.

Porte nord — PORTE MONUMENTALE

Bâtie vers l'an 115, l'imposante porte nord marque la limite septentrionale des ruines. Commandée par Claudius Severus, à qui l'on doit également la route de Pella, elle dévoile une belle vue, souvent négligée, sur le *cardo maximus*, qui s'étire sur toute la longueur de la cité fortifiée.

Les rares courageux qui rejoignent cette porte trouvent en récompense une descente ininterrompue jusqu'à la porte d'Hadrien (35 min). Si vous souhaitez admirer les nombreux monuments en chemin, comptez au moins 1 heure.

Cardo maximus — RUE

La suite de colonnes du *cardo maximus* de Jérash ignore dans sa rectitude les accidents du paysage. Point mémorable d'une visite de la cité, ce parcours de 800 m, entre la porte nord et le forum, mérite bien un petit effort.

Aménagée au Ier siècle et dotée d'un système d'égouts souterrains, la rue fut redessinée et reconstruite plusieurs fois. On peut encore voir sur ses pierres d'origine les ornières laissées par les roues des milliers de chars qui y sont passés. Les quelque 500 colonnes qui bordaient cette voie étaient, de façon délibérée, de tailles inégales. Elles suivaient ainsi l'alignement des façades des monuments qui se dressaient à l'arrière-plan. Bien que la plupart des colonnes visibles aujourd'hui aient été réassemblées dans les années 1960, elles donnent une excellente idée de l'aspect originel de cet axe.

De nombreux bâtiments dignes d'intérêt, plus ou moins en ruines ou restaurés, sont situés de part et d'autre du *cardo maximus*. Du nord au sud, vous pourrez notamment voir le **tétrapyle nord** (arc à 4 portes), construit à l'intersection avec le *decumanus* nord (l'un des principaux axes est-ouest). Reconstruit en 2000, il devait sans doute à l'origine servir d'accès au théâtre nord.

Thermes BAINS PUBLICS

Du côté est du *cardo maximus*, vous pourrez voir les vestiges, touchés par un séisme, des **thermes ouest** – ancien ensemble composé d'un caldarium (pour les bains chauds), d'un tepidarium (bains tièdes) et d'un frigidarium (bains froids). Sous les Romains, les bains publics avaient un rôle de cercle social. La population s'y retrouvait pour échanger idées et potins, et assister à toutes sortes de divertissements – concerts, spectacles, conférences, rencontres sportives. Les thermes occidentaux, qui datent du IIe siècle, dévoilent l'un des premiers exemples de dôme posé sur un plan carré.

Les **thermes est** se trouvent à l'extérieur de la cité, de l'autre côté du *wadi*, dans la ville moderne de Jérash. Éclairés de nuit, ils offrent une juxtaposition intéressante avec une mosquée moderne.

Nymphée FONTAINE

Du côté ouest du *cardo maximus*, l'élégant nymphée est la principale fontaine ornementale de la cité. Construit vers 191, ce monument à 2 étages, très ornementé, était recouvert de plaques de marbre au niveau inférieur et de stuc au niveau supérieur, et coiffé d'un demi-dôme. L'eau tombait en cascade dans une grande vasque, puis s'écoulait à travers sept têtes de lions sculptées.

Si l'eau n'y coule plus depuis longtemps, cet édifice bien conservé demeure l'un des plus admirés de Jérash. Plusieurs colonnes corinthiennes finement sculptées encadrent encore la fontaine, qui domine un ravissant bassin de granit rose sans doute ajouté par les Byzantins. Le nymphée fut un temps entièrement recouvert par un demi-dôme en forme de coquille, et l'on peut encore deviner les chapiteaux élaborés qui s'alignaient à la limite du plafond.

Cathédrale ÉGLISE

Au sud du nymphée, un escalier élaboré part du *cardo maximus* pour rejoindre l'unique cathédrale de Jérash. Plus semblable à une modeste église byzantine qu'à une cathédrale, elle fut construite durant la seconde moitié du IVe siècle à l'emplacement de temples antiques. Au faîte de sa gloire, l'édifice consistait en une basilique élevée, soutenue par trois nefs et arborant un somptueux portail finement orné de gravures en marbre.

Tétrapyle sud MONUMENT

Ce monument à 4 bases, qui marque l'intersection du *cardo maximus* avec le *decumanus* sud (p. 81), a été bien rénové. À proximité, du côté ouest du *cardo maximus* se trouve l'**agora**, ou *macellum*, où l'on se rassemblait, à la faveur des réunions publiques, autour de la fontaine centrale.

Musée MUSÉE

(☎6312267 ; ⌚8h30-18h oct-avr, 8h30-17h mai-sept). GRATUIT Avant de quitter la ville ancienne, prenez le temps de visiter le petit musée au nord-est du forum. Il recèle une jolie variété d'objets retrouvés sur le site, comme des mosaïques, du verre et des bijoux en or, ainsi que des pièces de monnaie découvertes dans une tombe à proximité de l'arc d'Hadrien. De la colline, on jouit d'une vue d'ensemble sur les villes antique et moderne de Jérash, de part et d'autre du *wadi*.

Où se loger

De nombreux visiteurs se contentent de découvrir Jérash lors d'une excursion à la journée au départ d'Amman. On trouve facilement des circuits organisés ; en revanche, à moins de partir très tôt, les choses se compliquent quand on est tributaire des transports publics. Mieux vaut s'accorder une nuit sur place : la ville moderne de Jérash, qui comprend les ruines des thermes est, s'anime dès le coucher du soleil et offre une agréable promenade en début de soirée. Avec seulement un hôtel au milieu de la ville, et une seule autre adresse où se loger à proximité, il est important de réserver bien à l'avance. Si vous êtes motorisé, sachez que le choix est plus vaste à Ajloun, à seulement 20 minutes de route.

Olive Branch Resort HÔTEL **$$**

(☎6340555 ; www.olivebranch.com.jo ; s/d/tr à partir de 35/50/60 JD, petit-déj inclus ; camping sans/avec location de tente 12/14 JD ;). À 7 km de Jérash par la route d'Ajloun, cet hôtel au sommet d'une colline est entouré de pins et d'oliviers. Les grandes chambres réservent quelques bizarreries (comme les baignoires qui y trônent !), que font oublier les balcons avec vue sur la campagne. Cuisine familiale (kebabs au dîner, *labneh* – yaourt – au petit-déjeuner), servie dans le jardin près de la piscine ou dans le modeste restaurant.

Camping possible sur le terrain (aucun aménagement). Depuis Jérash, comptez 3 JD en taxi. En voiture, prenez la direction d'Ajloun sur 5 km, tournez à droite, puis

VAUT LE DÉTOUR

LE FESTIVAL DES ARTS ET DE LA CULTURE DE JÉRASH

Si vous êtes en Jordanie au milieu de l'été, ne manquez pas d'assister à une représentation dans l'un des amphithéâtres romains. Depuis 1981, la ville antique de Jérash accueille tous les ans le **Jerash Festival of Culture & Arts** (www.jerashfestival.jo), sous le haut patronage de la reine Noor. Les spectacles ont lieu dans le théâtre sud, le théâtre nord et le forum de Jérash, ainsi que dans le Centre culturel royal d'Amman, ou bien encore à Umm Qais et sur le mont Nébo. Des programmes spécifiques pour les enfants sont proposés au centre culturel Haya, à Amman.

Le Jerash Festival of Culture & Arts dure une quinzaine de jours en juillet-août. Il inclut des spectacles variés : théâtre, lectures de poésie, opéra, récitals musicaux du monde entier... L'agenda des manifestations est publié en anglais dans la brochure officielle du festival, dans le *Jerash Daily*, imprimé en anglais pendant toute la durée de la manifestation, et dans les journaux de langue anglaise d'Amman.

Les billets coûtent environ 10 JD à Jérash, 30 JD pour les spectacles plus haut de gamme à Amman et ailleurs. La programmation change d'une année sur l'autre ; consultez l'emplacement des points de vente sur le site Internet. Une billetterie est installée à proximité du centre d'accueil des visiteurs, près de la porte sud, pendant toute la durée du festival. Plusieurs sociétés de bus, notamment JETT, assurent des navettes jusqu'à Jérash (pratiques le soir, quand les autres transports ne circulent plus).

continuez l'ascension abrupte sur 1 km. Tournez encore à droite là où la route fait un coude. Le *resort* est indiqué, mais il est difficile de lire les panneaux de nuit.

Hadrian Gate Hotel HÔTEL $$

(☎077-7793907 ; s/d/tr/app à partir de 25/40/50/70 JD ; ❄). Tenu par le sympathique Ismail Khasim et son fils Walid, le seul hôtel de Jérash jouit d'une situation spectaculaire avec vue sur l'arc d'Hadrien. Le petit-déjeuner est servi sur la terrasse du dernier étage, avec vue panoramique sur le temple d'Artémis à l'ouest et les jardins maraîchers à l'est. Les modestes chambres privées, avec sdb commune, sont impeccables. L'appartement climatisé avec sdb attenante est plus confortable. Le manque d'équipements est compensé par l'hospitalité.

Où se restaurer

La Jérash moderne est une ville animée avec des marchés en plein air et les incontournables échoppes de kebabs et de falafels. On y trouve en outre l'un des restaurants les plus appréciés de Jordanie, la Lebanese House. Des restaurants quelconques donnent dans la rue principale, en face du centre d'accueil des visiteurs. On en trouve d'autres vers l'entrée des ruines. Sur le site proprement dit, il n'y a qu'un seul endroit où acheter des boissons.

Jerash Rest House BUFFET $

(☎077 217584; buffet 5 JD ; ⏲12h-20h). Le seul restaurant à l'intérieur des ruines offre une halte bienvenue aux visiteurs exténués. Près de la porte sud, il attire de nombreux touristes et offre un service rapide et efficace. Le savoureux buffet du déjeuner incite plus à la sieste qu'à une balade dans les ruines. Alcool proposé.

♥ **Lebanese House** LIBANAIS $$

(☎6351301 ; plats 4-9 JD ; ⏲12h-23h ; 🖉). Surnommé "Umm Khalil", ce restaurant animé qui aurait servi plus de 5 millions de clients depuis 1977 est une véritable institution sur le plan national. Rien que les amandes et le pain frais à grignoter en attendant les mezze valent le détour. Si vous ne savez que choisir, essayez le menu classique (15 JD) ou le menu de la maison (22 JD), pour un choix des meilleurs plats.

Après 21h, les habitants affluent en famille dans la salle et sur la terrasse. À 5 ou 10 minutes à pied du centre de Jérash.

Jordan House Restaurant BUFFET $$

(☎077 217584 ; buffet 6 JD ; ⏲8h-21h ; 📶). Outre son buffet très varié, proposé de 11h à 17h, cet établissement sympathique à l'entrée des ruines est une adresse agréable pour prendre un café oriental avant de s'attaquer à la visite des ruines, ou le temps d'un repas sur le chemin du retour.

VAUT LE DÉTOUR

LE JARDIN BOTANIQUE ROYAL DE JORDANIE

Après des années de travaux et d'aménagements, le nouveau **Royal Botanic Garden** (RBG ; www.royalbotanicgarden.org; Rumman) devrait avoir ouvert au public d'ici votre passage. Conçu pour présenter la surprenante diversité de la flore jordanienne et mettre en lumière les meilleures pratiques de préservation des habitats naturels, il surplombe le barrage de King Talal. Il s'étend sur 180 ha et comporte un dénivelé de 300 m, qui permet de reproduire les principaux habitats de Jordanie : forêts de pins, de chênes et de genévriers, vallée du Jourdain, eau douce d'un *wadi*... Il englobe par ailleurs un grand jardin botanique.

Le RGB est destiné à devenir une grande fondation dédiée à la recherche scientifique, avec une banque de graines, un herbarium (conçu en collaboration avec les Kew Gardens ; une version virtuelle est consultable en ligne) et un centre d'enseignement des techniques d'agriculture biologique et de permaculture ; mais aussi à aider les communautés agricoles locales. Les bénévoles sont les bienvenus. Vous trouverez de plus amples informations sur le site Internet.

Renseignements

LIVRES ET CARTES

La brochure gratuite *Jerash*, publiée par le Conseil du tourisme de Jordanie, comprend une carte, des photos et un itinéraire. Elle est disponible au centre d'accueil des visiteurs et au ministère du Tourisme et des Antiquités à Amman (p. 325).

Si vous vous intéressez à l'histoire de Jérash, procurez-vous l'un des trois petits guides de poche suivants, en anglais : *The Roman City* ; *Jerash: A Unique Example of a Roman City* ; ou, plus exhaustif, *Jerash*, de Ian Browning. Ils sont en vente dans les librairies d'Amman.

OFFICE DU TOURISME

Le centre d'accueil des visiteurs jouxte la porte sud. Vous y obtiendrez des renseignements sur la ville ancienne (descriptions, cartes en relief). On trouve des toilettes à l'entrée du site (au milieu des stands de souvenirs), à la Jerash Rest House et au centre d'accueil des visiteurs.

Prévoyez au moins 3 heures de visite et beaucoup d'eau, surtout en été. Évitez d'arpenter le site vers midi entre avril et septembre, car l'ombre est très rare. Vous pourrez laisser gratuitement quelques bagages à la Jerash Rest House pendant la visite.

Depuis/vers Jérash

Jérash est située à 50 km au nord d'Amman. Elle est bien indiquée depuis la capitale, notamment à partir de 8th Circle. Si vous conduisez, sachez que la route est parfois très encombrée aux heures de pointe le matin et l'après-midi.

Depuis la gare routière nord (Tabarbour) à Amman, des bus publics et des minibus (800 fils, 1 heure 15) partent régulièrement pour Jérash, mais il faut parfois attendre 1 heure pour qu'ils se remplissent. Levez-vous tôt pour une escapade rapide, notamment si vous souhaitez faire l'aller-retour dans la journée.

La gare de bus et de taxis collectifs (*taxis-service*) de Jérash est à 15 minutes à pied au sud-ouest du site, aux deuxièmes feux, derrière le grand immeuble blanc. Vous pouvez emprunter un minibus pour aller à la gare depuis le centre d'accueil des visiteurs pour quelques dinars. De la gare, de nombreux minibus vont régulièrement à Irbid (1 JD, 45 min) et à Ajloun (600 fils, 30 min) ; le dernier part vers 16h. Si vous ne voulez pas aller jusqu'à la gare, vous devriez pouvoir faire signe au chauffeur du bus à destination d'Amman pour qu'il s'arrête au carrefour principal, en face du site.

Les transports sont bien plus rares après 17h. Vous trouverez peut-être un *taxi-service* jusqu'à 20h (plus tard durant le festival) depuis la gare routière, mais ce n'est pas garanti.

Avec un peu de détermination, on peut négocier une course en taxi privé entre Amman et Jérash pour 18-25 JD environ dans chaque sens. Depuis Jérash, comptez 14-20 JD environ pour un taxi jusqu'à Irbid.

Réserve forestière de Dibbeen محمية غابات دبين

Cette petite **réserve** (☎02-6370017 ; ⊙toute l'année) GRATUIT de 8 km² créée en 2004 englobe une forêt de pins d'Alep et de chênes. Gérée par la Royal Society for the Conservation of Nature (RSCN), elle abrite ce qu'il reste des forêts sauvages qui couvraient autrefois les frontières nord du pays ; aujourd'hui, la surface sylvestre ne représente plus que 1% du territoire de la Jordanie. Malgré sa taille modeste, la réserve est reconnue dans le pays comme un haut lieu de la biodiversité. Elle accueille 17 espèces en voie de disparition (notamment l'écureuil de Perse) et compte plusieurs orchidées rares.

L'aménagement de la réserve n'est pas terminé et les infrastructures sont maigres. Le parc est sillonné de courts **sentiers de randonnée**, mais aucune carte n'est disponible. En mars et avril, les plaines en contrebas des collines enneigées, couvertes de forêts de pins, sont tapissées d'anémones à couronne rouge. La plupart des sentiers sont des pistes ou des chemins empierrés, qui se poursuivent parfois au-delà des limites du parc. Le vendredi, les habitants de la région viennent pique-niquer, laissant quelquefois des déchets derrière eux.

La construction d'un hôtel sept étoiles financé par un émir devrait être achevée d'ici votre passage. Il n'existe actuellement aucun autre hébergement sur place.

Le parc n'est vraiment accessible qu'en voiture. Suivez les panneaux depuis Jérash et attendez-vous à vous perdre ! Toutefois, en prenant la direction des collines boisées lorsque vous passez près des hameaux proches, vous devriez atteindre l'entrée.

Ajloun عجلون

02 / 94 458 HABITANTS / ALTITUDE 744 M

Ajloun (ou Ajlun) est une ville de marché millénaire, dotée d'une mosquée vieille de 600 ans. La plupart des visiteurs ne viennent pas pour découvrir l'animation de ce petit centre chaotique ou ses rares sites touristiques, mais pour l'impressionnant château perché sur une hauteur voisine, qu'il domine depuis près de 1 000 ans.

Avec le site biblique de Mar Elias et l'une des meilleures réserves naturelles de Jordanie à proximité, Ajloun constitue une très bonne base pour quelques jours d'exploration. La ville est également assez proche de Jérash (30 min en minibus, 20 min en voiture) pour que l'on puisse y loger ; elle constitue une destination intéressante pour quitter Amman le temps d'un week-end.

À voir

Qala'at ar-Rabad (forteresse d'Ajloun) CHÂTEAU

La forteresse fut édifiée entre 1184 et 1188 sur le mont 'Auf (1 250 m) par l'un des généraux (et neveux) de Saladin, 'Izz ad-Din Usama bin Munqidh. Elle domine la vallée arrosée par le Jourdain, et trois de ses affluents : les *widyan* (pluriel de *wadi*) Kufranjah, Rajeb et Al-Yabes. Elle constituait autrefois un maillon stratégique de la ligne de défense contre les croisés et faisait contrepoint à leur fort Belvoir, sur le lac de Tibériade (mer de Galilée).

La forteresse fut agrandie en 1214 et une nouvelle porte fut alors ajoutée à l'angle sud-est. Elle comptait à l'origine 7 tours et possédait des douves sèches de 15 m de profondeur. Grâce à sa position dominante, elle servait de relais aux feux d'alarme et aux pigeons voyageurs : des messages pouvaient être transmis de Damas au Caire en une journée. L'élevage de pigeons reste un passe-temps prisé dans la région.

Une fois la menace des croisés disparue, la forteresse fut en grande partie détruite par les Mongols en 1260, puis presque aussitôt reconstruite par les Mamelouks. Une garnison ottomane y résida au XVIIe siècle, puis l'édifice fut plus ou moins abandonné. L'explorateur orientaliste Burckhardt, qui mit au jour Pétra, "redécouvrit" la forteresse. Les séismes de 1837 et de 1927 endommagèrent gravement l'édifice, dont la lente restauration se poursuit.

Vous remarquerez une notice en anglais après la porte principale, ainsi qu'un petit musée avec des céramiques, des fragments de mosaïques et de surprenantes grenades médiévales. La forteresse ne comporte aucun autre panneau, mais sa situation est telle qu'il se dispense de signalétique.

L'ascension à pied du centre-ville à l'entrée de la forteresse (3 km) est difficile ; des minibus, assez rares, rejoignent le sommet (environ 100 fils). Vous pouvez également prendre un taxi depuis Ajloun (7-10 JD l'aller-retour). Vous ne regretterez pas l'aller-retour – prévoyez 30 minutes pour la visite.

Le centre d'accueil et le guichet se trouvent à 500 m environ en contrebas de l'entrée de la forteresse ; on y trouve une petite maquette du monument. Des toilettes propres sont à disposition.

Mar Elias SITE ARCHÉOLOGIQUE

(8h-19h avr-oct, 8h-16h nov-mars). GRATUIT Ce **site archéologique** peu visité, où serait né le prophète Élie, donne l'occasion d'explorer la campagne autour d'Ajloun. Il n'a rien de spectaculaire, mais revêt une importance religieuse et historique.

Le prophète Élie est mentionné aussi bien dans le Coran que dans l'Ancien Testament. On pense qu'il aurait vu le jour vers 910 av. J.-C. dans le village de Lesteb, près de

Mar Elias. Il aurait quitté ce monde à Wadi al-Kharrar, emporté au ciel dans un chariot de feu. À l'époque byzantine, Mar Elias fut un haut lieu de pèlerinage, placé sous la responsabilité de l'évêché de Pella. En 1999, des fouilles ont mis au jour une église du début du VIIe siècle.

Un escalier qui part du parking permet d'accéder aux ruines de l'église. Un arbre a poussé en plein milieu de ce qui était autrefois l'abside. Le plan du monument en forme de croix apparaît clairement. Vous pourrez admirer des mosaïques au sol, en partie recouvertes de bâches en plastique. Repérez les chapelles mortuaires au fond de l'église, à droite, et la chapelle plus ancienne décorée de tuiles blanches, au sud. Des réservoirs d'eau et des morceaux de maçonnerie jonchent le reste du site.

Mar Elias n'est pas desservi par les transports en commun. Depuis Ajloun, prenez à droite à hauteur de l'hôtel Qalet al-Jabal, montez la côte sur 1 km, tournez à gauche au croisement et descendez sur 2,7 km. Au croisement/poste militaire, prenez à droite sur 1,8 km jusqu'à un panneau indiquant le site sur la gauche (à droite, la route rejoint Ishfateena et la réserve forestière d'Ajloun). Poursuivez sur 1 km avant de prendre sur la gauche un chemin goudronné qui atteint enfin le site après 400 m. Distance totale depuis Ajloun : 8,3 km.

Si vous décidez de continuer jusqu'à la réserve d'Ajloun, revenez sur vos pas et prenez à gauche à l'intersection, à 1,4 km du site, pour vous diriger vers Ishfateena. Au bout de 1,6 km, vous rejoindrez la route principale. Prenez à droite et, après 5 km, vous verrez la réserve indiquée sur la gauche, à 300 m de l'autoroute principale Irbid-Ajloun.

Mar Elias est également accessible à pied en empruntant le spectaculaire Prophet's Trail (sentier du prophète), qui relie le site à la réserve forestière d'Ajloun.

Où se loger et se restaurer

Les deux hôtels installés sur la route menant à la forteresse sont de bonnes adresses pour contempler le coucher du soleil depuis les remparts.

On trouve des en-cas et des boissons dans la forteresse d'Ajloun. Pour quelque chose de plus substantiel, l'**Abu-Alezz Restaurant** (repas 2-3 JD) et **Al-Raseed** (repas 2-3 JD), près du rond-point principal à Ajloun, proposent des plats classiques jordaniens : poulet, houmous, *chawarma*... On peut également faire des provisions dans les nombreuses épiceries d'Ajloun et acheter des fruits frais sur les étals en bord de route, pour improviser un pique-nique dans les collines environnantes.

Qalet al-Jabal Hotel HÔTEL $
(☎6420202 ; www.jabal-hotel.com ; s/d/tr à partir de 28/38/48 JD). À 2 km en contrebas de la forteresse d'Ajloun, ce petit hôtel très fréquenté possède un ravissant jardin – jasmin, roses, vigne... Le décor est un peu défraîchi et les meubles sont rares, mais bon nombre des chambres ont une belle vue. Le point fort de l'établissement est toutefois la terrasse, où sont servis de bons repas.

Ajloun Hotel HÔTEL $
(☎6420524 ; ch à partir de 25 JD, petit-déj inclus). À seulement 1 km en contrebas de la forteresse, et donc pratique pour la visiter tôt le matin. Le hall comprend un agréable espace détente ; les chambres étaient en travaux lors de notre dernière visite. Préférez celles du dernier étage (pour la vue).

Renseignements

La Housing Bank, immédiatement au sud du principal rond-point d'Ajloun, possède un bureau de change et un DAB.

Depuis/vers Ajloun

Ajloun est à environ 75 km au nord-ouest d'Amman, et à 30 km au nord-ouest de Jérash. La forteresse se voit de presque partout alentour. En voiture ou à pied, prenez la route indiquée (Al-Qala'a St) vers l'ouest au rond-point principal d'Ajloun. Les rues étroites du centre sont parfois horriblement congestionnées.

Depuis le centre d'Ajloun, des minibus font régulièrement la navette depuis/vers Jérash (600 fils, 30 min de route panoramique) et Irbid (1 JD, 45 min). Depuis Amman (900 fils, 2 heures), des minibus partent toutes les 30 minutes de la gare routière nord (Tabarbour).

Réserve forestière d'Ajloun محمية غابات عجلون

Dans les hauteurs autour d'Ajloun, cette **réserve naturelle** (☎02-6475673 ; ⏲toute l'année) GRATUIT, de taille modeste (à peine 13 km²) mais d'une grande importance environnementale, a été fondée par la RSCN en 1988 pour protéger les forêts de chênes, de caroubiers, de pistachiers et d'arbousiers. Elle est habitée par des chevreuils (que des programmes d'élevage en captivité essaient de sauver de la disparition), des sangliers, des fouines, des putois, des chacals et même par des hyènes et des loups gris.

Grâce à l'action de la RSCN en faveur du développement des infrastructures touristiques de la réserve, celle-ci possède aujourd'hui des cabanes, idéales pour passer un week-end en amoureux. Le premier intérêt du site est son bon **réseau de sentiers**, pour les randonneurs de tous niveaux. Les collines qui ondulent et les forêts luxuriantes forment un cadre ravissant, surtout après une période prolongée passée entre les déserts arides du pays et les rues irrespirables de la capitale. Même sans randonner, il est intéressant d'entrer dans les bois par le Roe Deer Trail ("sentier du chevreuil"), ne serait-ce que pour profiter des arbousiers.

À voir

La RSCN soutient des projets communautaires, dans la réserve et à proximité, destinés à développer de nouvelles sources de revenus pour la population locale. Parmi les initiatives, figurent 3 ateliers spécialisés respectivement dans l'huile d'olive, les imprimés et les produits alimentaires traditionnels (vente sur place et dans la boutique de la réserve – Nature Shop). Tous trois se visitent et sont accessibles en 10 minutes de route depuis la réserve (suivez les panneaux depuis la route principale près de la réserve) ou, mieux encore, par un sentier de randonnée. Demandez une carte au centre d'information des visiteurs avant de partir.

The Soap House ARTISANAT
(village d'Orjan ; 9h-16h). Avez-vous déjà senti un savon à la grenade ? Des femmes de la région fabriquent toutes sortes de savons, à base d'ingrédients naturels locaux, avec 90% d'huile d'olive pure. La grenade n'est qu'une fragrance parmi la dizaine proposée.

House of Calligraphy ARTISANAT
(9h-16h). Inutile d'être un spécialiste pour apprécier l'écriture arabe. Les femmes de cet atelier cherchent à initier les visiteurs à la culture arabe, et il est même possible de s'essayer à la calligraphie en écrivant son nom en arabe à l'aide d'un calame de roseau.

The Biscuit House ARTISANAT
(village d'Orjan ; 9h-16h). Les délicieuses spécialités jordaniennes préparées ici sont

GUIDE À LA RSCN : PAR ATTACHEMENT À LA TERRE

Les guides employés dans les 6 réserves de la Royal Society for the Conservation of Nature (RSCN) débordent d'un enthousiasme qui doit beaucoup à la politique de la RSCN. Pour impliquer les habitants dans ses projets, celle-ci veille à ce que les *rangers* des parcs aient presque tous grandi près de leur lieu d'affectation. C'est le cas de Majid, l'un des *rangers* d'Ajloun, qui aime les forêts de chênes verts où il jouait quand il était enfant. Il se souvient des grands-pères du village qui employaient le bois des arbousiers pour bâtir leur maison et des grand-mères qui en utilisaient les fruits pour soigner les douleurs d'estomac. Autrefois, des chasses au chevreuil et au sanglier étaient organisées ; aujourd'hui, Majid cherche à réintroduire et à préserver ces espèces et la chasse est interdite à l'intérieur des parcs.

Les communautés locales ont gardé un vif intérêt pour la terre qu'ils considèrent comme la leur. À Ajloun, 6 des villages alentour sont impliqués dans la maintenance de la réserve. Comme le dit Majid : "Les gens souhaitent protéger les 'emplois' de leurs enfants. Ils ont donc tendance à soutenir la réserve et à s'arranger pour que la communauté toute entière en profite."

Mais tout le monde ne partage pas cet engagement, et la réserve doit faire face aux coupes illégales d'arbres issus d'essences recherchées et à un peu de braconnage. Toutefois, la philosophie de la RSCN, qui consiste à proposer aux villageois un revenu alternatif, est payante. À Ajloun, une randonnée guidée offre aux visiteurs l'occasion de rencontrer les savonnières, qui produisent des savons écologiques à base d'ingrédients naturels, vendus notamment dans la boutique de la réserve (Nature Shop).

Dans chacune des réserves, les défis diffèrent (extraction d'eau à Mujib et à Azraq, surpâturage à Dana), mais l'objectif reste le même : un développement durable, soucieux des cultures locales. Pour citer Chris Johnson, responsable de Wild Jordan (le bras marketing de la RSCN), c'est cette "relation étonnante entre le cadre et ses habitants" qui va permettre de conserver ces terres sauvages pour les générations à venir.

ensuite diffusées dans les boutiques de la RSCN. Le café installé sur place vend des tisanes produites localement, des biscuits à l'huile d'olive et des gâteaux à la mélasse et à la purée de sésame. On y resterait bien jusqu'au lendemain matin – ce qui est possible, au Biscuit House Bed & Breakfast.

Activités

Hormis pour le Roe Deer Trail et le Rockrose Trail (sentiers du chevreuil et de l'hélianthème), vous devez organiser le retour auprès du centre d'information des visiteurs avant de partir en randonnée. Les sentiers sont entretenus par la RSCN, et chacun est soumis à un tarif spécifique. La plupart requièrent un guide (inclus dans le prix).

Roe Deer Trail RANDONNÉE

(9 JD ; toute l'année). Si vous ne restez qu'un jour sur place, vous pouvez opter pour le Roe Deer Trail (2 km), qui prend environ 1 heure et peut se parcourir sans guide. Il débute dans la zone d'hébergement et fait une boucle sur une colline voisine. Vous passerez devant un pressoir à raisin en pierre vieux de 1 600 ans, et les fleurs sauvages vous éblouiront en avril. L'arrivée se fait près d'un enclos de chevreuils.

Soap House Trail RANDONNÉE

(14 JD ; toute l'année). Cette randonnée guidée de 7 km (3 heures) passe par le doyen des arbousiers de la réserve et par l'Eagle's Viewpoint, un point de vue à 1 100 m d'altitude. En descendant de ce dernier, la piste conduit à travers des bois d'arbres à feuilles persistantes jusqu'à l'atelier des savonnières (Soap House, ci-contre).

Houses Trail RANDONNÉE

(23 JD ; toute l'année). Cette randonnée guidée de 7 km (3 heures) relie les 3 ateliers de la RSCN : la Soap House, la House of Calligraphy et la Biscuit House (ci-contre). Vous pourrez faire une pause à la biscuiterie pour un café et un gâteau. Chaque atelier mérite une visite.

Orjan Village Trail RANDONNÉE

(22 JD ; avr-oct). Cette randonnée dans la campagne de 12 km (6 heures), qui serpente au milieu des peupliers et des vergers, requiert de louer les services d'un guide. Les oliviers situés à l'extrémité du parcours datent de l'époque romaine.

Rockrose Trail RANDONNÉE

(14 JD ; avr-oct). Ce spectaculaire "chemin des cistes", long de 8 km (4 heures), comprend quelques montées escarpées et nécessite un guide. Ce sentier panoramique traverse plusieurs vallées très boisées, des arêtes rocheuses et des oliveraies, et offre une vue imprenable sur la Cisjordanie.

Prophet's Trail RANDONNÉE

(19 JD ; toute l'année). Ce sentier guidé de 8,5 km (5 heures) sinue tranquillement entre les vergers de figuiers et de poiriers jusqu'au site archéologique de Mar Elias, lieu de naissance supposé du prophète Élie. Après avoir rejoint le Wadi Shiteau, il pénètre dans une dense forêt de chênes et d'arbousiers.

Ajloun Castle Trail RANDONNÉE

(27 JD ; toute l'année). En s'arrangeant à l'avance, il est possible de continuer la randonnée depuis Mar Elias sur encore 9,5 km en traversant le Wadi Al-Jubb jusqu'à la forteresse d'Ajloun – soit 4 heures éreintantes sur un terrain escarpé et difficile. Des mules accompagnent la randonnée – une aide particulièrement précieuse lors de la difficile ascension finale vers le château.

Où se loger et se restaurer

Biscuit House Bed & Breakfast B&B $$

(6475673 ; s/d 49/70 JD, petit-déj inclus). Dans ce merveilleux B&B installé dans un *wadi* luxuriant planté de vergers, tout le mobilier est en bois recyclé. Son point fort : le petit-déjeuner, concocté par des femmes de la coopérative, qui tiennent un atelier (page précédente) sur le site, où sont préparés de délicieux produits diffusés par la RSCN. Le thym, les olives, le fromage et les confitures sont locaux.

Se rendre dans ce B&B du village d'Orjan – où le ruisseau, les oliveraies et les vieux peupliers contrastent avec les collines sèches et poussiéreuses d'Ajloun – est une expérience à part entière. L'établissement est tout juste accessible en voiture, par une route nivelée très escarpée.

Ajloun Reserve Tented Bungalow TENTES DE LUXE $$

(6475673 ; s/d/tr/qua 52/63/75/87 JD, petit-déj inclus). La réserve tient à disposition des tentes de luxe sur pilotis, ainsi que des bungalows de toile spacieux et lumineux (d'avril à octobre). L'ensemble est installé à proximité d'un pavillon doté de toilettes écologiques et de douches chauffées à l'énergie solaire. L'été, pensez à l'antimoustique.

Ajloun Reserve Cabin BUNGALOWS $$$
(☎6475673 ; s/d/tr/qua à partir de 81/92/104/116 JD, petit-déj inclus ; luxe s/d/tr/qua 90/116/127/139). Dans la réserve, ces bungalows rustiques en dur dotés de terrasses donnant sur un bout de forêt invitent à se détendre. Les cabanons standards partagent les blocs sanitaires (avec douches). Les bungalows de luxe, récemment aménagés, ont leur propre sdb.

Les repas (déjeuner et dîner, sur réservation) sont servis dans le **restaurant sur le toit** (buffet 14 JD) couvert près de l'office du tourisme. Des barbecues sont aussi mis à disposition. Le toit offre une vue magnifique sur le sommet enneigé du djebel ash-Sheikh (mont Hermon ; 2 814 m), à la frontière entre la Syrie et le Liban. Il neige couramment dans la réserve de décembre à février.

Renseignements

À l'entrée de la réserve, le modeste **centre d'accueil des visiteurs** (aube-crépuscule) donne des cartes et toutes sortes de renseignements sur la faune et la flore de la réserve. Vous y trouverez une boutique (Nature Shop), avec des produits artisanaux locaux.

Vous devez réserver l'hébergement et les repas bien à l'avance auprès de la RSCN, via le Wild Jordan Centre (p. 323) à Amman. Pour les randonnées guidées, un minimum de 4 personnes est requis et il faut réserver 48h à l'avance. Les prix démarrent à 9 JD/personne.

Depuis/vers la réserve forestière d'Ajloun

Vous pourrez rejoindre la réserve en prenant un taxi depuis Ajloun (9 km) moyennant 5 à 7 JD ; Demandez au centre d'accueil des visiteurs de vous en réserver un pour le retour. Si vous êtes motorisé, prenez la route d'Ajloun à destination d'Irbid, puis tournez à gauche à hauteur d'une station-service, à 4,8 km d'Ajloun, en direction du village d'Ishfateena. À environ 300 m de l'intersection, prenez à droite et suivez les indications sur encore 3,8 km jusqu'à la réserve, qui se trouve près du village d'Umm al-Yanabi.

IRBID ET SES ENVIRONS

Les collines et vallées verdoyantes de la région abondent en villages charmants, en chemins envahis par les chèvres et en oliveraies ponctuées de vestiges anciens. Auparavant, de nombreux voyageurs approchaient la frontière syrienne par les collines isolées du nord de la Jordanie ; elles sont désormais bien moins fréquentées.

Irbid, une ville universitaire remuante, est souvent ignorée des visiteurs en dépit de sites d'intérêt national. Pourtant, dans cette partie densément peuplée du pays, elle est incontournable pour prendre le pouls de la Jordanie moderne. Tous les minibus, quel que soit le village où on les trouve, semblent rallier Irbid, d'où l'on peut rejoindre de nombreuses autres destinations du pays.

Avec une voiture, il est théoriquement possible de voir le champ de bataille de Yarmouk ou les ruines d'Umm Qais. Cette ville de la Décapole se visite en une journée depuis Irbid. Toutefois, en raison des événements en cours en Syrie, les autorités françaises déconseillaient formellement de se rendre dans ce secteur lors de nos recherches.

Irbid إربد

☎02 / 751 634 HABITANTS / ALTITUDE 582 M

Irbid, deuxième ville de Jordanie, accueille l'université de Yarmouk, qui contribue à former l'élite du Proche-Orient. Par bien des aspects, elle est plus vivante et progressiste qu'Amman. Le campus, situé immédiatement au sud du centre, englobe des rues piétonnes ombragées bordées de terrasses de restaurants et de cafés. Depuis le début de la crise syrienne, Irbid a accueilli un grand nombre de réfugiés, aussi bien dans l'agglomération même que dans de vastes camps en périphérie.

Historiens et archéologues y ont reconnu Arbela, cité de la Décapole. Le lieu est, de toute évidence, antérieur aux Romains, et des sites funéraires donnent à croire qu'il fut occupé dès l'âge du bronze. Pourtant, en dehors du tell (colline) en son centre, il reste peu de traces d'un passé aussi ancien.

À voir

Musée d'Archéologie et d'Anthropologie MUSÉE
(☎7211111 ; 10h-13h45 et 15h-16h30 dim-jeu). GRATUIT Ce passionnant musée revient sur toutes les époques historiques du pays. Le voyage débute par des statuettes du néolithique vieilles de 9 000 ans, découvertes près d'Amman ; il se poursuit par l'évocation des âges du bronze et du fer, relate les occupations mamelouke et ottomane, et s'achève en abordant la vie rurale des Bédouins. L'un des moments forts du musée

Irbid

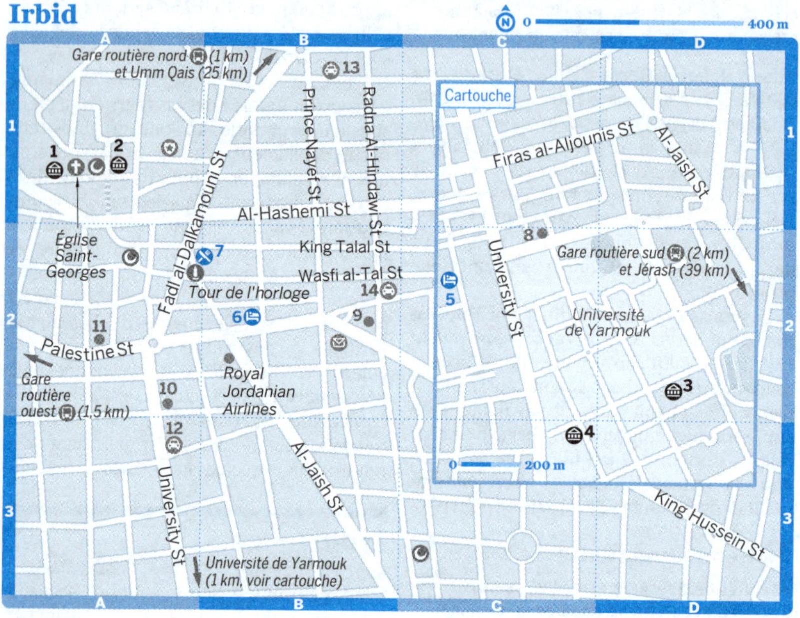

Irbid

À voir

1 Beit Arar A1
2 Musée Dar As-Saraya A1
3 Muséum d'histoire naturelle D2
4 Musée d'Archéologie et d'Anthropologie C3

Où se loger

5 Al-Joude Hotel C2
6 Omayah Hotel B2

Où se restaurer

Supermarché Alia .... (voir 6)
Al-Joude Garden Restaurant .... (voir 5)
7 Clock Tower Restaurant B2
News Café .... (voir 5)

Transports

8 Minibus et *taxis-service* pour la ville basse (Downtown) C2
9 Minibus pour la gare routière sud B2
10 Minibus pour l'université A2
11 Minibus pour la gare routière ouest A2
12 *Taxis-service* pour l'université A3
13 *Taxis-service* pour la gare routière nord B1
14 *Taxis-service* pour la gare routière sud B2

est la remarquable reconstitution d'une pharmacie et d'une forge traditionnelle arabes. La galerie numismatique propose un intéressant parcours dans l'histoire de la monnaie depuis 2 600 ans. Les vitrines s'accompagnent d'explications en anglais.

Muséum d'histoire naturelle de Jordanie — MUSÉE

(7211111 ; 8h-17h dim-jeu). GRATUIT Avec sa pléthore d'animaux et d'oiseaux empaillés, d'insectes et de minéraux, ce musée ne sera pas du goût de tous. Il permet toutefois de contempler des espèces locales rares. Il occupe l'imposant hangar vert n°23.

Musée Dar As-Saraya — MUSÉE

(7245613 ; Al Baladia St ; 8h-18h). GRATUIT Dans une superbe villa ancienne en basalte, juste derrière l'hôtel de ville, ce musée est une petite merveille. Le bâtiment, construit en 1886 par les Ottomans, est typique des caravansérails installés le long de la route de pèlerinage syrienne, avec ses pièces agencées autour d'une cour intérieure pavée. Après avoir servi de prison (jusqu'en 1994), il renferme désormais une collection d'objets locaux illustrant la longue histoire d'Irbid.

Remarquez la presse à olives dans la cour et les impressionnantes portes de basalte, aux verrous "de fer" sculptés dans la pierre.

Beit Arar — MUSÉE

(près d'Al-Hashemi St ; 9h-17h dim-jeu). GRATUIT Ce musée destiné à accueillir des manifestations culturelles occupe un bâtiment magnifique. Les salles, où vous verrez des photos et des manuscrits d'Arar, l'un des grands poètes jordaniens, entourent une cour pavée de pierres volcaniques noires.

Où se loger

Force est de reconnaître que les hôtels d'Irbid ne brillent guère par la qualité de leurs prestations. En revanche, l'accueil y est souvent très sympathique, notamment dans les établissements bon marché.

Al-Joude Hotel HÔTEL $
(☎7275515 ; près de University St ; s/d/tr à partir de 30/35/60 JD, petit-déj buffet inclus ; ❄@🛜). Sis près de Yarmouk, le seul hôtel de catégorie moyenne d'Irbid a connu des jours meilleurs. Les chambres, peu nombreuses, sont propres et spacieuses, mais bruyantes et défraîchies. Le bon côté : pas besoin d'aller loin pour se distraire le soir, puisqu'il y a foule au très populaire bar de l'hôtel (News Cafe) et à l'Al-Joude Garden Restaurant.

Omayah Hotel HÔTEL $
(☎7245955 ; omayahhotel@yahoo.com ; King Hussein St ; s/d 20/30 JD ; ❄). Un rapport qualité/prix honorable pour cet hôtel bon marché récemment rénové, avec de grandes fenêtres donnant sur le cœur de la ville et la TV satellite. Le propriétaire est serviable et sympathique. Les femmes seules se sentiront à l'aise. Notez que les chambres situées vers l'arrière sont un peu plus calmes : un bon choix si vous avez le sommeil léger et souhaitez échapper au bruit des Klaxon.

Où se restaurer

Le long de University St, un établissement sur deux est un restaurant fréquenté par les habitants et par les étudiants du campus (22 000 en tout). La cuisine est assez quelconque, mais elle importe moins que l'ambiance : après 21h, les rues se remplissent d'une foule à la recherche d'une bonne soirée, qu'elle semble trouver sur la promenade entre les ronds-points.

Pour trouver des provisions ou préparer un pique-nique, le **supermarché Alia** (King Hussein St), près de l'hôtel Omayed, propose un bon choix de produits locaux. Profitez-en pour goûter les olives de la région, à la hauteur de leur réputation. Le marché à proximité vend toutes sortes de fruits frais en provenance des vergers du Nord.

Clock Tower Restaurant JORDANIEN $
(Al Jaish St ; repas 3-5 JD ; ⌚8h30-21h30). Cette adresse locale prisée possède une enseigne écrite en arabe, mais vous la reconnaîtrez facilement, juste à côté de la tour de l'horloge : son énorme broche à *chawarma* est difficile à manquer ! La salle à l'étage permet de s'isoler un peu de l'animation de la rue, et les plats jordaniens proposés sont aussi bon marché que délicieux. Enfin une adresse peu chère dans le centre-ville où vous ne craindrez pas les maux d'estomac !

News Café CAFÉ $
(près de University St ; pizzas 2 500 JD). Au rez-de-chaussée de l'Al-Joude Hotel, cette adresse attire la population décontractée d'Irbid. Décorée à la manière d'un café occidental, elle est chaleureuse et conviviale. Café, milk-shakes, pizzas et en-cas ; narghilés.

Al-Joude Garden Restaurant JORDANIEN $$
(près de University St ; repas de grillades mixtes 6-10 JD). Les étudiants, leurs parents et les familles locales se rassemblent dans la cour à l'extérieur de l'Al-Joude Hotel pour siroter des jus de fruits frais et fumer un narghilé parfumé. Les serveurs se pressent pour apporter café oriental ou charbons ardents aux clients. Prévoyez une longue attente pour les plats. Il y fait frais même en été lorsque vient la nuit, si bien que le personnel propose des manteaux aux clients (principalement aux femmes, puisqu'il est attendu des hommes qu'ils le refusent d'un air viril). Pour le dessert, préférez l'une des nombreuses pâtisseries des rues voisines.

Renseignements

On peut changer et retirer de l'argent dans de nombreuses banques à Irbid. Le poste de police surplombe la zone du marché et offre une très belle vue sur la ville ! Des dizaines de cybercafés ont ouvert au sud de University St (dans Shafeeq Rshaidat St), à quelques pas de l'université de Yarmouk. La plupart fonctionnent toute l'année.

Poste (King Hussein St ; ⌚7h30-17h sam-jeu, 7h30-13h30 ven)

Royal Jordanian (☎7243202 ; à l'angle de King Hussein St et d'Al-Jaish St)

Depuis/vers Irbid

Irbid est à 85 km au nord d'Amman. Elle compte 3 gares principales de minibus et de taxis.

À la **gare routière nord** (Tabarbour), on trouve des minibus pour Umm Qais (45 min), Mukheiba (pour Al-Himma, 1 heure) et Quwayliba (pour les ruines d'Abila, 25 min). Chacun de ces trajets vous coûtera entre 400 fils et 1 JD.

De la grande **gare routière sud** (nouvelle gare routière d'Amman, Wahabat), des bus climatisés Hijazi (2 JD, 1 heure 30) partent toutes les 15-20 minutes de 6h à 19h pour la gare routière nord d'Amman. Des bus et des minibus moins confortables (moins de 1 JD, 2 heures environ), et de nombreux *taxis-service* (1 JD) relient aussi la gare routière nord d'Amman. De la gare sud, vous pourrez vous rendre à Ajloun (45 min) et à Jérash (45 min) pour environ 800 fils.

À la gare routière ouest (Mujamma al-Gharb al-Jadid), à 1,5 km du centre, des minibus partent vers Al-Mashari'a (45 min) pour les ruines de Pella, le pont du cheikh Hussein (pour Israël et les Territoires palestiniens, 45 min) et Shuneh ash-Shamaliyyeh (North Shuna, 1 heure). Chaque trajet revient entre 800 fils et 1,20 JD.

Comment circuler

Des minibus (100 fils) et des taxis collectifs (*taxis-service*, 200 fils) font la navette entre le centre et les différentes gares routières d'Irbid. Pour vous rendre à la gare routière sud, vous trouverez des *taxis-service* et des minibus dans Radna al-Hindawi St. Pour la gare routière nord, direction Prince Nayef St. Pour la gare ouest, attrapez un bus dans Palestine St, juste à l'ouest du rond-point.

Entre le centre (*al-bilad*) et l'université (*al-Jammi'a*), un taxi vous reviendra en moyenne à 500 fils. Peu de taxis utilisent un compteur à Irbid. Un minibus de University St jusqu'aux portes de l'université coûte 200 fils. Sinon, comptez 25 minutes à pied.

La circulation d'Irbid a terrible réputation. Si vous êtes en voiture, les embouteillages, les rues à sens unique et le manque de places de stationnement compliqueront vos mouvements.

Abila (Quwayliba) (قويلبا) أبيلا

À 10 km au nord d'Irbid, encadrés par les collines jumelles de Tell Abila et de Tell Umm al-Amad, des vestiges attestent de l'existence d'Abila, ancienne cité de la Décapole. À première vue, le site ne semble receler d'intérêt que pour les amateurs de ruines les plus déterminés et les aspirants archéologues. De fait, il ne reste pas grand-chose de cette ancienne ville jadis glorieuse, que le séisme de l'an 747 a transformée en champ de ruines.

Aujourd'hui, Abila reste en grande partie inexplorée, et le site n'est pas équipé pour recevoir les visiteurs. Mais la présence d'un guide n'est pas nécessaire pour découvrir le **théâtre** romano-byzantin ou les vestiges éparpillés des **colonnes** des marchés, temples et thermes qui ponctuent le site.

Tel Indiana Jones vous pourrez, lampe torche à la main, explorer les lugubres **tombes troglodytiques** creusées dans le flanc des collines autour du site. À une époque, les grottes étaient remplies de sépultures, mais les pilleurs les ont totalement dépouillées au cours des millénaires. Néanmoins, les extraordinaires **fresques** qui ornent les murs et les plafonds sont superbement conservées et d'autant plus impressionnantes que l'on ne croise pas le moindre touriste.

Le site d'Abila est à quelques encablures du village de Quwayliba, situé à environ 10 km au nord d'Irbid. Des bus partant de la gare routière nord d'Irbid vous amèneront à Quwayliba (moins de 1 JD, 25 min). Demandez au chauffeur de vous déposer près des ruines. Toutefois, en raison de la proximité de la frontière et des événements en cours en Syrie, il est impératif de bien se renseigner sur la situation dans la région avant de partir, auprès des autorités de votre pays (voir l'encadré p. 309).

Champ de bataille de Yarmouk

Les autorités françaises déconseillaient formellement les déplacements dans la région de Yarmouk lors de nos recherches. Si la situation venait à s'améliorer, et si vous disposez d'une voiture et êtes curieux de savoir pourquoi toutes les routes sortant d'Irbid semblent mener au champ de bataille de Yarmouk, suivez les panneaux vers le nord-est en direction du village de Saham al-Kfarat. Ce site est d'une grande importance pour les Arabes musulmans puisque c'est ici que, le 12 août 636, une armée de 40 000 Arabes réussit à vaincre 125 000 combattants byzantins. Beaucoup de sang fut versé : 4 000 Arabes et 80 000 Byzantins périrent. Depuis, l'endroit est une sorte de lieu de pèlerinage.

La route indiquée depuis Irbid ne mène pas au champ de bataille même, mais à un point de vue situé en surplomb du Yarmouk, qui marque la frontière avec la Syrie. C'est dans la vallée en contrebas qu'eut lieu la bataille, mais il est plus facile, depuis ce point de vue, de comprendre comment les Arabes, disciplinés, motivés, mobiles et unis tant par la foi que par leurs chefs, furent capables de battre les groupes de mercenaires byzantins.

Ces derniers, handicapés par leurs lourdes armures (comme on peut facilement se l'imaginer par une chaude journée d'août, en voyant les versants escarpés et inondés de soleil en face du point de vue), manquaient de cohésion et furent surtout trahis par leur cavalerie légère ghassanide, soudoyée par l'ennemi.

Marqué par une plaque explicative et un monument, sans autre infrastructure, le point de vue n'est pas accessible par les transports publics. En voiture, il faut compter 30 minutes de route depuis Irbid ; gardez les panneaux en vue – ils sont très espacés. Un raccourci vers Umm Qais est indiqué à mi-chemin entre le point de vue et Irbid.

LA VALLÉE DU JOURDAIN

Lorsque Moïse contempla la Terre promise depuis le mont Nébo, ce ne furent sans doute pas les collines semi-arides entourant la mer Morte qui lui donnèrent espoir pour son peuple, mais plutôt le grand bandeau fertile s'étirant des rives nord de la mer jusqu'aux montagnes au loin. Le Jourdain a été un lieu de peuplement depuis l'Antiquité, notamment grâce à son sol fertile, propice à l'agriculture.

Les visiteurs seront sans doute choqués par le contraste existant entre les flancs de collines où poussent des oliviers et la végétation subtropicale de la vallée du Jourdain ; ils ne manqueront pas non plus de remarquer la frontière très militarisée entre Israël et les Territoires palestiniens, qui s'étire le long du fleuve. Théâtre de tensions et de combats depuis des siècles, la vallée reste une zone sensible, d'autant qu'aux questions territoriales s'ajoute désormais le problème des ressources en eau.

Toutefois, visiter la région ne présente pas de danger particulier (les conseils de prudence habituels valent ici comme ailleurs), et les sites d'intérêt ne manquent pas, à commencer par les ruines romaines d'Umm Qais au nord et le lieu supposé du baptême du Christ à Béthanie au-delà du Jourdain. La vallée, où les producteurs à grande échelle de bananes, de papayes, de pommes de terre, de tomates ou d'aubergines côtoient les petits maraîchers locaux, mérite à elle seule la visite, notamment lorsque ses nombreux flamboyants sont en fleur. Au coucher du soleil, les collines alentour prennent une extraordinaire teinte rose, et l'on peut voir des aigrettes, peu soucieuses des frontières, traverser les lits de roseaux. Du reste, le seul endroit où vous pourrez véritablement voir le Jourdain est en Béthanie, car la demande en irrigation a fini par transformer ce fleuve jadis puissant en un simple ruisseau passant entre les champs.

La vallée est bien desservie par les transports publics qui relient les villages les uns aux autres. Avec une voiture, il est cependant beaucoup plus facile de quitter le fond de la vallée (bien en dessous du niveau de la mer) pour des escapades, aux ruines de Pella ou à la remuante ville de Salt par exemple. Comptez environ 1 heure 30 pour longer la vallée en entier. Vous trouverez notamment des hébergements à Pella et sur les rives de la mer Morte, au sud. Il est également possible de voir un peu de la vallée en faisant l'aller-retour depuis Amman et Jérash. N'oubliez pas votre passeport : il vous sera utile aux nombreux postes de contrôle.

Al-Himma (Mukheiba) الحمى (مخيبا)

☎02 / 5 000 HABITANTS / ALTITUDE 130 M

Si la zone redevient accessible sans danger et si vous revenez du point de vue de la bataille de Yarmouk, prévoyez un crochet par les sources chaudes d'Al-Himma, dans le village de Mukheiba. Situé au point de confluence du Yarmouk et du Jourdain, l'endroit offre une bonne idée de la bataille, même si l'accès au site demeure restreint. D'ici, les collines (particulièrement escarpées) sur lesquelles eurent à évoluer les deux armées paraissent encore plus abruptes.

Aux époques romaine et byzantine, Al-Himma était connu pour l'ensemble des thermes de Gadara, célèbre à travers tout l'Empire pour son architecture et sa décoration exubérantes. La majeure partie des ruines se trouve aujourd'hui de l'autre côté de la frontière, sur le plateau du Golan occupé par Israël. Les thermes modernes, eux, ne semblent pas avoir souffert de la crise du tourisme de la décennie passée.

À 10 km au nord d'Umm Qais, Mukheiba marque le point le plus septentrional de la partie jordanienne de la vallée du Jourdain. Accessible par une route spectaculaire (avec postes de contrôle), cette ville frontalière possède une vue imprenable sur le plateau du Golan en Syrie et le lac de Tibériade (mer de Galilée) en Israël, ainsi que sur les Territoires palestiniens.

LA VALLÉE DU JOURDAIN

La vallée fertile du Jourdain fait partie de la vallée africaine du Grand Rift. Son importance était considérable à l'époque de la Bible, et elle constitue encore aujourd'hui la réserve alimentaire de la Jordanie. Elle offre un climat idéal pour l'agriculture (soumise à des restrictions d'eau), avec des étés chauds et secs et des hivers doux. Des milliers de tonnes de fruits et de légumes sont produits chaque année (tomates, concombres, melons, agrumes…), dont une bonne part sous serre.

Le Jourdain prend sa source en plusieurs endroits, principalement dans les massifs de l'Anti-Liban en Syrie ; il traverse le lac de Tibériade (à 212 m au-dessous du niveau de la mer) avant de se jeter dans la mer Morte. Il est long de 360 km mais, à vol d'oiseau, la distance entre sa source et la mer Morte n'est que de 200 km. C'est dans cette vallée, il y a quelque 10 000 ans, que pour la première fois les hommes se lancèrent dans l'agriculture et abandonnèrent leur mode de vie nomade pour une existence sédentaire. Ils construisirent des villages et installèrent des dispositifs rudimentaires d'irrigation. Dès 3000 av. J.-C., les produits de la vallée étaient exportés dans les régions voisines.

Le Jourdain revêt une importance particulière pour les chrétiens, car c'est dans ses eaux que le Christ aurait été baptisé par saint Jean-Baptiste, à la hauteur de Béthanie au-delà du Jourdain. Des siècles plus tôt, Josué avait conduit les armées israélites de l'autre côté du Jourdain, près de Tell Nimrin (Beth Nimrah dans la Bible), après la mort de Moïse. Le fleuve marquait alors la transition entre la nature sauvage et le pays de cocagne.

> "Les prêtres qui portaient l'arche d'alliance de Yahvé se tinrent au sec, immobiles au milieu du Jourdain, tandis que tout Israël traversait à sec, jusqu'à ce que toute la nation eût achevé de traverser le Jourdain."
>
> *Josué III, 17*

Depuis 1948, le fleuve marque la frontière entre la Jordanie, Israël et les Territoires palestiniens, du lac de Tibériade au Yarbis. Du Yarbis à la mer Morte, il marque la ligne de cessez-le-feu de 1967 entre les deux pays. Il délimite actuellement le prolongement de la frontière officielle avec les Territoires palestiniens.

Au cours de la guerre de 1967 avec Israël, la Jordanie perdit la Cisjordanie. La population du versant est de la vallée passa de 60 000 habitants, avant la guerre, à 5 000 en 1971. Au cours des années 1970, de nouvelles routes et de nouveaux villages furent construits, si bien que la population dépasse actuellement 100 000 habitants.

Umm Qais (Gadara) أم قيس

02 / > 5 000 HABITANTS / ALTITUDE 310 M

> "Lorsqu'il fut à l'autre bord, dans le pays des Gadaréniens, deux démoniaques, sortant des sépulcres, vinrent au-devant de lui. Ils étaient si furieux que personne n'osait passer par là. Et voici, ils s'écrièrent : Qu'y a-t-il entre nous et toi, Fils de Dieu ? Es-tu venu ici pour nous tourmenter avant le temps ? Il y avait loin d'eux un grand troupeau de pourceaux qui paissaient. Les démons priaient Jésus, disant : Si tu nous chasses, envoie-nous dans ce troupeau de pourceaux. Il leur dit : Allez ! Ils sortirent, et entrèrent dans les pourceaux. Et voici, tout le troupeau se précipita des pentes escarpées dans la mer, et ils périrent dans les eaux."
>
> *Matthieu VIII, 28-32*

À l'extrême nord-ouest de la Jordanie, dans les collines dominant la vallée du Jourdain, s'étendent les **ruines de Gadara** (entrée 3 JD ; 24/24) (aujourd'hui Umm Qais), une cité de la Décapole. Si le site est beaucoup moins complet que celui de Jérash, il n'en est pas moins intéressant pour la manière dont les ruines romaines y sont juxtaposées à un village ottoman abandonné. Umm Qais vaut surtout de s'y rendre au printemps, période à laquelle une explosion de fleurs sauvages embellit les vestiges. Malheureusement, les déplacements dans ce secteur étaient formellement déconseillés lors de nos recherches.

Umm Qais serait également l'endroit où Jésus accomplit l'un de ses miracles : l'exorcisme de deux possédés, dont les démons furent bannis dans des porcs. Depuis le premier millénaire, Gadara est ainsi un lieu de pèlerinage chrétien, bien qu'un autre site

Umm Qais (Gadara)

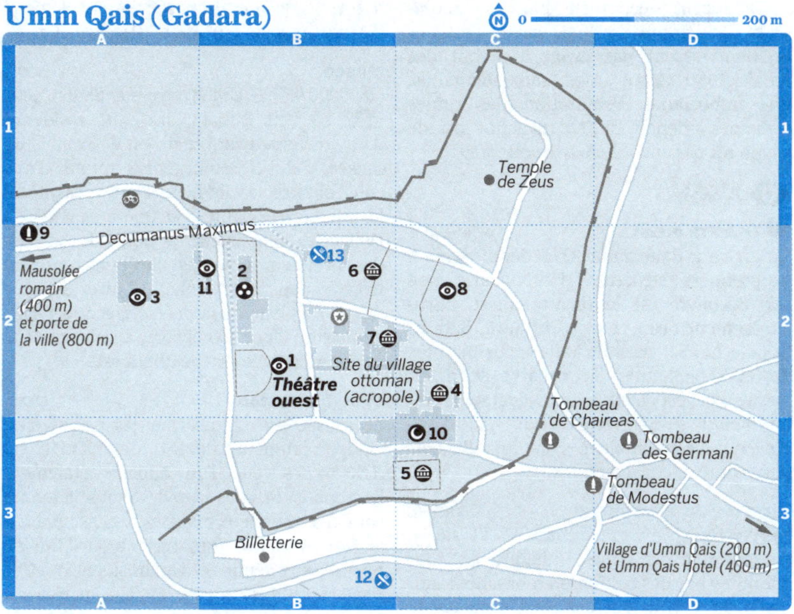

Umm Qais (Gadara)

Les incontournables

1 Théâtre ouest B2

À voir

2 Terrasse de la basilique B2
3 Thermes A2
4 Beit Heshboni C2
5 Beit Malkawi C3
6 École des filles B2
7 Musée B2
8 Théâtre nord C2
9 Nymphée A2
10 Mosquée ottomane C3
11 Boutiques B2

Où se restaurer

12 Shine Cottage Grilling B3
13 Umm Qais Resthouse B2

sur la rive orientale du lac de Tibériade, côté israélien, revendique le même miracle.

Le site dévoile une vue spectaculaire sur plusieurs pays (Jordanie, Syrie, Israël et les Territoires palestiniens), qui englobe le plateau du Golan, le mont Hermon et le lac de Tibériade. Au cours des 15 dernières années, Umm Qais est devenu un point de ralliement pour les Palestiniens nostalgiques de leur terre (beaucoup d'entre eux ont aujourd'hui la nationalité jordanienne). Le Resthouse (p. 98), un restaurant populaire installé dans les ruines, est un lieu de rassemblement prisé des familles déracinées, qui viennent s'y conter des récits de temps meilleurs.

Histoire

La ville antique de Gadara passa tour à tour aux mains de plusieurs puissances, dont les Ptolémées, les Séleucides, les Juifs et, à partir de 63 av. J.-C., les Romains, qui en firent l'une des grandes cités de la Décapole.

Hérode le Grand reçut Gadara après une victoire navale et la gouverna jusqu'à sa mort, en 4 av. J.-C., au grand dam de ses habitants, qui avaient tout tenté, en vain, pour qu'il perde la faveur de Rome. À sa mort, la ville retrouva une relative indépendance dans le cadre de la province romaine de Syrie. Elle prospéra sous diverses formes jusqu'au VIIe siècle, époque à laquelle, comme d'autres cités de la Décapole, elle vit ses liens commerciaux disparaître pour ne devenir qu'une localité de seconde zone.

Elle fut partiellement reconstruite sous l'Empire ottoman, et de nombreuses constructions de cette époque, érigées avec les pierres de basalte noir de la région, sont restées bien préservées à côté des ruines romaines plus anciennes.

Gadara fut "découverte" par des explorateurs occidentaux en 1806, mais les fouilles ne démarrèrent pas avant le début des années 1980. Grâce à des fonds allemands, une importante restauration des ruines romaines a depuis eu lieu, mais une grande partie n'a pas encore été mise au jour.

À voir

Théâtre ouest AMPHITHÉÂTRE
En arrivant dans Umm Qais depuis le sud, la première structure d'importance que l'on découvre est le théâtre ouest, particulièrement beau et bien restauré. Bâti en basalte noir, il pouvait jadis accueillir près de 3 000 personnes. Le **théâtre nord**, du même type, est envahi par la végétation et il lui manque ses pierres de basalte noir d'origine, qui furent employées par des villageois pour d'autres constructions.

Terrasse de la basilique RUINES
Les vestiges de cette **église** du VIe siècle, d'une forme octogonale inhabituelle, sont délimités par des colonnes en basalte. L'édifice a été détruit par des tremblements de terre au VIIIe siècle. Il faut un peu d'imagination pour se figurer la **cour à colonnes** qui lui faisait face, et qui accueillait une rangée d'**échoppes** (dont subsiste l'ossature) dans sa partie ouest.

Decumanus maximus RUE
Encore pavé aujourd'hui, l'axe principal qui traverse le site reliait jadis Gadara à d'autres villes antiques voisines, comme Abila et Pella. À son apogée, la route s'étirait jusqu'à la côte méditerranéenne.

Thermes BAINS PUBLICS
En empruntant le *decumanus maximus* vers l'ouest, vous pourrez admirer des thermes immenses. Construits au IVe siècle, ces derniers formaient un ensemble impressionnant de bassins, de fontaines (comme le **nymphée** voisin) et de statues. Malheureusement, les nombreux tremblements de terre ont presque tout englouti.

Mausolée romain TOMBEAU
Le *decumanus maximus* se poursuit en direction de l'ouest sur 1 km, vers les ruines, d'un intérêt limité, de **thermes**, de **mausolées** et de **portes**. Des archéologues japonais et iraquiens mènent des fouilles dans cette zone. La basilique construite sur un **mausolée romain** est plus intéressante. Le sarcophage d'Helladis était autrefois conservé en ce lieu. Vous pourrez désormais le voir au musée d'Archéologie et d'Anthropologie d'Irbid (p. 91).

Musée MUSÉE
(☎7500072 ; ⏰8h-18h sam-jeu, 8h-16h ven). GRATUIT Le Beit Russan, ancienne résidence d'un gouverneur ottoman, est désormais un musée. Celui-ci est organisé autour d'une cour plantée de figuiers. L'une des pièces les plus intéressantes est une mosaïque du IVe siècle, comportant les noms de certains des premiers notables chrétiens, qui fut trouvée dans une tombe. Admirez aussi la statue acéphale de la déesse grecque Tychè, en marbre blanc, découverte au niveau de la première rangée du théâtre ouest.

Village ottoman RUINES
Le musée est entouré par les ruines d'un village ottoman datant des XVIIIe et XIXe siècles, que l'on appelle également l'Acropolis. Si vous avez le temps, jetez un coup d'œil sur deux maisons restées intactes, le **Beit Malkawi** (qui sert aujourd'hui de bureau aux équipes d'archéologues) et le **Beit Heshboni**, tout près. Une **mosquée ottomane** et les vestiges d'une **école de filles** méritent également le coup d'œil.

Où se loger et se restaurer

Peu de visiteurs passent la nuit à Umm Qais – les ruines sont aisément accessibles à la journée depuis Jérash ou Irbid. Toutefois, dormir sur place permet d'envisager une excursion d'une journée entière le long de la vallée du Jourdain le lendemain.

Umm Qais Hotel HÔTEL $
(☎7500080 ; www.umqaishotel.com ; s/d à partir de 15/20 JD, petit-déj inclus). Avec ses chambres très modestes installées au-dessus d'une boulangerie (qui fournit l'hôtel) et à quelques pas seulement des ruines, cet établissement tenu en famille offre un accueil chaleureux. Des plats jordaniens maison sont disponibles sur demande. Des circuits d'une demi-journée dans la campagne peuvent être organisés depuis l'hôtel.

Shine Cottage Grilling CAFÉ $
(plats 2-4 JD ; ⏰9h-21h). En face du parking, un petit café en plein air, avec une belle vue depuis la terrasse.

Umm Qais Resthouse JORDANIEN $$
(☎7500555 ; repas 3-8 JD ; ⏰10h-19h, 10h-22h juin-sept ; ✎). Fort d'une vue éblouissante sur la mer de Galilée, le Golan et les sommets du Liban, cet établissement perché sur une

colline au cœur des ruines est une bonne adresse pour déjeuner, boire un thé à la menthe ou dîner de bonne heure. Dans une maison ottomane reconvertie, il appartient à un groupement national de restaurants haut de gamme, et propose une impressionnante carte de saison qui fait la part belle aux produits frais, aux vins locaux et aux viandes régionales. La terrasse, à ciel ouvert, est envahie de fleurs au printemps.

Renseignements

L'extrémité ouest de l'aire de stationnement permet un accès facile à l'ancienne Gadara. Les panneaux explicatifs étant très peu nombreux sur le site même, mieux vaut prendre la brochure sur Umm Qais à la billetterie. Si vous souhaitez en savoir plus, consultez *Umm Qais: Gadara of the Decapolis*, publié chez Al-Kutba (3 JD). Près de la billetterie, sur le parking, des guides proposeront de vous accompagner (10 JD).

Vous trouverez des toilettes à l'Umm Qais Resthouse. Le bureau de la police touristique est installé dans l'allée qui va du musée à la Resthouse.

Depuis/vers Umm Qais

Umm Qais et ses ruines, à 200 m à l'ouest du village, sont à 25 km au nord-ouest d'Irbid et à 110 km au nord d'Amman. Des minibus partent régulièrement de la gare routière nord d'Irbid pour Umm Qais (800 fils, 45 min). Il n'y a pas de liaison directe depuis Amman.

En voiture, vous pouvez rouler directement d'Umm Qais à Pella, par la route de la vallée du Jourdain, via le village d'Adasiyyeh. De rares minibus parcourent cette route à destination de Shuneh ash-Shamaliyyeh ; si vous souhaitez emprunter les transports en commun pour vous rendre à Pella, mieux vaut d'abord revenir à Irbid pour attraper un autre minibus.

Pella (Taqabat Fahl) بيلا

Les ruines de l'ancienne cité de **Pella** (Taqabat Fahl ; 8h-18h) GRATUIT, l'une des villes de la Décapole romaine, s'étendent au milieu de la vallée du Jourdain. Moins spectaculaire que Jérash, Pella revêt pourtant une grande importance aux yeux des archéologues : son occupation, avérée par les fouilles, est ininterrompue depuis plus de 6 000 ans. Pella est même considérée par certains comme le premier site historique de Jordanie. Répartie autour d'un vaste tell, et entourée de vallées fertiles, Pella a prospéré de l'âge de la pierre à la période médiévale islamique.

De nombreux vestiges n'ont pas encore été excavés : vous devrez marcher et faire preuve d'imagination pour vous représenter la cité au temps de sa grandeur – contrairement à Jérash, dont la monumentalité et l'état de conservation sont à couper le souffle. Néanmoins, le cadre naturel et la vue sur la vallée du Jourdain sont magnifiques, en particulier au printemps.

LES FRUITS DÉFENDUS DE LA VALLÉE DU JOURDAIN

C'est la zone frontalière : une terre historiquement disputée, où les noms seuls (plateau du Golan, Cisjordanie) suffisent à jeter l'ombre sur les champs d'oignons et de tomates. L'année est à la sécheresse. "C'est la volonté de Dieu", lâche stoïquement Abu Eiad, après un coup d'œil au ciel désespérément vide de nuages. L'homme affirme être heureux, un bonheur lié pour grande part à ses deux épouses, ses quatre fils et ses deux filles. Il a toutefois une autre raison de se réjouir. Masquée par les citronniers du verger familial, de l'eau jaillit, puis s'écoule dans un beau vallon vert émeraude. On est loin des champs couverts de plastique des sociétés voisines, certains secs comme du vieux cuir, d'autres maintenus artificiellement verts sous leur couche de polyéthylène.

Au moyen de pierres, la source est déviée un jour vers le verger, un autre vers les champs de pommes de terre. Et l'excès est siphonné pour aider les voisins. La femme d'Abu Eiad voudrait obtenir des subsides aux nouvelles technologies pour développer leur entreprise. À jeter un coup d'œil au jardin d'Éden qui s'étale devant nous avec ses beaux fruits bio et ses aubergines qui brillent, on peine à imaginer qu'il soit encore possible d'améliorer cette formule magique.

"Prenez la photo !", insiste Abu Eiad, planté face au Jourdain, à portée de voix du garde-frontière qui, heureusement, regarde ailleurs. De toute façon, ce n'est pas la frontière l'objet de ma photo, mais les deux fermiers installés de part et d'autre d'un mince ruban de roseaux, qui retirent les mauvaises herbes de leurs oignons, comme d'autres *fellahin* (paysans) de la vallée du Jourdain le faisaient il y a des siècles.

Pella (Taqabat Fahl)

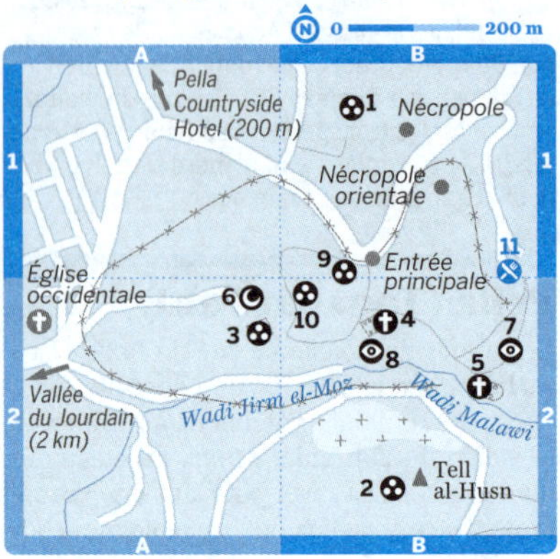

Pella (Taqabat Fahl)

À voir

1 Ruines du village abbasside B1
2 Fort byzantin B2
3 Temple cananéen A2
4 Église de Pella (église du milieu) B2
5 Église orientale B2
6 Mosquée mamelouke A2
7 Nymphée (thermes) B2
8 Odéon (théâtre) B2
9 Porte romaine B1
Temple romain .... (voir 2)
10 Ruines du village omeyyade B2

Où se restaurer

11 Pella Rest House B1

Histoire

Les premières traces d'occupation du site seraient le fait de groupes de chasseurs-cueilleurs, qui suivaient les troupeaux de gibier dans les forêts et la savane du paléolithique. L'existence de villages agricoles permanents au néolithique (5000 av. J.-C.) est avérée près du tell. L'importance de Pella était connue des Égyptiens, qui évoquent le site dans des textes du IIe millénaire av. J.-C.

Avant l'expansion des Grecs, Pella s'enrichit grâce à son emplacement stratégique sur les routes commerciales entre l'Arabie, la Syrie, l'Égypte et la Méditerranée. Des objets mis au jour indiquent que Pella fut un peuplement prospère tout au long des âges du bronze et du fer.

Une fois hellénisée, la cité fut baptisée d'après le lieu de naissance d'Alexandre le Grand. Les Juifs la détruisirent en grande partie en 83 av. J.-C., pour punir les habitants qui refusaient d'adopter leurs coutumes. Vingt ans plus tard, les légions de l'empereur romain Pompée balayaient le Levant et reconstruisaient Pella et les cités voisines de la Décapole. La ville vécut à la romaine et connut une période de stabilité politique et économique, de même qu'un grand dynamisme culturel. Comme en attestent les découvertes archéologiques, Pella a également bénéficié d'un haut degré d'autonomie, au point d'avoir pu battre monnaie.

C'est à Pella que se refugièrent les chrétiens ayant fui les persécutions infligées par l'armée romaine en l'an 66 à Jérusalem. Ils regagnèrent ensuite cette dernière, mais laissèrent à Pella une forte empreinte, qui facilita l'adoption du christianisme par la cité quelques siècles plus tard.

Pella connut son apogée à l'époque byzantine. En l'an 451, elle était suffisamment influente pour avoir son propre évêque. La population en atteignait alors peut-être 25 000 personnes, et tout indique qu'elle figurait sur une importante route commerciale desservant la majeure partie de l'Asie Mineure, ainsi que l'Afrique du Nord.

La cité fut presque détruite par le puissant séisme qui secoua toute la région en 747. Les derniers occupants en furent les Mamelouks, aux XIIIe et XIVe siècles. Si Pella connut une brève renaissance, la défaite des Mamelouks devant les Ottomans provoqua la fuite de ses habitants, signant la fin de six millénaires d'occupation ininterrompue. Aujourd'hui, les ruines de Pella ne sont séparées du village arabe moderne de Taqabat Fahl que de quelques kilomètres.

À voir

En contrebas du principal monticule (sur votre droite en entrant) se trouvent les quelques vestiges d'une **porte romaine** qui marquait l'entrée de la ville. En haut, vous verrez les ruines d'un **village omeyyade**, constitué à l'origine de boutiques, de résidences et d'entrepôts. La petite **mosquée mamelouke** carrée, à l'ouest, date du XIVe siècle. Le **temple cananéen** récemment mis au jour, creusé dans le flanc sud de la colline, a été conçu vers 1270 av. J.-C. Il était dédié au dieu cananéen Baal.

Principal attrait du site, l'**église de Pella** (ou église du milieu), de style byzantin, fut construite au Ve siècle à l'emplacement d'anciens bâtiments municipaux romains, et plusieurs fois transformée au cours des deux siècles qui suivirent. À côté, l'**odéon**, un petit théâtre destiné à des événements musicaux, pouvait jadis accueillir 400 spectateurs – ce qu'il est difficile d'imaginer aujourd'hui. À l'est de l'église gisent les vestiges d'un **nymphée** (fontaine publique) romain.

En haut de la colline, au sud-est, l'**église orientale** (Ve siècle), haut perchée au-dessus de la ville basse, jouit d'un très beau cadre. De là, un sentier descend vers le Wadi Malawi pour gravir ensuite le **tell al-Husn** (remarquez les vestiges de tombes taillées dans la roche), au sommet duquel reposent les ruines d'un fort byzantin et d'un temple romain. De là, le regard embrasse la vallée du Jourdain.

À environ 200 m au nord de l'entrée principale du site, s'étendent les ruines d'un petit **village abbasside**. Il y a également quelques **vestiges du paléolithique** (4 km), des **thermes romains** et un **pont en pierre** (3 km) que l'on atteint par la route, après l'embranchement pour la Pella Rest House.

Le personnel de cet établissement vous indiquera comment aller aux vestiges d'un **temple grec**, situé sur les hauteurs du djebel Sartaba, au sud-est. De là, quand le ciel est dégagé, on aperçoit Jérusalem. Prévoyez 2 heures pour l'aller-retour à pied.

Où se loger et se restaurer

Pella Countryside Hotel B&B $

(☎ 079-5574145, 077-6184337 ; dheebjawahreh575@hotmail.com ; www.pellacountrysidehotel.com ; s/d à partir de 30/40 JD, petit-déj inclus). Depuis son salon, ce B&B jouit d'une belle vue sur la campagne. Les 7 chambres, confortables et bien tenues, avec sdb et douches chaudes, comptent de nombreuses notes bucoliques. C'est une bonne adresse pour passer quelques jours de détente ; la famille organise même des pique-niques dans les collines. En février et mars, les iris noirs, emblématiques de la Jordanie, fleurissent dans le jardin. L'hôtel est bien indiqué sur la route menant au site.

Pella Rest House JORDANIEN $$

(☎ 079-5574145 ; repas 8-10 JD ; ⌚ 8h30-19h). Fermé lors de notre visite, ce célèbre restaurant est renommé pour sa vue exceptionnelle sur Pella et la vallée du Jourdain – Israël et les Territoires palestiniens sont visibles à droite des tours de communication ; la Cisjordanie à gauche ; et Jénine et Naplouse, au centre.

Renseignements

Le site est accessible gratuitement depuis plusieurs points, notamment via la Pella Rest House sur la colline.

Pour en savoir plus, sachez qu'un ouvrage de référence, *Pella* (3 JD), publié en anglais par Al-Kutba, est en vente dans les grandes librairies du pays.

Depuis/vers Pella

De la gare routière ouest d'Irbid, des minibus vont à Al-Mashari'a (800 fils, 45 min) ; assurez-vous de descendre à l'intersection, avant Al-Mashari'a. Pella est alors à 2 km à pied (côte escarpée) ; certains chauffeurs de minibus montent jusqu'à la Pella Rest House s'ils voient des visiteurs partir vers les ruines. Des minibus et des *taxis-service* partent régulièrement de la gare routière nord d'Amman jusqu'à Deir Alla (800 fils, 1 heure), près de la jonction pour Pella.

Avec une voiture, les ruines sont facilement accessibles à la journée depuis Irbid, Jérash ou Amman. Il vous faudra un certain sens de l'orientation pour explorer les spectaculaires routes secondaires jusqu'à Ajloun (25 km), mais cela en vaut la peine : vous aurez notamment un aperçu de la vie dans les campagnes.

Salt السلط

☎ 05 / 70 000 HABITANTS / ALTITUDE 814 M

En avançant dans la vallée dans un sens ou dans l'autre, il peut être intéressant de faire un détour de 30 minutes dans les collines pour profiter des charmes de la vieille ville de Salt. L'un des aspects les plus amusants de la visite tient à l'ascension jusqu'au point de vue, à 10 minutes du fond de la vallée, où une marque indique le niveau de la mer.

La ville en elle-même occupe une vallée étroite et encaissée. Centre administratif de la région à l'époque ottomane, la localité fut délaissée au profit d'Amman lorsqu'il fallut choisir la nouvelle capitale de la Transjordanie. Salt n'a donc pas connu l'intense vague de modernisation qui a balayé la capitale et a conservé son charme d'autrefois. Son centre-ville fait en grande partie figure de musée en plein air d'architecture ottomane.

Peu visitée par les touristes étrangers, Salt est l'un des joyaux cachés de la vallée du Jourdain. La ville s'est vue allouer une aide financière importante par le Japon en 2004, qui a été employée à la conservation des bâtiments anciens de la cité, ainsi qu'au développement d'infrastructures touristiques – même si celles-ci font encore défaut. Dans un pays où le béton fait rage, il convient de saluer l'attachement des habitants de Salt à leur patrimoine architectural.

Salt

À voir

1 Beit Abu Jaber....................A2
Beit Mismar....................(voir 8)
2 Beit Muasher....................B2
3 Hôpital anglais....................A1
4 Maison de Mohammed al-Bashir....................B1
5 Mosquée ottomane....................B2
6 Musée archéologique de Salt....................B2

Où se restaurer

7 Al-Salam Restaurant....................B2

Renseignements

8 Office du tourisme....................B2

Histoire

Le nom de Salt viendrait du grec *saltus*, qui signifie "forêts" (elles ont disparu depuis longtemps) ou de *sultana* (référence aux vignes qui poussaient jadis en abondance).

La construction des édifices en grès caractéristiques de Salt commença à la fin du XIXe siècle avec l'arrivée des marchands venus de Naplouse. Plusieurs décennies durant, Salt connut une grande prospérité économique, car les échanges commerciaux ne cessèrent de se développer entre la cité et la Palestine voisine.

Après la création de la Transjordanie, le nouvel émir choisit Amman pour capitale, en raison de sa proximité avec le réseau ferroviaire. Du jour au lendemain, Salt entra dans une phase de déclin. Elle réussit à maintenir la tête hors de l'eau pendant quelques dizaines d'années encore mais, en 1948, la guerre avec Israël la coupa du port de Haïfa ; le conflit de 1967 fit de même avec Naplouse, son partenaire commercial privilégié. Depuis, Salt n'est plus qu'une petite ville de province dominant la vallée du Jourdain.

À voir et à faire

Salt recèle quelques beaux exemples d'**architecture ottomane** datant de la fin du XIXe siècle et du début du XXe. Seuls quelques-uns de ces beaux bâtiments de grès sont ouverts au public, mais les façades valent souvent le coup d'œil. Certaines ont été récemment restaurées ; une série d'escaliers permettant d'accéder au sommet du djebel al-Qala'a et à son magnifique point de vue a par ailleurs été reconstruite.

Musée archéologique de Salt MUSÉE
(☎3555651 ; 1 JD ; ⏲8h-18h mai-oct, 8h-16h nov-avr). Ce joli petit musée installé dans un édifice ottoman restauré couvre l'histoire locale de la vallée du Jourdain au moyen d'excellents panneaux en anglais. Les salles de l'étage inférieur sont dédiées à la verrerie et à la poterie (certaines pièces datent de 5 000 ans). Vous verrez des artefacts des époques romaine, byzantine et islamique, retrouvés pour la plupart dans la région, mais aussi à Deir Alla et à Tell Nimrin (d'où Josué aurait conduit les Israélites de l'autre côté du Jourdain vers la Terre promise).

Des exemples de costumes traditionnels sont présentés au 1er étage, à côté de fragments de mosaïques provenant d'églises.

Salt Handicraft Training Centre ATELIER D'ARTISANAT
(centre de formation à l'artisanat ; ☎3550279 ; secteur de Nageb al-Daboor ; ⏲8h-15h dim-jeu). Dans cette coopérative de femmes, à 3 km de la ville, vous pourrez observer la fabrication de tissus, de poteries ou de mosaïques. Les articles produits sont présentés dans une salle. Comptez de 1 à 2 JD pour vous y rendre en taxi depuis le centre de Salt (demandez l'école islamique de Balkhar, "*Bejanib Maddaris al-Balkhar al-Islamiy*"). En voiture, tournez aux feux à côté du pont, à 2 km de Salt sur la route d'Amman.

PROMENADE À SALT

Cela vaut vraiment la peine de marcher dans Salt, d'autant qu'une grande partie du quartier historique n'est accessible que par des escaliers et que le meilleur du souk se niche dans des allées piétonnières. L'itinéraire suivant (3 km ; 1 heure 30) décrit une boucle dans les petites rues, via des bazars et des monuments ottomans anciens.

Partez de la gare routière et remontez Dayr St. Vous passerez devant l'impressionnant portail du **Beit Mismar** et les superbes colonnes du balcon du **Beit Muasher**, deux imposantes résidences ottomanes. Continuez dans Dayr St, en longeant les murs curvilignes de l'église orthodoxe, jusqu'au **Beit Abu Jaber**, un bâtiment restauré abritant un petit musée d'histoire locale. Traversez la place et montez les escaliers à droite de la mosquée, jusqu'à l'ancien **hôpital anglais** (repérez les initiales "E. H." pour "English Hospital" sur le portail). Vous pouvez ensuite grimper pour admirer le panorama de la ville, puis descendre par un escalier voisin.

L'autre possibilité consiste à revenir vers la place et à vous engouffrer dans **Hammam St**, la ruelle la plus pittoresque de Salt. Passez devant la **mosquée ottomane** et poursuivez jusqu'au carrefour avec Maydan St. En face, la colonnade de la **maison de Mohammed al-Bashir** (construite entre 1890 et 1910) a été transformée en café traditionnel. À côté s'élève le Beit as-Sulibi, érigé entre 1920 et 1930.

Faites une pause-déjeuner au **restaurant Al-Salam**, avant de visiter le **musée archéologique**.

Wadi ash-Shu'aib RANDONNÉE

Si vous êtes motorisé, le détour par le Wadi ash-Shu'aib peut valoir la peine. Vous pourrez faire des balades et visiter quelques grottes dans cette jolie vallée qui porte le nom du prophète Jéthro (Shu'aib en arabe). La vallée est à 2,5 km au sud-est de Salt.

Où se loger et se restaurer

L'extrémité nord de Maydan St est bordée de cafés traditionnels, où les hommes boivent le thé et fument le narghilé. Les restaurants sommaires situés dans cette rue et aux abords de la gare routière servent des kebabs. La meilleure adresse pour se régaler de cuisine arabe bon marché est l'**Al-Salam Restaurant** (☎3552115 ; Maydan St ; repas 3-5 JD ; ⏱7h-22h30 sam-jeu), qui propose du poulet rôti et un choix de chiches kebabs.

Saltus Hotel HÔTEL $$

(☎079 5421790 ; www.facebook.com/SaltusHotel ; ch 40-70 JD). Le Saltus, en bordure de la ville, est actuellement l'unique hôtel de Salt. Il fonctionne en partie comme une école hôtelière et le personnel est aux petits soins. L'hôtel en lui-même est assez modeste : des chambres modernes et simples, un restaurant et la vue sur les collines.

Renseignements

Le sympathique **office du tourisme** (☎3555652 ; Dayr St ; ⏱8h-15h dim-jeu) est situé à l'étage du Beit Mismar. Y arriver lorsqu'il est ouvert tient malheureusement de l'exploit ! Essayez de récupérer un exemplaire de l'excellente brochure *Salt Heritage Trail*, qui inclut un plan pratique, et des renseignements sur l'architecture et l'histoire de Salt.

Depuis/vers Salt

La gare routière est située sur la route principale, au sud du centre-ville. Des minibus vous conduiront à Salt (1 JD, 45 min) depuis la gare routière nord d'Amman, via l'université de Jordanie. Vous pouvez aussi emprunter un *taxi-service* (450 fils) depuis la station de Raghadan. De Salt, des minibus traversent la vallée du Jourdain jusqu'à Shuneh al-Janubiyyeh (South Shuna ; 800 fils, 45 min), à Wadi as-Seer (600 fils, 30 min) et à Fuheis (600 fils, 30 min). Ces dernières destinations peuvent être combinées avec Salt pour une excursion d'une journée depuis Amman. Un taxi jusqu'à la capitale revient à 10-15 JD.

La route menant à Salt depuis la vallée du Jourdain est spectaculaire, aussi bien via la route au sud de Deir Alla ou que via South Shuna. Ces itinéraires de 30 minutes traversent des campements bédouins avant de rejoindre les conifères et les collines balayées par le vent du parc national de Zay. Si ce dernier n'a guère d'intérêt, le trajet vaut en revanche pour sa vue panoramique sur la vallée du Jourdain.

Shuneh al-Janubiyyeh (South Shuna) الشونة الجنوبية

☎05 / 6 000 HABITANTS / ALTITUDE 240 M

Cette localité, qui sert de carrefour pour les transports à destination de la mer Morte, de la vallée du Jourdain et du pont du cheikh Hussein (King Hussein Bridge), est très bien desservie par des minibus au départ de la gare routière Muhajireen d'Amman (800 fils, 45 min), de Madaba (600 fils, 45 min) et de Salt (500 fils, 45 min). Les minibus pour Suweimah, à 3 km des *resorts* de la mer Morte, sont également très fréquents.

On trouve quelques restaurants modestes et des épiceries sur place. Si vous en trouvez un, louez un taxi pendant quelques heures pour rejoindre des endroits comme Béthanie au-delà du Jourdain (15 JD) ou la plage d'Amman (15 JD).

Béthanie au-delà du Jourdain (Al-Maghtas) المغطس

"Puis Jésus vint de Galilée jusqu'au Jourdain pour y être baptisé par Jean."

Matthieu, III, 13

"Ceci eut lieu à Béthanie au-delà du-Jourdain, où Jean donnait le baptême."

Jean, I, 28

Que l'on ait ou non des convictions religieuses, on ne saurait rester de marbre, au bout de la vallée du Jourdain, face à ces vestiges, aussi modestes que leur nom est long. D'après les archéologues, c'était le lieu de prêche de saint Jean-Baptiste, celui où Jésus reçut le baptême, où les cinq premiers apôtres se rencontrèrent et où furent établis les fondements du christianisme. Nombreux sont ceux qui pensent que c'est de là que le prophète Élie monta au ciel comme le dit la Bible :

"Et comme ils continuaient de parler entre eux, voici qu'un chariot de feu tiré par des chevaux les sépara. Et Élie, porté par une tornade, monta aux cieux."

IIe livre des Rois, II, 11

Bien que saint Jean-Baptiste ait plus tard été décapité par Hérode Antipas à Machéronte et Jésus crucifié à Jérusalem, cette rencontre entre les deux hommes, en ce lieu de la fertile vallée du Jourdain, fut synonyme d'espoir et de prémices. L'endroit devint donc très tôt un lieu de pèlerinage. Il l'est encore à ce jour.

Histoire

Le nom de Béthanie vient de l'araméen *Beit Anniya* ("maison de la traversée"). Lorsque l'on se trouve au bord du fleuve, dont les eaux sont pratiquement stagnantes, on peut presque toucher du doigt Israël et les Territoires palestiniens. Des églises, des auberges et, au VIe siècle, un chemin de pèlerinage virent le jour aux abords du point de passage, où les pèlerins faisaient halte entre Jérusalem et le mont Nébo. Si, aujourd'hui, les traces de la traversée des premiers pèlerins sont presque inexistantes, l'endroit baigne encore dans cette atmosphère particulière.

Le sentiment de fuite et de combat associé à cet endroit est bien rendu par sa représentation sur la célèbre mosaïque géographique de Madaba, où une gazelle jette un regard en arrière, vers un lion (pratiquement effacé), occupé à la poursuivre. Courant à travers la vallée du Jourdain en direction de la mer Morte, juste au-dessus de l'endroit où saint Jean-Baptiste baptisa Jésus, ils illustrent à leur manière le sort des fuyards qui traversèrent cet endroit au long des siècles.

L'identification du site est relativement récente. Des vestiges antiques avaient été découverts en 1899, mais il fallut attendre le déminage complet de la zone (à la suite du traité de paix de 1994 entre Israël et les Territoires palestiniens) pour voir apparaître des vestiges d'églises, de grottes, de puits immenses, ainsi que de plusieurs fonts baptismaux. Après maintes discussions, s'appuyant sur les descriptions de la Bible et sur les récits de pèlerins du IIIe au Xe siècle, les spécialistes déclarèrent qu'il s'agissait bien du site de la mission de saint Jean-Baptiste où Jésus reçut le baptême. Le pape Jean-Paul II le reconnut officiellement en y célébrant une messe en plein air, au printemps 2000.

À voir

L'accès au **site du baptême** (www.baptismsite.com ; 12 JD ; 8h-18h avr-oct, jusqu'à 16h nov-mars) inclut une visite guidée d'une heure (7 langues) et la navette qui rejoint toutes les demi-heures le bâtiment principal, proche de la frontière sensible avec Israël et les Territoires palestiniens. Les sites suivants sont compris dans le circuit.

Tell Elias SITE BIBLIQUE

Tell Elias est la colline supposée de l'enlèvement aux cieux du prophète, même s'il ne s'y trouve pas grand-chose à voir. L'arche reconstruite marque l'emplacement de la chapelle où passait le pèlerinage aux Ve et VIe siècles, et où le pape Jean-Paul II a authentifié le site en mars 2000. Non loin, la salle de prière rectangulaire du IIIe siècle est l'un des premiers sanctuaires de la chrétienté découverts à ce jour. Elle date d'une époque où le christianisme était encore clandestin. La navette poursuit jusqu'à des fonts baptismaux de construction moderne emplis d'une eau filtrée provenant du Jourdain (le fleuve est très pollué).

Source de saint Jean-Baptiste SOURCE

Accessible à pied (il fait terriblement chaud en été : prenez un chapeau et de l'eau), la source de saint Jean-Baptiste est l'un des sites supposés où le saint aurait donné le baptême. La plupart des baptêmes furent en réalité donnés dans les eaux du Wadi al-Kharrar, qu'alimente cette source, et non dans le Jourdain lui-même. Le chemin traverse d'épais bosquets de tamaris et d'*argul* (cerisiers sauvages), rehaussés au printemps par des roses jaunes de Jéricho.

Site du baptême de Jésus RUINES

Le site archéologique principal est constitué des vestiges de trois églises, construites successivement sur le même emplacement. Des marches descendent jusqu'à ce qui était le niveau d'origine de l'eau ; un édifice à proximité marque ce que l'on suppose avoir été le site du baptême de Jésus. Des églises byzantines furent érigées pour indiquer le site aux Ve et VIe siècles, et reconstruites au même endroit après avoir été détruites par des inondations. Il ne reste aujourd'hui que des traces des mosaïques d'origine.

Jourdain FLEUVE

Le chemin passe ensuite devant une église grecque orthodoxe à coupole dorée, puis mène, sous l'œil vigilant de gardes-frontières, jusqu'au Jourdain (réduit ici à une poche marécageuse), où l'on peut se faire baptiser si l'on est accompagné d'un prêtre. De l'autre côté du fleuve (et de la frontière) se dresse un lieu de baptême rival, israélien cette fois. C'est le seul lieu où les civils sont autorisés à s'approcher du fleuve, qui traverse sur le reste de son tracé un no man's land militaire.

Maison de Marie l'Égyptienne RUINES

Marie l'Égyptienne, pécheresse repentie, vécut au IVe siècle dans cette maison de deux pièces, aujourd'hui en ruine. Plus loin sur la gauche, le sentier conduit à un escalier en bois menant à une **grotte d'ermite** – deux cavités creusées dans la roche tendre.

Monastère Rhotorios SITE HISTORIQUE

La colline qui s'élève à l'arrière de la Maison de Marie l'Égyptienne abrite la grotte présumée de saint Jean-Baptiste, un monastère du Ve siècle érigé autour du site, et les ruines du monastère Rhotorios, dont le sol en mosaïques porte des inscriptions en grec. Aux IIIe et IVe siècles, les pèlerins faisaient leurs ablutions dans les bassins. Au début de l'ère chrétienne, saint Jean-Baptiste était plus vénéré que Jésus et ce lieu était le plus important des deux sites de pèlerinage.

Où se restaurer

Bethany Touristic Restaurant POISSON $$$

(☎079 6076060 ; poisson 12 JD ; ⏲10h-24h). Ce restaurant, qui jouxte une ferme piscicole, est spécialisé dans le tilapia (*talloubi* en arabe), localement appelé "poisson du baptême", qui est frit ou cuit au four avec des piments doux et de la coriandre fraîche. L'endroit est très prisé le week-end, notamment le soir, quand le soleil se couche au loin sur Jérusalem. Pour venir, repérez les panneaux sur la route, à mi-chemin du site du baptême et de la route principale reliant Amman à la mer Morte. Lors de notre visite, c'était le seul restaurant de Béthanie.

Renseignements

Récupérez une brochure et un plan à l'entrée principale, où vous trouverez des toilettes et des boutiques de souvenirs. Les mouches sont redoutables au printemps : prévoyez un répulsif (et un chapeau, car le site est très exposé).

Depuis/vers Béthanie au-delà du Jourdain

Le site est situé près de Shuneh al-Janubiyyeh (South Shuna), à l'extrémité sud de la vallée du Jourdain. En arrivant d'Amman, suivez les panneaux indiquant le site du baptême ("Baptism Site") sur la route principale vers la mer Morte. Les circuits vers la mer Morte proposés par les hôtels bon marché d'Amman et de Madaba (environ 50 JD, 4 pers au maximum) incluent souvent Béthanie. Il est plus difficile de venir par les transports en commun. Prenez n'importe quel minibus pour Suweimah et demandez à descendre au carrefour d'Al-Maghtas. La mer Morte sera alors sur la gauche et le site du baptême, sur la droite. Il n'existe pas de transports en commun pour parcourir les 5 km restants jusqu'au centre des visiteurs. Si vous prévoyez de marcher ou de faire du stop, prenez beaucoup d'eau.

Route de la mer Morte

طريق البحر الميت

Dans ce chapitre ➜

Le top des hébergements et des restaurants

- ➜ Mövenpick Resort & Spa (p. 113)
- ➜ Dead Sea Marriott (p. 113)
- ➜ Réserve de biosphère de Mujib (p. 118)
- ➜ Panorama Restaurant (p. 116)
- ➜ Feynan Ecolodge (p. 117)

Le top des spas

- ➜ Zara Spa (p. 112)
- ➜ Anantara Spa (p. 112)
- ➜ Dead Sea Marriott Spa (p. 112)
- ➜ Evason Ma'In Hot Springs Six Senses Spa (p. 117)

Pourquoi y aller

Point le plus bas de la planète, la mer Morte est un véritable trésor qui vous réserve une expérience hors du commun : les eaux extrêmement salées de cette mer offrent un degré de flottaison tel que vous aurez plus l'impression de ressembler à un bouchon de liège ballotant sur l'eau qu'à un champion de natation. Les boues de la mer Morte sont également réputées pour les soins de la peau ; si vous visez le haut de gamme, envisagez un séjour dans l'un des luxueux spas qui bordent le rivage.

Toutefois, la région ne se limite pas à la mer et aux massages thérapeutiques. Vous pourrez randonner dans la magnifique réserve de biosphère de Mujib, vivre des soirées romantiques à la lueur des chandelles dans des établissements écologiques, ou découvrir la culture bédouine en participant à un projet de tourisme communautaire novateur.

Quand partir

- ➜ Extrêmement chaude et humide de mai à octobre, froide de décembre à janvier, la région de la mer Morte se visite idéalement vers février et novembre – une période parfaite pour des baignades sous le soleil, suivies de dîners à la belle étoile ; en outre, lors de ce pic de la saison touristique, les complexes hôteliers proposent moult spectacles et divertissements.
- ➜ Les amateurs d'aventure préféreront le printemps : l'Ultra Marathon de la mer Morte permet de se donner à fond sur un littoral plutôt propice au farniente. De plus, les randonnées les pieds dans l'eau au gré du Wadi Mujib sont sans risque à cette période.

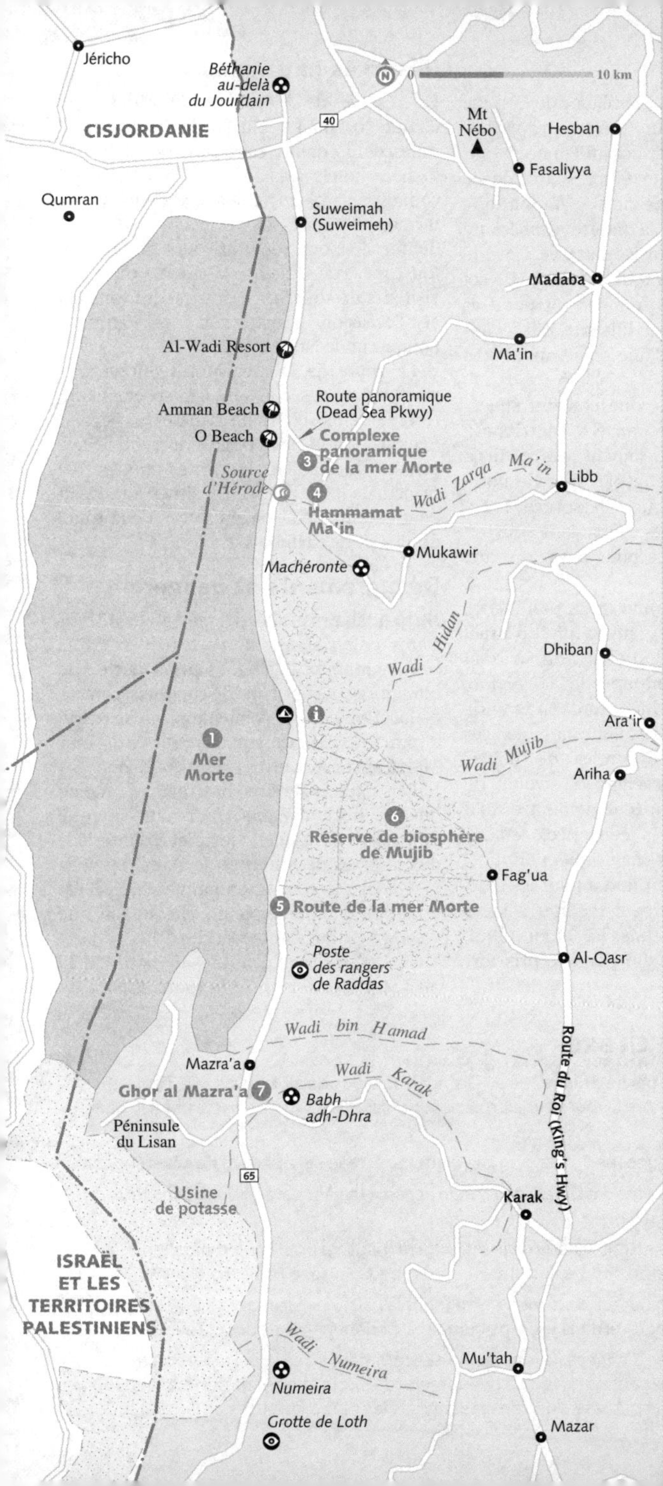

À ne pas manquer

1 Un bain dans la **mer Morte** (p. 109), au point le plus bas de la terre, suivi d'un cocktail dans un luxueux hôtel-spa

2 Les bienfaits de l'un des célèbres **spas de la mer Morte** (p. 111), avec un enveloppement de boue – utilisée pour ses vertus cosmétiques depuis l'époque d'Hérode

3 Une leçon d'histoire et de géographie au très instructif **complexe panoramique de la mer Morte** (p. 116)

4 Les sources chaudes de **Hammamat Ma'in** (p. 116), l'une des oasis thermales de la région

5 Une descente en voiture le long de la **route de la mer Morte** (Dead Sea Highway ; p. 114) pour découvrir les plus beaux panoramas de Jordanie

6 Une randonnée quelque peu aquatique sur le Siq Trail, dans la **réserve de biosphère de Mujib** (p. 118), en essayant d'apercevoir le rare bouquetin de Nubie

7 Une immersion dans la vie rurale traditionnelle avec **Zikra Initiative** (p. 109), un projet communautaire axé sur l'échange avec les visiteurs.

Histoire

On n'a aucun mal à s'imprégner de la riche histoire de cette région, théâtre des vicissitudes humaines depuis des millénaires. Tout le long de la route, l'eau douce, source de vie et d'abondance comme dans le Wadi Mujib, crée des oasis dont la nature exubérante offre un contraste saisissant avec l'aridité des escarpements alentour. En saison, le sol brûlé laisse jaillir les tomates rouge vif et les aubergines à la peau luisante, qui témoignent de la fertilité d'une terre aux allures de désert.

Contrairement à ce que pourrait suggérer son nom, la mer Morte a contribué à sa façon à l'épanouissement des civilisations humaines. En effet, la "mer de poix" de l'Antiquité était une ressource naturelle exploitée par les Nabatéens, qui en extrayaient du bitume pour le vendre aux peuples voisins.

À voyager sur la route de la mer Morte (Dead Sea Highway), limitrophe d'Israël et des Territoires palestiniens, on se rend compte que les contours de la région, aujourd'hui comme hier, sont en grande partie définis par l'exploitation de ces mêmes ressources. Contrôles de police, postes-frontières, surveillance étroite de la vallée du Jourdain, tout démontre qu'il s'agit d'une terre très convoitée, scindée en deux sur les plans historique, politique, voire géologique. Si, en flottant sur les eaux de la mer Morte, on peut méditer à loisir sur le calme qui règne ici aujourd'hui, on sait aussi qu'il a fallu payer le prix fort pour l'atteindre.

Réserves naturelles

La réserve de biosphère de Mujib, qui compte parmi les plus belles zones naturelles de Jordanie, est située non loin des luxueux hôtels-spas de la mer Morte. Ce qui conduit à s'interroger sur sa viabilité à long terme : en effet, l'eau qui arrose le *wadi* est détournée pour répondre aux besoins du tourisme. Pour l'heure, la réserve offre aux visiteurs de superbes cascades, des canyons et l'occasion d'apercevoir un farouche bouquetin de Nubie.

La route de la mer Morte offre également un accès secondaire à la spectaculaire réserve de biosphère de Dana et au Feynan Ecolodge (p. 117), à Dana – le seul hébergement du Wadi Araba. Notez que l'entrée principale de la réserve est située au niveau de la localité de Dana, en retrait de la route du Roi (King's Highway).

Désagréments et dangers

De par la proximité d'Israël et des Territoires palestiniens, les postes de contrôle sont nombreux. Ayez toujours à portée de main passeport, permis de conduire, contrat de location de votre véhicule et *ruksa* (carte d'immatriculation), sur la route de la mer Morte et sur les autres axes de la région.

Les stations-service sont rares, de même que les hébergements (sauf dans la zone de *resorts* de la mer Morte et à l'intérieur des réserves de Mujib et de Dana). Si vous ne voulez pas tomber en panne sèche, il est impératif de faire le plein à chaque fois que vous voyez une station-service.

On trouve peu d'ombre au bord de la mer Morte et le long de la route. Prenez un

LA MER MORTE EN BREF

- La mer Morte fait partie de la vallée du Grand Rift. Avec une altitude de 408 m au-dessous du niveau de la mer et une profondeur de plus de 390 m, c'est le point le plus bas du globe.
- Il s'agit non pas d'une mer, mais d'un lac, alimenté en eau et dépourvu de déversoir.
- C'est le deuxième plan d'eau salé du monde après le lac Assal de Djibouti ; son taux de salinité est de 31%.
- Les Égyptiens utilisaient la boue de la mer Morte (bitume) pour la momification. La dernière nappe de bitume flottant est apparue à la surface en 1936.
- La majorité des minéraux de la mer Morte (dont le calcium et le magnésium) sont présents à l'état naturel dans le corps humain et sont bénéfiques pour la santé.
- Vieille de 3 millions d'années, la mer Morte a récemment vu sa superficie réduite de 30% (50 cm par an) en raison du phénomène d'évaporation et de son exploitation par l'industrie de la potasse, l'une des ressources les plus précieuses de Jordanie.

VAUT LE DÉTOUR

TOURISME COMMUNAUTAIRE AU BORD DE LA MER MORTE

Si les spas de luxe sont devenus caractéristiques de la région de la mer Morte, **Zikra Initiative** (www.zikrainitiative.org) propose une approche différente : le tourisme communautaire. Les visiteurs peuvent organiser une journée dans la communauté agricole de Ghor al Mazra'a, à l'extrémité sud de la mer Morte, pour apprendre à entretenir les jardins, fabriquer des objets artisanaux, faire du pain ou encore cuisiner un délicieux plat local, appelé "*galayat bandora*" (tomate à la casserole). Les habitants pourront aussi vous guider si vous souhaitez marcher dans les collines environnantes.

C'est une manière simple et paisible de découvrir le pays, qui permet d'entrer en relation avec des Jordaniens de la campagne et d'en apprendre plus sur leur vie. Le montant payé par les visiteurs (en général environ 35 JD) est reversé directement à la communauté sous forme de microcrédits accordés aux familles locales et à des projets de développement social. Les visites doivent être organisées à l'avance.

chapeau et beaucoup d'eau, surtout en été, quand le mercure peut atteindre 50°C.

Les vendredis et les jours fériés, les hôtels et les lieux publics sont bondés. Certains auront du mal à supporter le bruit.

Depuis/vers la route de la mer Morte

La route de la mer Morte (Dead Sea Highway, ou Hwy 65) est principalement accessible depuis Amman. Il existe cependant d'autres points comme Madaba, Kérak et Wadi Mousa, qui constituent autant de bases appropriées pour explorer la région. La route de la mer Morte se termine à Aqaba. Toutefois, il n'y a pas grand-chose à voir vers son extrémité sud, et pas de transports publics non plus. Il est théoriquement possible de rejoindre les *resorts* en combinant une suite frustrante et très improbable de trajets en minibus et en taxi, mais mieux vaut se joindre à un circuit organisé.

Comment circuler

La voiture est à peu près le seul moyen d'explorer la route de la mer Morte, qui n'est desservie par aucun transport en commun. La route longe, comme de juste, les rives de la mer Morte, entre les monts du Moab de couleur miel et les lointaines falaises de Judée en Cisjordanie. Elle représente une intéressante alternative à la route du Désert (Desert Highway) si vous circulez entre Amman et Aqaba.

Si vous n'êtez pas pressé, empruntez les routes spectaculaires (p. 114) qui la relient à la route du Roi (King's Highway). En permettant un contact plus proche avec les communautés bédouines et en offrant au regard de superbes paysages de désert, ce sont presque des destinations touristiques en elles-mêmes.

Mer Morte البحر الميت

05 / 5 000 HABITANTS / ALTITUDE 400 M

Il serait sacrilège de visiter la Jordanie sans voir la mer Morte. Située à 400 m au-dessous du niveau de la mer, au point le plus bas de la planète, cette extraordinaire étendue d'eau bleue, miroitante par les journées sans vent en hiver, et ourlée de moutonnements de sel blancs sous le souffle des vents d'été, est proprement unique. L'extrême salinité de l'eau – qui n'a rien à voir avec sa situation au-dessous du niveau des mers libres, mais plutôt avec l'important taux d'évaporation – y interdit pratiquement toute vie animale et végétale, à l'exception d'organismes microscopiques. Les seuls êtres vivants que vous apercevrez sont les touristes tentant l'expérience d'une baignade.

Les sels et minéraux de la mer Morte sont exploités depuis longtemps pour leurs vertus dermatologiques. Pourtant, ils réservent parfois de mauvaises surprises ! En vous baignant, vous pourriez bien découvrir des petites coupures insoupçonnées (ne vous rasez pas juste avant de vous immerger) ; et si, par mégarde, vous recevez un peu d'eau dans les yeux, vous risquez de passer un mauvais moment. Enfin, plutôt que de "baignade", mieux vaudrait parler de flottaison : en raison de la forte salinité de l'eau, il est difficile de nager.

Pour profiter au mieux de la mer Morte, essayez de séjourner dans l'un des *resorts* de luxe situés au nord-est. Vous pourrez y recevoir des soins, admirer le coucher du soleil sur l'eau et regarder Jérusalem, perchée à 1 200 m au-dessus de la rive ouest…

Sinon, il est facile de faire une escapade d'une journée depuis Amman ou Madaba.

Histoire

La mer Morte a reçu différents noms au cours de son histoire, à commencer par "mer de sel" et "mer de la puanteur" (appliquez un peu de boue de la mer Morte sur votre visage...). Un voyageur grec, Pausanius, fut le premier à lui donner son nom moderne, car il avait remarqué que l'eau saumâtre empêchait toute vie. Le fort taux de sel s'explique par l'absence d'embouchure. En outre, les températures estivales sont si élevées que l'eau douce s'évapore plus vite qu'elle ne se renouvelle. Chaque année, sous la pression de l'irrigation intensive de la vallée du Jourdain, la mer rétrécit. Les écologistes, également préoccupés par l'industrie de la potasse sur la rive sud, tirent la sonnette d'alarme et craignent la disparition imminente de ce phénomène extraordinaire.

Activités

On vient surtout sur les rives de la mer Morte pour profiter de l'eau et des bienfaits de ses minéraux, en prenant un bain de mer ou dans un spa. Sinon, il n'y a guère d'autre activité envisageable qu'un tour à cheval ou à dos de dromadaire. Les Bédouins viennent avec leurs animaux magnifiquement harnachés sur la corniche, entre les différents

L'AGONIE DE LA MER MORTE

La mer Morte est le point le plus bas de la Terre, et sans doute l'une des régions les plus chaudes. Le phénomène d'évaporation qui en résulte fait que la salinité atteint 31%, soit un taux neuf fois supérieur à celui de l'océan. Cette forte concentration en minéraux entraîne une extrême flottabilité – c'est l'occasion de prendre des photos insolites, de baigneurs assis sur l'eau en train de lire leur journal ! Les minéraux de la mer Morte sont aussi connus pour leurs bienfaits curatifs, à tel point que l'assurance maladie allemande prend en charge des cures en mer Morte pour les patients atteints de psoriasis.

Malheureusement, aucune ressource naturelle au Moyen-Orient n'est soumise à une pression aussi impitoyable, due à la croissance démographique et au développement économique. Techniquement parlant, cette mer est en fait un "lac terminal" dans lequel affluent le Jourdain et d'autres bassins versants plus arides. Le Jourdain n'a jamais été très puissant et, lorsque les agriculteurs israéliens et jordaniens ont commencé à détourner son cours pour soutenir l'économie agraire dans les années 1950, il a été réduit à un filet d'eau putride, et la mer Morte a commencé à s'assécher.

En 1900, le fleuve apportait 1,2 milliard de mètres cubes d'eau par an dans la mer Morte. Aujourd'hui, le niveau du fleuve atteint à peine 10% de son afflux naturel. Les usines de potasse jordaniennes et israéliennes dans le sud de la région, largement industrialisé, aggravent la déperdition en accélérant l'évaporation via leurs processus de production. Leur impact se manifeste par la présence de dolines qui apparaissent lorsque le sel souterrain est emporté par l'infiltration de l'eau douce de surface. Ces effondrements sont particulièrement nombreux sur le rivage ouest (côté israélien) de la mer, à tel point que le sol s'ouvre littéralement sous les pas. Les gens tombent dans ces cavités, de même que les outils agricoles ou encore les camions. L'impact environnemental le plus manifeste est sans doute la baisse de 27 m du niveau de la mer Morte, ainsi que la longue marche dissuasive qu'il faut désormais effectuer pour atteindre le bord de la plage, qui ne cesse de reculer.

Plusieurs solutions ont été envisagées pour réalimenter la mer Morte en eau. Le projet de canal entre la Méditerranée et la mer Morte, qui aurait profité du fort dénivelé entre les deux, a été écarté en raison de son coût exorbitant. En revanche, on étudie sérieusement la possibilité de construire une canalisation similaire depuis la mer Rouge, un projet surnommé "canal de la paix". De l'eau serait pompée dans le golfe d'Aqaba pour alimenter le rivage sud de la mer Morte, produire de l'énergie hydroélectrique et alimenter une usine de dessalement qui permettrait de fournir de l'eau à Amman. Les écologistes s'élèvent d'ores et déjà contre les possibles réactions chimiques dues à l'eau traitée et soulignent l'instabilité sismique de la région. Cependant, la Banque mondiale a estimé que ce projet était suffisamment sérieux pour justifier une étude de faisabilité.

Le Dr Alon Tal est professeur au département d'Écologie du désert à l'université Ben-Gourion, en Israël.

resorts, et cheminent lentement entre les étals de thé. Comptez 2 JD pour un tour de 5 minutes ou une photo.

Un énorme chantier est actuellement en cours : le Porto Dead Sea, un projet égyptien situé juste au sud de la zone balnéaire actuelle, englobera un hôtel cinq-étoiles, un centre commercial, et des équipements sportifs et de loisirs. Les premières infrastructures devraient ouvrir dès 2016.

Baignade

Bien que l'on puisse, techniquement, se baigner partout sur le littoral de la mer Morte, il peut être étonnamment difficile de rejoindre la mer : chaque année, elle s'éloigne davantage du bord de la plage et devient de moins en moins facilement accessible depuis les falaises. Par ailleurs, avant de vous élancer, pensez bien qu'après un bain, une bonne douche sera indispensable pour se débarrasser au plus vite des dépôts de sel très inconfortables. Enfin, vous constaterez que la route suit souvent de près le rivage... tout comme la police des frontières ! Aussi, pour profiter au mieux de l'expérience, mieux vaut opter pour un *resort* ou pour les plages accessibles à la journée, qui sont équipées de douches d'eau douce et où l'on peut atteindre la mer sans se soucier des rochers coupants ou glissants.

Certains *resorts* proposent des tarifs à la journée en dehors des périodes de vacances.

Al-Wadi Resort BAIGNADE
(adulte/enfant 25/18 JD ; 9h-18h sam-jeu, 9h-19h ven). Ce complexe touristique privé possède divers équipements dévolus aux loisirs aquatiques (piscine à vagues, toboggans, etc.), dans un joli cadre paysager. Deux restaurants sur place (10h-17h) : l'un sert des en-cas, l'autre des plats locaux. Les enfants sont mesurés à l'entrée : s'ils font moins de 95 cm, ils ne paient pas ! À 500 m au nord du Convention Centre (palais des congrès) situé à l'entrée de la zone balnéaire.

Amman Beach BAIGNADE
(3560800 ; adulte/enfant 20/10 JD ; buffet 14 JD ; 9h-20h, restaurant 11h-17h). Cette plage publique s'appelle en réalité l'Amman Beach Tourism Resort, Restaurant & Pools. Située à 2 km au sud du cœur de la zone balnéaire, elle rend l'accès à la mer Morte plus abordable. Le site est joliment aménagé, et la plage, assez propre, est équipée de parasols et de douches. Il y règne une ambiance animée et authentique.

Les Jordaniens se baignent généralement tout habillés. Les touristes peuvent arborer sans problème leur maillot de bain, à condition de rester décents. Les femmes seules seront peut-être plus tranquilles si elles se baignent en short et en T-shirt.

On trouve également sur place des piscines, un restaurant, des buvettes, des terrains de basket, ainsi qu'un parc de loisirs, juste à côté. La plage est très fréquentée le week-end (surtout le vendredi après-midi et le samedi matin).

Amman Beach marque la ligne d'arrivée de l'**Ultra Marathon de la mer Morte** (deadsea.runjordan.com), qui a lieu en avril.

O Beach BAIGNADE
(3492000 ; www.obeach.net ; adulte/enfant déj inclus 25/20 JD ; entrée seule 15/10 JD ; 9h-18h). Cette plage privée, qui s'étage à flanc de colline en une série de terrasses et de piscines à débordement, permet de profiter confortablement de la mer Morte, sans avoir à payer une nuit dans l'un des hôtels voisins. Pour une détente optimale, des zones "VIP" sont accessibles moyennant 30 JD (couples uniquement), avec lits king-size. Divers soins en spa et massages sont également proposés. Plusieurs bars et restaurants ; buffet le week-end.

Bains de boue

Il y a sur la plupart des plages des zones de bains de boue, au bord de l'eau, où l'on s'enveloppe soi-même le corps. Il faut ensuite se laisser sécher au soleil 5 à 10 minutes, puis se rincer dans la mer. Ce traitement resserre les pores et laisse la peau toute douce.

Spas et soins

De nombreux visiteurs viennent sur les rives de la mer Morte, où la faible quantité de rayons ultraviolets et les taux élevés d'oxygène sont déjà bénéfiques pour la santé, pour les soins proposés dans les spas. La boue de la mer Morte, riche en minéraux, contient notamment du calcium et du magnésium (recommandés contre les allergies et les affections bronchiques), du brome, connu pour ses effets relaxants, de l'iode, qui soulage certaines affections endocriniennes, et du goudron naturel, qui aide au rajeunissement de la peau. Ces éléments sont présents dans les produits de la mer Morte (savons, shampooings, lotions...) en vente dans les spas et dans les boutiques de souvenirs à travers le pays.

Bien sûr, inutile d'être en mauvaise forme pour en profiter ! Si vous avez envie d'un

SPAS DE LA MER MORTE : L'ÉPREUVE DU LUXE

Il serait dommage de venir jusqu'à la mer Morte sans faire l'expérience d'un spa. Même les plus puristes des baroudeurs, pour qui dormir dans un lit pourvu d'un bon matelas est un signe de faiblesse, doivent tenter l'expérience – après tout, Hérode le Grand et Cléopâtre s'y adonnaient en leur temps ! Alors, pourquoi ne pas troquer, pour une fois, vos chaussures de randonnée contre un peignoir douillet et vous aventurer dans l'entrée de marbre blanc de l'un de ces temples du bien-être ?

Une séance de soins (à partir de 30 JD) commence généralement par un thé à la menthe, servi en même temps que l'on vous donne un petit sac où ranger vos affaires – on est loin de l'eau chlorée de la piscine municipale... On vous présentera ensuite les vestiaires, avec miroirs, savon et shampooing de la mer Morte, et plus de serviettes que vous ne pourriez en utiliser en une seule séance. Puis quelqu'un vous guidera tranquillement à travers des couloirs en marbre jusqu'aux bains à proprement parler.

Tous les spas proposent des bains d'eau de la mer Morte, présentant divers degrés de salinité. Il y a généralement un bassin consacré au massage des pieds et un Jacuzzi ; mais aussi toute une variété de jets de massage et de petits bassins qui se mettent à bouillonner lorsque l'on s'y installe.

Poussé à un tel degré, le luxe confine au sport extrême. Lorsque vous vous glisserez enfin dans la piscine à débordement, vous serez tellement séduit que vous n'aurez peut-être pas envie d'essayer les saunas, les hammams et les brumes énergisantes – sans parler de la salle de fitness. De fait, vous pourrez très bien vous allonger sous un laurier-rose au bord de la piscine, un jus de carotte glacé à la main, en vous demandant pourquoi vous vous être privé si longtemps d'un tel bonheur.

gommage ou d'un massage, ou tout simplement de vous faire dorloter, il est très facile de réserver une séance d'une heure ou deux.

Anantara Spa SPA

(☎3568888 ; www.spa.anantara.com/deadsea ; Kempinski Ishtar Hotel ; ⏲10h-22h). Ce spa très luxueux à l'architecture remarquable propose l'extraordinaire Royal Hammam Ritual (130 JD, 1 heure 30), vanté par certains comme "un pur bonheur, tant pour l'âme que le corps". Il comprend un massage, un gommage et un enveloppement, le tout réalisé avec une vigueur toute jordanienne.

Zara Spa SPA

(☎3491310 ; www.zaraspa.com ; Mövenpick Resort & Spa ; résident/non-résident 20/50 JD ; ⏲8h30-20h30). Ce spa, l'un des plus grands du Moyen-Orient, offre tout un choix d'équipements et de soins dans un cadre magnifique. Les tarifs incluent l'accès à la salle de sport, à la plage privée, à la piscine, au sauna, à l'étuve, au bassin de massage pour les pieds, à la piscine à débordement et au bassin avec jets de massage. Services en supplément : enveloppement de boue (1 heure, 60 JD), flottaison à sec, soins aux pierres chaudes, shiatsu et autres massages (à partir de 60 JD les 50 min). Le forfait à la journée coûte 190 JD pour 3 heures 30 de soins ; le forfait de 3 jours revient à 365 JD.

Dead Sea Marriott Spa SPA

(☎3560400 ; Dead Sea Marriott ; entrée simple résident/non-résident 20/30 JD ; ⏲8h30-20h30). Le Marriott possède une piscine chauffée, un bassin d'eau de la mer Morte, un Jacuzzi, une étuve et un sauna. Les soins incluent des massages (75 JD, 55 min), des enveloppements de boue, des gommages au sel, des soins du visage aux algues et à la boue, un bain de flottaison à sec et un bain de massage. Le soin au loofah (95 JD, 1 heure 15), un gant exfoliant en fibre naturelle, est extraordinaire.

Dead Sea Spa SPA

(☎3561000 ; www.deadseaspahotel.com ; Dead Sea Spa Hotel ; ⏲8h-18h). Un spa spécialisé dans les soins médicaux – un dermatologue et un kiné sont présents sur place. L'accès à la plage, aux piscines et au spa revient à 30 JD le week-end (25 JD en semaine) ; vous pourrez aussi profiter de la salle de fitness, du solarium et de la piscine d'eau de la mer Morte. Autres prestations possibles : massage suédois complet (25 JD) et application de boue (30 JD).

Où se loger et se restaurer

Plusieurs *resorts* de luxe sont regroupés à 5 km au sud de Suweimah (Suweimeh), sur la route de la mer Morte. Vus de la route, ils n'ont guère d'allure. À l'intérieur, pourtant, vous attendent des jardins paysagers, des solariums étagés en terrasses, des piscines à cascades et des plages superbes, donnant sur la mer Morte. Tous possèdent d'excellents restaurants et des belvédères d'où l'on peut admirer le soleil couchant qui embrase les collines de Judée. La réservation est impérative le week-end (vendredi et samedi). Les autres jours, vous profiterez souvent de réductions en vous présentant à l'improviste. Malheureusement, il n'y a pas d'hôtel pour les petits budgets ou de catégorie moyenne dans les environs. Vous ne trouverez pas d'hébergement bon marché avant Madaba, et sachez que les transports publics depuis/vers cette ville sont si peu pratiques que vous risquez de passer plus de temps sur la route que dans l'eau – à moins de vous joindre à un circuit.

Un hôtel Hilton devrait avoir ouvert d'ici votre passage.

♥ Mövenpick Resort & Spa RESORT **$$$**
(☎3561111 ; www.moevenpick-hotels.com ; ch à partir de 215 JD ; ❄@). Un petit paradis arboré, où serpente une rivière. Dans cette sorte de village composé d'appartements sur 2 niveaux, on peut profiter en toute intimité de la vue (sur la mer ou sur les jardins), depuis les balcons protégés par des paravents en bois. Magnifique piscine à débordement. Le Zara Spa, sur place, est réputé l'un des meilleurs spas du Moyen-Orient.

Côté restauration : buffet Al-Saraya, barbecue le jeudi soir et brunch fabuleux le vendredi. Le Mövenpick facture 50 JD l'accès aux piscines, à la plage et au buffet (couples et familles uniquement) ; vous débourserez 50 JD de plus pour profiter du spa.

Kempinski Hotel Ishtar RESORT **$$$**
(☎3568888 ; www.kempinski.com ; s/d à partir de 200/220 JD ; ❄@≋). Cet établissement grandiose ne cache pas son ambition : être le meilleur. Baies vitrées du sol au plafond pour une vue dégagée sur la mer Morte ; réception décorée dans le style sumérien surplombant une spectaculaire piscine circulaire à débordement ; plusieurs bassins descendant en cascade vers la mer... Chaque chambre est pourvue d'un balcon partiellement ombragé et d'une baignoire à demi-enterrée. En bref : un vrai palace, où l'on sert du champagne dès le petit-déjeuner !

Cuisine raffinée, avec notamment des plats thaïlandais et méditerranéens.

Dead Sea Marriott RESORT **$$$**
(☎3560400 ; www.marriott.com ; s/d à partir de 175/190 JD ; ❄@≋✎). Le sol en marbre poli, les ornements en cuivre et les vastes chambres contribuent à l'ambiance d'opulence de cet hôtel très couru, où l'on trouve notamment des cafés donnant sur la mer et une brasserie de style français. Avec deux cinémas, l'Internet haut débit, une aire de jeux aménagée comme une jungle, une cascade miniature et une piscine familiale, les enfants peuvent se distraire pendant que les parents profitent du luxueux spa.

Le Marriott facture l'accès aux piscines et à la plage 60 JD – ce qui inclut 25 JD à dépenser au restaurant.

Crowne Plaza RESORT **$$$**
(☎3494000 ; www.crowneplaza.com/deadseajordan). On se croirait ici dans une vraie petite ville, avec plusieurs ensembles de chambres agencés autour d'une immense piscine centrale. Chambres spacieuses et confortables ; spa et restaurants irrésistibles.

Holiday Inn Resort Dead Sea RESORT **$$$**
(☎3495555 ; www.ichotelsgroup.com ; s/d à partir de 100/120 JD ; ❄@≋). L'excellent Holiday Inn convient bien aux familles, grâce à un accès facile à la mer Morte et à ses nombreuses piscines. Il est situé à l'extrémité nord de la bande des hôtels, bien à l'écart du secteur actuellement en construction.

Pour accéder à la plage et aux piscines, comptez 25 JD en semaine et 45 JD le week-end et les jours fériés.

Dead Sea Spa Hotel RESORT **$$**
(☎3561000 ; www.deadseaspahotel.com ; ch à partir de 120 JD ; ❄≋). Moins raffiné que ses voisins, ce *resort* est néanmoins agréable. Il comporte un spa à vocation médicale (spécialité de dermatologie), une plage privée, une grande piscine et un bassin pour les enfants avec des toboggans. On y loge, au choix, dans les chambres du bâtiment principal ou dans les bungalows. À l'extrémité nord de l'hôtel, on trouve quelques restaurants franchisés avec vue sur la mer.

Comptez 25 JD pour accéder au *resort* et à sa plage (un en-cas et une boisson inclus).

ⓘ Depuis/vers la mer Morte

BUS ET MINIBUS

Le vendredi (uniquement), JETT assure un service à destination des *resorts* au sud de

Suweimah : départ d'Amman (8 JD aller-retour) à 8h, retour à 16h – s'il y a assez de passagers. Le bus part du bureau de JETT (p. 71), près de la gare routière d'Abdali, où vous pourrez vous renseigner sur les derniers horaires en date.

Les minibus partant de la gare routière de Muhajireen, à Amman, ne vont pas au-delà de Suweimah.

TAXI

Un taxi depuis Amman coûte environ 50 JD l'aller-retour, avec 3 heures sur place (le minimum requis pour que le trajet vaille la peine) ou 15 JD l'aller simple. Depuis Shuneh al-Janubiyyeh, comptez un minimum de 30 JD la journée, détours jusqu'à Béthanie au-delà du Jourdain et au complexe panoramique de la mer Morte compris. Si vous prenez un taxi de Shuneh à la mer Morte (plus ou moins 10 JD, selon vos talents pour marchander) sans prévoir le retour, sachez qu'il vous sera très difficile de trouver ensuite un taxi pour repartir.

À Amman et Madaba, des hôtels pour les petits budgets organisent des excursions à

EN VOITURE SOUS LE NIVEAU DE LA MER

Les routes en lacets qui relient la "partie haute" et la "partie basse" (souvent au-dessous du niveau de la mer) de cette région sont de toute beauté – mieux vaut disposer d'une voiture, pour pouvoir admirer le paysage au gré des pauses. Ces routes serpentent entre des champs d'oignons en terrasses, embrassent les contours de collines où paissent des moutons, passent devant les villages de tentes noires des Bédouins aux alentours desquels gambadent des chèvres, puis descendent en spirale dans un désert polychrome, véritable feu d'artifice de vermillon, d'ocre, de brun et de vert olive, ponctué de jardins suspendus. Voici une brève description des meilleurs itinéraires. Les routes ne sont pas indiquées sur toutes les cartes. Toutes sont en revanche asphaltées et praticables avec une voiture classique (gare aux virages en épingle à cheveux) ; vous devrez généralement suivre les panneaux "Dead Sea" ou "Wadi Araba". Prenez bien votre passeport, car les postes de contrôle sont nombreux le long des routes d'accès à la vallée du Jourdain et sur la route de la mer Morte.

De Salt à la mer Morte

1 heure 30, 23 km de descente et 60 km dans la vallée du Jourdain

Un paysage très varié sur une route fréquentée, bordée de pins d'Alep, d'arbousiers à écorce rouge et de véritables jardins de roses trémières au début de l'été, auxquels succèdent des tamaris et des acacias. Faites une halte à hauteur du panneau indiquant le niveau de la mer pour laisser refroidir les freins du véhicule, et admirez la vue sur la fertile vallée du Jourdain, qui est émaillée de superbes flamboyants en mai.

Depuis Salt, suivez les panneaux indiquant le parc national de Zay et le site Deir Alla sur la Hwy 30, mais gare aux camions dans les virages en épingle à cheveux. Pour une pause-thé, faites un détour de 14 km (bien indiqué) jusqu'au Mountain Breeze Country Club. Remarquez combien l'humidité et la chaleur augmentent en direction de la mer Morte.

Du mont Nébo aux resorts de la mer Morte

30 minutes, 21 km

Ce trajet facile traverse des étendues de fleurs sauvages, des bosquets de figuiers de Barbarie et les pâturages des Bédouins, avant de descendre vers un désert semi-aride – vue spectaculaire sur la mer Morte garantie !

On entame la descente à gauche de l'entrée du mont Nébo. Après 14,5 km, tournez à gauche pour les *resorts* de la mer Morte ou à droite pour Béthanie au-delà du Jourdain.

De Madaba au complexe panoramique de la mer Morte

50 minutes (une demi-journée avec des arrêts), 30 km plus 5 km aller-retour jusqu'à Hammamat Ma'in

Voici sans doute le plus bel itinéraire de la route de la mer Morte. Vous traverserez de vastes étendues de genévriers et de pins battus par les vents, des vignes et des oliveraies, et franchirez un *wadi* où fleurissent les lauriers-roses. Ne manquez pas la descente escarpée à flanc de colline jusqu'à Hammamat Ma'in et le bien nommé Panorama Restaurant. Suivez les panneaux indiquant Hammamat Ma'in depuis la route du Roi

la journée à la mer Morte via le mont Nébo, le complexe panoramique de la mer Morte et Hammamat Ma'in.

VOITURE

Au départ d'Amman, il faut environ 1 heure pour rejoindre les hôtels de la mer Morte, via la Hwy 40 et la Hwy 65. Sinon, on peut venir en voiture de Madaba via le mont Nébo. Si vous choisissez cet itinéraire, votre première image de la mer Morte sera un losange d'un bleu intense, au-delà des collines aux tons bruns.

Source d'Hérode (Zara) نبع هيرودس

Ces sources chaudes, à environ 5 km au sud d'Amman Beach, sont célèbres depuis des siècles et figurent même sur la carte en mosaïque de Madaba. Le site de **Callirhoé**, dont les eaux étaient très réputées dans l'Antiquité, se trouve en effet à proximité. Hérode vint ici au IVe siècle av. J.-C. pour soigner, selon Titus Flavius Josephus,

(King's Highway), à 1 km au sud de Madaba – cette route (parfois qualifiée de "Dead Sea Parkway") est indiquée de façon erronée sur la plupart des cartes. Si vous faites le détour par Hammamat Ma'in, pensez à utiliser le frein moteur. Continuez ensuite jusqu'aux *resorts* de la mer Morte (7 km), Béthanie au-delà du Jourdain (25 km) ou bien Amman (60 km).

De Kérak à Safi

30 minutes, 40 km

Ce trajet facile, dans un *wadi* aux parois abruptes, offre une vue imprenable… sur le site de production de potasse. Faites un détour jusqu'à la grotte de Loth.

Programmez cet itinéraire pour le milieu de l'après-midi, lorsque les rayons du soleil déclinant jettent sur le grès une superbe lumière dorée. Depuis la route du Roi à Kérak, suivez les panneaux indiquant "Mazra'a" ou "Dead Sea" sur la Hwy 50. Tournez à gauche sur la route de la mer Morte pour rejoindre Safi.

De Tafila à Fifa

40 minutes, 26 km

Depuis les forêts de cyprès, vous passerez par des formations rocheuses sculptées par le temps et les éléments, et par des oasis de palmiers, pour descendre jusqu'aux champs de tomates à Fifa.

Prévoyez un peu plus de temps pour cet itinéraire, véritable leçon de géographie sur les habitats des différentes altitudes. Prenez la Hwy 60 depuis le centre de Tafila, et suivez les panneaux indiquant le Wadi Araba ; prudence dans les virages en épingle à cheveux.

De Siq al-Barid (Little Pétra) au Wadi Araba

1 heure 15 (une demi-journée avec des arrêts), 45 km plus 2 km aller-retour jusqu'à Siq al-Barid, et 20 km aller-retour jusqu'au Feynan Ecolodge

Ce trajet fantastique commence par les sites nabatéens, tel le Rocher-Éléphant, et une petite excursion jusqu'à Siq al-Barid (Little Petra). Vous observerez les pressoirs à raisin taillés dans la roche et les digues dans le Siq Umm al-Alda, orné de très vieux caroubiers. Après avoir traversé le paysage verdoyant qui entoure un chantier de polder, vous visiterez un tell (ancien tumulus) du néolithique précéramique (repérez la barrière en fil de fer barbelé à gauche de la route) à Shkarat Msaiad. À partir de là, la route de montagne serpente à travers des rochers aux magnifiques couleurs d'arc-en-ciel, avant de s'insinuer dans le Wadi Araba, ponctué de campements bédouins, d'acacias et de dunes de sable.

Traversez Umm Sayhoun jusqu'à Siq al-Barid. Tournez à droite en direction de Hesha et de Bayder, puis immédiatement à gauche en suivant les panneaux en direction du Wadi Araba. La route, qui n'est pas mentionnée sur la plupart des cartes et n'est pas numérotée, est en mauvais état au fond du *wadi* mais néanmoins praticable. Au croisement situé dans le Wadi Araba, tournez à droite vers Qurayqira pour séjourner au Feynan Ecolodge ou à gauche pour rejoindre la route de la mer Morte. Du croisement de la route de la Mer morte, il reste 130 km jusqu'à Aqaba.

"une insupportable démangeaison de tout le corps" – très probablement un psoriasis. Sur le petit site archéologique découvert en 1807, on ne voit guère que les vestiges de thermes romains et d'un port antique d'où appareillaient les bateaux d'Hérode.

Bien que l'endroit soit très prisé des habitants, surtout le vendredi, la baignade n'est pas recommandée, ni dans les bassins des sources chaudes (qui ne sont pas propres) ni sur la plage, bien trop proche de la route.

Le site jouxte un poste de police. Suivez le panneau indiquant la direction de Mukawir et de Dhiban en remontant sur 300 m et vous trouverez les ruines de Callirhoé sur la gauche. Il n'y a pas de transports en commun.

Complexe panoramique de la mer Morte

بانوراما البحر الميت

Après avoir marché à travers les cactus pour atteindre le **belvédère** (2 JD/pers ; ⌚ 8h-22h), haut perché au-dessus de la mer Morte, et observé les rapaces tournoyer dans les *widyan* en contrebas, il vous faudra faire preuve de beaucoup d'imagination pour réaliser que vous êtes au niveau de la mer. Ce superbe complexe panoramique (Dead Sea Panoramic Complex), géré par la RSCN, comprend un musée et un restaurant, et jouit d'une vue époustouflante, particulièrement par une belle journée d'hiver, quand les montagnes de Judée, de l'autre côté de la mer, semblent à portée de main.

Pour une approche intéressante de la géologie, de l'histoire et de l'environnement de la mer Morte, prévoyez de passer une heure au **musée de la Mer Morte** (Dead Sea Museum ; ⌚ 9h-16h). En parcourant en voiture les routes de la région, vous remarquerez les motifs élaborés, la texture et les teintes d'une grande richesse des roches. C'est particulièrement vrai sur la route du Roi (King's Highway), route panoramique qui passe au-dessus du complexe panoramique et va jusqu'à Hammamat Ma'in et à Madaba, et court en contrebas en direction de la route de la mer Morte. Le long de la partie la plus escarpée, les couches sédimentaires de la roche sont semblables à des fresques naturelles qui ajoutent encore à la beauté du trajet. Au musée, on peut identifier et même toucher des échantillons de ces trésors géologiques.

Une petite randonnée sur les falaises du mont Zara, baptisée **Zara Cliff Walk** (1,4 km ; facile), suit le bord du *wadi* et met en valeur la flore et la faune locales. Vous entendrez le chant des rufipennes de Tristram avant de les voir voleter à travers le *wadi*. Il est également possible d'apercevoir des damans (qui rappellent les marmottes).

Pour vous restaurer, rien ne vaut le **Panorama Restaurant** (☎ 3245500 ; plats 10-18 JD ; ⌚ 12h-22h ; ✎), et notamment ses mezze. La cuisine, excellente, fait de cet établissement une adresse très fréquentée le week-end, au déjeuner comme au dîner. Goûtez en entrée à la purée de noix (3 JD) ou au *shanklish* (fromage local roulé dans du thym et mélangé à des tomates, des oignons et du persil ; 2 JD), puis continuez par des côtelettes d'agneau (élevé dans la région) marinées (12 JD) ou du *sawda dajaj* (foies de volaille déglacés à la mélasse de grenade et au citron ; 4 JD), un plat fort copieux.

Le complexe est bien indiqué à la sortie de la route de la mer Morte, environ 10 km au sud de la zone balnéaire de la mer Morte. Il constitue une étape très agréable à l'occasion d'un circuit d'une journée au départ de Madaba, du mont Nébo, de Béthanie au-delà du Jourdain, de la mer Morte et de Hammamat Ma'in, en voiture de location ou en taxi (50 JD ; adressez-vous à Charl du Mariam Hotel à Madaba). Il n'y a pas de transports en commun.

Hammamat Ma'in

حمامات ماعين (زرقاء ماعين)

☎ 05 / ALTITUDE 90 M

Où que l'on se trouve dans les collines qui surplombent la mer Morte, on aperçoit de temps à autre des rubans de verdure, le mince filet d'un cours d'eau qui scintille au soleil, ou encore une coulée de fougères ponctuant le paysage de roche volcanique. De plus près, il arrive même que l'on voit des fumeroles ou que l'on entende le sifflement d'une source souterraine. Ces collines, en effet, sont riches en sources thermales : près d'une soixantaine bouillonnent sous la surface, et se faufilent à travers les sols avec plus ou moins de force.

La plus célèbre est la **source de Hammamat Ma'in** (15 JD/pers ; ⌚ 9h-21h), qui a donné naissance à un beau complexe thermal dans le Wadi Zarqa Ma'in. L'eau, dont la température varie de 45 à 60°C, dévale le flanc de la colline en une série de cascades et de minces

À NE PAS MANQUER

LE FEYNAN ECOLODGE

Il n'y a pratiquement pas d'endroit où se loger ou se restaurer dans la partie sud de la route de la mer Morte. À l'exception du Feynan Ecolodge, une adresse exceptionnelle, qui constitue une destination à part entière.

Propriété de la réserve de biosphère de Dana, cet établissement est le seul hébergement au sud du Wadi Mujib. Ce *lodge*, que l'on atteint généralement après une longue randonnée d'une journée dans la réserve de Dana, tient plus du Graal que de la pension. Serti d'un magnifique paysage de désert aux multiples nuances, il est situé à 22 km de la route de la mer Morte, via le village bédouin de Greigra. Garez-vous au bureau à l'entrée de la réserve et l'on vous conduira en 4x4 jusqu'au *lodge* ; pour de plus amples informations, reportez-vous p. 153.

Vous pourrez faire une pause à **Beir Mathkour**, à 1 heure de route au nord d'Aqaba, où vous trouverez un restaurant, un magasin de produits artisanaux et une station-service, le tout dans une palmeraie.

filets d'eau, avant d'être collectée dans divers bassins destinés aux bains publics. Elle est riche en potassium, magnésium et calcium.

Le droit d'entrée donne accès aux thermes romains, au pied de la cascade la plus proche de l'entrée, et à une piscine. Les visiteurs sont priés de ne pas apporter de pique-nique, mais les contrôles sont rares. Au printemps et à l'automne, la vallée est très fréquentée le vendredi.

Activités

Bains thermaux

Les deux sites principaux sont ouverts au public. Les **thermes romains** se composent de bains chauds, couverts et propres (bassins distincts pour les hommes et les femmes), et d'une petite **piscine familiale** installée près d'une cascade (prenez à gauche en entrant), dont l'usage est réservé aux femmes, aux couples et aux familles.

La **piscine** d'eau froide, grande et propre, ferme vers 16h. En aval, la chute d'eau fumante forme un décor de choix pour prendre un thé sur la terrasse de l'hôtel.

Spas et soins

Le **Six Senses Spa** (☎3245500 ; www.sixsenses.com/evason-ma-in ; ⏲9h-20h) propose toute une gamme d'expériences et de soins, dans un cadre magnifique. Il comprend deux bassins thermaux à ciel ouvert, qui atteignent naturellement une température de 42°C, et une grotte-sauna naturelle (65-70°C) cachée au cœur du *wadi*. L'endroit invite à se détendre, en observant les gangas qui s'envolent au-dessus des rochers et les aigles qui tournoient dans le ciel. Le Six Senses possède aussi un sauna sec et des salles de soin, avec jardins privatifs. L'accès aux infrastructures coûte 40 JD, serviettes et thé vert inclus. La palette de soins proposée comprend l'enveloppement corporel de la mer Morte (1 heure, 70 JD) et le massage holistique (1 heure 30, 95 JD). Si vous réservez au spa, vous bénéficierez de l'accès gratuit à la source de Hammamat Ma'in.

Randonnée

Il est possible d'effectuer une **randonnée** de 8 km au départ des sources : après avoir traversé le Wadi Zarqa Ma'in, on atteint la source d'Hérode, sur la route de la mer Morte. Cet itinéraire (fermé après les périodes de pluie), de difficulté modérée à difficile, passe par des bassins naturels profonds, des lits de roseaux et des surfaces glissantes. Vous devrez être accompagné d'un guide (120 JD pour un minimum de 2 pers) ; réservez la veille auprès de la réception du complexe. Le tarif inclut le transport à l'arrivée de la randonnée.

Un autre sentier, court et facile, part de la cabane des gardes au-dessus de la cascade principale. Vous pouvez la faire sans guide, à condition de prévenir la réception. Si vous préférez être accompagné pour franchir la petite section escarpée, comptez 35 JD/personne pour un minimum de 2 personnes. Pour 65 JD, vous aurez en plus le petit-déjeuner, apporté dans un panier jusqu'à un coin de pique-nique ombragé, avec une vue dégagée sur la cascade principale.

Où se loger et se restaurer

♥ **Evason Ma'In Hot Springs Six Senses Spa** RESORT $$$
(☎3245500 ; www.sixsenses.com/evason-ma-in ; s/d 270/350 JD ; ❄@☒). Cet hôtel luxueux, à l'ombre d'arbres séculaires et décoré

d'arabesques, a un cachet fou. De nombreuses chambres – aux sdb somptueuses – ont vue sur les versants des collines d'où s'échappent les fumeroles sulfureuses. De derrière les baies vitrées du restaurant, on se croirait juste à côté des sources chaudes. La cuisine est à la hauteur du lieu ; les légumes et les herbes sont issus du potager bio, situé dans le *wadi*.

Des excursions à la mer Morte sont organisées chaque jour, mais vous risquez fort de ne pas avoir envie de quitter le cadre intimiste du Six Senses Spa.

Depuis/vers Hammamat Ma'in

Le complexe thermal est à 18,5 km des *resorts* de la mer Morte et à 27 km de Madaba. Il est bien indiqué dans les deux directions. En voiture, les 2,5 km de descente pour arriver à Hammamat Ma'in permettent de découvrir un paysage spectaculaire – le flanc des collines est strié de bandes vertes, jaunes et rouges. Cette portion de route est très pentue : soyez prudent et pensez à utiliser le frein moteur.

Depuis Madaba, la course aller en taxi coûte 15 JD : l'aller-retour, avec 1 heure d'attente sur le site, revient à 25 JD. Sinon, vous pouvez réserver un circuit auprès de l'hôtel Black Iris, à Madaba, moyennant 28 JD (période d'attente de 3 heures incluse). Aucun transport en commun ne dessert Hammamat Ma'in.

Réserve de biosphère de Mujib محمية الموجب

Située de part et d'autre de la route de la mer Morte, cette magnifique réserve s'étend de 900 m au-dessus du niveau de la mer à 400 m au-dessous. Créée à l'origine par la Royal Society for the Conservation of Nature (RSCN) pour favoriser la reproduction des bouquetins de Nubie, elle abrite une faune et une flore d'une étonnante richesse : on recense plus de 400 espèces de plantes (dont de très rares orchidées), 186 espèces d'oiseaux et 250 autres espèces animales, dont le loup de Syrie, la hyène rayée, le caracal et le renard de Blanford. La réserve représente aussi une étape importante pour les oiseaux migrateurs entre l'Afrique et l'Europe.

Mujib doit toutefois relever des défis de taille. Le débit de l'eau qui coule en permanence dans les *widyan* a sensiblement baissé, en raison des pompages destinés à alimenter Amman et les *resorts* de la mer Morte. Par ailleurs, le braconnage, le surpâturage et les demandes d'autorisation d'exploitation pressantes de la part des compagnies minières rendent l'avenir de cette zone protégée incertain. Face à ces menaces, la RSCN gère de main de maître cette réserve de 215 km² qui compte des piscines naturelles d'eau cristalline, des jardins suspendus et des escarpements rocheux typiques du désert. Il reste à espérer que la progression du tourisme encouragera les autorités à garantir une protection durable.

Activités

Siq Trail RANDONNÉE
(13 JD/pers). Ce sentier, le plus court et le plus facile de la réserve (ce qui n'exclut pas un peu d'adrénaline !), permet une belle balade auto-guidée (à condition de ne pas partir seul) de 2 km dans la gorge, avec des passages dans l'eau et un peu d'escalade. Il débouche sur une cascade de toute beauté.

Malaqi Trail RANDONNÉE
(47 JD/pers). Cet autre sentier semi-aquatique forme le parcours le plus populaire de la réserve. Il se découvre dans le cadre d'une randonnée guidée d'une demi-journée : préparez-vous à transpirer lorsqu'il vous faudra grimper dans le *wadi*, avant de rejoindre les bassins naturels du Wadi Hidan et de redescendre (souvent à la nage) par le *siq* (gorge). Pour terminer, vous vous élancerez en rappel le long des parois d'une cascade de 18 m (réservé aux bons nageurs et déconseillé aux personnes sujettes au vertige).

Si vous êtes limité par le temps, vous pouvez vous cantonner au **Canyon Trail**, qui comprend également des passages dans l'eau. Ce sentier débute à 3 km au sud du centre d'accueil des visiteurs.

Ibex Trail RANDONNÉE
(25 JD/pers). Ce sentier, au sec en hiver, se prête à une autre randonnée guidée d'une demi-journée qui conduit jusqu'à l'enclos des bouquetins de Nubie (*ibex* en anglais), situé à côté du poste des *rangers* de Raddas. Vous longerez une corniche surplombant la mer Morte. Une excursion jusqu'aux ruines du Qasr Riyash est proposée en option.

Où se loger et se restaurer

Mujib Chalets BUNGALOWS
(☎ 079 7203888 ; www.rscn.org.jo ; s/d/tr 55/65/75 JD). La réserve de biosphère de Mujib gère 15 bungalows au bord de la mer Morte.

LE SIQ TRAIL : UNE RANDONNÉE MOUILLÉE !

Si vous vous trouvez dans les environs de la réserve de biosphère de Mujib et avez envie d'une dose d'aventure en pleine nature, cap sur les 2 km du Siq Trail (ci-contre), l'itinéraire le plus court de la réserve. La fin du printemps et l'été sont préférables pour marcher sur les itinéraires "mouillés" (les *wet trails*) de la réserve, qui vont de bassin en bassin (comme c'est le cas de celui-ci). Après les périodes de pluie, la hauteur de l'eau peut dépasser 1 m et rendre le *wadi* inaccessible.

N'emportez aucun objet de valeur (on peut laisser son sac fermé au centre d'accueil), glissez votre appareil photo dans un sac imperméable, privilégiez les sandales confortables aux chaussures de randonnée en cuir et partez à l'assaut des torrents qui grondent !

Les bons côtés

- Un *ranger* a qualifié le Siq Trail de "Pétra avec de l'eau". À juste titre !
- Des roseaux d'un vert éclatant servent de refuge aux crapauds et à de rares serpents.
- Le *wadi* est ponctué de rochers sculptés et polis par l'eau.
- Être poussé par l'eau d'un bassin naturel à un autre a quelque chose de grisant – montée d'adrénaline garantie quand l'eau coulera sur vos jambes mal assurées.
- Quel sera votre soulagement lorsque vous émergerez aisément des eaux bouillonnantes – après une bonne frayeur au moment de vous élancer.
- Vous serez encore plus heureux en découvrant vos photos – même floues !

Les mauvais côtés

- Même par un matin d'été, l'eau est étonnamment froide entre les parois du canyon.
- Certains vous diront qu'il ne s'agit que de quelques "éclaboussures". Mais tout dépend du niveau de l'eau !
- En trois ou quatre endroits, on est obligé de s'appuyer sur quelqu'un d'autre pour franchir l'eau, car le courant est rapide (si vous êtes seul, faites appel à un guide).
- Il faut escalader plusieurs énormes rochers glissants. Au mieux, on le fait en exécutant des mouvements ridicules et sans grâce ; au pire, on peut se faire mal.
- Dans la descente, il faut un certain courage pour réaliser le grand saut dans l'un des bassins les plus profonds.

En fin de compte, l'expédition en valait-elle la peine ? Oui ! Nul besoin d'être un nageur surentraîné : avec une bonne forme physique, on peut passer un excellent moment à subir les assauts d'un torrent en furie, à se faire ballotter le long de petites cascades, puis à se laisser porter jusqu'à de superbes coins ensoleillés. En bref, c'est l'expédition d'aventure sans doute la plus accessible de la région, et il ne faut pas s'en priver !

Réservez, soit par téléphone en contactant directement le directeur, soit au moment de réserver votre randonnée auprès de la RSCN. Les bungalows comportent des lits jumeaux, un réfrigérateur et une terrasse couverte donnant sur la mer Morte. Ils sont installés sur un terrain encore en construction. Dans le bloc sanitaire, les douches communes sont alimentées en eau chaude et froide. Vous trouverez aussi des douches d'eau douce sur la plage. Le restaurant sert un petit-déjeuner matinal (7h-8h30) aux randonneurs. On peut aussi y commander à manger pour le déjeuner ou le dîner (11 JD).

Renseignements

Le **centre d'accueil des visiteurs** (☎ 079 7203888) est situé sur la route de la mer Morte, à environ 20 km au sud des *resorts*, à côté d'un pont suspendu qui enjambe le Wadi Mujib. Vous devrez obligatoirement être accompagné d'un guide sur tous les sentiers de randonnée, sauf le Siq Trail ; réservez via le Wild Jordan Centre (p. 323) de la RSCN. Seules 25 personnes sont autorisées chaque jour à circuler sur chacun des sentiers ; sur certains d'entre eux, les groupes doivent compter au moins 5 randonneurs. Les moins de 18 ans ne sont autorisés que sur l'Ibex Trail. Des gilets de sauvetage sont fournis.

SODOME ET GOMORRHE : CATACLYSME OU COLÈRE DIVINE ?

Aux noms de Sodome et Gomorrhe, on pense instantanément lieux de débauche et de perdition. Le livre de la Genèse (Genèse, XIX, 24-25), d'où vient la réputation sulfureuse de ces deux cités, mentionne l'ultime péché qui aurait provoqué la colère divine : la volonté des Sodomites d'avoir des relations sexuelles avec les anges envoyés par Dieu à Loth. En réponse, "le Seigneur fit pleuvoir sur Sodome et Gomorrhe du soufre et du feu, et les anéantit, ainsi que la plaine et les habitants des deux cités et tout ce qui poussait sur ce sol...".

Légendes issues d'une imagination biblique exaltée ? Pas nécessairement. L'extrémité du Wadi Araba est située sur une immense ligne de faille et il est fort possible que les deux villes aient été englouties par un effondrement des sols. Autre hypothèse : à l'occasion d'un tremblement de terre, d'énormes quantités de gaz souterrain et de bitume (les "puits de poix" auxquels il est fait allusion dans l'Ancien Testament) auraient été libérées, avant d'être enflammées par un incendie ou la foudre.

Quelle que soit la cause de leur disparition, les archéologues ont longtemps spéculé sur l'emplacement des deux cités pécheresses. Beaucoup se prononcent en faveur de la rive sud de la mer Morte. Mais que penser de Bab edh-Dhra, un site de l'âge du bronze situé en bordure du Wadi Karak ? Cette ville d'environ 1 000 habitants, détruite en 2300 av. J.-C., abrite curieusement les vestiges de 20 000 tombes, soit approximativement les restes de 500 000 corps. C'est peut-être donc là que se trouvait l'ancienne Sodome. Bab edh-Dhra et Numeira, toute proche, que l'on estime être l'ancienne Gomorrhe, sont toutes deux ensevelies sous une couche de cendres de 30 cm, ce qui donne à penser que les deux cités ont disparu dans les flammes.

Alors, catastrophe naturelle ou foudres divines ?

Trois sentiers (ouverts du 1er avril au 31 octobre) sont des sentiers "mouillés" (*wet trails*), qui impliquent de marcher dans l'eau par endroits ; deux sont des sentiers "au sec" (ouverts du 1er novembre au 31 mars). Venez de préférence en avril ou en mai – bien que la haute saison englobe les mois de février, mars, octobre et novembre. La région est extrêmement chaude et sèche la majeure partie de l'année ; aussi, les départs des randonnées guidées sont tôt le matin. Sur les sentiers mouillés, il arrive parfois que l'on ait de l'eau jusqu'au torse, voire qu'il faille nager. Prévoyez un maillot de bain, une serviette, des chaussures ne craignant pas l'eau et un sac bien imperméable pour vos objets de valeur et votre appareil photo. Il est également recommandé d'emporter des vêtements de rechange.

Depuis/vers la réserve de Mujib

La réserve n'est pas desservie par les transports publics : vous devrez louer une voiture ou prendre un taxi depuis Amman (125 km), les *resorts* de la mer Morte, Madaba ou Kérak.

Péninsule du Lisan
شبه جزيرة ليسان

En partant du Wadi Mujib, la route de la mer Morte longe la dernière portion de la mer Morte, avant de s'enfoncer dans les terres à hauteur de la péninsule du Lisan. Cette zone, ainsi que les eaux peu profondes de la dépression du Ghor, est à présent occupée par une usine de potasse. D'énormes quantités de chlorure de potassium (ressource la plus précieuse de Jordanie), de calcium et de bromure sont extraites de la mer Morte par un procédé d'évaporation solaire, qui laisse à l'abandon sur le rivage des amoncellements de sel gemme. Cette région, peuplée au début de l'époque byzantine, abrite quelques petits vestiges mineurs disséminés dans le paysage.

Les terres situées au sud de la péninsule du Lisan sont très fertiles et produisent en quantité des tomates, des aubergines, des concombres et des pommes de terre. On y trouve aussi des bananeraies et des plantations de palmiers dattiers. Ce secteur est très agréable à visiter pendant les récoltes d'hiver (janvier), lorsque les camions remplis de denrées partent à l'assaut des routes de montagne, laissant derrière eux les légumes tombés de leurs remorques surchargées.

Grotte de Loth
كهف لوط

"Loth partit alors de Zo'ar et demeura dans les montagnes avec ses deux

filles, car il redoutait de rester à Zo'ar.
Il demeura donc dans une grotte avec ses deux filles."

Genèse, XIX, 30

Loth, neveu d'Abraham, apparaît à maintes reprises dans l'histoire des rivages sud de la mer Morte. La **grotte de Loth** (entrée libre ; en journée), située juste après la péninsule du Lisan, serait le lieu où il aurait vécu avec ses filles après leur fuite de Sodome et Gomorrhe. Durant cette fuite, son épouse, qui s'était retournée pour voir la ville en flammes, avait été transformée en statue de sel.

Lors d'un surprenant épisode d'inceste, les deux filles, après avoir concocté un breuvage à leur père, abusèrent de lui. Neuf mois plus tard, elles donnèrent naissance à ses enfants et petits-enfants, Moab et Ben-Ammi, ancêtres des Moabites et des Ammonites.

La grotte, à 10 minutes de marche par un escalier escarpé, est entourée par les vestiges d'une petite église byzantine (Ve-VIIIe siècle), un réservoir et plusieurs mosaïques, mis au jour par des archéologues du British Museum. Les restes découverts dans la grotte datent du début de l'âge du bronze (3300-2000 av. J.-C.) ; une inscription à l'intérieur de la grotte mentionne le nom de Loth.

Près du point de départ de l'ascension vers la grotte, on trouve le **musée du Point le plus bas de la Terre** (Lowest Point on Earth Museum ; 03-2302845 ; Safi). GRATUIT Aménagé dans un immense bâtiment de pierre en forme de virgule, il abrite des vestiges superbement restaurés mis au jour sur le site ; on y voit notamment des mosaïques, des poteries vieilles de 4 500 ans et des textiles anciens. Certaines pièces témoignent de l'importance de la région en matière de production sucrière durant la période mamelouke ; d'autres de son l'histoire jusqu'aux tribus de Bédouins d'aujourd'hui. La boutique d'artisanat et le café gérés par une coopérative locale de femmes appelée **Safi Crafts** (www.saficrafts.blogspot.com/) complètent agréablement le tout.

La grotte, située à 2 km au nord-est de Safi, est bien indiquée depuis la route de la mer Morte. Tâchez de repérer le bâtiment circulaire du musée à flanc de colline. Des minibus circulent régulièrement entre Kérak et Safi (800 fils, 1 heure). Si vous êtes tributaire des transports en commun, préparez-vous à parcourir 2 km à pied depuis la route.

Wadi Araba وادى عربة

Après la ville de Safi, la route de la mer Morte entre dans le paysage aride du Wadi Araba. Très vite, le désert reprend ses droits. De temps à autre, une dune de sable empiète sur la route, les escarpements vont en s'aplanissant au loin, et le ciel se transforme en un espace infini. Il n'y a donc pas grand-chose à voir sur la dernière partie du trajet menant à Aqaba. En revanche, savoir que l'on se dirige vers la mer Rouge procure une étrange sensation. On peut pimenter un peu l'itinéraire en faisant un détour en direction de la route du Roi, via les superbes routes qui conduisent à Kérak, à Tafila ou à Siq al-Barid (Little Petra).

Madaba et la route du Roi

مأدبا و الطريق الملوكي

Dans ce chapitre ➡

Le top des hébergements

- Black Iris Hotel (p. 129)
- Mariam Hotel (p. 131)
- Al-Nawatef Camp (p. 152)
- Dana Guest House (p. 153)
- Feynan Ecolodge (p. 153)

Le top des restaurants

- Haret Jdoudna Complex & Cafe (p. 132)
- Adonis Restaurant (p. 132)
- Nebo Restaurant & Terrace (p. 136)
- Feynan Ecolodge (p. 153)

Pourquoi y aller

Sis dans les hautes terres du Centre traversées par le Wadi Mujib, Madaba et les sites d'intérêt qui jalonnent la route du Roi figurent au cœur de la Jordanie antique et biblique. La région est riche de fascinants témoignages du passé : mégalithes émaillant des pâturages ondoyants, magnifiques mosaïques romaines, châteaux croisés bien conservés...

Pour autant, elle n'est pas réservée aux seuls passionnés d'histoire et aux pèlerins. Fief de différentes communautés, dont la minorité chrétienne jordanienne, et pourvue de paysages aussi somptueux que variés, elle est un peu la quintessence du pays. Avec des hébergements de qualité, une bonne cuisine traditionnelle et de multiples occasions de s'adonner à la randonnée ou au canyoning, il y a ici de quoi goûter autant aux plaisirs de la ville que de la campagne, sur une terre encore étonnamment à l'écart de l'affluence touristique.

Quand partir

- Agréables toute l'année, les villes d'altitude qui jalonnent la route du Roi (King's Highway), souvent enneigées en hiver, offrent une toile de fond spectaculaire aux châteaux croisés. Dans la fraîche et limpide clarté hivernale, les vastes paysages de la région se dévoilent dans toute leur splendeur, tandis que les nuits glacées invitent à se blottir au coin du feu, dans la veine de la tradition arabe.
- La saison de la randonnée va de mars (lorsque les fleurs égaient de leurs éclatantes couleurs les bords des sentiers) à fin octobre. Alors que les plaines sont écrasées de chaleur, les hautes terres présentent bien des attraits : une relative fraîcheur, du raisin et des figues en abondance, le spectacle de la migration des rapaces et celui de couchers de soleil grandioses.

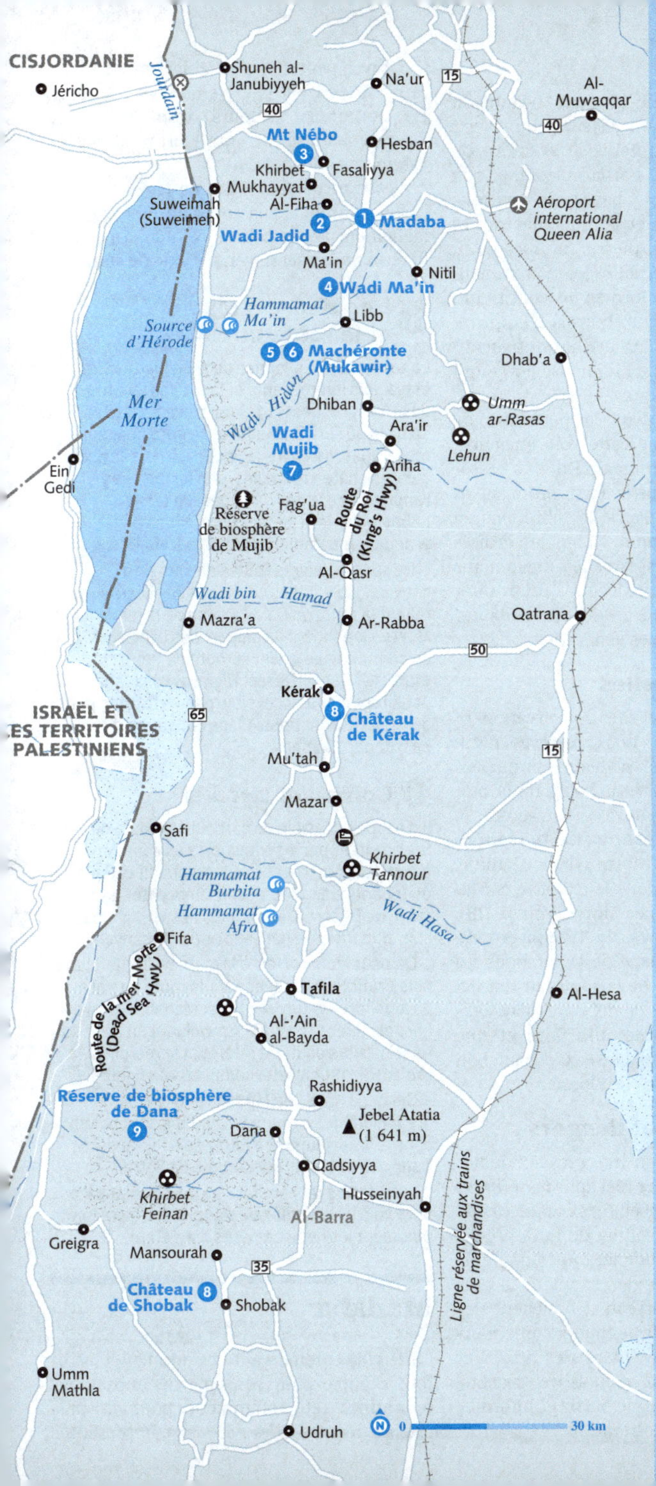

À ne pas manquer

1 Les sublimes mosaïques de **Madaba** (p. 124), qui racontent les débuts de l'ère chrétienne

2 Une pause à l'ombre d'un antique dolmen dans le **Wadi Jadid** (p. 138)

3 La contemplation de la Terre promise depuis le mémorial de Moïse, sur le **mont Nébo** (p. 135)

4 Une baignade dans les bassins permanents de l'un des nombreux **canyons** (p. 141) de la région

5 Le château de **Machéronte**, où Hérode aurait fait décapiter saint Jean-Baptiste (p. 138)

6 Les tisserandes de **Bani Hamida** (p. 139) en plein ouvrage

7 La vue imprenable sur le **Wadi Mujib** (p. 142) depuis un belvédère

8 **Kérak** (p. 144) et **Shobak** (Shaubak ; p. 155), les forteresses croisées les plus impressionnantes de Jordanie

9 Une randonnée dans la fournaise du Wadi Araba, dans la **réserve de biosphère de Dana** (p. 149)

Histoire

De part et d'autre de la gorge béante du Wadi Mujib s'étend un paysage uniforme : oliveraies bien entretenues, avenues de peupliers, figuiers de Barbarie, collines aux douces ondulations, villages de maisons aux toits plats et, çà et là, quelques ruines d'édifices antiques en pierre. Au nord et au sud de cette grande faille, les communautés rurales semblent former un continuum à la surface du plateau ; hormis à emprunter la route du Roi, bien malin qui pourrait deviner la présence de l'immense gorge qui sépare la région en deux.

Rien n'incarne mieux la pérennité de l'activité humaine que cette voie ancienne. Depuis 3 000 ans, la route du Roi a vu passer les Juifs en route pour la Terre promise, les Nabatéens venus de Pétra, les chrétiens en pèlerinage vers le mont Nébo, les croisés ralliant leurs forteresses et les musulmans sur le chemin de La Mecque. Emprunter aujourd'hui cette route ardue, c'est emboîter le pas à d'innombrables générations.

Réserves naturelles

La Royal Society for the Conservation of Nature (RSCN) gère deux réserves naturelles enjambant le plateau et nichées entre la route du Roi et la route de la mer Morte (Dead Sea Highway). On accède le plus souvent à la **réserve de biosphère de Mujib** par la mer Morte ; dans ce guide, elle est donc traitée dans le chapitre consacré à la route de la mer Morte (voir p. 118). On rejoint la **réserve de biosphère de Dana** par le petit village de Dana, dans les hauteurs, tout à côté de la route du Roi. La réserve de Dana, qui englobe des paysages de toute beauté, abrite une flore et une faune d'une grande richesse. C'est un bon endroit pour camper et randonner.

Désagréments et dangers

De novembre à février, les crues soudaines représentent un danger réel dans les *widyan* de la région. Il est conseillé aux amateurs de randonnée et de canyoning de faire preuve de la plus grande prudence, voire de s'abstenir de pratiquer ces deux activités. Après les pluies, des murs d'eau débouchent des canyons sans prévenir, même par une journée sans nuages, déracinant des arbres et laissant derrière eux d'énormes rochers. Renseignez-vous avant de partir et informez votre hôtel de votre destination.

L'hiver peut être particulièrement rigoureux ; la neige et la grêle ne sont pas rares. De nombreux visiteurs, trompés par la douceur diurne, se font surprendre sans vêtements adéquats.

Les transports publics ne traversent pas le Wadi Mujib sur la route du Roi. On peut facilement rester coincé, ce qui est particulièrement dangereux en période de canicule.

ℹ Depuis/vers Madaba et la route du Roi

La route du Roi, jalonnée de sites historiques, est la plus intéressante et la plus pittoresque des trois grandes routes qui traversent le pays du nord au sud. De Madaba, célèbre pour ses mosaïques, à Pétra – la "cité rose" –, elle passe par des châteaux croisés, des forteresses romaines, des sites bibliques, un temple nabatéen balayé par les vents et des paysages grandioses comme ceux du Wadi Mujib.

De spectaculaires routes en épingle à cheveux, splendides curiosités en elles-mêmes, relient la route du Roi à la route de la mer Morte. Cependant, la plupart des transports en commun rejoignent la route du Roi via la route du Désert (Desert Highway). Madaba est directement accessible depuis le principal aéroport international (sans obligation de passer par Amman).

ℹ Comment circuler

Il n'est pas possible de parcourir la route du Roi en entier par les transports en commun car le Wadi Mujib s'étire en travers du chemin ; pour continuer, vous devrez emprunter la route du Désert. Des minibus desservent les communautés de part et d'autre du canyon.

On peut louer un taxi à la journée. Toutefois, le plus pratique pour découvrir la route du Roi est de louer une voiture. Le trajet Madaba-Pétra est faisable dans la journée. En incluant un arrêt sur tous les sites dignes d'intérêt et le retour via la route de la mer Morte, comptez 4 ou 5 jours.

Certains hôtels de Madaba et d'Amman organisent des circuits en minibus avec haltes dans le Wadi Mujib et à Kérak (parfois aussi à Dana et à Shobak), sur la route de Pétra.

Lors de nos recherches, la situation dans les pays voisins et l'afflux de réfugiés qui en résultait rendaient les déplacements dangereux.

Madaba مأدبا

☎ 05 / 156 300 HABITANTS / ALTITUDE 800 M

Cette ville commerçante tranquille est avant tout réputée pour ses superbes mosaïques byzantines, et notamment pour la plus célèbre d'entre elles : la carte représentée sur le sol de l'église Saint-Georges – elle en abrite toutefois bien d'autres, parfois même mieux conservées ou aux couleurs plus vives.

Certes magnifiques, ces mosaïques ne sont pas la seule raison de visiter Madaba qui est aujourd'hui encore l'une des villes les plus accueillantes de Jordanie.

Madaba, où deux tiers de musulmans cohabitent avec un tiers de chrétiens (il s'agit de l'une des communautés chrétiennes les plus importantes de Jordanie), possède une longue tradition de tolérance religieuse, qui s'exprime avec gaieté – et sonorité – le vendredi : l'appel à la prière du muezzin, à l'aube, est suivi par les cloches orthodoxes qui sonnent à toute volée. Monte ensuite le tumulte de la circulation ; la journée est ponctuée par les cris des vendeurs d'abricots, le passage des troupeaux de moutons et les joyeuses interpellations des enfants.

Mieux vaut visiter Madaba à pied. Dans cette cité typique de la route du Roi, les rues sont bordées de boutiques animées devant lesquelles pendent des chaussures, de piles de choux, d'énormes casseroles, de marmites en aluminium... Des hommes sont affairés à traiter des peaux de chèvre, tandis que vrombissent les machines à coudre des retoucheurs.

Contrairement à la plupart de ses voisines, Madaba offre un bon choix d'hôtels et de restaurants. Accessible en moins de 1 heure depuis Amman par les transports publics, elle constitue une autre base possible pour explorer la route du Roi et les sites de la mer Morte. Vous pourrez même vous y rendre en taxi directement depuis l'aéroport international Queen Alia, en une vingtaine de minutes, tout en évitant Amman.

Histoire

Ancienne cité moabite de Medeba, mentionnée dans la Bible, Madaba est habitée depuis 4 500 ans. Elle fait partie des villes qui furent partagées entre les 12 tribus d'Israël à l'époque de l'Exode, et passa des mains des Ammonites à celles des Israélites, des Nabatéens, puis, vers 106, des Romains. La ville devint alors une cité provinciale florissante, dotée de voies à portiques et d'imposants

SE REPÉRER SUR LA CARTE EN MOSAÏQUE DE MADABA

Il faut avoir le sens de l'orientation pour décrypter la carte de Madaba sur le sol de l'église Saint-Georges. Spontanément, on a tendance à considérer que le nord se trouve près de l'autel. Or, tout comme l'église, la carte est orientée à l'est. Imaginez donc, en vous approchant, que vous regardez, par-delà les collines qui surplombent Jérusalem et les toits crénelés des grandes résidences, en direction de la mer Morte et du Jourdain.

Nord (en haut à gauche)

Des poissons remontent le cours du Jourdain pour échapper aux eaux salées de la mer Morte, nageant sous les bacs tirés par des câbles dans la zone où l'on franchissait le fleuve (à l'emplacement actuel du pont du roi Hussein – King Hussein Bridge). Un lion sans corps poursuit une gazelle juste au-dessus de Béthanie au-delà du Jourdain, site supposé du baptême de Jésus (indiqué "Sapsafas" sur la carte).

Est (tout droit)

La partie la plus joliment détaillée de la carte comprend les éléments consacrés à Jérusalem, dont on voit les murs et les portes, et l'axe central (*cardo*). Deux navires, leurs rames prêtes à l'action, stationnent sur la mer Morte. Peut-être, qui sait, devaient-ils transporter Hérode jusqu'à la source de Callirhoé (Zara), indiquée par trois sources et deux palmiers ? La grotte de Loth, où le vieil homme fut séduit par ses deux filles, est située juste au-dessus de l'oasis de Safi (Balak ou Zoara). La cité fortifiée de Kérak apparaît tout en haut de la carte, au bout du Wadi Al-Hasa, représenté verticalement.

Sud (à l'extrême droite)

On reconnaît le mont Sinaï à ses sommets colorés, d'où Moïse serait descendu, porteur des Dix Commandements. Repérez les poissons dans les bras du delta du Nil ; ils nagent en direction de la Méditerranée, dont il ne reste qu'un fragment. Presque détachée du reste de la Terre promise (du fait d'une détérioration de la mosaïque), mais reliée à l'Égypte et à la Méditerranée, se tient la ville de Gaza. Toute accidentelle qu'elle soit, cette configuration, vue avec les yeux de notre temps, semble tenir d'un augure.

Madaba

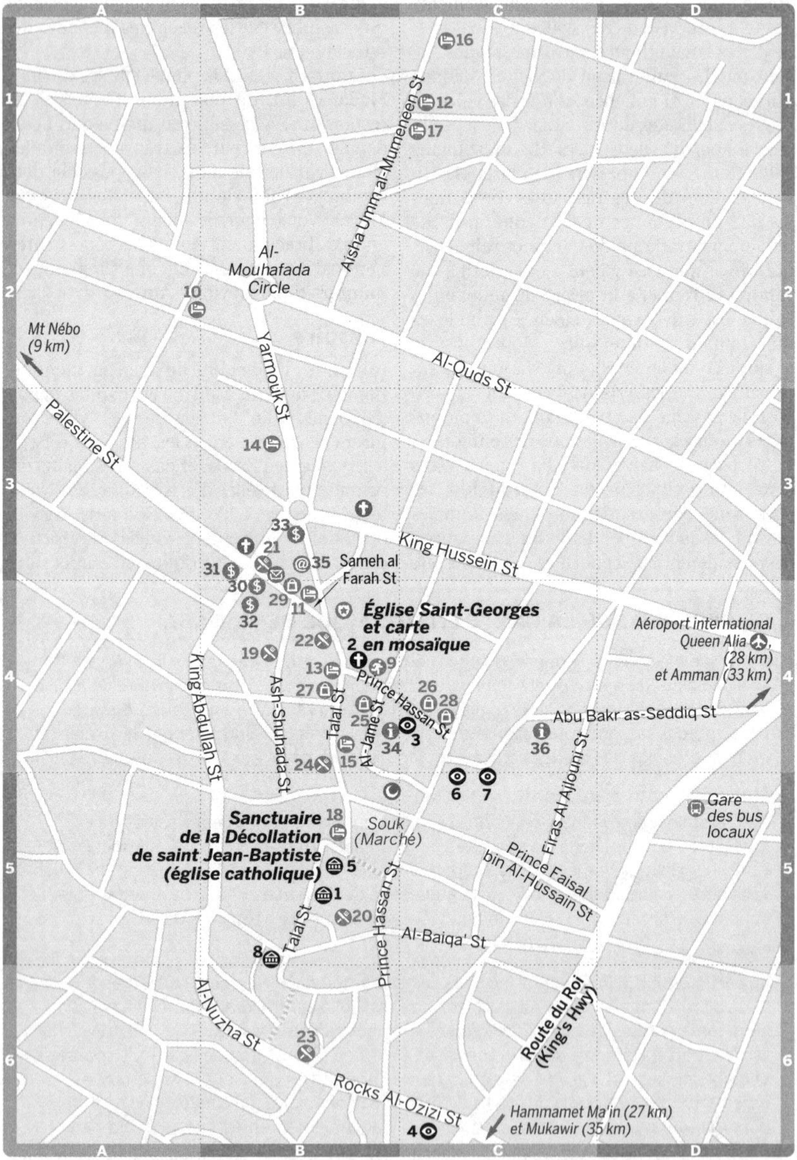

édifices publics. Elle prospéra pendant toute la période byzantine, où fleurirent les églises décorées de mosaïques somptueuses.

La ville fut laissée à l'abandon pendant plus d'un millénaire, à la suite du tremblement de terre dévastateur de 747. À la fin du XIXe siècle, au sortir de conflits sanglants avec des musulmans, 2 000 chrétiens de Kérak s'y installèrent. C'est en creusant les fondations de leurs maisons que les nouveaux arrivants mirent au jour les mosaïques emblématiques de la ville. L'une d'elles, découverte dans l'église Saint-Georges, représentait une carte de la Terre

Madaba

Les incontournables
1 Sanctuaire de la Décollation de saint Jean-Baptiste B5
2 Église Saint-Georges et carte en mosaïque B4

À voir
3 Parc archéologique II (Burnt Palace) C4
4 Église des Apôtres C6
5 Dar Al-Saraya B5
6 Parc archéologique I et église de la Vierge-Marie C5
7 Institut d'art et de restauration de la mosaïque de Madaba (MIMAR) C5
8 Musée de Madaba B5
Centre d'accueil des visiteurs ..... (voir 36)

Activités
9 New Orthodox School B4

Où se loger
10 Black Iris Hotel A2
11 Madaba Inn Hotel B4
12 Mariam Hotel C1
13 Moab Land Hotel B4
14 Mosaic City Hotel B3
15 Queen Ayola Hotel B4
16 Rumman Hotel C1
17 Salome Hotel C1
St George's Church Pilgrim House .... (voir 9)
18 St John Hotel B5

Où se restaurer
19 Abu Yousef B4
20 Adonis Restaurant & Cafe B5
21 Al-Baraka Sweets B3
22 Ayola Coffeeshop & Bar B4
Bowabit Restaurant .... (voir 22)
23 Dana Restaurant B6
24 Haret Jdoudna Complex B4

Achats
25 Carpet City B4
26 Hanania Silver Shop & Rafidi for Silver C4
Haret Jdoudna Complex .... (voir 24)
Holy Treasures Centre .... (voir 13)
27 Madaba Studio & Lab B4
28 Rosa Silver C4
29 Spice B4

Renseignements
30 Arab Bank B4
31 Bank of Jordan B3
32 Housing Bank B4
33 Jordan National Bank B3
34 Ministère du Tourisme et des Antiquités B4
35 Tour.Net Internet B3
36 Centre d'accueil des visiteurs C4

promise. La nouvelle parvint en Europe dès 1897. Les archéologues affluèrent ; les fouilles se poursuivent encore aujourd'hui. Diverses ONG ont participé aux travaux de restauration de Madaba.

À voir

Madaba occupe un tell. La vieille ville, sise au sommet, a bien plus d'intérêt que les nouvelles constructions le long de la route du Roi. Suivez les panneaux indiquant le centre d'accueil des visiteurs (Visitors Centre) ou n'importe quel hôtel, et vous atteindrez le centre de la ville.

La plupart des visiteurs se focalisent sur l'église Saint-Georges et accordent peu d'attention au reste de Madaba ; vous pourrez donc admirer tranquillement les autres mosaïques de la ville. Un billet combiné donne accès au parc archéologique, au musée de Madaba et à l'église des Apôtres.

Église Saint-Georges et carte en mosaïque

ÉGLISE

(Talal St ; adulte/moins de 12 ans 1 JD/gratuit ; 8h-17h sam-jeu nov-mars, 8h-18h sam-jeu avr-oct, 9h30-17h ven toute l'année). Quoique datant du XIXe siècle, cette modeste **église orthodoxe grecque** abrite un trésor des débuts du christianisme. Lors de sa construction, en 1884, on découvrit en effet sur le site les restes d'une ancienne église byzantine et, au milieu des décombres, ayant survécu à la destruction et aux incendies, une mosaïque exceptionnelle. Celle-ci représente la plus ancienne carte de Palestine existant à ce jour et livre de nombreuses informations historiques sur la région.

Réalisée en 560, cette carte indique tous les sites bibliques du Moyen-Orient, de l'Égypte à la Palestine, accompagnés de 157 légendes en grec. La carte mesurait à l'origine 15 ou 25 m de longueur sur 6 m de largeur et se composait de plus de 2 millions de pièces. Un grand nombre d'entre elles ont été détruites ou perdues, sans toutefois que la majesté de l'ensemble en ait pâti.

L'église ouvre à 7h pour la messe le vendredi et le dimanche matin ; les visiteurs sont les bienvenus, mais il n'est pas permis de voir la mosaïque pendant l'office. Une petite boutique près de la sortie vend des reproductions de la carte et des petites icônes orthodoxes.

Jetez au préalable un coup d'œil à la reproduction grandeur nature qui se trouve à la billetterie, afin de bien repérer les détails qui vous intéressent. La billetterie se double d'un petit centre d'interprétation où est diffusée, gratuitement et en plusieurs langues, une vidéo de 7 minutes traitant en détails de la mosaïque.

Centre d'accueil des visiteurs

MAISON OTTOMANE

(☎3253563 ; Abu Bakr as-Seddiq St ; ⏲8h-18h oct-avr, 8h-19h mai-sept). Très utile, ce centre est un bon point de départ pour la visite des sites incontournables de Madaba. Sis dans une belle maison traditionnelle de la fin du XIXe siècle, propriété de la famille Al-Batjali, il mérite à lui seul la visite. Il abrite d'intéressants panneaux informatifs en anglais sur l'histoire de Madaba ; un film de 10 minutes replace la ville dans son contexte historique.

Vous remarquerez la cour centrale à ciel ouvert, inhabituelle en Jordanie où la culture musulmane dominante impose un espace intérieur fermé afin de protéger l'intimité de la famille. La cour plantée de plumbagos et de géraniums offre un répit bienvenu après une journée de visites au soleil. Des toilettes propres sont accessibles près du parking.

Institut d'art et de restauration de la mosaïque de Madaba (MIMAR)

ATELIER DE MOSAÏQUES

(Institute for Mosaic Art and Restoration ; ☎3240723 ; Abu Bakr as-Seddiq St ; ⏲8h-15h dim-jeu). GRATUIT Créé en 1992 par les autorités jordaniennes, cet institut a pour mission de former des artisans locaux à l'art de la mosaïque et à la restauration du patrimoine, d'éveiller l'intérêt pour ces œuvres et de participer activement à leur conservation à travers le pays. On peut notamment voir les travaux de restauration réalisés par les artisans de l'école dans le parc archéologique, dans l'église des Apôtres et à Khirbet Mukhayyat. Passez au secrétariat, qui organisera aimablement votre visite des ateliers.

Parc archéologique I et église de la Vierge-Marie

SITE ARCHÉOLOGIQUE

(☎3246681 ; Abu Bakr as-Seddiq St ; billet combiné/moins de 12 ans 2 JD/gratuit ; ⏲8h-16h oct-avr, 8h-17h mai-sept). Les fouilles et les opérations de restauration méticuleusement menées au début des années 1990 ont abouti à la création de ce musée en plein air, où sont exposés des vestiges et des mosaïques de la région de Madaba. Également sur le site, l'église de la Vierge-Marie, du VIe siècle, fut découverte sous une maison en 1887. La mosaïque centrale, qui remonte probablement à 767, est un chef-d'œuvre de motifs géométriques.

En entrant sur le site, vous apercevrez une mosaïque de Machéronte. Datée du Ier siècle av. J.-C., il s'agit de la plus ancienne retrouvée en Jordanie. En prenant le chemin à droite, vous passerez au-dessus de la rue romaine, jadis bordée de colonnes, qui courait d'est en ouest entre les portes de la ville. Continuez jusqu'à l'église du prophète Élie (Elias), bâtie en 607, qui abrite de belles mosaïques aux couleurs un peu passées. Observez les détails (tel ce magnifique oiseau vert), avant de descendre à la crypte, de 595.

L'imposante structure couverte, en face, contient les plus belles mosaïques du site, dont celles de la villa Hippolyte, d'architecture byzantine (VIe siècle). Les quatre saisons figurent à chaque angle ; remarquez les superbes représentations de fleurs et d'oiseaux. La partie du milieu présente des personnages de la tragédie grecque *Phèdre*. Tout en haut, on reconnaît, à côté d'Adonis, une Aphrodite aux seins nus donnant la fessée à un Éros ailé, tandis que les trois Grâces (filles de Zeus représentant la joie, le charme et la beauté) flottent à proximité.

Parc archéologique II (Burnt Palace)

SITE ARCHÉOLOGIQUE

(Prince Assan St ; ⏲8h-15h dim-jeu oct-avr, 8h-17h30 dim-jeu mai-sept). GRATUIT Le Burnt Palace ("palais brûlé"), luxueuse demeure de la fin du VIe siècle, fut incendié lors d'un tremblement de terre, vers 749. Des chemins serpentent parmi les vestiges, où l'on peut admirer des mosaïques. Les plus belles représentent des scènes de chasse, dans l'aile est, et un lion attaquant un taureau, dans l'aile ouest.

Le site (qui réclame un plus gros effort d'imagination que la plupart des autres) est traversé par l'ancienne route romaine, qui passe par l'actuel parc archéologique. On discerne également les rares vestiges de l'église des Martyrs, érigée au VIe siècle et qui fut détruite deux siècles plus tard. Demandez au gardien l'autorisation de voir les mosaïques enterrées de l'église : les quelques tesselles (carreaux) qu'il vous montrera, protégées de la lumière par du sable jusqu'à ce que commence leur restauration, étonnent par leur couleur éclatante.

Dar al-Saraya MUSÉE

(Talal St). Bâti à la fin du XIXe siècle pour servir de centre à l'administration ottomane, ce majestueux édifice ancien devint le siège de l'administration britannique en 1922. Rénové récemment, il est désormais destiné à accueillir un restaurant. La place adjacente est parfaite pour prendre le frais.

♥ **Sanctuaire de la Décollation de saint Jean-Baptiste** MUSÉE

(☎ 3244065 ; Talal St ; adulte/moins de 12 ans 1 JD/gratuit ; ⏲ 9h-17h oct-avr, 9h-19h mai-sept). Cette église catholique du début du XXe siècle, érigée sur des vestiges de sites antérieurs, est devenue un intrigant lieu de pèlerinage. Le **musée de l'Acropole**, niché dans les entrailles voûtées de l'église, est le trésor du lieu. Là, un puits de l'époque moabite, vieux de 3 000 ans, demeure en eau.

La **façade de l'église** a été construite avec des pierres anciennes, et des colonnes romaines à chapiteaux corinthiens émaillent la cour. Dans la chapelle du XIXe siècle, qui fait aujourd'hui fonction de centre d'accueil des visiteurs (toilettes impeccables) et de boutique de souvenirs, on peut voir une superbe **exposition de photos** prises entre 1902 et 1911. Il vous faudra un peu de temps et d'énergie pour gravir le **clocher** – la dernière partie comporte deux échelles métalliques escarpées avec main courante –, puis un brin d'agilité pour évoluer au milieu des cloches et de leurs cordes. Le jeu en vaut la chandelle : vous profiterez de la plus belle vue qui soit sur Madaba.

L'église est interdite aux visiteurs pendant la messe et à l'occasion de certaines manifestations le dimanche. Des chapelets artisanaux provenant de la Terre sainte sont en vente sur place.

Musée de Madaba MUSÉE

(☎ 3244189 ; Haya Bint Al-Hussin St ; billet combiné/moins de 12 ans 2 JD/gratuit ; ⏲ 8h-17h, 8h-19h mai-sept). La collection de ce musée, aménagé dans plusieurs demeures anciennes de la ville, comprend notamment une mosaïque du VIe siècle figurant un satyre nu, et une Ariane un rien coquine dansant avec des cymbales aux pieds et aux mains (en partie endommagée). Dans la cour, une autre mosaïque représente deux béliers attachés à un arbre, une image populaire rappelant le sacrifice d'Abraham.

Un petit **musée ethnographique** (Folklore Museum) réunit des bijoux, des costumes traditionnels et une reproduction de la stèle de Mesha. L'entrée est comprise dans celle du musée.

Prévu de longue date, le déménagement du musée dans le bâtiment du Dar al-Saraya était toujours en projet lors de notre passage (d'où, sans doute, un certain défaut d'entretien). La cour à ciel ouvert, avec vigne et palmiers, invite à faire une agréable pause.

Église des Apôtres ÉGLISE

(King's Highway ; billet combiné/moins de 12 ans 2 JD/gratuit ; ⏲ 9h-16h oct-avr, 8h-17h mai-sept). Cette église d'aspect modeste recèle une remarquable mosaïque. Véritable broderie de pierre, elle fut réalisée en 568 et porte, ce qui est rare, la signature de son mosaïste, Salomios. Dans la partie centrale du motif, trône Thalassa, incarnation de la mer, entourée de poissons et de créatures marines. Des animaux, dont des oiseaux, des fruits et des fleurs sont également représentés ; des visages de chérubins ornent les angles.

Où se loger

Madaba affiche un grand choix d'hôtels. Beaucoup sont tenus par des familles chrétiennes et situés à courte distance à pied des principaux centres d'intérêt. Sauf mention contraire, les établissements ci-après louent des chambres avec salle de bains individuelle et les tarifs incluent le petit-déjeuner.

♥ **Black Iris Hotel** PENSION $

(☎ 3241959 ; www.blackirishotel.com ; près d'Al-Mouhafada Circle ; s/d/tr 25/30/40 JD ; wifi). On se sent vraiment comme à la maison dans cet hôtel tenu en famille, doté de chambres douillettes et d'un vaste espace commun. Le "petit-déjeuner très spécial" comporte notamment du gâteau aux dattes et de la confiture de figues maison ; pour le dîner, le propriétaire (qui a été chef en Suisse) concocte à la demande des plats jordaniens parfumés avec les herbes de son jardin.

Vous trouverez ici une aide précieuse et sympathique pour organiser la suite de votre voyage, ce qui contribue à la popularité de l'établissement auprès de nos lecteurs. Les femmes seules s'y sentiront très à l'aise. Facile à trouver depuis Al-Mouhafada Circle.

Queen Ayola Hotel HÔTEL $

(☎ 3244087 ; www.queenayolahotel.com ; Talal St ; s/d 25/30 JD, s/d avec sdb commune 10/18 JD ; wifi). Avec son *happy hour* de 18h à 22h et ses

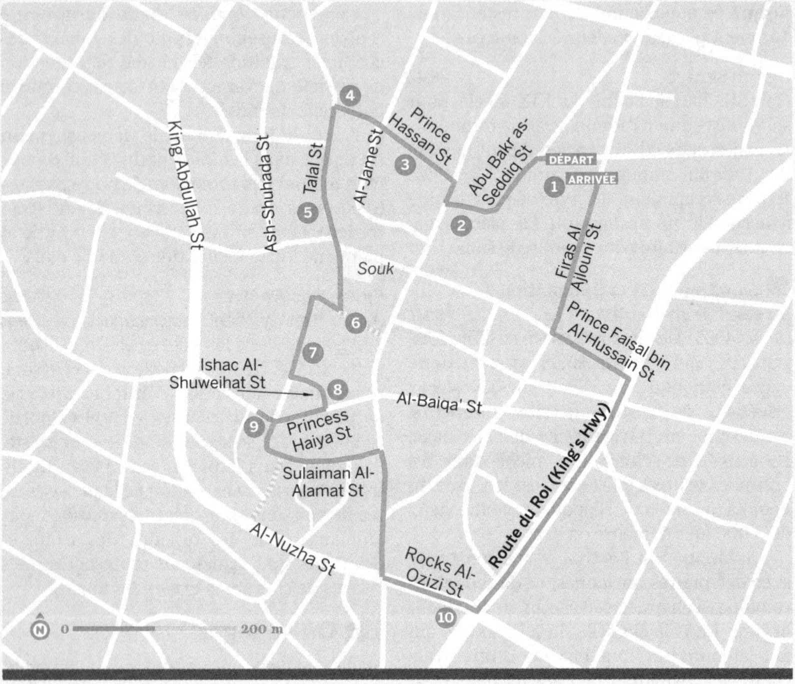

Promenade
Mosaïques et musées de Madaba

DÉPART CENTRE D'ACCUEIL DES VISITEURS
ARRIVÉE CENTRE D'ACCUEIL DES VISITEURS
DISTANCE 3 KM ; 3 HEURES

Empruntez Abu Bakr as-Seddiq St depuis le 1 **centre d'accueil des visiteurs** (p. 128) et admirez la vue dans le tournant. Faites un tour au 2 **parc archéologique I** (p. 128), puis tournez à droite et aussitôt à gauche dans Artisan St (Prince Hassan St), une rue piétonnière où les kilims claquent au vent. Le 3 **parc archéologique II** (p. 128) présente des mosaïques avant restauration. En face, une boutique vend des cafetières en cuivre.

Au carrefour avec Talal St, allez à droite vers l' 4 **église Saint-Georges** (p. 127), réputée pour sa carte en mosaïque, puis faites un saut à l'Ayola Coffeeshop. Revenez sur vos pas dans Talal St, où le 5 **Haret Jdoudna** (p. 132), un restaurant réputé, est niché dans une maison traditionnelle ; sa boutique d'artisanat soutient des œuvres caritatives. Montez Talal St vers le 6 **Dar al-Saraya** (p. 129), futur musée principal de Madaba. La rue décrit une courbe jusqu'au 7 **sanctuaire de la Décollation de saint Jean-Baptiste** (p. 129), bâti avec des pierres d'édifices romains. Comparez la vue depuis le clocher avec les vieilles photos de la galerie.

Tournez à gauche dans Ishac al-Shuweihat St, passez devant l' 8 **Adonis Restaurant** (p. 132) et prenez à droite dans Princess Haiya St vers le 9 **musée de Madaba** (p. 129). Rebroussez chemin jusqu'à Sulaiman al-Alamat St, où vous longerez une cathédrale excavée et de belles maisons. Tournez à droite au carrefour en T, descendez la colline, et bifurquez à gauche dans Rocks Al-Ozizi St. Dans l' 10 **église des Apôtres** (p. 129), admirez la mosaïque hantée de créatures marines imaginaires.

Remontez la route du Roi vers le nord en passant par des quincailleries, puis grimpez dans Prince Faisal bin al-Hussain St, en remarquant le minaret qui domine la ville. Au carrefour se tiennent des marchands d'or, des tailleurs et des mercières : tournez à droite dans Firas al-Ajlouni St pour rejoindre le point de départ.

plats de qualité, cet hôtel est un repaire prisé des voyageurs. Ses chambres sont simples et propres ; deux ont un balcon donnant sur la rue. L'hôtel organise des circuits dans les environs, comme des randonnées ou des sorties de canyoning d'une demi-journée ou d'une journée entière.

Salome Hotel HÔTEL $
(☎3248606 ; www.salomehotel.com ; Aisha Umm al-Mumeneen St ; s/d/tr 25/30/36 JD ;). Ce petit établissement à l'ambiance familiale convient pour un séjour tranquille. L'accueillante réception est doublée d'un salon et d'un restaurant qui sert de l'alcool. Le propriétaire est vraiment charmant. À côté du Mariam Hotel, à 5 minutes à pied du centre.

Rumman Hotel HÔTEL $
(☎3252555 ; www.rummanhotel.com ; Aisha Umm al-Mumeneen St ; s/d/tr 24/30/38 JD ;). Avec ses chambres spacieuses et les seules baignoires en ville, le Rumman est à la hauteur de la réputation de la famille Twal – hospitalité et assistance garanties !

St George's Church Pilgrim House PENSION $
(☎/fax 077 5364218 ; pilgrimshousemadaba@gmail.com ; Talal St entrée par Prince Assan St ; s/d/tr 25/35/45 JD ;). Si les pèlerins chrétiens forment l'essentiel de la clientèle, les autres visiteurs sont accueillis tout aussi chaleureusement dans des chambres d'une simplicité monacale. Les revenus générés par l'établissement sont réinvestis dans l'école voisine (New Orthodox School), rattachée à l'église.

Moab Land Hotel PENSION $
(☎/fax 3251318 ; moabland_hotel@orange.jo ; Talal St ; s/d/tr 30/35/40 JD). Vue grandiose sur l'église Saint-Georges et au-delà pour cet hôtel central tenu en famille. Mention spéciale à l'accueil, mais aussi à la terrasse sur le toit où l'on sert le petit-déjeuner en été. Réception à l'étage.

♥ **Mariam Hotel** HÔTEL $$
(☎3251529 ; www.mariamhotel.com ; Aisha Umm al-Mumeneen St ; s/d/tr/qua JD30/40/50/60 ;). Le Mariam a acquis une formidable réputation au fil des années grâce à ses excellentes installations (bar, restaurant au bord de la piscine, espace commun animé, bar-restaurant au 5e étage avec vue sur la ville...). Réservez. L'hôtel organise le transfert depuis/vers l'aéroport (environ 14 JD) et le transport jusqu'à Pétra (entre autres destinations) pour les clients.

Renseignez-vous auprès de Charl Twal, le sympathique propriétaire et fervent défenseur du tourisme responsable, sur les excursions à la découverte des dolmens des environs – son sujet de prédilection.

Mosaic City Hotel HÔTEL $$
(☎3251313 ; www.mosaiccityhotel.com ; Yarmouk St ; s/d 44/53 JD, lit supp 15 JD ;). Cet agréable établissement central et familial loue des chambres spacieuses et lumineuses. Certaines ont un balcon donnant sur Yarmouk St ; toutes sont équipées de fenêtres à double vitrage, pour limiter les nuisances sonores. La chambre familiale, pour 4 personnes, est flanquée d'une immense sdb (87 JD). Le personnel de la réception est toujours très aimable. Bar plaisant, billard et boutique de savons artisanaux sur place.

St John Hotel HÔTEL $$
(☎3246040 ; www.saintjohnmadaba.com ; Talal St ; s/d/tr 45/55/65 JD ;). Ce nouvel hôtel, charmant et central, loue des chambres modernes et douillettes, pour la plupart avec balcon. Panneaux solaires et sdb conçues pour limiter la consommation d'énergie. Vue splendide depuis le Rabwat Madaba Skybar and Restaurant, très fréquenté et convivial. Pour compenser les excès faits sur le toit, l'hôtel met à disposition une salle de sport ainsi que des vélos.

Madaba Inn Hotel HÔTEL $$
(☎3259003 ; www.madaba-inn.com ; Talal St ; s/d/tr 45/70/80 JD ;). Cet hôtel de 33 chambres, qui mériterait d'être rénové, occupe un bon emplacement central. Wi-Fi uniquement dans la réception. Parking.

Où se restaurer et prendre un verre

Madaba offre un bon aperçu de la cuisine jordanienne traditionnelle. La plupart des restaurants servent de la bière, de bons vins du cru et de l'arak, l'eau-de-vie locale.

Si vous avez envie de falafels, de *chawarma* ou de poulet rôti à emporter, tentez votre chance dans Yarmouk St et sur la route du Roi. Pour du pain arabe tout frais, direction les fours en face de l'église des Apôtres. Il y a également plusieurs épiceries dans le centre-ville. Pour acheter des fruits et légumes frais pour un pique-nique, rendez-vous dans King Abdullah St.

Il n'y a pas grand-chose à faire le soir à Madaba, hormis prendre un verre ou se restaurer. Pour trouver un bar animé, cap sur le Queen Ayola, l'Ayola Coffeeshop, le Mosaic City Hotel, le Skybar et le St John's Hotel, ainsi que sur le bord de la piscine du Mariam Hotel.

Abu Yousef JORDANIEN $
(Ash Shuhada St ; 2 JD ; ⌚8h-13h ; ✍). Cet établissement modeste et minuscule est une adresse incontournable, où les connaisseurs viennent déguster l'houmous et les falafels du jour. Situé en face du parking de Haret Jdouna, il existe depuis plus de 30 ans.

Ayola Coffeeshop & Bar CAFÉ $
(☎3251843 ; ayola@hotmail.com ; Talal St ; en-cas 2,500 JD environ ; ⌚8h-23h ; 📶✍). Venez déguster un sandwich toasté (2 JD), un café oriental (1 JD) ou un verre d'arak en compagnie des gens du coin ou d'autres voyageurs. Il vous en coûtera 3,500 JD pour des frites, une boisson sans alcool et une salade. Accès Internet gratuit avec votre ordinateur.

Al-Baraka Sweets BOULANGERIE $
(angle Sameh al-Farah St et King Abdullah St ; ⌚10h-22h). Ne manquez pas les boutiques de douceurs, comme celle-ci, où trônent des plateaux ronds chargés de pâtisseries nappées de miel, fourrées au fromage local ou aux fruits secs.

♥ **Haret Jdoudna Complex** JORDANIEN $$
(☎3248650 ; Talal St ; plats 8-15 JD ; ⌚12h-24h ; ✍). Apprécié des habitants et des fins gourmets venus d'Amman, ce restaurant, aménagé dans une vieille demeure restaurée, est l'une des adresses favorites à Madaba. En hiver, prenez place à l'intérieur, au coin du feu. L'été, profitez de la cour ombragée pour goûter à des plats traditionnels comme les *mutaffi bethanjan* (aubergines frites au sésame), le populaire *fatteh* (pain frit avec yaourt à l'ail et houmous, parfois avec du poulet) et le *sawani* (viande ou légumes cuits sur un plateau au four à bois). En achetant un souvenir dans la boutique artisanale sur place, vous œuvrerez pour une bonne cause.

♥ **Adonis Restaurant & Cafe** JORDANIEN $$
(☎3251771 ; Ishac Al-Shuweihat St ; assortiment de grillades 7 JD ; ⌚11h-2h). Dans une belle demeure typique de Madaba et tenu par l'un des enfants prodigues de la ville, cet excellent restaurant est devenu l'adresse incontournable du week-end. On y déguste une cuisine jordanienne typique, dans un espace où sont exploités comme par magie même les recoins cachés. Concerts les jeudis et vendredis soir.

Bowabit Restaurant CAFÉ $$
(☎3240335 ; Talal St ; plats 7,500 JD ; ⌚10h-24h). Avec ses deux tables en surplomb de la rue, en face de l'église Saint-Georges, ses photos du vieux Madaba et son excellent café à l'italienne, le lieu est idéal pour se détendre après une balade en ville. On peut s'y régaler d'un plat de poulet et d'une bière (4 JD).

Dana Restaurant BUFFET $$
(☎3245749 3245452 ; bassamtwal@hotmail.com ; Rocks Al-Ozizi St ; buffet déj 10 JD ; ⌚12h-15h). Prisé des groupes en voyage organisé, ce restaurant dresse un buffet de qualité dans une salle agréable. C'est une adresse pratique si vous avez un creux après une balade à pied.

Achats

Vous pourrez visiter les ateliers de mosaïques (sans obligation d'achat) en ville et acquérir éventuellement une reproduction de la carte de Madaba ou, plus modestement, de l'Arbre de vie (à partir de 15 JD, selon la taille).

Madaba est également réputée pour ses tapis colorés tissés main (kilim), qui se balancent devant les boutiques (notamment entre le Burnt Palace et l'église Saint-Georges, dans la rue piétonne Artisan St). Acheter un tapis vous donnera l'occasion de vous frotter à la culture locale, le temps d'un thé et d'une conversation avec les vendeurs.

Gardez un peu de temps pour déambuler dans Al-Yarmouk St, où vous dénicherez des narghilés, des foulards et des douceurs jordaniennes. La rue s'anime le soir et l'on prend alors le pouls de la ville.

Quelques grands magasins aux allures d'entrepôts vendent également de l'artisanat, mais ils s'adressent plutôt aux groupes en voyage organisé et n'ont pas la touche personnelle qui fait le charme des boutiques. Toutefois, si vous voulez faire tous vos achats en une seule fois, sachez que vous trouverez des enseignes de ce type sur la route du mont Nébo.

Haret Jdoudna Complex ARTISANAT
(☎3248650 ; Talal St ; ⌚10h30-23h). Ce magasin, rattaché au restaurant du même nom, vend des articles artisanaux variés : mosaïques, céramiques, tissus, vêtements ; les broderies sont superbes. Une grande

partie de la production est soutenue par l'Arab Cultural Society, qui vient en aide aux veuves de guerre jordaniennes. De nombreux objets proviennent par ailleurs d'organismes locaux à but non lucratif, comme la Jordan River Foundation, qui vient en aide aux communautés marginalisées.

Hanania Silver Shop & Rafidi for Silver BIJOUX
(Prince Hassan St ; ⏲10h-13h et 16h-19h). La ville compte également plusieurs boutiques de bijoux de qualité, dont cette orfèvrerie réputée installée dans Prince Hassan St. Il y a peu d'articles en vitrine, mais chaque pièce est fabriquée de façon artisanale suivant des critères d'exigence.

Holy Treasures Centre SOUVENIRS
(☎3248481 ; Talal St ; ⏲10h-13h et 16h-19h). En face de l'église Saint-Georges, un large choix de produits de la mer Morte, ainsi que de l'eau du Jourdain bénite.

Spice ALIMENTATION
(Sameh al-Farah St ; ⏲8h-20h30). Pour un cadeau parfumé, rapportez un choix d'épices ou de cafés fraîchement moulus dans cette boutique, en face de la Housing Bank.

Madaba Studio & Lab MATÉRIEL ÉLECTRONIQUE
(☎3245932 ; Talal St ; ⏲8h-20h30). Cartes-mémoire et batteries.

Rosa Silver ARTISANAT
(Prince Hassan St ; ⏲10h-13h et 16h-19h). La ville compte plusieurs boutiques tenues par des joailliers réputés, qui fabriquent des chaînes, des boucles d'oreille et des bagues.

Carpet City ARTISANAT
(☎3244397 ; Al-Jame St ; ⏲10h-13h et 16h-19h). Il est très difficile de sortir d'un magasin de tapis en Jordanie les mains vides. Cela ne tient pas seulement au fait que les vendeurs sont particulièrement convaincants, mais surtout à la qualité des produits. Pour l'anecdote : cette entreprise familiale a fabriqué les sacs de selle des dromadaires du film *Lawrence d'Arabie.*

Jordan Jewel ARTISANAT
(☎3241364 ; Mt Nebo Road ; ⏲10h-13h et 16h-19h). Ce grand centre d'artisanat, situé 1 km avant le mont Nébo sur la route venant de Madaba, est spécialisé dans la mosaïque. Son propriétaire emploie un nombre important de travailleurs souffrant d'un handicap physique.

ℹ Renseignements

Au centre d'accueil des visiteurs, procurez-vous la brochure en anglais intitulée *Madaba and Mount Nebo*, qui donne un aperçu des centres d'intérêt. Entre autres documents bien faits, l'office du tourisme jordanien publie également la *Madaba Mosaic Map* ("carte des mosaïques de Madaba"), ainsi que la brochure *Mount Nebo*.

L'American Center of Oriental Research publie l'incontournable *Madaba: Cultural Heritage* (environ 20 JD). D'un format plus pratique, la *Mosaic Map of Madaba*, de Herbert Donner (10 JD), comporte un dépliant représentant la mosaïque, où figure un texte détaillé. *Madaba, Mt Nebo*, publié par Al-Kutba (3 JD) en format de poche, est également recommandé. Toutes ces publications sont proposées au centre d'accueil des visiteurs.

Disponible en France, *Briser la mosaïque. Les tribus chrétiennes de Madaba*, de Géraldine Chatelard (CNRS Éditions, 2004), est une étude anthropologique consacrée à la communauté chrétienne de Madaba au cours des XIXe et XXe siècles.

La librairie située en face du Burnt Palace vend la presse internationale.

Arab Bank (Sameh al-Farah St ; ⏲8h30-15h dim-jeu). Visa et MasterCard. DAB.

Bank of Jordan (angle Palestine St et King Abdullah St ; ⏲8h30-15h dim-jeu). Change les devises et les chèques de voyage.

Centre d'accueil des visiteurs (☎3253563 ; Abu Bakr as-Seddiq St ; ⏲8h-18h oct-avr, 8h-19h mai-sept). Brochures et autres supports d'information, notamment un film de 10 minutes présentant Madaba et les centres d'intérêt environnants. Toilettes et parking.

Housing Bank (Sameh al-Farah St ; ⏲8h30-15h dim-jeu). Visa. DAB.

Jordan National Bank (angle King Abdullah St et Talal St ; ⏲8h30-15h dim-jeu). Change aussi les devises et les chèques de voyage.

Ministère du Tourisme et des Antiquités (Ministry of Tourism & Antiquities ; ☎3252687 ; www.tourism.jo ; ⏲8h-18h oct-avr, 8h-19h mai-sept). Ce bureau, au-dessus du Burnt Palace, informe sur les actions de conservation et de restauration menées à Madaba.

Police touristique (☎191 ; Talal St ; ⏲24h/24). Au nord de l'église Saint-Georges, et dans le centre d'accueil des visiteurs.

Poste (Sameh al-Farah St ; ⏲8h-17h). Appels longue distance.

Tour.Net Internet (Talal St ; 500 fils/h ; ⏲9h-2h)

ℹ Depuis/vers Madaba

La gare routière est située à 15 minutes à pied du centre-ville (vers l'est), sur la route du Roi.

MA'AN, PAS AMMAN !

Si vous êtes assez courageux pour vous déplacer par les transports en commun dans la région, faites attention à votre prononciation du nom du carrefour des transports appelé Ma'an. Si elle n'est pas assez gutturale, vous pourriez bien faire machine arrière et vous retrouver sans l'avoir voulu en direction de la capitale – rien de drôle pour qui vient de passer une journée éprouvante sur la route du Roi.

Sachez qu'il est très long, voire impossible, de gagner par les transports publics la plupart des sites des environs de Madaba (à l'exception du mont Nébo et de Machéronte-Mukawir). Il est facile, en revanche, de louer les services d'un taxi à Madaba, ainsi que de rejoindre l'un des circuits bien conçus ou d'utiliser les navettes proposées par le Black Iris Hotel (ouvertes à tous) et le Mariam Hotel (réservées aux clients). Ces deux établissements ont une longue expérience en matière d'organisation d'excursions pour les voyageurs indépendants.

DEPUIS/VERS L'AÉROPORT

Si vous souhaitez éviter l'agitation d'Amman, il est possible, en moins de 30 minutes, de rallier Madaba directement depuis l'aéroport international Queen Alia en prenant un taxi privé (22-25 JD de jour). La plupart des hôtels de Madaba pourront vous réserver un taxi à l'aéroport (14-20 JD) si vous les contactez à l'avance. La course en taxi de Madaba à l'aéroport coûte environ 2 dinars de moins.

DEPUIS/VERS AMMAN

Depuis la gare routière de Muhajireen, la gare routière sud (Wahadat) et la gare routière nord (Tabarbour) d'Amman, des bus et minibus (1 JD, 1 heure) desservent régulièrement Madaba toute la journée. Les minibus repartent pour Amman de la nouvelle gare routière jusque vers 20h (plus tôt le vendredi). En taxi, la course s'élève au minimum à 15 JD de jour et à 20 JD de nuit.

DEPUIS/VERS LA MER MORTE

Compter sur les transports en commun pour rejoindre la mer Morte n'est guère envisageable, car l'itinéraire nécessite de prendre 2 minibus (au mieux très peu fiables) et un taxi depuis Suweimah, ce qui revient presque aussi cher qu'un taxi au départ de Madaba. Néanmoins, si vous y tenez, renseignez-vous auprès de votre hôtel. Pour avoir le temps de vous baigner au bord de la mer Morte, prévoyez au minimum 3 heures sur place (pendant lesquelles le chauffeur devra vous attendre). Le Black Iris propose cette excursion moyennant 28 JD.

Un bon itinéraire pour une sortie jusqu'à la mer Morte au départ de Madaba consiste à passer à l'aller par le mont Nébo et Béthanie et, au retour, par le complexe panoramique de la mer Morte (Dead Sea Panoramic Complex) et Hammamat Ma'in (environ 50 JD).

Si vous êtes motorisé, vous pourrez rejoindre la mer Morte par le mont Nébo et rentrer par le complexe panoramique de la mer Morte. Pour un détour de toute beauté, bifurquez en direction de Hammamat Ma'in et de la nouvelle route de Machéronte (Mukawir). L'itinéraire passant par Kérak, un peu plus long, est tout aussi beau.

LA ROUTE DU ROI VERS LE SUD

Il n'existe pas de transports publics entre Madaba et Kérak par la route du Roi, car tout parcours régulier via le Wadi Mujib coûterait plus cher en entretien des véhicules que ce que la desserte rapporterait. Il est difficile d'envisager de prendre des minibus puis de louer un taxi, car les taxis se font rares sitôt qu'il s'agit de traverser le Wadi Mujib entre Dhiban et Ariha. Même si vous trouvez un taxi, le chauffeur risque de vous facturer autant que pour la course entre Madaba et Kérak, ce qui n'est guère avantageux. De Kérak, des minibus desservent Tafila, où vous trouverez un moyen de transport pour Qadsiyya (accès à Dana). Les transports en commun sont rares au sud de Qadsiyya : il vous faudra probablement prendre un minibus pour Ma'an, puis une correspondance pour Wadi Musa (Pétra).

Une solution plus facile consiste à avoir recours au service quotidien proposé pour les résidents par le Mariam Hotel (p. 131), qui organise un départ à 10h, avec arrivée à Pétra vers 18h, après plusieurs arrêts dans le Wadi Mujib et 1 heure passée à Kérak. Il est possible de descendre à Dana, mais vous devrez acquitter le plein tarif. Ce service n'est envisageable que pour 3 participants au minimum (l'hôtel vous mettra au besoin en contact avec d'autres passagers) et 4 au maximum. Comptez 20 JD par taxi. Le Black Iris Hotel propose une prestation semblable pour les non-résidents. D'autres hôtels ont des offres similaires, de manière moins régulière. Le tarif normal d'un taxi pour cette course est compris entre 90 et 120 JD par véhicule.

DEPUIS/VERS MACHÉRONTE (MUKAWIR)

Des minibus se rendent à Mukawir (forteresse de Machéronte ; 1 JD, 1 heure), plusieurs fois par jour (vendredi excepté), depuis la gare des bus locaux de Madaba. Le dernier départ a lieu vers 17h. Le service n'est pas totalement fiable, puisque les minibus ne circulent que s'il y a suffisamment de passagers. Un taxi revient à 20 JD, avec 1 heure d'attente pour la visite.

Comment circuler

Avec des bagages, il est assez rude de se rendre à pied de la gare routière au centre de la ville, mais les taxis (environ 1 JD) ne manquent pas. Si vous êtes motorisé, sachez qu'il n'est pas possible de se garer près des hôtels bon marché, qui donnent dans des rues étroites et encombrées.

Mont Nébo جبل نيبو

"Va sur les montagnes des Abarim, dans le pays de Moab, en face de la ville de Jéricho. Monte au sommet du mont Nébo et regarde le pays de Canaan, que je vais donner en partage aux Israélites. Ensuite, sur cette montagne où tu seras monté, tu mourras pour rejoindre tes ancêtres."

Deutéronome, XXXII, 49-50

Le mont Nébo est le lieu d'où Moïse aurait aperçu la Terre promise, dont Dieu lui avait interdit l'accès. Il y mourut, à l'âge de 120 ans dit-on, et fut enterré dans la région ; le lieu exact de sa sépulture reste hypothétique. En 2000, le pape Jean-Paul II plaça brièvement le mont Nébo sur le devant de la scène internationale à l'occasion d'une visite.

La région du mont Nébo comporte en fait plusieurs éminences rocheuses, dont le Siyagha (nom local du site qui signifie "monastère"). L'église du mémorial de Moïse se dresse au sommet de ce dernier, d'où se déploie un panorama de la mer Morte, d'Israël et des Territoires palestiniens au-delà.

À 9 km de Madaba, un agréable détour conduit à l'église, dotée de mosaïques splendides. Le petit ensemble architectural est indiqué depuis la route reliant Madaba à la mer Morte.

Histoire

Une nonne romaine du nom d'Etheria découvrit par hasard une église à trois absides lors d'un pèlerinage en 393. Une nef y fut ajoutée au Ve siècle, puis on construisit en 530 la première chapelle (ornée de mosaïques) du baptistère ; et, en 597, la basilique principale, ainsi qu'un vaste monastère.

Le mont Nébo était entre-temps devenu un important centre de pèlerinage, indiqué très tôt sur la route romaine qui traversait la région (on peut voir une borne datant de cette époque dans le musée). Les pèlerins se rendaient à Jérusalem, à Jéricho, à Béthanie, à Ayoun Musa et au mont Nébo, puis redescendaient sur Hammamat Ma'in pour les bains qui suivaient le pèlerinage.

À voir

Église du mémorial de Moïse ÉGLISE

(Mt Nébo ; 1 JD ; 8h-16h oct-avr, 8h-18h mai-sept). Perchée sur le mont Nébo, cette modeste église – ou plus exactement basilique – fut bâtie en 597 sur des fondations du IVe siècle et vient de subir de gros travaux de restauration. Elle renferme d'importantes mosaïques (datant de l'an 530 environ) qui comptent parmi les plus belles de Jordanie. La pièce maîtresse dépeint des scènes de chasse et des troupeaux, parmi lesquelles s'intercale une faune africaine, dont un zébu, des lions et des tigres, mais aussi des ours, des sangliers, des zèbres, une autruche en laisse et une girafe à silhouette de chameau.

L'église fut abandonnée au XVIe siècle, et le site ne fut localisé que quatre siècles plus tard, à l'aide des journaux de voyage des pèlerins des IVe et Ve siècles. En 1932, des moines franciscains achetèrent le site, dégagèrent les ruines de l'église et du monastère, et reconstruisirent une grande partie de la basilique.

L'église fait partie d'un monastère en activité, fermé au public. Il est interdit de fumer et de téléphoner à proximité. Des toilettes sont installées à côté du musée. Le prix du billet d'entrée (qui couvre l'église et le point de vue du mémorial voisin) risque d'augmenter une fois les travaux achevés.

Point de vue du mémorial POINT DE VUE

(1 JD, compris avec l'église du mémorial de Moïse ; 8h-16h oct-avr, 8h-18h mai-sept). L'endroit d'où Moïse a aperçu la Terre promise, vers les anciennes terres de Galaad, la Judée, Jéricho et le Néguev, est marqué par un mémorial en bronze, de conception italienne, situé à côté de l'église du mémorial de Moïse. Cette œuvre, semblable à un caducée, symbolise à la fois les souffrances et la mort de Jésus sur la Croix et le serpent d'airain que Moïse "dressa haut" dans le désert, autant pour éloigner les ophidiens que pour guérir toute victime de leur morsure qui le contemplerait. Elle est érigée au centre d'une plateforme d'observation balayée par le vent. Des repères indiquent des points d'intérêt, au loin, notamment les Hauteurs du Golan, Jérusalem (à 46 km de là) et la mer Morte.

Près du point de vue, un petit musée renferme d'intéressantes bornes milliaires romaine et une carte en relief de la région.

Pour apprécier d'aussi belles vues tout en échappant à l'affluence touristique, emportez un pique-nique, descendez la route à pied (vers la mer Morte) sur une centaine de mètres, puis prenez le chemin sur la gauche jusqu'au sommet de la colline suivante.

Complexe touristique La Storia MUSÉE
(diorama ethnographique ; ☎3241119 ; www.lastoria-nebo.com ; 2 JD ; ⏲9h-17h). Ce diorama ethnographique, 2 km avant le mont Nébo sur la route Nébo-Madaba, est composé de tableaux représentant les principaux joyaux religieux, historiques et culturels qui constituent l'héritage de la Jordanie. Aussi intéressant qu'excentrique, ce musée récent remporte d'ores et déjà un franc succès auprès des Jordaniens. Les scènes ethnographiques consacrées aux Bédouins et à la vie rurale livrent un témoignage intéressant sur des traditions rurales en voie de disparition.

Sur place, une boutique d'artisanat vend des articles de qualité (mosaïques, sculptures en bois d'olivier, etc.).

Où se restaurer

♥ **Nebo Restaurant & Terrace** BUFFET $$
(☎3242442 ; buffet 10 JD ; ⏲11h30-18h sam-jeu, jusque tard ven). Ce restaurant mérite à lui seul une excursion au mont Nébo, autant pour la vue époustouflante que pour l'accueil chaleureux qu'il réserve. Les grandes baies vitrées et le toit-terrasse permettent de profiter du panorama. Des pains arabes sont cuits chaque jour dans des fours installés sur place.

Asa Moses Restaurant BUFFET $$
(Siyagha Restaurant ; ☎3250226 ; en face du carrefour d'Ayoun Mousa ; buffet 10 JD ; ⏲12h-16h30 ; ✎). Si vous vous trouvez sur le mont Nébo à l'heure du déjeuner, nous vous recommandons cet établissement, qui propose un buffet quotidien de plats jordaniens traditionnels (dont la *maqlouba,* à commander 1 heure à l'avance), à déguster sur des tables posées sur des tréteaux. Les piliers en pierre et les toits de roseau ajoutent au charme du lieu. Goûtez au "Mount Nebo", un vin local, et offrez-vous un moment de repos sur les coussins du *majlis* (salon).

ℹ Renseignements

L'ouvrage de référence (en anglais), *Town of Nebo,* de Fr. Sylvestre, J. Salter et Fr. Bellarmiro Bagatti, décrit le mont Nébo, ainsi que d'autres lieux chrétiens de Jordanie. D'un format plus pratique, *Mount Nebo*, de l'archéologue Michele Piccirillo, est habituellement en vente sur place, tout comme l'ouvrage précédent, à l'intérieur de l'église. En français, mais à dénicher en bibliothèque ou d'occasion, lisez un autre livre de Michele Piccirillo : *L'Arabie chrétienne* (éditions Mengès, 2002). L'office du tourisme jordanien publie une excellente brochure, *Mount Nebo*, qui résume toute l'importance du lieu. *Mosaics of Madaba,* au contenu encyclopédique, est présenté dans l'église.

ℹ Depuis/vers le mont Nébo

De Madaba, les taxis collectifs pour le mont Nébo coûtent environ 1 JD ; un taxi privé au départ de Madaba revient à 5 JD (ou 8 JD aller-retour, 1 heure d'attente comprise).

Du mont Nébo, la route continue sur 17 km dans la vallée du Jourdain pour rejoindre la route

À NE PAS MANQUER

LA MOSAÏQUE DE LA ROUTE DU ROI

Dans l'espoir de figurer dans le livre Guinness des records, la Madaba Tourism Development & Heritage Preservation Association encourage tous les visiteurs à participer à la création de la plus grande mosaïque du monde : le **portrait de la route du Roi** (complexe touristique La Storia, mont Nébo ; ⏲9h-17h). Il vous suffira pour ce faire de poser un carreau sur la mosaïque représentant la route du Roi, après avoir payé l'entrée au complexe touristique voisin (ci-dessus), sur la route menant au mont Nébo.

Une fois achevé, le "portrait" mesurera 6 m sur 30 m, pour une superficie totale de 180 m². Environ quatre millions de tesselles (carreaux) de marbre, de granit et de grès, de 2 cm à peine, seront nécessaires pour mener à bien ce projet. Lors de la rédaction de ce guide, et grâce à la participation de la famille royale jordanienne, d'ambassadeurs, de personnalités et de 58 000 visiteurs, un tiers de la mosaïque avait été achevée. Charl Twal, l'un des initiateurs du projet, encourage tous les visiteurs se trouvant à Madaba et au mont Nébo à participer : "Lorsque vous placez un carreau de la mosaïque de la route du Roi, dit-il, vous ne vous contentez pas de visiter Madaba ; vous écrivez son avenir".

principale entre la mer Morte et Amman, dans un cadre superbe. Passé la ligne des oliviers, on traverse un paysage rocheux parsemé de figuiers de Barbarie avant d'atteindre les collines ocre de la dépression de la mer Morte. Le jaune tourne au rouge tandis que la route contourne les escarpements ferrugineux pour redescendre vers la vallée du Jourdain et ses riches cultures. Il n'existe pas de transports publics fiables sur cet itinéraire.

Environs du mont Nébo

Les collines et les *widyan* (oueds) des alentours du mont Nébo sont émaillés de sites anciens rarement visités, hormis par les archéologues et quelques promeneurs égarés – qui côtoient les moutons et les chèvres. Ces lieux témoignent autant du passé complexe de la région que de la beauté que recèle, hors des sentiers battus, la campagne jordanienne – il faut en revanche un peu de persévérance pour les trouver et de l'imagination pour faire revivre en esprit les ruines et leur histoire.

À voir

Église Saint-Loth-et-Saint-Procope MOSAÏQUES

(Khirbet Mukhayyat ; en journée). GRATUIT Cette église construite en 557 abrite de remarquables mosaïques représentant des scènes de la vie quotidienne – pêche, agriculture, viticulture (en particulier les vendanges). Endommagées par de fortes pluies, elles ont fait l'objet d'une restauration minutieuse. Le gardien vous ouvrira la porte ; un pourboire de 1 JD est le bienvenu.

L'église se trouve près du village de Khirbet Mukhayyat, site d'origine de l'ancien village de Nébo, mentionné dans la Bible et sur la stèle de Mesha, datée du IXe siècle av. J.-C. La bifurcation pour Khirbet Mukhayyat est signalée par un panneau indiquant "Al-Makhyt", à environ 6 km de Madaba et à 3 km avant l'église du mont Nébo. Une route goudronnée, qui longe le village sur 2,5 km, mène à un parking accidenté entouré de genévriers. Il n'y a pas de transports publics.

Source de Moïse RUINES

(Ayoun Musa ; 24/24h). C'est l'un des deux endroits possibles où Moïse aurait fait apparaître une source en frappant sur la roche (voir aussi p. 182). Six eucalyptus géants se dressent sur les lieux ; une cascade jaillit par intermittence des rochers lorsqu'il a plu. Le site n'offre rien de bien intéressant à voir, hormis les **ruines** de deux églises, plus bas. Les transports publics ne desservent pas Ayoun Musa. Descendre à pied de la route principale ne présente aucune difficulté ; au retour, la montée est en revanche éprouvante.

Pour rejoindre le site, tournez à droite au panneau, à 1 km environ avant l'église du mont Nébo. La route goudronnée qui descend vers Ayoun Musa (2,4 km), raide et sinueuse, permet de voir de plus près les campements bédouins. Au milieu des lopins de terre rocailleuse, les arums poussent en abondance et les petits *widyan* fertiles sont plantés d'oliviers et de citronniers. Malheureusement, le site est défiguré par les détritus et les constructions en béton.

Tell Hesban RUINES

(Hesban ; en journée). GRATUIT Bien indiqué à 9 km au nord de Madaba, le Tell Hesban séduit les amateurs d'archéologie. Colline stratégique habitée dès l'âge du bronze, capitale amorrite (900-500 av. J.-C.), forteresse hellénistique (198-63 av. J.-C.) et site de peuplement romain du nom d'Esbus (63 av. J.-C.-350), le tell accueillit également un centre religieux byzantin (350-650), une cité commerçante omeyyade (650-750), la capitale régionale des Abbassides (750-1260) et des Mamelouks (1260-1500) et, enfin, un village ottoman. Les différentes strates historiques ont toutes laissé des traces, même si certaines sont peu visibles.

On découvre sur le tell les vestiges d'une église byzantine (dont les mosaïques sont exposées à Madaba), d'un temple romain et d'une forteresse grecque, ainsi que de nombreuses grottes et citernes (on en trouve aussi dans le Wadi Majar voisin). Le site abrite également la plus vaste grotte de l'âge du bronze, que l'on peut explorer muni d'une torche.

Les minibus pour Hesban sont fréquents depuis Madaba (300 fils, 20 minutes). Un taxi revient à 6 JD. En venant de Madaba, le tell se trouve du côté gauche de la route. Si vous êtes en voiture, tournez à gauche aux premiers feux après la passerelle, dans la ville moderne de Hesban, et montez la colline.

Wadi Jadid وادي جديد

Le Wadi Jadid est particulièrement renommé pour sa remarquable série de chambres funéraires et de **dolmens** remontant à l'âge du bronze (entre 5000 et 3000 av. J.-C.). On ignore toujours comment ces gigantesques "tables de pierre" furent mises en place ; pour les anthropologues, elles représentent les premières manifestations d'une cohésion sociale.

À voir

Champs de dolmens SITE ARCHÉOLOGIQUE (24/24h). Une quarantaine de dolmens jalonnent ce site non balisé ; au moins 12 sont bien conservés. Il en existe des milliers d'autres à travers la Jordanie, notamment dans la région d'Ar-Rawdah.

De la route, comptez 30 minutes à pied jusqu'au dolmen le plus proche, et 1 heure pour atteindre les plus éloignés. Le site est situé à proximité du village d'Al-Fiha, à 10 km au sud-ouest de Madaba, mais il faut vraiment être dans la confidence pour le trouver. Le meilleur moyen de visiter les lieux consiste à se faire indiquer le chemin au Mariam Hotel (p. 131), à Madaba, à télécharger une carte sur le site de ce même hôtel ou à participer à l'un de ses circuits (12 JD, plus 3 JD/heure passée sur place).

Si vous êtes motorisé, après avoir visité le site, continuez à descendre vers la mer Morte (30 min), au-delà du Wadi Jadid. La route, étroite et pleine de nids-de-poule, traverse de beaux paysages variés – vignobles verdoyants, oliveraies et vergers de citronniers –, jalonnés de camps bédouins. En descendant vers le désert, elle passe près d'une source et d'une petite cascade, vision miraculeuse dans cet environnement aride.

Mukawir (Machéronte) مكاور(مكاريوس)

05 / < 5 000 HABITANTS / ALTITUDE 700 M

Machéronte, le **château d'Hérode le Grand** où Salomé aurait dansé pour obtenir la tête de Jean-Baptiste, se profile à 700 m d'altitude juste après le village de Mukawir.

Les premières fortifications, érigées sur une colline environ un siècle avant Jésus-Christ, furent étendues en 30 av. J.-C., sous le règne d'Hérode. Si les ruines présentent peu d'intérêt, le cadre, en revanche, est d'une beauté à couper le souffle. La plupart du temps, le site est par ailleurs pratiquement désert.

DOLMENS EN PÉRIL

Charl Twal, du Mariam Hotel et de la Madaba Tourism Development & Heritage Preservation Association, fait partie de ceux qui peuvent s'émouvoir face au destin d'un vieux tas de cailloux.

Non content de gérer l'un des plus florissants projets touristiques de Madaba, il s'intéresse aussi activement au patrimoine géologique et historique de la région. Ce fut lui qui, le premier, dévoila l'existence des remarquables dolmens du Wadi Jadid aux touristes. Depuis, il n'a cessé d'informer sur leur existence afin de mieux assurer leur protection.

Avec un nombre de touristes en progression et des appels à une reconnaissance officielle de la valeur des dolmens, tout allait plutôt bien... jusqu'à l'été 2014. Inquiets face à la visibilité croissante d'un patrimoine ancien situé sur leur territoire, des habitants en sont arrivés à la conclusion que ces dolmens pouvaient apporter plus d'ennuis que d'avantages. Craignant de perdre leurs terres au profit du tourisme, certains n'ont pas hésité à vandaliser le site, allant jusqu'à détruire entièrement l'un des plus gros monolithes. Charl a raconté avoir été appelé sur place par quelqu'un de bien intentionné pour assister aux derniers coups de marteau-piqueur.

Partisan du tourisme responsable, Charl cherche désormais l'aide des visiteurs. Il encourage les touristes à participer à sa campagne de sauvegarde des dolmens en partageant une photo du Wadi Jadid sur les réseaux sociaux et en parlant des dolmens sur Internet. En montrant que les mégalithes suscitent de l'intérêt dans le monde entier, Charl espère obtenir qu'ils soient officiellement protégés.

N'hésitez pas à lui apporter votre soutien par e-mail, en écrivant au **ministère du Tourisme** (info@mota.gov.jo) ou à l'**Office du tourisme de Jordanie** (info@visitjordan.com).

Lors de notre passage, il n'était pas possible de loger à Mukawir. Toutefois, un hôtel devrait ouvrir ses portes près des ruines. Renseignez-vous auprès du centre d'accueil des visiteurs de Madaba. En attendant, vous trouverez de l'eau, du thé et du café (ainsi que les billets pour le château) sous une tente bédouine à l'entrée du château.

À voir et à faire

Château d'Hérode le Grand CHÂTEAU

(1,500 JD ; 8h-18h). Machéronte est appelé dans la région Qala'at al-Meshneq ("château des gibets"), un nom parfaitement adapté puisqu'il est connu pour être l'endroit où saint Jean-Baptiste fut décapité sur ordre d'Hérode Antipas, successeur d'Hérode le Grand. Le château, facile à repérer, se trouve à 2 km du village de Mukawir. Si vous n'avez pas le courage d'y monter, cela vaut tout de même la peine d'admirer la forteresse encadrée par le ciel et la mer.

Du parking, un escalier de pierre conduit au chemin principal, qui gravit la colline dans le sens inverse des aiguilles d'une montre. Au pied de la montée, une petite piste fait le tour de la colline par la droite en passant à proximité de plusieurs grottes. La légende raconte que dans l'une d'elles eut lieu une terrible exécution. Des vols de corbeaux hantent les parages.

Le chemin principal monte jusqu'au château. Une fois au sommet, vous constaterez qu'aucune explication ne figure à proximité des modestes ruines. En contrebas vers l'est, on repère les vestiges des bains et des murailles défensives.

Les colonnes au sud-ouest de la profonde citerne marquent le site du triclinium d'Hérode Antipas, où dansa Salomé. Selon la Bible, Jean-Baptiste avait dénoncé avec force le mariage d'Hérode Antipas avec sa belle-sœur, Hérodiade, contraire à la loi juive qui interdit à un homme d'épouser la femme de son frère. Le roi, ensorcelé par la danse de Salomé, fille d'Hérodiade, promit de lui accorder ce qu'elle désirerait. Pour se venger de Jean-Baptiste, Hérodiade ordonna à sa fille de demander sa tête sur un plateau.

> "Elle sortit et dit à sa mère : 'Que lui demanderai-je ?' Elle répondit : 'La tête de Jean-Baptiste.'"
>
> *Marc, VI, 24*

À la demande de Salomé, Jean-Baptiste fut donc exécuté au château de Machéronte. Le personnage de Salomé a inspiré depuis de nombreux peintres et écrivains.

Après avoir pris la forteresse aux rebelles juifs en 72, les Romains construisirent une rampe sur le flanc ouest de la colline, dont les vestiges sont toujours visibles.

Sentiers de randonnée de la mer Morte et de Hammamat Ma'in RANDONNÉE

(avec guide à partir de 50 JD). La région, parcourue de sentiers de bergers sinuant le long des collines, se prête magnifiquement à la randonnée. Un sentier très escarpé descend du sommet de la colline, à l'ouest du château, et suit une corniche jusqu'à la mer Morte. Il est également possible de suivre les chemins de bergers (ou la piste des 4x4) jusqu'aux sources chaudes de Hammamat Ma'in.

Vous devrez vous montrer extrêmement prudent si vous empruntez l'un de ces itinéraires, car le terrain descend en pente raide et est très mal nivelé. Il est déconseillé aux femmes de randonner seules.

Vous pourrez organiser une sortie avec un tour-opérateur au départ de Mukawir jusqu'à Zara (sources chaudes d'Hérode) – une marche ardue de 3 à 4 heures. Depuis tous ces sentiers, la vue est magnifique, en particulier au crépuscule.

Achats

Bani Hamida Weaving Centre & Gallery ARTISANAT

(centre de tissage et galerie Bani Hamida ; 3210155 ; www.jordanriver.jo ; 8h-15h dim-jeu, 10h-18h ven, 10h-16h en hiver). Dans le village de Mukawir, sur la route menant au château, cette coopérative de femmes est gérée par le centre Bani Hamida (voir l'encadré page suivante). C'est une bonne adresse pour acheter de sublimes kilims et coussins colorés. La palette de couleurs utilisée est adaptée au goût du moment, mais les tisserands s'inspirent toujours des motifs bédouins traditionnels.

Un kilim élaboré de 100 x 50 cm coûte environ 75 JD ; les prix sont fixes. Les femmes qui tiennent ce centre vous accueilleront avec plaisir dans leur atelier. Pour comprendre l'histoire de Bani Hamida dans une perspective anthropologique, procurez-vous la brochure en anglais *A Bedouin Perspective* (5 JD), de Sue Jones, qui a travaillé avec les femmes du jebel Bani Hamida au début des années 1990 (en vente dans la petite salle d'exposition).

Depuis/vers Mukawir

Des minibus (650 fils, 1 heure) partent fréquemment de devant la gare routière de Madaba pour le village de Mukawir, via Libb (dernier départ vers 17h). De là, la promenade pour redescendre jusqu'au pied du château est très agréable ; pour quelques fils de plus, vous pouvez aussi demander au chauffeur du minibus de vous déposer. Pour le retour, la circulation est quasi nulle du parking du château jusqu'au village ; une voyageuse ravie nous a rapporté que le chauffeur de bus l'avait gentiment attendue une demi-heure le temps qu'elle visite les ruines. Mais ne misez tout de même pas trop dessus !

En voiture, la route en provenance de la route du Roi serpente le long d'une crête qui offre une vue splendide. Une route gourdonnée relie le site à Hammamat Ma'in et à la mer Morte.

Umm ar-Rasas أم الرصاص

Umm ar-Rasas, inscrite au patrimoine mondial de l'Unesco depuis 2004, compte au nombre des merveilleuses surprises qui jalonnent la route du Roi. Pourtant, vu de l'extérieur, le lieu n'a rien d'attrayant. Le centre d'accueil des visiteurs apporte peu d'informations sur le site. La police touristique, qui accompagne les visiteurs jusqu'aux ruines, n'est malheureusement pas plus formée pour vous renseigner sur l'histoire du lieu.

Une très énigmatique **tour de pierre**, haute de 15 m, se dresse à environ 1,5 km au nord des ruines. Sa raison d'être intrigue les archéologues : la tour ne comporte en effet aucun escalier intérieur, mais plusieurs fenêtres sont percées au niveau supérieur. Il pourrait s'agir d'une retraite de stylites, des moines anachorètes des premiers temps du christianisme qui vivaient isolés au sommet de colonnes. Les côtés de la tour sont ornés de croix ; on trouve à proximité les vestiges de plusieurs monastères.

Dans le cadre du développement d'Umm ar-Rasas, un musée est en projet sur le site archéologique de **Lehun**. Ville de garnison bâtie en 300 pour accueillir la 4e légion romaine, Lehun faisait partie d'une ligne fortifiée, la Limes Arabicus, conçue pour défendre les frontières reculées de l'Empire. Le site, qui s'étend à 7 km à l'est de Dhiban, vaut une visite moins pour les éléments mis au jour que pour l'extraordinaire panorama du Wadi Mujib qu'il dévoile.

Église Saint-Étienne MOSAÏQUES
(⌚8h-16h). GRATUIT L'église Saint-Etienne, dont les vestiges sont protégés par un vilain hangar, est l'une des quatre églises du village d'origine. Elle recèle de superbes **mosaïques** remontant à 785, sur lesquelles sont représentées des scènes de chasse et de pêche, des travaux des champs et d'autres

LES FEMMES DE BANI HAMIDA TISSENT LEUR AVENIR

La coopérative de tissage de tapis de Bani Hamida a vu le jour en 1985, sous les auspices de Save the Children (fondation pour la protection de l'enfance). Son objectif : fournir des emplois rémunérés aux femmes bédouines nouvellement installées dans le district de Mukawir. Elles n'étaient que douze au départ, toutes expertes dans l'art du tissage manuel. Dix ans plus tard, elles étaient 1 500 femmes, originaires des montagnes environnantes, à laver, carder, filer et teindre la laine de mouton, et à tisser des tapis. Aujourd'hui soutenu par la Jordan River Foundation, le projet emploie 24 personnes à temps plein, responsables de la coordination, du marketing international et de la promotion de l'entreprise.

Il a fallu relever un certain nombre de défis (affronter la concurrence, les tapis d'importation bon marché et la baisse du tourisme), mais le projet est un succès : il permet aux femmes de s'assumer à la mesure de leur implication. En gagnant de l'argent, ne serait-ce que de petites sommes, elles gagnent aussi leur indépendance et trouvent une nouvelle place dans la société ; leurs conditions de vie et celles de leurs enfants s'en trouvent améliorées. Une tisserande de l'espace d'exposition de Mukawir a par exemple expliqué qu'elle pouvait maintenant se permettre d'acheter de nouvelles casseroles à Madaba, quand une autre a pu financer les études universitaires de son fils.

Ces améliorations procèdent de la judicieuse adaptation, aux besoins actuels, d'un savoir-faire traditionnel transmis de mère en fille depuis des temps reculés et constitutif de l'identité bédouine. Dans cette optique, acquérir un tapis de Bani Hamida représente bien plus qu'un simple achat : c'est une façon de soutenir un mode de vie ancestral qui assume son évolution.

HORS DES SENTIERS BATTUS

CANYONING

Le centre de la Jordanie est zébré de *widyan* et de canyons. Certains ne reprennent vie qu'après une inondation ; d'autres sont traversés par des cours d'eau permanents traçant leur chemin à travers le paysage rocailleux et jusqu'à la mer Morte. En chemin, la présence d'eau permet l'existence de magnifiques oasis semi-tropicales plantées de palmiers, de lauriers roses et de fougères. Souvent nichés à l'écart des routes, ces jardins secrets sont des trésors locaux.

Si les canyons les plus spectaculaires (comme la partie inférieure du Wadi Mujib) sont, fort heureusement, protégés et rendus accessibles, en toute sécurité, par la RSCN, rien n'empêche les visiteurs d'explorer d'autres canyons qui se trouvent hors des sentiers battus. La partie supérieure des gorges de Hidan et le canyon de Zarqa Ma'in près de Madaba, ainsi que le Wadi ibn Hammad et le Wadi Labun, près de Kérak, sont propices à un grand nombre d'activités de plein air, des simples baignades dans des bassins peu profonds aux itinéraires techniques, avec descentes en rappel et traversées à la nage de bassins profonds.

Avant toute chose, il est bon de rappeler que le canyoning n'est pas encore très répandu en Jordanie. En dehors des sentiers battus, il est plus fréquent de rencontrer des bergers que d'autres voyageurs en quête d'aventure. Vous devrez donc être autonome et pleinement conscient des dangers potentiels.

Si vous ne souhaitez pas vous en remettre à un prestataire, procurez-vous la bible en anglais des randonneurs, que l'on trouve partout, *Jordan: Walks, Treks, Caves, Climbs & Canyons* de Di Taylor et Tony Howard (4e édition, 2007). Pour des circuits accompagnés (vivement recommandés étant donné les crues éclair et imprévisibles), contactez la RSCN (p. 321) dans le Wadi Mujib ou à Dana, la **Feynan Ecolodge** (☎079 9599507 ; rkhawaldeh@rscn.org.jo) ou le Black Iris Hotel (p. 129), à Madaba.

Le Queen Ayola Hotel (p. 129), à Madaba, propose des circuits dans le canyon de Zarqa Ma'in menés par le jovial M. Odtllah, taxi et guide bilingue local. Cette excursion de 4 heures (possible uniquement s'il ne pleut pas) peut être abordée par tous, sans considération de forme physique ou d'expérience. Elle inclut un bain dans les bassins alimentés par les célèbres sources thermales chaudes. À l'hôtel, la vidéo d'un voyageur présente la prestation : il faut croire que l'application de la boue, à côté de la piscine, par le guide en personne est un argument de poids !

épisodes de la vie quotidienne – remarquez par exemple les jeunes garçons se promenant en bateau. On y voit aussi indiqués les noms des donateurs ayant permis la réalisation de ce chef-d'œuvre. Sur un panneau figurent 10 villes de la région, parmi lesquelles Umm ar-Rasas, Philadelphie (Amman), Madaba, Esbounta (Hesban), Belemounta (Ma'in), Areopolis (Ar-Rabba) et Charac Moaba (Kérak). Un autre panneau montre Jérusalem, Naplouse, Césarée, Gaza et d'autres localités.

Kastron Mefaa RUINES

(⏲8h-16h). GRATUIT Au-delà du site d'Umm ar-Rasas, s'étendent les ruines importantes du village de Kastron Mefaa (mentionné dans la Bible comme l'avant-poste militaire romain de Mephaath), qui comprenait quatre autres églises (dont l'église aux Lions et son impressionnante mosaïque représentant ces félins) et qu'entouraient d'impressionnantes murailles. Les étranges silhouettes de quelques arches s'élèvent encore çà et là, et l'on reconnaît de part et d'autre des citernes et des linteaux. L'absence d'indications empêche toutefois de se faire une idée de la structure originelle de la ville.

ℹ Depuis/vers Umm ar-Rasas

Comme pour tous les autres sites d'intérêt jalonnant la route du Roi, le plus pratique pour se rendre à Umm ar-Rasas ou à Lehun est d'y aller en voiture ou en taxi depuis Madaba, à 32 km au nord. La bifurcation est clairement signalée sur la route du Roi et sur la route du Désert (Umm ar-Rasas est située à mi-chemin).

Quelques minibus desservent Umm ar-Rasas via Nitil au départ de la gare des bus locaux de Madaba. Autrement, il faut trouver un moyen de transport vers Dhiban, puis un taxi (dans la mesure du possible). Comptez alors environ 12/20 JD l'aller/l'aller-retour, attente incluse.

LA STÈLE DE MESHA

Tout le long de la route du Roi, vous verrez de nombreuses allusions à la stèle de Mesha.

Cette tablette en basalte noir gravée d'inscriptions fut érigée par le roi Mesha de Moab pour célébrer sa victoire sur la cité-État d'Israël. Après avoir traversé l'Histoire sans heurt, de 850 av. J.-C. jusqu'au XIXe siècle, elle fut découverte en 1868 à Dhiban par un missionnaire alsacien. Elle suscita immédiatement l'intérêt des scientifiques : d'une part parce qu'elle donnait des précisions historiques sur les batailles opposant les Moabites aux rois d'Israël ; et d'autre part parce qu'elle comportait le texte hébreu le plus ancien jamais découvert.

Le missionnaire informa de sa découverte l'orientaliste Charles Clermont-Ganneau, alors en poste à Jérusalem. Celui-ci fit réaliser un moulage de la stèle, de 1 m de hauteur sur 60 cm de largeur, et retourna à Jérusalem lever des fonds pour l'acquérir. Mais en son absence, les familles locales, qui ne parvenaient pas à se mettre d'accord sur les bénéficiaires de la vente, allumèrent un feu sous la pierre avant de l'asperger d'eau, ce qui la fit éclater.

Les morceaux furent rassemblés (des fragments furent perdus) et envoyés en France, où la stèle reconstituée est aujourd'hui exposée au musée du Louvre, à Paris. Les musées d'Amman, de Madaba et de Kérak en possèdent des copies.

Wadi Mujib وادي الموجب

La splendide gorge du Wadi Mujib se déploie sur 70 km, perpendiculairement au Jourdain, entre la route du Désert et la mer Morte. Surnommée le "Grand Canyon de Jordanie" – ce qui est un peu exagéré –, elle offre un paysage spectaculaire. Le Wadi Mujib revêt une importance historique : il marquait en effet la frontière entre les anciens Amorrites (au nord) et les Moabites (au sud). Moïse aurait traversé cette vallée, alors connue sous le nom de vallée de l'Arnon. La route du Roi franchit les hauteurs du *wadi* ; les basses terres sont englobées dans la réserve de biosphère de Mujib – accessible par la route de la mer Morte.

Le canyon mesure 1 km de profondeur et 4 km de largeur. Pour passer d'une paroi à l'autre, en traversant le barrage au fond, la route du Roi descend et remonte en serpentant sur 18 km. Lorsque l'on se trouve sur le plateau au milieu des oliveraies, d'un côté ou de l'autre du *wadi*, rien ne permet d'imaginer cette faille qui scinde la terre en deux.

En poursuivant vers le sud, **Dhiban** est la dernière ville que l'on traverse avant la descente dans le Wadi Mujib. C'est à Dhiban, ancienne et très puissante capitale du roi Mesha au IXe siècle av. J.-C., que fut découverte la stèle de Mesha (voir l'encadré ci-dessus). Il ne subsiste malheureusement rien de la cité antique, dont la splendeur passée ne transparaît pas dans cette petite ville quelconque.

Même si vous ne comptez pas traverser le canyon, cela vaut la peine de vous en approcher. Trois kilomètres après Dhiban, la route descend vers un **point de vue** sur le Wadi Mujib. Des marchands y servent du thé, et vendent des fossiles et minéraux extraits des parois du canyon. C'est l'endroit le plus pratique pour profiter de la vue, mais aussi pour faire demi-tour si vous rentrez à Madaba (ensuite, vous ne pourrez plus rebrousser chemin avant le barrage situé au fond du canyon).

Ariha, à 2,5 km de la route du Roi, est le premier village où vous parviendrez après avoir gravi la paroi sud du Wadi Mujib.

Où se restaurer

Il n'y a pas d'hébergement entre Madaba et Kérak. Vous trouverez difficilement un endroit où acheter à boire, hormis un ou deux stands sur la paroi sud du Wadi Mujib, qui vendent du thé et bénéficient d'une vue imprenable.

Trajan Rest House & Restaurant BUFFET **$$**
(☎079 5903302 ; trajan_resthouse@yahoo.com ; 10 JD ; ⏲12h-15h). En quittant le Wadi Mujib par le sud, on arrive à ce restaurant, perché tel un nid d'aigle sur le bord du canyon. Tous les jours, M. Awad et sa famille préparent un buffet (surtout destiné aux groupes) avec boulettes de viande épicées et poulet aux herbes, dressé au milieu d'objets bédouins, de tapis et de longues tables à tréteaux.

Depuis/vers Dhiban et le Wadi Mujib

Presque tous les transports qui quittent Madaba en direction du sud s'arrêtent à Dhiban. Le seul moyen de traverser le Wadi Mujib entre Dhiban et Ariha consiste à louer un taxi (si vous en trouvez un) pour 15 JD, dans un sens et dans l'autre. Il est encore plus difficile de dénicher un taxi à Ariha. Lors de notre passage, il était vivement déconseillé de faire du stop ; si vous n'avez pas de voiture, le mieux est de prendre un taxi au départ de Madaba ou de Kérak.

Ar-Rabba الربه

La ville sainte et historique d'Ar-Rabba tomba sous le joug du roi Mesha (IXe siècle av. J.-C.) puis d'Alexandre le Grand (milieu du IVe siècle av. J.-C.), qui précéda les Nabatéens (du IIe siècle av. J.-C. au IIe siècle). Les Grecs la nommèrent Areopolis, en référence à Arès, le dieu de la Guerre. Les Romains, pour leur part, y installèrent leur gouverneur arabe.

À voir

Ruines d'Ar-Rabba RUINES

(en journée). GRATUIT À l'extrémité nord de la ville gisent les ruines clairsemées d'un temple romain de la fin du IIIe siècle. Deux niches contiennent les statues des empereurs romains Dioclétien et Maximilien ; d'autres ruines romaines et byzantines sont visibles à proximité. Les vestiges ne sont pas indiqués.

Le site est accessible en minibus depuis Kérak, à 16 km au nord. Mais il est préférable d'y prévoir une simple halte d'un quart d'heure, sur la route entre Madaba et Kérak.

Kérak الكرك

03 / 77 400 HABITANTS / ALTITUDE 1 000 M

La ville moderne de Kérak (ou Karak) s'est majoritairement développée à l'intérieur de l'ancienne place forte des croisés. C'est l'un des joyaux de la Jordanie. La forteresse légendaire qui domine la ville a vu se succéder les batailles entre les croisés (francs) et les armées islamiques de Saladin (Salah al-Din). Aujourd'hui l'un des plus célèbres châteaux croisés, le château de Kérak n'était alors qu'une longue ligne fortifiée bâtie par les Francs, qui s'étendait d'Aqaba, au sud, jusqu'à la Turquie, au nord.

Souvent ignorée par les visiteurs qui se hâtent de rejoindre Pétra, Kérak mérite pourtant le détour.

Histoire

Kérak se dresse sur la route des caravanes qui circulaient dans l'Antiquité entre l'Égypte et la Syrie, et qui fut empruntée par les Grecs et les Romains. La ville est citée à plusieurs reprises dans la Bible sous le nom de Kir, Kir Moab ou Kir Heres, capitale des Moabites ; elle devint ensuite la cité provinciale romaine de Charac Moaba. Elle figure sur la célèbre mosaïque de l'église Saint-Georges, à Madaba.

L'arrivée des croisés conféra une nouvelle importance à la ville, surtout après la construction du château par le roi Baudouin Ier de Jérusalem en 1142. À mi-chemin de Shobak (Shaubak) et de Jérusalem, Kérak bénéficiait d'une position stratégique évidente : elle devint bientôt la capitale de la région d'outre-Jourdain, aux mains des croisés, et contribua à la prospérité de Jérusalem grâce aux impôts prélevés sur les caravanes de passage et aux richesses agricoles de la région.

Les armées de Saladin prirent le château en 1183, au terme d'un siège épique. Le sultan mamelouk Baybars s'empara à son tour de la forteresse en 1263. Il la consolida, en approfondit les douves et fit ajouter la cour inférieure. Trois des tours s'effondrèrent lors du tremblement de terre de 1293.

Le château ne livra plus guère de secrets jusqu'à l'arrivée à Kérak de Burckhardt, l'explorateur suisse qui redécouvrit Pétra en 1812. "Délabrée mais imposante" furent ses mots pour qualifier la forteresse.

Dans les années 1880, les querelles religieuses contraignirent les chrétiens de Kérak à fuir vers le nord pour se réinstaller à Madaba et à Ma'in. La paix ne fut restaurée qu'avec le stationnement à Kérak des troupes d'occupation turques.

À voir

Le centre-ville de Kérak, sympathique, effervescent et anarchique, rayonne à partir de la statue de Saladin. La grande place à proximité de l'entrée du château a été réaménagée, et la plupart des hôtels et des restaurants sont regroupés dans les rues adjacentes. Al-Qala'a St est également connue sous le nom de Castle St.

Guettez, aux abords de la ville, les panneaux indiquant la direction d'une

Kérak

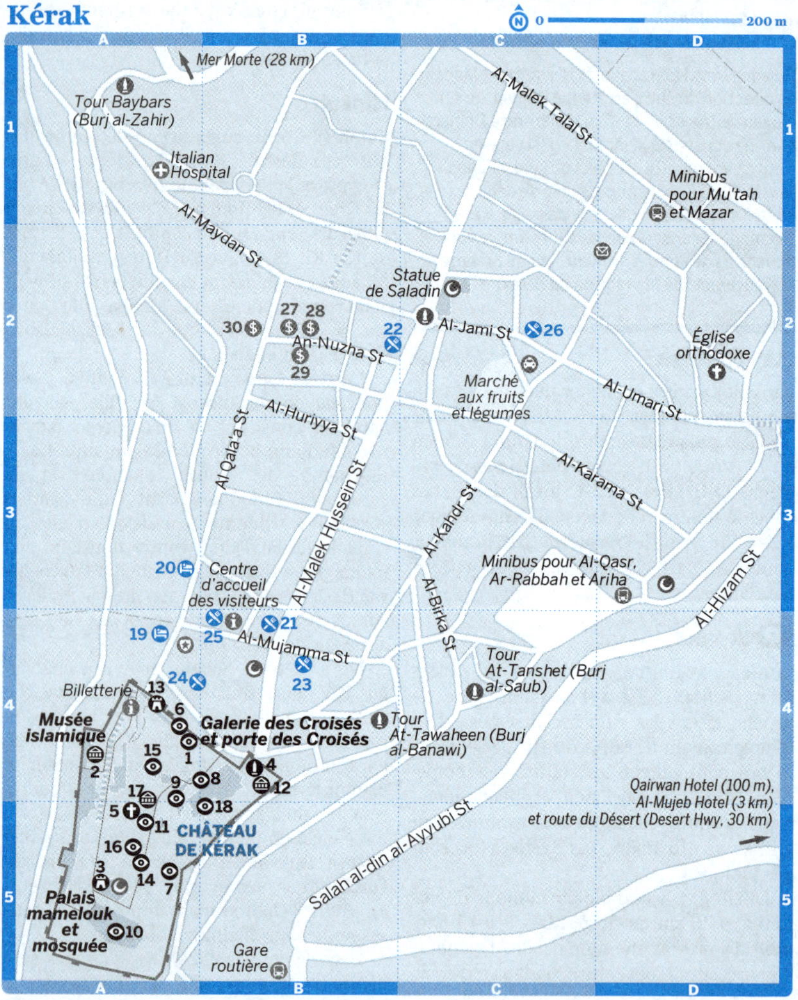

esplanade panoramique, à la lisière de la ville, qui dévoile une vue grandiose sur le château. Un nouvel hôtel devrait y avoir ouvert ses portes d'ici votre passage. Malgré les panneaux, le spectacle de son et lumière n'était plus programmé lors de nos recherches.

Château de Kérak

Château de Kérak CHÂTEAU

(☎2351216 ; 1 JD ; ⏲8h-16h oct-mars, 8h-19h avr-sept). L'entrée du château se trouve à l'extrémité sud d'Al-Qala'a St. À l'intérieur, des panneaux retracent l'histoire et la fonction de chaque bâtiment. Munissez-vous d'une torche pour explorer les parties les plus sombres ; attention à la tête en passant certaines portes ! Les travaux de reconstruction et d'excavation se poursuivent. Méfiez-vous des rabatteurs qui attendent à l'entrée pour vous proposer de vous guider – ils vous réclameront invariablement un pourboire (5-10 JD), quoi qu'ils puissent avoir affirmé au départ !

➡ Porte de l'Ottoman

La porte de l'Ottoman, qui marque aujourd'hui l'entrée principale du château, est accessible par un pont – elle aurait

Kérak

Les incontournables

- **1** Galerie des Croisés et porte des Croisés A4
- **2** Musée islamique A4
- **3** Palais mamelouk et mosquée A5

À voir

- **4** Silhouette sculptée B4
- **5** Église des Croisés A5
- **6** Douves à sec A4
- **7** Glacis A5
- **8** Inscriptions en grec B4
- **9** Cuisine A4
- **10** Donjon mamelouk A5
- **11** Marché A5
- **12** Tour nord-est B4
- **13** Porte ottomane A4
- **14** Cellules A5
- **15** Résidences A4
- **16** Galerie des Rosettes A5
- **17** Sacristie A4
- **18** Caserne et cuisine B5

Où se loger

- **19** Karak Rest House A4
- **20** Towers Castle Hotel A3

Où se restaurer

- **21** Al-Fid'a Restaurant B4
- **22** Al-Motaz Sweets B2
- **23** Al-Shubba B4
- **24** King's Castle Restaurant A4
- **25** King's Restaurant B4
- Kir Heres Restaurant .... (voir 20)
- Shehab Restaurant .... (voir 20)
- **26** Stands de chawarma C2

Renseignements

- **27** Arab Bank B2
- **28** Housing Bank B2
- **29** Jordan Islamic Bank B2
- **30** Jordan National Bank B2

supplanté la porte des Croisés, qui est actuellement fermée au public, dans l'attente de travaux de rénovation. Prenez le temps de vous arrêter sur le pont : les jours de grand vent, vous serez soulagé d'avoir réussi à atteindre l'abri de la porte, après avoir cheminé au-dessus des **douves à sec**.

➡ ♥ Galerie des Croisés et porte des Croisés

La galerie des Croisés servait autrefois d'écuries. Presque au bout, un escalier descend vers la porte des Croisés. Ceux qui pénétraient dans le château empruntaient un passage étroit et sinueux, séparé de la galerie par un mur. Ce type d'accès, facilement défendable, était typique des châteaux croisés.

Sur le mur nord, on aperçoit une **silhouette sculptée** (sans tête). Les habitants de Kérak vous diront qu'elle représente Saladin, mais les spécialistes penchent plutôt pour une sculpture funéraire nabatéenne du IIe siècle.

Un petit escalier, à gravir prudemment, mène ensuite à la **tour nord**, en ruines, tandis qu'un long passage conduit vers le sud-ouest à la caserne.

➡ Caserne et cuisine

La caserne des soldats est remarquable par ses petites ouvertures, destinées à laisser passer la lumière ; et par ses murs, constitués d'un mélange de calcaire et de paille, qui portent des inscriptions byzantines. Par-delà un corridor, on accède à la cuisine, où de grosses pierres rondes servaient à presser les olives et où de vastes emplacements étaient réservés au stockage de l'huile et du blé. Dans un tunnel obscur (prenez une torche), figurent des **inscriptions en grec** dont le sens reste incompréhensible. Dans la cuisine, une porte ouvre à droite sur un immense **four**.

➡ ♥ Glacis et cour supérieure

Le glacis plonge vers une pente vertigineuse, qui dissuadait les ennemis de monter jusqu'au château, et les prisonniers de s'en évader. C'est là que Renaud de Châtillon, prince d'Antioche et redoutable seigneur des lieux, se débarrassait à sa manière des indésirables.

La cour supérieure, envahie par les herbes, englobe une vaste **citerne** et des **appartements**, qui n'ont été que très partiellement mis au jour. À l'extrémité nord du château, directement au-dessus de la galerie des Croisés, la **terrasse** ouvre sur un beau panorama. L'extrémité sud est dominée par l'Umm al-Thallaja ("mère des neiges"), qui compromettait la défense du château en temps de siège. À l'ouest, le village d'**Ash-Shabiya** s'appelait autrefois Al-Ifranj, car de nombreux croisés (francs) s'y étaient établis après la chute de la forteresse.

➡ Église des Croisés

La principale église des Croisés du château de Kérak abrite une **sacristie**, en bas des marches à droite (côté nord). On notera les meurtrières dans les murs, qui indiquent que cette salle faisait sans doute partie à l'origine de la muraille extérieure du château. La tour voisine aurait été à l'origine une mosquée mamelouke.

➡ **Donjon mamelouk**

Un donjon est un refuge de dernier recours. Ses murs de 6,5 m d'épaisseur, ses meurtrières percées dans chacun des quatre niveaux et son extrémité crénelée faisait de celui-ci le point le plus aisé à défendre dans le château de Kérak. Il fut bâti à partir de 1260 par le sultan mamelouk Baybars.

Du donjon, prenez l'escalier qui mène au palais mamelouk.

➡ ♥ **Palais mamelouk et mosquée**

Construit pour le sultan Al-Nasir Muhammad en 1311, ce palais recèle une salle de réception en plein air, qui offre une variation de la structure islamique classique, avec quatre *iwan* (chambres) donnant sur un hall principal ; on peut voir de deux côtés des salles à voûtes en berceau. La mosquée, avec son mihrab tourné vers La Mecque, était sans doute réservée aux notables.

Faites halte en haut de l'escalier pour apprécier la **vue** sur le Wadi Karak et les sites présumés des anciennes Sodome et Gomorrhe, puis rejoignez l'église des Croisés.

➡ **Prison et galerie des Rosettes**

L'église des Croisés compte deux corridors : celui de gauche (côté est) passe devant sept cellules et le bureau destiné à l'intendance de la prison ; celui de droite (côté ouest) mène à la **galerie des Rosettes**, qui doit son nom à la pierre sculptée au pied de l'escalier qui y mène.

➡ **Place du marché**

Toujours depuis l'église des Croisés, un passage à gauche de l'escalier conduit par le nord-ouest aux tréfonds du château, grosso modo sous l'église. Après avoir tourné à droite (vers le nord), il émerge dans une partie mieux éclairée correspondant à l'ancienne **place du marché**, autour de laquelle étaient installés **celliers** et **boutiques**.

À l'extrémité nord du marché, le chemin ramène à l'entrée (qui tient lieu de sortie).

➡ ♥ **Musée islamique**

(⏲8h-15h oct-mars, 8h-18h avr-sept). GRATUIT En bas du versant, près des ruines mameloukes, se tient cet excellent musée. Dans une salle à demi-enfouie du château, coiffée d'un plafond voûté, la collection comporte quelques objets mis au jour dans la place forte et dans les sites de fouilles des environs.

Où se loger

Qairwan Hotel BOUTIQUE-HÔTEL $

(Cairwan Hotel ; ☎/fax 2396022 ; King's Highway ; s 27 JD, sans sdb 10 JD, d/tr 30/40 JD, suite Jacuzzi 5 lits avec cuisine 44 JD ; ❄📶). Dans cet établissement accueillant tenu en famille, chacune des 9 chambres est unique et décorée de manière insolite. Surprise : l'escalier mène à un vaste sous-sol aménagé en discothèque. L'hôtel est en dehors de Kérak, à 500 m de la gare routière. Le petit-déjeuner coûte 4 JD, le dîner 7 JD et l'accès au Wi-Fi 3 JD. Eau chaude de 6h à 10h et de 18h à 20h.

Towers Castle Hotel HÔTEL $

(☎/fax 2354293 ; Al-Qala'a St ; s/d/tr 20/30/35 JD). Ce petit hôtel agréable et bon marché, près du château, attire une clientèle de jeunes voyageurs, qui apprécient l'aide apportée pour organiser la suite de leur voyage. Ne soyez pas rebuté par la réception : les chambres, aux motifs floraux, sont propres ; plusieurs d'entre elles ont un balcon avec vue sur le Wadi Karak.

Karak Rest House HÔTEL $$

(☎2351148 ; moaweyaf@gmail.com ; Al-Qala'a St ; s/d 28/47 JD, petit-déj inclus). Un hôtel certes défraîchi, mais très bien situé, près du château et fort d'une vue panoramique sur le Wadi Karak (depuis la plupart des chambres). Les propriétaires font actuellement construire le Falcon Hotel, avec piscine et vue imprenable sur la forteresse, qui devrait ouvrir prochainement (peut-être d'ici votre passage !).

Al-Mujeb Hotel HÔTEL $$

(☎2386090 ; almujeb_hotel@yahoo.com ; route du Roi ; s/d/tr 30/45/60 JD, petit-déj inclus ; ❄). Ce vaste hôtel de 3 étages attire une clientèle sympathique qui se réunit autour du poêle dans le hall en hiver. À 5 km de Kérak, à proximité du croisement avec la route d'Ar-Rabba. Si vous êtes en voiture, vous pourrez vous garer à l'hôtel et prendre un taxi (5-6 JD l'aller) jusqu'en ville.

Où se restaurer

La plupart des restaurants sont installés près du château, dans Al-Mujamma St ou vers la statue de Saladin. Les stands de *chawarma* sont regroupés autour d'Al-Jami St.

King's Restaurant JORDANIEN $

(☎2354293 ; Al-Mujamma St ; mezze 500 fils, plats à partir de 4 JD ; ⏲8h-22h). En face de l'espace ouvert appelé Castle Plaza, ce restaurant avec des tables installées sur le trottoir attire les voyageurs à toute heure. Au menu : grillades, pizzas et sandwichs, ainsi que des plats jordaniens comme la *maqlouba* (riz vapeur servi avec de la viande, des tomates grillées et des pignons de pin). Dégustez un jus d'orange frais – un vrai délice après avoir arpenté Al-Qala'a St. Ouvert au petit déjeuner pendant le ramadan.

Al-Fid'a Restaurant JORDANIEN $
(☎079 5037622 ; Al-Mujamma St ; plats 5 JD ; ⌚8h-22h). Cette adresse simple et populaire sert les plats locaux classiques – poulet, houmous, salades...

Al-Motaz Sweets PÂTISSERIE $
(☎2353388 ; An-Nuzha St ; ⌚8h-22h). Une pâtisserie arabe qui comblera les becs sucrés.

Stands de chawarma CHAWARMA $
(1 JD ; ⌚16h-22h). Très fréquentés, dans un quartier animé de la ville. Il est très facile d'y engager la conversation avec d'autres clients en attendant d'être servi !

Kir Heres Restaurant JORDANIEN $$
(☎2355595 ; Al-Qala'a St ; plats 5-7 JD ; ⌚9h-22h ; ✎). Ce restaurant sert des plats originaux, qui séduisent les voyageurs en quête de variété : steaks d'autruche, poulet aux herbes de la région, haloumi frit (fromage salé), et champignons au thym et à l'ail. Goûtez au vin blanc doux local (non disponible pendant le ramadan) dans la galerie à l'étage.

King's Castle Restaurant BUFFET $
(☎2396070 ; buffet déj 10 JD ; ⌚12h-16h). Le buffet est apprécié des groupes, mais on peut aussi choisir parmi les 20 salades sur la carte. Tables à l'extérieur dans un cadre agréable, avec vue sur le château. Faites un tour dans le bâtiment côté est, pour voir le plan-relief du château.

Shehab Restaurant JORDANIEN $$
(☎9513803 ; Al-Qala'a St ; plats 6 JD ; ⌚12h-20h ; @). La montée jusqu'au château vous a fatigué ? Reprenez des forces dans ce restaurant, tout près de l'entrée.

Al-Shubba SUPERMARCHÉ
(Al-Mujamma St ; ⌚10h-22h). Pour faire des provisions avant de reprendre la route du Roi.

Achats

Vous trouverez un choix restreint de souvenirs aux abords du château. Pour plus d'authenticité, faites un tour du côté d'Al-Malak Hussein St – qui mène de Castle Plaza à la statue de Saladin –, où vous rencontrerez des tailleurs occupés à coudre des cols en fausse fourrure. Vous verrez des vestes en cuir et des pulls en laine rouge se balançant aux devantures ; de beaux bouquets de coriandre aux étals des bouchers ; du fenouil, des navets et des carottes qui ne demandent qu'à partir en pique-nique ; des herbes de la région dans des petits sachets en tissu devant des magasins d'épices et de café ; et découvrirez même un petit souk d'or où l'on vend principalement... de l'argent.

Renseignements

Quatre banques au moins changent de l'argent dans An-Nuzha St, à un pâté de maisons au sud du carrefour de la statue de Saladin ; la plupart possèdent également un distributeur acceptant les cartes Visa et MasterCard.

Centre d'accueil des visiteurs (☎2354263 ; Al Qala'a St ; ⌚8h-16h sam-jeu). Ouvert durant la haute saison.

Italian Hospital (Al-Maydan St ; ⌚24/24h). L'hôpital italien.

Police touristique (☎191 ; Al Qala'a St ; ⌚24/24h)

Poste (Al-Khadr St ; ⌚7h-18h sam-jeu). Dans la partie basse (nord) de la ville.

Depuis/vers Kérak

Il est difficile, bien qu'envisageable, de rejoindre Kérak par les transports publics depuis la route du Désert. La gare routière principale est située en dehors de la ville, au pied de la montagne, à proximité du croisement avec la route du Roi. Si vous êtes en voiture, prenez la superbe Route 50, qui va de Kérak à la mer Morte.

BUS ET MINIBUS

De la gare routière principale, plusieurs bus assurent quotidiennement la liaison directe avec la gare routière sud d'Amman (2 JD, environ 2 heures), via la route du Désert (Desert Highway). De Kérak, des minibus prennent des voyageurs toutes les heures sur la route du Roi jusqu'à Tafila (1,500 JD, 1 heure), la ville la plus indiquée pour les correspondances vers Qadsiyya (pour la réserve de biosphère de Dana) et Shobak. Pour Wadi Musa (et Pétra), empruntez un minibus à destination de Ma'an (2,500 JD, 2 heures, tlj vers 13h), puis changez. Sinon, sautez d'un minibus à l'autre de Tafila à Shobak, puis jusqu'à Wadi Musa.

Quatre bus partent tous les matins à destination d'Aqaba (5 JD, 3 heures) via la route de la mer Morte. L'après-midi, mieux vaut prendre le bus d'Amman jusqu'à Qatrana, sur la route du Désert, puis emprunter un bus vers le sud et Aqaba.

D'autres petites stations de minibus sont disséminées en ville. On y trouve des minibus pour Safi (1 JD) et Mazra'a (600 fils), sur la route de la mer Morte ; Mu'tah (500 fils) et Mazar (400 fils) au sud, par la route du Roi ; et Ar-Rabba, Al-Qasr et Ariha, au nord.

TAXI

Il est possible de louer un taxi à Amman pour Kérak via la route du Désert (environ 50 JD l'aller simple). Prévoyez 80 JD au minimum pour faire ce trajet par la route du Roi, avec un arrêt dans le Wadi Mujib et à Madaba.

De Kérak, la course en taxi coûte environ 50 JD pour Amman ou Madaba, 45 JD pour Dana et 65 JD pour Pétra.

Comment circuler

Il n'est guère aisé de circuler en voiture dans les rues étroites et à sens unique de la vieille ville de Kérak. En revanche, vous n'aurez aucune difficulté à vous déplacer à pied. Si vous êtes en voiture, garez-vous à l'extérieur de la ville et prenez un taxi.

Wadi Hasa et Khirbet Tannour

خربة التنور

Depuis Kérak, en direction du sud, la route du Roi descend progressivement le versant d'une colline de roche volcanique noire vers le Wadi Hasa (vallée biblique de Zered), spectaculaire et aride. On tente un peu partout de cultiver la tomate, mais le sol rocailleux livre peu de fruits, dans cette région sauvage et très chaude.

La route contourne un réservoir que surplombe une petite colline conique. Sur la droite, une piste plutôt raide mène en 15 minutes de marche au sommet (avec vue panoramique), où l'on accède au temple en ruines de Khirbet Tannour.

À proximité, au bord d'une route sinueuse et criblée de nids-de-poule qui part de la route principale, se trouvent deux aires de pique-nique très fréquentées, ainsi que les sources chaudes de Hammamat Burbita et de Hammamat Afra.

Ce secteur est inaccessible par les transports publics.

À voir et à faire

Temple de Khirbet Tannour — RUINES

(en journée). GRATUIT Les vestiges du temple nabatéen de Khirbet Tannour, vieux de deux millénaires, méritent bien que l'on fasse l'effort de gravir la colline, ne serait-ce que pour profiter de la vue. Une célèbre statue de Nikè (déesse grecque personnifiant la Victoire) fut retrouvée sur les lieux – vous pourrez en voir une copie au Musée archéologique national d'Amman ; l'original est conservé à Cincinnati, aux États-Unis. Une statue de la déesse Atargatis a également été découverte sur place ; elle est actuellement exposée au Musée archéologique national.

Il n'y a en réalité pas grand-chose à voir, en dehors des bases des colonnes et du tracé de la cour du temple et de salles adjacentes. Pourtant charmant, ce site épique, balayé par les vents, semble peu fréquenté, hormis par des lézards et des ammomanes isabellines. Même les chiens de bergers qui rassemblent les troupeaux au sud, dans le *wadi* fertile, restent au niveau des collines basses.

La bifurcation pour les ruines est située à 36 km au sud de la ville de Kérak, au sommet de la colline – un barrage est visible tout en bas ; repérez l'inscription "AT TA NO I QUI ES SI", qui signifie "At-Tannour Antiquities Site". La route d'accès (1,5 km) est jalonnée de nids-de-poule, mais il est facile de se garer sur le côté. Gagnez à pied la tour des télécommunications ; le chemin jusqu'au sommet vous apparaîtra alors clairement.

Hammamat Burbita — THERMES

(Hammamat Burbayta ; 5 JD ; 8h-20h). Ce modeste centre thermal (fermé pendant le ramadan) est alimenté par des sources chaudes naturelles, au fond d'un *wadi* planté de roseaux. Véritable oasis dans un paysage aride, il est très fréquenté par les habitants, surtout le week-end. Il possède des vestiaires et un bassin réservé aux femmes. La source se trouve à 13 km de la route du Roi ; la bifurcation est indiquée à environ 23 km au nord de Tafila.

Les sources ne sont pas desservies par les transports publics ; si vous venez en voiture, sachez en revanche qu'elles sont très bien indiquées. Pour aller en taxi de Tafila à Burbita ou à Afra, comptez environ 30 JD aller-retour, temps d'attente inclus.

Hammamat Afra — THERMES

(7 JD ; 8h-22h, tlj, y compris durant le ramadan). Le site de cette importante source thermale chaude a notamment été aménagé avec des

bassins privés pour hommes et femmes, des vestiaires et des aires de pique-nique. L'entrée se paie au niveau de la porte d'accès, à 5 km de Hammamat Burbita. Vous devrez présenter votre passeport, avant de poursuivre sur 1 km jusqu'aux bassins rocheux, construits contre les parois du canyon. On ne voit pas les sources depuis la route. Les femmes seules pourront se sentir mal à l'aise.

L'atmosphère est bruyante le week-end, et vous aurez peu de chances d'échapper à la foule, car les gardes vous interdiront de remonter le *wadi* en amont.

Tafila الطفيله

☎03 / 87 500 HABITANTS / ALTITUDE 1 050 M

Installée autour d'un *wadi* aux parois abruptes, Tafila (ou Tafileh) est une ville de marché animée et un carrefour de transports. Elle ne présente guère d'intérêt, hormis les ruines d'un **château croisé**, fermé à la visite. C'est à Tafila que fut décapité l'un des émissaires du prophète Mahomet, événement qui marqua en 632 le départ des armées islamiques, dans une vague de conquêtes qui allait durer plus d'un siècle.

En fait, on s'arrête surtout à Tafila pour changer de minibus – une liaison est assurée presque toutes les heures au départ de Kérak (1 JD, 1 heure), via le beau paysage désertique du Wadi Hasa. Il existe aussi des minibus directs depuis/vers la gare routière sud (Wahadat) d'Amman (2,80 JD, 2 heures 30) via la route du Désert ; depuis/vers Aqaba (2,500 JD, 2 heures 30) via la route de la mer Morte ; depuis/vers Ma'an (1,500 JD, 1 heure) via la route du Désert ; et depuis/vers Shobak (1,500 JD, 1 heure) et Qadsiyya (pour la réserve de biosphère de Dana, 1,30 JD, 30 min) via la route du Roi.

Réserve de biosphère de Dana محمية ضانا الطبيعية

☎03 / ALTITUDE 1 250 M

La **réserve de biosphère de Dana** (tarif plein/étudiant 8,20/4,10 JD ; gratuit pour les clients des hébergements de la RSCN) est l'un des joyaux secrets de la Jordanie. Son point fort, le charmant village de Dana, date du XVe siècle. En équilibre au bord d'un précipice, en contrebas de la route du Roi, il offre une vue sublime sur la vallée. La réserve s'étire jusqu'au fond de cette vallée, dont le point central est le fameux Feynan Ecolodge (voir l'encadré p. 153). Incontournable pour les amoureux de la nature, cette adresse est une base formidable pour passer quelques jours à randonner ou à se reposer avant d'atteindre la route du Roi.

La réserve, la plus vaste du pays, englobe un relief varié, entre des falaises de grès culminant à plus de 1 700 m, près de Dana ; et une zone située à 50 m au-dessous du niveau de la mer, vers le Wadi Araba. Sous les escarpements de roches rouges, les vallées protégées abritent un écosystème d'une étonnante diversité, avec environ 600 espèces de végétaux (agrumes, dattes, genévriers, acacias du désert...) et quelque 180 espèces d'oiseaux. Plus de 45 espèces de mammifères (dont 25 menacées) peuplent aussi les lieux ; il y a notamment des caracals, des bouquetins de Nubie, des gazelles de montagne, des chats des sables, des renards et des loups. L'installation de pièges nocturnes ont permis aux gardiens de la réserve d'atteindre une meilleure compréhension des déplacements de ces animaux que l'on croise rarement.

Les meilleures saisons pour visiter la réserve sont le printemps, lorsque les coteaux sont en fleurs ; et l'automne, quand le feuillage se raréfie, ce qui permet de mieux observer la vie sauvage. L'hiver peut être très rigoureux dans les zones en altitude (certains sentiers sont fermés), mais c'est en revanche une bonne période pour explorer la région de Feynan, dans la partie basse de la zone. De même, alors que, l'été venu, la chaleur est suffocante au fond du *wadi*, la climatisation est à peine nécessaire à Dana.

À moins de séjourner au Rummana Campground, le centre d'accueil des visiteurs (p. 154) de Dana est une étape obligatoire avant toute visite de la réserve. La billetterie ferme à 15h ; ne l'oubliez pas si vous souhaitez randonner au soleil couchant.

Histoire

Le village de Dana, qui remonte à la période ottomane, fut en grande partie abandonné à une époque récente, quand ses habitants partirent chercher du travail dans la ville proche de Qadsiyya. Désormais seulement cultivées par une poignée de personnes, les terrasses environnantes, où poussaient autrefois pistaches, amandes, noix, grenades, citrons et pommes, retournent lentement à l'état sauvage. Les tentatives pour faire revenir les villageois dans la réserve ont peu de

VAUT LE DÉTOUR

ANTIQUE DANA

La réserve de Dana compte une centaine de sites archéologiques, sur lesquels des fouilles sont menées par des équipes britanniques. Les ruines de **Khirbet Feynan**, à l'intersection du Wadi Feynan et du Wadi Ghuweir, sont particulièrement intéressantes : les premières extractions par fusion au Proche-Orient, mentionnées dans la Bible, eurent lieu dans les mines de cuivre de la région, vieilles de 6 000 ans. Les Romains y firent par la suite travailler les esclaves chrétiens.

La montagne renferme toujours du minerai. Toutefois, malgré la pression des compagnies minières, les autorités ont décidé de ne pas en autoriser l'exploitation dans la réserve. Une usine de ciment, qui pratique l'extraction en lisière de la zone protégée, est la seule incursion autorisée dans ce paradis sauvage.

Copper Mines Trail (64645580 ; www.ecohotels.me/Feynan ; 13 JD, 2 adultes minimum ; sept-juin). Il est possible d'explorer les terrils des mines principales d'Umm al-Amad, ainsi que les vestiges de trois églises, des sites de l'âge du fer et une tour romaine lors d'une belle randonnée dans les collines, proposée la plupart du temps au départ du Feynan Ecolodge (p. 153 ; 3-4 heures). Il y fait très chaud durant la majeure partie de l'année ; il est indispensable de prévoir un chapeau et beaucoup d'eau.

succès : beaucoup sont attirés par les logements, services publics, écoles et autres infrastructures de base à disposition dans des villes voisines beaucoup plus accessibles. Cela dit, grâce aux efforts constants de la Royal Society for the Conservation of Nature (RSCN) et à sa promotion du tourisme, on assiste à des signes de reprise dans le village. Plusieurs maisons anciennes sont en travaux. Les commerçants sont également incités à revenir.

Une cinquantaine de familles bédouines vivent encore dans les parties basses de la réserve. Elles ne sont autorisées à rassembler leurs troupeaux dans la vallée de Dana qu'à certaines périodes de l'année, pour permettre à la végétation de se reconstituer.

La RSCN, qui gère la réserve depuis 1993, œuvre pour la promotion de l'écotourisme, la protection de la faune et de la flore, et l'amélioration des conditions de vie des villageois. Elle emploie directement ou indirectement des habitants de la région ; les revenus provenant du tourisme permettent d'assurer la subsistance d'un certain nombre de familles vivant hors de la réserve et de financer des cours de sensibilisation à la protection de l'environnement dispensés dans les écoles.

À voir

Musée de Dana MUSÉE
(www.rscn.org.jo ; 8h-15h). GRATUIT Consacrez au moins une vingtaine de minutes à ce joli musée qui jouxte la Dana Guest House. Il présente les spécificités de trois milieux naturels distincts : la route du Roi (à 1 500 m), le village de Dana (1 100 m) et le Wadi Araba (50 m sous le niveau de la mer) ; et explique le défi représenté par la gestion d'une réserve où les précipitations hivernales sont de 350 mm en altitude, contre 10 mm annuels dans la fournaise des déserts situés au niveau de la mer.

Vous pourrez vous familiariser avec les environs, et mesurer les merveilles que vous découvrirez au fil des randonnées.

Activités

C'est à pied que l'on profite le mieux de la réserve et de la beauté des lieux, et que l'on a le plus de chances d'apercevoir des animaux.

La RSCN organise diverses randonnées, de la balade facile de 2 heures aux difficiles circuits sur 2 jours. Certains itinéraires incluent des *widyan* qui jouxtent la réserve – ainsi, une randonnée de 2 jours, qui conduit au Feynan Ecolodge, passe par le Wadi Ghuweir à l'aller et par le Wadi Dana au retour. Le centre d'accueil des visiteurs (p. 154) vous présentera les différentes possibilités. Pour les randonnées depuis Al-Barra, vous devrez prévoir un court trajet en voiture jusqu'au point de départ (la RSCN demande 11,60 JD pour la navette).

Des guides de la RSCN proposent aux visiteurs de leur faire découvrir plus en profondeur la réserve (leurs services sont même obligatoires sur la plupart des sentiers). Comptez 10 JD/personne (4 pers au minimum) jusqu'à 2 heures, 13 JD pour 3-4 heures et 17 JD pour 5-6 heures. Un guide à la journée revient à 17 JD/personne. Des réductions sont proposées aux groupes de 5 personnes ou plus (20 pers au maximum).

Les hôtels de Dana organisent des excursions plus longues jusqu'à Shobak (2 jours) via le Wadi Feynan, le Wadi Ghuweir et le village de Mansourah ; il est aussi possible d'aller jusqu'à Pétra (4 jours).

L'Al-Nawatef Camp propose plusieurs excellentes randonnées guidées dans le Wadi Ghuweir et le Wadi Hamra. Renseignez-vous sur l'Ali's Walk, une randonnée de 3 jours jusqu'à Pétra (180-200 JD/pers, 2 pers au minimum) – services du guide, camping, repas et transport des bagages inclus.

Randonnées faciles

Rummana Campground Trail RANDONNÉE
(1-2 heures, en indépendant ; ⏲15 mars-31 oct). Cet itinéraire spectaculaire longe les canyons du Wadi Dana, passe parmi les arbres et les formations rocheuses qui entourent le camp, et donne l'occasion d'observer des animaux : vautours fauves qui tournoient au-dessus du Wadi Dana, agames turquoise qui lézardent sur les rochers ou buprestes (coléoptères aux couleurs métalliques) ; le matin, des bouquetins se montrent parfois sur les escarpements.

♥ **Wadi Dana Trail** RANDONNÉE
(16 km, 6 heures, en indépendant ; ⏲toute l'année). Même si ce parcours est le plus prisé, vous aurez sans doute tout de même le majestueux Wadi Dana pour vous tout

LE WADI DANA TRAIL : UNE RANDONNÉE DANS LE PARC

Cette randonnée "facile" de 16 km, qui va de Dana au Feynan Ecolodge (p. 153), est l'un des parcours les plus fréquentés dans le parc. Tout le trajet est en descente et il pourrait s'agir d'une simple promenade de santé, mais ne vous y trompez pas : la difficulté est plus grande qu'il n'y paraît. Mettez-vous en route après le déjeuner, de façon à atteindre la partie la plus exposée à la chaleur au moment le plus frais de la journée. Emportez une bonne quantité d'eau et prenez un chapeau. Enfin, n'oubliez pas qu'il faut 3 heures, dont une partie en 4x4, pour regagner Dana par la route.

Les mauvais côtés

- L'interminable descente initiale sur une piste jalonnée de nids-de-poule, lorsque l'on regrette de ne pas avoir mis de chaussettes plus épaisses.
- La chaleur accablante, sans la moindre parcelle d'ombre (un seul arbre durant la première heure de marche).
- Le temps qui manque pour discuter avec les Bédouins (ayez sur vous des billets de 1 JD pour le thé).
- Le *wadi* qui n'en finit pas.
- La rencontre avec un couple à dos d'âne qui vous annonce la proximité de l'hôtel (*funduq*"), alors que vous êtes encore à 1 heure de marche du Feynan.
- La perspective de ne trouver ni bière ni viande à l'arrivée – le Feynan Ecolodge prône la tempérance et le végétarisme.

Les bons côtés

- La découverte d'un lézard qui se chauffe au soleil dans les cendres d'un vieux four.
- La pause photo, quand un berger volubile rassemble son troupeau de chèvres devant votre objectif.
- Les lauriers-roses, éclatants, qui ondulent comme des fanions tout le long du *wadi*.
- Les jardins secrets de roseaux et de lauriers-roses encore, ombragés par des arbres immenses.
- La vision des gamins qui font la course pieds nus.
- La rencontre avec un agame (lézard) en somptueuse livrée bleu turquoise.
- L'eau fraîche délicieuse et la cuisine végétarienne exquise du Feynan Ecolodge.

seul. L'itinéraire, facile à suivre, emprunte en partie une route désaffectée, puis des sentiers traversant des pâtures bédouines. Au début du parcours, une descente ininterrompue de 1 heure mettra vos orteils, vos mollets et vos genoux à rude épreuve.

À moins d'avoir une forme olympique, vous ne pourrez effectuer l'aller-retour en une journée. Passez la nuit au Feynan Ecolodge, en bas du sentier, ou arrangez-vous avec la RSCN qui vous enverra une voiture (52,20 JD) pour vous ramener à Dana via Tafila (2 heures 30) ou Shobak (2 heures 45). Voir aussi l'encadré page précédente.

Randonnées de difficulté modérée

Rummana Mountain Trail RANDONNÉE

(2,5 km, 1-2 heures, en indépendant ; ⏲15 mars-31 oct). Entre le Rummana Campground et le pic du Rummana ("grenadier"), cet itinéraire réserve une vue saisissante sur le Wadi Araba. Mahmoun, réceptionniste au camp, voit en cette randonnée une belle métaphore de la vie : des hauts et des bas, mais tellement gratifiante lorsque l'on atteint son but.

Nawatef Trail RANDONNÉE

(2,5 km, 2 heures 30, guide obligatoire ; ⏲toute l'année). Cette très belle marche, qui va d'Al-Barra jusqu'aux sources et aux ruines de Nawatef, implique une montée ardue pour rejoindre Dana.

White Dome Trail Hiking RANDONNÉE

(8 km, 3 heures, guide obligatoire ; ⏲15 mars-31 oct). Des escarpements du *wadi* qui entourent le Rummana Campground jusqu'à la Dana Guesthouse, à travers les jardins en terrasses de Dana et une végétation arbustive.

Randonnées difficiles

Fida Canyon Trail RANDONNÉE

(2,5 km, 2 heures, guide obligatoire ; ⏲toute l'année). D'Al-Barra à Shaq al-Reesh, court et éprouvant.

Hammam Al-Dathnah Trail RANDONNÉE

(17 km, 9 heures, guide obligatoire ; ⏲toute l'année). Ce sentier spectaculaire et très exigeant part d'Al-Nawatef, franchit la vallée de Hamra et la vallée des Palmiers (Palm Tree Valley), et aboutit au Feynan Ecolodge.

Al-Ghuweir Trail RANDONNÉE

(16 km, 6-7 heures, guide obligatoire ; ⏲toute l'année). Ce sentier difficile longe des lits de rivière, traverse un *siq* (canyon) et une vallée de palmiers, puis s'achève au Feynan Ecolodge. Il ne faut pas s'y engager si la pluie s'annonce ou après des précipitations à cause du risque de crues soudaines. Le transport jusqu'au départ du sentier, à proximité de Shobak, coûte 25 JD.

Randonnées à VTT

Moutain Bike Trail VÉLO

(☎079 9599507 ; www.ecohotels.me/Feynan ; ⏲sept-juin). Vous pourrez aussi explorer les basses terres de Dana à VTT : le circuit de 4 heures coûte 18 JD (29 JD avec guide) ; un circuit d'une journée revient à 29 JD (47 JD avec guide). Départ du Feynan Ecolodge par des sentiers gravillonnés qui passent devant le site archéologique de Khirbet Feynan, pour aboutir aux villages de Rashaydeh et de Greigra. On peut s'arrêter en route pour marcher ou prendre un thé avec les Bédouins. Le lodge met à disposition 10 VTT.

Où se loger et se restaurer

La RSCN gère deux excellentes adresses : la Dana Guest House et le Rummana Campgroung. Réservez bien à l'avance, auprès du Wild Jordan Centre (p. 323), à Amman. La RSCN possède aussi le fameux Feynan Ecolodge, au fond de la vallée, à 2-3 heures de route en voiture ou une journée de marche de Dana. Le village de Dana compte également 3 hôtels pour les budgets serrés et un camping privé à la sortie de la réserve. Tous pourront vous aider à organiser les transports et la randonnée, mais veillez à bien payer l'entrée de la réserve. Il est interdit de randonner sans billet. De plus, les revenus générés par le tourisme constituent sur le long terme la principale ressource pour assurer la protection du site. Le camping n'est pas autorisé dans la réserve en dehors du Rummana Campground.

♥ **Al-Nawatef Camp** CAMPING $

(☎2270413, 079 6392079 ; www.alnawatefcamp.com ; demi-pension en chalet avec douches communes 15 JD). Ce merveilleux camping, perché sur le bord d'un escarpement et fleuri d'iris noirs, possède des chalets formés d'une structure tendue de peaux de chèvre, qui dévoilent depuis leurs balcons une vue exceptionnelle. Il est situé à environ 2 km de la route du Roi et à 5 km au sud de Dana, après l'embranchement de Qadsiyya.

Du thé et du café sont servis toute la journée, de succulents dîners sont concoctés dans un four bédouin et le transport est gratuit jusqu'au village de Dana. Vous pouvez aussi planter votre tente (5 JD) et réserver pour le dîner (5 JD) ou le petit-déjeuner (2 JD). Le

VAUT LE DÉTOUR

UN HÉBERGEMENT ÉCOLOGIQUE

Unique en son genre, le **Feynan Ecolodge** (☎+962 6 464 5580 ; www.ecohotels.me/feynan ; Wadi Feynan ; s/d/tr en demi-pension, entrée du parc comprise à partir de 101/127/170 JD ; ⌚sept-juin), propriété de la RSCN, est accessible à pied depuis Dana (une journée de marche) ou en 4x4 depuis la route de la mer Morte (voir p. 117). Alimenté uniquement avec l'énergie solaire, il se distingue par son architecture en pisé, ses soirées aux chandelles, son ambiance de caravansérail, ses dîners végétariens, ses sorties d'observation des étoiles...

Le lodge est fidèle à sa devise, "aider la nature et les gens", comme le montrent son engagement envers l'environnement et ses projets pour aider la population locale. Les gens des environs sont directement impliqués (en tant que chauffeurs, guides, boulangers, fabricants de bougies...) ; 80 familles locales tirent des revenus de ces activités ; et la moitié environ des bénéfices du tourisme revient à la communauté locale. Les ordures sont recyclées ; le recours à des méthodes de filtration traditionnelle permet d'économiser chaque année l'équivalent de 10 000 bouteilles en plastique.

Attention : il peut y faire très chaud en été (la climatisation n'est mise en route qu'en cas de températures extrêmes) ; vous aurez en outre besoin d'une torche électrique et d'un antimoustique. L'eau chaude, fournie par l'énergie solaire, est disponible de 11h à 19h. Les dîners se composent d'un délicieux festin végétarien, avec des plats à base de pommes de terre, de riz, d'aubergines, de tomates et de haricots, le tout relevé d'herbes locales et accompagné de galettes de pain très fines. Le personnel est recruté chez les Bédouins de la région ; les denrées sont achetées à des producteurs locaux et une partie des bénéfices est investie dans l'entretien de la réserve de biosphère de Dana.

Le Feynan Ecolodge organise plusieurs circuits de randonnée ou de canyoning, ainsi que des sorties thématiques qui permettent aux clients de profiter au mieux des basses terres de la réserve, tout en leur offrant des occasions de rencontrer des Bédouins. Rares sont les hébergements où il est possible d'apprendre à faire du pain, à moudre le café au pilon et à fabriquer du kohl. N'hésitez pas à prendre un sac de vivres et de l'eau fraîche pour aller passer la journée avec un berger.

sympathique propriétaire, qui connaît bien la région, pourra venir vous chercher sur la route principale. Il organisera également la suite de votre voyage avec des bus locaux et vous déposera au carrefour adéquat. Il propose en outre d'excellentes randonnées.

Dana Tower Hotel PENSION $
(☎077 7514804, 079 5688853 ; www.dana-tower-hotel.com ; demi-pension 15 JD/pers ; avec sdb commune 11 JD ; camping sur le toit en été 3 JD). Une option appréciée des jeunes voyageurs au budget serré pour ses transferts gratuits depuis la route principale, son ensemble insolite de petites chambres non chauffées baptisées Flying Carpet ("tapis volant") ou Crazy Camel ("chameau fou"), ses cours verdoyantes, son *majlis* (salon) parsemé de souvenirs et son salon sur le toit. Sans parler du dîner de 22 plats, du thé gratuit, du lave-linge, des douches chaudes...

Transport possible vers d'autres destinations (17 JD pour Pétra, 45 JD pour le Feynan en 4x4).

Dana Moon Hotel PENSION $
(☎079 7533581 ; dana.moonhotel@hotmail.com ; demi-pension 15 JD/pers). Des chambres modestes avec sdb communes pour cette pension dotée d'un agréable *majlis* à l'ombre des pins. Les propriétaires tiennent le Feynan Way Restaurant voisin.

♥ **Dana Guest House** ÉCOLODGE $$
(☎2270497 ; www.rscn.org.jo ; s/d/tr/qua avec sdb commune, petit-déj et entrée du parc inclus 68/85/102/120 JD, d avec sdb privative 96 JD). Cet écolodge géré par la RSCN loue des chambres minimalistes aux murs de pierre, toutes avec balcon (sauf 2) – vue splendide sur la réserve. Le feu crépite dans la cheminée en hiver. Chauffage et eau chaude par panneaux solaires.

On partage le petit-déjeuner et le délicieux dîner (14 JD) autour de longues tables à tréteaux.

Dana Hotel BOUTIQUE-HÔTEL $$
(☎079 5597307, 2270537 ; www.suleimanjarad.webs.com ; demi-pension en villa 25 JD/pers, s/d

12/20 JD ; dîner 5 JD). Vous serez bien accueilli dans cet hôtel géré par les Sons of Dana, une coopérative villageoise qui s'occupe de fournir des prestations sociales à quelque 150 habitants de la région. Aidé par l'USAid, l'hôtel le plus ancien de Dana s'est récemment agrandi : pour ce faire, il a racheté et rénové de vieilles maisons du village.

Rummana Campground CAMPING $$
(tente s/d/tr/qua petit-déj et entrée du parc inclus 52/64/75/87 JD ; réduction étudiante 20% ; 15 mars-31 oct). Même si les tarifs sont élevés, vous comprendrez pourquoi la réservation est indispensable quand vous entendrez à votre réveil les bruits de la nature de Dana, et que vous traverserez la brume qui, remontant du fond de la vallée, nimbe les sentiers de randonnée sillonnant les lieux. Les tentes sont équipées de matelas et de draps.

Vous pourrez accéder au camping en voiture (30 min) ou à pied (3 heures) depuis le village de Dana. Des barbecues sont à disposition ; emportez du charbon et des choses à griller. Le dîner (15 JD) et le petit-déjeuner (inclus) sont concoctés par un cuisinier jovial, ravi de régaler les clients.

Feynan Way Restaurant JORDANIEN $
(dîner 3-10 JD ; 7h-24h). Le matin et le midi, ce restaurant sans prétention, doté d'une terrasse ombragée, permet de reprendre des forces après la longue marche depuis le camping. Le soir, il offre l'occasion de sortir de l'hôtel.

Achats

RSCN Craft Shop ARTISANAT
(Dana Guest House ; 9h-17h30). Un grand choix d'articles artisanaux de qualité inspirés par la nature, des ateliers (fermeture à 15h30), une unité de séchage des aliments destinés à la fabrication de produits bio... cette boutique mérite vraiment une visite. Les villageois peuvent diffuser ici des produits artisanaux de qualité (plantes aromatiques, pains aux fruits, confitures, savons à l'huile d'olive, bougies et bijoux en argent), qui sont également commercialisés par la RSCN dans tout le pays.

Les articles en cuir et les bougies fabriqués par les femmes bédouines, notamment au Feynan Ecolodge, permettent aux travailleuses d'acquérir une certaine indépendance matérielle et les incitent à abandonner l'élevage des chèvres, dommageable pour l'environnement.

Village Shop ALIMENTATION
(Feynan Ecolodge ; 9h-12h). Eau et jus de fruits pour les randonnées, boîtes-repas (pain, œufs et fruits ; 4 JD) pour les pique-niques en pleine campagne, miel et confiture de la région... Horaires très irréguliers.

Renseignements

Centre d'accueil des visiteurs (2270497 ; www.rscn.org.jo ; 8h-15h). Dans le bâtiment de la Dana Guest House (p. 153), il fournit des renseignements sur la réserve et ses sentiers de randonnée, et permet de louer les services d'un guide. Au printemps et en automne, il est conseillé de réserver les sorties guidées, car la fréquentation de certains sentiers est soumise à restriction. Les droits d'entrée au parc sont inclus dans le prix des chambres de la RSCN.

Depuis/vers la réserve de biosphère de Dana

Tafila est le meilleur point de départ pour se rendre à Dana par les transports publics. Des minibus circulent toutes les heures entre Tafila et Qadsiyya (1 JD, 30 min). La bifurcation pour le village de Dana se trouve à 1 km au nord de Qadsiyya. Il reste ensuite 2,8 km en pente raide à parcourir à pied, jusqu'au village. Sinon, vous pouvez monter en voiture de Qadsiyya avec un particulier moyennant 4 JD. Il y a 3 bus matinaux à destination d'Amman (3 JD, 3 heures) : le premier part de Qadsiyya à 4h30, le suivant à 5h et le troisième vers 6h.

De Kérak, un taxi pour Dana coûte environ 40JD l'aller. La course en taxi jusqu'à Pétra coûte 36 JD, ou 12 JD en taxi collectif au départ de l'hôtel. Le Dana Tower Hotel assure aussi le transport en bus depuis la gare routière sud d'Amman moyennant 5 JD (réservez via l'hôtel).

Si vous arrivez en voiture de Tafila ou de Kérak, le premier panneau que vous verrez sur la droite indique la direction du Rummana Campground. La bifurcation pour la réserve de biosphère de Dana est indiquée juste avant le village de Qadsiyya. Attention : la descente est raide et mieux vaut rouler à bas régime plutôt que de miser sur les freins.

Pour accéder au Rummana Campground depuis le village de Dana, prenez la route du Roi au nord de Qadsiyya sur 4,5 km et tournez à gauche au niveau du panneau. Le camp est à 6 km, le long d'une route partiellement empruntée par les véhicules liés aux activités de l'usine de ciment. La RSCN peut organiser le transport depuis le village de Dana pour 10,500 JD (pour 1-4 pers).

Shobak (Shaubak) شوبك

☎ 03

Semi-arides une grande partie de l'année, les collines et *widyan* à la roche blanche de Shobak sont absolument spectaculaires, en particulier l'hiver, lorsque le ciel est dégagé et qu'il prend des teintes bleu cobalt. La plupart des visiteurs viennent pour son impressionnant château. Mais cette petite ville assoupie est aussi le point de départ (ou d'arrivée) de plusieurs randonnées extraordinaires en direction de Dana, au nord, et de Pétra, au sud.

À voir et à faire

Château de Shobak CHÂTEAU

(Mont Réal ou Montréal ; en journée). GRATUIT Trônant dans un cadre sauvage et reculé, ce château, quoique moins bien conservé que celui de Kérak, séduit même les plus blasés. Shobak, qui portait autrefois le nom de Mons Realis (la "montagne royale"), fut bâti par le roi de Jérusalem Baudouin Ier, en 1115.

Des travaux de restauration sont en cours ; espérons qu'ils s'accompagneront de la mise en place de panneaux explicatifs. D'ici là, c'est le gardien qui, moyennant 10 JD, mène la visite. Apportez éventuellement une torche pour explorer les recoins les plus sombres.

Érigé sur un tertre en bordure d'un plateau, le château de Shobak en impose, vu de loin. Il soutint les assauts répétés des armées de Saladin avant que de tomber en 1189 (un an après Kérak), au terme d'un siège de 18 mois. Il fut ensuite occupé au XIVe siècle par les Mamelouks, qui construisirent sur les édifices laissés par les croisés. Peu après l'entrée, vous verrez dans la montée des **puits** sur votre gauche. Ils précèdent une **église** reconstruite – l'une des deux que compte le château. Deux petites alcôves y soutiennent une belle abside ; le **baptistère** ouvre vers l'est. Sur le mur nord, remarquez les traces des conduites d'eau qui arrivaient par le dessus.

De retour sur le chemin principal, tournez à gauche. Après les arcades, vous apercevez une porte menant à un vaste **marché**. Tournez à gauche et descendez 375 marches jusqu'à un étonnant **passage secret** conduisant à une source souterraine : vous referez surface par une échelle à l'extérieur du château, à proximité de la route de Shobak. Déplacez-vous avec précaution sur cette portion, aidez-vous d'une torche et n'essayez pas de vous engager si vous êtes claustrophobe.

Sinon, Vous pouvez aussi continuer 50 m après le tunnel, pour arriver devant un grand bâtiment à arcades de 2 étages. Construit par les croisés, il fut transformé en école par les Mamelouks. À l'extrémité nord du château se dresse un **donjon** semi-circulaire doté de quatre archères. À l'extérieur, un escalier obscur mène à la **prison**. Si vous vous dirigez vers l'angle nord-est du château, vous apercevrez sur le pourtour du donjon des inscriptions coraniques en écriture coufique. Elles datent probablement de l'époque de Saladin. En suivant le périmètre est vers le sud, vous arriverez devant l'entrée de la **cour de Baudouin Ier**, partiellement reconstruite. Cette cour fut, elle aussi, transformée en école mamelouke.

En poursuivant vers le sud, vous parviendrez à des **bains**, sur la droite. De l'autre côté se dressent une **tour de guet mamelouke** et, juste après, la seconde **église** du château. Dans une salle sur la gauche en entrant, vous verrez, au-dessus de la porte percée dans le mur est, la sculpture d'une croix des croisés. Les voûtes à l'intérieur de l'église ont été restaurées. Sous l'église, les **catacombes** abritent des tablettes islamiques, quelques sculptures chrétiennes, de grosses pierres sphériques utilisées comme projectiles de catapultes et ce qui fut, peut-être, le (modeste) trône de Saladin. Depuis les catacombes, le chemin rejoint l'entrée.

Jaya Camp Hiking RANDONNÉE

(☎ 079 5958958 ; www.jayatouristcamp.yolasite.com ; à partir de 35 JD/pers). Le Jaya camp propose des excursions d'une journée ou de 2 jours au départ de Shobak et à destination du Feynan Ecolodge ou de Siq al-Barid (Little Petra) ; des itinéraires plus longs sont également possibles. Les circuits guidés coûtent 70 JD par jour ; le camp peut aussi s'occuper du transport des bagages (70 JD/jour). Les visites à une famille bédouine de la région (5 JD ; 30 JD avec nuit sur place) sont très prisées.

Pour découvrir la culture de plus près, le propriétaire propose sur place un atelier "Food & Training" ("alimentation et entraînement") de 2 jours, pour faire découvrir à ses hôtes l'art de moudre le café, de tisser, de faire de la poterie et de préparer un plat bédouin traditionnel à base de viande et de riz, le *mansaf* (50 JD/pers, avec nuit au camping).

Reconstitution historique CULTURE
(Historical Re-enactment ; Jordan Heritage Revival Company ; ☎077 7606052, 079 6606052 ; www.jhrc.jo). Ce spectacle, qui n'est pas encore donné de manière régulière, fait revivre l'histoire du château de Shobak. Consultez le site Web pour connaître le programme ou renseignez-vous auprès du guide à l'entrée du château.

Où se loger et se restaurer

L'offre d'hébergement est limitée dans le village de Shobak (appelé aussi Musallath). En revanche, tous les établissements ont une jolie vue sur le château.

Le village compte plusieurs épiceries et quelques restaurants bon marché.

Jaya Tourist Camp CAMPING $
(☎079 5958958 ; www.jayatouristcamp.yola-site.com ; en demi-pension 20 JD/pers). Au milieu des roses trémières, ce sympathique camping loue 15 tentes sur des hauteurs tranquilles, en face du château de Shobak. Il dispose d'un ensemble propre de douches et de tentes bédouines destinées au repos. Pour rejoindre le camp, suivez les panneaux à partir de la route du Roi. Vous devrez passer devant l'hôtel Montréal. Des randonnées sont proposées sur place.

Showbak Camp & Caves Zaman Motel PENSION $
(☎077 7996834 ; showbakcavehotel@yahoo.com ; 35 JD/pers avec sdb commune, petit-déj inclus). Ces grottes réaménagées au pied du château appartiennent de longue date à la famille du propriétaire (ses grands-parents y vivaient déjà). Chaudes en hiver et fraîches en été, elles permettent aux visiteurs de vivre comme autrefois. Elles sont situées au pied de la colline sur laquelle se dresse le château. Repérez les tables à tréteaux sur lesquelles sont disposés des fossiles de la région.

Montréal Hotel HÔTEL $
(☎077 6951714 ; www.jhrc.jo ; ch 50 JD, ste 90 JD ; 📶). Cet hôtel, fort d'une vue spectaculaire sur le château, comprend un beau salon, doté d'une cheminée à gaz en son centre. Il loue des chambres simples et confortables. L'électricité et l'eau chaude sont fournies par l'énergie solaire. Possibilité de dîner (9 JD).

Renseignements

Centre d'accueil des visiteurs du château de Shobak (⏲9h-17h nov-mars, 9h-19h avr-oct). Au pied du château, ce centre d'informations plutôt mal équipé n'a pas le téléphone – mais une vue superbe sur le château. Le préposé pourra vous servir un café dans la jolie cour. Les toilettes sont en bon état.

Ne manquez pas la petite boutique bédouine qui présente un assortiment de rochers, fossiles et autres "trésors enfouis", dont la plupart auraient sans doute dû rester sous terre !

Depuis/vers le château de Shobak

Des bus circulent de façon sporadique entre le village de Shobak et la gare routière sud d'Amman (5 JD, 2 heures 30, tlj à 5h30), Aqaba et Kérak. Certains minibus desservant le Wadi Musa et Ma'an passent également par Shobak. L'autre solution consiste à prendre un taxi entre le village et le château, distants de 3 km (6 JD aller-retour, temps d'attente compris), ou à marcher.

En voiture, deux routes bien signalées relient la route du Roi au château. On trouve des panneaux depuis le village de Shobak.

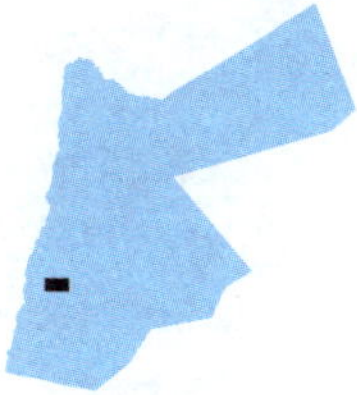

Pétra بترا

Dans ce chapitre ➡

Le top des restaurants et des bars

- Cave Bar (p. 190)
- Sahtain (p. 190)
- Petra Kitchen (p. 183)
- Red Cave Restaurant (p. 190)
- Basin Restaurant (p. 181)

Le top des hébergements

- Mövenpick Hotel (p. 187)
- Amra Palace Hotel (p. 188)
- Taybet Zaman Hotel & Resort (p. 189)
- Petra Palace Hotel (p. 187)
- Petra Guest House Hotel (p. 187)

Pourquoi y aller

L'architecture caractéristique de l'ancienne cité nabatéenne de Pétra taillée dans des falaises de grès rose n'est pas seulement le joyau d'un pays déjà riche en sites majeurs : c'est, tout simplement, l'une des merveilles du monde. Oubliée pendant des siècles, hormis par les Bédouins qui y avaient élu domicile, elle fut "redécouverte" en 1812 par l'explorateur suisse Jean Louis Burckhardt.

Bien qu'ayant été abondamment étudiée, la nécropole de Pétra doit à son emplacement difficile d'accès d'avoir gardé, encore à ce jour, une aura d'apparent mystère. Seul y conduit le Siq, un sentier autrefois sacré, étroit défilé pris entre deux immenses parois. C'est sur un Trésor taillé à même la roche rose que débouche, en plein soleil, ce sinueux chemin. Le chaleureux accueil des Bédouins contribue à rendre proprement inoubliable une expérience mémorable en soi.

Quand partir

- Le pic de la saison touristique à Pétra s'étend de mars à mai. À cette période, on peut y randonner dans des conditions de sécurité optimales, les *widyan* sont bordés de magnifiques lauriers-roses et le parfum de l'aloès embaume les chemins lorsque l'on grimpe jusqu'aux "hauts lieux".
- L'autre saison touristique, de mi-octobre à fin novembre, est un peu celle de la dernière chance : celle de visiter le site par beau temps, avant que la pluie n'interdise l'accès à certains itinéraires.
- L'hiver, marqué par des nuits glaciales et un ciel d'un bleu limpide en journée, garantit une rencontre plus intime avec la "cité rose", alors pratiquement déserte.

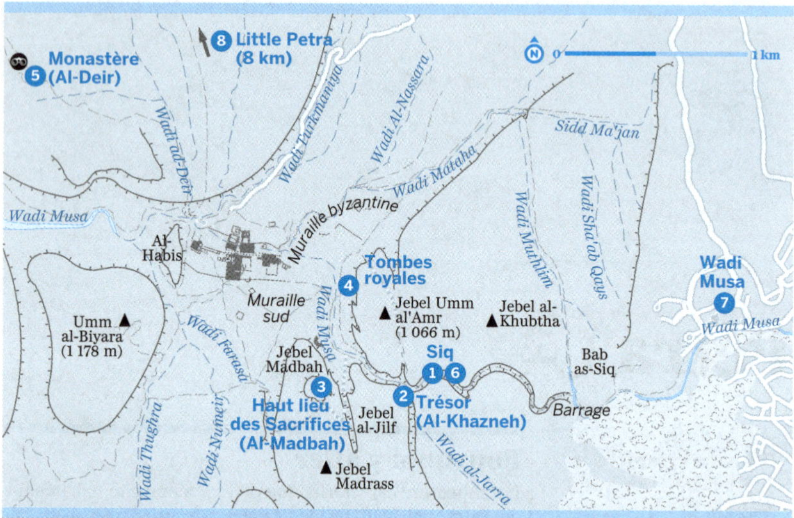

À ne pas manquer

1. Le **Siq** (p. 161), long défilé spectaculaire qui débouche sur la cité antique de Pétra
2. Les premiers rayons du soleil jouant sur les piliers du **Trésor** (Al-Khazneh ; p. 162), un site sublime au bout du Siq
3. Les escaliers menant au **haut lieu des Sacrifices** (p. 163), une pause-thé en compagnie d'un Bédouin et le retour au fond de la vallée à travers un jardin de fleurs sauvages
4. Les **tombes royales** (p. 168) nichées dans des grottes troglodytiques
5. La randonnée jusqu'au **monastère** (p. 172), dont la pierre patinée par le temps s'illumine au soleil couchant
6. L'ambiance magique du Siq la nuit, avec musique et bougies, à l'occasion du circuit **Petra by Night** (p. 185)
7. Un dîner jordanien traditionnel, à préparer soi-même chez **Petra Kitchen** (p. 183)
8. La visite de **Siq al-Barid (Little Petra)** (p. 193), les tombeaux nabatéens et les temples d'un *siq* miniature, sans les foules des touristes en voyage organisé

Histoire

Les traces de villages néolithiques datant d'environ 7000 av. J.-C. sont attestées dans les *widyan* (lits de rivière à sec ; *wadi* au singulier) et sur les flancs des collines environnantes. Les vestiges du plus célèbre d'entre eux, mis au jour dans les années 1950, sont visibles à Al-Beidha, au nord de Pétra. Construit à la même époque que Jéricho en Cisjordanie, Al-Beidha est l'une des premières communautés agricoles connues au Proche-Orient.

Les Nabatéens arrivèrent dans la région autour du VIe siècle av. J.-C. Ces marchands avertis organisèrent le contrôle du commerce et, au cours des 500 ans qui suivirent, investirent leurs richesses dans l'édification de la cité de Pétra. À son âge d'or, sous le règne d'Arétas IV (8 av. J.-C.–40), celle-ci comptait quelque 30 000 habitants, parmi lesquels des scribes (les Nabatéens employaient une écriture cursive, ancêtre de l'arabe) et des experts en hydraulique, qui aménagèrent digues, citernes et canaux.

Dès l'an 106, tandis que le contrôle des routes marchandes passait de Pétra à Palmyre, et que de nouvelles voies maritimes permettaient de rejoindre Rome via la mer Rouge sans passer par la première, les Romains s'emparèrent du royaume nabatéen, déjà État-client de l'Empire depuis plus d'un siècle et demi. Loin de laisser Pétra à l'abandon, les conquérants entreprirent au contraire de la réaménager en y incorporant des éléments typiques des cités romaines d'alors (voie à colonnades, thermes...). L'empereur Hadrien la visita en 131 ; Pétra redevint finalement capitale au IVe siècle, cette fois de la province de Palestine Troisième (Palaestina Tertia), récemment créée.

Les tremblements de terre de 363 et 551 détruisirent une grande partie de la cité, et Pétra devint un avant-poste oublié, une "cité perdue" seulement connue des Bédouins de la région qui préférèrent garder le secret à son sujet. En 1812 pourtant, un jeune explorateur suisse converti à l'islam, Jean Louis Burckhardt (voir l'encadré p. 173), pénétra dans l'ancienne ville abandonnée déguisé en pèlerin musulman, mettant fin à son splendide isolement.

Au XIXe siècle, Pétra fut au cœur de la vogue orientaliste que connaissait alors l'Europe de l'Ouest, et le site attira quantité de visiteurs, d'archéologues, de voyageurs, de poètes et d'artistes. Depuis l'arrivée de la première équipe d'archéologues du Royaume-Uni en 1929, les fouilles n'ont jamais cessé. En 1992, les mosaïques de l'église de Pétra ont été mises au jour et, en 2003, une nécropole a été découverte sous le Trésor. Si la "cité rose-rouge" exerce encore aujourd'hui un charme envoûtant, c'est en grande partie parce que, malgré des années de fouilles, elle est loin d'avoir révélé tous ses secrets.

Réserves naturelles

Classée zone protégée, Pétra est placée sous une administration différente des autres réserves naturelles du pays. Le site, très fréquenté, est mis à rude épreuve – érosion, dégâts occasionnés par l'affluence... Ici comme ailleurs, veillez à rester sur les chemins existants et à ne pas cueillir de fleurs. Bien sûr, remportez tous vos détritus, refrénez vos envies de laisser une trace en gravant votre nom et utilisez les toilettes plutôt que de vous soulager dans la nature.

Désagréments et dangers

Certains voyageurs se plaignent des tarifs exorbitants pratiqués sur le site et de l'insistance de certains commerçants. Toutefois, il est rare d'être confronté à une attitude véritablement agressive. De plus, la situation change selon la saison : en hiver, les marchands cherchent davantage à se réchauffer qu'à guetter les acheteurs ; pendant la haute saison, en revanche, la concurrence fait rage. Mais il suffit généralement d'établir le contact avec un sourire, un salut ou quelques mots pour qu'un échange amical s'installe avec la plupart des vendeurs et des montreurs d'animaux.

Si vous randonnez de septembre à mars, renseignez-vous bien sur les conditions météorologiques, car les *widyan* peuvent connaître des crues subites ; des torrents d'eau se déversent alors dans ces minces défilés, balayant tout sur leur passage.

De nombreux visiteurs sont choqués par la façon dont sont traités, en particulier par les jeunes garçons, certains animaux de bât et de monte. Attention à ne pas faire preuve de jugement hâtif et à bien prendre en compte le contexte global. Si vous êtes malgré tout témoin d'un abus, vous pourrez reporter l'incident à la police touristique ou contacter le Brooke Hospital for Animals, près du centre des visiteurs.

Depuis/vers Pétra

Pétra est à 3 heures de route d'Amman, à 2 heures d'Aqaba et à 1 heure 30 du Wadi Rum. Depuis/vers la mer Morte, n'hésitez pas

ORIENTATION : WADI MUSA ET PÉTRA

La ville de Wadi Musa sert de nœud de transports et de ville-étape pour les voyageurs qui visitent Pétra et les sites environnants, tel Siq al-Barid (Little Petra). La cité se divise approximativement en trois secteurs. Dans la ville haute, quelques hôtels de catégorie supérieure bordent la route principale ; tous offrent une vue spectaculaire sur le paysage de grès sculpté par les ans (mais pas sur Pétra même). Le centre-ville regroupe la plupart des hébergements bon marché, la gare routière et les commerces. La ville basse, à 10 minutes à pied du centre, abrite l'essentiel des hôtels des catégories moyenne et supérieure, des boutiques de souvenirs, des restaurants touristiques et le célèbre Cave Bar.

Le centre d'accueil des visiteurs de Pétra (p. 182) et l'entrée du site se trouvent après ce troisième secteur. On accède à la cité antique en empruntant le Siq (défilé) à pied – comptez 15 minutes de marche (ou à cheval) jusqu'à l'entrée et 20 minutes en tout. Il existe une autre entrée, inusitée, près du village d'Umm Sayhoun ; toutefois, les billets (p. 181) sont uniquement en vente au principal centre d'accueil (p. 182).

DÉCOUVRIR PÉTRA À SON RYTHME

Au lieu d'essayer de voir d'une traite l'ensemble des monuments incontournables de la cité (gare à l'indigestion !), prenez le temps de vous approprier le site : flânez au milieu des vestiges, pique-niquez à l'ombre d'un laurier-rose en fleur, sirotez un thé au fond de la vallée en regardant les autres touristes lancés dans une visite au pas de charge.

Les itinéraires suivants allient les monuments phares à une exploration moins classique, hors des sentiers battus.

Une demi-journée (5 heures). Concentrez-vous sur l'atmosphère magique du Siq et préparez-vous à ressentir un choc esthétique en découvrant le Trésor (Al-Khazneh). Résistez à la tentation de poursuivre jusqu'au théâtre et grimpez plutôt les marches menant au haut lieu des Sacrifices. Là, faites une pause en buvant un thé à côté de l'obélisque, puis empruntez le sentier qui conduit dans le Wadi Farasa. Vous verrez en chemin de belles fleurs sauvages et la tombe du Jardin. Le chemin rejoint la voie aux colonnades en passant par des formations rocheuses multicolores. S'il vous reste du temps, visitez les tombes royales, puis regagnez le fond de la vallée pour bavarder avec les Bédouins qui tiennent des stands et leur acheter, qui sait, une ravissante bouteille en verre emplie de sable coloré.

Une journée (8 heures). Effectuez le matin l'itinéraire proposé pour une demi-journée – emportez un pique-nique. Après la visite des tombes royales, rejoignez le Qasr al-Bint et marchez à travers le vaste *wadi* qui mène au Jebel Haroun ; arrêtez-vous au monument au serpent – parfait pour un en-cas et une sieste. Retournez ensuite au Qasr al-Bint et visitez le Musée nabatéen voisin, pour en apprendre davantage sur ce fameux serpent. Gardez un peu d'énergie pour grimper jusqu'au monastère, qui clôt en beauté toute visite de Pétra.

Deux jours Consacrez le deuxième jour à l'exploration du superbe Wadi Muthlim, puis reprenez des forces en vous offrant un barbecue au Basin Restaurant. Après le déjeuner, partez à la découverte des beautés cachées du Wadi Siyagh, ponctué de piscines naturelles, puis rebroussez chemin par la rue des Façades. Prenez place près du théâtre pour admirer, juste en face de vous, le coucher du soleil sur les tombes royales – le plus beau spectacle que Pétra ait à offrir.

à emprunter la route, spectaculaire et peu fréquentée, qui relie Siq al-Barid (Little Petra) au Wadi Araba.

Comment circuler

En principe, quantité de taxis privés jaunes sans compteur circulent dans les deux sens sur la route principale, de Wadi Musa à l'entrée de Pétra, surtout tôt le matin et en fin d'après-midi. Une course dans le centre de Wadi Musa coûte 2-3 JD ; comptez un peu plus jusqu'à 'Ain Musa.

Une fois à Pétra, la plupart des sites ne sont accessibles qu'à pied (prévoyez des chaussures resistantes et confortables), ou à dos de dromadaire, d'âne ou de mule – pour les plus hauts et les plus éloignés.

Cité antique

La cité antique de Pétra se déploie sur un vaste territoire de montagnes et de *widyan* ; il n'existe toutefois qu'une seule grande entrée. Attention à ne pas sous-estimer le temps de marche entre chaque site, ni celui du trajet retour qui s'effectue en montée au moment où l'on est le plus fatigué.

Pétra est ouverte tous les jours, sauf en cas de fortes précipitations – ce qui est rare. En toute saison, il est indispensable de se munir de bonnes chaussures, d'un chapeau, d'écran solaire et d'eau (prenez aussi des vêtements chauds en hiver). N'oubliez pas d'emporter batteries et cartes mémoire : vous n'en trouverez pratiquement pas au-delà du Siq.

Commencez par passer au centre d'accueil des visiteurs à Wadi Musa, en face du Mövenpick Hotel. C'est là que l'on achète les billets, et que l'on peut se procurer un plan et des brochures.

À voir

Plus de 800 sites ont été répertoriés à Pétra, dont quelque 500 tombes. Les plus intéressants sont facilement accessibles. De l'entrée, une voie de 800 m descend en serpentant jusqu'à la zone appelée **Bab as-Siq** (porte du Siq), où l'on trouve les premiers vestiges.

Dans tout Pétra, des panneaux en anglais aident à identifier les grands monuments.

Attention : la cité est émaillée d'innombrables hauts lieux, qui servaient jadis à des sacrifices et à d'autres rituels. Tous dévoilent des panoramas splendides et méritent le détour. Néanmoins, vous devrez pour ce faire gravir des escaliers abrupts, menant à des hauteurs non sécurisées. Prudence !

Blocs des Djinns MONUMENT

(carte p. 166). Juste après l'entrée, trois monuments carrés et monolithiques, érigés par les Nabatéens au Ier siècle, ont été baptisés blocs des Djinns ou blocs de Dieu. Ils tirent leur nom du mot arabe signifiant "esprit", qui a donné "génie" en français. On sait peu de chose de leur fonction. Il pourrait s'agir de tombes, de symboles funéraires ou d'édifices liés au culte de l'eau et de la fertilité.

Pour le visiteur, ils ont une double fonction : leur silhouette massive offre un avant-goût des merveilles qui ponctueront la visite ou, au retour, en annonce la fin.

Tombe aux Obélisques et triclinium de Bab as-Siq TOMBEAU

(carte p. 166). Près de l'entrée, une tombe du Ier siècle av. J.-C. est surmontée de quatre stèles pyramidales (*nefesh*) qui servaient de symbole funéraire aux Nabatéens. Les quatre obélisques et la statue érodée, placée au centre, représentent très probablement les cinq personnes inhumées dans le tombeau. Le monument se révèle dans toute sa splendeur au crépuscule, quand le soleil couchant souligne les reliefs des obélisques.

On pourrait croire d'emblée que la tombe aux Obélisques se déploie sur plusieurs niveaux. En réalité, elle fut érigée sur une structure bien plus ancienne, dotée d'une façade à colonnes doriques : un triclinium, ou salle de banquets. Le site de Pétra en compte plusieurs. C'est là que se déroulaient les repas annuels en hommage aux défunts. Ce qu'il en reste (un trou silencieux) n'aide pas à se figurer l'ambiance des agapes.

Près de la tombe aux Obélisques, plus loin sur le chemin ramenant au Siq, une bifurcation est indiquée vers la droite. Elle mène à plusieurs tombes à étages, sculptées au sommet de collines arrondies. Ce petit endroit secret passe souvent inaperçu des visiteurs pressés de rejoindre le Siq.

♥ Le Siq DÉFILÉ

(carte p. 166). Alors que l'on vibre d'impatience en songeant aux découvertes à venir, arpenter ce défilé rocheux aux immenses parois verticales, long de 1,2 km, étroit et sinueux, est une expérience singulière – peut-être les Nabatéens connaissaient-ils semblable fébrilité, eux qui considéraient ce passage comme sacré et l'avaient ponctué d'éléments religieux.

Le Siq débute à hauteur d'un pont, juste à côté d'un barrage moderne. Celui-ci fut construit en 1963, sur une digue nabatéenne datant de l'an 50, pour empêcher l'eau en crue du Wadi Musa de couler dans le défilé. À droite, le Wadi Muthlim passe sous un tunnel nabatéen qui marque le début d'une magnifique excursion (p. 172). L'entrée du Siq était jadis surmontée d'une arche monumentale bâtie par les Nabatéens, qui demeura jusqu'à la fin du XIXe siècle ; on distingue encore quelques vestiges, de part et d'autre du défilé. De nombreux visiteurs traversent le Siq au pas de charge. Pourtant, ce corridor rocheux mérite d'être apprécié en soi. De plus, en prenant votre temps, vous apprécierez d'autant plus l'arrivée sur le site.

Avec ses parois hautes de plusieurs dizaines de mètres par endroits, le Siq n'est pas un canyon à proprement parler (à savoir une gorge creusée par l'eau), mais un bloc fissuré par l'action des forces tectoniques. On peut vérifier en plusieurs points la continuité de la veine rocheuse, d'un bord à l'autre de la faille, notamment là où le Siq ne mesure que 2 m de largeur. Remarquez les rigoles taillées dans la roche, qui acheminaient l'eau jusqu'à Pétra ; certaines canalisations en terre cuite sont encore en place. Des fouilles entreprises en 1997 ont révélé une portion de pavage romain, à 2 m au-dessous du niveau du sol actuel.

À NE PAS MANQUER

L'HISTOIRE EN CHAIR ET EN OS

Le billet d'entrée à Pétra donne accès au spectacle de la Jordan Heritage Revival Company, **History of Petra** (☎ 077 7606052, 079 6606052 ; www.jhrc.jo ; ⏲ sam-jeu). Habillés en centurions, pour certains à cheval, les comédiens participant à cette reconstitution ne manquent pas d'allure. Renseignez-vous auprès du centre d'accueil des visiteurs pour connaître les horaires (représentation interrompue le vendredi et pendant le ramadan).

Selon certains historiens, le Siq revêtait pour les Nabatéens la même fonction que la Voie sacrée dans la culture gréco-romaine. Les grandes cérémonies religieuses de Pétra débutaient par une procession dans le défilé, qui représentait aussi la fin du parcours pour les pèlerins. On remarque encore dans ses parois de nombreuses niches, qui abritaient jadis des bétyles symbolisant le grand dieu nabatéen Dushara. Ces dernières formaient pour les prêtres et les fidèles un lien avec les temples, les tombeaux et les sanctuaires plus grandioses au cœur de la cité, et leur rappelaient qu'ils quittaient le monde profane pour accéder au domaine du sacré.

À un certain point, le Siq s'ouvre pour dévoiler une tombe carrée, jouxtant un figuier solitaire. Un peu plus loin, sur la paroi de gauche, apparaît une sculpture très érodée représentant un dromadaire et un caravanier. La voie d'eau passe juste derrière. Au-delà, les parois semblent presque se rejoindre au sommet, obstruant la lumière et absorbant les sons. En proie à un mélange d'appréhension et d'impatience, on s'apprête alors à découvrir le Trésor, sublime introduction à la cité antique.

♥ Trésor (Al-Khazneh) TOMBEAU

(carte p.166). Ce mausolée est emblématique de Pétra, au point de lui être parfois confondu. Sculpté dans le grès ferrugineux au Ier siècle av. J.-C., le Trésor doit son nom à une légende, qui laissait entendre qu'un pharaon aurait caché ses richesses dans l'urne en pierre massive de 3,5 m de hauteur couronnant la rotonde au niveau supérieur. Les habitants de la région ont dû porter un crédit sérieux à cette histoire, car l'urne en question est criblée d'impacts de balles, qui attestent de tentatives aussi répétées que vaines d'en percer le secret.

Au premier niveau, six colonnes à chapiteaux corinthiens soutiennent un fronton triangulaire arborant une tête de Gorgone. Les personnages sculptés au niveau inférieur représenteraient les fils de Zeus ; dans la partie supérieure, les renfoncements qui encadrent la rotonde renferment deux Victoires ailées. La figure centrale au-dessus du fronton triangulaire fait l'objet de diverses interprétations : la plupart des spécialistes y voient une représentation syncrétique assimilant la déesse égyptienne Isis à la déesse nabatéenne Al-Uzza, d'autres

LES TOMBEAUX DE PÉTRA

La prépondérance des sépultures dans Pétra fit longtemps penser que la cité n'était qu'une vaste nécropole. Mais la raison pour laquelle on a retrouvé aussi peu d'habitations pourrait tenir au fait que de nombreux Nabatéens vivaient avant tout sous la tente, comme certains Bédouins le font encore aujourd'hui.

Les premières sépultures remontent au IIIe siècle av. J.-C. Selon le statut social et les ressources du défunt, la taille et l'apparence des tombes variaient, du simple caveau troglodytique aux façades travaillées des tombes royales, sommet de l'architecture funéraire nabatéenne.

Plus sculpteurs qu'architectes, les Nabatéens réalisèrent rapidement qu'il était plus simple de s'attaquer au grès tendre que d'édifier des ouvrages maçonnés vulnérables aux tremblements de terre. Les plus grands tombeaux étaient creusés en partant du haut avec l'aide d'échafaudages, puis recouverts de plâtre peint dont il ne reste désormais que quelques rares fragments.

À l'extérieur, des *nefesh* (stèles funéraires) représentaient l'âme des morts, dont les dépouilles reposaient dans des *loculi* (petites niches séparées) taillés à même la paroi nue de la tombe. Toutes les sépultures, sauf les plus sommaires, comprenaient une salle de banquet où l'on célébrait les funérailles et les cérémonies commémoratives. Certaines arboraient des fresques, comme celles de la maison peinte du Wadi Siyagh et de Siq al-Barid (Little Petra).

Peuple nomade à l'origine, et donc sans tradition architecturale, les Nabatéens empruntèrent des éléments artistiques aux peuples qu'ils côtoyèrent dans le cadre de leurs activités marchandes. Aussi distingue-t-on de multiples influences égyptiennes, assyriennes, mésopotamiennes, hellénistiques et romaines pour un seul apport typiquement nabatéen, le chapiteau de colonne dit "à cornes". L'éclectisme stylistique, combiné au caractère troglodytique du site, aux couleurs de la roche et au cadre naturel exceptionnel, explique pourquoi Pétra fascine depuis des générations les voyageurs.

penchent pour Tychè, divinité grecque de la Fortune. Deux aigles érodés trônent tout en haut de l'édifice. Les petites cavités régulièrement espacées de chaque côté de la façade évoquent la marque d'échafaudages.

L'intérieur du monument se résume à une salle carrée sans décoration, avec une petite pièce à l'arrière. Cet édifice de 43 m de hauteur sur 30 m de largeur se révèle dans toute sa splendeur le matin entre 9h et 11h (selon la saison), lorsqu'il est illuminé par les rayons du soleil.

Du Trésor, le Siq s'oriente ensuite vers la droite. En face, en diagonale, se trouve une **salle sacrée** (carte p. 166), où se déroulaient peut-être les rites ayant trait aux cérémonies du Trésor.

Rue des Façades (nécropole) TOMBEAUX

(carte p. 166). En partant du Trésor, le passage s'élargit pour devenir ce que l'on appelle communément le Siq extérieur. Plus d'une quarantaine de tombes et d'habitations construites par les Nabatéens, et portant une décoration à merlons évoquant l'architecture assyrienne, ponctuent les parois du Siq extérieur. Cet ensemble surnommé rue des Façades est facile d'accès, contrairement à de nombreuses tombes de Pétra.

Deux sépultures valent le détour. La première (n°67) se distingue par sa chambre funéraire qui occupe l'étage supérieur. L'entrée basse indique combien le niveau du sol s'est élevé au fil des siècles, à la suite de l'agglomération des sédiments déposés par les crues subites. À proximité, la tombe n°70 a la particularité d'être détachée de la paroi rocheuse et surmontée d'une sorte de ziggourat qui la fait ressembler à une forteresse miniature.

♥ **Haut lieu des Sacrifices** BELVÉDÈRE

(carte p. 166). Pétra compte de nombreux sites installés au sommet de montagnes et appelés "hauts lieux". Le haut lieu des Sacrifices, ou Al-Madbah ("l'autel"), est le plus facile d'accès. Les Nabatéens ont aplani le sommet du jebel Madbah pour constituer une plateforme, et creusé de grandes dépressions et rigoles pour drainer le sang des animaux sacrificiels. Une volée de marches indiquée avant le théâtre rejoint Al-Madbah : prenez à droite aux **obélisques** (carte p. 166) pour accéder à la plateforme sacrificielle. Il est également possible d'entreprendre l'ascension à dos d'âne (10 JD l'aller).

Les obélisques, qui dépassent les 6 m, sont particulièrement remarquables. En effet, ils ont été creusés dans la roche et non pas érigés sur celle-ci. En examinant les interstices, on peut se figurer l'échelle colossale de cette excavation. Dédiés aux divinités nabatéennes Dushara et Al-Uzza, ils sont constitués d'une pierre riche en fer qui brille au soleil, et tiennent un peu lieu de totems à ce site sacré.

Le secteur de l'autel comprend un grand triclinium rectangulaire, où les officiants des sacrifices partageaient leur souper. Au centre du haut lieu des Sacrifices, l'énorme bloc de pierre précédé de trois marches est un *motab* (tabernacle), où l'on entreposait les statues des dieux que l'on avait transportées en procession. L'autel circulaire, auquel on accède par trois autres marches, est juste à côté. Les bassins en pierre situés à proximité servaient aux ablutions et aux rituels de purification.

Parfois, le bêlement d'un mouton ou le tintement de la cloche d'une chèvre ravivent le passé, à ceci près que nul simple mortel n'aurait pu, alors, pénétrer dans ce saint des saints. Il suffit pour s'en convaincre de jeter un coup d'œil sur le panorama devant soi. On est ici bien au-dessus des affaires banales de la cité, antique ou contemporaine, plus près du ciel que de la terre.

L'escalier menant au haut lieu des Sacrifices, bien entretenu, enjambe les fissures

ENTRER DANS PÉTRA PAR LA PETITE PORTE

Dans les années 1980, la plupart des Bédouins b'doul, qui vivaient à Pétra depuis des générations, ont été relogés à proximité, dans des villages comme Umm Sayhoun. Au bout de celui-ci, une route permet d'accéder à Pétra. Cela dit, il serait dommage d'entrer dans la cité antique par cet itinéraire le premier jour, car l'arrivée par le Siq est un moment fort de la découverte du site. En revanche, pour accéder plus rapidement au monastère, vous pourrez prendre un taxi jusqu'au portail en haut de cette route, puis marcher 20 minutes jusqu'au musée. De là, le monastère n'est qu'à 40 minutes à pied. Cette solution fait gagner 45 minutes par rapport au chemin via le Siq. Attention : on ne peut pas acheter de billets ici ; or, il en faut impérativement un pour pénétrer sur le site. N'oubliez pas le vôtre.

Pétra

PROMENADE À PIED

Si splendide soit-il, le Trésor (Al-Khazneh) ne constitue pas l'apothéose d'une visite à Pétra que beaucoup s'imaginent. À certains égards, ce serait plutôt une étape – l'endroit où faire halte après la difficile traversée du Siq et avant de poursuivre l'exploration des autres merveilles situées tout près.

Même si votre emploi du temps est serré ou si vous redoutez que le bus n'attende pas, tâchez toutefois de glisser 2 heures supplémentaires dans votre programme pour faire cette promenade à pied. Nous illustrons ici les incontournables sur le chemin qui serpente à travers le Wadi Musa en partant du **Siq** 1, avec arrêt au **Trésor** 2 et poursuite du trajet en passant les tombes du **Siq extérieur** 3. Avec une bonne dose d'énergie et une solide paire de chaussures, grimpez ensuite jusqu'au **haut lieu des Sacrifices** 4 pour profiter d'une vue sublime sur Pétra. Puis, retournez à la **rue des Façades** 5 et au **théâtre** 6. Grimpez les marches situées en face du **tombeau à l'Urne** 7 et de son voisin le **tombeau de la Soie** 8 : ces sépultures royales sont particulièrement belles dans la lumière dorée du soleil couchant.

La perspective d'une aussi longue marche vous rebute ? Pas d'inquiétude ! Des ânes sont à disposition pour les ascensions les plus escarpées, et vous pourrez reprendre des forces grâce au thé à la menthe servi aux stands des Bédouins. Et si vraiment vous êtes harassé, vous pourrez regagner le Trésor à dos de dromadaire.

ENCHANTEMENTS

» **Splendeur matinale** Dès 7h en été et 8h en hiver, venez voir glisser les rayons du soleil sur la façade du Trésor.

» **Cité rose** Face aux tombes royales au crépuscule (vers 16h en hiver et 17h en été), vous comprendrez d'où Pétra tient son surnom.

» **Des fleurs à profusion** Les lauriers-roses de Pétra fleurissent en mai.

SAM OWEN

Trésor

Quand le soleil balaye la façade de ce monument emblématique de Pétra, il illumine aussi, de part et d'autre, des cavités qui servaient probablement de logement aux échafaudages.

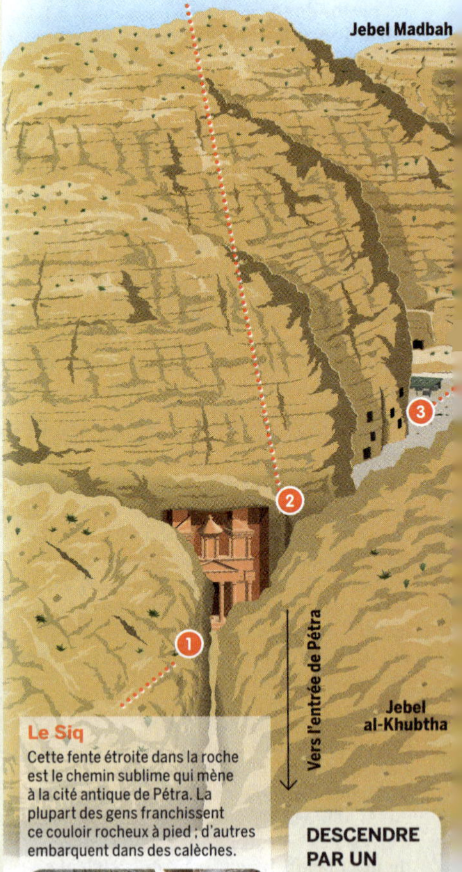

Le Siq

Cette fente étroite dans la roche est le chemin sublime qui mène à la cité antique de Pétra. La plupart des gens franchissent ce couloir rocheux à pied ; d'autres embarquent dans des calèches.

SAM OWEN

DESCENDRE PAR UN CHEMIN DIFFÉRENT

Une superbe balade part du haut lieu des Sacrifices, passe devant la tombe du Jardin, et aboutit au centre de la cité de Pétra.

Haut lieu des Sacrifices

S'imaginer marchant sur les traces des peuples anciens suffit pour que la fatigue de l'ascension de ces marches escarpées s'envole. L'esplanade du sommet servait à des cérémonies – avec libations et encens – en l'honneur des dieux.

SAM OWEN

Siq extérieur

Prenez le temps d'admirer les tombes juste après le Trésor. Certaines semblent reposer sur un sous-sol. Elles montrent à quel point le fond du *wadi* s'est élevé au fil des siècles.

JENNY WALKER

Rue des Facades

En levant les yeux sur la partie supérieure de certains des tombeaux, on aperçoit une petite ouverture. Inhumer les morts dans les "combles" était censé préserver les sépultures des pillards. Le stratagème n'a pas fonctionné.

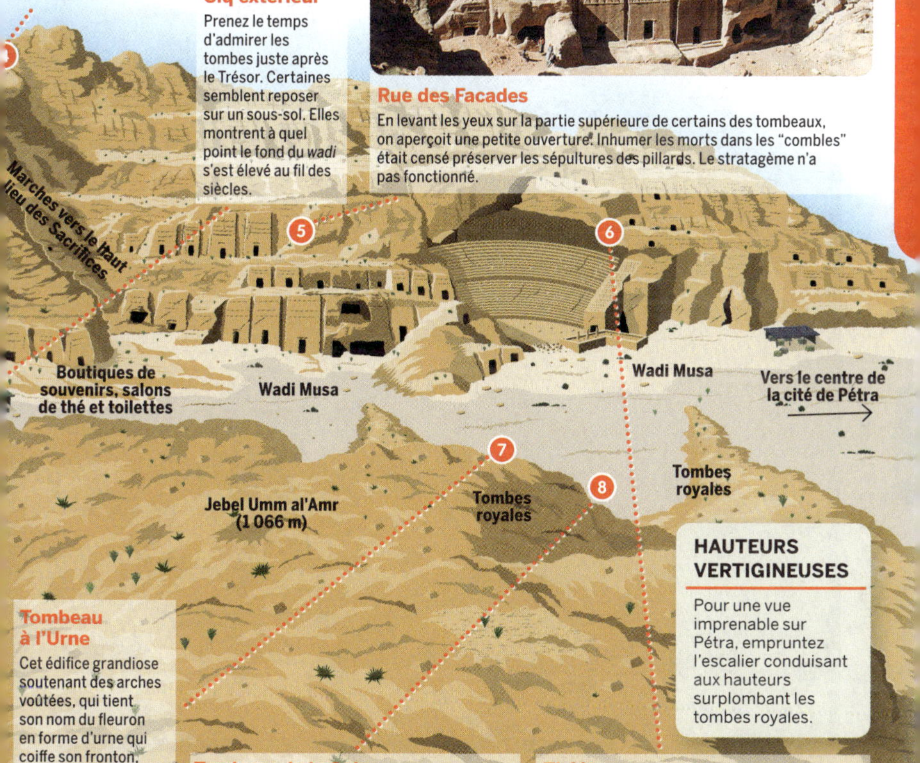

HAUTEURS VERTIGINEUSES

Pour une vue imprenable sur Pétra, empruntez l'escalier conduisant aux hauteurs surplombant les tombes royales.

Tombeau à l'Urne

Cet édifice grandiose soutenant des arches voûtées, qui tient son nom du fleuron en forme d'urne qui coiffe son fronton, fut probablement construit pour l'homme représenté par un buste vêtu d'une toge, et que l'on voit dans l'ouverture centrale.

Tombeau de la Soie

Peut-être les bâtisseurs nabatéens furent-ils attirés par les couleurs chatoyantes des roches du Wadi Musa. Nul édifice ne témoigne mieux que le tombeau de la Soie de la beauté de ce grès strié de somptueuses couleurs, et érodé par les intempéries.

Théâtre

La plupart des amphithéâtres en pierre sont autoportants ; celui-ci, en revanche, est presque entièrement taillé dans la roche. Au-dessus du dernier rang, remarquez les vestiges de tombes très anciennes, dont les façades ont été sacrifiées sur l'autel du divertissement.

SAM OWEN

SAM OWEN

JENNY WALKER

Pétra

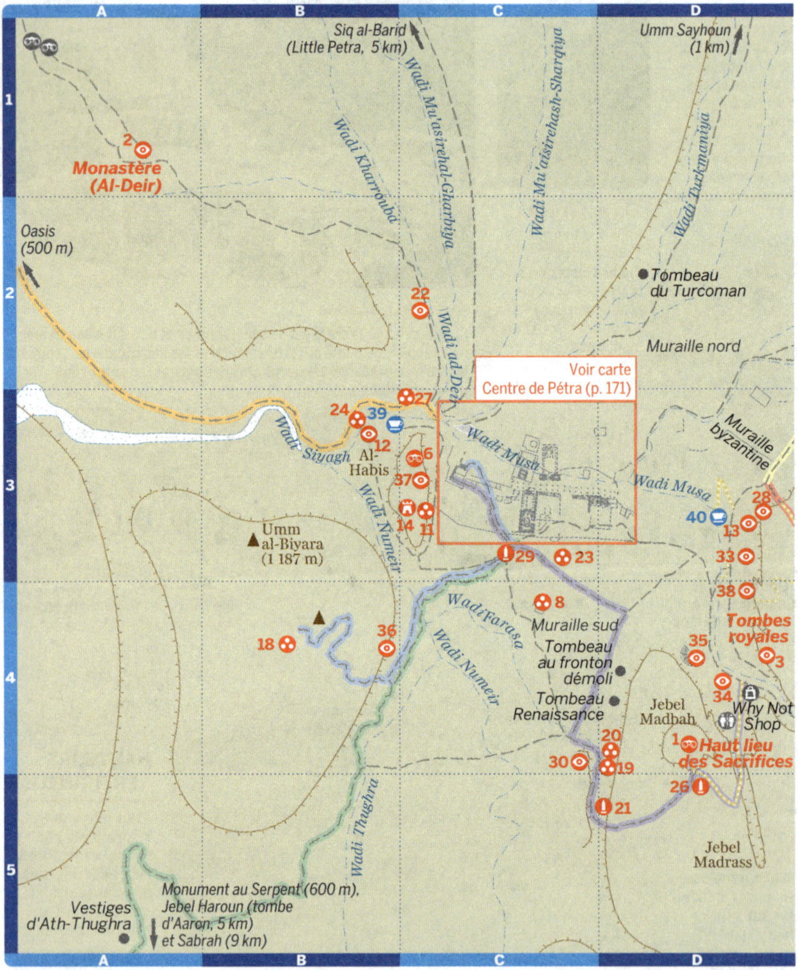

et replis de la montagne. Depuis le théâtre, l'ascension jusqu'aux obélisques demande environ 45 minutes. De là, en prenant à droite, on rejoint le secteur de l'autel. L'itinéraire, très pentu, est assez protégé, ce qui permet de l'emprunter sans craindre les accès de vertige (sauf si l'on y est vraiment sujet). En partant de l'autel, descendez les roches étagées jusqu'à une vaste crête : les tombes royales sont 50 m en contrebas.

Prenez le temps de vous asseoir ici un moment. Vous pourrez ainsi observer à loisir les propriétaires de dromadaires en butte à l'humeur rétive de leurs montures, les jeunes enfants menant leurs chèvres d'un carré de végétation à un autre ou les Bédouins vendant des souvenirs aux autres visiteurs du site. Ainsi, la vie de tous les jours suit son cours, à deux pas des sépultures où reposent les défunts de l'Antiquité.

Depuis les obélisques, il est possible de continuer la balade jusqu'au centre de la cité, en admirant au passage un groupe de tombeaux intéressants rassemblés dans le superbe Wadi Farasa (p. 176).

Théâtre THÉÂTRE

(carte ci-dessus). Les Nabatéens qui creusèrent ce théâtre dans la roche il y a plus de 2 000 ans durent couper à travers grottes

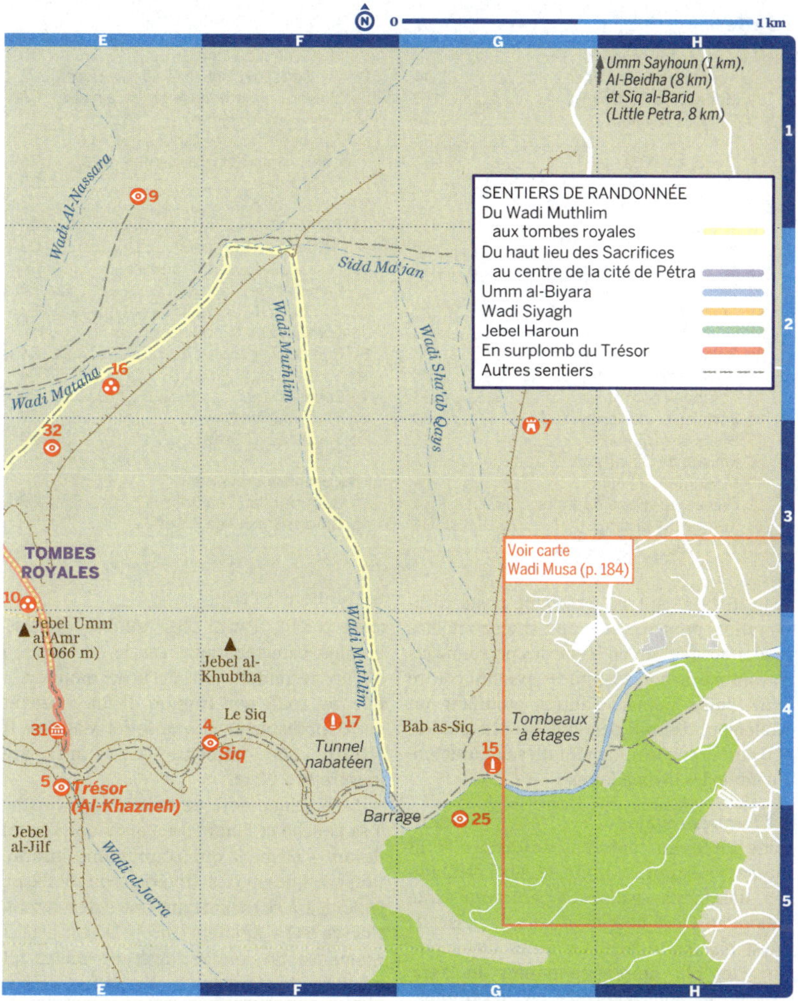

et tombes. Leur ouvrage fut agrandi par les Romains peu après leur arrivée en 106, jusqu'à atteindre une capacité d'environ 8 500 spectateurs (presque 30% de la population de Pétra). Sévèrement endommagé par un séisme en 363, le théâtre fut partiellement désassemblé pour servir à la construction d'autres structures ; il reste cependant un site incontournable de Pétra.

La partie occupée par les gradins pouvait contenir jusqu'à 3 000 spectateurs sur 45 rangées de sièges, divisées en trois sections horizontales et parcourues par deux corridors. Contrairement à l'orchestre, également creusé dans le rocher, la scène (*frons scaenae*), aujourd'hui très abîmée, était un ouvrage de maçonnerie, sur trois niveaux, orné de niches avec des fresques et de colonnes recouvertes de marbre. Les protagonistes accédaient à la scène par l'une des trois entrées dont on distingue encore les emplacements.

D'autres tombes furent détruites par les Romains afin de dégager les gradins du tiers supérieur. Sous la scène se trouvaient des magasins et une trappe par laquelle on baissait le rideau au début des spectacles. Non loin, les archéologues ont exhumé une statue d'Hercule presque intacte.

Pétra

Les incontournables

1	Haut lieu des Sacrifices	D4
2	Monastère (Al-Deir)	A1
3	Tombes royales	D4
4	Siq	F4
5	Trésor (Al-Khazneh)	E4

À voir

6	Al-Habis	C3
7	Al-Wu'ira	G3
8	Az-Zantur	C4
9	Tombes chrétiennes (Moghar al-Nassara)	E1
10	Citerne	E3
11	Columbarium	C3
12	Groupe du Couvent	B3
13	Tombeau corinthien	D3
14	Forteresse des croisés	C3
15	Blocs des Djinns	G4
16	Maison de Dorothéos	E2
17	Monument à l'Aigle	F4
18	Ruines du village édomite	B4
19	Tombe du Jardin	D4
20	Triclinium du Jardin	D4
21	Monument au Lion	D5
22	Tombeau aux Lions (triclinium aux Lions)	C2
23	Maisons nabatéennes et romaines	C3
24	Carrière nabatéenne	B3
25	Tombeau aux Obélisques et triclinium du Bab as-Siq	G5
26	Obélisques	D5
27	Maison peinte	C3
28	Tombeau-palais	D3
29	Colonne du Pharaon	C3
30	Tombeau du soldat romain	C4
31	Salle sacrée	E4
32	Tombeau de Sextius Florentinus	E3
33	Tombeau de la Soie	D3
34	Rue des Façades	D4
35	Théâtre	D4
36	Tombes	B4
37	Tombeau inachevé	C3
38	Tombeau à l'Urne	D4

Où prendre un verre

39	Bdoul Mofleh Tea Shop	B3
40	Have a Break Tea & Coffee	D3

Le théâtre fait un excellent poste d'observation pour assister aux tragi-comédies modernes mettant en scène des personnages n'ayant pas le bon costume et pestant contre leurs hauts talons, d'autres étouffant un bâillement d'ennui pendant la visite guidée, et d'autres encore affichant un sale caractère – comme les dromadaires !

♥ Tombes royales — TOMBES

(carte p. 166). En contrebas du théâtre, le lit du *wadi* s'élargit. À droite, le Jebel al-Khubtha domine la vallée de son imposante silhouette. C'est dans les falaises de sa façade ouest que se nichent certaines des sépultures les plus impressionnantes de Pétra, regroupées sous l'appellation de "tombes royales". Elles sont particulièrement resplendissantes à l'approche du crépuscule, dans la lumière dorée.

On accède aux tombes royales grâce à plusieurs escaliers qui partent du fond de la vallée, près du théâtre. Une superbe randonnée conduit des tombes royales jusqu'aux nombreux sites cultuels installés sur le sommet arasé du Jebel al-Khubtha, d'où la vue sur le Trésor est spectaculaire. Les escaliers sont clairement visibles entre le tombeau-palais et le tombeau de Sextius Florentinus. Les tombes royales sont également accessibles par une marche plus aventureuse à travers le Wadi Muthlim.

➡ Tombeau à l'Urne

(carte p. 166). Parmi ces tombes royales, la plus caractéristique est le tombeau à l'Urne, reconnaissable à l'urne monumentale qui coiffe son fronton. Il fut construit en 70, probablement pour le roi Malichos II (40-70). Son immense salle intérieure mesure 18 x 20 m.

Le portique dorique taillé dans la roche à sa gauche et l'immense parvis qui s'étend devant – élément qui, d'après une inscription grecque située à l'intérieur du tombeau, conduisit à ce qu'il devînt une église byzantine en 447 – ajoutent encore à son aspect grandiose. Sa double rangée de voûtes fut adjointe plus tard par les Byzantins. Vers le sommet de l'édifice, on distingue trois cavités inaccessibles sculptées entre les piliers – encore des tombes. Celle du centre reste obturée par la pierre d'origine montrant le roi vêtu d'une toge.

➡ Tombeau de la Soie et tombeau corinthien

Près du tombeau à l'Urne, le **tombeau de la Soie** (carte p. 166) se distingue par la roche de sa façade, veinée de rose, de blanc et de jaune. Juste à côté, le **tombeau corinthien** (carte p. 166), hélas très endommagé, présente une combinaison des styles hellénistique et corinthien. Il doit son nom à ses chapiteaux corinthiens.

➡ **Tombeau-palais**

(carte p. 166). Très érodé dans sa partie supérieure, le tombeau-palais, sublime imitation d'un palais romain ou grec de trois étages, se remarque à son immense frontispice taillé dans la pierre, le plus imposant de Pétra. L'entrée mène à des chambres funéraires à la sobriété caractéristique de la cité ; les 18 colonnes de l'étage supérieur constituent en revanche l'un de ses éléments distinctifs. Remarquez l'angle supérieur gauche : il a été complété en maçonnerie, et non creusé, car la fragilité de ce pan de paroi rocheuse ne permettait pas de terminer la façade.

Tombeau de Sextius Florentinus TOMBEAU

(carte p. 166). En continuant sur quelques centaines de mètres, on découvre le tombeau de Sextius Florentinus (construit de 126 à 130), trop souvent ignoré des visiteurs. La sépulture de ce gouverneur romain d'Arabie, de l'époque de l'empereur Hadrien, comporte une inscription latine gravée au-dessus de l'entrée rappelant les hauts faits du défunt. Contrairement à la majorité des tombes de Pétra, l'intérieur mérite le coup d'œil : il contient cinq *loculi* (tombes) creusés dans la paroi du fond, et trois autres sur la droite en entrant.

Buvez une tasse de thé dans la boutique installée sur place et prenez le temps d'admirer les veines éblouissantes de la tombe. La tête de Gorgone au centre de la façade, au-dessus des colonnes, est très érodée, mais on peut encore voir les vrilles de vigne qui partent de la tête. Remarquez aussi les chapiteaux à cornes, typiquement nabatéens.

Voie à colonnades VOIE ANTIQUE

(carte p. 171). Cet axe, qui redescend du théâtre, marque le centre de la cité de Pétra. Construit vers l'an 106, il suit le plan romain classique d'un *decumanus* (axe est-ouest) – il n'y a pas, comme on pourrait s'y attendre, de *cardo maximus* (axe nord-sud). Des colonnes de grès couvertes de marbre bordaient à l'origine la chaussée carrossable de 6 m de largeur, et des portiques couverts donnaient accès à des boutiques.

Au début de la voie se dresse le **nymphée** (carte p. 171), fontaine publique du IIe siècle qu'alimentait l'eau acheminée du Siq par des canalisations. Il n'en reste pratiquement rien et on le repère surtout à l'immense **pistachier**, vieux de 450 ans, dont l'ombre est particulièrement appréciale en été.

Également le long de la voie à colonnades, on voit des vestiges du marché, ainsi que les

PÉTRA LOIN DE LA FOULE

Pétra au point du jour Le Trésor (Al-Khazneh) est illuminé par le soleil le matin. **Bon à savoir** Allez-y avant 8h et l'arrivée des bus des circuits organisés.

Pétra photogénique Les visiteurs qui s'attardent en fin d'après-midi assistent à un final superbe, quand les derniers rayons du soleil colorent les monuments d'un rose-rouge flamboyant. **Bon à savoir** Le soleil se couche vers 18h en été et vers 17h en hiver.

Pétra vue de haut Le Siq, la rue des Façades et le musée se tiennent dans le *wadi*. Grimpez quelques marches ou jusqu'à un plateau, ou montez à dos de dromadaire, pour voir Pétra sous un autre angle. **Bon à savoir** Les gradins du théâtre offrent une vue imprenable.

Pétra secrète La cité ne dévoile pas ses secrets si facilement, et la plupart des visiteurs repartent sans avoir vu le splendide monastère, situé au faîte de 800 marches taillées à main d'homme. **Bon à savoir** Contemplez la vue sur le Wadi Araba, jamais plus belle que dans le plein soleil de l'après-midi, depuis les belvédères situés à 15 minutes à pied du monastère. Vous irez plus vite en passant par la porte de derrière, à Umm Sayhoun.

Pétra verdoyante Découvrez un monde parallèle dans les *widyan* cachés de Pétra. Lézards, serpents et scorpions peuplent les berges des bassins naturels dans la roche, mais ils sont farouches. **Bon à savoir** Les superbes lauriers-roses fleurissent dans les *widyan* en mai.

La vie au quotidien Pétra est aussi un lieu de vie. Essayez Raami Tours (p. 186) et vous comprendrez mieux comment les Bédouins b'doul vivent au quotidien au milieu de ces monuments. **Bon à savoir** Buvez un thé avec les Bédouins : vous participerez ainsi à un rituel ancestral.

Petra by Night (p. 185). Imprégnez-vous de la magie de Pétra à la lueur des bougies. **Bon à savoir** Prenez des vêtements bien chauds en hiver.

ruines du **palais royal** (carte p. 171), qui ne laissent rien deviner de son aspect d'origine.

La rue débouche enfin sur la **porte du Téménos** (carte p. 171). Érigée au IIe siècle, celle-ci comportait initialement d'énormes battants en bois et des tours latérales. Elle donnait accès au **téménos** (cour sacrée ; carte p. 171) du Qasr al-Bint, séparant l'espace marchand de la cité et l'espace sacré du temple. Des restes de frises à motifs végétaux et une figure munie d'une flèche donnent une idée de la somptueuse décoration d'origine. En face, les **thermes nabatéens** (carte p. 171) se résument à quelques vestiges.

Grand Temple — TEMPLE

(carte p. 171). Temple nabatéen majeur de la fin du Ier siècle av. J.-C., cet édifice fut très endommagé par un séisme, peu après sa construction. Il a pourtant été utilisé (quoique sous d'autres formes) jusqu'à la fin de la période byzantine. On peut encore voir le *theatron* (théâtre miniature) en son centre. Le temple mesurait à l'origine 18 m de hauteur et son enceinte, 40 x 28 m. L'intérieur était recouvert de stuc rouge et blanc.

Un propylée (entrée monumentale) précédait la première volée de marches, en haut de laquelle s'étendait le **téménos inférieur** (cour sacrée), flanqué d'une triple colonnade. Le niveau supérieur renfermait l'enceinte sacrée du temple avec, à l'entrée, quatre colonnes monumentales plaquées de marbre.

Qasr al-Bint — TEMPLE

(carte p. 171). Parmi les rares structures entièrement maçonnées de Pétra, le Qasr al-Bint, érigé par les Nabatéens vers 30 av. J.-C., fut plus tard affecté au culte des empereurs romains, avant d'être détruit autour du IIIe siècle. En dépit du nom que lui ont donné les Bédouins – "château de la fille du pharaon" –, ce temple était initialement dédié à des dieux nabatéens.

Il culminait autrefois à 23 m et possédait des escaliers en marbre, d'imposantes colonnes, une plateforme surélevée pour la prière, des moulages ornementés et des bas-reliefs en pierre (quelques exemples sont exposés dans le modeste musée nabatéen voisin). Au centre, le "saint des saints" (ou *adyton*) recelait l'image des divinités. L'**autel sacrificiel** (carte p. 171), situé devant et autrefois recouvert de marbre, indique qu'il s'agissait sans doute du principal lieu de culte dans la cité nabatéenne. De même, son emplacement à hauteur de la rue suggère-t-il que toute l'enceinte, et non point seulement l'intérieur du sanctuaire, était considérée comme sacrée.

Temple aux Lions ailés — TEMPLE

(carte p. 171). Le temple aux Lions ailés doit son nom aux félins sculptés qui couronnaient les chapiteaux de ses colonnes. Édifié vers l'an 27, il était probablement dédié à la déesse de la Fertilité, Atargatis (Al-Uzza), la parèdre féminine du dieu Dushara, assimilée à Isis et Osiris. Les fragments de pierre décorative et de moulures peintes découverts sur le site de ce temple, jadis important, sont aujourd'hui conservés au musée nabatéen.

Des vestiges laissent supposer que le temple et son entrée étaient joliment décorés avec des arches et des portiques qui allaient jusqu'au *wadi* et l'enjambaient.

Église de Pétra — ÉGLISE

(carte p. 171). Un auvent dissimule les ruines de l'église de Pétra (ou église byzantine), bâtie vers 530 sur des fondations nabatéennes. L'intérieur possède de beaux pavements en **mosaïques** qui, à l'origine, recouvraient aussi les murs. Vous pourrez consulter le plan et les explications en anglais.

Victime d'un incendie et de tremblements de terre répétés, cette église a récemment été restaurée par l'American Center of Oriental Research d'Amman.

Al-Habis — BELVÉDÈRE

(carte p. 166). Après le Qasr al-Bint se dresse le petit massif d'Al-Habis ("la prison"). Du Nabataean Tent Restaurant, un escalier gravit la colline jusqu'au **musée d'Al-Habis** (carte p. 171 ; 8h-16h) GRATUIT, le plus petit des deux musées de Pétra. Les statues, figurines et stucs peints qui y sont exposés contrastent, par leurs dimensions, avec l'immensité du site.

Continuez de grimper au-delà du musée pour atteindre un chemin peu emprunté, qui mène à l'arrière d'Al-Habis et offre une vue splendide sur le fertile Wadi Siyagh et sa jonction avec le Wadi Numeir. Le chemin débouche ensuite très vite devant l'**habitation troglodytique** ("salon de thé" et confortable demeure) de B'doul Mofleh, l'un des derniers habitants de Pétra. En admirant la vue sublime et le petit jardin de jasmin en fleur, on comprend aisément qu'il n'ait pas souhaité être relogé à Umm Sayhoun, contrairement au reste de sa famille. Au début de l'été, ne manquez pas de jeter un

Centre de la cité de Pétra

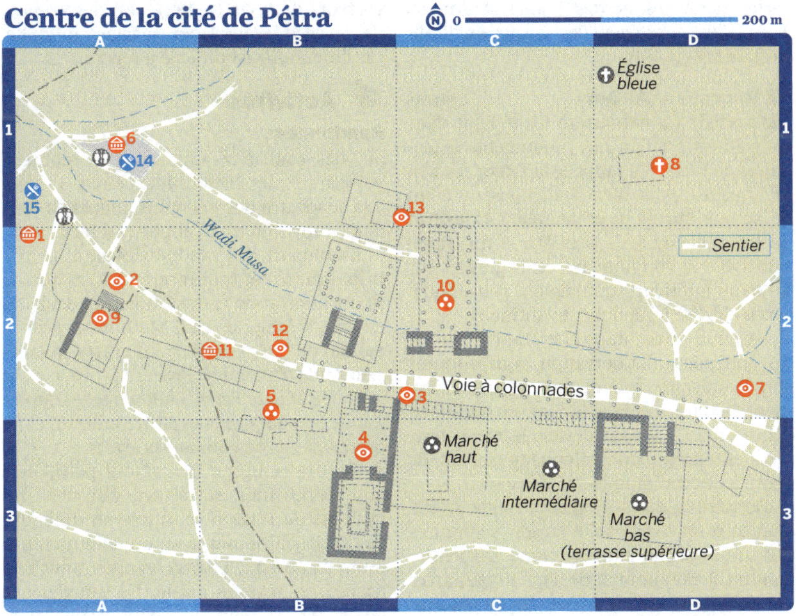

coup d'œil aux aloès rouges qui poussent sur les falaises, juste en face.

Le sentier fait le tour de la colline, passe devant un ensemble de tombes appelé **groupe du Couvent** (carte p. 166), puis rejoint une volée de marches. Celles-ci mènent à leur tour (via un pont en planches) jusqu'au sommet d'Al-Habis, un autre haut lieu (au sens propre) de Pétra. Au sommet (comptez 10-15 min pour l'atteindre) trônent les maigres vestiges d'un petit **fort croisé** (carte p. 166), construit en 1116 par Baudouin Ier. Les ruines ne sont pas impressionnantes, mais la vue sur la cité récompense des efforts fournis.

De là, on peut marcher jusqu'au monument au Serpent, dans le Wadi Thughra, via la **colonne du Pharaon** (carte p. 166) – un bon point de repère ; ou le long du Wadi Farasa jusqu'au haut lieu des Sacrifices.

Autre solution : terminer la visite d'Al-Habis en descendant la colline derrière le Qasr al-Bint. En chemin, vous verrez le **tombeau inachevé** (carte p. 166), qui donne un aperçu unique des techniques de construction nabatéennes (les ouvriers se servaient d'échafaudages et commençaient par le haut). À côté, le mystérieux **columbarium** (carte p. 166) renferme de nombreuses niches dont l'usage est sujet à controverses. Certains pensent qu'elles contenaient des

Centre de la cité de Pétra

À voir

1 Musée Al-Habis A2
2 Autel A2
3 Voie à colonnades C2
4 Grand Temple B3
5 Thermes nabatéens B2
6 Musée nabatéen A1
7 Nymphée D2
8 Église de Pétra D1
9 Qasr al-Bint A2
10 Palais royal C2
11 Téménos B2
12 Porte du Téménos B2
13 Temple aux Lions ailés C1

Où se restaurer

14 Basin Restaurant A1
15 Nabataean Tent Restaurant A1

images votives ou des urnes funéraires ; d'autres qu'elles étaient destinées à accueillir les pigeons.

Musée nabatéen MUSÉE
(Petra Archaeological Museum ; carte p. 171 ; 9h-17h avr-sept, jusqu'à 16h oct-mars). GRATUIT Souvent appelé Musée nabatéen, le petit musée archéologique de Pétra présente d'intéressants artefacts de la région, dont des mosaïques. Les légendes sont en anglais. Le musée, ainsi que la boutique qui vend des

cartes détaillées et des bijoux artisanaux à prix fixes, partagent les locaux du Basin Restaurant (p. 181).

Monastère (Al-Deir) TOMBEAU

(carte p. 166). Ce monastère niché haut dans les collines est l'un des monuments légendaires de Pétra. S'il rappelle le Trésor par son architecture, il est bien plus imposant (50 m de largeur sur 45 m de hauteur). Construit au IIIe siècle av. J.-C., peut-être à fins funéraires, il doit son nom aux croix gravées sur les murs intérieurs, qui laissent penser qu'il servit d'église à l'époque byzantine.

Le salon de thé dans la grotte en face est un bon poste d'observation pour admirer son frontispice hellenistique, particulièrement éblouissant dans la lumière du milieu d'après-midi. La cour devant le monastère, jadis entourée d'une colonnade, servait de cadre à des cérémonies religieuses.

Derrière le salon de thé, la tombe n°468 vaut le coup d'œil : jolie façade, sculptures défigurées et panorama sublime. Un sentier conduit à des **points de vue** imprenables sur le Wadi Araba, Israël, les Territoires palestiniens et, au sud, sur la cime du Jebel Haroun, coiffé d'un petit sanctuaire blanc.

Le **sentier** qui mène au monastère, facile à suivre, part du Musée nabatéen (en cas de doute, repérez les randonneurs fatigués qui redescendent) ; comptez 40 minutes. Sinon, vous pouvez engager un guide (avec ânes), moyennant 30 JD l'aller-retour en fonction de vos talents de marchandage. À la descente, il est préférable de marcher car les ânes trottent vite sur un chemin escarpé et glissant ; le trajet est donc inconfortable, voire dangereux, pour le visiteur comme pour sa monture. Mieux vaut aussi envisager la balade en milieu d'après-midi, quand le parcours est plus ombragé et l'édifice particulièrement photogénique. Le chemin, spectaculaire, compte plus de 800 marches taillées dans la falaise et emprunte l'ancienne voie processionnelle. Les formations rocheuses tarabiscotées qui le jalonnent sont extraordinaires. Il y a plusieurs sentiers secondaires à explorer. L'un conduit au **tombeau aux Lions** (triclinium aux Lions ; carte p. 166), niché dans une ravine. Les deux lions érodés auxquels le monument doit son nom se font face, de part et d'autre de sa base.

Une belle **randonnée** de 6 km conduit du monastère à Siq al-Barid (Little Petra ; environ 2 heures 30, avec des passages en terrain accidenté, mais néanmoins praticable). Adressez-vous au centre d'accueil des visiteurs de Pétra (p. 182) ou à des agences de voyages locales pour engager un guide, car l'itinéraire est difficile à repérer.

Activités

Randonnées

Si vous souhaitez admirer de somptueux paysages et des tombes inexplorées, et aller à la rencontre des Bédouins, munissez-vous d'une provision d'eau et partez à pied.

La plupart des randonnées ne sont pas trop difficiles et toutes se font à la journée (il est interdit de camper à Pétra). Seuls les circuits le long du Wadi Muthlim et jusqu'à Sabrah ou Siq al-Barid (Little Petra) requièrent l'aide d'un guide. Procurez-vous la carte intitulée *Map of Petra* – notez que les durées indiquées sont données à titre indicatif et ne prennent pas en compte les arrêts.

On peut engager des guides polyglottes et expérimentés au centre d'accueil des visiteurs de Pétra pour suivre un itinéraire simple jusqu'au musée moyennant un minimum de 50 JD (1-9 pers) ou opter pour une agence de voyages locale. Un supplément de 20 JD est demandé pour rejoindre le haut lieu des Sacrifices ou le monastère. Des guides bédouins "non officiels" pratiquent parfois des tarifs bien moins élevés : il arrive qu'ils soient excellents, mais ce n'est pas garanti. Les femmes seules devront se montrer prudentes ; en effet, la plupart des randonnées passent par des lieux très isolés. Il est peut-être plus prudent de louer les services d'une personne accréditée

Restez bien sur les sentiers balisés, utilisez les toilettes et remportez tous vos détritus.

Itinéraires courts

Du Wadi Muthlim aux tombes royales RANDONNÉE

(niveau intermédiaire ; guide obligatoire, 50 JD ; 1 heure 30 aller). Cette randonnée aventureuse de 1 heure 30 à travers un canyon constitue une bonne alternative pour rejoindre Pétra si vous avez déjà emprunté le Siq. Les crues soudaines peuvent être dangereuses ; d'où la nécessité d'avoir recours à un guide. L'itinéraire n'est pas très ardu, mais vous devrez franchir des amoncellements de rochers barrant le passage et, en hiver, il se peut que vous pataugiez dans des bassins.

Le parcours commence au barrage, juste avant l'entrée du Siq. Avant de pénétrer dans l'ancien tunnel nabatéen, long de 88 m, il est possible d'effectuer un bref détour (prenez à droite et revenez sur vos pas en passant au-dessus du tunnel) jusqu'au **monument**

"IBRAHIM" BURCKHARDT

Né à Lausanne, en Suisse, en 1784, Jean Louis (Johann Ludwig) Burckhardt étudia l'arabe et s'intéressa aux sciences et à la médecine à l'université de Cambridge (Royaume-Uni), avant de s'établir à Alep en 1809. Là, il se convertit à l'islam et prit le nom de Cheikh Ibrahim bin Abdullah. Au cours des deux années qui suivirent, il passa maître dans l'art du déguisement, adoptant les coutumes locales et mettant le personnage qu'il avait créé à l'épreuve des Bédouins.

En 1812, se rendant de Damas au Caire, il entendit parler de fabuleuses ruines cachées dans les montagnes de la vallée du Wadi Musa. Résolu à les voir de ses propres yeux, il imagina un stratagème pour ne pas éveiller les soupçons de son guide et de ses porteurs :

> "Je prétendis alors avoir fait le vœu de sacrifier une chèvre à Haroun (Aaron) dont je savais le tombeau situé au bout de la vallée, espérant ainsi voir le reste du site au passage."
>
> *Jean Louis Burckhardt, Voyage en Syrie et en Terre sainte*

Son plan fonctionna à merveille et, bientôt, il franchit le Siq, en s'efforçant de cacher son étonnement. Son guide ne fut pas dupe longtemps. Imaginant que le Syrien à la peau claire était venu à la chasse au trésor, il déclara : "Je comprends à présent que tu es un infidèle, et que tu as un intérêt tout particulier pour les ruines. " Pour ne pas nourrir plus avant les soupçons, Burckhardt dut faire taire sa curiosité et se contenter d'un bref coup d'œil aux monuments anciens – cela lui suffit toutefois à conclure qu'il s'agissait de Pétra, un endroit que "nul voyageur européen n'avait jamais visité".

> "Le cadre naturel et l'esthétique [d'Al-Khazneh] ont été choisis pour subjuguer le voyageur lorsqu'il débouche de ce passage obscur et presque souterrain [le Siq]... ces ruines figurent parmi les plus élégantes qui subsistent de l'Antiquité."

Pour bien des explorateurs, cette expédition aurait constitué le grand exploit de leur vie d'aventurier. Ce ne fut pas le cas pour Burckhardt. Il poursuivit son périple à la recherche de la source du Niger, découvrit par la suite le magnifique temple de Ramsès II à Abou-Simbel, en Égypte, et explora, toujours travesti, La Mecque et Médine. En 1815, il contracta la dysenterie au Caire, qui l'emporta en 1817, à l'âge de 33 ans. Il fut inhumé au cimetière musulman du Caire.

à l'Aigle (carte p. 166), décoré de sculptures à l'effigie de ces rapaces.

De retour sur l'itinéraire principal, traversez le tunnel pour déboucher dans la lumière du Wadi Muthlim, orné d'un dense ruban de lauriers-roses. Le *wadi* se rétrécit progressivement, jusqu'à devenir un défilé de 1 m de largeur. En trois endroits, il faut se baisser pour descendre des rochers de 2 m de hauteur qui obstruent la voie. Le premier passage est très facile à négocier, les deux autres moins – ce n'est pas impossible si l'on a quelqu'un sur qui prendre appui, mais délicat si l'on est seul. Si vous avez du mal à franchir le deuxième rocher, rebroussez chemin, sans quoi, vous pourriez bien rester coincé entre deux barrages rocheux.

Au bout de 25 minutes de marche, vous remarquerez au-dessus de vous les vestiges d'un barrage nabatéen. Environ 5 minutes plus tard, vous atteindrez une intersection en T, là où le sentier rencontre le Wadi Mataha. Suivez alors la flèche peinte pointant vers la gauche, pour entamer le tronçon le plus intéressant : le défilé devient si étroit qu'il se réduit à une fissure creusée dans la roche. Les deux parois rocheuses parallèles sont alors si rapprochées que l'on comprend aisément le danger que cette randonnée présenterait en cas de crue subite. À certaines périodes, vous devrez peut-être marcher dans des mares résiduelles. Au bout d'un moment, vous arriverez à un endroit idéal pour pique-niquer. Entourée de niches nabatéennes, avec deux côtés ombragés presque toute la journée, cette petite place de l'antique Pétra a un charme fou.

À partir de là, il suffit de longer la paroi de la falaise vers la gauche et de dépasser une série de sépultures peu visitées, dont la **maison de Dorothéos** (carte p. 166) et le **tombeau de Sextius Florentinus** (p. 169), pour rejoindre les tombes royales. Sinon, vous pouvez vous diriger vers le nord-est via

KATSIUBA VOLHA/SHUTTERSTOCK ©

1. Pétra (p. 157)
Les monuments de Pétra, taillés à flanc de falaise, restèrent pendant des siècles dans l'oubli.

2. Dromadaires
Une balade à dos de dromadaire est un excellent moyen d'accéder aux sites les plus élevés et les plus éloignés.

3. Le Trésor (Al-Khazneh ; p. 162)
Découvrez le probable tombeau du roi nabatéen Arétas IV éclairé par des bougies, lors d'une visite de nuit.

4. Tombeaux excavés (p. 162)
Les plus anciens tombeaux de Pétra furent creusés dans le grès au IIIe siècle av. J.-C.

JPRICHARD/SHUTTERSTOCK ©

un petit sentier qui part du *wadi*, presque en face du tombeau de Sextius Florentinus, pour partir à la découverte des intéressantes **"tombes chrétiennes" de Moghar al-Nassara** (carte p. 166) où des fouilles sont en cours.

Sachez que certaines portions du Siq peuvent devenir impraticables s'il a plu. Il existe aussi de véritables risques de crues subites dans le Wadi Muthlim, car le barrage situé au début du principal défilé de Pétra détourne l'eau vers son lit. Aussi, ne partez surtout pas s'il a plu ou si l'averse menace. Votre guide devrait disposer des dernières informations sur l'état de l'itinéraire.

Du haut lieu des Sacrifices au centre de Pétra

RANDONNÉE

(niveau intermédiaire ; sans guide ; ⏲1 heure aller). Cette marche d'une heure, qui débute au haut lieu des Sacrifices (p. 163), traverse de belles zones moins fréquentées de Pétra. Il est également possible de la faire en sens inverse, ce qui permet de s'acheminer vers la sortie du site l'après-midi.

En haut du chemin menant au haut lieu des Sacrifices, près des obélisques, des marches descendent vers le Wadi Farasa. Le point de départ de ce sentier n'est pas évident : repérez les cairns ou demandez votre chemin à la buvette. D'emblée, vous pourrez admirer des formations rocheuses aux veines magnifiques et des jardins sauvages fleuris. Après 10 minutes de descente, vous parviendrez à la **fontaine au Lion** (carte p. 166), exemple du génie hydraulique des Nabatéens, où l'eau s'écoulait par la gueule du lion sculpté sur la paroi rocheuse. Un autel en pierre, qui fait face en diagonale à la fontaine, laisse penser que celle-ci avait une fonction religieuse. Les marches descendent encore en tournant à flanc de colline jusqu'à la **tombe du Jardin** (carte p. 166) – plus probablement un ancien temple – et aux vestiges d'une énorme citerne.

Un peu plus bas, sur la gauche, se dresse la belle **tombe du Soldat romain** (carte p. 166), nommée d'après la statue placée au-dessus de l'entrée. Presque en face, le **triclinium du Jardin** (carte p. 166) abritait les fêtes religieuses commémorant les défunts. Ses murs intérieurs portent des décorations sculptées uniques à Pétra. Une cour à

PÉTRA MISE À MAL PAR LE TOURISME

Après être restée dans l'ombre près de mille ans, Pétra doit sa fragilité actuelle au trop grand intérêt qu'elle suscite. Les "bonnes" années, elle reçoit 500 000 visiteurs. Cet engouement met à rude épreuve l'intégrité du site, comme l'endurance des autorités qui s'occupent de sa maintenance. Les milliers de pas piétinant chaque jour la roche, l'augmentation du taux d'humidité engendré par la respiration des touristes dans les tombeaux, l'érosion causée par l'escalade intempestive des monuments et des versants escarpés de collines : tout cela menace sérieusement l'avenir de Pétra à long terme.

Conscientes du problème, plusieurs instances locales, nationales et internationales travaillent en collaboration depuis plus de dix ans à la préservation et à l'amélioration du site de 853 km². La quasi-totalité de Pétra est désormais propre – le site est entretenu en permanence, de nouvelles toilettes ont été installées et les mentalités ont évolué, si bien que les visiteurs sont désormais nombreux à remporter leurs déchets.

Il y a aussi eu d'autres progrès notables : du mortier invisible est désormais employé pour consolider les ouvrages de maçonnerie fragiles et remplacer le ciment disgracieux utilisé lors des précédentes restaurations ; le Siq a été étayé ; et des travaux sont en cours pour préserver les façades des tombeaux. Les autorités se sont également penchées sur le développement anarchique de Wadi Musa : un système de drainage et de tout-à-l'égout a été installé, et un moratoire a été appliqué à la construction d'hôtels inesthétiques nuisant à l'atmosphère inhérente à Pétra. On attend encore une meilleure signalétique, ainsi qu'un bon balisage des sentiers.

Malgré toutes les mesures entreprises, Pétra ne pourra être sauvée sans la participation active de ses visiteurs. Chacun peut apporter sa contribution : restez sur les sentiers existants, évitez d'escalader les monuments, résistez à l'envie de toucher les ouvrages de maçonnerie qui s'éboulent, remportez tous vos détritus et utilisez systématiquement les toilettes. Tout cela paraît évident, mais, à en juger certains graffitis rencontrés sur les hauts lieux de Pétra, le tourisme responsable a encore beaucoup de chemin à parcourir.

colonnades reliait jadis la tombe du Soldat romain au triclinium.

Plus loin, le sentier bifurque sur la droite, au-dessus du lit asséché du *wadi*. Une échoppe de thé vend des chapelets de clous de girofle. Les respirer constitue un excellent remontant ! Plus loin sur la crête, le sentier se divise en deux branches. Celle de droite longe des tombes colorées en piteux état, puis descend jusqu'à la voie à colonnades (p. 169) ; celle de gauche passe devant **Az-Zantur** (carte p. 166), un palais du Ier siècle où les fouilles se poursuivent. À proximité se trouvent les ruines d'un ensemble de **maisons nabatéennes et romaines** (carte p. 166), l'un des rares exemples d'habitats découverts sur le site. Le sentier continue vers l'ouest le long de la crête jusqu'à la **colonne du Pharaon**, qui est tout ce qui subsiste d'un autre temple nabatéen. Là, on peut soit prendre à gauche jusqu'au monument au Serpent pour une randonnée plus longue ; soit continuer tout droit jusqu'au Qasr al-Bint et jusqu'à Al-Habis. Si vous êtes désorienté, l'auvent vert pâle de l'église byzantine, au nord de la voie à colonnades, constitue un repère pratique.

Wadi Siyagh RANDONNÉE

(facile ; sans guide ; ⏲ 1 heure aller-retour). Pour une balade sans grimpette à flanc de falaise, essayez le sentier qui suit le lit asséché du Wadi Siyagh en contrebas du massif d'Al-Habis. Ancien quartier résidentiel de Pétra, le *wadi* et les hauteurs voisines recèlent des tombes et des habitations qui n'ont pas été fouillées, mais que l'on peut explorer. Pour peu que l'on s'éloigne du bruyant générateur du restaurant, l'endroit compte aussi quelques coins tranquilles où pique-niquer.

On entre dans le Wadi Siyagh en face du Basin Restaurant. Vous remarquerez bientôt des marches qui montent sur la droite jusqu'à la **maison peinte** (carte p. 166), l'une des très rares tombes de Pétra à avoir conservé des traces de fresques nabatéennes. Plus bas, un méandre de la vallée abrite une **carrière nabatéenne** (carte p. 166).

Au fond de la vallée, les buissons verts, les bassins et les cascades (en hiver) qui bordent le *wadi* forment un cadre bucolique qui se couvre de fleurs au printemps. En mai et en juin, la balade vaut la peine rien que pour admirer les lauriers-roses et les aloès.

Le chemin le long du Wadi Siyagh n'est pas difficile à repérer, mais il devient un peu ardu par endroits, lorsqu'il escalade les parois qui flanquent le cours d'eau. Surtout, ne marchez pas dans le *wadi* quand la pluie menace, car les risques de crue sont réels.

Treasury Vista I (panorama du Trésor n°1) RANDONNÉE

(difficile ; guide obligatoire, 80 JD ; ⏲ 1 heure aller-retour). Ce sentier abrupt, qui débute face au Trésor, est souvent fermé car le point de vue minuscule à flanc de falaise auquel il conduit est extrêment dangereux. Renseignez-vous auprès du centre d'accueil des visiteurs.

Treasury Vista II (panorama du Trésor n°2) RANDONNÉE

(niveau intermédiaire ; sans guide ; ⏲ 1 heure 30 aller-retour). Cette randonnée, qui emprunte les escaliers processionnels situés à 150 m du tombeau-palais, offre une vue inhabituelle mais spectaculaire sur le Trésor. L'ascension abrupte mène au sommet d'une colline surmontée d'une citerne nabatéenne et à un époustoufflant panorama, presque 200 m au-dessus de l'entrée du Siq. Suivez cet itinéraire au petit matin, pour admirer le Trésor illuminé par le soleil.

Une série d'escaliers processionnels récemment rénovés montent en pente raide à 150 m au nord-est du palais-tombeau (ils sont indiqués). La montée dure environ 20 minutes. Une fois en haut, on débouche sur un terrain plat, où se trouve une **citerne nabatéenne** (carte p. 166). En chemin, la vue qui embrasse le théâtre est superbe.

Poursuivez au sud de la citerne (actuellement occupée par un Bédouin qui tient une maison de thé) par un chemin de terre moins facilement repérable. Descendez dans le *wadi* asséché pendant environ 15 minutes, puis engagez-vous dans un petit ravin. Vous déboucherez alors sur un belvédère spectaculaire situé 200 m au-dessus du Trésor, qui offre une vue majestueuse sur l'édifice. Regardez bien où vous mettez les pieds et prenez des points de repère en redescendant, car il n'est pas facile de retrouver le sentier qui ramène au sommet des marches.

De retour à la citerne, une minuscule faille dans la roche dissimule des marches usées qui descendent dans une ravine et le long de la falaise jusqu'à proximité du **tombeau à l'Urne**. Là encore, le tracé du chemin n'est pas très net (et le sentier lui-même est assez boueux au début) mais, avec un peu d'attention et de bon sens, il se parcourt sans difficulté – même si nous avons atterri sur une canalisation nabatéenne qui pendait au-dessus d'un à-pic, mais il est toujours possible de rebrousser chemin !

HORS DES SENTIERS BATTUS

DOUZE FAÇONS ORIGINALES DE DÉCOUVRIR PÉTRA

- Arriver par l'étroit Wadi Muthlim (p. 172) plutôt que par le Siq (le deuxième jour).
- Suivre le chemin au-dessus des tombes royales (p. 177) – pour une vue plongeante sur le Trésor.
- Traverser à cheval le plateau haut perché au-dessus du Trésor.
- Descendre du haut lieu des Sacrifices par le Wadi Farasa (p. 176), un véritable jardin.
- Boire un thé avec l'un des derniers habitants de la cité derrière Al-Habis (p. 170).
- Pique-niquer dans un triclinium, où se tenaient les banquets en l'honneur des morts.
- Randonner avec un guide du monastère jusqu'à Siq al-Barid (Little Petra ; p. 194).
- Découvrir un petit coin secret au-delà du *siq* à Little Petra (p. 193).
- Enfourcher un âne pour 2 jours jusqu'à Sabrah (p. 179) via le Wadi Tibn.
- Quitter Pétra avec les Bédouins b'doul par la route menant à Umm Sayhoun.
- Marcher d'Umm Sayhoun à Wadi Musa – pour la vue sur Pétra au soleil couchant.
- Faire halte au belvédère de la route panoramique menant à Tayyibeh pour un autre panorama sublime de la cité nabatéenne.

Itinéraires longs

Umm al-Biyara RANDONNÉE

(difficile ; sans guide ; 3 heures aller). L'épuisante marche reliant Qasr al-Bint à Umm al-Biyara (1 178 m) est récompensée par une vue sublime. La légende raconte que la capitale des Édomites, Sela, se dressait jadis sur ce massif tabulaire. C'est d'ici que le roi de Judée Amasias (règne 796-781 av. J.-C.) aurait précipité dans le vide quelque 10 000 prisonniers.

> "Et il battit dix mille Édomites dans la vallée du Sel ; et durant la guerre, il prit Sela..."
>
> *IIe Livre des Rois, XIV, 7*

Au sommet, les vestiges d'un **village édomite** (carte p. 166) du VIIe siècle av. J.-C. côtoient plusieurs citernes ; de nombreuses **tombes** (carte p. 166) non fouillées sont disséminées au pied des falaises à l'est.

L'aller-retour du Qasr al-Bint à Umm al-Biyara ("mère des citernes") prend environ 3 heures ; du haut, la vue sur Pétra est splendide (on aperçoit même le monastère). Ce parcours assez fatigant demande de gravir des centaines de marches, mais il est facile à suivre. Partez en milieu d'après-midi, lorsque la plus grande partie du chemin est à l'ombre, mais pas trop tard si vous ne voulez pas redescendre dans la pénombre.

De l'arrière du Qasr al-Bint, allez jusqu'à la colonne du Pharaon, puis descendez jusqu'à la route qui longe le Wadi Thughra en direction du monument au Serpent. Le chemin qui grimpe à l'assaut de la façade rocheuse débute juste à gauche de la plus grande des tombes troglodytiques percées dans le versant sud-est de la montagne.

Jebel Haroun RANDONNÉE

(difficile ; sans guide ou 150 JD avec guide ; 6 heures aller-retour). Ce sentier qui passe par le **monument au Serpent** commence à Qasr al-Bint. Le Jebel Haroun (1 350 m) correspondrait à la montagne de Hor évoquée dans la Bible – celle où reposerait le frère de Moïse, Aaron. Un mausolée blanc édifié au XIVe siècle marque l'emplacement.

> "C'est là qu'Aaron sera recueilli et qu'il mourra. Moïse fit ce que l'Éternel avait ordonné. Ils montèrent sur la montagne de Hor, aux yeux de toute l'assemblée."
>
> *Livre des Nombres, XX, 6-27*

Si ce sanctuaire est un lieu de pèlerinage musulman et chrétien, de nombreux visiteurs viennent pour la vue depuis le sommet.

Il est possible de louer un âne, voire un dromadaire, et d'engager un guide. Mais si vous êtes en forme, et que vous ne craignez pas de devoir trouver votre chemin au milieu d'un maillage de sentiers parcourus par les chèvres, ce n'est vraiment pas nécessaire.

L'excursion débute à la colonne du Pharaon et emprunte un chemin de terre, jalonné de campements bédouins, jusqu'au **monument au Serpent**, en forme de cube surmonté d'un serpent enroulé. Continuez ensuite vers le sud-ouest en direction du mausolée blanc, visible de loin (ne vous fiez pas à son apparente proximité). Le chemin n'est pas aussi raide qu'il en a l'air. Arrivé au pied du mont, cherchez le gardien du mausolée si vous souhaitez le visiter.

Sabrah RANDONNÉE
(difficile ; guide conseillé, 150 JD ; ⌚5 heures aller-retour). L'excursion depuis Qasr al-Bint jusqu'aux lointains faubourgs nabatéens de Sabrah suit le chemin des anciennes caravanes marchandes qui déchargeaient autrefois leurs trésors aux confins de la ville.

À Sabrah, on observe encore les vestiges de murailles, de temples, de ponts et d'un petit théâtre romain. Depuis le monument au Serpent, vous devrez être accompagné d'un guide pour trouver le chemin. Les services d'un ânier (avec sa monture !) vous coûteront au minimum 80 JD, selon vos talents de négociateur.

Des agences proposent une formule aventure de 2 jours de Tayyibeh à Sabrah via les gorges du Wadi Tibn, avec nuit en bivouac et poursuite jusqu'à Pétra le lendemain.

PÉTRA EN LIVRES ET EN CARTES

Un peu de lecture

De nombreux ouvrages ont été publiés sur Pétra.

D'un format pratique, *Pétra. La Cité des caravanes* (Découvertes Gallimard, 2012), de Christian Augé et Jean-Marie Dentzer, fournit d'excellentes informations, en particulier sur le plan historique. En grand format, deux beaux ouvrages appelés *Pétra* : celui d'Henri Stierlin (Imprimerie nationale, 2009) et celui de Francesca Ariana Ossorio (White Star, 2009). Vous pouvez aussi vous procurer un classique des grandes aventures de l'archéologie : *Pétra retrouvée* (Pygmalion, 1997), de Léon de Laborde et Adolphe Linant de Bellefonds. *Pétra. Métropole de l'Arabie antique* (Seuil, 1999), de Laïla Nehmé et François Villeneuve, superbement illustré, reconstitue l'histoire de ce royaume dont ne subsiste que la splendeur pétrifiée. Les amateurs de littérature s'empareront de *Pétra. Le dit des pierres* (Actes Sud, 1998) : les photos de cinq artistes sont accompagnées des textes d'écrivains tels que Jean-Marie Le Clézio, Tahar Ben Jelloun ou Michel Butor.

Les ouvrages suivants, édités en anglais, sont souvent vendus dans les boutiques et stands de Wadi Musa et de Pétra. L'un des meilleurs guides, *Petra: A Traveller's Guide*, de Rosalyn Maqsood, traite de l'histoire et de la culture et inclut plusieurs itinéraires. *Walking in Jordan*, de Tony Howard et Di Taylor, comprend un chapitre sur la randonnée à Pétra.

Pour plonger dans la vie des Bédouins b'doul, qui vivaient jadis dans les grottes de la vallée de Pétra et habitent aujourd'hui en lisière de la cité antique, lisez *Married to a Bedouin* (en anglais). L'auteure, Marguerite van Geldermalsen, a élevé trois enfants parmi les B'doul et dirigé la clinique locale. Depuis la publication du livre en 2006, elle est devenue une célébrité en Jordanie, et a même reçu la reine d'Angleterre et la reine Nour dans sa grotte. Son fils organise à présent des circuits pour ceux qui souhaitent mieux comprendre le mode de vie bédouin de la région (voir Raami Tours, p. 186). Elle réside toujours dans la communauté b'doul d'Umm Sayhoun. Vous trouverez de plus amples renseignements sur son site Internet : marriedtoabedouin.com.

Pour trouver son chemin

Une carte et un guide de voyage sont indispensables car Pétra comporte très peu de parcours balisés et de panneaux explicatifs.

Si vous prévoyez de parcourir de longues distances à pied sans guide, la meilleure carte est la *Map of Petra* (2005 ; 5 JD), au 1/5 000, du Royal Jordanian Geographic Centre. Elle est généralement en vente dans les librairies de Wadi Musa et sur le stand situé devant le Musée nabatéen.

La brochure *Petra*, publiée par le ministère du Tourisme et des Antiquités, comprend un plan facile à lire et des photos utiles pour identifier certains monuments. Tâchez de vous en procurer un exemplaire avant de venir à Pétra, car le centre d'accueil des visiteurs est souvent à court.

Randonnées équestres

Si vous savez monter à cheval, vous pourrez partir en balade dans les collines (comptez 40 JD environ les 2-3 heures). Un itinéraire formidable consiste à traverser un plateau jusqu'au sommet du Trésor (Al-Khazneh – déconseillé aux âmes sensibles, car les chevaux galopent pour s'arrêter in extremis au bord d'une falaise vertigineuse). Réservez auprès d'une agence en ville ou, pour pimenter l'aventure, demandez aux propriétaires d'animaux, près de l'entrée de Pétra, de vous conduire jusqu'à leurs coins favoris.

PÉTRA À PIED : ITINÉRAIRES SUR MESURE

Nul besoin d'être un randonneur aguerri, ni de disposer d'une longue semaine, pour profiter de la magie de la cité antique. Il suffit en réalité de savoir où aller et à quel moment. Les durées indiquées valent pour une marche aller à un rythme tranquille (sauf mention contraire). En marchant plus rapidement et sans vous arrêter depuis le centre d'accueil des visiteurs, vous pourrez rejoindre le Trésor en 20 minutes et le musée en 40 minutes via la voie principale. Pensez à prévoir le double de temps pour le retour en montée, surtout si vous êtes fatigué après une journée de visites. Si vous êtes vraiment épuisé, vous pourrez compter sur les animaux à disposition : il est possible d'aller du monastère au musée à dos d'âne, au Trésor à dos de dromadaire, à l'entrée du Siq en calèche et au centre d'accueil des visiteurs à cheval.

ITINÉRAIRE DIRECT	DURÉE	NIVEAU	ITINÉRAIRES ALTERNATIFS ET DÉTOURS
Du centre des visiteurs à l'entrée du Siq	15 min	Facile	**À cheval** Vous pourrez louer des chevaux pour rejoindre le barrage proche de l'entrée du Siq – utile pour le retour en montée.
De l'entrée du Siq au Trésor	20 min	Facile	**Randonnée** Possibilité de grimper en surplomb des tombes royales jusqu'à un belvédère, pour une vue imprenable sur le site (1 heure ; difficile).
Du Trésor aux tombes royales	20 min	Facile	**Randonnée** Grimpez les marches entre les tombes royales et le tombeau de Sextius Florentinus (vue sur Pétra) et continuez jusqu'à la citerne et au tombeau à l'Urne (1 heure-1 heure 30 ; difficile). **Randonnée** Pour une expérience digne du Siq, suivez les méandres du Wadi Muthlim jusqu'aux tombes royales (1 heure 30 ; niveau intermédiaire, guide obligatoire).
Du Trésor à l'obélisque du haut lieu des Sacrifices	45 min	Intermédiaire	**Balade** Dépassez l'autel du haut lieu des Sacrifices et gagnez le bord de l'escarpement pour une vue vertigineuse sur Pétra (15 min depuis l'obélisque ; facile).
De l'obélisque au musée (par la voie principale)	45 min	Facile	**Randonnée** Au lieu de redescendre les marches que vous venez de grimper, poursuivez à travers le paysage enchanteur du Wadi Farasa : vous verrez au passage des rochers multicolores, le monument aux Lions et la tombe du Jardin (1 heure depuis l'obélisque ; niveau intermédiaire).
Du Trésor au musée	30 min	Facile	**Balade** Suivez le chemin au pied des tombes royales jusqu'à la maison de Dorothéos, explorez les tombes chrétiennes, rarement visitées, et suivez le Wadi Mataha jusqu'au musée (1 heure ; facile)
Du musée au monastère	40 min	Intermédiaire	**Balade** Rejoignez le monastère via l'accès par Umm Sayhoun (1 heure ; niveau intermédiaire). En chemin, faites étape au tombeau Turkmaniya, connu pour sa longue inscription nabatéenne (20 min d'Umm Sayhoun au musée ; facile). **Randonnée** Pour comprendre comment les tombeaux et le monastère ont été taillés, faites le tour d'Al-Habis pour voir le tombeau inachevé (40 min aller-retour jusqu'au musée ; niveau intermédiaire).

Où se restaurer et prendre un verre

À Pétra, les occasions de savourer un dîner en plein air ne manquent pas, du pique-nique tout préparé aux plats (presque) gastronomiques des buffets des restaurants.

Au petit-déjeuner, étendez votre nappe, parmi les niches des divinités, sur la petite "place" située au bout du Wadi Muthlim, mais n'oubliez-pas de témoigner aux lieux le respect dû à une nécropole. Attendez d'être arrivé au sommet d'Umm al-Biyara pour le déjeuner, puis offrez-vous un thé en altitude, préparé par le Bédouin qui tient un stand en surplomb des tombes royales. Pour un dîner dans un cadre inhabituel, rien de tel qu'une salle à manger nabatéenne (le triclinium du Jardin est un bon choix), à moins que vous ne préfériez un dîner aux chandelles. Pour cela, joignez-vous au circuit organisé Petra by Night (p. 185) et étendez de nouveau votre nappe, cette fois au milieu du Siq, pendant que la foule se presse jusqu'au Trésor.

Vous trouverez des en-cas (sandwichs, biscuits, fruits, glaces) dans les kiosques munis de tables en terrasse dans tout Pétra.

Dans le village voisin d'Umm Sayhoun, au nord de la ville basse, vous pourrez goûter dans un foyer bédouin aux spécialités de Pétra, préparées par la maîtresse de maison. Envie de mettre la main à la pâte ? Adressez-vous à Petra Kitchen, à Wadi Musa (p. 183).

Partout sur le site de Pétra, y compris sur le haut lieu des Sacrifices et au monastère, des petits stands vendent de l'eau en bouteille, des boissons et des en-cas – mention spéciale pour le thé noir aux herbes (sucré).

Nabataean Tent Restaurant BUFFET $$
(carte p. 171 ; buffet déjeuner 10 JD, boissons 2 JD ; ⌚11h-15h). Ce restaurant décontracté, qui propose des plats jordaniens simples et un ou deux classiques internationaux, occupe un joli coin sous les fleurs bleues d'un jacaranda (floraison en mai). Les gérants préparent des paniers repas comprenant sandwich, œuf dur, yaourt et gâteau pour seulement 6 JD ; on peut même les manger sur place, avec un café turc.

♥ **Basin Restaurant** BUFFET $$
(carte p. 171 ; buffet déjeuner 17 JD, jus d'orange frais 4 JD ; ⌚12h-16h ; ✎). Un large choix de plats internationaux (salades, falafels frais, merguez au barbecue, etc.) et, pour le dessert, des fruits ou un *umm ali* (sorte de pain-gâteau), par exemple. Les groupes s'asseoient près de la gorge, sous des étoles, et les voyageurs indépendants à l'ombre des arbres. Salle entièrement climatisée.

Bdoul Mofleh Tea Shop SALON DE THÉ
(carte p. 166 ; ☎077 6094797 ; panier-repas 4 JD, thé contre don ; ⌚10h-16h). Cette institution de Pétra sert du thé à la demande de quiconque s'aventure dans cette maison troglodytique "non-officielle" d'Al-Habis.

Have a Break Tea & Coffee CAFÉ
(carte p. 166 ; eau 2 JD, café 3 JD ; ⌚9h-18h). Un établissement bédouin avec vue sur les tombes royales, où l'on trouve sandwichs, en-cas et milk-shakes. Avec son jardin en fleurs couvert d'un auvent, c'est un lieu idéal pour contempler le coucher du soleil.

HUMOUR BÉDOUIN

À Pétra, tâchez de voir le côté amusant de la visite. Les gens du cru sont réputés pour leur humour malicieux, qualifiant par exemple les dromadaires de "taxis climatisés" et les ânes de "Mercedes Benz". De même, pour les souvenirs, une pancarte invite à en acheter "un pour sa femme et un pour sa petite amie". Vous risquez toutefois de ne pas trouver drôles les prix "happy hour" des souvenirs en soirée – parfois vendus le double !

Renseignements

Billetterie (☎/fax 2156044 ; pass 1/2/3 jours 50/55/60 JD ; gratuit pour les moins de 15 ans ; ⌚6h-16h, jusqu'à 18h en été). La billetterie est située dans le centre d'accueil des visiteurs (page suivante), à l'entrée de Pétra. La vente de billets s'arrête à 16h ; cependant, les visiteurs peuvent s'attarder sur le site jusqu'au coucher du soleil (17h en hiver). Seule la devise jordanienne est acceptée. Les pass pour plusieurs jours sont nominatifs. Si vous venez en excursion depuis Israël ou les Territoires palestiniens, le prix sera plus élevé (90 JD).

Si vous comptiez entrer sans payer, abstenez-vous de le faire. La préservation de Pétra dépend des revenus générés par les touristes, et c'est par là que commence le tourisme responsable.

On peut louer les services d'un **guide officiel** (50 JD pour 1-9 pers) au centre d'accueil des visiteurs, afin d'avoir des explications sur les sites entre l'entrée et le musée. Très compétents et expérimentés, ces guides donnent une autre dimension à la visite. Des visites guidées

(3 heures) sont notamment disponibles en français. Comptez 20 JD de plus pour vous rendre avec un guide jusqu'à l'un des hauts lieux, et 30 JD supplémentaires pour descendre le Wadi Farasa. Sufian Amarat of Jordan Beauty Tours, au centre d'accueil des visiteurs, est une source d'informations précieuse sur les guides.

OFFICE DU TOURISME

Centre d'accueil des visiteurs de Pétra (Petra Visitor Centre ; ☎2156020 ; www.visitpetra.jo ; ⏲6h-18h mai-sept, jusqu'à 16h oct-avr). Juste avant l'entrée. On y trouve la billetterie (page précédente), ainsi qu'un comptoir d'information très utile. Il est entouré de boutiques de souvenirs.

SITES WEB

American Museum of Natural History (www.amnh.org/exhibitions/petra). Exposition en ligne sur Pétra (en anglais).

Brown University (www.brown.edu/Departments/Joukowsky_Institute/Petra). Les fouilles du Grand Temple comme si vous y étiez (en anglais).

Go 2 Petra (www.go2petra.com). Histoire et informations touristiques (en anglais).

Nabataea Net (nabataea.net). Pour tout savoir sur les Nabatéens (en anglais).

Patrimoine mondial de l'Unesco (whc.unesco.org/fr/list/326). Présentation succincte de Pétra, avec photos et vidéo du site nabatéen.

TOILETTES

On trouve des toilettes convenables dans le centre d'accueil des visiteurs, avant le théâtre et près du Basin Restaurant. Partout sur le site, des toilettes portatives propres sont installées à proximité des vendeurs de thé – il est d'usage de laisser 1 JD de pourboire aux personnes qui les entretiennent.

ℹ Comment circuler

Si vous achetez votre billet au centre d'accueil des visiteurs de Pétra, le trajet de 800 m aller-retour à cheval entre l'entrée principale et le début du Siq est inclus (tombez d'accord sur l'heure du retour avec le propriétaire) ; un pourboire de 3-4 JD sera apprécié. Si vous descendez à pied, vous pourrez généralement remonter à cheval jusqu'à l'entrée moyennant environ 8 JD. Des chevaux et des carrioles circulent entre l'entrée principale et le Trésor (2 km ; 20 JD) ; jusqu'au musée, comptez 40 JD par carriole (2 passagers), plus 5 JD/personne en guise de pourboire.

Des âniers et des muliers louent leurs services dans tout Pétra (tarifs non officiels, à négocier). Les ânes peuvent accéder au haut lieu des Sacrifices (10 JD aller) et au sommet du monastère (30 JD aller-retour). Les mules peuvent être sollicitées pour des excursions plus longues, jusqu'au monument au Serpent (à partir de 25 JD), le Jebel Haroun (50 JD) ou Sabrah (80 JD). La location de leurs animaux est un vrai travail pour les Bédouins et cela constitue une source de revenus importante. Cela dit, certains jeunes propriétaires d'animaux recourent trop volontiers au bâton ou au fouet. Sans faire de jugement hâtif, si vous avez loué un animal et qu'il vous semble maltraité, vous pouvez le signaler au Brooke Hospital for Animals (clinique vétérinaire), près du centre d'accueil des visiteurs.

Des dromadaires superbement harnachés transportent aussi les visiteurs entre le Qasr al-Bint et le Trésor (aller/aller-retour 15/25 JD). Ils feront gentiment une pause le temps d'une photo près du théâtre. Avec un peu de chance, vous pourrez être pris en stop par une monture à quatre pattes pour remonter le Siq en fin de journée, moyennant quelques dinars.

Wadi Musa وادي موسى

☎03 / 30 050 HABITANTS / 1 150 M D'ALTITUDE

La ville la plus proche de Pétra est Wadi Musa ("vallée de Moïse"), qui se compose pour l'essentiel d'un ensemble d'hôtels, de restaurants et de commerces disséminés sur 5 km, d'Ain Musa ("source de Moïse") à l'entrée principale de Pétra, en bas du *wadi*.

Wadi Musa vit presque entièrement du tourisme. Des dizaines d'hôtels y ont été construits à la hâte à la fin des années 1990 (après les accords de paix signés avec Israël),

LA SOURCE DE MOÏSE

"Puis Moïse leva la main et frappa deux fois le rocher de son bâton. Il en sortit de l'eau en abondance. L'assemblée but, et le bétail aussi."

Livre des Nombres, XX, 11

Ain Musa (source de Moïse) fait partie des deux endroits possibles en Jordanie où Moïse aurait fait jaillir une source en frappant la roche de son bâton pour désaltérer les Hébreux (l'autre site voisine le mont Nébo, voir p. 137). En dehors d'un bâtiment moderne à coupole, visité à l'occasion par des pèlerins, il n'y a en réalité rien à voir. La "source" se situe près du King's Way Hotel, sur la route du Roi (King's Highway), au principal embranchement pour Wadi Musa lorsque vous venez du nord.

le plus souvent sans souci d'esthétique ni de cohérence avec l'environnement social et urbain. De nombreux habitants investirent alors dans la perspective d'un développement du tourisme de masse et subirent de plein fouet le contrecoup qui suivit la reprise des hostilités entre les voisins de la Jordanie. La construction hôtelière fait à ce jour l'objet d'un moratoire. Son objectif : juguler l'expansion urbaine désordonnée et recentrer les efforts sur l'amélioration des services plutôt que sur leur multiplication.

De par son statut de gardienne de l'une des sept "nouvelles" merveilles du monde, les prix pratiqués à Wadi Musa sont inévitablement plus élevés que dans les autres destinations touristiques de Jordanie.

SE REPÉRER DANS WADI MUSA

Le secteur commercant est situé autour du rond-point Shaheed, à 3 km au-dessus de l'entrée de Pétra. Vous trouverez aussi un ensemble d'hôtels de catégories moyenne et supérieure, de restaurants et de boutiques de souvenirs à 2 km en aval, près de l'entrée de Pétra. Il existe plusieurs hôtels quatre ou cinq étoiles en périphérie de Wadi Musa, sur la route du Wadi Rum. Tous offrent une vue splendide (pas sur Pétra).

Activités

Hammam

Les habitués savent qu'il n'y a rien de tel qu'un hammam pour relaxer ses muscles après une longue journée de marche à Pétra. Ce bain de vapeur traditionnel connaît un regain de popularité et de nombreux établissements ont ouvert dernièrement à Wadi Musa. Ils sont souvent attachés aux hôtels, comme à l'Amra Palace Hotel (p. 188) ou au Petra Palace Hotel (p. 187). Outre les bains de vapeur, on y propose souvent massages, soin aux pierres chaudes, gommages et revitalisation du corps. Les hammams sont appréciés des touristes comme des habitants ; réservez bien à l'avance, surtout pour les services d'une masseuse (réservé aux femmes). Les tarifs vont de 15 à 30 JD (selon les prestations). Renseignez-vous auprès de votre hôtel pour d'éventuelles réductions.

Hammam Pétra BAINS

(2157085 ; 15h-22h). Dans le passage situé sous le Silk Road Hotel, près de l'entrée de Pétra, ce hammam comporte des bains réservés aux femmes (avec des employées).

Hammam Salomé BAINS

(2157342 ; 16h-22h). Le Salomé, dans lequel on pénètre par une grotte où sont exposés de vieux outils agricoles, possède un salon plein de cachet dans lequel il fait bon se détendre en buvant une tisane après la séance. Tout près de l'Al-Anbat II Hotel.

Hammam Sella BAINS

(2157170 ; www.sellahotel.com ; 17h30-22h). Carte de soins très complète (sauna, bains pour les hommes et les femmes...) et vente de produits en provenance de la mer Morte.

Cours

Petra Kitchen COURS DE CUISINE

(2155700 ; www.petrakitchen.com ; cours 35 JD/pers ; 18h30-21h30). Vous rêvez de préparer houmous et baklavas ? À Petra Kitchen, vos vœux seront exaucés. À 100 m du Mövenpick Hotel, dans la rue principale, l'établissement propose tous les soirs des cours de cuisine à ceux qui souhaitent apprendre auprès des habitants comment confectionner mezze, soupes et autres plats jordaniens, dans une ambiance familiale et très détendue.

Un chef jordanien veille au grain : vous ne risquez donc pas de rater vos spécialités ! Le menu (qui comprend des recettes végétariennes) change tous les jours. Les séances commencent à 18h30 (19h15 en été) ; les recettes imprimées, les ingrédients et les boissons sans alcool sont compris. Vous pourrez aussi acheter une bouteille de vin jordanien (Saint-George), à partager avec les autres apprentis-cuisiniers. Réservez.

Circuits organisés

Quelques hôtels bon marché (et une poignée d'établissements des catégories moyenne et supérieure) organisent des excursions d'une journée à Pétra, et ailleurs.

Il existe beaucoup d'excellents guides locaux indépendants à Pétra. **Mahmoud Twaissi** (077-254658 ; mat65petra@yahoo.com) est réputé comme guide et organisateur de projets d'envergure dans tout le pays. Tout aussi respecté, **Mohammed al-Hasanat** (2156567 ; explorerone69@yahoo.com) est guide licencié au niveau national depuis 1979. Passionné de randonnée, il a de longues années de pratique derrière lui : "J'ai commencé [à randonner] à l'âge de 6 ans et n'ai plus arrêté depuis." Ces

Wadi Musa

0
400 m
Al-Wu'ira (1,5 km), Sayhoun (3 km) et Al-Beidha (8 km)
Hertz Rent-a-Car
26
14
11
27
30
24
19
3
15
Arrêt des bus JETT
Police touristique
12
35
2 4 1
28
Poste
33
Centre d'accueil des visiteurs
13
Entrée du site de Pétra
Tourist Rd (Wadi Musa Main St)
Pétra (2,5 km)
Brooke Hospital for Animals (clinique vétérinaire)
Al-Anbat Hotel I (1 km), 'Ain Musa (2 km) et poste (2 km)
Shaheed Roundabout
8
21
20
34
25
5
36
29
31
32
22
7
23
16
6
17
9
10
Gare routière
Police Roundabout
18
Poste de police principal
Ville haute de Wadi Musa et hôtels de luxe (2 km), et Tayyibeh (10 km)

Wadi Musa

Activités

1	Jordan Experience	C2
	Jordan Travel & Tourism	(voir 17)
	La Beduina	(voir 24)
2	Petra by Night	B2
	Petra Kitchen	(voir 19)
3	Petra Moon Tourism Services	C2
4	Petra Night Tours	B2
	Hammam Pétra	(voir 19)
5	Hammam Salomé	E3
6	Hammam Sella	F3
	Zaman Tours & Travel	(voir 19)

Où se loger

7	Al-Anbat Hotel II	E3
8	Al-Rashid Hotel	E3
9	Amra Palace Hotel	F4
10	Cleopetra Hotel	F4
11	La Maison	B1
12	Mövenpick Hotel	B2
13	Petra Guest House Hotel	A2
14	Petra Moon Hotel	B1
15	Petra Palace Hotel	C2
16	Rocky Mountain Hotel	F3
17	Sella Hotel	G3
18	Seven Wonders Hotel	F4
19	Silk Road Hotel	B2

Où se restaurer

20	Al-Arabi Restaurant	F3
	Al-Saraya Restaurant	(voir 12)
21	Al-Wadi Restaurant	F3
22	Bukhara Restaurant	E3
23	Cleopatra Restaurant & Coffee Shop	E3
	Oriental Restaurant	(voir 24)
24	Red Cave Restaurant	B2
25	Sanabel Bakery	E3
26	Sand Hills Restaurant	D1
	Sandstone Restaurant	(voir 24)

Où prendre un verre et faire la fête

	Al-Maqa'ad Bar	(voir 12)
	Cave Bar	(voir 13)
	Wranglers Pub	(voir 15)

Achats

27	City of Wonders Bazaar	C1
28	Indiana Jones Gifts Shop	A2
	Made in Jordan	(voir 19)
	Rum Studio & Labs	(voir 1)
	Society for the Development and Rehabilitation of Rural Women	(voir 33)
	Wadi Musa Ladies Society	(voir 33)

Renseignements

29	Arab Bank	E3
30	Arab Jordan Investment Bank	B2
	Cairo-Amman Bank	(voir 12)
31	Housing Bank	F3
32	Jordan Islamic Bank	F3
	Agents de change	(voir 19)
33	Centre d'accueil des visiteurs de Pétra	B2
34	Rum Internet	E3
35	Seven Wonders Restaurant	B2
	Billetterie	(voir 33)
36	Wadi Musa Pharmacy	E3

deux guides expérimentés connaissent bien les contextes historique et culturel des zones qu'ils font visiter et savent répondre aux besoins des voyageurs, en groupe ou indépendants, ayant des centres d'intérêt précis. Ils organisent aussi des excursions de plusieurs jours avec camping, y compris des méharées et des circuits à cheval. Nous recommandons également **Ogla Nawafleh** (o_nawafleh@yahoo.com).

♥ Petra by Night CIRCUIT

(adulte/moins de 10 ans 12 JD/gratuit ; ⏲20h30-22h30 lun, mer et jeu). Ce circuit très populaire, créé à la demande des visiteurs désireux de voir le Siq et le Trésor à la lueur des étoiles, part du centre d'accueil des visiteurs (annulation en cas de pluie). Les avis sont mitigés quant à cette expérience, qui permet d'emprunter le Siq (éclairé par 1 800 bougies) jusqu'au Trésor, aussi silencieusement que le permet la foule. Compte tenu de la fréquentation, ce n'est pas vraiment le moment idéal pour communier avec l'histoire en toute tranquillité... mais la nuit confère une atmosphère nouvelle au Siq que beaucoup apprécient malgré tout. Du thé à la menthe est servi à l'arrivée sur fond de musique bédouine traditionnelle – on peut parfois aussi écouter des contes bédouins. Les billets sont en vente dans plusieurs agences en ville, et au centre d'accueil des visiteurs de Pétra avant 18h. Voir l'encadré p. 186.

Petra Moon Tourism Services CIRCUITS

(☎07-96170666 ; www.petramoon.com). Sur la route de Pétra, voici l'agence la plus professionnelle de Wadi Musa pour les circuits à Pétra ou ailleurs en Jordanie (notamment dans le Wadi Rum et à Aqaba) – chevaux pour le Jebel Haroun, formules de trekking à Dana (4-5 jours), excursions à pied de Tayyibeh à Pétra, et méharées dans le Wadi Rum. Elle organise aussi un tour de la Jordanie en 14 jours, pour 10 à 18 participants.

À NE PAS MANQUER

PÉTRA SOUS LES ÉTOILES

Semblable à une caravane antique (avec rires, cris, quintes de toux, pleurs de bébé, rumeur des conversations...), un groupe de 200 visiteurs traverse le Siq "en silence". Suivant leur guide en file indienne, d'autres contingents se hâtent pour être sûrs d'avoir l'endroit "rien qu'à eux". Pour finir, assis devant le Trésor, les groupes témoignent de leur goût et de leur respect pour la musique classique arabe – qui en allumant sa cigarette à la flamme d'une lanterne en papier, qui en bavardant fort, qui en prenant des photos avec flash. Malgré les nombreux encouragements prodigués en faveur du silence et du recueillement sur le site antique, le spectacle est bruyant.

Ainsi en va-t-il de tout circuit organisé ! Si vous voulez *vraiment* être seul dans le Siq, il vous faudra plutôt y venir en hiver, ou bien à 14h – voire en faire la visite virtuelle sur Internet.

Pourtant, le circuit Petra by Night (p. 185) est inoubliable à bien des égards. Il donne l'occasion d'admirer le site nabatéen la nuit, à la lumière des chandelles et des étoiles, dans une ambiance enfiévrée qui n'est finalement pas désagréable. Pressés les uns contre les autres, certains chuchotent en admirant les rochers sculptés, illuminés par les bougies ; les plus jeunes aident les plus âgés à ne pas glisser sur la pierre polie ; le son d'une flûte flotte dans l'air, parmi les conversations à mi-voix. Et, au final, on se dit que l'on vit un moment sans doute bien plus proche de l'antique Pétra que si l'on était complètement seul dans le défilé rocheux.

Raami Tours CIRCUITS

(☎ 2154551, 2154010 ; www.raamitours.com). Dans la rue principale du village bédouin d'Umm Sayhoun, ce tour-opérateur propose des repas traditionnels aux visiteurs qui veulent goûter à une savoureuse cuisine maison. Il peut également monter des circuits sur mesure, adaptés à tous les goûts et à tous les budgets (prenez contact avec lui par e-mail au minimum 3 jours avant votre arrivée).

Le propriétaire est le fils de Marguerite van Geldermalsen, une Néo-Zélandaise devenue une célébrité en Jordanie, qui a épousé un Bédouin b'doul et élevé son fils dans une habitation troglodytique de Pétra pendant les premières années de sa vie. Elle a raconté son expérience dans son ouvrage intitulé *Married to a Bedouin* ("Mariée à un Bédouin", non traduit en français). Reportez-vous également à l'encadré *Pétra en livres et en cartes*, p. 179.

Jordan Travel & Tourism CIRCUITS

(www.jordantours-travel.com). Ce prestataire organise des circuits locaux ainsi que des excursions à la journée à Jérusalem. Près du Sella Hotel.

Jordan Experience CIRCUITS

(☎ 2155005 ; www.jordan-experience.com). Sur la route principale de Pétra.

La Beduina CIRCUITS CULTURELS

(☎ 06-5541631 ; www.labeduinatours.com). Circuits thématiques : randonnée, cuisine, balades à dromadaire et à cheval, yoga...

Petra Night Tours CIRCUITS

(☎ 2154010 ; www.pntours.com). Cette agence familiale reconnue (à ne pas confondre avec le circuit Petra by Night, pour lequel elle vend aussi des billets) organise des circuits, à Pétra et au-delà.

Zaman Tours & Travel CIRCUITS AVENTURE

(☎ 2157723 ; www.zamantours.com ; Wadi Musa). Des circuits épiques comprenant camping, randonnées et balades à dromadaire.

Où se loger

En 1908, le guide Macmillan *Palestine and Syria* dispensait le conseil suivant :

> "Il n'y a pas d'endroit où loger à Pétra et les voyageurs doivent par conséquent apporter leur matériel de camping, à moins de préférer l'inconfort des cabanes bédouines d'Elji, à une demi-heure du site, ou l'un des nombreux temples. Ceci ne peut bien sûr être conseillé aux voyageurs européens, surtout si des dames sont de la partie."

De fait, jusqu'en 1991, on ne comptait que quatre lieux officiels où dormir à Wadi Musa. Aujourd'hui, les visiteurs peuvent choisir parmi plus de 70 hôtels (dont aucun n'est situé dans l'enceinte de la cité antique). En revanche, le camping reste interdit.

La haute saison s'étend d'avril à mi-mai et sur octobre-novembre (vérifiez que le chauffage fonctionne !). En dehors de ces périodes, les tarifs peuvent baisser de manière significative, surtout si vous séjournez plus de deux nuits. Les hôtels possèdent souvent divers types de chambres de dimensions variables ; certaines ont un balcon, d'autres n'ont pas de fenêtre ; visitez-en plusieurs avant de choisir. Les prix incluent généralement une salle de bains privative et le petit-déjeuner – ce n'est pas le cas ailleurs en Jordanie. Attention : la vue splendide vantée par certains hôtels donne sur la vallée du Wadi Musa, et non sur Pétra.

Dans les hôtels bon marché, les femmes seules devront se montrer plus prudentes à Wadi Musa qu'ailleurs (vérifiez que la porte de la chambre ferme à clé et qu'il n'y a d'œilleton nulle part).

Si vous descendez du minibus, sac au dos, au rond-point Shaheed de Wadi Musa, vous serez assailli par des rabatteurs très entreprenants. Pour votre tranquillité, décidez de votre point de chute avant d'arriver.

Ville basse de Wadi Musa

La plupart des hôtels se trouvent tout en bas de la ville, à courte distance à pied de l'entrée du site de Pétra.

♥ Petra Palace Hotel HÔTEL $$

(☎2156723 ; www.petrapalace.com.jo ; s/d/tr 49/70/95 JD ;). Dans la rue principale, à 500 m de l'entrée de Pétra, ce ravissant hôtel (allée ornée de palmiers, réception spacieuse et pimpante, bon service) est une adresse de choix. Des chambres récentes donnent sur une piscine ; un bar-restaurant animé est installé sur place.

Le Petra Palace comprend un hammam agréable (20 JD/pers ; 15h-21h). Il gère aussi le Rock Camp (p. 195), près de Siq al-Barid (Little Petra).

Silk Road Hotel HÔTEL $$

(☎2157222 ; www.petrasilkroad.com ; s/d/tr 40/65/85 JD ;). Dans cet établissement apprécié de longue date, à 300 m de l'entrée de Pétra, les murs de la réception et du restaurant sont décorés de panneaux peints à la main, figurant des campements bédouins. Les chambres, correctement meublées, ont des sdb avec de grandes baignoires. Certaines sont très sombres ; choisissez-en une avec vue. Le buffet du restaurant (10 JD) plaît aux groupes.

La Maison HÔTEL $$

(☎2156401 ; www.lamaisonhotel.com.jo ; s/d/tr 70/80/90 JD ;). Un hôtel avantageux, situé juste au-dessus de l'entrée de Pétra. Mobilier de qualité, couettes douillettes, belle restauration en noir et blanc : La Maison est une adresse confortable, à l'abri dans une artère tranquille derrière la rue principale. Préférez les chambres de l'extrémité du bâtiment, plus coquettes et jouissant d'une vue à 120°. Agréable toit-terrasse – pour admirer le coucher du soleil en été.

♥ Petra Guest House Hotel HÔTEL $$$

(☎2156266 ; www.guesthouse-petra.com ; s/d/tr 90/105/125 JD ;). Difficile de dormir plus près de l'entrée de Pétra. On loge ici dans des bungalows spacieux de style motel ou dans les chambres ensoleillées du bâtiment principal, un peu exiguës. Le personnel est toujours agréable. Le buffet petit-déjeuner est meilleur que beaucoup d'autres. En bref : un excellent rapport qualité/prix. Le bar de l'hôtel (le fameux Cave Bar, p. 190) est aménagé dans une grotte.

♥ Mövenpick Hotel HÔTEL DE LUXE $$$

(☎2157111 ; www.moevenpick-hotels.com ; ch à partir de 185 JD ;). À 100 m de l'entrée de Pétra, ce bel hôtel au décor orientalisant mérite la visite, ne serait-ce que pour admirer son mobilier en marqueterie, ses fontaines en marbre, ses paravents en bois et ses plateaux de table en cuivre martelé. Un feu accueille les clients en hiver dans la Burckhardt Library (la bibliothèque Burckhardt, installée dans un salon au dernier étage) ; le jardin du toit-terrasse est très agréable en été.

Les chambres sont grandes, luxueuses et pourvues de baies vitrées – l'hôtel étant situé dans le fond de la vallée, on ne peut pas vraiment parler de vue. Les buffets du petit-déjeuner et du dîner sont exceptionnels.

Petra Moon Hotel HÔTEL $$$

(☎2156220 ; www.petramoonhotel.com ; s/d/tr 108/120/150 JD ;). Cet établissement géré par deux frères occupe ce qui n'était autrefois qu'un modeste ensemble de constructions à flanc de colline. C'est aujourd'hui un superbe complexe aux chambres modernes et aux belles sdb, avec piscine et terrasse sur le toit – d'où l'on peut contempler le coucher du soleil en se joignant au barbecue, très couru (19h-23h).

Centre de Wadi Musa

Les hôtels dans le centre-ville offrent un emplacement pratique pour accéder à la gare routière et aux commerces. Il est tout à fait possible de descendre à pied jusqu'à Pétra ; mais si vous souhaitez garder vos forces pour la visite de la cité antique, renseignez-vous sur le transport gratuit depuis/vers l'entrée (en principe proposé par les hôtels une fois par jour dans chaque sens).

Cleopetra Hotel HÔTEL $

(2157090 ; www.cleopetrahotel.com ; s/d/tr 20/30/40 JD ;). Cet hôtel économique est le plus sympathique et le mieux géré de la ville. Ses chambres lumineuses et aérées sont assorties de sdb avec eau chaude. L'espace commun, dans le hall, est propice aux rencontres. Des aménagements sur le toit sont prévus. Wi-Fi à 2 JD.

L'hôtel organise des circuits de 2 jours en 4x4 jusqu'au Wadi Rum (40 JD/pers, 3 participants au minimum), vivement recommandés par des voyageurs. Renseignez-vous auprès du sympathique Mosleh pour connaître les autres possibilités de transport. La laverie de l'hôtel pratique des tarifs raisonnables.

Al-Rashid Hotel HÔTEL $

(2156800 ; www.alrashidhotel.com ; s/d/tr à partir de 28/38/50 JD ;). Un établissement bien géré et chaleureux, doté d'un beau hall pavé de marbre et meublé avec goût. Les chambres, repeintes récemment, ont la TV satellite.

Amra Palace Hotel HÔTEL $$

(2157070 ; www.amrapalace.com ; s/d/tr 44/64/84 JD ;). Avec son jardin de roses et de jasmin, ses colonnes de marbre dans le hall, ses grandes cafetières en cuivre, ses jolis meubles et un vrai souci du détail affiché par ses propriétaires, cet hôtel tourné vers les familles incarne bien mieux l'hospitalité jordanienne que bon nombre de ses concurrents sans âme.

Chaque chambre, au linge impeccable (changé tous les jours – il y a une laverie sur place) et aux têtes de lit en bois, possèdent des chaises et canapés confortables, et la TV satellite. La plupart donnent sur la vallée. On trouve également sur place une piscine à 28°C, un Jacuzzi, une terrasse pour l'été et un hammam (35 JD/pers). Le café au rez-de-chaussée dispose d'un accès Wi-Fi gratuit et illimité. L'hôtel possède également un campement au Wadi Rum ; renseignez-vous sur les formules.

Seven Wonders Hotel HÔTEL $$

(2155156 ; www.sevenwondershotel.com ; s/d 58/77 JD ;). Cet hôtel assez récent loue des chambres garnies de tapis impeccables – certaines sont pourvues d'un balcon avec vue sur la ville et les paysages environnants. Le bar en terrasse ne sert pas d'alcool.

Réservez 2 heures à l'avance pour le hammam – l'Afra (35 JD/pers, 17h-22h), avec sauna, Jacuzzi, hammam et massages.

Al-Anbat Hotel II HÔTEL $$

(2157200 ; www.alanbat.com ; s/d/tr 25/40/50 JD ;). Avec son hall sombre, cet hôtel n'a rien de très engageant d'emblée, mais ses chambres n'en sont pas moins vastes et confortables, et beaucoup ont vue sur Wadi Musa et ses collines (tout comme la terrasse sur le toit). Excellent hammam en face.

Ville haute de Wadi Musa

Les hôtels haut de gamme de la ville haute de Wadi Musa bordent la route panoramique qui relie le centre-ville à Tayyibeh – à 5 ou 10 minutes de route du centre d'accueil des visiteurs de Pétra. Perchés à 1 400 m d'altitude, ils jouissent d'une vue sublime sur la vallée du Grand Rift (imaginez un apéritif au crépuscule sur leur terrasse...). Hélas, ils ont quelque peu altéré la vue que l'on avait autrefois depuis Pétra. Il existe quelques bons établissements économiques et intermédiaires sur la route menant d'Ain Musa jusqu'à la ville.

Rocky Mountain Hotel HÔTEL $

(2155100 ; rockymountainhotel@yahoo.com ; s/d/tr/qua 26/39/50/60 JD, dîner buffet 8 JD ;). Près du croisement avec la route principale qui conduit dans la ville, cet hôtel pour *backpackers* a tout pour plaire. Le thé et le café y sont gracieusement offerts dans les douillettes parties communes ; le joli toit-terrasse permet de profiter pleinement du paysage environnant.

Les gérants, un couple anglo-jordanien, prennent leur rôle très à cœur. Ils pourront vous conseiller pour la suite de votre voyage. Une navette gratuite conduit jusqu'à l'entrée de Pétra à 7h30 et 8h30 – retour à 17h et 18h.

Al-Anbat Hotel I HÔTEL $

(2156265 ; www.alanbat.com ; s/d/tr 20/35/45 JD, buffet déj ou dîner 10 JD ;). Ce complexe sur 3 étages, situé en dehors de la ville sur la route reliant 'Ain Musa à Wadi Musa, offre un standing intermédiaire à des prix dignes d'un établissement bon marché. Dans la belle réception, on peut s'installer dans des canapés pour profiter du panorama, superbe. Les chambres, spacieuses, ont un balcon (la plupart permettent de contempler le soleil couchant) – et la TV satellite. Celles de l'extension sont particulièrement coquettes.

Hammam (15 JD pour les résidents) et petite piscine sur place ; le grand atout de l'hôtel est toutefois son restaurant, perché tel un nid au-dessus de la nouvelle aile, dont les baies vitrées ont une vue imprenable sur Pétra. Transport gratuit depuis/vers Pétra. Les campeurs (7 JD/pers) ont accès à une aire réservée (douches et cuisine). Possibilité de garer un camping-car et de laver son linge.

Sella Hotel HÔTEL **$$**

(☎ 2157170 ; www.sellahotel.com ; s/d/tr 54/66/85 JD ; ❄@📶). Cet hôtel tout juste rénové était sur le point de rouvrir lors de notre visite. Dallage en pierre dans les chambres, lavabos en marbre dans les sdb – pour Wadi Musa, nous ne sommes donc pas loin d'un boutique-hôtel. Vue dégagée. L'établissement gère également le hammam (p. 183) en face.

♥ Taybet Zaman Hotel & Resort HÔTEL **$$$**

(☎ 2150111 ; www.jordantourismresorts.com ; ch à partir de 125 JD ; ❄@🏊). 🍃 La beauté de cet établissement mérite bien de faire une demi-heure de route jusqu'à l'entrée de Pétra. D'ailleurs, l'isolement relatif du Taybet, aménagé dans des maisons en pierre restaurées du village de Tayyibeh, avec vue sur la vallée du Grand Rift, participe de son charme.

À mille lieux des foules de Pétra, cette retraite rurale est un havre idyllique aux chambres fastueuses, avec piscine, hammam et paisibles jardins de figuiers et de dentelaires. Le Taybet Zaman comprend également le remarquable restaurant en terrasse Sahtain (p. 190). Pour être plus proche de Pétra, adressez-vous au Beit Zaman, son homologue à Wadi Musa. Comptez environ 15 JD aller pour venir en taxi depuis Pétra (10 km) – demandez au chauffeur de faire halte au spectaculaire belvédère situé en contrebas du croisement menant à l'hôpital.

Petra Panorama Hotel HÔTEL **$$$**

(☎ 2157393 ; www.petrapanorama.com ; s/d 75/85 JD ; ❄📶🏊). Conçu pour accueillir les groupes – et très apprécié des touristes européens en voyage organisé –, le Petra Panorama possède de vastes couloirs et manque un peu de raffinement. Pour autant, ses chambres, étagées à flanc de montagne, sont lumineuses et spacieuses, et toutes ont une vue dégagée. La plupart possèdent en outre une terrasse, d'où l'on peut contempler le coucher du soleil. Et rien que pour cela, l'adresse mérite d'être recommandée.

Nabataean Castle Hotel HÔTEL **$$$**

(☎ 2157201 ; www.movenpick-hotels.com ; ch en demi-pension à partir de 164 JD ; ❄📶🏊). Ce luxueux hôtel géré par le Mövenpick (p. 187) affiche souvent complet. La majorité de ses chambres donnent sur la vallée – elles sont malheureusement pourvues de fenêtres étonnamment petites. Navette quotidienne gratuite pour Pétra (aller-retour).

Petra Marriott HÔTEL **$$$**

(☎ 2156407 ; www.marriott.com ; ch à partir de 145 JD ; ❄@📶🏊). Cet hôtel, l'un des plus chics de la région (avec piscine, restaurants, hammam et cinéma en accès libre pour les clients), est bien loin de l'authenticité de Pétra.

🍴 Où se restaurer

Dans l'artère principale de Wadi Musa, des épiceries vendent de quoi pique-niquer ; vous trouverez un supermarché à côté de l'Al-Anbat Hotel I, un peu en dehors de la ville, sur la route d'Ain Musa. Certains hôtels préparent, à la demande, des paniers pique-nique (œuf dur, pain et tomates). Sinon, facile à transporter, un falafel constituera un déjeuner nourrissant. Au rond-point Shaheed, la **Sanabel Bakery** (⌚5h-24h) est idéale pour se choisir un dessert parmi les délicieuses pâtisseries arabes.

Après une journée passée à arpenter Pétra, difficile de résister aux glaces suisses (2,80 JD) servies dans le café de la réception du Mövenpick Hotel !

Si vous gravissez la colline entre le centre d'accueil des visiteurs de Pétra et le rond-point Shaheed, vous pourrez faire étape à mi-chemin, au **Sand Hills Restaurant** (plats à partir de 4 JD ; ⌚8h-24h), qui propose un buffet jordanien sans prétention, et possède une petite boutique d'artisanat, un café avec terrasse et des toilettes propres.

Les tables les plus économiques sont regroupées aux alentours du rond-point Shaheed et de la boulangerie Sanabel. La plupart servent le même genre de plats à des tarifs similaires. D'autres adresses de catégorie moyenne, affichant un choix plus vaste, sont installées près de l'entrée de Pétra. Pour des repas gastronomiques, une seule option : les restaurants des cinq-étoiles.

Al-Wadi Restaurant JORDANIEN $
(2157151 ; salades 1 JD, plats 4-5 JD ; 7h-tard). Ce restaurant animé, qui donne directement sur le rond-point Shaheed, sert des pâtes, ainsi qu'un choix de mets végétariens et de spécialités bédouines, comme la *gallaya* (viande, riz et oignons dans une sauce tomate épicée) et le *mensaf* (plat d'agneau), le plus souvent accompagnés de salade et de riz.

Al-Arabi Restaurant MOYEN-ORIENTAL $
(2157661 ; plats à partir de 4 JD ; 6h-24h). Une table simple, à deux pas du rond-point Shaheed, où l'on déguste houmous, falafels et *chawarma*.

Cleopatra Restaurant & Coffee Shop BUFFET $
(079 5318775 ; plats 3 JD, buffet 6 JD ; 6h-23h). Cette cantine propose un buffet correct comprenant diverses spécialités bédouines.

Bukhara Restaurant BROCHETTES $
(plats 4 JD ; 11h-24h). Cette gargote populaire sur le rond-point Shaheed (face au Petra Butchery BBQ), spécialisée dans le poulet et les brochettes au barbecue, permet de reprendre des forces après l'éreintante marche depuis Pétra.

Red Cave Restaurant JORDANIEN $$
(2157799 ; entrées 1 JD, plats à partir de 5 JD ; 9h-22h). Une agréable table troglodytique, où l'accent est mis sur les recettes bédouines, comme le *mensaf* et la *maqlouba* (à base de riz et d'aubergine). L'endroit, apprécié des voyageurs, est aussi douillet pour se réchauffer les soirs d'hiver que pour prendre le frais par une chaude journée d'été.

Oriental Restaurant JORDANIEN $$
(2157087 ; plats 6 JD ; 11h-21h30). Tout comme son voisin le **Sandstone Restaurant** (079-5542277 ; plats 8 JD), ce restaurant de l'artère principale sert une cuisine simple à base de grillades, de salades et de mezze. Les deux établissements, dotés d'agréables tables en terrasse, invitent aussi à s'arrêter simplement pour boire une bière.

Sahtain JORDANIEN, INTERNATIONAL $$$
(2150111 ; buffet 20 JD ;). Le ravissant restaurant du Taybet Zaman (p. 189), avec sa terrase fleurie et sa salle voûtée, vaut autant par son cadre que par ses mets – plats arabes et classiques internationaux. Le buffet du dîner, qui comprend 20 salades différentes, permet de goûter à diverses spécialités locales.

Il est aussi possible d'opter pour des choses plus simples au déjeuner, comme la savoureuse salade du chef et les copieux sandwichs – de véritables plats complets entre deux tranches de pain.

Al-Saraya Restaurant INTERNATIONAL $$$
(2157111 ; déj/dîner 20/25 JD ;). Le restaurant haut de gamme du Mövenpick, où les plats sont à la hauteur de l'opulence de l'hôtel, est réputé pour son buffet international, servi dans une belle salle à manger. Prévoyez de passer un peu de temps en soirée dans le magnifique bar lambrissé, où ronronne un feu de cheminée en hiver.

Où prendre un verre

Cave Bar BAR
(2156266 ; 16h-23h). Il serait dommage de venir à Pétra sans faire un tour dans le plus vieux bar du monde – de par son décor ! Installé dans une sépulture troglodytique nabatéenne vieille de 2 000 ans, cet établissement très en vogue, à l'éclairage bleu, reste ouvert jusqu'à 4h les soirs d'affluence en été. En se laissant imprégner par l'atmosphère du lieu (sans oublier de siroter quelques verres), on découvre vite un visage jusqu'alors méconnu de Pétra (notamment les 26% de taxes et de service sur l'addition !).

La carte comprend des classiques internationaux comme les frites et les *fish and chips*, qui pourront bizarrement vous séduire après une journée passée à crapahuter dans Pétra. Ne vous laissez pas rebuter par la musique tonitruante à l'entrée : le bruit s'arrête là. Le restaurant et le bar jouxtent la Petra Guest House Hotel, derrière le centre d'accueil des visiteurs.

Al-Maqa'ad Bar BAR
(2157111 ; 16h-23h). Le bar du Mövenpick Hotel arbore un décor à la marocaine, avec des panneaux en bois ajouré et un lustre incroyable – ce qui mérite bien une visite, ne serait-ce que pour prendre un cocktail ou une glace. Attention : les 26% de taxes et de service sont facturés en sus.

Wranglers Pub BAR
(☎2156723 ; ⏲14h-24h). Un bar convivial à la décoration typique, géré par le Petra Palace Hotel.

✩ Où sortir

Il n'y a pas grand-chose à faire le soir à Pétra, hormis profiter d'un hammam et planifier l'excursion du lendemain. Certains hôtels projettent des films en DVD ou programment d'autres divertissements quand il y a suffisamment de personnes intéressées.

Achats

Les magasins de souvenirs ne manquent pas près de l'entrée de Pétra. Sur le site proprement dit, des Bédouins tiennent aussi de petits stands. À Wadi Musa, vous verrez des artisans verser patiemment du sable de différentes couleurs dans des bouteilles en verre (ils peuvent même écrire votre nom). Les hôtels de luxe vendent de jolis objets artisanaux, mais peu d'entre eux sont fabriqués à Pétra et les prix sont légèrement gonflés (sans surprise pour la première destination touristique du pays). À Pétra, renseignez-vous pour savoir où trouver Umm Raami, auprès de qui vous pourrez acheter des bijoux contemporains en argent, inspirés d'anciens motifs nabatéens et fabriqués par des femmes de la région formées grâce à un projet de la Noor Al-Hussein Foundation, créée par la reine Nour.

Les boutiques de la **Wadi Musa Ladies Society** (⏲6h-21h) et de la **Society for the Development & Rehabilitation of Rural Women** (Association pour le développement et la réinsertion des femmes en milieu rural ; ⏲ 6h-21h), dans le centre d'accueil des visiteurs, vendent des souvenirs, des livres et des objets artisanaux.

Vous trouverez des ouvrages sur Pétra dans les boutiques du centre d'accueil des visiteurs et dans la rue principale à Wadi Musa.

Made in Jordan ARTISANAT
(☎2155700). Cette boutique de Wadi Musa vend de l'artisanat de qualité provenant d'entreprises locales : huile d'olive, savon, papier, céramiques, chemins de table, produits naturels de Wild Jordan (à Amman), bijoux de Wadi Musa, broderies de Safi, châles en poil de dromadaire, sacs d'Aqaba, produits de la Jordan River Foundation... Les tarifs fixes reflètent la qualité et le caractère unique de chaque objet. Les cartes bancaires sont acceptées.

City of Wonders Bazaar SOUVENIRS
(⏲8h-22h). Un beau choix de bouteilles en verre soufflé (8-35 JD).

Indiana Jones Gifts Shop SOUVENIRS
(☎2155069 ; ⏲8h-22h). Vous pourrez vous procurer ici un documentaire présentant les principaux sites de Pétra.

Rum Studio & Labs PHOTO
(☎2157467 ; ⏲8h30-22h). Matériel photo numérique, devant le Silk Road Hotel, dans la rue principale.

ℹ Renseignements

ACCÈS INTERNET

Le centre-ville compte de nombreux cybercafés, dont le **Rum Internet** (1 JD/h ; ⏲10h-24h), situé en contrebas du rond-point Shaheed. Le **Seven Wonders Restaurant** (3,500 JD/h ; ⏲9h-23h), proche de l'entrée de Pétra, sert un chocolat chaud divin (2,500 JD) !

ARGENT

De nombreux hôtels changent les devises... à un taux peu intéressant. Mieux vaut se rendre à la Housing Bank ou à la Jordan Islamic Bank, au-dessus du rond-point Shaheed ; toutes deux possèdent un DAB. L'Arab Bank est située en contrebas du rond-point. Plus près de l'entrée de Pétra, l'Arab Jordan Investment Bank et la Cairo-Amman Bank, du Mövenpick Hotel, changent les espèces. Les banques ouvrent de 8h à 14h du dimanche au jeudi et, parfois, le vendredi de 9h à 11h. À proximité du Silk Rd Hotel, des bureaux de change restent ouverts plus longtemps.

LAVERIE

La majorité des hôtels assurent le nettoyage des vêtements moyennant 2 JD/pièce – ils sous-traitent au pressing de l'Amra Palace Hotel.

OFFICE DU TOURISME

Vous trouverez des renseignements et la billetterie au centre d'accueil des visiteurs (p. 182), juste avant l'entrée principale de Pétra.

Jordan Jubilee (www.jordanjubilee.com). Ruth, à l'origine de ce site, vit depuis longtemps à Wadi Musa, au point d'être devenue une figure locale.

POSTE

Bureau de poste du centre d'accueil des visiteurs (⏲7h30-17h). L'intérêt de ce bureau ? Le courrier expédié d'ici portera la mention "Petra Touristic Post Office" au lieu du tampon de Wadi Musa.

SERVICES MÉDICAUX

Le **Queen Rania Hospital** (☎2150628) est un bon hôpital, doté d'un service d'urgences. Il est situé à 5 km du rond-point de la police (Police Roundabout), sur la route de Tayyibeh.

La **Wadi Musa Pharmacy**, proche du rond-point Shaheed, est bien approvisionnée en médicaments et en produits de parapharmacie.

TÉLÉPHONE

On peut appeler l'étranger depuis les téléboutiques jalonnant les principales rues de Wadi Musa. Le plus facile et le moins cher pour téléphoner consiste à acheter une carte prépayée.

URGENCES

Police touristique (☎2156441, urgences 196 ; ⏲8h-24h). À côté du centre d'accueil des visiteurs de Pétra. Quelques agents s'installent aussi à l'ombre dans l'enceinte du site.

Poste de police (☎2156551, urgences 191). Jouxte le rond-point de la police (Police Roundabout) à Wadi Musa.

ℹ Depuis/vers Wadi Musa

Vu l'importance de Pétra sur le plan touristique, Wadi Musa est moins bien desservie qu'on pourrait le penser. Pour obtenir des informations concernant les minibus et les autres modes de transport, renseignez-vous auprès de votre hôtel et des restaurants proches du rond-point Shaheed.

BUS ET MINIBUS

Un bus JETT va quotidiennement à Pétra depuis Amman, ce qui permet de faire l'excursion dans la journée. Il part à 6h30 du bureau de la compagnie, près de la gare routière d'Abdali (aller/aller-retour 9,500/19 JD, 4 heures), et dépose les passagers près du centre d'accueil des visiteurs de Pétra, à Wadi Musa. Le bus du retour est à 17h.

Des minibus quittent la gare routière située dans le centre de Wadi Musa. Préparez-vous toutefois à attendre, car la plupart ne démarrent que lorsqu'ils sont à moitié pleins, au minimum. S'il n'y a pas suffisamment de passagers, ils peuvent fort bien ne pas partir du tout, à moins que l'on vous propose de payer pour les sièges vides. L'offre ne relève pas en soi d'une escroquerie, mais plutôt d'une tentative, de la part du chauffeur, de couvrir les frais de la course. Tombez d'accord avec lui sur le prix du trajet avant le départ. Sachez aussi que les liaisons sont beaucoup plus rares le vendredi.

Des minibus réguliers circulent chaque jour entre la gare routière sud d'Amman (Wahadat) et Wadi Musa (7 JD, 4 heures) via la route du Désert (Desert Highway). Ils quittent Amman et Wadi Musa une fois pleins, toutes les heures environ, entre 6h et midi. Depuis Amman, ce service cesse aux environs de 16h. Au départ de Wadi Musa, il y a parfois une ou deux liaisons supplémentaires, selon l'affluence. Les horaires changent fréquemment ; renseignez-vous auprès de votre hôtel.

D'autres minibus assurent toute la journée des liaisons assez fréquentes (surtout le matin) entre Wadi Musa et Ma'an (1,500 JD, 45 min). Ils s'arrêtent brièvement à l'université, à 10 km de Ma'an. De Ma'an, on peut prendre une correspondance pour Amman, Aqaba et, avec un autre changement, le Wadi Rum. Des véhicules couvrent aussi le trajet Wadi Musa-Aqaba (7 JD, 2 heures 30) vers 6h, 8h30 et 15h (demandez confirmation la veille ou vérifiez à votre hôtel).

Un minibus part chaque jour pour le Wadi Rum (7 JD, 2 heures) aux environs de 6h. Vous avez tout intérêt à réserver une place la veille (votre hôtel devrait pouvoir contacter le chauffeur). Si vous le manquez, ou si le service est interrompu, prenez le minibus pour Aqaba, descendez au

PÉTRA ET WADI MUSA PAR LES TRANSPORTS PUBLICS

DEPUIS/VERS	DURÉE	FRÉQUENCE	DÉTAILS
Amman (210 km) via la route du Désert	4 heures	1 bus/jour et 11 minibus/jour	**Bus JETT** Départ à 6h30 des bureaux JETT d'Amman, près de la gare routière d'Abdali ; retour à 16h (17h en été), depuis le centre d'accueil des visiteurs de Pétra. **Minibus** Ils circulent (une fois pleins) entre 6h et 12h vers/depuis la gare routière sud d'Amman (Wahadat) et la gare routière de Wadi Musa.
Wadi Rum (90 km)	2 heures	1/jour	**Minibus** Départ à 6h de la gare routière de Wadi Musa et à 8h30 du centre d'accueil des visiteurs de Pétra. Il ne part qu'une fois rempli : demandez à l'hôtel/camping de contacter le conducteur du bus à l'avance.
Aqaba (120 km)	2 heures 30	4/jour	**Minibus** Départ entre 6h30 et 8h30, ainsi qu'en milieu d'après-midi depuis/vers la gare routière de Wadi Musa et l'arrêt des minibus d'Aqaba. Ne partent que pleins.

croisement Ar-Rashidiyyah et empruntez un autre minibus pour le reste du trajet (il est déconseillé de faire du stop). Il se peut que l'on vous facture un supplément "bagages" (environ 3 JD), surtout si vos affaires occupent un siège que l'on pourrait faire payer à un passager. Pensez à faire des provisions, d'eau notamment, et organisez votre circuit dans le Wadi Rum à votre hôtel, auprès d'un agent de voyages ou encore à l'arrivée à Rum, pour éviter d'être victime des escroqueries des rabatteurs qui sévissent à la gare routière. Le Cleopetra, entre autres hôtels, organise des circuits de 2 jours au Wadi Rum.

Un minibus part pour Kérak aux alentours de 7h et parfois à 12h (7 JD), mais la demande est faible et il ne circule donc pas tous les jours (jamais le vendredi). Autrement, passez par Ma'an.

TAXI

On trouve facilement des taxis privés jaunes à Wadi Musa. Quelques 4x4 font aussi office de taxis moyennant à peu près les mêmes tarifs, mais ils ne présentent pas grand intérêt car il faut tout de même participer à un circuit en 4x4 au départ du centre d'accueil des visiteurs du Wadi Rum si l'on veut découvrir la zone protégée. L'aller en taxi jusqu'au Wadi Rum (1 heure) ou à Aqaba (1 heure 30) coûte 40 JD ; comptez 10 JD pour Shobak (15 JD aller-retour avec 1 heure d'attente sur le site) et 50 JD pour Kérak (1 heure 30). Si vous souhaitez rejoindre Madaba ou Amman par la route du Roi (King's Highway), avec des arrêts à Shobak, Dana et Kérak, le tarif atteint environ 90 JD.

VOITURE

Hertz Rent-a-Car (☎ 2156981 ; ⏲ 8h-18h) loue des voitures à partir de 45 JD/jour. Un 4x4 coûte environ 160 JD/jour.

Pétra et Wadi Musa sont bien indiqués sur les grandes routes. La route panoramique entre Pétra et Siq al-Barid (Little Petra) rejoint celle qui relie Wadi Musa à Shobak (Shaubak) : elle permet de quitter la ville par un autre itinéraire. Une superbe route sillonne le Wadi Araba et rejoint directement la route de la mer Morte (Dead Sea Highway). Lors de la rédaction de ce guide, elle était abimée par les crues, mais empruntable pour peu que l'on soit (très) prudent et non sujet au vertige. La route de Tayyibeh est également splendide.

Siq al-Barid (Little Petra)
سيق البيضاء (البتراء الصغيرة)

Surnommé familièrement **Little Petra** (Petite Pétra), Siq al-Barid (le "défilé froid") ne rivalise certes pas avec son illustre voisin, mais vaut néanmoins le détour. Il fut probablement autrefois un centre agricole, un faubourg marchand et un relais caravanier. La région environnante se prête à une balade pittoresque. Elle abrite quelques-uns des plus anciens villages du monde, dont Al-Beidha.

À voir

♥ Siq de Little Petra RUINES

(⏲ en journée). GRATUIT Du parking, un sentier facile à repérer conduit au *siq*, long de 400 m, qui débouche sur une succession d'espaces allant en s'élargissant. Le premier abrite un **temple**, dont les archéologues ne savent que peu de choses. Dans le deuxième se trouvent quatre **tricliniums**, un à gauche et trois à droite, qui étaient probablement destinés aux marchands et aux voyageurs. Une cinquantaine de mètres plus loin dans le *siq*, on accède à la **maison peinte**, qui était également dévolue aux repas, par des marches extérieures. Prenez le temps de l'admirer : les fresques estompées (encore colorées) de vignes, de fleurs et d'oiseaux qui couvrent le dessous de l'arche intérieure sont un exemple rare de peinture nabatéenne.

En face, vous remarquerez une vaste **citerne** taillée dans la roche. Des canalisations, également creusées dans la pierre, sont visibles en divers points du défilé.

Au bout de Siq al-Barid, un escalier grimpe jusqu'à un point de vue, qui invite à une pause pique-nique. Si vous avez encore du temps devant vous, explorez aussi les carrières et citernes nabatéennes d'Umm Qusa, juste avant l'entrée de Siq al-Barid.

Al-Beidha RUINES

(⏲ en journée). GRATUIT Les ruines du village néolithique d'Al-Beidha datent de 9 000 ans. Il s'agit, avec Jéricho, de l'un des plus anciens sites archéologiques du Proche-Orient. Les 65 habitations (rondes pour les plus anciennes, rectangulaires pour les autres) dont les fondations ont été mises au jour revêtent une importance majeure, car elles marquent le passage d'une communauté de chasseurs-cueilleurs à une société fondée sur l'agriculture et l'élevage. L'endroit fut abandonné en 6000 av. J.-C., laissant ce site inaltéré.

Une promenade de 15 minutes conduit au site depuis l'entrée de Siq al-Barid (Little Petra) – sur la gauche.

Une fois à Al-Beidha, restez bien sur les sentiers balisés car la zone est fragile. De plus, sachez que ces ruines requièrent un gros effort d'imagination de la part des visiteurs.

DAVID ROBERTS : PEINDRE PÉTRA

Dans certains endroits de Pétra et de Siq al-Barid (Little Petra), il est presque impossible de ne pas avoir en tête des images d'Arabes en costume local, tout droit sorties du XIXe siècle. Dans les cafés et les réceptions des hôtels de Wadi Musa, ces mêmes personnages et ces mêmes paysages ornent les murs. À qui devons-nous ces tableaux "pittoresques" de la Pétra d'autrefois ? Le coupable est un certain David Roberts, artiste de son état, Écossais et peintre orientaliste très apprécié de l'époque romantique.

À en juger par le succès non démenti de ses tableaux auprès des touristes, on peut avancer sans crainte de se tromper que Roberts (1796-1864) savait s'adresser à l'homme ordinaire. Ses compositions révèlent un profond intérêt pour les sujets de ses tableaux : une caravane chargée de mille trésors, des amis se faisant un signe de la main de part et d'autre d'un *wadi*, une querelle de marchands se déroulant sur fond de paysage spectaculaire.

David Roberts visita la région en 1839, au cours d'un long périple en Orient. Vêtu à l'arabe, exactement comme Burckhardt vingt ans avant lui, il voyagea avec une caravane de 20 dromadaires et des gardes du corps autochtones. Pétra devait être le point fort de son périple, mais la visite dut être écourtée en raison de tensions avec les tribus locales. À son retour en Grande-Bretagne, ses aquarelles, magnifiquement reprises sous forme de lithographies par le Belge Louis Haghe, furent exposées en 1840 et reçurent les éloges de la critique.

Les représentations de David Roberts sont passées dans le langage visuel d'un site qui est l'un des trésors du monde. Ses évocations de l'Égypte sont aussi célèbres. Ce fils de cordonnier, qui n'avait reçu aucune formation artistique, aurait sans doute apprécié.

Selon certains, David Roberts aurait aussi influencé Hergé : dans *Coke en stock* (Casterman), on voit Tintin et le capitaine Haddock arriver à cheval par le Siq, pour rejoindre le repaire de l'émir Mohammed Ben Kalish Ezab, qui n'est autre que le Trésor de Pétra. On dit que le dessinateur belge aurait puisé son inspiration dans les tableaux du peintre écossais.

Al-Wu'ira CHÂTEAU
(carte p. 166 ; en journée). GRATUIT Bâti par les croisés en 1116, Al-Wu'ira fut pris par les musulmans 73 ans plus tard. Le vieux pont impressionnant, qui a remplacé l'ancien pont-levis, franchit une gorge pour atteindre le corps de garde et les ruines du château.

Repérez l'embranchement non signalé à 1,5 km au nord du Mövenpick Hotel. Le château est du côté gauche de la route qui mène à Siq al-Barid (Little Petra).

Activités

De Siq al-Barid au monastère de Pétra RANDONNÉE
(niveau intermédiaire ; guidé ; 4 heures). Avec un peu de préparation, il est possible d'entreprendre une **randonnée** de Siq al-Barid jusqu'au monastère de Pétra (Al-Deir) ou au centre de Pétra via le Wadi Mu'aisireh al-Gharbiya. Vous aurez besoin d'un guide (à partir de 45 JD ; renseignez-vous au parking qui jouxte l'entrée de Siq al-Barid ou à l'un des campements ci-après), car l'itinéraire est difficile à suivre. Vous devrez également être en possession d'un billet d'entrée pour Pétra, acheté à l'avance (il n'y a pas de billetterie à Siq al-Barid).

Où se loger et se restaurer

Plusieurs campements installés dans la campagne permettent d'échapper à l'ambiance un peu oppressante de Wadi Musa. Si vous voyagez en famille, demandez si des réductions s'appliquent aux enfants : dans certains campings, les moins de 12 ans paient moitié prix.

Seven Wonders Bedouin Camp CAMPEMENT $
(079 7958641 ; rockymountainhotel@yahoo.com ; tente en demi-pension 30 JD/pers, B&B 20 JD). Ce campement à l'ambiance détendue, établi à flanc de coteau et signalé sur une piste coupant la route pour Siq al-Barid (Little Petra), est d'un bon rapport qualité/prix. La nuit, les feux de camp irradient les roches situées derrière. L'hébergement se fait dans des bungalows simples et douillets, avec électricité, tapis et moustiquaires. De l'eau chaude et des serviettes de toilette sont à disposition.

Sur place, des plats traditionnels savoureux sont préparés dans un four *zerb* (constitué d'un trou dans le sable garni de bois) ou au *mehndi* (barbecue), et vous pourrez aussi vous régaler de soupes végétariennes. Vous aurez la possibilité de participer à une promenade guidée jusqu'à Pétra (45 JD, jusqu'à 4 personnes) ou à une excursion mêlant 4x4 et randonnée (60 JD) jusqu'à un *wadi* des environs, où l'on peut observer d'impressionnantes formations rocheuses. Le campement appartient aux propriétaires du populaire Rocky Mountain Hotel (p. 188) de Wadi Musa.

The Rock CAMPEMENT **$$**

(☎079 777589 ; www.therockpetra.com ; demi-pension en tente bédouine/tente militaire 33/40 JD par pers). Ce campement agréable de Ba'ja est joliment situé sur un petit plateau, avec des rochers érodés par les vents en toile de fond et, dans la plaine en contrebas, des étendues inhabituellement verdoyantes (grâce à l'exploitation agricole voisine). Vous aurez le choix entre des tentes de style militaire ou leurs homologues typiquement bédouines, en poil de chèvre. Les repas traditionnels se dégustent dans des recoins douillets.

En sirotant un verre de vin au bar en plein air (5 JD), vous vous inscrirez dans une tradition immémoriale, comme en témoigne le pressoir nabatéen du campement. On peut aussi voir les vestiges d'une retenue d'eau et de canaux. Une balade de 2 heures dans le Siq Ba'ja voisin conduit aux ruines d'un village néolithique bien préservé vieux de 9 000 ans.

Pour rejoindre le campement, suivez les panneaux marqués "Rock Camp" de Siq al-Barid vers le Wadi Araba. Les derniers 200 mètres sont accessibles avec un véhicule classique, à condition de conduire lentement sur la piste cahoteuse.

Ammarin Bedouin Camp CAMPEMENT **$$**

(☎079 5667771 ; www.bedouincamp.net ; demi-pension par personne en tente, 52 JD). Ce campement administré par des membres de l'ethnie locale des Ammarin, lové dans un sublime amphithéâtre de collines et de sable à Siq al-Amti, est à 10 minutes à pied de Siq al-Barid (Little Petra), et indiqué sur la voie d'accès. Il possède des tentes bédouines compartimentées au sol bétonné, équipées avec matelas et couvertures, et un bloc sanitaire propre. Réservez.

Vous pourrez aussi planter votre propre tente (20 JD/pers) ou garer votre camping-car (32 JD/nuit par véhicule, électricité comprise) et utiliser les équiments. Pour le dîner, de la viande est cuite au *zerb* à la demande (30 JD supplémentaires). L'établissement propose aussi des promenades guidées et des excursions à dos de dromadaire dans les collines environnantes. Comptez 100 JD pour être accompagné toute la journée par un guide bédouin et 50 JD pour une randonnée jusqu'à Pétra.

Accordez du temps au remarquable petit musée ethnographique sur place, qui est consacré aux Ammarin. Lisez notamment l'histoire de Torfa Bint Saleh al-Ammarin, qui offre un bon témoignage sur les épreuves quotidiennes qu'implique cette vie dans les marges.

Le campement organise une navette pour Pétra (10 JD aller).

Little Petra Bedouin Camp CAMPEMENT **$$**

(☎077 6331431, 079 5300135 ; 25 JD/pers, en demi-pension 40 JD/pers, minimum 2 pers). Ce complexe isolé dans un bassin cerné de montagnes est signalé sur la route principale menant à Siq al-Barid (Little Petra). Il possède un certain chic, avec des tentes de l'armée équipées de miroirs en pied et de véritables lits avec matelas et draps. Le dîner est préparé dans une grotte et servi parmi les roches ou dans une caverne plus intime.

Depuis/vers Siq al-Barid (Little Petra)

Certains hôtels de Wadi Musa organisent des circuits à Siq al-Barid (Little Petra). En taxi privé, comptez environ 22 JD la course ou 32 JD aller-retour (une heure sur place incluse). Les services d'un guide au départ du centre d'accueil des visiteurs reviennent à 50 JD.

Si vous êtes motorisé, empruntez la route au nord du Mövenpick Hotel et suivez les panneaux marqués "Beda" ou "Al-Beidha". À la bifurcation, tournez à gauche et continuez sur 1 km jusqu'au parking.

À pied, le trajet de 8 km le long de la route est plaisant. Il passe par le village d'Umm Sayhoun, la formation rocheuse appelée "Elephant Rock" (rocher de l'Éléphant) et Ain Dibdibah, qui fournissait jadis à Pétra la majeure partie de son eau. Un raccourci coupe à travers champs sur la gauche, à 1 km environ avant l'embranchement pour Al-Beidha.

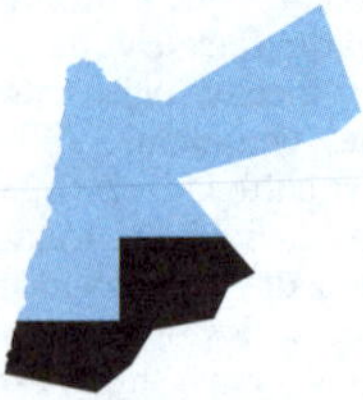

Aqaba, le Wadi Rum et la route du Désert

العقبة ووادي رم وطريق الصحراء

Dans ce chapitre ➡

Le top des hébergements

- ➡ InterContinental Hotel (p. 206)
- ➡ International Arab Divers Village (p. 212)
- ➡ Bait Ali Lodge (p. 226)
- ➡ Rum Stars Camp (p. 225)

Les plus beaux sites historiques

- ➡ Fort d'Aqaba (p. 201)
- ➡ Ruines d'Ayla (p. 199)
- ➡ Maison de Lawrence (p. 219)
- ➡ Vestiges d'Humaiyma (p. 230)

Pourquoi y aller

Nous sommes ici sur la terre des Bédouins, dont Lawrence d'Arabie vantait le courage dans le récit autobiographique de ses aventures, les *Sept Piliers de la sagesse*. Leur domaine est l'impitoyable désert du Sud, territoire de dunes de sable, d'oasis et d'escarpements sculptés par les éléments, de toute beauté au soleil couchant et d'une dureté impressionnante en été. Au Wadi Rum, même les moins romantiques des voyageurs se surprennent à rêver, à un moment ou à un autre, de quitter le monde moderne pour embrasser la vie de nomade. D'une certaine manière, c'est chose possible – du moins pourrez-vous passer un jour ou deux dans les campements de Rum et de Diseh ou les parcourir à dos de dromadaire, en 4x4 ou en ballon dirigeable.

Aqaba, toute proche, et les centres de plongée des environs permettent d'accéder à d'autres merveilles naturelles : les jardins de corail de la mer Rouge. Et, même si les palmes ne sont pas votre fort, Aqaba est une destination agréable et décontractée pour se rafraîchir après une incursion dans le désert et planifier le reste de votre séjour.

Quand partir

- ➡ À Aqaba, il fait chaud toute l'année, y compris en hiver, et l'eau est toujours bleue. De nombreux vacanciers viennent fuir les frimas des hautes terres ; la foule est particulièrement dense les jours fériés.
- ➡ Le désert reprend vie après la pluie : les meilleures périodes pour explorer le Wadi Rum s'étendent de février à mai, et en octobre-novembre. Journées tempérées et nuits douces : quel plaisir de camper !
- ➡ Malgré la chaleur, le festival Distant Heat, qui dure toute une nuit, attire les fêtards au Wadi Rum au milieu de l'été.
- ➡ Attention : l'hiver, le froid est mordant le soir dans le désert.

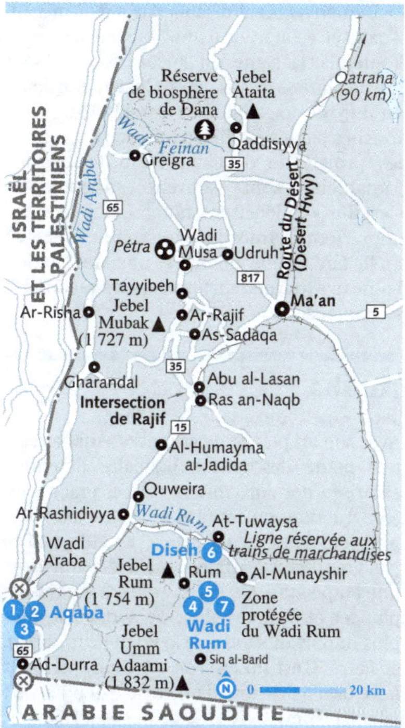

À ne pas manquer

1. Une plongée avec les aiguilles de mer au-dessus des splendides jardins de corail de la **mer Rouge** (p. 29)
2. Un repas de poisson dans l'un des restaurants d'**Aqaba** (p. 198), au bord de la mer Rouge
3. Un moment de farniente dans l'une des **stations balnéaires** (p. 211) du sud du pays
4. Une "expérience à la Lawrence d'Arabie" en découvrant le **Wadi Rum** (p. 221) à dos de dromadaire et en visitant les sites immortalisés par *Les Sept Piliers de la sagesse*
5. Un **périple en 4x4** (p. 219) à travers le Wadi Rum en compagnie de guides bédouins
6. Un dîner aux chandelles sous la tente, sur une dune de sable à **Diseh** (p. 228)
7. Une nuit dans un campement bédouin sous une tente en peau de chèvre et le ciel étoilé du **Wadi Rum** (p. 224)

Histoire et culture

Une route somptueuse (A35) mène de Wadi Musa, près de Pétra, jusqu'aux escarpements du Jebel Batra – en direction de l'ouest, vous contemplerez l'immense Wadi Araba. Là, elle rejoint la route du Désert (Desert Highway) pour pénétrer dans le majestueux désert du Sud. C'est ici que les Bédouins vivent depuis des siècles, et que leurs tribus, qui s'unirent durant la révolte arabe du XXe siècle, donnèrent l'expression la plus convaincante de l'idéal panarabique. Il semble même que le cri "À Aqaba" résonne encore entre les roches du Wadi Rum, emporté par le sifflement d'un train de marchandises serpentant sur le chemin de fer du Hedjaz, aujourd'hui bien moins emprunté.

Si, vue de l'extérieur, la vie nomade peut sembler pleine d'attraits, de nombreux Bédouins se sont sédentarisés au cours des dernières décennies. Symbole d'évasion, le désert n'en demeure pas moins un milieu hostile, qui ne fait grâce à personne. La vie y est rude et, pour citer Lawrence d'Arabie, c'est "une mort dans la vie" pour les étrangers. En suivant la route du Désert, le long de la saisissante Badia, vous apprendrez vite à respecter cet environnement extrême, ainsi que les peuples qui ont su s'y adapter.

Réserves naturelles

Il existe deux réserves dans le sud de la Jordanie. La **zone protégée du Wadi Rum**, administrée par les autorités d'Aqaba, est une réserve terrestre où l'on peut camper, randonner à dos de dromadaire ou à pied, voler en ballon et conduire hors piste parmi des dunes de sable et de beaux paysages de grès.

Au large, le **parc maritime de la mer Rouge d'Aqaba** (qui fait partie du Red Sea Marine Peace Park, plus vaste et transfrontalier) fut établi en 1997 pour protéger l'environnement complexe des fonds marins de la mer Rouge, au sud d'Aqaba. Le meilleur moyen de l'explorer est de passer par des centres de plongée de la région. Le parc s'étend de la Station d'études marines au Royal Diving Club et jusqu'à 350 m au large. Il est gardé ; la pêche y est interdite et la navigation, limitée. Des jetées permettent aux plongeurs de se mettre à l'eau sans avoir à piétiner les coraux depuis la plage.

Désagréments et dangers

La mer Rouge expose à divers risques que le bon sens permet d'éviter. Les plongeurs doivent garder à l'esprit que la plupart des routes au départ d'Aqaba montent en altitude. Autrement dit, le risque de malaise est réel pour ceux qui ne marquent pas l'arrêt suffisamment longtemps à Aqaba avant de partir pour le Wadi Rum ou Pétra.

Depuis/vers Aqaba, le Wadi Rum et la route du Désert

Aqaba est bien desservie par les transports publics depuis Amman et possède même un aéroport international. La ville est une porte d'accès vers l'Égypte, que l'on gagne généralement par bateau en direction de Taba, Nuweiba et Charm el-Cheikh. Lors de la rédaction de ce guide, l'accès à de nombreuses régions du Sinaï était formellement déconseillé : consultez les recommandations officielles aux voyageurs (voir l'encadré p. 309). Aqaba est aussi un carrefour vers Israël et les Territoires palestiniens via la frontière incroyablement rectiligne de Wadi Araba. La franchir ne présentait pas de dangers lors de notre passage (renseignez-vous sur l'évolution de la situation) mais, en raison de la tension en Israël, les transports depuis Eilat sont rares et impliquent généralement de transiter par Jérusalem.

À moins d'être motorisé ou de participer à un circuit organisé depuis Aqaba ou Pétra, il n'est pas facile d'accéder au Wadi Rum. En voiture, on peut rejoindre le désert oriental par la Hwy 5.

Comment circuler

On peut visiter cette partie la plus méridionale de la Jordanie par les transports publics, au départ d'Aqaba, en 3 ou 4 jours. Il est plus facile d'accéder à la côte sud et au Wadi Rum en louant une voiture à Aqaba. Inutile d'avoir un 4x4 pour le Wadi Rum, car une piste revêtue de tarmac permet de rejoindre le centre d'accueil des visiteurs. Ensuite, à moins d'avoir l'habitude de conduire dans le sable, il est plus sage de partir en excursion avec un chauffeur bédouin.

AQABA ET SES ENVIRONS

Installée à la pointe du golfe d'Aqaba, bordée par les hautes montagnes du désert et bénéficiant d'un climat agréable toute l'année, Aqaba a tout pour être une importante station balnéaire. Les investisseurs ne s'y sont pas trompés : la construction du Saraya Project – qui comprend des lagons, une marina, un terrain de golf et une université britannique – sera bientôt achevée.

L'aménagement de Tala Bay a déjà offert à Aqaba et à son littoral une nouvelle jeunesse. Toutefois, la route est encore longue pour que la station rivalise avec Charm el-Cheikh en Égypte, ou Eilat, en Israël. Durement touchés par les conflits dans les pays voisins, les projets de développement touristique jordaniens sont souvent interrompus. Certains s'en félicitent, notamment ceux qui apprécient l'atmosphère assoupie d'Aqaba et le fait qu'elle demeure une destination balnéaire tournée surtout vers les vacanciers jordaniens.

Aqaba العقبة

☎03 / 136 200 HABITANTS / ALTITUDE 50 M

Avec son ambiance de vacances, Aqaba reste une petite destination banéaire détendue et prisée des Jordaniens ; et ce, malgré les constructions en cours et le disgracieux port mitoyen. Pour le voyageur, la ville n'offre pas grand-chose à faire ; mais elle constitue une étape agréable sur la route des clubs de plongée et de snorkeling, au sud, et de sites plus importants tels que le Wadi Rum, à l'est, et Pétra. C'est un endroit tout indiqué pour faire une pause lors d'un voyage depuis/vers Israël, les Territoires palestiniens et l'Égypte, si le climat diplomatique le permet.

L'hiver, le thermomètre descend rarement au-dessous de 20°C. En été, la chaleur est accablante, avec des températures diurnes excédant les 35°C, tempérées toutefois par la brise marine. Une bonne solution consiste à se mettre à la sieste ; les commerces ferment vers 14h pour ne rouvrir que vers 18h.

Histoire

> "Et le roi Solomon arma une flotte à Asiongaber, qui est près d'Élath, sur le bord de la mer Rouge, au pays d'Édom."
>
> *Ier livre des Rois, IX, 26*

Un voyageur musulman du Xe siècle décrivit Aqaba comme une "grande cité" et un lieu de rassemblement pour les pèlerins sur le chemin de La Mecque. Déjà, du Xe au Ve siècle av. J.-C., Aqaba avait figuré au cœur des routes de convoyage du cuivre extrait des mines du Wadi Araba, qui était transporté par les flottes du roi Salomon vers des destinations lointaines. Des céramiques chinoises et des monnaies éthiopiennes témoignent du caractère cosmopolite du port à ses débuts. Par la suite, Égyptiens, Nabatéens et Romains tirèrent tous avantage d'"Ayla", comme s'appelait alors

VAUT LE DÉTOUR

CIRCUITS SABLE ET SOLEIL AU DÉPART D'AQABA

Beaucoup de visiteurs prévoient peu de temps à Aqaba et essaient en vain de conjuguer une sortie de snorkeling dans la mer Rouge et une excursion au Wadi Rum. Vu le manque de transports publics, recourir à une seule et même agence est un bon moyen de tout faire en 36 heures.

Aquamarina Transportation Company (☎2058557 ; www.aquamarina-aqaba.com ; As-Sadah St ; croisière au soleil couchant 1 heure, 10 JD/pers), qui dispose de 4 ou 5 bateaux opérationnels à Aqaba, propose des excursions à l'île du Pharaon (adulte/enfant 35/12 JD), une croisière de 3 heures en bateau à fond de verre entre 15h et 18h (adulte/enfant 22/12 JD) et des sorties appréciées au coucher du soleil, à 18h (adulte/enfant 10/6 JD, boissons non alcoolisées incluses).

Ce tour-opérateur organise aussi des circuits recommandés de 2 jours dans son Rahayeb Desert Camp (p. 229), à Diseh, près du Wadi Rum. Le départ d'Aqaba a lieu à 14h, avec retour le lendemain matin à 10h. Le prix (60 JD/pers, à partir de 1 participant) comprend une balade en 4x4 de 3 heures dans le désert, un dîner cuit au *zerb* (four constitué d'un trou dans le sable garni de bois), la nuit dans une tente munie de toilettes et une balade à dromadaire. C'est sans doute le moyen le plus simple, le plus rapide et le plus économique de découvrir Rum depuis Aqaba sans être motorisé.

la ville. La découverte d'une église de la fin du IIIe siècle témoigne de la présence d'une communauté prospère et ouverte à la diffusion des idées.

En 1068, le destin d'Ayla changea brutalement, à la suite d'un tremblement de terre qui la scinda en deux. Supplanté, au milieu du XVIe siècle, par Bagdad, qui devint dès lors le principal carrefour commercial de la région, ce port, devenu une modeste bourgade de pêcheurs, connut cinq siècles de déshérence.

Aqaba se retrouva au cœur de l'actualité à la faveur de la révolte arabe du début du XXe siècle, qui en vit les forces ottomanes chassées au terme d'un raid bédouin mené par T. E. Lawrence en 1917. Les Britanniques firent ensuite de la ville un centre de ravitaillement, dans le cadre de leur assaut contre Damas depuis l'Égypte.

La frontière entre la Transjordanie et l'Arabie saoudite n'avait pas encore été fixée au lendemain de la Seconde Guerre mondiale. Les Britanniques tracèrent arbitrairement une ligne à quelques kilomètres au sud d'Aqaba. Les Saoudiens la contestèrent, mais n'engagèrent pas de représailles. À mesure que le port d'Aqaba se développait, la longueur du littoral se révéla insuffisante et, en 1965, le roi Hussein échangea avec l'Arabie saoudite 6 000 km² de désert jordanien contre 12 km de côte supplémentaires. La part du tourisme dans l'actuel PNB jordanien atteste du caractère heureux de cet échange.

À voir

À franchement parler, il n'y a pas grand-chose à voir, et la plupart des visiteurs viennent à Aqaba pour se détendre à la plage ou pratiquer la plongée. Vous pourrez découvrir les quelques sites existants dans le cadre d'une promenade dans la ville (p. 204). On peut aussi louer un **attelage** (15 JD/30 min) devant l'Aqaba Gulf Hotel.

King Hussein St (dont le nom complet est King Al-Hussein bin Talal St mais que l'on surnomme également "la Corniche") est l'artère principale d'Aqaba. Elle longe le golfe depuis la frontière avec Israël et les Territoires palestiniens, et jusqu'à l'Arabie saoudite. Dans le centre-ville, une promenade double King Hussein St en front de plage et se termine devant un immense drapeau, à l'emplacement du fort et de l'office du tourisme. Le port, inesthétique, est à quelques kilomètres au sud du centre-ville.

Ayla RUINES

(Corniche ; 24h/24). GRATUIT L'ancienne cité portuaire médiévale d'Aqaba, qui borde la Corniche, est aujourd'hui coincée de manière incongrue entre la marina et le Mövenpick Resort. Il n'en reste que quelques vestiges ; des panneaux décolorés en anglais indiquent les lieux intéressants. Une autre partie de la vieille ville, comprenant les remparts et les vestiges d'une **ancienne église** (en journée) GRATUIT, se trouve à l'extrémité du parking, derrière le bureau des bus JETT.

Aqaba

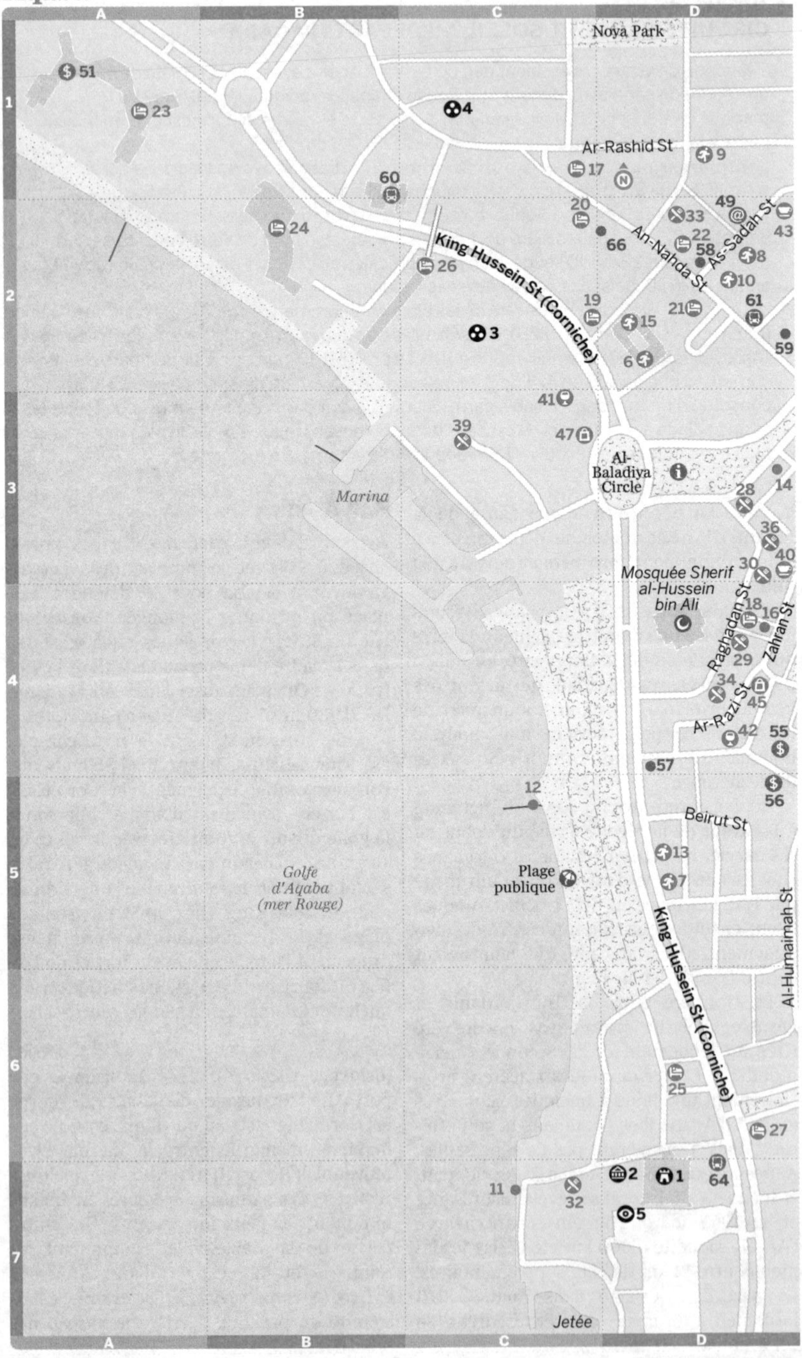
A
B
C
D
1
2
3
4
5
6
7
Noya Park
51
23
4
Ar-Rashid St
9
17
60
20
33
49
43
24
66
22
As-Sadah St
An-Nahda St
58
8
King Hussein St (Corniche)
26
10
19
61
21
15
3
59
6
41
39
47
Al-Baladiya Circle
14
Marina
28
36
40
30
Mosquée Sherif al-Hussein bin Ali
18
16
Raghadan St
Zahran St
29
34
45
Ar-Razi St
42
55
57
12
56
Beirut St
13
Golfe d'Aqaba (mer Rouge)
Plage publique
7
Al-Humaimah St
King Hussein St (Corniche)
25
27
2
1
64
11
32
5
Jetée

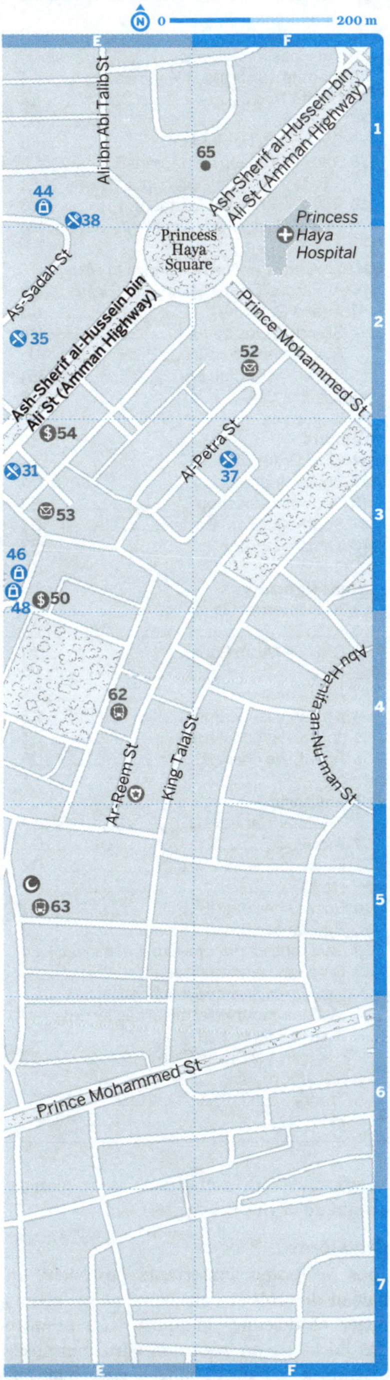

Fort d'Aqaba FORT

(en retrait de King Hussein St ; 1 JD, entrée au musée d'Aqaba incluse ; 8h-16h sam-jeu, 10h-16h ven). Construit entre 1510 et 1517, comme en atteste une inscription arabe sous la porte monumentale, le fort servit de *khan* (caravansérail) aux pèlerins en route pour La Mecque. Les Ottomans l'occupèrent pendant la Première Guerre mondiale, jusqu'à ce qu'il soit gravement endommagé lors d'un bombardement de la Royal Navy, en 1917. Le blason hachémite fut placé au-dessus de l'entrée principale après la conquête d'Aqaba par les troupes arabes.

Situé de l'autre côté de la Corniche en direction d'Ayla, près de **l'immense drapeau**, ce fort se distingue notamment par des côtés d'une longueur légèrement inégale, d'approximativement 50 m.

Musée d'Aqaba MUSÉE

(Museum of Aqaba Antiquities, musée des Antiquités ; à l'ouest de King Hussein St ; 1 JD ; 8h-16h sam-jeu, 10h-16h ven). Ce musée, aménagé dans le fort d'Aqaba, était autrefois la demeure de chérif Hussein ben Ali, le trisaïeul de l'actuel roi Abdallah II. Sa collection comprend des monnaies, des céramiques et des tablettes de pierre islamiques du VIIIe siècle. Si vous avez voyagé sur la route du Roi, vous serez également intéressé par la borne gravée de la route suivie par Trajan. Le musée accueille aussi un petit centre d'information.

Activités

Plages

La principale **plage publique** gratuite, sablonneuse et jalonnée de cafés, s'intercale entre la marina et le fort. Les femmes se sentiront plus à l'aise pour se baigner aux plages de leur hôtel ou au Berenice Beach Club (p. 211), sur la côte sud.

Mövenpick Resort Hotel BAIGNADE

(/fax 2034020 ; www.moevenpick-hotels.com ; King Hussein St ; 40 JD/jour ; 8h-coucher du soleil). Pour profiter toute une journée de la plage propre, de 3 piscines, du centre de remise en forme, du sauna et du Jacuzzi. Ticket boisson d'une valeur de 5 JD compris.

InterContinental Hotel BAIGNADE

(2092222 ; www.intercontinental.com ; King Hussein St ; 25 JD/jour ; 8h-coucher du soleil). Le forfait permet d'accéder toute la journée au jardin, aux piscines et à la plage.

Aqaba

À voir

1 Fort d'Aqaba ... D7
2 Musée d'Aqaba ... D7
3 Ayla ... C2
4 Ayla (vestiges de l'église) ... C1
5 Drapeau ... D7

Activités

Bureau d'Aqaba Adventure Divers ... (voir 15)
6 Bureau d'Aqaba International Dive Centre ... D2
7 Aqaba Turkish Baths ... D5
8 Aquamarina Transportation Company ... D2
9 Bab Al-Hara ... D1
10 Bureau de Dive Aqaba ... D2
11 Quai des bateaux à fond de verre ... C7
12 Bateaux à fond de verre ... C5
InterContinental Hotel ... (voir 23)
13 Bureau de l'International Arab Divers Village ... D5
14 International Traders ... D3
Mövenpick Resort Hotel ... (voir 26)
Nyazi Tours ... (voir 60)
15 Bureau du Red Sea Dive Centre ... D2
Sindbad ... (voir 41)
16 Wadi Rum Desert Services ... D4

Où se loger

17 Al-Cazar Hotel ... C1
18 Al-Shula Hotel ... D4
19 Aqaba Gulf Hotel ... C2
20 Aquavista Hotel ... C2
21 Captain's Hotel ... D2
22 Golden Tulip ... D2
23 InterContinental Hotel ... A1
24 Kempinski Hotel ... B2
25 Moon Beach Hotel ... D6
26 Mövenpick Resort Hotel ... C2
27 Yafko Hotel ... D6

Où se restaurer

28 Ali Baba Restaurant ... D3
29 Al-Mabrouk Beach Touristic Restaurant ... D4
30 Al-Tarboosh Restaurant ... D3
31 Boulangerie ... E3
32 Cafés ... C7
Captain's Restaurant ... (voir 21)
33 Floka Restaurant ... D2
Formosa Restaurant ... (voir 41)
34 Marché aux fruits et légumes ... D4
35 Gelato Uno ... E2
36 Hani Ali ... D3
37 Supermarché Humam ... F3
38 Rakwet Kanaan Restaurant & Cafe ... E1
39 Royal Yacht Club Restaurant ... C3
Syrian Palace Restaurant ... (voir 18)

Où prendre un verre et faire la fête

40 Al-Fardos Coffee Shop ... D3
41 Aqaba Gateway ... C3
42 Stands de jus de fruits ... D4
Rovers Return ... (voir 41)
Royal Yacht Club Bar ... (voir 39)
43 Wisalak Cafe ... D2

Achats

44 Eibal Coffee ... E1
45 Photo Hagop ... D4
46 Redwan Bookshop ... E3
47 South Kingdom Bazaar ... C3
48 Yamani Library ... E3

Renseignements

49 10zII Internet Cafe ... D2
50 Arab Bank ... E3
51 DAB de l'Arab Bank ... A1
52 DHL ... F2
53 Poste centrale ... E3
54 Jordan Islamic Bank ... E3
55 Jordan National Bank ... D4
56 Agents de change ... D5

Transports

Al-Cazar Car Rental ... (voir 17)
57 Avis ... D4
58 Europcar ... D2
59 Hertz ... D2
60 Bureau des bus JETT ... B1
61 Bureau des bus JETT ... D2
62 Gare routière principale (bus et minibus) . E4
63 Gare des minibus/station des *taxis-service* (vers Kérak et Safi) .. E5
64 Minibus (pour le terminal des ferries, les plages du sud et le Royal Diving Club) ... D7
65 Royal Jordanian ... F1
66 Thrifty ... D2

Sports nautiques

Les hôtels de catégorie supérieure et l'Aquamarina Beach Hotel sont bien équipés pour les sports nautiques (à partir de 15 JD/heure environ). Ils proposent notamment, de mars à octobre, du ski nautique, de la planche à voile et du kayak. Tous les hôtels organisent des sorties snorkeling et de plongée, mais mieux vaut s'adresser aux clubs de plongée au sud de la ville (voir p. 29).

Croisières

Tous les hôtels importants possèdent un bateau de croisière qui emmène les clients nager et déjeuner la journée ou prendre des cocktails en regardant des danseuses orientales le soir. D'autres embarcations, amarrées près de la capitainerie de la marina, attendent d'avoir suffisamment de clients pour larguer les amarres.

Sindbad CROISIÈRES

(☎2050077 ; www.berenice.com.jo ; marina). Organise diverses croisières dans le golfe d'Aqaba depuis la marina ou le Berenice Beach Club ; comptez 20-40 JD suivant le circuit. La plupart de ces sorties appréciées ont lieu quotidiennement et peuvent être réservées depuis n'importe quel hôtel.

Parmi les plus courtes, on compte un circuit snorkeling de 4 heures (moins de 12 ans/adulte 12/20 JD) ; une croisière au coucher du soleil de 18h à 21h30 avec barbecue sur la plage (enfant/adulte 12/29 JD) ; une excursion à la journée, de 10h à 16h, sur l'île du Pharaon, en Égypte, avec barbecue inclus (enfant/adulte 15/37 JD).

Bateaux à fond de verre

Une balade à bord d'un bateau à fond de verre constitue une bonne solution pour ceux qui n'ont pas la possibilité de plonger, avec ou sans bouteille. Si l'expérience est amusante, elle ne permet cependant d'observer qu'une faible quantité de poissons et de coraux, à moins de s'éloigner d'Aqaba – ce qui nécessite de louer un bateau pour 2-3 heures au minimum.

Embarcadère des bateaux à fond de verre CIRCUITS EN BATEAU

(Glass-Bottom Boat Dock ; à partir de 30 min/1 heure 25/45 JD ; 6h-coucher du soleil). Les bateaux sont rassemblés le long de la jetée face au fort d'Aqaba. Le prix s'entend par bateau ; chacun embarque environ 10 passagers. Le tarif fluctue selon la demande : soyez prêt à négocier en cas d'affluence. Vous pourrez nager, faire du snorkeling ou pêcher (apportez votre équipement).

D'autres bateaux partent de la **plage publique centrale** et de Berenice Beach.

Neptune Submarine Vision CIRCUITS EN BATEAU

(☎9430969 ; www.aqababoat.com). Le Neptune possède une coque entièrement transparente, qui permet une vision à 360°. L'agence décrit l'expérience comme une plongée à sec. Le-dit "observatoire sous-marin" part chaque jour de la marina de Tala Bay, au sud.

On peut obtenir des réductions au Tala Bay Beach Club.

Hammams

Bab Al-Hara HAMMAM

(☎079 9663800 ; Ar-Rashid St ; 25 JD ; 9h-22h). Un endroit impeccable et accueillant, avec bain de vapeur, Jacuzzi, sauna et massage du corps et des pieds. Il y a même un bassin réservé aux femmes et aux familles. Le masseur et gérant, M. Raid, qui s'est formé à Dubaï et en Chine, possède une longue expérience. Il décrit son établissement comme "très sûr pour les femmes". Des voyageuses le recommandent.

Supplément de 25 JD pour le massage à l'huile de 1 heure.

Aqaba Turkish Baths HAMMAM

(☎2031605 ; King Hussein St ; 15 JD ; 10h-22h). Cet établissement assure des prestations complètes (massage, bain de vapeur et gommage). Il s'occupe essentiellement des hommes, mais il peut aussi proposer des services pour les femmes, à condition d'appeler au préalable.

Circuits organisés

Des agences sérieuses proposent des sorties de plongée et de snorkeling, ainsi que des circuits en Jordanie. Des excursions d'une journée au Wadi Rum et à Pétra (à partir de 145 JD/pers pour 2 participants au minimum ; 200 JD/pers avec les entrées incluses) sont également organisées. Le temps passé sur ces sites est trop court, mais cela vaut mieux que de passer la moitié de sa journée à attendre les transports en commun. Voici quelques-unes des meilleures agences.

International Traders CIRCUITS

(☎2013757 ; www.traders.com.jo ; Al-Hammamat al-Tunisieh St ; 8h30-23h). Prestations fiables et de qualité.

Nyazi Tours CIRCUITS

(☎2022801 ; www.nyazitours.com ; King Hussein St ; 8h30-23h). Ce tour-opérateur réputé, dirigé par Nyazi Shaba'an, ancien directeur du département des Antiquités et du Tourisme à Pétra, est spécialisé dans les circuits d'aventure – camping, randonnées, excursions en 4x4 et méharées.

Wadi Rum Desert Services CIRCUITS

(☎2063882 ; wadirumdesertservice.tripod.com ; 8h30-23h). À côté de l'Al-Shami Restaurant, en retrait de Zahran St.

Promenade à pied
Découvrir Aqaba

DÉPART MÖVENPICK RESORT HOTEL
ARRIVÉE MÖVENPICK RESORT HOTEL
DISTANCE 3 KM ; 2 HEURES

Mesurez l'ancienneté de la ville devant les 1 **ruines d'Ayla** (p. 199) ; un port existe à l'embouchure du golfe depuis de nombreux siècles. De la Corniche, rendez-vous à la 2 **marina**. La position d'Aqaba est particulièrement stratégique : Israël et l'Égypte sont sur l'autre rive et l'Arabie saoudite est à 14 km au sud.

De retour sur la Corniche, gagnez la resplendissante 3 **mosquée Al-Sharif Al-Hussein bin Ali**. En face, un chemin sinue jusqu'à la 4 **plage**. Pendant les vacances, les habitants viennent y pique-niquer ; hors saison, vous l'aurez tout à vous. Poursuivez au sud jusqu'à la grande place où se dresse le drapeau géant et rejoignez directement le 5 **fort d'Aqaba** (p. 201). En franchissant ses immenses portes en bois, on imagine les clameurs appelant à l'assaut d'Aqaba C'est ici que la révolte arabe, menée par Lawrence d'Arabie, a chassé les Turcs. Sous l'arbre dans la cour intérieure, on peut voir les montagnes s'embraser au coucher du soleil.

Tournez à gauche dans la portion la plus animée de la Corniche, où sont regroupés des vendeurs de *chawarma*. Prenez à droite pour remonter Ar-Razi St, puis la première à gauche en vous frayant un passage dans le 6 **souk aux fruits et légumes**, entre les montagnes d'aubergines. Guidé par le parfum des épices, vous trouverez Zahran St à gauche, jalonnée de 7 **boutiques de bijoux**. Engagez-vous dans l'une des petites rues à gauche, puis tournez à droite dans Raghadan St pour savourer un dessert dans l'une des fameuses pâtisseries installées dans le virage, ou un mezze à l' 8 **Ali Baba Restaurant** (p. 207).

Traversez la très animée Amman Hwy pour rejoindre An-Nahda St, centre effevervescent de l'Aqaba moderne. Dégustez la pêche du jour dans l'un des restaurants de poisson, ou optez pour un 9 **café** et un narghilé avec les habitués d'As-Sa'dah St. Enfin, tournez à gauche dans Ar-Rashid St près des ruines de l' 10 **église antique**, à quelques pas du Mövenpick Resort Hotel – un cadre grandiose pour s'offrir une glace !

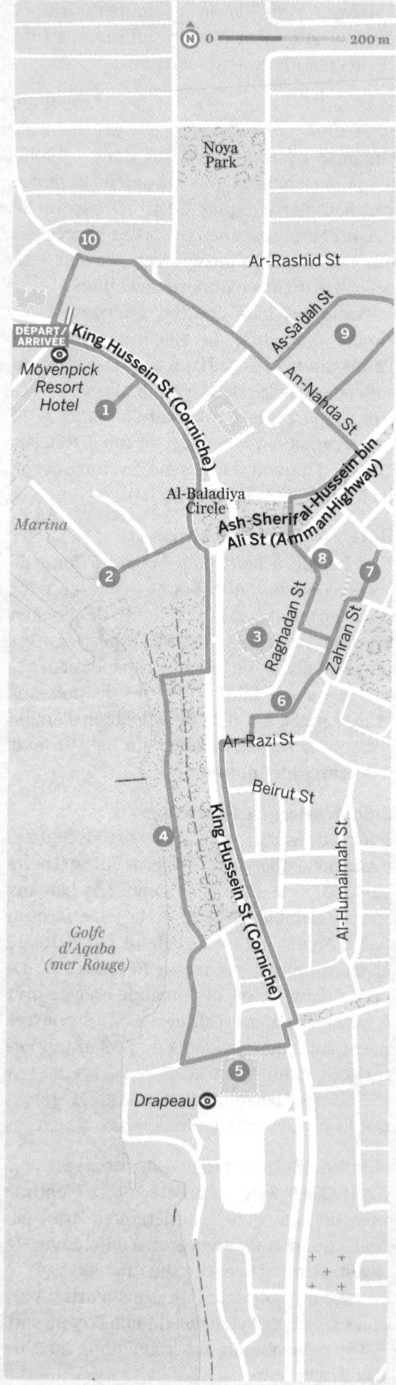

Où se loger

Aqaba attire de nombreux touristes jordaniens et saoudiens en hiver (octobre-mars). La haute saison culmine en avril, mai, octobre et novembre (les tarifs hôteliers aussi). Les vacanciers venus du nord du pays affluent également à l'occasion des week-ends prolongés et des jours fériés, en particulier durant l'Aïd al-Adha (juste après le hadj – pèlerinage à La Mecque). Pour les pics d'affluence, les prix augmentent (jusqu'à 30%) et il faut réserver bien à l'avance.

Les campeurs, les personnes motorisées et les amateurs de plongée pourront dormir dans les campings le long de la plage au sud d'Aqaba. Établis de longue date, ils ont développé l'hébergement pour les budgets serrés.

La plupart des hôtels louent des chambres avec salle de bains privatives (eau chaude), climatisation et TV câblée. Souvent, le petit-déjeuner n'est pas inclus dans les établissements économiques. Ils pourront vous en servir un (ordinaire) pour 2-5 JD environ, mais allez plutôt manger des fèves et du *labneh* (yaourt) au café du coin. Dans l'ensemble, les hôtels de catégorie moyenne offrent un meilleur rapport qualité/prix. Quant aux établissements de catégorie supérieure, n'écartez pas ceux qui appartiennent à des chaînes de crainte qu'ils manquent de caractère : à Aqaba comme au bord de la mer Morte, ces complexes luxueux bénéficient d'une décoration remarquable et d'un beau cadre paysager.

La plupart des hôtels se trouvent sur le trajet de la navette gratuite menant au Berenice Beach Club (p. 211).

Moon Beach Hotel HÔTEL **$**

(☎2013316 ; ashrafsaad77@yahoo.com ; King Hussein St ; s/d/tr avec vue mer 18/30/35 JD ; ❄). Non loin du fort, c'est sûrement le meilleur établissement pour les petits budgets des environs. Meubles en bois rustiques et vieilles photos d'Aqaba dans le hall ; vue sur la mer depuis la majorité des chambres – dont les meubles défraîchis ne sont pas du goût de tous les visiteurs. Charmant accueil familial. Suites de 2 chambres pour les familles pour les séjours prolongés.

Al-Shula Hotel HÔTEL **$**

(☎2015153 ; alshulahotel@yahoo.com ; Raghadan St ; s/d/tr 25/30/35 JD ; ❄). Avec son marbre noir et blanc dans la réception et ses miroirs peints, l'Al-Shula en impose. La plupart des chambres ont vue sur la mer par-delà la mosquée – appel du muezzin à 4h30 ! L'hôtel est situé au milieu d'une rue de restaurants très fréquentée.

Aqaba Gulf Hotel HÔTEL **$$**

(☎2016636 ; www.aqabagulf.com ; King Hussein St ; ch 84 JD ; ❄@🛜🏊). Cette institution désuette (le seul hôtel d'Aqaba doté d'un court de tennis) fait face au complexe Aqaba Gateway. Premier hôtel à avoir ouvert ses portes à Aqaba, il a reçu des hôtes prestigieux. La salle à manger sur 2 niveaux décorée de boiseries teintées a un charme suranné, tout comme le reste des parties communes.

Captain's Hotel BOUTIQUE-HÔTEL **$$**

(☎2060710 ; www.captains.jo ; An-Nahda St ; s/d 75/85 JD ; ❄@🛜🏊). D'abord simple restaurant de poisson (p. 207) – il existe toujours au rez-de-chaussée –, l'établissement a été transformé, étage par étage, en un hôtel élégant, digne de la catégorie supérieure mais avec des prix de moyenne gamme. Chambres compactes à l'aménagement arabisant, carrelage avec effet cuivré au sol, sauna et Jacuzzi sur place.

Yafko Hotel HÔTEL **$$**

(☎2042222 ; www.yafko.com ; angle Corniche St et Prince Mohammed St ; s/d 25/45 JD). Même si cet hôtel n'est pas situé directement sur la côte, vous pourrez néanmoins voir la mer depuis votre lit. Jolis meubles et pierres apparentes ; emplacement pratique près du fort, des réseaux de transport et de la route menant aux plages du sud. De quoi faire oublier la forme étonnante de certaines chambres.

Golden Tulip HÔTEL **$$**

(☎2051234 ; www.goldentulipaqaba.com ; As-Sadah St ; s/d 65/80 JD, en semaine basse saison 35/50 JD ; ❄). Un hôtel vivement recommandé dans le centre-ville, confortable et moderne, doté de chambres douillettes et lumineuses – et de sdb étonnamment exiguës. Personnel charmant à la réception. Bar-karaoké sur place.

Al-Cazar Hotel HÔTEL **$$**

(☎2014131 ; alcazarhotel.co ; An-Nahda St ; s/d/tr à partir de 35/40/50 JD ; ❄🏊). Vous recherchez une adresse de caractère ? Alors, ce grand hôtel à l'ancienne, avec des palmiers dans le jardin, un immense hall désert et un bar orné d'une débauche de moulures est pour vous. Chambres spacieuses ; sdb aux multiples miroirs, avec plan de vasque en marbre.

VAUT LE DÉTOUR

QUE FAIRE À AQABA EN HIVER ?

- Pratiquer la plongée ou le snorkeling bien encadré au **Royal Diving Club** (p. 31). L'accès à la plage, à la piscine et aux autres installations du club coûte 15 JD la journée (enfant 7 JD) – il est gratuit si vous venez plonger.
- Découvrir la vie sous-marine sans se mouiller les pieds à l'**Aquarium** (☎2015145 ; 5 JD ; ⏲8h-17h). Installés dans le complexe de la station d'études marines (à 7,5 km au sud d'Aqaba), ses bassins hors d'âge offrent un spectacle chamarré de coraux, de murènes, de tortues et de poissons-pierres.
- Paresser à l'ombre sur la plage gratuite du **centre d'accueil des visiteurs du parc marin** (☎2035801). Les bureaux du parc marin d'Aqaba (à 12 km au sud d'Aqaba) comprennent une jetée, un musée, un café et une boutique de cadeaux. Ils sont très fréquentés le vendredi et bondés les jours fériés.
- Écouter des histoires de pêcheurs en sirotant un jus de citron vert à la menthe au Berenice Beach Club (p. 211). Ce centre de plongée (à 13,5 km au sud d'Aqaba) comprend une belle plage, une piscine, des douches, un bar et un restaurant.
- Explorer un château croisé sur l'**île du Pharaon** (sans risque au moment où nous rédigions ces lignes, mais renseignez-vous sur la situation avant de partir). Les hôtels organisent des excursions sur l'île (au large des côtes égyptiennes) moyennant environ 40 JD par personne, accès à l'île, visa égyptien, déjeuner et transport inclus.

Aquavista Hotel HÔTEL **$$**
(☎2051620 ; humanehabco@gmail.com ; An-Nahda St ; s/d avec petit-déj 45/55 JD ; ❄). Cet hôtel fonctionnel, sans cachet, loue des chambres propres et confortables – avec murs verts et plafond jaune... Service attentif. Emplacement pratique pour dîner et sortir le soir à Aqaba.

♥ **InterContinental Hotel** RESORT **$$$**
(☎2092222 ; www.intercontinental.com ; King Hussein St ; ch à partir de 119 JD ; ❄@≋). Marquant, de son imposante silhouette, l'extrémité de la baie, l'InterContinental propose, mieux qu'une piscine à débordement, une mer infinie : par temps calme, le golfe d'Aqaba s'étire sans une ride jusqu'à l'Égypte. Avec son jardin paysager exceptionnel, ses piscines et sa rivière tranquille, il détient le record du luxe à Aqaba et offre tous les services qui ont fait le succès de cette chaîne au Moyen-Orient. Ses 6 restaurants et sa galerie marchande, entres autres équipements, vous inciteront à prendre votre temps.

Mövenpick Resort Hotel RESORT **$$$**
(☎2034020 ; www.moevenpick-hotels.com ; King Hussein St ; ch à partir de 196 JD ; ❄@≋). Dans la rue principale, cet hôtel chic est orné de mosaïques et éclairé par des lampes marocaines. Il comprend une plage, 3 piscines, une salle de fitness (6h-22h), un beau jardin et le restaurant Red Sea Grill, ainsi que d'autres tables comme le Palm Court, un restaurant italien et un autre libanais – ces deux derniers ont des terrasses.

Kempinski Hotel RESORT **$$$**
(☎2090888 ; www.kempinski.com ; King Hussein St ; ch à partir de 245 JD ; ❄@≋). Les superbes piscines à plusieurs niveaux, les 6 restaurants et bars (dont le Fish Inn et le Black Pearl, réputés) et le spa justifient les tarifs de cet hôtel extrêmement luxueux, au service impeccable – quoique plus rigide et austère que chez les concurrents. L'établissement propose des circuits tout compris avec camping, vol en ballon dans le Wadi Rum et excursion de 2 jours à Pétra.

Où se restaurer

Aqaba offre un choix varié de restaurants adaptés à toutes les bourses. Les produits de la mer sont particulièrement délicieux : essayez la spécialité locale, le *sayadiyeh* (poisson servi sur un lit de riz, avec une sauce à la tomate, aux oignons et aux poivrons). Les nombreux stands et restaurants alignés dans King Hussein St sont appréciés des habitants pour les *chawarma* (tranches de viande cuite à la broche, servies dans un pain non levé avec des tranches de tomates et une garniture), les grillades et les en-cas. Le choix est plus vaste dans Raghadan St, où l'on trouve aussi bien de simples tables en plein air où sont servis du thé, de l'houmous, du *foul* (purée de fèves) et des falafels, que de véritables restaurants.

Les établissements modernes et sophistiqués ne manquent pas dans la partie la plus récente de la ville, surtout dans As-Sadah St. Sachez que beaucoup d'enseignes n'ont pas de licence pour servir de l'alcool.

Les jours de grosse chaleur, arrêtez-vous chez **Hani Ali** (Raghadan St), le paradis des douceurs traditionnelles et des glaces, ou chez **Gelato Uno** (près d'An-Nahda St), derrière l'agence Hertz. Pour d'autres gourmandises, rendez-vous chez le **glacier** ou à la **pâtisserie** du Mövenpick Resort Hotel et commandez la "spécialité" (*special* ; à partir de 2,7 JD – pas besoin d'entrer dans l'hôtel : il existe un accès dans King Hussein St).

Syrian Palace Restaurant SYRIEN $

(2014788 ; Raghadan St ; plats 3-10 JD ; 10h-24h). Bonne cuisine syrienne et jordanienne, comportant des plats de poisson. Près de l'Al-Amer Hotel.

Al-Tarboosh Restaurant BOULANGERIE $

(2018518 ; Raghadan St ; environ 200 fils/pièce ; 7h30-24h). Tout comme l'Arabic Moon voisine, cette sorte de boulangerie propose un vaste éventail de samosas à la viande, au fromage et aux légumes. Demandez à les emporter ou installez-vous en terrasse pour les déguster tout chauds.

Cafés CAFÉS $

(sandwichs 2 JD ; 10h-22h, en saison). On trouve des cafés très fréquentés au bord de la plage, entre le fort et la marina – ils sont tellement proches de l'eau que l'on peut se rafraîchir les pieds, ou presque. Pas d'alcool. Certains ferment hors saison.

♥ **Ali Baba Restaurant** JORDANIEN $$

(2013901 ; Raghadan St ; plats 9 JD ; 8h-24h ;). Avec son auvent de bois, ses cannas, ses palmiers en pots et sa terrasse d'angle, ce restaurant attire les foules. Le soir, ce n'est pas un simple restaurant : c'est là que l'on se retrouve dans la vieille ville d'Aqaba – des boissons sont servies à l'étage, même pendant le ramadan.

Formosa Restaurant CHINOIS $$

(2060098 ; Aqaba Gateway ; plats 6-10 JD ; 12h-23h ;). Ce restaurant chinois cosy, à l'ambiance intimiste, sert de savoureux produits de la mer, ainsi que des plats de viande ou végétariens. "Nos clients font partie de la famille," déclarent le propriétaire jordanien et sa femme taïwanaise. De fait, de nombreux habitués viennent ici autant pour l'atmosphère que pour la cuisine.

Rakwet Kanaan Restaurant & Cafe JORDANIEN $$

(As-Sadah St ; plats 7,500 JD ; 10h-1h). Une délicieuse sélection de mets orientaux, cuits au feu de bois et saupoudrés de thym, de romarin et de sauge. Le restaurant est lové dans le tournant, et les divans en terrasse sont exposés à la brise. Les plateaux de bouchées salées sont très copieux : jetez un coup d'œil dans l'assiette de votre voisin avant de commander.

Al-Mabrouk Beach Touristic Restaurant POISSON $$

(2063304 ; Raghadan St ; plats 10 JD ; 9h-23h30 ;). Cet agréable restaurant séduit de nombreux amateurs avec ses copieux repas à base de produits de la mer, que l'on savoure en terrasse ou dans la salle climatisée. Le ragoût de poisson, moules, calmars et tomates façon Al-Mabrouk (13 JD) a les faveurs des habitants.

Floka Restaurant POISSON $$$

(2030860 ; An-Nahda St ; plats 8-15 JD ; 12h30-23h30 ;). Choisissez dans la pêche du jour (qui comprend généralement daurade, pagre commun, mérou et rouget) et indiquez votre cuisson. Le service est un peu lent, mais l'accueil est sympathique. Tables à l'intérieur et en terrasse.

♥ **Royal Yacht Club Restaurant** ITALIEN $$$

(2022404 ; www.romero-jordan.com ; Royal Yacht Club ; plats 10-18 JD ; 12h-23h ;). Ce beau restaurant bardé de bois sur la marina est une adresse de choix pour assister au coucher du soleil au milieu d'une clientèle aisée. La carte à dominante italienne réunit des plats d'inspiration méditerranéenne comme la salade avec crabe, avocat, crevettes et artichauts, les moules à la provençale et les pâtes végétariennes maison. Réservation recommandée. Taxe de 17% en sus.

♥ **Captain's Restaurant** POISSON $$$

(2016905 ; An-Nahda St ; plats 8-15 JD ; 8h-24h ;). Sa cuisine de qualité – *sayadiyeh*, salade de la mer, etc. – fait de ce restaurant sympathique et élégant une table prisée des habitants d'Aqaba pour les grandes occasions. Face à son succès, ses propriétaires ont construit l'hôtel (p. 205) attenant pour loger les clients ayant trop festoyé pour rentrer chez eux !

Faire ses courses

Boulangerie BOULANGERIE
(Al-Hammamat al-Tunisieh St ; ⌚9h-21h). L'une des nombreuses boulangeries d'Aqaba préparant pitas, biscuits et, à l'occasion, samosas et pâtisseries.

Souk aux fruits et légumes MARCHÉ DE PRIMEURS
(Raghadan St ; ⌚10h-19h). Pour trouver des produits frais pour un pique-nique, allez faire un tour dans ce souk caché à l'extrémité sud de Raghadan St.

Supermarché Humam SUPERMARCHÉ
(☎2015721 ; Al-Petra St ; ⌚8h30-14h30 et 16h-23h). Le meilleur supermarché d'Aqaba.

Safeway SUPERMARCHÉ
(⌚8h-24h). Assez excentré, à 750 m au nord du Princess Haya Hospital.

Où prendre un verre et faire la fête

La plupart des hôtels de catégorie moyenne et tous ceux de catégorie supérieure comportent un bar, qui pratique généralement un *happy hour* de 18h à 19h30. Près de la boucle d'As-Sadah St, de nombreux cafés en plein air ont installé leurs fauteuils sur le trottoir et proposent des narghilés, du café et des boissons sans alcool.

Stands de jus de fruits JUS
(Ar-Razi St ; ⌚10h-23h). Les stands d'Ar-Razi St sont des rendez-vous des voyageurs.

Al-Fardos Coffee Shop CAFÉ
(⌚10h-24h). Dans cet établissement traditionnel tout proche de Zahran St, les hommes sirotent leur *qahwa*, jouent à la *taoula* (jeu traditionnel semblable au backgammon) et regardent des clips vidéo arabes. Agréable terrasse agréable. Les femmes étrangères sont les bienvenues.

Rovers Return PUB
(☎2032030 ; Aqaba Gateway ; ⌚12h30-0h30). Version aérienne de l'enseigne éponyme d'Amman prisée des expatriés, ce pub installé dans un faux phare attire une clientèle jeune. Les Britanniques y apprécient les *fish and chips*, le rosbif (9,500 JD) et les matchs de football. Attention : le Rovers Return peut être très enfumé.

Royal Yacht Club Bar BAR
(☎2022404 ; ⌚17h-23h). Un établissement chic au-dessus du Romero Restaurant, sur la marina. Pour admirer le coucher du soleil sur le port.

Wisalak Cafe CAFÉ
(☎2022600 ; ⌚15h-24h). Si vous recherchez un peu de tranquillité, rendez-vous dans ce café cosy, où l'on peut s'installer à l'étage.

Aqaba Gateway CENTRE COMMERCIAL
(☎2012200 ; Al-Baladiah Circle ; ⌚10h-24h). Il n'y a pas énormément d'endroits où sortir à Aqaba. Ce centre commercial, où sont regroupés un bar, des restaurants, des fast-foods et des boutiques, constitue un lieu de rencontre populaire en soirée.

Achats

Aqaba est une ville agréable pour faire du shopping, surtout le soir, lorsque les vacanciers jordaniens flânent en groupe dans les boutiques. Au souk, dans la vieille ville, vous trouverez une profusion de *loofah* (gant en fibre végétale), de foulards arabes colorés, de produits de la mer Morte, de noix et d'épices.

Aqaba est un aussi bon endroit pour acheter des bijoux. Le souk compte quelques boutiques d'or et d'argent ; plusieurs magasins entre King Hussein St et An-Nahda St vendent des perles de turquoise, d'ambre et de lapis-lazuli. Les perles de corail rose et rouge sont traditionnellement employées pour fabriquer des bijoux dans la région. Le corail provient généralement du nord de la Méditérannée ou d'Orient, comme c'est le cas depuis des siècles. Si les perles sont sans défaut, c'est probablement qu'elles sont synthétiques. Vérifiez-en la provenance auprès du vendeur afin de vous assurer qu'il ne s'agit pas de coraux rares et protégés prélevés dans les réserves marines locales.

South Kingdom Bazaar SOUVENIRS
(Aqaba Gateway ; ⌚9h-24h). Grands classiques régionaux : œufs d'autruche, boîtes en os de dromadaire et produits de la mer Morte.

Eibal Coffee ALIMENTATION
(☎2035555 ; As-Sadah St ; à partir de 8,500 JD/kg ; ⌚10h-24h). Ce torréfacteur vend des fruits secs haut de gamme stockés dans des tiroirs en bois. Pistaches, noix de cajou et amandes grillées : un cocktail irrésistible. Demandez que votre kilo soit emballé par sac de 250 g, pour une meilleure conservation.

Photo Hagop PHOTO
(☎2012025 ; face à Orange Telecom/Downtown ; ⌚8h30-23h). Plusieurs magasins en ville ; accessoires pour appareils numériques.

Redwan Bookshop LIVRES
(☎2013704 ; redwanbook@hotmail.com ; Zahran St ; 🕒7h30-12h30 et 16h-21h). Cette excellente librairie vend un vaste choix de journaux, des livres jordaniens rares et même des romans en français.

Yamani Library LIVRES
(☎/fax 2012221 ; Zahran St ; 🕒9h-14h30 et 18h-22h). Sélection de romans en anglais.

Renseignements

ACCÈS INTERNET

On trouve des cybercafés, surtout dans As-Sadah St. La plupart facturent 1-2 JD/heure.

10zII Internet Cafe (☎2022009 ; As-Sadah St ; 2 JD/h ; 🕒24h/24). Ce vaste établissement qui jouxte le Days Inn offre une connexion rapide et fiable. Avec ses perruches, ses poissons et ses cactus en pot, il répond au projet de son créateur : "une navigation Internet de toute beauté" !

ARGENT

Les banques et les distributeurs ne manquent pas en ville, surtout du côté sud d'Al-Hammamat al-Tunisieh St.

Des bureaux de change sont regroupés au carrefour de Zahran St et d'Ar-Razi St. Leurs horaires sont plus étendus que ceux des banques.

DÉSAGRÉMENTS ET DANGERS

Des voyageuses ont rapporté avoir été victimes de harcèlement à des degrés divers sur les plages publiques ; les femmes attireront moins les regards en portant un haut et un short amples par-dessus leur maillot de bain. Mieux vaut toutefois opter pour les plages des hôtels en ville ou Berenice Beach, sur la côte sud, où les bikinis sont admis.

OFFICE DU TOURISME

Office du tourisme (☎/fax 2013363 ; Baladiya Circle ; 🕒8h-14h30 dim-jeu). Cet office du tourisme est installé dans un kiosque au cœur d'un nouveau parc, à l'est du rond-point. Il distribue de nombreuses brochures ; vous y obtiendrez en revanche peu d'autres renseignements, malgré un accueil sympathique. Une annexe est implantée dans le musée d'Aqaba.

POSTE

DHL (☎2011385, 2012039 ; Al-Petra St)

Poste principale (General Post Office, GPO ; 🕒7h30-19h sam-jeu, 7h30-13h30 ven). Dans le centre-ville, en face de Zahran St.

PROROGATIONS DE VISA

Aqaba Special Economic Zone Authority (Autorité de la zone économique spéciale d'Aqaba, ASEZA ; ☎2091000 ; www.aqabazone.com ; Ash-Sherif al-Hussein bin Ali St – Amman Hwy). Face au Safeway. C'est ici que vous devrez vous faire enregistrer si vous avez obtenu un visa gratuit en arrivant à Aqaba et restez en Jordanie plus de 14 jours. Le site Web fournit des informations utiles sur la ville. Vous pouvez aussi proroger votre visa au poste de police (ci-dessous). Pour de plus amples renseignements sur les formalités et les visas, reportez-vous au *Carnet pratique*, p. 318.

TÉLÉPHONE

Vous trouverez des cabines à l'extérieur de la poste principale ; plusieurs stands des environs vendent des cartes téléphoniques. Des téléboutiques privées bordent les grandes artères ; certains bureaux de change proposent également ce service. Notez que les communications internationales depuis Aqaba coûtent jusqu'à cinq fois moins cher que depuis le Wadi Rum.

URGENCES

Poste de police (☎191, 2012411 ; Ar-Reem St). En face de la gare routière.

Princess Haya Hospital (☎03-2014111 ; Ash-Shrif al-Hussein bin Ali St). Un hôpital moderne. Au nord du rond-point de Princess Haya Square.

Depuis/vers Aqaba

AVION

Aéroport international King Hussein (☎20 34010 ; www.aac2.info). Aqaba abrite le seul aéroport commercial de Jordanie en dehors de la capitale. Il est situé à 10 km au nord de la ville, mais n'est desservi par aucun bus. Prenez le *taxi-service* n°8 (15 min, environ 2 JD) à la gare routière principale (bus/minibus) ou un taxi classique moyennant 8-10 JD.

La liaison avec Amman est quotidienne ; l'aéroport accueille aussi des vols charters.

Royal Jordanian (☎2018633 ; www.rj.com ; Ash-Sherif al-Hussein bin Ali St ; 🕒9h-17h dim-jeu) dessert l'aéroport international Queen Alia d'Amman tous les jours (64 JD aller, 139 JD aller-retour). Rendez-vous à son comptoir à l'aéroport pour acheter, confirmer ou modifier vos billets de la Royal Jordanian et de Royal Wings.

Royal Wings (www.royalwings.com.jo). Cette filiale de la Royal Jordanian propose des vols charters aux tarifs élevés.

BATEAU

Lors de notre passage, il était possible de se rendre par bateau jusqu'à Charm el-Cheikh ; en revanche, il était vivement déconseillé d'aller à Nuweiba et à Taba, en raison de la situation préoccupante dans une grande partie du Sinaï. Consultez impérativement les conseils aux voyageurs mis en ligne par les autorités de votre pays (voir l'encadré p. 309).

Vous pourrez vous procurer votre billet au terminal des ferrys. Il est inutile de l'acheter à l'avance, hormis durant le hadj. Pour de plus amples détails, reportez-vous au chapitre *Transports*, p. 328.

Sindbad Marine Transportation (☎079 6608084 ; www.sindbadjo.com). Cette compagnie privée assure un service de liaison express en catamaran (30 min) pour Taba (interrompu lors de notre séjour, notamment en raison des troubles politiques dans la région) et Charm el-Cheikh. Il est préférable de réserver via une agence de voyages d'Aqaba.

BUS

Bureau de la compagnie JETT (☎2015222 ; King Hussein St). Cinq bus quotidiens partent de ce bureau situé à côté du Mövenpick Resort Hotel (à 10 min à pied du centre), à destination de la gare routière nord d'Amman (9 JD, 5 heures, 7h-17h). Réservez au moins la veille.

Bureau de la compagnie JETT (☎2032200 ; en retrait d'An-Nahda St). Gère l'une des 2 lignes des bus JETT d'Aqaba, avec 5 départs par jour pour la gare sud d'Amman (7 JD, 4 heures, 8h-21h). Réservez la veille.

MINIBUS

Deux minibus partent pour Wadi Musa (Pétra, 5 JD, 2 heures 30) quand ils sont pleins, entre 6h et 7h, et entre 11h et midi – il faut parfois attendre longtemps, car cette ligne est peu empruntée par les Jordaniens. Les chauffeurs proposent souvent de partir avec 4-5 passagers seulement à bord, à condition qu'ils paient un supplément.

Il y a 2 minibus pour le Wadi Rum (3 JD, 1 heure), le premier vers 6h30 et le second (plus sûr) à 11h.

Des minibus pour la gare routière sud d'Amman (6 JD, 5 heures) partent lorsqu'ils sont pleins, toutes les 3 heures environ, toute la journée.

Les minibus cités précédemment partent de la **gare routière principale d'Aqaba** (bus/minibus), dans Ar-Reem St. Ceux pour Kérak et Tafila (3,500 JD, 3 heures) via Safi et la route de la mer Morte démarrent de la petite gare qui jouxte la mosquée, dans Al-Humaimah St.

TAXI ET TAXI-SERVICE

Des taxis collectifs (*taxis-service*) vont à Amman (11 JD, 5 heures) au départ de la gare routière principale, moins fréquemment que les bus et les minibus. Les véhicules pour Kérak (6 JD, 3 heures) partent de la petite gare d'Al-Humaimah St. Dans les deux cas, présentez-vous de bonne heure, car ils stationnent dès 6h et beaucoup ont déjà quitté les lieux à 8h. Un taxi individuel pour Pétra coûte environ 60 JD l'aller (80 JD aller-retour) ; comptez 40 JD pour le Wadi Rum (50 JD aller-retour avec 2 heures d'attente).

Un taxi jusqu'aux plages du sud revient à 12 JD ; vous débourserez environ 10JD pour atteindre la frontière avec Israël et les Territoires palestiniens.

VOITURE

Les grands loueurs sont tous représentés à Aqaba. La plupart facturent un supplément (*drop fee*, 35 JD) si vous rendez le véhicule à Amman ou à l'aéroport international Queen Alia. Ce peut toutefois être une bonne solution, dans la mesure où les transports publics sont moins fréquents et moins directs dans le sud que dans le nord du pays. Il est par ailleurs beaucoup plus facile de conduire à Aqaba que dans la capitale. La location d'une voiture, petite ou moyenne, coûte 35-45 JD/jour, sans compter l'assurance (*collision damage waiver* ; 10-12 JD/jour environ). Renseignez-vous sur les réductions saisonnières. Réservez.

Al-Cazar Car Rental (☎2014131 ; An-Nahda St)

Avis (☎2022883 ; www.avis.com.jo ; King Hussein St).Dans le Housing Bank Centre.

Europcar (☎2019988 ; www.europcar.com.jo ; An-Nahda St)

Hertz (☎2016206 ; hertz@go.com.jo ; An-Nahda St)

Thrifty (☎2030313 ; An-Nahda St). En face de l'Al-Cazar Hotel.

ℹ Comment circuler

DEPUIS/VERS L'AÉROPORT

L'**aéroport King Hussein** (p. 209) est situé à 10 km au nord d'Aqaba, près de la frontière avec Israël et les Territoires palestiniens. Vu l'absence de navette, vous devrez prendre le *taxi-service* n°8 (15 min, 2 JD environ) depuis la gare routière principale ou un taxi (8-10 JD).

DEPUIS/VERS LE TERMINAL DES FERRYS ET LA CÔTE SUD

Des minibus (1 JD), stationnés à côté de l'entrée du fort, dans King Hussein St, vont jusqu'à la frontière saoudienne via les plages du sud, les camps, les sites de plongées et le Royal Diving Centre. Ils font halte au passage au terminal des ferrys pour l'Égypte. Les minibus qui reviennent vers Aqaba entre 14h et 15h transportent les ouvriers du bâtiment qui ont fini leur journée de travail ; ils peuvent être bondés. Un taxi depuis le centre d'Aqaba jusqu'au terminal des ferrys coûte environ 8 JD (12 JD pour les plages sud).

TAXI

Des centaines de taxis privés bleu-vert sillonnent les rues en appelant à grands coups de Klaxon les touristes jordaniens et étrangers assez fous pour circuler à pied dans la chaleur plutôt qu'à bord d'un véhicule climatisé. Ils n'ont pas de compteur et le tarif se négocie – les chauffeurs sont de véritables maîtres dans cette forme de sport local. La plupart des courses coûtent 3-5 JD. Une course de 30 min en "taxi" tracté par un cheval revient à à environ 25 JD.

Côte sud

Il n'y a que 27 km de côte jordanienne, avec Israël et les Territoires palestiniens d'un côté, et l'Arabie saoudite de l'autre. Le nord de ce tronçon est en grande partie occupé par la ville et les ports à conteneurs d'Aqaba. Au sud des ports, le littoral de la mer Rouge est protégé dans le cadre du **parc marin de la Paix**, géré en coopération avec Israël et les Territoires palestiniens, et placé au niveau local sous la responsabilité du parc marin d'Aqaba. Des *resorts* et des centres de plongée sont disséminés le long de ce précieux front de mer, dont les eaux recèlent des récifs en bon état. À cette extrémité nord du golfe d'Aqaba, la mer Rouge est très saline ; cette salinité, conjuguée aux vents du nord et à des marées réduites permet à l'eau de rester limpide. Sa température moyenne est de 22,5°C en hiver et de 26°C en été.

Activités

Berenice Beach Club SPORTS AQUATIQUES
(www.berenice.com.jo ; 15 JD ; 9h-coucher du soleil). Seul et unique complexe balnéaire sur la côte sud, le Berenice possède plusieurs piscines, une jetée donnant accès aux récifs coralliens, un centre de plongée, des restaurants et des vestiaires impeccables, et propose des activités aquatiques. La fréquentation est à son comble le vendredi. Les clients de nombreux hôtels d'Aqaba qui peuvent emprunter la navette gratuite du Berenice (horaires actualisés sur le site Web) bénéficient de réductions de 50%.

L'établissement, qui est rattaché à la société Sinbad, organise aussi des excursions en bateau, notamment à l'île du Pharaon. Son accès est interdit aux hommes seuls.

Tala Bay Beach Club SPORTS AQUATIQUES
(9430949 ; www.aqababoat.com ; 10 JD). Ski nautique, Jet-Ski, parachute ascensionnel, planche à voile, kite, kayak, voile, plongée, snorkeling : ce complexe balnéaire de Tala Bay, doté de 3 piscines, dont une avec bar, et de restaurants, a de quoi séduire les amateurs de sports de glisse. L'entrée à la journée inclut la navette depuis Aqaba.

Où se loger et se restaurer

Vous trouverez trois types d'hébergement principaux le long de la côte : l'hôtel du Royal Diving Club, à l'extrémité sud de la plage ; les campings situés autour du

LES CORAUX ROUGES – UNIQUES À AQABA

Un simple coup d'œil à l'Aquarium (p. 206) de la côte sud suffit à évaluer la richesse de la faune marine dans cette région de la mer Rouge. Sans surprise, cette partie du littoral attire les photographes sous-marins du monde entier, conquis par la clarté de cette mer calme et la relative facilité à y filmer limaces de mer, poissons-grenouilles et hippocampes en restant près du rivage.

L'on sait moins, en revanche, que cette zone draine d'autres amateurs venus pour l'étonnante diversité de ses coraux rouges. Selon des experts locaux, on dénombre plus de 100 variétés de ces créatures aquatiques réparties dans les divers sites de plongée.

Les coraux, généralement classifiés entre durs et mous, sont des êtres aquatiques invertébrés dont les exosquelettes s'assemblent pour former les récifs coralliens. Le corail rouge est utilisé dans la joaillerie depuis des millénaires et demeure une matière respectée des maîtres bijoutiers locaux. Cependant, le commerce de ce "bijou naturel" décroît en raison de l'attention grandissante portée à sa préservation et à sa protection dans son habitat naturel. Ces coraux remarquables grandissent dans des recoins sombres des fonds marins et sont difficiles à identifier : des guides d'International Arab Divers (p. 212) pourront vous y conduire.

Bedouin Garden Village ; et les hôtels de luxe du complexe de Tala Bay. Partout, le petit-déjeuner est compris, et vous trouverez des bars et des restaurants. Les établissements offrent généralement à leurs clients une navette gratuite pour Aqaba. Vous pourrez louer du matériel de snorkeling moyennant environ 5 JD/jour dans tous les hôtels, qui organisent aussi des activités aquatiques en partenariat avec les clubs de plongée voisins.

Bedouin Garden Village HÔTEL **$**
(☎079 5602521 ; camping 15 JD/pers, s/d/tr/qua 26/40/50/60 JD, repas 5-9 JD ;). À seulement 50 m à pied d'un spot de plongée, cette petite adresse sympathique loue des chambres confortables et des emplacements de camping. On y partage ses aventures avec d'autres voyageurs sous la tente bédouine. C'est l'un des rares endroits prévus pour les camping-cars : un supplément de 10 JD couvre le stationnement et l'usage des sanitaires et autres équipements.

Coral Bay Resort RESORT **$$**
(☎2015555 ; s/d 70/75 JD semaine, 75/85 JD week-end ;). Ce centre de plongée écoresponsable dépendant du Royal Diving Club est apprécié et jouit d'une bonne réputation. C'est un bon choix si vous souhaitez prendre un cours de plongée ou un forfait pour une période plus longue. On loge ici dans des chambres simples aux motifs éclatants. Bar sympathique sur place.

♥ International Arab Divers Village PENSION **$$**
(☎2031808 ; www.aqabadive.com ; dort/s/d/tr/famille 15/35/45/60/80 JD, repas 12-15 JD ;). Surplombant le littoral animé, cette pension chaleureuse dévoile un horizon dégagé sur le golfe d'Aqaba. Elle séduit les voyageurs avides d'explorer la mer Rouge, qui reviennent le soir siroter une bière dans le jardin. Le club de plongée attenant est réputé.

Marina Plaza Hotel BOUTIQUE-HÔTEL **$$$**
(☎2092900 ; www.marinaplazahotel.com ; ch à partir de 85 JD ;). Cet établissement luxueux est situé au sein du complexe de Tala Bay qui compte aussi des hôtels cinq-étoiles, des résidences, une marina, un terrain de golf et un centre d'activités aquatiques. Les promoteurs se sont efforcés de réduire au maximum l'impact environnemental, conformément aux préconisations du parc marin d'Aqaba. Le site est joliment paysagé.

Comme souvent dans les établissements de ce type, on n'a pas vraiment l'impression d'être ici en Jordanie – hormis les jours fériés, lorsque les Jordaniens affluent !

Depuis/vers la côte sud

Si vous logez à Aqaba et comptez plonger, la majorité des opérateurs assureront votre transport jusqu'aux spots de plongée. Des navettes gratuites desservent Berenice Beach depuis de nombreux hôtels.

Des minibus (2 JD) qui partent près de l'entrée du fort d'Aqaba, dans King Hussein St, à destination de la frontière saoudienne, desservent les plages du sud, les campings, les sites de plongée, le Royal Diving Club et le terminal des ferrys pour l'Égypte. Un taxi depuis le centre d'Aqaba jusqu'au terminal des ferrys coûte 8 JD.

LE WADI RUM ET SES ENVIRONS

Les visiteurs sont fascinés par la beauté du désert et des montagnes du Wadi Rum, dont Lawrence d'Arabie a décrit de manière si évocatrice les roches sculptées, les dunes et les campements bédouins dans *Les Sept Piliers de la sagesse*, au début du XXe siècle :

> "Les rochers étaient surmontés de dômes, au rouge moins écarlate que le flanc de la colline, plutôt gris et creux. Ils venaient compléter l'esprit d'architecture byzantine de cet endroit à la beauté irrésistible : cette procession dépassant l'imagination la plus fertile… Notre petite caravane en prit conscience et tomba dans un silence de mort, effrayée et honteuse d'étaler sa petitesse en présence de ces prodigieuses collines."

Le nom de Wadi Rum ne désigne pas uniquement la large vallée flanquée de part et d'autre de ces immenses piliers en forme de dômes évoqués par Lawrence, mais une série de magnifiques dunes et collines, s'étendant sur plus de 100 km du nord au sud. La vallée centrale, à 900 m au-dessus du niveau de la mer, s'ouvre sur une arène dominée par le Jebel Rum (1 754 m), autrefois considéré comme le plus haut sommet de Jordanie. Ce titre revient désormais au Jebel Umm Adaami (1 832 m), à la frontière avec l'Arabie saoudite.

Protégée depuis 1988, la zone était autrefois administrée par la Royal Society for the

LAWRENCE D'ARABIE

Impossible de visiter le Wadi Rum en faisant l'impasse sur Thomas Edward Lawrence. L'héritage de ce Britannique est omniprésent – un site a même été nommé les Sept Piliers de la sagesse, en référence à l'ouvrage dans lequel il raconte la révolte arabe. Un culte pas totalement désintéressé, qui exploite la fascination des étrangers pour ce personnage légendaire.

Le personnage de légende

C'est surtout grâce à la promotion des *Sept Piliers de la sagesse* faite par un journaliste américain en 1926 qu'est née la légende de Lawrence. Dans ce récit d'aventures et de bravoure, qui se déroule en grande partie dans le désert du Wadi Rum et dans ses environs, Lawrence se peint en conseiller écouté, en soldat courageux et en figure messianique de la cause arabe. Les Arabes le considéraient d'un autre œil. Pour certains, il n'était qu'un homme de plus dans cette armée de 100 000 hommes, dont 10% périrent dans leur combat pour se libérer de la férule ottomane.

L'homme derrière le mythe

Qu'en est-il exactement ? Né en 1888 dans une famille aisée du pays de Galles, Thomas Edward Lawrence semble avoir nourri depuis son plus jeune âge une passion pour le Moyen-Orient. Il étudie l'archéologie à Oxford et tombe sous le charme de la région en 1909 lors de recherches pour sa thèse sur les châteaux croisés. Lorsque la Première Guerre mondiale éclate, Lawrence intègre les services de renseignement britanniques au Caire, puis est rattaché au corps expéditionnaire dans le Hedjaz. L'officier éprouve une sympathie naturelle pour la révolte arabe qui se prépare contre l'Empire ottoman, maître de la région et allié au côté de l'Allemagne, avec pour objectif la création d'un État arabe sunnite. Il apprend à monter à dromadaire avec les meilleurs et porte la tenue traditionnelle, comme tant d'autres aventuriers britanniques avant lui ; il accompagne, en 1917, les armées de l'émir Fayçal, un grand combattant qui s'illustrera ensuite comme homme d'État. Son respect pour ses frères d'armes le tiendra jusqu'à la fin de ses jours. Rentré en Angleterre, il trouvera la mort en 1935 dans un accident de moto. Solitaire et isolé, Lawrence n'aura pas retrouvé en temps de paix la détermination et l'enthousiasme qui l'avaient animé dans le désert aux côtés de ses compagnons arabes.

L'héritage de Lawrence

On dit aussi que son statut de héros aux yeux de l'opinion publique britannique le gênait (en 1927, il prend le nom de Shaw et s'engage dans la RAF). Or, l'héritage qu'il laisse ne doit pas tant être jugé à l'aune de ses victoires militaires controversées, aussi courageuses et extraordinaires qu'elles aient été, mais plutôt à la manière dont il sut immortaliser (du moins pour les lecteurs occidentaux) certains grands personnages de l'histoire arabe moderne. Les noms d'Auda et de Fayçal ne sont d'ailleurs pas les seuls à résonner dans le désert du Wadi Rum : Lawrence a su également dépeindre avec une grande tendresse les soldats d'infanterie qui sacrifièrent leur vie pour la cause arabe. Son récit a contribué à célébrer la magnificence du pays des Bédouins, éveillant chez des générations de visiteurs le désir d'en voir les merveilles de leurs propres yeux.

Pour en savoir plus

Si vous le dénichez, lisez *Lawrence d'Arabie. La biographie autorisée de T. E. Lawrence*, de Jeremy Wilson (Denoël, 1994, épuisé). Vous pouvez aussi vous procurer *Lawrence d'Arabie*, de Jacques Benoist-Méchin (Perrin, 2005). *Les Sept Piliers de la sagesse* sont disponibles en français chez plusieurs éditeurs. Reportez-vous également p. 268.

Conservation of Nature (RSCN). Elle est désormais supervisée par l'Aqaba Special Economic Zone Authority (Autorité de la zone économique spéciale d'Aqaba, ASEZA), dont la mission reste la même : promouvoir le tourisme au bénéfice des communautés locales, tout en protégeant l'environnement fragile du désert. Avec plus de 100 000 visiteurs par an utilisant quelque 600 4x4, ce n'est pas une mince affaire.

Bien entendu, les Bédouins, qui le parcourent depuis des siècles, sont impliqués dans la gestion du désert. La plupart des 5 000 membres des clans nomades de la région ont désormais choisi de se sédentariser dans les villages de Rum, de Diseh et de Shakriyyeh ; mais ils ne se considèrent pas moins comme des Bédouins.

Le désert s'étend jusqu'à certaines régions tout aussi magnifiques, dont Diseh, qui ne font pas partie de la zone protégée du Wadi Rum. Les monuments de grès et les dunes de sable sont caractéristiques du paysage du désert du sud de la Jordanie, qui s'étend jusqu'à la frontière avec l'Arabie saoudite, au sud, et aux plaines de la Badia, au nord-est.

Mieux vaut découvrir le désert au début du printemps (mars-avril) ou à la fin de l'automne (octobre-novembre). L'hiver (décembre-février) est très froid et l'été (mai-septembre) horriblement chaud, avec des températures dépassant souvent 40°C. Toute l'année (même en été), les températures nocturnes tombent en deçà de 0°C. Équipez-vous en conséquence, pour camper ou même pour admirer le coucher du soleil.

Wadi Rum وادي رم

03 / ALTITUDE 950 M

Le Wadi Rum possède toutes les caractéristiques d'un désert tel qu'on se le représente : des températures extrêmes ; un soleil violent au petit matin lorsqu'il mord à travers les *siq* (gorges, défilés) et davantage brouillé le soir, quand la roche et le sable semblent se confondre ; il est rigoureux envers les Bédouins qui y vivent et impitoyable pour ceux qui en ignorent les dangers. Pour la plupart des visiteurs, venus en excursion d'une journée ou d'une demi-journée depuis Aqaba ou Pétra, le Wadi Rum offre un aperçu du désert facile et sûr. Les quelques chanceux qui peuvent se permettre de passer la nuit dans l'un de ses campements vivront une expérience inoubliable de retour à l'essentiel.

Histoire

Grâce à ses nombreux puits et sources, le Wadi Rum est habité depuis la préhistoire. Les pétroglyphes et les monticules funéraires qui parsèment la région révèlent quelle fut son importance en tant que territoire de chasse et point de rencontre. Les Grecs et les Romains font référence à ses vignobles (disparus), à ses oliviers et à ses pins (il en reste au sommet des montagnes), et l'endroit figurerait dans le Coran comme "Ad", du nom d'une ancienne tribu arabe qui y est mentionnée.

Près de 30 000 inscriptions ornent le grès tendre des falaises du Wadi Rum, tracées d'abord par des tribus thamoudéennes du sud de l'Arabie, puis par les Nabatéens, qui s'installèrent ici au IVe siècle av. J.-C. Les deux tribus vécurent en bon voisinage, honorant les mêmes divinités, Allat et Dusarès.

Mais c'est à l'infatigable Lawrence d'Arabie que le désert doit sa popularité. Il y séjourna en 1917 durant la révolte arabe, une campagne menée contre les Turcs ottomans dans le but de former une nation arabe indépendante. En route vers Aqaba, les troupes du roi, à dromadaire et à cheval, traversèrent le Wadi Rum, et certaines unités (dont celle de Lawrence) s'y installèrent temporairement avant de continuer au nord vers Damas.

La découverte d'un temple nabatéen (derrière la Rest House), en 1933, attira de nouveau l'attention sur le désert. L'édifice a été entièrement dégagé en 1997 par une équipe d'archéologues français.

Faune et flore

Derrière son apparente aridité, le Wadi Rum abrite un écosystème complexe. Des plantes utilisées pour leurs vertus médicinales par les Bédouins parsèment le désert, qu'un tapis de plus de 200 espèces de fleurs et d'herbes sauvages recouvre après les rares averses. Autour des sources permanentes, des jardins de figues, de fougères, de menthe et de pastèques sauvages recouvrent les rochers, créant des refuges ombragés pour les petits mammifères, les oiseaux et les reptiles.

La majeure partie de l'année, l'extrême chaleur et la sécheresse obligent les animaux à ne sortir qu'à la nuit tombée. Avec de la patience, vous verrez peut-être un hérisson, un lièvre ou un daman (petit animal à fourrure qui ressemble à une grosse marmotte). Les plus chanceux apercevront un chacal, un loup, un caracal ou un bouquetin aux cornes géantes. Malheureusement, les oryx d'Arabie, une espèce menacée dont un petit groupe a été introduit dans le Wadi Rum en 2002, sont rares : ils ont préféré s'installer dans les plaines rocheuses de l'Arabie saoudite voisine. Un nouveau programme de réintroduction dans un secteur moins sablonneux du Wadi Rum, soutenu par les Émirats arabes unis, semble actuellement donner des résultats plus encourageants.

Les oiseaux de proie sont nombreux (faucons concolores ou crécerelles, grands ducs), et vous en verrez toujours un ou deux qui tournoient au-dessus du désert, à la recherche des nombreux geckos, agames et lézards. Il est rare d'apercevoir des scorpions, serpents et solifuges, plutôt farouches.

À voir

Musée du centre d'accueil des visiteurs MUSÉE

(8h-18h). GRATUIT Après avoir acheté votre billet d'entrée dans la réserve, consacrez au moins une demi-heure à ce musée didactique (près du restaurant), qui s'intéresse notamment aux relations des hommes avec le désert. Il aborde également les problèmes environnementaux à travers des panneaux en anglais et des expositions sur l'histoire naturelle. Demandez à voir le film de 10 minutes sur les grands sites du Wadi Rum, projeté dans une salle à part.

Les Sept Piliers de la sagesse FORMATION ROCHEUSE

Baptisée d'après le roman de Lawrence d'Arabie, cette grande formation rocheuse formée par sept tourelles striées est visible de la route. Si vous souhaitez l'observer de plus près, une randonnée permet d'en faire le tour via le **canyon de Makharas**.

Jebel Umm al-Ishrin MONTAGNE

Fendue par un canyon et surmontée de 20 dômes, la "mère des vingt" est une montagne formant le versant oriental du Wadi Rum et reliée aux Sept Piliers de la sagesse. Selon la légende, celle-ci doit son nom à une femme qui tua 19 prétendants. Le 20e fut plus malin, et elle l'épousa. Au coucher du soleil, le massif prend de magnifiques teintes cuivrées coiffées de blanc.

Jebel Rum MONTAGNE

Le versant occidental du Wadi Rum est formé par le Jebel Rum (1 754 m) qui surplombe le village de Rum. Cette destination prisée pour le *scrambling* et l'escalade emprunte en partie l'ancien chemin thamoudéen jusqu'au sommet (guide indispensable, demandez au centre d'accueil des visiteurs ; reportez-vous p. 222 pour de plus amples renseignements). Des sentiers similaires, utilisés autrefois pour chasser le bouquetin de Nubie ou cueillir des plantes médicinales, relient les massifs de la région et offrent d'infinies possibilités de randonnée, de *scrambling* et d'escalade.

Village de Rum VILLAGE

Le village de Rum, au milieu du Wadi Rum, abrite une petite communauté de Bédouins ayant choisi de se sédentariser. Il possède une Rest House (gîte d'étape),

LE WADI RUM À VOTRE RYTHME

Même en quelques heures, il est possible de profiter des beautés du Wadi Rum. Voici quelques suggestions de ce qu'il vous est possible de découvrir dans le temps qui vous est imparti. Bien sûr, plus longtemps vous resterez, et plus vos yeux (et votre cœur) s'imprégneront de l'âme du désert. Pour des renseignements sur le stop, reportez-vous p. 227.

DANS CE LAPS DE TEMPS...	VOUS POUVEZ VOUS RENDRE AU(X)...	POUR VOIR ET FAIRE...
Escale pendant un trajet	Centre d'accueil des visiteurs	Le panorama sur le Wadi Rum (qui s'embrase au soleil couchant)
1 heure	Centre d'accueil des visiteurs	Déjeuner avec vue sur le Wadi Rum, puis visite du musée
2 heures	Village de Rum	Marche dans le Wadi Rum sur la route asphaltée jusqu'au village de Rum (7 km), en-cas à la Rest House et retour en stop
3 heures	Puits de Lawrence	Gagner le village de Rum en stop et randonner dans le sable jusqu'au temple nabatéen et au puits de Lawrence
Demi-journée	Dunes Al-Hasany	Programmer sa randonnée depuis le village de Rum, de façon à gagner les dunes au coucher du soleil
Nuit sur place	Camp dans le désert	Réserver dans l'un des camps du Wadi Rum (transport en 4x4 inclus ou supplément pour s'y rendre à dromadaire)
2 jours	Wadi Rum et secteur de Diseh	Première nuit dans un campement près du canyon Barrah, puis marche à travers le canyon (5 km) jusqu'au camp de Diseh, où l'on passe la nuit suivante

Wadi Rum

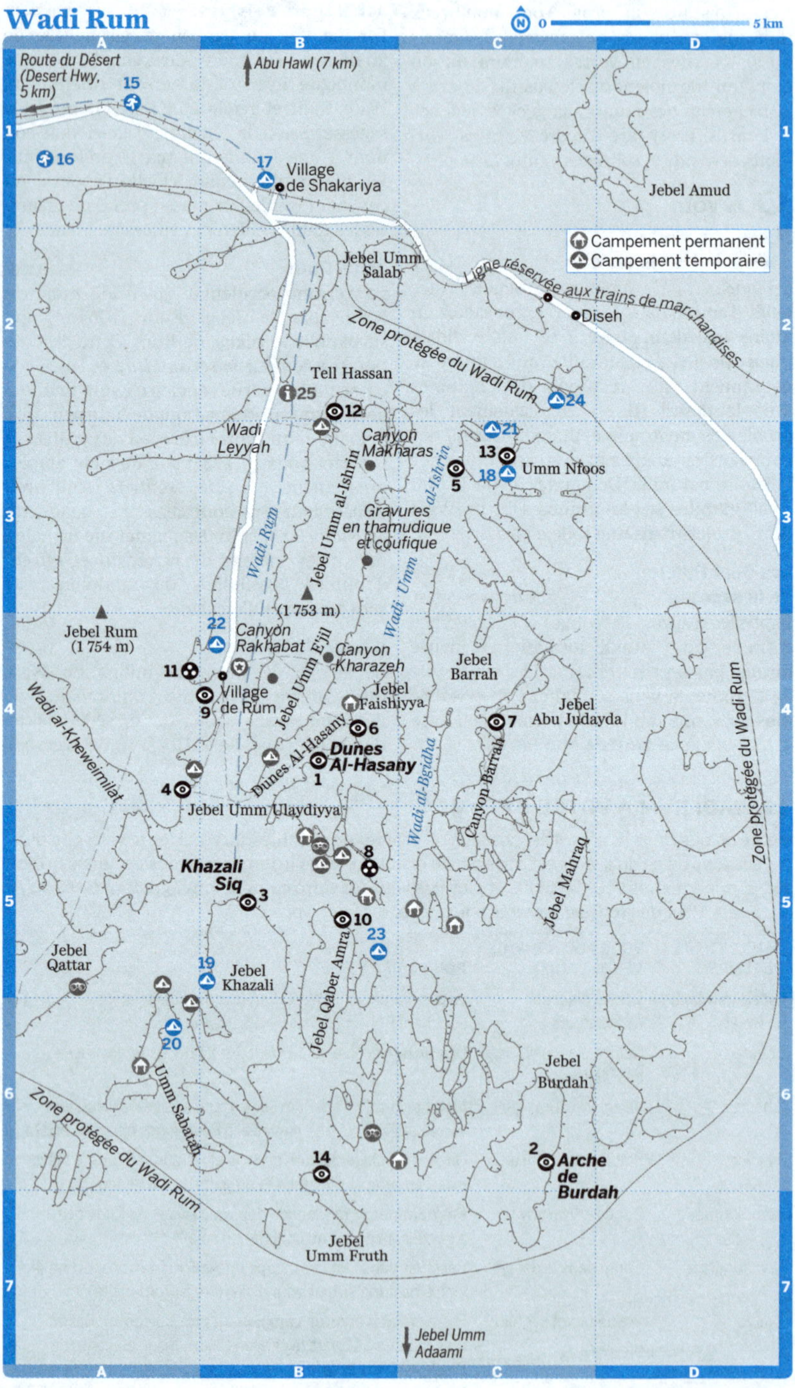
0
5 km
A
B
C
D
1
2
3
4
5
6
7
Route du Désert (Desert Hwy, 5 km)
Abu Hawl (7 km)
15
16
17
Village de Shakariya
Jebel Amud
Campement permanent
Campement temporaire
Jebel Umm Salab
Ligne réservée aux trains de marchandises
Diseh
Zone protégée du Wadi Rum
Tell Hassan
25
12
24
21
Wadi Leyyah
Canyon Makharas
13
Umm Nfoos
5
18
Wadi Umm al-Ishrin
Jebel Umm al-Ishrin
Gravures en thamudique et coufique
Wadi Rum
Wadi Umm
(1 753 m)
Jebel Rum (1 754 m)
22
Canyon Rakhabat
Canyon Kharazeh
Jebel Umm E'jil
Jebel Barrah
11
Village de Rum
9
Jebel Faishiyya
Jebel Abu Judayda
7
6
Wadi al-Kheweimilat
Dunes Al-Hasany
Dunes Al-Hasany
1
Canyon Barrah
Wadi al-Bgidha
4
Jebel Umm Ulaydiyya
Zone protégée du Wadi Rum
8
Khazali Siq
3
Jebel Mahraq
10
23
Jebel Qattar
19
Jebel Khazali
Jebel Qaber Amra
20
Umm Sabatah
Jebel Burdah
Zone protégée du Wadi Rum
14
2
Arche de Burdah
Jebel Umm Fruth
Jebel Umm Adaami

Wadi Rum

Les incontournables
1 Dunes Al-Hasany B4
2 Arche de Burdah C6
3 Khazali Siq B5

À voir
4 Ain Abu Aineh A4
5 Inscriptions d'Alameleh C3
6 Inscriptions d'Anfaishiyya B4
7 Canyon Barrah C4
8 Maison de Lawrence (Al-Qsair) B5
9 Source de Lawrence (Ain Ash-Shallalah) B4
10 Little Rock Bridge B5
11 Temple nabatéen A4
12 Sept Piliers de la sagesse B2
13 Siq Umm Tawaqi C3
14 Arche d'Umm Fruth B6
Musée du centre d'accueil .... (voir 25)

Activités
15 Al-Hijaz Train Ride in Wadi Rum A1
Bait Ali Lodge .... (voir 17)
16 Rum Horses A1

Où se loger
17 Bait Ali Lodge B1
18 Barrh Camp C3
19 Bedouin Lifestyle Camp B5
Captain's Camp .... (voir 24)
20 Mohammed Mutlak Camp A6
21 Rahayeb Camp C3
22 Rest House B4
23 Rum Stars Camp B5
24 Zawaideh Desert Camp C2

Où se restaurer
Ali's Place .... (voir 22)
Rest House .... (voir 22)
Rum Gate Restaurant .... (voir 25)

Achats
Centre d'accueil des visiteurs .... (voir 25)

Renseignements
Police touristique .... (voir 25)
25 Centre d'accueil des visiteurs B2

des restaurants, deux épiceries, et borde la dernière route bitumée avant le désert. Le modeste fort de Rum est actuellement fermé au public.

Temple nabatéen — RUINES

À 400 m environ derrière la Rest House (suivez les poteaux télégraphiques), sur une petite colline, gisent les maigres ruines d'un temple nabatéen vieux de 2 000 ans, dédié à la déesse Allat. Un panneau à l'intérieur de la Rest House décrit le temple et sa mise au jour (en français notamment). Ces ruines attestent d'une implantation permanente des Nabatéens, sur les fondations d'un temple construit par la tribu arabe d'Ad.

Les bains mis au jour dans une villa derrière le temple sont les plus vieux découverts en Jordanie à ce jour. Près du sanctuaire figurent des **inscriptions** du IIe siècle av. J.-C. laissées par des chasseurs et des nomades.

Puits de Lawrence (Ain ash-Shallalah) — SOURCE

Cette source aux confins des étendues de sable est une étape habituelle des circuits en 4x4. On la rejoint depuis la Rest House par une promenade dans du sable meuble ; l'aller-retour prend 1 heure 30. Cherchez la citerne blanche à l'entrée de Wadi Shallalah : le chemin qui escalade la dune jusqu'à la source est juste après.

La source doit son nom à cette description évocatrice de Lawrence dans les *Sept Piliers de la sagesse* :

> "Devant nous un sentier, pâle d'avoir été gravi, zigzaguait sur le flanc de la falaise... Entre les arbres, depuis les fissures cachées de la roche, d'étranges cris s'échappaient ; les échos, changés en musique, des voix des Arabes abreuvant les chameaux aux sources jaillissant là à trois cents mètres au-dessus du sol."

Avec d'autres puits des environs, cette source d'eau naturelle se déversant dans un minuscule paradis verdoyant a fait de Rum un important point d'eau pour les caravanes voyageant entre la Syrie et l'Arabie. Cherchez le petit sanctuaire dédié à Allat, l'aqueduc qui servait à canaliser l'eau de la source et les inscriptions sur la roche. De la menthe sauvage pousse à l'ombre des fougères et des arbres.

Ain Abu Aineh — SOURCE

Souvent confondue avec le puits de Lawrence, la "source du père d'Aineh" descend des montagnes grâce à des canalisations pour alimenter un grand réservoir destiné aux moutons, chèvres et chameaux des Bédouins. Près du réservoir, un gros rocher recouvert d'inscriptions thamoudéennes atteste que la source est utilisée depuis des millénaires. Pour atteindre Ain

CIRCULER DANS LE WADI RUM

De la route du Désert au centre d'accueil des visiteurs

On accède au Wadi Rum par une route goudronnée depuis la route du Désert (Desert Highway), à 1 heure d'Aqaba. D'abord entourée de champs de pastèques, la route croise le chemin de fer du Hedjaz et traverse alors un paysage somptueux, de plus en plus spectaculaire à mesure que l'on approche de l'entrée du Wadi Rum. Elle passe devant un poste de police, l'embranchement pour le village de Diseh et continue vers le **centre d'accueil des visiteurs** (p. 227), où tous les visiteurs du Wadi Rum doivent se présenter avant de s'enfoncer dans la vallée.

Même si vous n'avez pas le temps de passer la journée au Wadi Rum, le voyage jusqu'au centre d'accueil des visiteurs vaut le coup. Depuis ce bel ensemble accueillant, on aperçoit les **Sept Piliers de la sagesse** (p. 215). Visitez le musée, regardez un documentaire sur le désert et déjeunez. C'est ici que l'on s'acquitte du droit d'entrée dans la vallée.

Du centre d'accueil des visiteurs au village de Rum

Derrière le centre, les chauffeurs bédouins attendent les clients à bord de 4x4 alignés sur le bord de la route. La route goudronnée continue sur 7 km jusqu'au village de Rum. Enclavé entre les immenses piliers coiffés de dômes du Wadi Rum, ce dernier possède quelques maisons en dur, une école, plusieurs boutiques et un fort, quartier général de la fameuse patrouille du désert.

Encore une fois, même si vous manquez de temps ou que votre budget ne vous autorise pas à faire le circuit en 4x4, ne renoncez pas au village (que vous pouvez rejoindre avec votre voiture, en stop, ou à pied après avoir payé l'entrée). On y trouve une charmante Rest House (gîte d'étape) et des équipements basiques pour camper.

Du village de Rum à l'intérieur du désert

Pour dépasser Rum et vous enfoncer dans le désert, vous devrez avoir organisé une excursion en 4x4 depuis le centre, réservé un dromadaire ou être prêt à une épuisante marche dans le sable. Si vous avez un 4x4, vous pouvez faire la route vous-même, à condition de savoir conduire sur le sable et vous orienter dans le désert.

Au-delà de Rum, la route goudronnée laisse la place à plusieurs pistes serpentant à travers le sable du Wadi Rum jusqu'à un espace ouvert où convergent les vallées. De là, les pistes mènent à des sites intéressants. La plupart des excursions en 4x4 ou à dromadaire font le tour des *widyan* qui s'entrecroisent avant de regagner le centre d'accueil des visiteurs.

En dehors de cette région très fréquentée, il existe une zone protégée du désert appelée **Wilderness Area**. Il est interdit d'y pénétrer en 4x4, mais vous pouvez y randonner avec un guide.

Le Wadi Rum compte plusieurs campements bédouins rudimentaires ; vous pourrez réserver auprès du centre d'accueil des visiteurs. Il est également possible de dormir dans un campement de Diseh, en dehors de la réserve.

Livres et cartes

Les services d'un guide bédouin et une carte détaillée s'imposent pour effectuer randonnées et escalades dans le Wadi Rum.

Le grimpeur britannique Tony Howard a écrit avec Di Taylor l'excellent *Treks & Climbs in Wadi Rum, Jordan*, dont il existe une version de poche plus abordable intitulée *Walks & Scrambles in Rum*. *Walking in Jordan*, des mêmes auteurs, décrit également en anglais des itinéraires de randonnée et d'escalade. Procurez-vous ces ouvrages avant de vous rendre à Rum.

La brochure en couleurs disponible gratuitement au centre d'accueil des visiteurs comporte une carte montrant les principaux sites. La *Map of Rum* (1997) offre une image précise d'un petit secteur au nord du *wadi*, autour du village de Rum. La carte la plus détaillée est le *Wadi Rum Tourist Plan*, éditée par l'International Traditional Services Corp. On ne la trouve malheureusement pas partout en Jordanie.

Abu Aineh, prenez au sud depuis la Rest House et suivez le côté est du Jebel Rum sur 3 km (1 heure 30 de marche dans du sable meuble).

Le site n'a rien d'extraordinaire en soi, mais la vue sur le Jebel Khazali est magnifique, surtout au coucher du soleil, lorsque l'amphithéâtre de roche et de sable vire à l'orange.

Maison de Lawrence (Al-Qsair) RUINES

Il ne reste plus grand-chose de cet édifice, construit sur les ruines d'une citerne d'eau nabatéenne. Néanmoins, la légende raconte que Lawrence y aurait séjourné durant la révolte arabe, et tous les circuits en 4x4 y passent. Près de là, une inscription nabatéenne mentionne l'ancien nom de l'endroit, Iram. Son isolement et ses perspectives ininterrompues sur les **dunes de sable rouge** constituent les principaux attraits du lieu.

♥ Dunes Al-Hasany DUNES DE SABLE

De toutes les dunes de sable du Wadi Rum, ces formations de sable rouge, adossées au Jebel Umm Ulaydiyya, sont les plus impressionnantes. Si vous êtes en 4x4, le chauffeur vous arrêtera près d'une pente virginale pour que vous remontiez jusqu'à la crête de la dune. Depuis le centre d'accueil des visiteurs, comptez environ 3 heures de marche, en partie dans le sable, pour y arriver. Les dunes sont particulièrement belles au coucher du soleil.

Inscriptions d'Alameleh PÉTROGLYPHES

Les inscriptions thamoudéennes et nabatéennes décrivant des chasseurs, ou encore des caravanes de dromadaires ou divers

EXCURSIONS EN 4X4 DANS LE WADI RUM

Lorsque vous vous inscrivez à une excursion en 4x4 au centre d'accueil des visiteurs, vous avez le choix entre une voiture avec chauffeur pour la journée (mettez-vous d'accord sur les destinations avant le départ) et deux itinéraires préétablis. Les circuits Operator 1 couvrent le centre du Wadi Rum et les circuits Operator 2, des secteurs excentrés (mais tout aussi beaux). Les distances sont calculées depuis le centre d'accueil des visiteurs ; nous indiquons ci-dessous les durées maximales. Il est possible de faire le tour des principaux sites du Wadi Rum en quelques heures, mais la région mérite vraiment que l'on s'y attarde. Sortez du véhicule pour explorer chacun des sites à pied, ou prenez simplement le temps de vous asseoir sur une dune ou un affleurement rocheux pour apprécier le calme. Les chauffeurs étant soumis à une rotation stricte, on peut ou non tomber sur un chauffeur anglophone et bien renseigné. Si vous désirez qu'un guide vous accompagne, vous devrez prévenir le centre d'accueil des visiteurs pour réserver ses services.

SITE	DISTANCE	DURÉE	PRIX PAR VÉHICULE
Circuits Operator 1			
Puits de Lawrence	14 km	1 heure	25 JD
Canyon Khazali	30 km	2 heures	35 JD
Coucher du soleil à Rum	35 km	2 heures 30	44 JD
Little Rock Bridge	35 km	3 heures	44 JD
Dunes rouges	40 km	3 heures 30	51 JD
Maison de Lawrence	45 km	3 heures 30	59 JD
Umm Fruth Rock Bridge	50 km	4 heures	67 JD
Burdah Rock Bridge	60 km	5 heures	75 JD
Canyon Burdah	65 km	8 heures	80 JD
Circuits Operator 2			
Inscriptions d'Alameleh	15 km	1 heure	25 JD
Siq Umm Tawagi	18 km	2 heures	35 JD
Coucher du soleil à Diseh	20 km	2 heures 30	44 JD
Canyon Barrah	49 km	3 heures	51 JD
Burdah Rock Bridge	50 km	4 heures	67 JD
Excursion d'une journée	60 km	8 heures	80 JD

LES DANGERS DU DÉSERT

Avant de s'aventurer en solitaire, sachez à quoi vous vous exposez.

- Les températures (basses ou élevées) sont extrêmes, été (mai-septembre) comme hiver (janvier).
- Il est aisé de se perdre parmi les pics escarpés, et les cartes sont souvent approximatives.
- On croise très peu de personnes en chemin.
- Les points d'eau sont rares (et pas toujours potables).
- On s'épuise vite à marcher dans le sable.

animaux sont courantes dans le désert. Celles-ci, proches des Sept Piliers de la sagesse et à l'extrémité du secteur de Diseh, comptent parmi les plus complètes et les mieux préservées.

Inscriptions d'Anfaishiyya PÉTROGLYPHES

Ces pétroglyphes ont été gravés dans la surface tendre d'une gigantesque paroi rocheuse verticale.

Arches rocheuses

La région compte un grand nombre de formations rocheuses remarquables. Les parties les plus tendres du grès ont été creusées par le vent, ne laissant que les formes torturées de la roche dure. Les plus impressionnantes sont les arches reliant deux masses rocheuses. On observe plusieurs ponts de ce type dans la région, mais les trois plus connus sont celles de Burdah, d'Umm Fruth et de Little Rock Bridge.

♥ Arche de Burdah FORMATION ROCHEUSE

La plus imposante des trois arches de Rum est perchée à environ 80 m. Un chemin abrupt permet d'accéder au sommet.

Arche d'Umm Fruth FORMATION ROCHEUSE

Particulièrement radieuse sous le soleil de la fin d'après-midi, l'arche d'Umm Fruth est nichée dans un coin retiré du désert. On peut aisément la gravir sans guide ni équipement.

Little Rock Bridge FORMATION ROCHEUSE

(Rakhabat al-Wadak). L'ascension de cette arche, facile, offre un superbe panorama sur une vaste étendue de désert.

Siq et canyons

♥ Siq Khazali CANYON

Accessible en 4x4, cet étroit défilé à travers le Jebel Khazali est facile à découvrir à pied. Vous pouvez l'explorer sur 150 m environ, assez pour en apprécier l'ombre et la fraîcheur, et voir des inscriptions anciennes : une femme en train d'accoucher, des dessins d'autruches, des paires de pieds... Au-delà, vous aurez besoin d'un guide et de cordes.

Siq Umm Tawaqi CANYON

Le Siq Umm Tawaqi est une destination prisée et accessible en 4x4, où de grands arbres semblent pousser à la surface du roc. Sur un rocher bas, au milieu du *siq*, les habitants ont sculpté un portrait humoristique de Lawrence d'Arabie (avec la coiffe arabe), ainsi que de deux autres personnages éminents de la révolte arabe.

Canyon Barrah CANYON

De multiples canyons sillonent le Wadi Rum. Ce couloir de 5 km qui fend les montagnes figure parmi les plus visités. On y vient pour s'y promener à pied ou à dos de dromadaire, escalader ou simplement se reposer à l'ombre et savourer l'atmosphère unique des zones retirées du Wadi Rum.

Activités

Vous passerez une bonne journée dans le secteur du Wadi Rum en allant au centre d'accueil des visiteurs et en poussant jusqu'au village de Rum ; toutefois, l'expérience ne serait pas complète sans un tour au cœur du désert. Pour cela, il faut s'aventurer hors piste, c'est-à-dire quitter la route bitumée. Il est possible de louer un 4x4 avec chauffeur ; d'opter pour un dromadaire ou un cheval avec guide ; ou de faire de la randonnée, du *scrambling* ou de l'escalade, avec ou sans guide.

Si vous maîtrisez la conduite sur sable, vous pouvez louer un 4x4 seul au centre d'accueil des visiteurs (35 JD) ou pénétrer dans la réserve avec votre propre véhicule (20 JD).

Circuits en 4x4

C'est le moyen le plus simple de voir le plus grand nombre de sites en un laps de temps restreint. Le bureau des excursions du centre d'accueil des visiteurs organise ces circuits ; on peut s'y adresser sitôt arrivé.

Les tarifs des excursions en 4x4, fixes, sont affichés à l'extérieur du bureau des excursions. Les prix s'entendent par véhicule et non par personne. Il est donc intéressant de former un groupe à Wadi Musa ou à Aqaba (plus difficile à l'arrivée à Wadi Rum). La plupart des 4x4 peuvent transporter 6 passagers. Certains possèdent des banquettes à l'arrière qui offrent une plus grande visibilité pour admirer le paysage – mais on y gèle l'hiver et on y bout l'été.

Si vous louez un véhicule pour la journée, prévoyez de la nourriture et de l'eau pour vous et votre chauffeur. Vous trouverez de quoi faire un pique-nique simple dans le village de Rum, sur la route du désert.

Il est peu probable que l'excursion tourne mal, car les chauffeurs ont une grande expérience du désert. Néanmoins, certains véhicules ne sont plus tout jeunes ; en cas de panne, évitez toute confrontation brutale avec les Bédouins, qui prennent leurs responsabilités envers les visiteurs très à cœur et arrangeront rapidement les choses, si tout le monde reste cordial !

Peut-être serez-vous abordé à Rum par un guide indépendant pratiquant des tarifs inférieurs. Toutefois, la qualité et la sécurité de l'excursion ne sont pas garanties. En outre, c'est une concurrence déloyale pour les guides qui attendent les clients au centre d'accueil des visiteurs. Sachez que 60% des profits des excursions reviennent à la coopérative des chauffeurs : ceux qui contournent ce système privent l'ensemble de la communauté de ce revenu. Des *rangers* patrouillent dans le Wadi Rum et contrôlent les billets des visiteurs. Il serait bien sûr illégal, mais aussi incorrect d'entrer sans billet.

On peut facilement prévoir une nuit dans un camp bédouin (renseignez-vous au centre d'accueil des visiteurs lorsque vous réserverez votre véhicule). Votre chauffeur vous déposera sur place l'après-midi et viendra vous rechercher le lendemain matin.

Méharées

Nous vous recommandons chaudement de parcourir le Wadi Rum à dos de dromadaire. En dehors de son aspect écologique, ce mode de locomotion permet de se rapprocher du mode de vie bédouin traditionnel et de mieux apprécier la gravité silencieuse du désert. Toutefois, au-delà de 4 heures de balade, gare aux courbatures !

Les tarifs officiels des méharées sont indiqués à l'extérieur du bureau des excursions du centre d'accueil des visiteurs. Il est beaucoup plus plaisant de mener soi-même son dromadaire, même si cela implique de payer un supplément pour celui du guide.

MÉHARÉES DANS LE WADI RUM

Pour des questions d'organisation, les randonnées à dos de dromadaire suivent deux itinéraires distincts. Le départ s'effectue généralement au village de Rum, et les distances sont calculées depuis la Rest House. Les prix suivent le cours du fourrage ; les itinéraires changent de temps en temps.

SITE	DISTANCE	DURÉE	PRIX (MAXIMAL)
Depuis le village de Rum			
Temple nabatéen	1 km	30 min	4 JD
Puits de Lawrence	6 km	2 heures	10 JD
Canyon Khazali	14 km	4 heures	20 JD
Coucher du soleil	22 km	4 heures	25 JD
Dunes rouges	25 km	5 heures	20 JD
Burdah Rock Bridge	40 km	nuit sur place	60 JD
Circuit d'une journée	illimité	8 heures	30 JD
Dromadaire de bât	-	8 heures	30 JD
Depuis Alameleh			
Circuit court	2 km	1 heure	10 JD
Coucher du soleil	8 km	2 heures	15 JD
Siq Lawrence	9 km	3 heures	20 JD
Circuit d'une journée	illimité	nuit sur place	60 JD
Dromadaire de bât	-	8 heures	30 JD

Vous pouvez facilement faire une excursion de 2 jours et passer la nuit dans un camp bédouin (renseignez-vous auprès du centre au moment de la réservation). Si vous souhaitez rentrer en 4x4, vous devrez payer pour le retour de l'animal jusqu'à l'endroit où vous l'avez pris. Si vous êtes chargé, mieux vaut louer un dromadaire supplémentaire (au même tarif), qui se chargera du portage. On peut aussi envisager des circuits plus longs, du Wadi Rum à Aqaba (3-6 nuits selon l'itinéraire), ou jusqu'à Wadi Musa (près de Pétra, 5 nuits environ).

Le dromadaire n'est plus le moyen de transport le plus courant chez les Bédouins ; la plupart préfèrent l'incontournable pick-up – il est même courant de voir des Bédouins transporter un dromadaire de prix à l'arrière d'un Toyota. Pour autant, ces animaux rétifs et fidèles font toujours partie de la culture bédouine ; des courses de dromadaires hebdomadaires sont organisées en hiver, généralement le vendredi, sur la piste près de Diseh. Renseignez-vous auprès du centre d'accueil des visiteurs.

Randonnées équestres

Vous pouvez également partir à la découverte du Wadi Rum et de ses environs à cheval. Parmi les circuits courts, on compte des excursions de 2 heures (environ 30 JD), d'une journée (à partir de 90 JD) et de 2 jours avec nuit en bivouac (à partir de 120 JD, 2 participants au minimum). Les randonnées équestres s'adressent aux cavaliers expérimentés. Les débutants ne doivent pas sous-estimer la puissance des montures arabes ainsi lâchées en pleine nature.

Rum Horses ÉQUITATION
(☎079 5802108, 2033508 ; www.wadirumhorses.com). Hautement recommandée et établie de longue date, ce prestataire se distingue par son professionnalisme, tant pour les randonnées à cheval qu'à dos de dromadaire. Ses écuries sont situées sur la route menant au centre d'accueil des visiteurs du Wadi Rum, à 10 km de la route du Désert. Cherchez le panneau sur le bord de la route. On peut aussi joindre son associé en France avant le départ (voir site).

Atallah Sweilhin, le propriétaire, s'est formé en Europe. L'un de ses chevaux, Sasha, a remporté 5 fois la course d'endurance jordanienne de la Fédération équestre internationale.

Randonnées pédestres

Il existe plusieurs beaux itinéraires accessibles aux amateurs de randonnée pédestre. On peut rejoindre à pied et sans guide les principaux sites du Wadi Rum.

Makharas Canyon Hike RANDONNÉE
(niveau intermédiaire ; sans guide ; ⏲2 heures 30 aller-retour). Panoramas dégagés, vue sur des dunes immenses et promenade dans un

AGENCES ET GUIDES DANS LE WADI RUM

Les conducteurs de jeep et les chameliers vont souvent directement à la rencontre des visiteurs. Toutefois, si vous désirez des renseignements plus précis ou spécialisés sur le Wadi Rum, ou si vous souhaitez organiser une activité particulière, il est préférable de louer les services d'un guide, par le biais du centre d'accueil des visiteurs par exemple. Mieux vaut prendre contact environ 48 heures à l'avance et conserver une copie des e-mails échangés – le personnel du centre d'accueil pourrait vous les demander. Pour des excursions plus longues, le guide doit se charger des préparatifs (achat des provisions, etc.). L'activité est au plus haut dans la région en avril, septembre et octobre.

Les tarifs par personne à la journée (1-3 participants) débutent à 60 JD pour une simple randonnée ou du *scrambling* (mi-escalade, mi-randonnée). Des réductions s'appliquent généralement aux groupes de plus de 4 personnes (50 JD/pers).

Attayak Ali (☎079 5899723 ; www.bedouinroads.com). Guide (escalade et circuits d'aventure) chevronné et respecté.

Attayak Aouda (☎079 5834736 ; www.rumguides.com). Guide d'escalade expérimenté.

Bedouin Adventures (☎Ahmed 079 5127025 ; www.bedouinadventures.com). Randonnées, *scrambling*, promenades à dos de dromadaire et excursions de 3-7 jours en campement.

Eid Mohamed Al-Sowelleh (☎079 5624671). Guide généraliste.

Sabagh Eid (☎7891243, fax 2016238). Guide généraliste.

canyon ; au départ du centre d'accueil des visiteurs. Marchez vers le sud-est et traversez la plaine en direction des Sept Piliers de la sagesse, puis dirigez-vous vers le canyon de Makharas (suivez le *wadi* de gauche à l'embranchement). Le *wadi* se rétrécit après environ 1 heure de marche pour déboucher sur une magnifique étendue de sable rouge offrant une perspective somptueuse sur le Jebel Barrah et Umm Nfoos, à l'est. Coupez ensuite vers le nord à travers les dunes et contournez la pointe nord du Jebel Umm al-Ishrin jusqu'aux Sept Piliers de la sagesse.

Jebel Rum Round Trip RANDONNÉE
(difficile ; sans guide ; ⏲ 8 heures). Cet itinéraire, qui traverse des paysages vastes et sublimes, débute au village de Rum, et passe par le puits de Lawrence et Ain Abu Aineh, avant de décrire une boucle dans la moitié sud du Jebel Rum.

Jebel Umm Adaami Ascent RANDONNÉE
(niveau intermédiaire ; sans guide ; ⏲ 2 heures aller-retour). Vous gravirez le Jebel Umm Adaami (1 832 m), le point culminant de la Jordanie, sur la frontière sud, peu fréquentée, avec l'Arabie saoudite. La randonnée commence à Wadi Saabet, à 45 minutes en 4x4 du centre d'accueil des visiteurs.

L'ascension d'une heure, jalonnée de cairns, offre un horizon dégagé sur le Wadi Rum au nord et l'Arabie saoudite au sud. Si vous êtes sujet au vertige, certaines parties peuvent être éprouvantes. Au retour, arrêtez-vous pour voir les gravures rupestres et pique-niquer à Siq al-Barid.

Scrambling

À mi-chemin entre randonnée et escalade, le *scrambling* ne requiert pas de compétences techniques particulières, mais il nécessite de franchir par endroits de petites parois rocheuses.

Burdah Rock Bridge Ascent SCRAMBLING
(difficile ; guidé ; ⏲ 1 heure aller). Ce parcours de *scrambling* populaire mène au sommet de l'arche rocheuse et à son beau panorama. Il n'a rien de technique, mais il vous faudra un guide pour vous montrer le chemin, et ne faut pas avoir le vertige pour franchir un passage situé juste avant l'arche. Vous devrez en revanche être équipé de cordes et posséder quelques notions d'escalade pour continuer au-delà (des accidents mortels ont eu lieu par le passé).

Canyon Rakhabat SCRAMBLING
(niveau intermédiaire ; guidé ; ⏲ demi-journée). Procurez-vous un guide local ou un exemplaire du *Walking in Jordan* de Tony Howard pour vous repérer dans les défilés labyrinthiques du canyon Rakhabat, à l'occasion d'une demi-journée de marche au cœur du Jebel Umm al-Ishrin. L'itinéraire commence à l'extrémité ouest du canyon, près du village de Rum.

Au bout du canyon (à l'est), on peut franchir la vallée pour admirer les inscriptions d'Anfaishiyya, puis revenir à pied au village de Rum via la partie sud du Jebel Umm al-Ishrin, avec un détour éventuel par Ain Abu Aineh. Si vous maîtrisez la descente en rappel, vous pouvez aussi franchir la crête de la montagne vers l'ouest en poursuivant le long du canyon Kharazeh – une alternative qui permet d'effectuer une belle boucle.

Escalade

Le Wadi Rum abrite un certain nombre de rochers d'escalade intéressants (jusqu'au 8e niveau de difficulté – système français). Bien que les Bédouins gravissent les parois rocheuses depuis des siècles, l'escalade en tant que sport est relativement récente dans la région. Il existe néanmoins des guides accrédités (pour la plupart formés au Royaume-Uni). Contactez le centre d'accueil des visiteurs quelques jours à l'avance afin d'être mis en relation avec un professionnel, ce qui vous permettra de négocier les prix et lui laissera le temps de prévoir transport et matériel de camping. Comptez un minimum de 200 JD pour 1-2 jours d'escalade.

L'ascension du Jebel Rum est souvent proposée à l'intention des grimpeurs les moins expérimentés : le massif ne demande qu'un équipement minimal et se dresse à proximité de la Rest House. Le Jebel Barrah est également prisé. Pour en savoir plus sur les itinéraires, consultez les ouvrages de Tony Howard et Di Taylor (voir l'encadré p. 218) et le site www.wadirum.net.

Autres activités

Rien de tel qu'une échappée en ballon (130 JD/pers, 2 personnes au minimum) pour jouir d'une vue imprenable sur le Wadi Rum. Ces vols, qui durent au minimum 2 heures, sont tributaires de la météo. Le **Bait Ali Lodge** (☎ 079 5548133 ; www.baitali.com), qui représente le **Royal Aero Sports Club of Jordan** (☎ 2058052 ; www.rascj.com) dans la région, se charge des réservations. Il loue également des quads (tout terrain) et fournit des cartes de circuits possibles dans les marécages asséchés au nord du camp.

Le **marathon du Jebel al-Ishrin** a lieu chaque année en septembre. La **course d'endurance du Wadi Rum** (www.fei.org) organisée par la FEI, qui consiste à parcourir 120 km en une journée, intéressera les passionnés de chevaux.

Circuits organisés

Si vous êtes pressé par le temps, il est plus simple d'organiser un circuit au Wadi Rum depuis Aqaba. Comptez au minimum 60 JD par personne et par jour (transport, repas et entrée compris). Ce prix peut inclure une nuit dans le désert (15 JD pour le matériel et le petit-déjeuner). **Wadi Rum Safari** (☎2063882) vous mettra en contact avec plusieurs compagnies bédouines réputées.

Certains circuits s'arrêtent à Diseh pour la nuit et n'entrent même pas dans la principale zone protégée du Wadi Rum. Ainsi, on trouve quelques camps corrects installés dans un cadre magnifique, mais en dehors de la réserve. Pour éviter toute déception, renseignez-vous bien lors de la réservation.

Où se loger

Il n'existe pas d'hôtel dans le Wadi Rum, ni dans le village voisin de Diseh. Les visiteurs qui passent la nuit sur place campent le plus souvent dans le désert. Le camping consiste à dormir sous une couverture en poil de chèvre, à la belle étoile, dans un camp bédouin isolé ; sur un matelas séparé des autres par une toile dans une tente collective à Diseh ; ou encore dans un bungalow confortable au campement de Bait Ali, à la sortie du Wadi Rum. Il est également possible de planter sa tente dans les zones prévues à cet effet (renseignez-vous au centre d'accueil des visiteurs). Les matelas et les couvertures sont toujours fournis, tout comme la nourriture, mais ce n'est pas nécessairement le cas des draps et des serviettes. En réalité, tous les campements offrent des expériences très similaires – y compris en ce qui concerne le confort et les activités.

Village de Rum

Rest House CAMPING $

(☎2018867 ; matelas et couverture sous une tente pour 2 pers, 5 JD/pers). Les tentes usées plantées à l'arrière de la Rest House sont les plus facilement accessibles, mais utilisez-les en dernier recours, si vous arrivez trop tard pour gagner directement le désert. Vous pouvez aussi planter votre propre tente sur le site (3 JD) et avoir accès aux toilettes et aux douches. Gardez vos objets de valeur sur vous.

Bivouac dans le désert

Dans un campement bédouin du Wadi Rum, vous n'aurez nulle autre limite que le ciel : voici indéniablement la meilleure manière d'appréhender le désert. Déroulez votre matelas à la belle étoile et laissez-vous bercer par les chants, les ronflements des dromadaires et le sifflement du thé à la menthe sur le feu de bois.

Les camps tenus par les Bédouins doivent se conformer à certaines normes et sont inspectés régulièrement. Il existe deux types de campements : les permanents (qui sont généralement équipés de toilettes et de douches et restent ouverts toute l'année) et les temporaires (qui ne servent qu'occasionnellement à des Bédouins ou à des visiteurs). Les camps ne sont autorisés que dans certains secteurs du Wadi Rum ou à Diseh, le village voisin. Réservez votre séjour bien à l'avance (surtout si vous souhaitez dormir dans un camp précis) ou à votre arrivée, par le biais du centre d'accueil des visiteurs.

La nuit dans un campement temporaire se passe généralement sur un matelas à la belle étoile, ou sous une petite tente deux places avec tapis de sol intégré. Dans les camps permanents, on dort dans des tentes prévues pour les touristes. Elles sont suffisament hautes pour que l'on s'y tienne debout et sont faites de peaux de chèvre ou de tissus. Comme un petit bungallow, elles sont équipées d'un lit de camp, d'un matelas et de draps.

Un ou deux camps offrent même une version agrandie avec toilettes de l'habituelle tente pour touristes, qui constitue sans doute la meilleure option avec de jeunes enfants.

Pour une nuit dans le campement permanent standard, comptez 30 JD/personne (nourriture, tente et draps) – avec le transport en 4x4 jusqu'au camp si vous ne visitez rien en chemin.

En demi-pension, vous aurez généralement droit à un dîner (viande grillée au barbecue, salade, pain arabe, café, thé et fruit) et au petit-déjeuner avec café, pain, confiture et fromage. Dans les campements temporaires, des frais supplémentaires s'appliquent chaque jour pour le transport du matériel jusqu'au site. Si vous apportez votre sac de couchage, votre tente et vos repas,

INTERVIEW

AHMED OGLA AL-ZALABEYH, HÔTE DU DÉSERT

Jusqu'à l'âge de 7 ans, Ahmed a vécu parmi les nomades du désert du Sud. Leurs parents tenant à ce qu'ils s'intègrent au monde moderne, Ahmed et ses frères ont fini par aller à l'école. Une décennie plus tard, diplômé en littérature anglaise de l'université d'Amman, Ahmed est revenu au Wadi Rum. Il décrit ses quatre années dans la capitale comme les pires de son existence. Son retour dans le désert a été un soulagement, et il compte bien y rester. Aujourd'hui marié et travaillant dans le tourisme, Ahmed est à la fois passionné et éloquent dès qu'il s'agit de ses racines bédouines. Il souhaite élever ses enfants dans le respect de l'identité bédouine.

Quels sont les meilleurs endroits en Jordanie pour découvrir la vie bédouine ? Beaucoup de sites qui se réclament de la culture bédouine ne sont que des façades commerciales. Pour connaître la vraie vie bédouine, il faut venir dans le désert, comme ici dans le Rum ou dans le Wadi Araba et certaines poches du désert oriental. Là, vous pourrez rencontrer des familles qui savent ce que c'est que la vie nomade et les déplacements en fonction des saisons.

Comment les Bédouins font-ils pour échapper aux touristes ? C'est plus facile que vous ne le pensez ! On jette tout à l'arrière du pick-up et on suit les dromadaires dans le désert, au-delà des camps et des pistes. C'est notre foyer spirituel, et nous y retournons souvent.

Comment les Bédouins trouvent-ils de quoi vivre dans le désert ? Les provisions sont la clé de la survie. Les Bédouins commercent entre eux, ils échangent des dromadaires et des brebis contre des tentes en peau de chèvre, des tapis, du lait et du fromage, ou contre des articles manufacturés achetés sur le marché.

Que signifie être bédouin dans le monde d'aujourd'hui ? La vie dans le désert nous renvoie aux origines de l'humanité. Pour nous, elle est inséparable de la notion d'hospitalité, profondément ancrée dans notre culture. De plus en plus, pour l'éducation des enfants et grâce à un accès facilité aux moyens de transports, cela implique aussi de se sédentariser, généralement en lisière du désert.

Comment ferez-vous pour que vos enfants aiment le désert autant que vous ? Je les emmènerai, comme le faisait mon père, dans tous les endroits qui racontent notre histoire. Savoir que nos grands-parents se sont assis près de telle pierre ou sous tel arbre nous permet d'être reliés à la terre et garantit la transmission de notre histoire.

Quel conseil donneriez-vous aux touristes qui désirent rencontrer les Bédouins ? Ne nous soupçonnez pas de vouloir exploiter la situation – venez tout simplement bavarder ou partager le thé avec nous. Il est vrai que nous cherchons à vivre du tourisme, mais nous voulons aussi que notre culture soit mieux comprise.

seul le transport (4x4 ou dromadaire) sera à votre charge.

Les nombreux campements sont tous installés dans des endroits somptueux au cœur du désert ; ils offrent des services similaires. Il est donc difficile d'en recommander certains plus que d'autres.

Certains tour-opérateurs possèdent leurs propres campements dans le désert.

♥ Rum Stars Camp CAMPEMENT $

(☎079 5127025 ; www.rumstars.com ; tente 25 JD/pers en demi-pension). C'est l'un des camps les plus éloignés dans le désert : il faut rouler 20 minutes en 4x4 pour le rejoindre. Dans un cadre agréable, sur le versant d'une montagne avec vue sur un paysage désertique, ce site tout simple est bien tenu par des frères bédouins. Le propriétaire, Ahmed Ogla Al-Zalabeyh (voir l'encadré ci-dessus), parle parfaitement l'anglais ; il se passionne pour sa culture bédouine.

Le camp peut organiser diverses activités : balades à dos de dromadaire, excursions en 4x4, randonnée et *scrambling*. On loge dans les habituelles tentes pour touristes, avec toilettes et bloc de douche communs. Une tente bédouine traditionnelle agrémentée de coussins et tapis constitue la "salle commune" du campement.

Bedouin Lifestyle Camp CAMPEMENT $
(☎ 077 9131803 ; www.bedouinlifestyle.com ; tente 25 JD/pers en demi-pension). Depuis 2011, Atalla Ablawi gère parfaitement ce campement apprécié. Né dans le désert, il a emménagé dans le village à 10 ans, et a étudié le français et l'anglais à l'université.

On dort normalement dans une tente pour touristes mais il existe aussi, ici et dans le campement voisin de Shooting Stars (d'où le coucher du soleil est particulièrement flamboyant), différentes tentes-bungalows ; certaines sont munies de toilettes.

Mohammed Mutlak Camp CAMPEMENT $
(☎ 077 7424837 ; www.wadirum.org ; tente 30 JD/pers en demi-pension). Ce camp bien établi jouit d'un emplacement magnifique surplombant le Jebel Qattar. Avec un peu de chance, vous aurez droit pour le dîner à un succulent agneau cuisiné dans un *zerb* (four bédouin enfoui dans le sable). Il est possible d'y venir à dos de dromadaire (25 JD, 2 heures 15). Une marche de 45 minutes depuis le camp permet d'arriver au lieu où se fondent les dunes rouges et blanches.

Les tentes sont des versions robustes, agrandies et surélevées de l'habituelle tente pour touristes. Il y a un vaste espace commun. Des liaisons sont assurées chaque jour à destination de Pétra, Aqaba et Amman.

Barrh Camp CAMPEMENT
(☎ 077 2220291 ; hzawaydeh@yahoo.com ; tente 25 JD/pers en demi-pension). Reclus à l'extrémité du *siq* Umm Tawaqi, à proximité d'une immense fente verticale creusant un roc au cœur du Wadi Rum, ce campement est à une courte marche d'intéressantes inscriptions rupestres. Il est tenu par Hilal Zawaedh, président de la Diseh Village Touristic Cooperative, qui garantit que les profits réalisés reviennent à la communauté locale.

Vous dormirez ici dans une tente bédouine compartimentée.

Environs du Wadi Rum

♥ **Bait Ali Lodge** CAMPEMENT $$
(☎ 079 5548133, 079 9257222 ; www.baitali.com ; tente à partir de 35 JD/pers en demi-pension, petit/moyen/grand bungalow 45/52/58 JD, chalet de luxe 68 JD ;). Si vous souhaitez passer une nuit dans le désert sans trop renoncer au confort, le Bait Ali est le compromis rêvé. Niché derrière une colline et doté d'une superbe vue sur les étendues sauvages, ce camp écologique, à 15 km du carrefour de la route du Désert et à 9 km du centre d'accueil du Wadi Rum, est bien indiqué depuis la route.

On loge dans de confortables chalets climatisés, dans des bungalows à lits jumeaux ou dans des tentes militaires partageant des sanitaires. Il y a une piscine, un restaurant préparant des grillades cuites au *zerb* (ouvert le soir), une salle commune circulaire avec un feu au milieu, un bar et une tente bédouine douillette garnie de coussins – pour une ambiance digne des *Mille et Une Nuits*. Les galettes cuites sur une pierre chaude sont délicieuses.

On peut aussi installer sa tente (10 JD) ou son camping-car (10 JD) en ayant accès au bloc sanitaire, et obtenir des renseignements sur les promenades en quad (45 JD/pers/heure), les randonnées, la montgolfière, les sauts en parachute (février-mars) et d'autres activités dans le secteur. La randonnée de la montagne du Lion (12 km, 3 heures) est vivement recommandée.

PERMACULTURE DANS LE DÉSERT

Le Bait Ali Lodge (ci-dessus), en bordure du Wadi Rum, fait immanquablement penser à une oasis dans le désert. Auréolés du label Green Key, les propriétaires du campement prennent l'écologie très à cœur. Ils ont notamment créé une ferme biologique sur leur terrain. Les concombres, tomates et aubergines servis le soir sont cultivés en hydroponie, suivant des principes de gestion durable, adaptés à l'environnement désertique.

Si vous souhaitez vous impliquer dans cette aventure, renseignez-vous sur les cours de permaculture dispensés sur place (4 à 6 places disponibles, au printemps et à l'automne), en collaboration avec Alice Grey, spécialiste de l'agriculture en climat sec et directrice de **Byspokes** (www.byspokes.org), une organisation éducative et innovante œuvrant pour la sécurité de l'approvisionnement en eau et en nourriture, ainsi que pour le développement durable communautaire.

Où se restaurer

En dehors du Rum Gate Restaurant du centre d'accueil des visiteurs, le Wadi Rum compte peu de lieux où se restaurer. On trouve des petites épiceries sur la route principale qui traverse Rum. Aux environs de Diseh, des nappes d'eau souterraines recèlent l'une des eaux les plus pures du pays. Dans le désert, vous aurez peut-être l'occasion de goûter des grillades cuites à la manière bédouine, dans un "four" enfoui dans le sable (*zerb*).

Rest House BUFFET **$$**
(☎/fax 2018867 ; petit-déj 5 JD, déj 12 JD, buffet dîner 12 JD ; ⏰7h-20h30). Le buffet du dîner est servi en plein air. Siroter une bière (4 JD) en contemplant la lumière du soleil au-dessus du Jebel Umm al-Ishrin après une journée de marche est un vrai régal.

Ali's Place CAFÉ **$**
(en-cas 4 JD ; ⏰6h-1h). Thé et en-cas sur la route principale, dans le village de Rum, à côté de la boutique d'Alfi. Le rendez-vous des jeunes Bédouins.

Rum Gate Restaurant BUFFET **$$**
(☎2015995 ; centre d'accueil des visiteurs ; en-cas 5 JD, buffet déj 12 JD ; ⏰8h-17h ; ❄✍). Quinze salades et 5 plats chauds servis de 12h à 15h : on ne s'étonnera pas du succès que remporte le buffet de ce restaurant. En dehors de ces horaires, l'endroit sert de QG aux guides, aux randonneurs et aux voyageurs indépendants qui se sustentent de sandwichs au poulet (5 JD) et de bière sans alcool (2 JD).

Achats

Centre d'accueil des visiteurs ARTISANAT
(☎2032918 ; ⏰8h-17h). Un bon endroit pour acheter des souvenirs. La plupart sont réalisés par des femmes de la région, qui reçoivent la majorité du produit de la vente. Il est possible de visiter l'atelier (fermé vendredi et samedi) ; demandez le chemin ici ou à la Rest House. On y trouve aussi des céramiques, des textiles et des tapis bédouins en poils de chèvre.

Renseignements

L'entrée dans la **zone protégée du Wadi Rum** (Wadi Rum Protected Area ; adulte/moins de 12 ans 5 JD/gratuit) est contrôlée, et tous les guides – ainsi que les véhicules et les dromadaires – doivent être approuvés par le centre d'accueil des visiteurs. Prenez un chapeau qui vous protège la nuque (ou un keffieh), de la crème solaire, des chaussures robustes et beaucoup d'eau. Des vêtements chauds, gants compris, sont essentiels en hiver.

Si vous campez dans le *wadi*, y compris à la Rest House, prévoyez une lampe torche, de la lecture et un cadenas pour fermer votre tente.

Afin de ne pas froisser les sensibilités locales, adoptez une tenue décente. Les pantalons amples et les hauts couvrants ont en outre l'avantage de protéger du soleil.

Le **centre d'accueil des visiteurs** (☎20 90600 ; www.wadirum.jo ; ⏰7h-19h) est situé à l'entrée de la zone protégée, à 30 km à l'est de la route du Désert (Desert Highway) et à 7 km au nord du village de Rum. C'est ici que l'on achète les billets d'entrée ; vous pourrez également réserver des excursions en 4x4 ou à dos de dromadaire, un hébergement en camp ou les services d'un guide. Il n'y a pas de DAB dans le Wadi Rum ; il n'est pas non plus possible de payer avec une carte bancaire.

Vous trouverez un restaurant, des boutiques d'artisanat, un musée intéressant, des toilettes propres et une aire de parking sur place. Une vidéo de 10 minutes sur les incontournables du Wadi Rum est projetée dans une salle à part.

Poste de police (☎2017050). Dans l'ancien fort, à 400 m au sud de la Rest House. Aucune plainte ne peut être déposée (adressez-vous à la police touristique), mais on viendra vous chercher si vous êtes perdu.

Police touristique (☎2018215). Au centre d'accueil des visiteurs.

Depuis/vers le Wadi Rum

EN STOP

Les transports en commun depuis/vers le village de Rum (faiblement peuplé) sont si limités que certains voyageurs suivent les habitudes locales et font du stop sur la route principale pour rejoindre le centre d'accueil des visiteurs. Les véhicules empruntant la route du Désert passent tous par Ar-Rashidiyya, à 5 km au sud de Quweira (à l'exception des bus JETT). Il est d'usage de donner 3 JD au conducteur pour ce service. Les pick-up acceptent généralement de prendre des passagers à leur bord entre Rum et le centre d'accueil des visiteurs moyennant 5 JD environ. Attention, les autostoppeurs courent un toujours un risque, minime mais potentiellement sérieux (détails p. 337).

MINIBUS

Lors de nos recherches, au moins un minibus partait chaque jour pour Aqaba (3 JD, 1 heure) vers 7h. Il pouvait y en avoir un second à 8h30 ; renseignez-vous auprès de votre hébergement. Un minibus quotidien dessert Wadi Musa (7 JD, 1 heure 30) ; départ à 8h30 – mieux vaut vérifier les horaires auprès du centre d'accueil des visiteurs, de la Rest House ou de votre campement au Wadi Rum.

Si vous souhaitez vous rendre à Ma'an, à Kérak ou à Amman, le minibus pour Aqaba ou Wadi Musa pourra vous déposer au carrefour entre Ar-Rashidiyya et la route du Désert (2 JD, 20 min), où vous trouverez facilement un moyen de transport pour poursuivre votre route.

TAXI

Des taxis attendent parfois autour du centre d'accueil des visiteurs (et occasionnellement de la Rest House) pour remonter sur Aqaba (30-35 JD), Wadi Musa (Pétra ; 50-55 JD) ou Ma'an. Une jeep-taxi entre Rum et le carrefour d'Ar-Rashidiyya (intersection avec la route du Désert) revient à environ 10 JD. Certains campements offrent à leurs hôtes des solutions de transport à prix compétitif.

VOITURE

Le plus pratique pour se rendre dans le Wadi Rum en indépendant est d'avoir une voiture. Vous pouvez en louer une à Aqaba. Si vous avez l'intention de continuer jusqu'à Pétra, mieux vaut la garder pour le circuit entier. Vous éviterez ainsi de perdre votre temps avec les rares transports en commun.

Si vous savez vous orienter dans le désert et rouler hors piste dans le sable, vous pouvez louer un 4x4 à Aqaba et conduire vous-même dans le désert, à condition d'en informer le centre d'accueil des visiteurs du Wadi Rum et de payer l'entrée (5 JD/pers). Ne vous lancez pas dans cette entreprise si vous n'avez jamais conduit dans le désert.

Attention : seule une réservation auprès du centre d'accueil des visiteurs garantit que le véhicule utilisé pour votre excursion en 4x4 au Wadi Rum (avec ou sans chauffeur) est assuré.

Diseh الديسي

Diseh se trouve à 22 km au nord-ouest du village de Rum (12 km à vol d'oiseau). Le paysage est presque aussi spectaculaire que dans le Wadi Rum et il existe de nombreuses possibilités pour randonner en dehors de la zone protégée officielle. Les environs comptent plusieurs campements dans le désert, au confort sommaire. De là, il est possible de rejoindre le centre d'accueil des visiteurs du Wadi Rum et d'y réserver une excursion dans le désert.

À voir et à faire

La route asphaltée qui mène à Diseh depuis l'embranchement de Rum passe près de plusieurs lieux d'intérêt. Moyennant un prix négociable, les habitants se feront un plaisir de vous conduire en voiture dans le désert, au nord de la ligne de chemin de fer. La zone est parsemée d'anciens barrages nabatéens et romains et de ponts de pierre, ainsi que de gravures et d'inscriptions rupestres. Le paysage qui entoure le **Jebel Amud** est particulièrement intéressant. On peut envisager une excursion plus longue englobant les pétroglyphes d'**Abu Hawl** ("père de la terreur"), hauts de 2 m, à 7 km au nord du campement de Bait Ali, et une arche naturelle du Jebel Kharazeh. Comptez environ 55 JD pour un circuit de 3 heures en 4x4.

Où se loger

Les environs de Diseh comptent plusieurs campements appréciés, notamment des citadins d'Aqaba et d'Amman. Ils sont répartis autour d'une grande colline ; les premiers se touchent et sont accessibles avec une voiture ordinaire (sauf après une forte pluie). Ils comprennent des salons garnis de coussins et des lits installés sous des petites tentes ou sous des tentes bédouines, plus vastes et divisées en plusieurs pièces. Si vous recherchez un endroit plus calme, préférez ceux installés dans des sites plus éloignés du désert, accessibles uniquement en 4x4 – n'oubliez pas de vérifier leur situation avant de réserver, pour éviter les déceptions.

Zawaideh Desert Camp CAMPEMENT $
(☎ 079 5840664 ; zawaideh_camp@yahoo.com ; 20 JD/pers en demi-pension). Proche de la route et accessible en voiture, ce camp tout simple et pittoresque est situé sous l'aplomb de la falaise, au bord d'une vaste plaine. Réputé pour son ambiance conviviale autour du feu, il est prisé des citadins jordaniens qui cherchent à renouer avec le désert.

Rahayeb Camp CAMPEMENT $$
(☎ 079 6909030 ; www.rahayebcamp.com ; 32/38 JD/pers en demi-pension/pension complète). Lové dans un recoin rocheux isolé, à l'écart des autres campements de Diseh, le Rahayeb est bien administré. Deux cuisiniers préparent des plats traditionnels cuits au *zerb*, tandis que les clients se détendent à la belle étoile autour du feu. Beaucoup de tentes (à partir de 45 JD) sont des versions cossues de la tente touristique de Rum et comportent toilettes et douches – une option pratique pour les familles.

On peut aussi planter sa tente près d'un petit *siq* silencieux, au-dessus du camp.

VAUT LE DÉTOUR

HISTOIRE ET CULTURE DES BÉDOUINS

Si vous désirez mieux connaître l'histoire et la culture des Bédouins, ces prestations vous intéresseront.

Al-Hijaz Train Ride in Wadi Rum (Jordan Heritage Revival Company (JHRC) ; ☎077 7606052, 079 6606052 ; www.jhrc.jo ; ⊙16h30 jeu-sam, oct-nov). Plongez au cœur de la révolte arabe de 1917 à bord d'un authentique train du Hedjaz. La reconstitution se déroule dans le désert environnant, où les membres du JHRC rejouent les escarmouches bédouines. Le train (qui roule au diesel, plus à la vapeur) part de la gare sur la route d'accès au Wadi Rum ; toutefois, les voyages étaient suspendus lors de nos recherches et les tarifs n'étaient pas indiqués.

En 1917, les tribus bédouines locales se joignirent aux forces de l'émir Fayçal qui combattaient les Turcs dans la lutte pour l'indépendance arabe. C'est en partie grâce à elles que les stratèges de cette révolte remportèrent la victoire à Aqaba.

Rahayeb Desert Camp Activities (☎079 6909030 ; www.rahayebcamp.com ; à partir de 50 JD/pers). Affinez votre expérience du désert en devenant bédouin d'un jour. Ce campement organise une journée avec une famille afin de partager son pain et son café ; vous pourrez essayer de traire les brebis, les chèvres et les dromadaires – vos efforts (cela est plus difficile qu'il n'y paraît) feront sans doute rire vos hôtes.

Vous pourrez également apprendre à identifier les empreintes des animaux, à reconnaître les étoiles et à cuisiner comme les Bédouins.

Le programme bien-être avec exfoliation au sel de la mer Morte, massages, tatouages au henné, tressage de cheveux et yoga apporte une dimension originale (compte tenu du contexte désertique) au séjour. Le campement est géré en partenariat avec l'Aquamarine Transportation Company d'Aqaba qui vous prodiguera de bons conseils pour poursuivre votre voyage.

Captain's Camp CAMPEMENT $$
(☎079 5510432, 2016905 ; captains@jo.com.jo ; 35 JD/pers en demi-pension). Ce campement de catégorie moyenne, bien tenu, comprend des douches chaudes, de nombreux espaces douillets pour s'asseoir et de bons buffets. Facile d'accès depuis la route, il est fréquenté par des groupes. Il y a aussi des tentes pour deux (90 JD/pers) au milieu du désert, avec souper aux chandelles livré sous l'auvent.

ℹ Depuis/vers Diseh

N'espérez pas trop prendre un bus ou un *taxi-service* direct jusqu'à Diseh. Suivez le même itinéraire que pour rallier le Wadi Rum et descendez à l'embranchement pour Diseh (à la hauteur du poste de contrôle de police, 16 km après avoir quitté la route du Désert). Là, vous pouvez appeler courtoisement l'un des camps, d'où quelqu'un viendra en principe vous chercher. Dans le cas contraire, vous pourrez parcourir les derniers 8 km en stop mais soyez patient ; il est d'usage de donner quelques fils au chauffeur – 1 JD suffit.

Des minibus circulent fréquemment entre Diseh et la route du Désert (2 JD). Un bus part chaque jour à 7h30 pour Aqaba. Renseignez-vous dans votre campement pour les dernières informations.

LA ROUTE DU DÉSERT

La route du Désert (Desert Highway), qui suit le tracé légendaire du chemin de fer du Hedjaz et une canalisation d'eau, relie Aqaba, au sud de la Jordanie, à Damas, en Syrie. La section entre Amman et Aqaba est peu intéressante, mal entretenue et souvent encombrée ; ainsi, elle ne se distingue pas par ses attraits. Mais c'est néanmoins le chemin le plus court entre Amman et le sud de la Jordanie et l'on finit toujours par l'emprunter dans un sens ou dans l'autre. C'est aussi l'unique route jordanienne qui ressemble à une autoroute, avec deux fois deux voies sur la majorité du tracé et de l'éclairage aux principales intersections.

Les hébergements et restaurants sont rares le long de la route du Désert ; si vous arrivez jusqu'à Ma'an, autant continuer jusqu'à Wadi Musa, le Wadi Rum ou Aqaba.

Humaiyma

De l'autre côté de la route du Wadi Rum, blotti contre les falaises, Humaiyma est une agglomération bédouine rarement visitée. Cependant, les curieux qui remarquent le panneau marron sur l'Aqaba Hwy, puis peinent sur la route cahoteuse menant à destination seront récompensés par un site archéologique étonamment vaste.

Ce grand site nabatéen comporte 27 km d'aqueducs couverts, dont certains sont visibles aujourd'hui. Les Nabatéens acheminaient l'eau par des canaux depuis les montagnes ou les réservoirs des plaines. D'après les archéologues, le roi Arétas III conçut Humaiyma en 80 av. J.C., comme un comptoir commercial destiné à sédentariser les tribus nomades. À en juger par les campements nomades des alentours 2 000 ans plus tard, ses efforts ne furent guère fructueux. L'armée de Trajan y édifia un fort en 106, puis l'implantation se poursuivit aux époques byzantine et islamique. En 750, le site fut finalement abandonné.

Il y a un petit centre d'accueil des visiteurs sur place, mais il était inoccupé lors notre passage ; de plus, aucune information n'était affichée. Le site officiel de l'équipe canadienne d'excavation (web.uvic.ca/~jpoleson) apporte davantage de renseignements.

Ma'an معان

03 / 118 800 HABITANTS / ALTITUDE 1 100 M

Ma'an, qui présente peu d'intérêt pour les visiteurs, est l'une des plus grandes villes du sud de la Jordanie et un centre administratif majeur. C'est aussi, depuis des siècles, un carrefour de transports, de par sa position sur la route du pèlerinage vers La Mecque (Arabie saoudite) depuis la Syrie et la Jordanie. Le principal axe nord-sud, King Hussein St, débute aux abords de la mosquée et de la tour des télécoms. C'est là que se concentrent les restaurants et plusieurs banques équipées de distributeurs. De la gare ferroviaire, traversez deux rues vers l'ouest, puis continuez vers le nord sur un pâté de maisons (5 min de marche) pour rejoindre l'extrémité sud de cette artère, au croisement de Palestine St.

Lors de nos recherches, les autorités françaises déconseillaient formellement d'aller à Ma'an et dans sa région. Avant de vous rendre dans cette zone, consultez les conseils aux voyageurs mis en ligne par les autorités de votre pays (voir l'encadré p. 309).

Depuis/vers Ma'an

Si vous ne parvenez pas à prendre un bus direct pour la destination de votre choix, vous pourrez sans doute attraper une correspondance à Ma'an.

La gare routière est située à 5 min à pied au sud-est du centre. La fréquence des départs diminue à partir de 14h, et le trafic cesse complètement vers 17h.

Des minibus réguliers (3 JD, 3 heures) et des taxis moins fréquents (8 JD, 3 heures) vont à Amman (gare routière sud, Wahadat). Des minibus (3 JD, 1 heure 20) et des *taxis-service* (3 JD) se rendent aussi fréquemment à Aqaba. Pour rallier le Wadi Rum, montez dans un minibus à destination d'Aqaba, descendez au carrefour d'Ar-Rashidiyya (2 JD), puis continuez à bord d'un autre minibus ou en stop. Pour Wadi Musa (Pétra), des minibus (1,500 JD, 45 min) partent quand ils sont pleins et s'arrêtent brièvement à l'université. Pour Kérak, il existe quelques taxis collectifs (2,500 JD, 2 heures), ainsi que 3 minibus quotidiens via Tafila (2,500 JD).

La location d'un taxi revient à 10/35 JD pour Wadi Musa (Pétra)/Kérak ou Aqaba.

Qatrana القطرانه

03 / 8 290 HABITANTS / ALTITUDE 740 M

Cette ancienne étape de pèlerinage entre Damas et La Mecque, à quelques kilomètres de l'embranchement pour Kérak, est l'une des rares villes bordant la route du Désert. Le **château de Qatrana** GRATUIT, construit en 1531 par les Ottomans et joliment restauré (sans panneaux explicatifs), est la seule raison de s'y arrêter brièvement.

Azraq et la route du Désert oriental

الأزرق وطريق الصحراء الشرقي

Dans ce chapitre ➡

Les plus beaux châteaux

- ➡ Qasr al-Azraq (p. 239)
- ➡ Qusayr Amra (p. 242)
- ➡ Qasr Kharana (p. 244)
- ➡ Umm al-Jimal (p. 247)

Le plus beaux panoramas

- ➡ Qasr Burqu (p. 251)
- ➡ Qasr Aseikhin (p. 250)
- ➡ Qasr 'Uweinid (p. 241)
- ➡ Marsh Trail (p. 239)

Pourquoi y aller

Imaginez une étendue si désertique que pas même un rocher ou un buisson d'épineux ne vient en rompre la monotonie. Ajoutez-y un tapis de roche volcanique noire, où même les dromadaires peinent à se risquer. Enfin, figurez-vous l'ensemble écrasé d'une chaleur telle que l'air estival se trouble au regard. Vous voici rendu au désert oriental.

Or, si vide et inhospitalier qu'il puisse sembler, le désert oriental n'en est pas moins habité par les Bédouins, traversé par les caravanes et visité par les oiseaux migrateurs depuis des temps immémoriaux. Un chapelet de forts, de pavillons de chasse et de caravansérails en ruine, regroupés sous l'appellation de "châteaux du désert", porte le muet témoignage de ces présences, fugaces ou pérennes. Dans les splendides oasis d'Azraq et de Burqu, les oiseaux continuent de faire étape, avant de reprendre leur vol vers des contrées moins arides.

Quand partir

- ➡ La meilleure période pour visiter les plaines reculées de l'Est jordanien s'étend d'octobre à mi-avril. La température modérée fait que l'on peut alors se retrouver fortuitement bloqué dans quelque château du désert sans que cela représente un véritable péril.
- ➡ À condition de bien se préparer (prévoir des transports fiables, de l'eau en quantité suffisante et un chapeau), le mois de mai se prête aussi à la visite. À cette période, un grand nombre de rapaces traversent le ciel ondulé de chaleur à l'occasion de leur migration annuelle.
- ➡ En hiver, des tourbillons de poussière parcourent les plaines, et les oiseaux qui migrent de l'Europe vers l'Afrique subsaharienne font étape dans les zones humides d'Azraq.

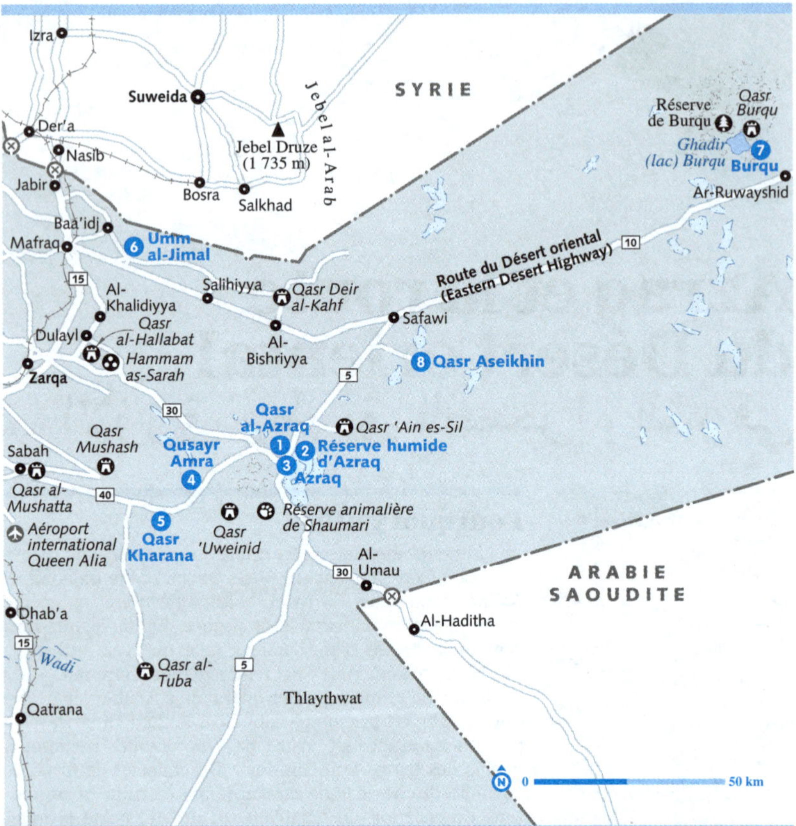

À ne pas manquer

1. Le **Qasr al-Azraq** (p. 238), ancien quartier général de Lawrence d'Arabie, l'énigmatique officier britannique
2. Le spectacle des animaux depuis la cachette d'observation des oiseaux de la **réserve humide d'Azraq** (p. 239)
3. Une rencontre, lors d'un excellent dîner à l'**Azraq Lodge** (p. 237), avec des membres de la diaspora tchétchène de Jordanie
4. Les fresques aux thèmes audacieux des thermes de **Qusayr Amra** (p. 242), un site inscrit au patrimoine mondial de l'Unesco
5. Les corridors labyrinthiques du **Qasr Kharana** (p. 244), imposante forteresse solitaire au cœur du désert
6. Les ruines de basalte d'**Umm al-Jimal** (p. 247), ville antique faite de pierres noires chatoyantes
7. Une expédition hors des sentiers battus jusqu'au lac de **Burqu** (p. 251), improbable en plein désert
8. L'impressionnant **Qasr Aseikhin** (p. 250) et son désert noir qui intimide jusqu'aux dromadaires

Histoire

Le désert oriental est émaillé d'anciens édifices – forts ou caravansérails –, regroupés sous l'appellation, inexacte, de "châteaux du désert". Bâtis ou transformés par les Omeyyades de Damas (661-750) au début de l'ère islamique, ils étaient à l'origine richement décorés de mosaïques, de fresques, de marbres et de stucs peints. Au cœur d'un territoire inhospitalier, ils constituaient de véritables oasis vouées aux plaisirs des élites, qui s'y adonnaient à leurs passe-temps favoris - chasse, fauconnerie, courses de chevaux, festivités…

Les premiers souverains arabes étaient restés nomades dans l'âme. Peut-être est-ce par amour du désert qu'ils y firent ériger ces palais d'agrément, dans les environs desquels on trouvait jadis des animaux sauvages et des vergers luxuriants. Les historiens pensent que les califes s'y rendaient pour s'éloigner des grandes villes ravagées par les épidémies, ou qu'ils tenaient à maintenir un lien avec les Bédouins, voire à s'assurer de leur pouvoir sur eux, car ceux-ci représentaient leur soutien le plus solide au sein des terres qu'ils avaient conquises. Les châteaux du désert étaient aussi des relais où faisaient halte les pèlerins en route vers La Mecque et les commerçants se rendant en Syrie, en Arabie et en Iraq.

Réserves naturelles

Contrairement à ce que l'on pourrait croire en prenant la route du Désert oriental (Eastern Desert Highway) au sortir d'Amman, cette région recèle trois zones protégées. La **réserve humide d'Azraq**, la plus développée, attire de nombreuses espèces d'oiseaux autour de son oasis dont l'étendue, hélas, se réduit comme peau de chagrin. La **réserve animalière de Shaumari**, fief d'espèces menacées comme l'oryx d'Arabie, est actuellement fermée au public (il est possible d'organiser un safari nocturne via la RSCN - Royal Society for the Conservation of Nature, Société royale pour la protection de la nature). Enfin, la **réserve naturelle de Burqu** est encore à ce jour un site préservé, au beau milieu de nulle part.

Désagréments et dangers

Dans le désert, à tout moment de l'année, et particulièrement en plein été, la déshydratation, les coups de chaleur et les insolations - qui nécessitent des soins d'urgence - constituent des risques majeurs dans les coins les plus reculés. Afin de les minimiser, veillez à emporter et à boire beaucoup d'eau, à porter un chapeau, à éviter les efforts en milieu de journée et à anticiper le retour si vous vous déplacez par les transports en commun. Si vous êtes motorisé et sortez des sentiers battus, sachez que vous serez livré à vous-même en cas de crevaison ou de panne.

Au printemps, les mouches et les moustiques sont une vraie nuisance. Prenez du répulsif si vous vous rendez dans les oasis.

Depuis/vers Azraq et la route du Désert oriental

Les points d'accès à la région les plus pratiques sont Amman, ainsi que les villes de Zarqa et Mafraq. La route n°5 (Hwy 5) en provenance du sud y mène également via Azraq. Des camions et certains bus franchissent la frontière à Al-Umau pour aller en Arabie saoudite.

Comment circuler

Il est très difficile de se déplacer dans cette région en comptant sur les transports en commun, très peu fiables - de rares minibus circulant à intervalles irréguliers vont d'Amman à Azraq, certains en route pour l'Iraq. Il vaut mieux participer à un circuit organisé au départ de la capitale, qui couvre tous les principaux châteaux du désert en une journée d'excursion. Mieux encore : vous pouvez louer une voiture 2 jours, ce qui vous permettra de faire une halte à Azraq. Pour effectuer le tour complet de la région, en incluant Umm al-Jimal et Burqu sur la lointaine route du Désert oriental, il est recommandé d'avoir un 4x4 et du matériel de camping.

AZRAQ ET SES ENVIRONS

Azraq, unique ville importante du désert oriental, est une bonne étape pour se rafraîchir et trouver un peu de compagnie après de longs trajets dans le désert. Le nom d'Azraq désigne souvent, par extension un peu vague, toutes les localités situées directement à l'est d'Amman, ainsi que les châteaux qui émaillent ces plaines désertiques. Certains des plus beaux sites de la région se trouvent à proximité de la ville même, en particulier un fort et la réserve humide du même nom. Au-delà des limites de la ville, le long des deux principales routes menant à Amman, se dressent plusieurs châteaux du désert et, parmi eux, deux des plus beaux : le Qasr Amra et le Qasr Kharana.

Dans tout le désert oriental, vous ne trouverez pas d'hébergement en dehors d'Azraq. Pour véritablement apprécier le désert, mieux vaut prévoir une excursion avec une halte d'une nuit, de manière à envisager au moins un pique-nique en pleine nature, ainsi qu'une balade hors des sentiers battus entre deux visites de châteaux.

À LA DÉCOUVERTE DES CHÂTEAUX DU DÉSERT

Participer à un circuit organisé au départ d'Amman est une bonne idée, en particulier si vous avez peu de temps et/ou un budget serré. L'excursion peut être organisée par les hôtels Palace, Farah et Cliff, qui facturent environ 15-20 JD par personne pour une excursion d'une journée comprenant une heure sur chaque site. Vous ne trouverez probablement pas mieux en négociant directement avec des chauffeurs de *taxi-service* ou de taxi d'Amman, d'autant que les chauffeurs de taxi classiques rechignent généralement à sortir de la ville. Les hôtels Black Iris et Mariam, à Madaba, organisent aussi des circuits en voiture (environ 45 JD, 4 pers au maximum).

Un circuit dans le sens des aiguilles d'une montre peut être entrepris en quittant Amman via Zarqa, puis en suivant la route n°30 (Hwy 30) jusqu'à Azraq. Le retour à Amman s'effectue par la route n°40 (Hwy 40). Il s'agit du meilleur itinéraire pour visiter les châteaux si vous vous déplacez par les transports en commun (ce qui implique des retours en arrière et des trajets en taxi) ; c'est aussi l'itinéraire habituel des tour-opérateurs lors de leurs excursions à la journée. Ne dépensez pas toute votre énergie sur le tronçon de départ puisque deux des plus beaux châteaux, le Qasr Amra et le Qasr Kharana, figurent sur le trajet du retour, au bord de la route n°40.

Zarqa الزرقاء

☎09 / 931 100 HABITANTS / ALTITUDE 620 M

Zarqa, troisième agglomération de Jordanie après Amman et Irbid, est désormais pratiquement assimilée à la banlieue nord de la capitale. Cette ville ouvrière ne mérite guère plus qu'un coup d'œil en passant. Vous risquez cependant d'y débarquer pour attendre une correspondance si vous allez vers le désert oriental par les bus publics.

La ville possède deux terminaux de bus, minibus et *taxis-service*. Les transports à destination d'Amman (gare routière nord, dite de Tabarbour, 1 JD, 30 min) partent de la "nouvelle gare" (New Station). Les véhicules assurant les liaisons avec les petits villages de la région, comme Hallabat (pour Qasr al-Hallabat et Hammam as-Sarah), Mafraq et Azraq, stationnent à l'"ancienne gare" (Old Station). Des minibus partent aussi de façon intermittente pour Azraq (1,500 JD, 1 heure 30). D'autres assurent une navette fréquente entre les deux terminaux.

Hallabat حلابات

La petite région agricole de Hallabat, qui abrite un fort éponyme, offre une première rencontre avec l'architecture omeyyade sur le circuit des châteaux du désert.

À voir

Fort de Qasr al-Hallabat CHÂTEAU

(⏲ en journée). GRATUIT Avec de nombreux murs encore debout, des arches superbement restaurées et un emplacement isolé en bordure du désert oriental, ce fort constitue une excellente introduction à l'histoire de la région. Hallabat possédait jadis des bains ornementés, une mosquée et plusieurs citernes, et on y admirait des fresques et des mosaïques. Il était au centre d'une communauté agricole prospère. La restauration, sous supervision espagnole, d'une partie conséquente du site permet de se faire une idée de ses dimensions d'origine.

Comme toujours dans les châteaux du désert de Jordanie, vous devrez faire un petit effort d'imagination pour retrouver les traces des périodes historiques traversées par l'édifice – celles des Romains, des Byzantins et des Omeyyades.

Repérez d'abord la belle mosaïque au-dessus d'une grande citerne centrale et les ruines du fort d'origine. Construit par les Romains sous le règne de l'empereur Caracalla (198-217), ce fort, à l'instar de nombreux autres dans la région, devait à l'origine parer aux attaques des tribus du désert. En observant le paysage du haut de la colline où il est érigé, on comprend le choix de l'emplacement : il était facile d'apercevoir de là des hommes à cheval en train de traverser la plaine rocheuse.

Regardez ensuite les ajouts en basalte, reconnaissables à leur couleur noire. Si vous vous aventurez plus avant dans le désert oriental, vous verrez cette roche volcanique – un matériau de construction de choix – dispersée en quantité sur les vastes plaines. Au VIe siècle, le fort fut transformé durant une brève période en monastère par les Byzantins, et ceux-ci se servirent de blocs de basalte pour agrandir la structure romaine.

Enfin, admirez la finesse de décoration des murs en calcaire (de couleur blanche), des niches sculptées, des arches réassemblées et du porche élaboré orné de colonnes. Ils sont l'œuvre des Omeyyades (661-750), qui revisitèrent le monument sous le règne de l'hédoniste calife Walid II, et transformèrent le modeste fort en un imposant édifice de 3 étages pourvu de 4 tours massives. On peut encore voir les vestiges d'une grande mosquée aux arcs polylobés, un enclos agricole alimenté en eau par un système d'irrigation complexe, ainsi que les ruines d'un village destiné aux serviteurs du palais qui faisait partie de l'ambitieux projet de construction omeyyade. Il faut en revanche parcourir 3 km à l'est pour voir les vestiges des bains, à Hammam as-Sarah.

Hammam as-Sarah RUINES

(en journée). GRATUIT Ce hammam, qui dépendait du fort de Hallabat, a été largement restauré ; on peut voir les canalisations qui passaient sous le sol pour chauffer les salles envahies de vapeur. L'édifice borde la route menant au village de Hallabat, à 3 km à l'est du Qasr al-Hallabat et à 5 km de la route principale. Le minibus pour Hallabat passe devant : demandez au chauffeur de vous déposer à l'embranchement. Le site n'est pas fermé : il suffit d'en pousser le portail.

Il y aurait eu plus à voir dans ce hammam et dans le pavillon de chasse qui était également rattaché au Qasr al-Hallabat si les blocs de calcaire n'avaient été réemployés pour des constructions bien postérieures, notamment dans les années 1950.

QUELS CHÂTEAUX VISITER ?

Un choix s'impose, face à la profusion des vestiges d'édifices datant de la dynastie des Omeyyades qui émaillent les plaines rocailleuses.

Voici la liste des principaux châteaux et les moyens d'y accéder. Ceux-ci se divisent approximativement en deux grandes catégories. Les plus célèbres sont situés sur le tracé de la boucle des châteaux du désert (Desert Castle Loop). On peut les visiter à l'occasion d'une excursion d'une journée depuis Amman via Azraq, en circuit organisé ou en voiture. Il est plus difficile de rejoindre un château spécifique, en combinant minibus et taxi.

L'autre grand groupe est disséminé le long de la route du Désert oriental (Eastern Desert Highway) ou route n°10 (Hwy 10), qui mène de la ville de Mafraq à la frontière irakienne. Il faut davantage de temps pour partir à leur découverte.

Pour chaque groupe, prévoyez une longue journée. On peut aussi visiter les deux groupes de châteaux en passant la nuit à Azraq et en empruntant la route n°5 (Hwy 5) pour prendre un raccourci entre les deux.

Groupe 1 : boucle des châteaux du désert

NOM DU CHÂTEAU	TRANSPORTS EN COMMUN	4X4	EN CIRCUIT ORGANISÉ	INTÉRÊT
Qasr al-Hallabat (p. 234)	Oui	Non	Parfois	✓✓
Qasr al-Azraq (p. 239)	Oui	Non	Oui	✓✓✓
Qasr 'Uweinid (p. 241)	Non	Oui	Non	✓
Qusayr Amra (p. 242)	Taxi depuis Azraq	Non	Oui	✓✓✓
Qasr Kharana (p. 244)	Taxi depuis Azraq	Non	Oui	✓✓✓
Qasr Al-Mushatta (p. 245)	Taxi depuis Amman	Non	Non	✓✓

Groupe 2 : châteaux de la route du Désert oriental

NOM DU CHÂTEAU	TRANSPORTS EN COMMUN	4X4	EN CIRCUIT ORGANISÉ	INTÉRÊT
Umm al-Jimal (p. 247)	Oui	Non	Parfois	✓✓
Qasr Deir al-Kahf (p. 249)	Non	Non	Non	✓
Qasr Aseikhin (p. 250)	Non	Non	Non	✓
Qasr Burqu (p. 251)	Non	Oui	Non	✓✓

QUI ÉTAIENT LES OMEYYADES ?

La dynastie des Omeyyades a joué un rôle crucial dans la forme qu'a prise l'islam moderne ; on lui doit en outre certains des plus beaux témoignages architecturaux de la culture arabe. Pourtant, elle est peu connue en dehors du Moyen-Orient.

À quelle époque remonte la civilisation des Omeyyades ? De 661 à 750, aux tout débuts de l'islam.

Où se trouvait leur immense empire ? Il s'étendait du Portugal et du Maroc à l'ouest jusqu'en Arabie et en Perse à l'est – soit environ 9% de la surface terrestre.

Ce qui représente ? 13 millions de km^2.

Combien l'empire comptait-il de sujets ? Environ 30% de la population mondiale.

Où se trouvait la capitale ? À Damas.

Quelle fut leur influence sur l'islam ? Ils lancèrent une campagne de conversions de masse ; leur dynastie fut aussi en grande partie responsable du schisme qui divisa l'islam en deux courants, chiite et sunnite.

Comment étaient-ils considérés en leur temps ? La minorité chiite leur reprochait d'avoir suscité un schisme en ne maintenant pas la lignée du prophète Mahomet.

Ils avaient alors le soutien des sunnites ? Pas exactement. Pour l'opinion publique sunnite, les dirigeants omeyyades étaient des pécheurs, uniquement occupés par les plaisirs terrestres.

Est-ce cela qui causa leur déclin ? En partie. En 747, la rébellion des sujets insatisfaits des franges de l'Empire, conjuguée à un terrible séisme qui ravagea la région, conduisit à une prise du pouvoir par les forces chiites (les Abbassides) venues de Perse en 750.

Se souvient-on encore d'eux aujourd'hui ? Bien sûr. Les Omeyyades ont fait de l'arabe la langue administrative du Moyen-Orient. Leur approche panarabique est reprise par les nationalistes pour invoquer l'âge d'or arabe. De fait, le blanc symbolisant leur dynastie se retrouve sur la plupart des drapeaux des nations arabes modernes.

Qu'ont-ils laissé d'autre en termes de patrimoine culturel ? Ils ont construit le dôme du Rocher de Jérusalem et la grande mosquée des Omeyyades de Damas, deux des grands emblèmes de l'art islamique.

Quelle fut leur influence particulière sur ce qui est devenu la Jordanie ? Ils ont bâti l'ensemble de pavillons de chasse, de hammams et de palais d'agrément regroupés sous l'appellation de "châteaux du désert", qui témoigne de l'exubérance festive de leur règne.

À l'extérieur du bâtiment principal, remarquez le puits, d'environ 20 m de profondeur, la citerne surélevée et les vestiges d'une mosquée.

Renseignements

Centre d'accueil des visiteurs (en journée). À l'entrée du fort, ce petit centre d'accueil des visiteurs abrite notamment un musée (qui n'était pas encore ouvert lors de notre passage) et des toilettes. Dans la cour, des arches et des piliers reconstruits donnent une idée des ornements architecturaux déployés par les Omeyyades à Qasr al-Hallabat.

Les guides arabophones qui se tiennent à l'entrée ont, pour beaucoup, participé aux travaux de restauration et connaissent bien le château. Même en l'absence de langue commune, ils révèlent aux visiteurs des détails que ces derniers manqueraient autrement et font part d'un enthousiasme contagieux.

Depuis/vers Hallabat

Situés près du village de Hallabat, Qasr al-Hallabat et Hammam as-Sarah sont suffisament proches d'Amman pour que l'on puisse les visiter en une demi-journée. Ils font partie des rares sites du désert oriental aisément accessibles par les transports publics. Depuis l'arrêt au nord d'Amman, prenez un minibus jusqu'à la nouvelle gare de Zarqa, puis un autre jusqu'à l'ancienne gare, et un dernier jusqu'à Hallabat. Pour rejoindre Azraq depuis ce village, le meilleur moyen est de repasser par Zarqa.

En voiture, depuis la route n°30 (Hwy 30), des panneaux indiquent le château, qui constitue une première étape agréable sur le circuit des châteaux du désert. Il y a une bonne heure de route d'ici à Azraq, principale destination du circuit.

Azraq الأزرق

☎05 / 8 000 HABITANTS / ALTITUDE 510 M

Azraq ("bleu" en arabe) devait jadis son nom à un lac scintillant et à de vastes zones humides réputées dans toute la région. Cette splendide oasis était à la fois un refuge pour les animaux au milieu de l'aride désert oriental, et une étape pour les pèlerins et les caravanes qui sillonnaient les routes marchandes entre Bagdad et Jérusalem. Mais une catastrophe se produisit lorsque les zones humides furent littéralement asséchées pour répondre aux besoins en eau de la capitale, ce qui entraîna le déclin de la ville et des villages agricoles environnants.

Cela ne signifie pas pour autant qu'il ne faille pas la visiter. Azraq est aujourd'hui une ville-carrefour où s'arrêtent les camions qui empruntent la route du Désert oriental entre Amman et Bagdad, ainsi que les véhicules en provenance d'Arabie saoudite. Elle baigne de ce fait dans une ambiance de ville-frontière. Les conducteurs qui y font étape sont non seulement soulagés de marquer une pause dans leur interminable périple, mais aussi d'avoir échappé aux dangers et aux embuscades qui en sont le lot. Il vous suffira de partager une tasse de thé avec eux dans les restaurants ou les ateliers de réparation qui bordent les routes d'Azraq pour prendre bientôt conscience de la relative brièveté de votre trajet depuis Amman.

Hormis cet aspect de la moderne Azraq, la ville se trouve à proximité de l'un des plus beaux châteaux du désert, le **Qasr al-Azraq** (p. 239), et compte les seuls hébergements de la région. Dans les environs se trouvent la **réserve humide d'Azraq** (Azraq Wetland Reserve) et la **réserve animalière de Shaumari** (Shaumari Wildlife Reserve), qui préservent le peu qu'il reste du patrimoine naturel autrefois glorieux d'Azraq.

Histoire

En tant que principale source d'eau permanente de la région et réserve de malachite, Azraq est peuplée depuis le néolithique. Successivement occupée par les Romains, les Mamelouks et les Ottomans, elle servit plus tard, en 1917-1918, d'étape aux soldats de l'émir Fayçal, héros de la révolte arabe. Lawrence d'Arabie passa l'hiver dans le fort, dont il fit un quartier général provisoire.

La ville abrite deux communautés distinctes. Après la Première Guerre mondiale, les réfugiés druzes chassés de Syrie s'installèrent dans le secteur nord (Azraq Nord) et vécurent de la production et du commerce du sel. Le secteur sud (Azraq Sud) fut fondé par des Tchétchènes fuyant les persécutions russes, qui vécurent pour la plupart de la pêche et de l'agriculture sur les rives de l'oasis. À l'Azraq Lodge, tenu par des Tchétchènes, vous pourrez déguster dans le restaurant des repas roboratifs mitonnés d'après leurs recettes ancestrales.

Avec l'arrivée plus récente d'immigrants palestiniens et syriens, les frontières ethniques se sont effacées. La disparition quasi complète de l'oasis dans les années 1990 a contraint la majeure partie de la population locale à chercher ailleurs de quoi se nourrir. Des perspectives encourageantes se sont dessinées avec l'essor du tourisme dans le désert oriental, qui a stimulé l'économie. Mais la région porte actuellement ses efforts sur la consolidation du camp de réfugiés fondé par l'ONU en 2014 pour héberger la population grandissante de Syriens qui franchissent la frontière nord afin d'échapper au conflit. On peut voir les baraquements préfabriqués de l'Azraq Camp s'étendre sur des kilomètres de désert, à mi-chemin entre Amman et Azraq. Les autorités françaises déconseillent formellement aux voyageurs de se rendre dans les camps de réfugiés syriens et palestiniens.

Où se loger et se restaurer

Il est très difficile, dans le cadre d'une excursion d'une journée, de voir autre chose que les principaux châteaux du désert proches de la route. Mais, en passant la nuit à Azraq, on peut aussi visiter la réserve de Shaumari – ce qui n'est actuellement possible que lors d'un safari nocturne organisé. Et puis, dormir une nuit sur place permet de profiter d'un dîner tchétchène à l'Azraq Lodge.

♥ **Azraq Lodge** HÔTEL **$$**
(☎3835017 ; s/d avec petit-déj à partir de 70/82 JD ; ❄). Cet ancien hôpital militaire britannique des années 1940, dans le sud d'Azraq, a été superbement rénové par la RSCN pour servir de base aux visiteurs souhaitant explorer le désert oriental. La

RSCN a conservé le bâtiment d'origine, auquel elle a ajouté tout le confort moderne.

Une vieille ambulance militaire est garée sous un porche en toile, et l'on peut voir des photographies d'époque (qui méritent à elles seules la visite) suspendues aux côtés de lampes à paraffine et de masques à gaz. Côté cuisine, les plats traditionnels tchétchènes servis dans la cantine de l'hôpital modernisée sont parmi les meilleurs de Jordanie. Téléphonez pour commander le déjeuner ou le dîner (15 JD environ) et venez avec un solide appétit : les salades à la grenade et les plats de viande parfumés au thym sont servis en portions très généreuses dans des assiettes à partager.

Le lodge abrite aussi un petit **atelier** (9h-16h, sam-jeu) où les femmes de la communauté confectionnent et vendent des peintures sur soie, des œufs d'autruche peints et des articles en papier recyclé.

Al-Azraq Resthouse HÔTEL **$$**
(☎3895215 ; s/d/tr avec petit-déj à partir de 45/55/65 JD ; ❄📶🏊). Un hôtel mal entretenu aux chambres négligées… sur lequel on doit malheureusement se rabattre quand l'Azraq Lodge est complet, vu la rareté des hébergements. La piscine est ouverte en journée (10 JD/4 heures) et un restaurant sert des classiques internationaux. À 2 km au nord de l'intersection d'Azraq, à 1,5 km sur une piste en terre.

Azraq Palace Restaurant JORDANIEN **$$**
(☎079 935070 ; buffet 10 JD ; ⏲11h-16h et 18h-23h). La meilleure table de la ville, abstraction faite de l'Azraq Lodge. Ce qui explique que l'on mange en compagnie des groupes de touristes. Le buffet du déjeuner (plats jordaniens classiques – riz, grillades et salades) est très roboratif. Service agréable.

ℹ Depuis/vers Azraq

Des minibus sillonnent la route principale dans les parties nord et sud de la ville à la recherche de passagers, avant de mettre le cap sur Zarqa (1,500 JD, 1 heure 30). En voiture, vous pouvez soit rejoindre la route n°5 (Hwy 5) qui mène dans le sud de la Jordanie, après au moins 3 ou 4 heures d'isolement complet, soit gagner Amman via les routes n°30 ou n°40 (Hwy 30 ou 40), ce qui prend environ 2 heures. Veillez à respecter les règles de conduite dans le désert et faites le plein à chaque station-service, car elles sont rares et éloignées les unes des autres.

Qasr al-Azraq قصر الأزرق

"Ali allait voir Azraq pour la première fois et nous nous pressions pour monter la côte escarpée, très enthousiastes, en évoquant les guerres, les chansons et les passions des premiers rois bergers, aux noms mélodieux, qui avaient aimé ce lieu. Nous parlions aussi des légionnaires romains dont la garnison avait langui là dans des époques encore plus reculées."

T. E. Lawrence,
Les Sept Piliers de la sagesse

C'est dans cet imposant fort, en lisière de la poussiéreuse ville d'Azraq, que T. E. Lawrence et Sharif Hussein bin Ali s'installèrent durant l'hiver 1917-1918, lors de la révolte arabe contre les Turcs.

Lawrence établit ses quartiers dans la salle au-dessus de l'entrée sud, tandis que ses troupes bravaient les éléments dans d'autres parties du fort. Ils furent contraints de vivre ici plusieurs mois, dans la promiscuité, sans rien pour se protéger des rigueurs du froid : les trous béants des toits n'étaient comblés que par des branches et de l'argile.

Malgré la pénibilité de ce séjour à Azraq, les écrits de T. E. Lawrence témoignent de son attachement pour cette période passée avec ses frères d'armes. Le soir, tous se rassemblaient devant un grand feu dans la cour, partageant le repas et échangeant des anecdotes sur la guerre, la paix et l'amour. À l'époque, le fort jouissait d'une vue dégagée sur l'oasis d'Azraq bordée de palmiers.

Histoire

Le Qasr al-Azraq a beau être l'un des châteaux du désert les plus célèbres et les plus facilement accessibles, on sait relativement peu de choses sur son histoire, et rares sont les fouilles et restaurations à y avoir été menées. Une certitude en revanche : des inscriptions en grec et en latin témoignent de constructions antérieures, datant de la domination romaine (vers l'an 300).

Le bâtiment a plus tard été rénové sous les Byzantins, puis de nouveau par le calife omeyyade Walid II, qui l'utilisa comme pavillon de chasse et base militaire. Sa structure actuelle date de 1237, date à laquelle il fut fortifié par les Ayyoubides qui voulaient se défendre contre les croisés. Par la suite, les Turcs y installèrent une garnison au XVIe siècle. Par un retournement de l'histoire, c'est d'ici qu'en 1918, la révolte arabe lança l'assaut sur Damas qui chassa les Turcs de la région.

À voir

Qasr al-Azraq CHÂTEAU

(entrée 1 JD, billet également valable pour le Qusayr Amra et le Qasr Kharana ; en journée). Le Qasr al-Azraq est un grand château en basalte noir, qui comptait à l'origine 3 étages. Certaines **dalles** du sol de l'entrée principale comportent de légères entailles. Elles furent gravées par les gardes, qui jouaient avec des cailloux pour passer le temps. À proximité de l'entrée de la cour, remarquez les animaux sculptés et les diverses inscriptions.

La **chambre de T. E. Lawrence**, protégée par des meurtrières, domine stratégiquement l'entrée. En face, juste à gauche, gisent les vestiges d'un petit **autel** construit au IIIe siècle par les Romains. Au milieu de la **cour**, une petite **mosquée** est tournée vers La Mecque. Elle date de l'époque ayyoubide (début du XIIIe siècle) et a été édifiée sur les ruines d'une église byzantine. Dans l'angle nord-est de la cour, un escalier conduit à un **puits**, rempli d'eau il y a encore vingt ans. Dans son angle nord-ouest, on peut voir les ruines de la **prison**.

Les logements étaient regroupés dans la partie nord de l'édifice. On y distingue difficilement les vestiges d'une cuisine et d'une salle à manger, ainsi que de remises et d'écuries. La **tour** du rempart occidental est l'élément le plus spectaculaire. Elle comporte une énorme porte, formée d'une seule grande plaque de basalte, à propos de laquelle Lawrence écrivit qu'elle "se fermait dans un fracas qui faisait trembler tout le mur ouest du château".

Depuis/vers le Qasr al-Azraq

La forteresse est située à la lisière d'Azraq ash-Shomali (Azraq Nord), à environ 5 km au nord de l'intersection en T où se termine la route en provenance d'Amman. Depuis le centre-ville, la course en taxi jusqu'au fort coûte environ 2 JD – 5 JD avec 1 heure d'attente sur place, mais les chauffeurs n'acceptent pas tous de faire le trajet pour une somme aussi modique.

Oasis d'Azraq

محمية واحة الأزرق

Durant des millénaires, le Qa'al Azraq (bassin d'Azraq) fut une vaste étendue de vasières, de mares et de marais, qui faisaient d'Azraq l'une des plus importantes villes-oasis du Levant. Bien que le bassin ait été déclaré "zone humide d'intérêt international" par les autorités jordaniennes en 1977, cette mesure symbolique n'a pas suffi à empêcher le désastre écologique qui allait frapper l'oasis. Afin d'alimenter les villes en plein essor d'Amman et d'Irbid, les eaux des marais furent pompées de façon intensive ; dès 1991, l'assèchement de l'oasis provoqua une catastrophe environnementale (voir l'encadré page suivante).

À voir et à faire

La RSCN estime qu'environ 300 espèces d'oiseaux endémiques et migrateurs se rassemblent encore dans l'oasis lors de leur voyage hivernal entre l'Europe et l'Afrique. Parmi ces espèces figurent alouettes, fauvettes, pinsons, busards, aigles, pluviers et canards. On peut aussi apercevoir quelques buffles dans les marais, ainsi que des chacals et des gerbilles à la tombée de la nuit. L'hiver (décembre-février) et le début du printemps (mars-avril) sont les meilleures périodes pour les amateurs d'ornithologie. De nombreux rapaces arrivent en mai. La population avicole dépend directement des niveaux d'eau de la réserve ; dans la mesure où le pompage continue d'excéder les capacités de reconstitution des réserves, l'avenir de l'oasis reste menacé.

Réserve humide d'Azraq RÉSERVE NATURELLE

(3835017 ; 8,12 JD ; 9h-18h, 9h-16h sept-fév). Cette petite réserve a été créée par la RSCN pour faciliter la "convalescence" de l'oasis. Aujourd'hui, les oiseaux reviennent, mais les zones humides ne sont encore que le pâle reflet de leur splendeur passée.

Pour autant, ce projet mérite d'être soutenu. Sur place, le centre d'accueil des visiteurs dispose d'expositions bien documentées (quoique peu entretenues) relatant la disparition du bassin. Reportez-vous à l'encadré page suivante.

Marsh Trail RANDONNÉE

(facile ; 30 min, sans guide). Le "sentier des marécages", qui traverse la réserve sur 1,5 km, permet de se faire une idée de la beauté des marais d'autrefois. Prenez des jumelles et arrêtez-vous à la cachette d'observation des oiseaux, pour regarder les canards dans les roseaux. À voir de plus près également : la plate-forme d'observation surplombant les sources de Shishan, qui alimentaient par le passé l'oasis et les marais.

LA RÉSERVE HUMIDE D'AZRAQ : UN DÉSASTRE ÉCOLOGIQUE

L'**oasis d'Azraq** et les marécages qui l'entourent s'étendaient à l'origine sur plus de 12 710 km² (soit une superficie supérieure à celle du Liban). L'oasis était autrefois la réserve en eau la plus importante de la région. Aujourd'hui, elle incarne hélas un grand désastre écologique. Voici en quelques dates la chronique de cette catastrophe.

200 000 av. J.-C. Des communautés humaines occupent déjà les lieux, qu'elles partagent avec des troupeaux d'éléphants, des guépards, des lions et des hippopotames.

8 000 av. J.-C. C'est l'âge de l'"eau fossile" puisée à Azraq.

1950 Environ 3 000 m³ d'eau par an alimentaient les zones humides.

Années 1960 Extraction de l'eau fossile des marais au fur et à mesure que se développent les villes d'Amman et d'Irbid.

1967 Le 2 février, on recense quelque 347 000 oiseaux dans les marais.

1975 Le pompage en eau est deux fois supérieur au volume qui peut être reconstitué par l'oasis. Cette ponction répond à un quart des besoins en eau d'Amman.

1977 Les autorités jordaniennes signent un traité international pour la protection des zones humides, qui aboutit à la création de la réserve humide d'Azraq.

1980 Les réserves des marais se remplissent de 10 m³ d'eau par an (contre 3 000 m³ en 1950). Le problème est exacerbé par le creusement illégal de puits pour l'agriculture.

1991 Le niveau de l'eau descend à plus de 10 m sous terre ; les marais sont complètement asséchés.

1994 Grâce à l'appui et à l'aide financière du Programme des Nations unies pour le développement (PNUD), le gouvernement jordanien et la RSCN tentent d'interrompre le pompage de l'eau des marais vers les centres urbains.

Milieu des années 1990 La surexploitation des réserves en eau détruit l'équilibre naturel entre l'eau douce de surface et l'eau saumâtre du sous-sol. En conséquence, de l'eau salée se mélange à celle de l'oasis, rendant celle-ci impropre aux besoins de la faune et de la flore, ainsi qu'à l'alimentation humaine et à l'irrigation.

1998 Le killi (*Aphanius sirhani*), petit poisson de 4 à 5 cm de long endémique d'Azraq, arrive presque à extinction.

2000 Le 2 février, on ne dénombre plus que 1 200 oiseaux dans les marais.

2011 Environ 1,5 million de mètres cubes d'eau douce sont maintenant réintroduits dans l'oasis chaque année par le ministère de l'Eau jordanien.

2015 Il est prévu de ramener environ 10% de la zone humide à son état d'origine, à condition de maîtriser les quelque 500 puits illégaux encore en service alentour.

En période de migration, un manuel d'ornithologie vous aidera à identifier les espèces, nombreuses à venir boire avant de repartir vers les plaines désertiques.

Depuis/vers l'oasis d'Azraq

L'oasis se trouve à 500 m à l'est d'Azraq. Elle est indiquée au bord de la route principale.

Réserve animalière de Shaumari

Cette **réserve animalière** (Mahmiyyat ash-Shaumari ; www.rscn.org.jo ; 8h-16h) d'une superficie de 22 km² a été créée en 1975 par la RSCN, avec pour objectif principal de réintroduire dans la région certaines espèces disparues, comme l'oryx d'Arabie (voir l'encadré page suivante), l'onagre (également appelé hémione, un âne sauvage), la gazelle dorcas et l'autruche.

Lors de nos recherches, la réserve de Shaumari faisait l'objet d'une profonde restructuration et était fermée au public. Cependant, les visiteurs avaient la possibilité de participer à un safari nocturne, qu'il fallait réserver auprès de la RSCN (vous pourrez notamment vous renseigner auprès du Wild Jordan Centre, à Amman, p. 323).

Depuis/vers la réserve animalière de Shaumari

L'embranchement menant à Shaumari est bien indiqué, à 7 km de l'intersection en T d'Azraq, sur la route conduisant à la frontière saoudienne. Il faut ensuite emprunter une petite route pleine d'ornières sur 6 km jusqu'à la réserve même. Le dernier kilomètre n'est pas bitumé, mais aisément praticable avec une voiture ordinaire.

Qasr 'Uweinid قصر عوينذ

Si vous parvenez à dénicher ce petit fragment d'histoire posé en plein cœur du désert oriental, vous mériterez amplement une médaille ! Ce fort militaire romain, construit au IIIe siècle pour protéger la source du Wadi as-Sirhan (aujourd'hui en Arabie saoudite), fut abandonné moins d'un siècle plus tard. Il n'en reste plus que les contours sous forme de pans de murs écroulés, ainsi que quelques puits et citernes en ruine.

À voir

Qasr 'Uweinid CHÂTEAU

(24h/24). GRATUIT On ne vient pas jusqu'à un tel fort pour en voir les pierres, éparpillées au fond du *wadi*. Même si certaines portent encore d'antiques inscriptions, et que l'on pourrait compter parmi les rares personnes à avoir foulé les lieux depuis des siècles. En réalité, rejoindre pareil château est une excuse pour se confronter au désert.

Un *wadi* peu profond serpente le long du fort, bordé de tamaris rabougris et de buissons de chanvre d'eau. Du haut des ruines, un ciel dégagé s'ouvre sur un horizon infini, presque entièrement plat. Dans le silence, on entend les palpitations de son cœur. Voici pourquoi on visite un château tel que le Qasr 'Uweinid : pour faire l'expérience de cette qualité de silence, à nulle autre pareille. Si vous ne parvenez pas à trouver ces ruines, peu importe : vous aurez eu la chance de mieux comprendre pourquoi le désert envoûte les hommes depuis toujours.

Depuis/vers le Qasr 'Uweinid

Sachez d'abord que vous n'aurez pratiquement aucune chance de le trouver sans aide (nous-mêmes avons dû faire appel à un cheikh bédouin et à une escorte de policiers pour localiser l'empilement de ruines grisâtres sur une petite butte à 8 km au sud-ouest de Shaumari). Il n'est pas à proprement parler nécessaire de rouler en 4x4 car le sol est ferme et, lorsqu'il cesse de l'être, on peut très bien parcourir les 500 derniers mètres à pied.

LES LICORNES DU DÉSERT

En Jordanie, le dernier oryx d'Arabie à l'état sauvage fut observé en 1920, alors que cette majestueuse antilope aux immenses cornes arrivait à extinction dans le pays du fait de la chasse. En 1972, le dernier oryx sauvage d'Arabie fut abattu par des chasseurs à Oman. L'espèce fut alors officiellement déclarée disparue à l'état sauvage. Néanmoins, les neuf derniers spécimens en captivité (connus sous le nom de "World Oryx Herd" ou "troupeau mondial") furent rassemblés et transportés dans un zoo en Arizona, pour faire l'objet d'un programme de reproduction.

En 1978, quatre mâles et quatre femelles élevés en Arizona furent ramenés en Jordanie afin de réintroduire l'espèce dans la nature. Sous les auspices de la RSCN, le premier bébé oryx, Dusha, vit le jour dans la réserve animalière de Shaumari l'année suivante. Cinq ans plus tard, on recensait 31 oryx à Shaumari. Depuis lors, certains ont été relâchés dans la nature au Wadi Rum – avec un succès en demi-teinte. La prochaine étape consistera à réintroduire des oryx dans d'autres zones protégées du pays. La RSCN a lancé à cet effet d'importants travaux de rénovation des infrastructures de Shaumari, afin d'éveiller l'intérêt des touristes et de lever des fonds pour ce projet.

Le retour de l'oryx en Jordanie est une source de fierté nationale. D'autant que ses cornes aux allures de rapières confèrent à l'animal l'aspect de quelque créature mythique. D'ailleurs, les Égyptiens de l'Antiquité avaient coutume d'attacher ensemble les cornes des jeunes oryx afin qu'elles ne forment plus qu'une. Et à voir s'affronter de profil deux mâles au pelage blanc, on peut aisément confondre légende et réalité, et tenir les licornes pour un rêve incarné.

Qusayr Amra قصر عمرا

Aujourd'hui, le Qusayr Amra semble surgir un peu au hasard des plaines désertiques brûlées par le soleil. Jadis pourtant, le site fut choisi avec soin en raison de sa proximité avec un luxuriant *wadi* réputé pour ses pistachiers sauvages. Les bains étaient alimentés en eau par la nappe phréatique qui était alors beaucoup plus près de la surface du sol. On puisait cette eau potable grâce à de profonds puits en pierre. L'un d'entre eux est encore visible à quelques mètres au nord du bâtiment principal.

À côté de ce puits de 36 m de profondeur, une *saqiyah* (pompe activée à l'origine par le déplacement circulaire d'un âne) restaurée montre comment l'eau était pompée vers une citerne, puis dirigée vers les bains, ou recueillie pour être vendue aux caravaniers.

La principale structure à trois voûtes est bien restaurée. Toutefois, le site serait assez modeste sans les immenses fresques murales qui ornent l'intérieur du Qusayr Amra. Admirablement conservées, elles représentent des scènes de chasse, de baignades et de réjouissances hédonistes, et ont retrouvé la splendeur de leurs couleurs d'origine grâce à un travail remarquable.

Histoire

Les Omeyyades érigèrent le Qusayr Amra vers l'an 711, sous le règne de Walid Ier (705-715), connu pour avoir lancé un vaste chantier de construction dans tout l'Empire, dont la grande mosquée des Omeyyades de Damas et le dôme du Rocher à Jérusalem sont les joyaux.

En un contraste saisissant avec la solennité religieuse de ces grands projets, les fresques des bains d'Amra célèbrent les plaisirs terrestres. Le successeur de Walid Ier ordonna la destruction d'une telle imagerie, mais le pouvoir de Damas, qui était alors d'une portée considérable, épargna heureusement cet avant-poste très reculé des confins du désert oriental jordanien, permettant ainsi au visiteur d'aujourd'hui d'apprécier un humour que l'on ne trouve habituellement pas dans les premières expressions de la société musulmane.

Les fouilles, dirigées par une équipe d'archéologues espagnols, débutèrent au milieu des années 1970. En 1985, l'importance des fresques fut finalement reconnue et Qusayr Amra entra au patrimoine de l'Unesco. Les fresques ont depuis été restaurées grâce à des fonds publics et privés provenant d'Autriche, de France et d'Espagne.

À voir

Qusayr Amra CHÂTEAU

(1 JD, avec le Qasr al-Azraq et le Qasr Kharana ; 8h-18h mai-sept, jusqu'à 16h oct-avr). Le Qusayr Amra est l'un des châteaux du désert les mieux préservés de l'ère omeyyade. Sa visite est le temps fort de toute excursion dans le désert oriental. Le *qusayr* ("petit château"), qui appartenait à un ensemble plus vaste incluant un caravansérail, des bains et un pavillon de chasse, est connu pour ses fresques du VIIIe siècle (voir l'encadré

LES FRESQUES DU QUSAYR AMRA

Un panneau prévient le visiteur dès le centre d'accueil : "Aucune des peintures du Qusayr Amra ne représente des scènes de débauche ou de vie dissolue." Pourtant, cet avertissement surprend quand on regarde les fresques : certaines semblent en effet très éloignées du contexte rigoureux de l'islam naissant, qui interdisait notamment de représenter des êtres humains.

Sur ces fresques, les limites de la morale religieuse de l'époque sont allègrement franchies. En témoigne le mur occidental de la salle d'audience, où une femme nue est peinte en train de se baigner – certains historiens pensent qu'il pourrait s'agir d'une favorite du souverain Amra. Les représentations de musiciens, de danseurs nus, de chasseurs, de chérubins, de paniers de fruits et même d'un ours jouant de la musique évoquent un monde d'où les plaisirs sensuels n'étaient pas bannis.

Certains universitaires musulmans attribuent ces représentations aux Ghassanides, une tribu arabe païenne qui dominait la région à l'époque romaine. Si d'aucuns accusent les souverains omeyyades de ne pas avoir été de bons musulmans, les chercheurs considèrent généralement que les seigneurs se rendaient dans les châteaux du désert pour se divertir, à l'écart de la cour et de ses bonnes mœurs.

ci-dessous), représentant des scènes hédonistes où le vin coule à flots, et où hommes et femmes prennent du bon temps.

En descendant la colline depuis le centre d'accueil des visiteurs en direction de la modeste petite structure, on peut légitimement se demander si ce château mérite sa réputation. En entrant dans la **salle d'audience** du bâtiment principal où se tenaient les réunions, les fêtes et les banquets, la lumière blanche et incandescente du désert masque tout d'abord les fresques.

Mais les yeux s'habituant à la faible lumière, on commence par découvrir les silhouettes de deux femmes à moitié nues, peintes sur les arcs, tenant des bols de nourriture (ou d'argent) sur un fond bleu. Notez les riches détails de l'étoffe. Quelque cinq siècles avant le début de la Renaissance en Europe, ces fresques dépeignaient des lutteurs en train de s'échauffer, une femme à peine drapée d'une bande d'étoffe prenant son bain dans un rai de lumière, un troupeau de gazelles fuyant devant les chasseurs, des chiens haletant dans leur course de part en part du **mur ouest** tandis qu'ils rabattent des onagres vers des filets. Même l'aspect prosaïque de la construction des bains est immortalisé par les fresques du plafond qui en dépeignent tout le déroulé, du choix des pierres dans les carrières à leur transport à dos de camélidé et au travail des charpentiers et des maçons.

Il ne s'agit pas là des classiques images stylisées de l'époque, respectueuses des canons religieux où prédominaient signes et symboles. Les fresques, qui semblent plutôt chercher à capter la réalité quotidienne, se distinguent des motifs géométriques qui ont été par la suite associés à l'art islamique.

Non que les fresques ne rendent pas hommage dans le même temps à des sujets moins légers. Ainsi l'image presque effacée du calife omeyyade est-elle entourée de **six grands souverains**, dont quatre ont été identifiés : un empereur byzantin, le roi wisigoth Roderic, l'empereur perse Khosroes et le négus d'Abyssinie. Cette peinture était une manière soit d'affirmer que le souverain omeyyade de l'époque était leur égal ou leur supérieur, soit de dresser une liste picturale des ennemis de l'islam.

Et si l'ensemble témoigne de sujets de son époque, il recèle également son propre symbolisme, à la fois intemporel et amplement oublié. Une petite porte mène vers les trois salles qui composaient les bains. Le plafond de l'**apodyterium** (vestiaire) est décoré de trois visages noircis supposés illustrer les trois âges de la vie. Les chrétiens pensent que la figure centrale est celle du Christ. L'étonnante fresque du mur de gauche représente un ours exubérant jouant du luth, flanqué d'un singe qui applaudit.

Dans le **tepidarium** (qui abritait un bassin d'eau tiède et où de l'air chaud circulait sous le sol), des femmes nues baignent un enfant, tandis que dans le **calidarium** voisin (où se trouvait le bassin d'eau chaude), proche de la fournaise à l'extérieur, la voûte céleste est représentée sur le plafond, sous la forme d'une carte du ciel de l'hémisphère Nord, parée des signes du zodiaque. C'est l'une des premières représentations connues de l'univers sur une surface non plane. On y retrouve le Sagittaire, la Grande Ourse et d'autres symboles (consultez la carte dans le centre d'accueil des visiteurs).

ℹ Renseignements

Centre d'accueil des visiteurs (⌚8h-18h mai-sept, 8h-16h oct-avr). La carte en relief, les explications historiques et le plan des fresques vous aideront à identifier les aspects les plus intéressants du site, difficiles à discerner sans savoir quoi regarder. Vous trouverez également sur place la billetterie et des toilettes ; ainsi que du thé à la menthe, des rafraîchissements et des souvenirs sous une tente bédouine.

Les photos sont autorisées dans le Qusayr Amra, mais abstenez-vous d'utiliser le flash et de toucher les fresques, pour ne pas les abîmer.

ℹ Depuis/vers le Qusayr Amra

Le Qusayr Amra se dresse du côté nord de la route n°40 (Hwy 40), à 26 km d'Azraq. Il n'est indiqué que lorsque l'on vient d'Amman. Si vous arrivez par une autre direction, ouvrez l'œil car on rate facilement les petits bâtiments couleur de dunes. Aucun minibus n'emprunte cet itinéraire, et les bus ne s'arrêtent pas à Amra : il est imposible d'accéder au château par les transports en commun. Si vous n'êtes pas motorisé, vous devrez louer un taxi depuis Azraq (à partir de 15 JD aller-retour) – si vous trouvez un chauffeur acceptant de vous y conduire !

Qasr Kharana قصر خرانه

S'il n'est de toute évidence pas un château, le Kharana revêtait cependant, à en juger par son architecture et ses dimensions imposantes, une importance cruciale pour les Omeyyades. Les historiens ont eu du mal à déterminer pour quelle raison les premiers souverains islamiques avaient choisi de construire un bâtiment fortifié en un lieu si reculé. En effet, si cette construction ressemble à un *khan* (caravansérail), elle n'est située sur aucune grande route marchande et semble entièrement dépourvue de citernes pour stocker l'eau. On peut supposer qu'il s'agissait d'un lieu de réunion entre l'élite de Damas et les Bédouins locaux.

Le Kharana, qui tire son nom des plaines désertiques environnantes, dresse sa silhouette majestueuse sur un paysage lunaire, aride et désolé, inhospitalier et peu propice à une occupation humaine. À l'intérieur, il englobe en revanche une cour calme, véritable espace protégé où même le vent ne peut pas pénétrer.

Histoire

On sait très peu de choses sur les origines du Qasr Kharana – ce qui participe du mystère du site. Néanmoins, une inscription peinte au-dessus de l'une des portes de l'étage supérieur situe la construction du fort en 710, ce qui en ferait l'un des premiers de l'ère islamique. La présence de pierres portant des inscriptions grecques, dans l'encadrement de la porte principale, indique qu'il fut édifié à l'emplacement d'un bâtiment romain ou byzantin, et qu'il s'agissait peut-être d'une demeure privée.

À voir

Qasr Kharana CHÂTEAU

(1 JD, avec le Qusayr Amra et le Qasr Al-Azraq ; 8h-18h mai-sept, 8h-16h oct-avr). Au cœur d'une vaste plaine désolée et sans arbres, cet imposant édifice aux murs épais a sans doute inspiré l'appellation de "châteaux du désert". Si sa fonction fait débat, cette importante construction omeyyade est intéressante pour les visiteurs, à proximité de la route Azraq-Amman.

Malgré son apparence, rien n'indique que cet édifice de 2 étages muni de ce qui ressemble à des tours défensives rondes et à des meurtrières, fut conçu comme un fort. En réalité, les tours sont pleines et les soldats armés ne pouvaient donc s'y installer pour défendre leurs positions. Quant aux meurtrières, leur forme ne se prête pas au tir des flèches et il semble bien plus probable qu'elles aient servi à faire circuler l'air et la lumière.

Une soixantaine de salles entourent la **cour** intérieure. C'est très probablement dans ces lieux que l'on rencontrait les délégations en visite. Les longues salles situées de part et d'autre de l'entrée en forme d'arche servaient d'**écuries**. Au centre de la cour, un bassin permettait de recueillir l'eau de pluie. Étonnamment, l'intérieur est beaucoup plus petit que ce que l'on pourrait imaginer, en raison de l'épaisseur des murs.

Empruntez les grands escaliers pour accéder aux salles des niveaux supérieurs, dotées de plafonds voûtés. Les **médaillons en plâtre sculpté** en haut des murs dénoteraient une influence mésopotamienne.

Dans l'une des salles, on remarque quelques lignes de **calligraphie** arabe, qui ont été d'une importance déterminante

LES CHÂTEAUX DU DÉSERT EN TRANSPORT EN COMMUN

Même si cette région justifie amplement la dépense supplémentaire que représente un circuit organisé ou la location d'une voiture, cela ne signifie pas pour autant que le désert oriental soit hors de portée des voyageurs qui se déplacent par les transports en commun. Cela oblige en revanche à bien choisir les châteaux que l'on veut visiter et à se montrer réaliste quant au temps de trajet nécessaire. Il n'y a aucun hébergement dans le secteur, sauf à Azraq. Pour avoir le temps de rentrer en fin de journée, vous devrez donc partir très tôt. Si vous quittez Amman (ou Irbid) dans l'après-midi à destination du désert oriental, vous risquez de vous retrouver coincé.

On peut visiter les châteaux d'**Umm al-Jimal**, de **Hallabat** et d'**Azraq** par les transports en commun, bien qu'il soit quasiment impossible d'aller de l'un à l'autre sans repasser par Amman – ou au moins à Zarqa. Le stop est déconseillé en raison de la faible fréquentation des routes et des risques de criminalité.

L'itinéraire sans doute le plus intéressant consiste à prendre le bus pour Azraq (via Zarqa) et à passer deux nuits sur place. Le jour de votre arrivée, vous pouvez vous rendre à pied au **Qasr al-Azraq** et, le lendemain matin, visiter la **réserve d'Azraq**. L'après-midi du deuxième jour, prenez un taxi pour le **Qusayr Amra** et le **Qasr Kharana**, puis regagnez Azraq en soirée. Et le troisième jour, retour à Amman.

pour la datation de la forteresse. Au-dessus de la porte figure l'inscription signifiant : "Abd al-Malik, fils d'Ubayd, l'a écrit le lundi précédant de trois jours le Muharram de l'an 92." Des escaliers, dans les angles sud-est et sud-ouest, mènent jusqu'au toit (fermé au public).

Renseignements

Centre d'accueil des visiteurs (8h-18h mai-sept, 8h-16h oct-avr). On accède au bâtiment par le centre d'accueil des visiteurs, où vous obtiendrez des renseignements sur l'histoire locale. L'accueillant propriétaire de la tente bédouine adjacente, qui fait aussi office de café et de stand de souvenirs, vous préparera du thé à la menthe et prendra volontiers le temps de bavarder. Vous trouverez des toilettes publiques sur place.

Depuis/vers le Qasr Kharana

Le château est situé à 16 km du Qusayr Amra en continuant sur la route n°40 (Hwy 40) en direction de l'ouest. Aucun transport en commun n'emprunte cette route ; pour rejoindre le château, prenez un taxi aller-retour depuis Azraq (à partir de 20 JD). Le château n'est indiqué qu'en venant d'Amman. Il est toutefois plus facile à repérer que le Qusayr Amra voisin, notamment parce que – déception – il est très proche d'une centrale électrique.

Qasr al-Mushatta قصر المشتى

On pense que la construction du Qasr al-Mushatta aurait débuté en 743, sous le règne du calife Walid II, qui prévoyait de fonder ici une ville. Le fort, qui devait être le plus grand et le plus somptueux de tous les châteaux du désert, ne fut jamais achevé. En 744, Walid II fut assassiné par des ouvriers, révoltés après avoir vu mourir de soif nombre de leurs compagnons lors de l'édification du château.

À voir

Qasr al-Mushatta CHÂTEAU

(en journée). GRATUIT Des cinq principaux châteaux du désert, le "palais d'hiver" de Qasral-Mushatta est le plus long à rejoindre. De ce fait, il est souvent exclu des circuits touristiques. Pourtant, Mushatta (récemment restauré) n'est pas au milieu de nulle part ; c'est, au contraire, le château le plus proche d'Amman. Situés juste à côté de l'aéroport international Queen Alia, ces vestiges pourraient bien être la dernière image que vous emporterez du pays.

À condition de faire abstraction du bruit des avions qui décollent ou atterrissent à proximité, l'étendue des ruines permet de se faire une idée des projets grandioses du calife. Les nombreux objets qui y ont été prélevés au fil des années sont exposés dans les musées du monde entier. Les sculptures de la façade, par exemple, ont été transportées au musée de Pergame à Berlin après que le palais eut été "offert" à l'empereur Guillaume, en 1903, par le sultan turc Abd al-Hamid. Le fort a également été en partie détruit par des tremblements de terre, auxquels la plupart des colonnes et des tours d'observation n'ont pas résisté. Cela dit, le grand mur extérieur et les façades sculptées laissent encore entrevoir la splendeur et la beauté passées de l'ensemble.

À droite de l'entrée, remarquez les ruines d'une mosquée, dont le mihrab a manifestement été reconstruit. Au nord, vous pourrez observer les vestiges d'une salle d'audience voûtée et de résidences. Des tronçons de piliers jonchent le site. L'édifice présente la particularité d'avoir été bâti à l'aide de voûtes en brique cuite (matériau inhabituel dans les constructions de ce style) et non en basalte noir. Ne manquez pas les anciennes toilettes (équipées de canalisations !), situées au fond de la salle d'audience.

Depuis/vers le Qasr al-Mushatta

L'accès au Qasr al-Mushatta est impossible par les transports en commun. Le château étant situé à proximité de zones sensibles (principalement l'aéroport), n'oubliez pas votre passeport, que vous devrez présenter aux postes de contrôle militaires sur le chemin.

Si vous venez en voiture depuis Amman, prenez la direction de l'aéroport international Queen Alia, quittez la route du Désert sur la gauche, puis tournez à droite au rond-point juste après le Golden Tulip Airport Hotel. Présentez votre passeport au premier contrôle, puis suivez la route sur 12 km autour du périmètre de l'aéroport, en tournant à droite aux deuxième et troisième postes de contrôle.

Vous pouvez aussi prendre un taxi à l'aéroport (17 JD ; une bonne idée si vous avez une longue attente) ou coupler, en taxi, la visite du fort et votre trajet jusqu'à l'aéroport. Prévoyez 1 heure de visite depuis l'aéroport.

ROUTE DU DÉSERT ORIENTAL

À l'est de la ville de Mafraq, dans le nord de la Jordanie, les champs et les villages épars des communautés druzes disparaissent progressivement, pour céder la place à un désert rocailleux de basalte noir, qui s'étend de façon intermittente vers la Syrie au nord, et vers l'Iraq à l'est. Cette région désolée a longtemps été sillonnée par des caravaniers et des pèlerins se rendant à La Mecque et à Bagdad. Elle conserve aujourd'hui encore sa position de "couloir stratégique", en raison de la présence de l'oléoduc trans-arabe.

La région est toutefois essentiellement connue pour la route n°10 (Hwy 10), également appelée route du Désert oriental (Eastern Desert Highway), qui déroule son ruban à l'infini jusqu'à la frontière iraquienne. Traversant un corridor entre des frontières au tracé pour le moins fantaisiste – à cause du fameux "hoquet de Winston" (voir l'encadré ci-dessous) –, elle est parcourue jour et nuit par d'énormes camions dont beaucoup se déplacent en convoi pour des questions de sécurité. Çà et là le long de la route surgit une ville, créée pour répondre aux besoins du trafic. Ces bourgades éparpillées et sans charme sont à peu près les seules traces de présence humaine dans un désert qui, sans cela, serait probablement uniquement arpenté par des Bédouins conduisant leurs chèvres.

Perdu au milieu de nulle part, on est rapidement ramené à cette réalité jordanienne : 80% du territoire est un désert, où vit seulement 5% de la population. Et l'ennui d'une excursion d'une journée sur cette formidable route du Désert oriental vaut justement la peine ne serait-ce que pour se rappeler cette réalité. Il suffit d'y inclure quelques châteaux du désert pour que le périple dans cette région de Jordanie fort peu visitée vous reste en mémoire comme l'un des meilleurs moments de votre séjour.

On ne trouve pas d'hébergement le long de la route n°10, et il faut un 4x4 pour rejoindre Burqu, en plein milieu du désert, aux confins orientaux de la route. Si vous êtes motorisé, une excursion aller-retour de 2 jours depuis Amman ou Irbid est envisageable, via la ville de Safawi, à l'intersection avec la route n°5 (Hwy 5), et avec une étape d'une nuit à Azraq. Par les transports en commun, vous pouvez envisager de rejoindre Umm al-Jimal dans le cadre d'une excursion d'une journée depuis l'hébergement le plus proche, mais c'est tout : d'ici, impossible d'aller ailleurs le long du corridor de la route n°10.

Lors de notre visite, en raison de l'intensification de la guerre civile en Syrie et de la situation instable en Iraq, les déplacements étaient formellement déconseillés dans toute la zone frontalière. Consultez les conseils aux voyageurs mis en ligne par les autorités de votre pays (voir l'encadré p. 309). Dans tous les cas, abstenez-vous de faire du stop ou de prendre des autostoppeurs sur cette route.

LE HOQUET DE WINSTON CHURCHILL

Au début des années 1920, Winston Churchill, alors ministre britannique des Colonies, se vanta un jour d'avoir "créé la Transjordanie d'un trait de plume un dimanche après-midi au Caire". Son penchant pour la bouteille étant connu, la rumeur ne tarda pas à se répandre comme une traînée de poudre : il avait eu le hoquet au moment de tracer la frontière, puis s'était par la suite obstiné à refuser qu'on la redessinât. C'est ainsi que le zigzag de la frontière orientale jordanienne reçut le surnom de **Winston's Hiccup** (littéralement "hoquet de Winston").

Bien entendu, Churchill était tout sauf un étourdi imbécile. Le zigzag avait été tracé à dessein afin de couper de la Jordanie le Wadi Sirhan, ancienne route de l'encens et voie de communication vitale entre la Syrie et l'Arabie, alors sous contrôle français. Ce trait de plume créa également un *panhandle* (extension longue et étroite d'une frontière) entre Azraq et l'Iraq, de sorte que les Britanniques contrôlaient désormais un couloir territorial ininterrompu entre la Méditerranée et le golfe.

Aujourd'hui, le tracé pour le moins erratique des frontières jordaniennes avec la Syrie, l'Iraq et l'Arabie saoudite a peu de conséquence sur le plan politique, du moins par rapport aux tensions qui existent à la frontière avec Israël. Mais le Winston's Hiccup témoigne d'une époque où, lorsqu'elles divisaient les pays occupés, les puissances coloniales ne prenaient même pas la peine d'y mettre les formes.

Mafraq المفرق

☎04 / 293 700 HABITANTS / ALTITUDE 700 M

Cette ville frontière poussiéreuse et congestionnée ne présente aucun intérêt pour les touristes. On y passe cependant, comme à Zarqa, pour prendre une correspondance de bus lorsque l'on emprunte les transports publics.

Comme Zarqa, Mafraq dispose de 2 terminaux de bus, de minibus et de *taxis-service*. La gare des Bédouins (Bedouin Station), la plus grande des deux, est reliée par des minibus et des *taxis-service* à la gare routière nord (Tabarbour) d'Amman (1,3 JD, 1 heure), ainsi qu'à Zarqa et Umm al-Jimal. Si des minibus parcourent à l'occasion les petites routes menant à Deir al-Kahf (pour aller au Qasr Deir al-Kahf), n'oubliez pas qu'il n'y a aucun hébergement dans le secteur, et que vous avez de grandes chances de rester coincé sur place. De la même manière, le minibus pour Ar-Ruwayshid (ville la plus proche du Qasr Burqu) ne vous sera d'aucune utilité car le château est complètement inaccessible sans 4x4.

Les bus, minibus et *taxis-service* partant de la gare Fellahin desservent des destinations dans le nord de la Jordanie comme Jérash et Irbid.

Umm al-Jimal أم الجمال

Le célèbre archéologue américain H. C. Butler a écrit un jour : "Loin dans le désert, au cœur de la plaine ondoyante, il y a une cité déserte, toute de basalte, dont la masse sombre et intimidante s'élève du gris de la plaine." De fait, Umm al-Jimal est l'un des sites les plus fascinants de la région. Si (et seulement si) la situation le permet lors de votre passage, ne manquez pas de grimper à travers ses énormes blocs de basalte chauffés par le soleil du désert.

Mieux vaut venir tôt le matin ou en fin d'après-midi, lorsque le basalte noir n'est pas trop brûlant. Consacrez au moins 1 à 2 heures à la visite du site – sa taille imposante (800 x 500 m) peut inviter à une exploration plus longue.

Histoire

Remarquable par ses toits en V inversés, construits en basalte noir, Umm al-Jimal ("Mère des dromadaires") aurait été fondée par les Nabatéens en l'an I av. J.-C. Juste après, la cité passa aux mains des Romains, qui en firent l'une des bases du cordon défensif destiné à repousser les tribus du désert. La rébellion de la reine Zénobie de Palmyre contre Rome mit en évidence le besoin de créer une frontière fortifiée, et contribua au développement précoce d'Umm al-Jimal comme ville de garnison. Au fil des siècles, la cité devint un comptoir marchand prospère par lequel transitaient les Bédouins et les caravanes. D'Umm al-Jimal, des routes menaient au nord à Bosra (dans l'actuelle Syrie) et au sud-ouest à Philadelphie (l'actuelle Amman). Il n'en fallait pas plus pour lui assurer le statut d'étape incontournable sur la plupart des voies marchandes de la région.

Umm al-Jimal continua à se développer sous les Byzantins : des églises furent construites et les bâtiments romains perdirent leur fonction militaire. À son âge d'or, cette ville agricole florissante comptait quelque 3 000 habitants. Selon les archéologues, la prospérité d'Umm al-Jimal reposait sur un système sophistiqué de stockage de l'eau, absolument nécessaire à la survie des habitants pendant les longues périodes où il ne pleuvait pas, ainsi qu'à l'irrigation des cultures vivrières. Aujourd'hui encore, les réservoirs de la cité sont, pour beaucoup, presque intacts.

L'étoile d'Umm al-Jimal déclina au début du VIIe siècle, époque qui coïncida avec une épidémie de peste bubonique. En 747, un tremblement de terre contraignit les habitants qui avaient survécu à fuir la cité.

Les ruines d'Umm al-Jimal furent brièvement occupées par des réfugiés druzes qui fuyaient les persécutions dont ils étaient victimes en Syrie au début du XXe siècle. Aujourd'hui, une petite bourgade moderne s'est établie autour de cette impressionnante cité fantôme où ne vivent plus désormais que quelques chiens errants, et que les enfants du village traversent, leur cahier sous le bras, sur le chemin de l'école.

À voir

♥ **Ruines d'Umm al-Jimal** RUINES

(en journée). GRATUIT À proximité de la frontière syrienne, Umm al-Jimal comprend 150 bâtiments de 1 à 3 étages à l'architecture dépouillée, dont 128 maisons et 15 églises. À eux tous, ils offrent un aperçu passionnant de la vie rurale des époques romaine et byzantine, et du début de l'ère islamique. Contrairement aux autres sites archéologiques de la région, Umm al-Jimal a

Umm al-Jimal

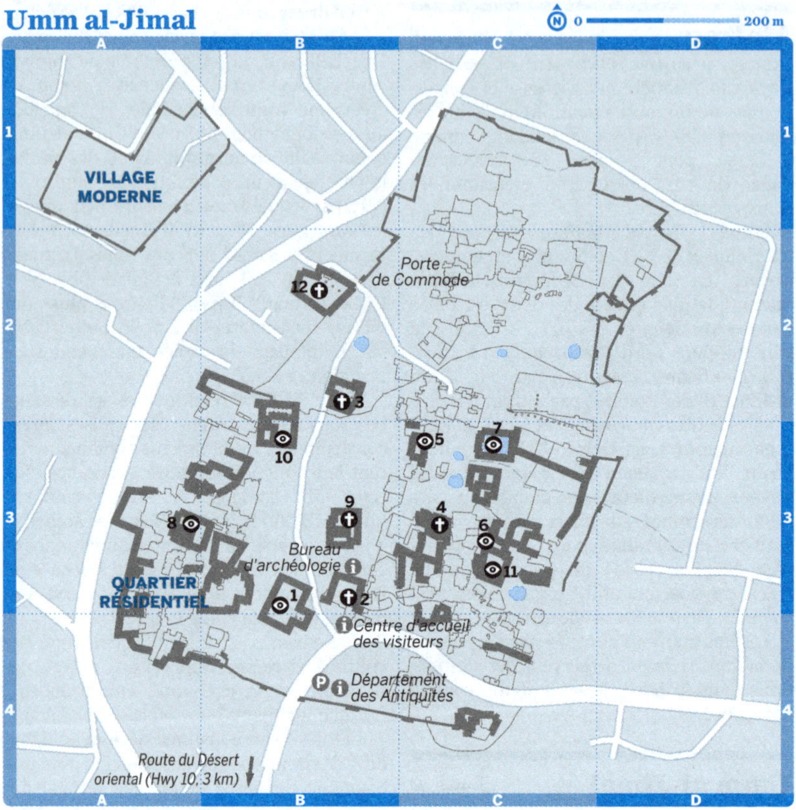

Umm al-Jimal

À voir

rarement été mise à sac ou vandalisée ; son plan d'origine est pour l'essentiel intact.

On sait relativement peu de choses sur les ruines de la cité, que les archéologues surnomment la "perle noire du désert". Vaste peuplement rural établi dans les étendues de roche volcanique à l'est de Mafraq, les ruines se trouvent au bord d'une série de coulées de basalte qui descendent du Jebel Druze, source de matériaux de construction de grande qualité.

En empruntant l'entrée sud, on aperçoit tout d'abord les **casernes**, qui datent de l'Empire romain. Les tours ont été ajoutées par la suite ; le bâtiment, comme le château d'Azraq, est doté d'une porte en basalte toujours en état de fonctionnement. La **chapelle des casernes**, à l'est, date de l'époque byzantine (vers le Ve siècle). Les noms des archanges Gabriel, Raphaël, Michel et Uriel y sont inscrits.

À environ 150 m à gauche (ouest) s'étend ce qui, selon certains archéologues, serait un **temple nabatéen**, en raison de son autel central – d'autres l'ont identifié comme un temple romain. Une centaine de mètres au nord des casernes, on trouve les ruines de l'**église de Numerianos**, l'un des nombreux lieux de culte byzantins du site. Cent mètres plus loin vers l'est, l'**église double** est caractérisée par ses deux nefs semi-circulaires. Ce magnifique sanctuaire a été rénové et agrandi plusieurs fois au cours des siècles. Vers la droite (est), à environ 80 m, se dresse la **maison XVII**, dont l'entrée à double porte, la cour intérieure, les plafonds en encorbellement, les portes décorées et les piliers sculptés indiquent qu'elle appartenait à une riche famille.

À quelques mètres au sud, la **maison du cheikh** se distingue par sa vaste cour, ses écuries, sa porte en basalte noir, ses escaliers qui défient les lois de la gravité et une tour fragile. Vous pourrez apercevoir le double escalier sur le côté est de la cour. Une fois sorti du bâtiment, contemplez la fenêtre cintrée et le sous-sol en voûtes semi-circulaires depuis l'extérieur du mur oriental.

Des marches creusées à 150 m au nord de l'église double conduisent au **principal réservoir**, l'une des nombreuses réserves d'eau de la ville. La **maison XIII**, à moins de 100 m à gauche (ouest), abritait à l'origine des chèvres et des moutons. Elle a été transformée par la suite en habitation par des réfugiés druzes. Vous remarquerez le paravent en pierre ajourée qui servait à séparer la salle à manger de la pièce à vivre.

À une centaine de mètres à l'ouest, la **cathédrale**, érigée vers 556, est aujourd'hui presque totalement en ruine – observez le linteau en pierre sur lequel sont gravés les noms des empereurs romains qui ont régné sur la région. Le **praetorium** (prétoire) est à moins de 100 m vers le sud-ouest. Construit au IIe siècle av. J.-C., il a été agrandi par les Byzantins et comporte une triple porte. L'**église ouest**, facilement repérable à ses quatre arches et à ses croix byzantines décorées, se dresse à 200 m au nord.

Renseignements

Bureau d'archéologie Si quelqu'un vous entend arriver, il vous demandera de signer le livre des visiteurs, mais tellement peu de touristes passent par ici que le gardien n'est pas toujours présent. Ainsi, il peut être tentant de rentrer incognito... Mieux vaut pourtant avertir quelqu'un de votre présence sur le site : si vous vous foulez la cheville en marchant parmi les gravats, le périmètre est si étendu et si peu fréquenté que vous pourriez rester seul pendant des jours !

Centre d'accueil des visiteurs (en journée). Plus proche d'un local de gardien que d'un centre d'information, cet endroit à l'entrée d'Umm al-Jimal a au moins le mérite d'abriter des toilettes. Pour plus de renseignements sur le site, consultez la brochure *Umm al-Jimal* (3 JD), publiée par Al-Kutba et disponible dans certaines librairies d'Amman.

Depuis/vers Umm al-Jimal

À environ 20 km à l'est de Mafraq, Umm al-Jimal n'est séparée de la frontière syrienne que par une dizaine de kilomètres. En partant d'Amman tôt le matin, l'aller-retour est possible dans la journée en empruntant les transports en commun. Vous pourrez prendre un bus ou un minibus depuis les gares routières d'Abdali ou de Raghadan en direction de la gare des Bédouins de Mafraq (avec une correspondance éventuelle à Zarqa). De Mafraq, attrapez ensuite un minibus jusqu'à Umm al-Jimal.

En voiture, prenez la route n°10 à l'est de Mafraq sur 16 km en direction de Safawi, puis l'embranchement vers le nord jusqu'à Umm al-Jimal (3 km). Si vous optez pour un taxi au départ d'Amman afin de faire le tour des châteaux, vous pourrez demander au chauffeur d'effectuer un crochet par Umm al-Jimal moyennant un petit supplément (10 JD). Partez tôt afin d'avoir le temps de tout visiter.

Qasr Deir al-Kahf

قصر دير الكهف

L'un des attraits du Qasr Deir réside dans le trajet qui y mène via de petites routes se déployant sur une trentaine de kilomètres au départ d'Umm al-Jimal. Le chemin est ponctué par plusieurs villages druzes aux maisons traditionnelles en basalte, ainsi que par des petites fermes dotées de pigeonniers encore en activité, qui repoussent les confins septentrionaux du désert oriental.

Le paysage change de manière spectaculaire à mesure que l'on s'éloigne des dernières fermes irriguées des hauteurs vallonnées, que remplacent ici ou là des tentes bédouines. Au moment où l'on atteint la route n°10, les tourbillons de poussière investissent les plaines, et un paysage plat s'étend à perte de vue.

À voir

Qasr Deir al-Kahf CHÂTEAU

GRATUIT Le "monastère des grottes", érigé au IVe siècle, est un fort romain dont la fonction première était de servir de poste de sentinelle. À l'instar de son célèbre voisin, Umm al-Jimal, le Deir al-Kahf fut construit en basalte noir. Moins étendues, ses ruines n'en ont pas moins beaucoup de charme. On y accède par une bifurcation au nord de la

HORS DES SENTIERS BATTUS

POUR LES AMATEURS DE CHÂTEAUX DANS LE DÉSERT

Si les châteaux de la boucle Zarqa-Azraq-Amman vous ont donné le goût de l'architecture omeyyade, n'hésitez pas à parfaire vos connaissances en partant à la découverte de quelques-uns des *qasr* les moins connus.

Qasr al-Tuba (24h/24). De loin le plus impressionnant, parmi les châteaux du désert les moins connus. À environ 75 km au sud-est d'Amman, Tuba évoque véritablement une ancienne étape, sur une route de l'encens depuis longtemps oubliée. Le château fut édifié par le calife Walid II vers 743, et abandonné à la suite de l'assassinat de ce dernier. Le site n'est accessible qu'en 4x4, par des pistes de terre – à 50 km au sud de la route n°40 (Hwy 40) ou à 35 km à l'ouest de la route du Désert (Desert Highway).

Ses briques en terre, cuites par le soleil, en font une structure unique. Une porte magnifique, prélevée sur le site, est désormais exposée au Musée archéologique national à Amman. L'unique lieu de nidification de l'**outarde houbara** (une espèce rare) en Jordanie se trouve non loin, à Thalathwat.

Qasr Mushash (24h/24). Ce vaste ensemble omeyyade, qui fut jadis une importante cité du désert, n'est plus qu'un champ de ruines. On peut néanmoins se faire une idée de son plan d'origine, et plusieurs bâtiments imposants sont encore debout, notamment les vestiges d'un palais, une grande cour entourée d'une douzaine de pièces, des bains, des citernes et des murs conçus pour prévenir les inondations. Il faut un 4x4 pour s'y rendre, via une piste qui part de la route n°40.

route n°10. Autrement, suivez les panneaux le long des petites routes à l'est d'Umm al-Jimal.

Depuis/vers le Qasr Deir al-Kahf

Aucun transport public fiable ne permet de faire une excursion d'une journée depuis Amman ou Irbid via Mafraq. En voiture, le moyen le plus simple de s'assurer d'être sur la bonne route consiste à regagner la route n°10 et à prendre la direction du nord à Salibayyah. Au bout de 5 km environ, tournez à droite à l'intersection avec la route en provenance d'Umm al-Jimal. Çà et là, des panneaux indiquent le Deir al-Kahf ; sinon, suivez la direction de l'est sur 25 km, en roulant parallèlement à la frontière syrienne. Le fort se trouve derrière un poste de police. Une route d'accès mène 10 km au sud des ruines à Al-Bishriyya, sur la route du Désert oriental.

Safawi الطفاوي

05 / 10 000 HABITANTS / ALTITUDE 700 M

Quelle joie de trouver la petite ville de Safawi sur la route du Désert oriental ! En soi, cet ensemble délabré d'ateliers de réparation n'a rien d'avenant (c'est le moins que l'on puisse dire), mais on peut y faire le plein de carburant, acheter de l'eau et un en-cas, et décider si l'on a suffisamment d'énergie pour monter à l'assaut du Qasr Burqu. Ar-Ruwayshid, l'embranchement pour Burqu, se trouve à 1 heure 30 au minimum de route à l'est (ou 4 heures 30 aller-retour depuis Safawi avec un détour par le lac).

Qasr Aseikhin قصر الشيخين

Ce petit **fort romain** (24h/24) GRATUIT en basalte, édifié au IIIe siècle sur les ruines d'une construction nabatéenne du Ier siècle, est à 1 heure de Safawi. Il mérite le détour pour la vue sur les plaines, encadrée d'une arche romaine en basalte. Cette vue suffit à donner une idée de la lutte pour la survie à laquelle sont contraints les Bédouins de la Badia - nom local du désert oriental s'étendant jusqu'en Arabie saoudite. Même les dromadaires renâclent devant cette plaine rocailleuse de basalte.

La route d'accès aux ruines, bitumée, se trouve au sud-ouest de Safawi sur la route n°5 (Hwy 5). Sans que l'on sache pourquoi, cette route d'accès, longue de 10 km, s'arrête environ 1 km avant le sommet de la colline où est érigé le fort. À partir de là, la piste nivelée est praticable avec une voiture classique, mais il vaut mieux marcher si l'on veut s'imprégner de l'atmosphère d'isolement absolu de cet ancien avant-poste militaire. Du croisement avec la route principale, il ne reste que 22 km jusqu'à Azraq.

Qasr Burqu قصر بورقو

Il faut vraiment être amateur de châteaux pour se rendre jusqu'à ce fort en basalte noir qui monte la garde sur les rives silencieuses du Ghadir (lac) Burqu. C'est bien sûr la présence incongrue d'un lac en plein désert qui rend ce lieu tout à fait unique. Lors de nos recherches, les excursions au Qasr Burqu devaient impérativement être organisées via les bureaux de la RSCN à Azraq. La situation pourrait toutefois évoluer.

À voir

Qasr Burqu CHÂTEAU

(24h/24). GRATUIT Les Romains édifièrent ce petit fort à Burqu afin de protéger un lac saisonnier qui fournissait une eau précieuse dans cette région particulièrement aride. Pour collecter l'eau (acheminée du plateau de Haurun-Druze), ils construisirent un barrage au IIIe siècle, assurant ainsi l'approvisionnement en eau des caravanes circulant entre la Syrie et l'Arabie. Le fort fut transformé en monastère à l'époque byzantine, puis restauré par les Omeyyades vers l'an 700.

Une inscription figurant sur l'un des murs donne à penser que le fort aurait été occupé jusqu'en 1409.

Le lac, souvent asséché en été, attire de nombreuses espèces d'oiseaux (roselins, cigognes, bécasses, passereaux, grues, buses, aigles, vautours...). L'aridité et la rudesse du paysage environnant, conjuguées à l'absence de routes correctes, ont eu un effet dissuasif sur le braconnage, même si les Bédouins font de temps à autre voler leurs rapaces dressés dans le secteur. Cette zone, qui abrite déjà des gazelles, des lièvres du désert, des renards, des hyènes et des caracals, a tous les atouts pour devenir une belle réserve sauvage.

On peut faire du camping sauvage sur place (en raison de la relative proximité des frontières syrienne et iraquienne, renseignez-vous sur les conditions de sécurité dans le secteur). Ne vous installez pas trop près du lac pour préserver la paix des animaux (en outre, les moustiques s'en donnent à cœur joie au crépuscule), mais n'espérez pas passer inaperçu. Les Bédouins vous trouveront forcément et se demanderont ce que vous faites là, aux marges de la civilisation. Ils insisteront probablement pour vous offrir du thé.

À condition de disposer d'une tente, d'un kit de survie basique et d'un 4x4, vous pourrez vivre une aventure hors du commun. La RSCN œuvre activement pour faire de Burqu une région protégée, qui s'intégrerait dans ses projets de développement du tourisme dans le désert oriental. Pour connaître les conditions d'accessibilité de la zone, contactez la RSCN au Wild Jordan Centre d'Amman (p. 323).

Depuis/vers Qasr Burqu

Vous ne pourrez accéder à Burqu qu'en 4x4. Le lac et le château se trouvent à 22 km au nord-ouest d'Ar-Ruwayshid, soit 45 minutes de trajet à travers le désert sur des pistes non signalées et pas toujours bien dessinées, qui partent de la route n°10. L'embranchement est à environ 3 km à l'ouest d'Ar-Ruwayshid, à hauteur d'un panneau indiquant Burqu mais rédigé comme suit : "Boarg'a".

Si la conduite ne pose pas trop problème (le terrain reste ferme jusqu'à quelques mètres du lac), ne tentez pas de dénicher le site sans l'aide d'un guide – il faudrait vraiment être *très* sûr de son sens de l'orientation et de ses talents de navigation hors des sentiers battus. Même si, avec une bonne expérience de la conduite dans le désert, et à condition de ne pas s'écarter de la piste la plus visible, qui passe souvent entre des empilements de pierres blanches, le lac est assez facile à trouver. Mais encore une fois, il faut avoir pas mal de sang-froid pour réussir à tenir le cap sur ce terrain aride et désolé. Il est en revanche plus difficile de retrouver le chemin de la route au retour, voire presque impossible si l'on n'a pas pris la peine de noter des points de repère à l'aller (de ce point de vue, les pylônes sont une aide, de même que le remblai d'un mètre de haut d'un réservoir moderne qu'il faut avoir à sa gauche en allant vers Burqu). Une fois arrivé, l'intense satisfaction que l'on ressent à trouver cette superbe petite oasis vaut bien tous les efforts et les craintes ressenties au fil du trajet.

Comprendre la Jordanie

La Jordanie aujourd'hui

Les frontières actuelles de la Jordanie ont moins d'un siècle. Pourtant, le pays a su se construire une identité nationale bien distincte de celle de ses voisins. Les Jordaniens sont fiers de cette identité et des progrès réalisés, malgré des maigres ressources, tant au niveau du développement des infrastructures modernes et des services de santé que du système éducatif. Les investissements et la somme des énergies déployées ont permis à la Jordanie d'atteindre une relative prospérité, dans un contexte régional instable.

À lire

Les Sept Piliers de la sagesse, de T. E. Lawrence (Lawrence d'Arabie, 1926 ; chez plusieurs éditeurs). Un classique.

L'Amazone du désert, de Geneviève Chauvel (Pygmalion, 2005). La vie de Gertrude Bell, proche de Lawrence d'Arabie, et son influence politique.

Amman, de pierre et de paix, de Myriam Ababsa (Autrement, 2007). Des Jordaniens nous font découvrir la vitalité de la capitale.

La Dernière Chance. La Recherche de la paix à l'heure des périls, d'Abdallah II, roi de Jordanie (Odile Jacob, 2011). Dans ses mémoires, le souverain aborde les questions et défis auxquels est confronté son pays.

La Jordanie contestataire. Militants islamistes, nationalistes et communistes, de Pénélope Larzillière (Sindbad-Actes Sud, 2013). Un essai, fruit de plusieurs années d'enquêtes de terrain.

À voir

Lawrence d'Arabie (1962), de David Lean. Un classique.

Indiana Jones et la dernière croisade (1989), de Steven Spielberg. Harrison Ford à Pétra.

Démineurs (2009), de Kathryn Bigelow. Un film sur la guerre en Irak, tourné comme un documentaire en Jordanie.

Tourisme : à l'heure des grands projets

Les autorités jordaniennes s'attachent à mettre en avant la modernité de ce minuscule royaume du désert à l'histoire si riche : accroissement de la productivité et de l'attractivité pour les investisseurs étrangers, métamorphose du pays en un grand centre des hautes technologies, construction d'ambitieuses infrastructures touristiques, à l'image du parc à thème Star Wars près d'Aqaba...

"Ambitieuses" est de fait le mot qui convient. Dans ce pays aux ressources infimes, où l'eau manque cruellement, où les terres cultivables ne représentent que 2% du territoire, où le chômage dépasse les 12% et où l'accueil des réfugiés issus des pays voisins représente un véritable défi, les investissements côtiers se caractérisent avant tout par leur démesure. Véritable pôle de stabilité dans un contexte régional difficile, la Jordanie, riche de joyaux du patrimoine mondial, mise sur son potentiel touristique.

Pétra, "nouvelle" merveille du monde

En 2007, Pétra a été élue l'une des sept nouvelles merveilles du monde, à l'occasion d'un vote populaire organisé par la New Seven Wonders Foundation. Un événement d'une importance inversement proportionnelle à la taille du pays. Mais la Jordanie – qui englobe une partie de la Terre sainte des trois grandes religions monothéistes et qui fut jadis un grand centre de négoce de l'Empire romain – est habituée à la disproportion. Ici, chaque pierre semble nous conter une histoire : sur le mont Nébo, consacré par Jean-Paul II et d'où l'on contemple la Terre promise de Moïse ; à Machéronte (Mukawir), où Salomé, après sa danse des sept voiles, demanda la tête de saint Jean-Baptiste ; ou près de la mer Morte, où la femme de Loth fut métamorphosée en statue de sel.

Printemps arabe et dictature modérée

Brièvement, durant le printemps 2011, les Jordaniens ont semblé prêts à rejoindre la contestation qui s'était propagée en Égypte, en Tunisie, en Libye et en Syrie. Avec, dans leurs rangs, une majorité d'étudiants pacifiques, ils sont descendus dans les rues d'Amman pour réclamer des augmentations de salaires et davantage de démocratie. Le mouvement a toutefois rapidement tourné court et les manifestations se sont transformées en rassemblements hebdomadaires après la prière du vendredi.

Des réformes démocratiques ont été initiées il y a environ 25 ans en Jordanie. Les premières véritables élections parlementaires depuis 1967 ont eu lieu en novembre 1989 – les femmes ont pu y participer. Quatre ans plus tard, la plupart des partis politiques étaient légalisés et autorisés à participer aux élections parlementaires et municipales.

Pourtant, le concept de démocratie paraît ici encore un peu insolite. Perçu comme la promotion des intérêts de l'individu au détriment de ceux de la communauté, il semble pour certains aller à l'encontre des traditions tribales, qui ont pour valeur suprême le respect des anciens. La majorité de la population est traditionnellement attachée à un gouvernement fort et centralisé, placé sous la férule d'un leader autocratique. Autrement dit, à une forme de "dictature modérée".

Le roi Abdallah II est largement considéré, en Jordanie et à l'étranger, comme un sage et un diplomate. Un monarque prêt à moderniser son pays, qui soutient les réformes économiques et sociales, a conscience de ce qui se joue avec la mondialisation et est engagé dans l'éradication de la corruption.

Un contexte régional difficile

Comme son père, le roi Hussein, Abdallah II a démontré ses talents dans le domaine des affaires étrangères. Pays en paix perdu au centre d'une région de conflits, la Jordanie perpétue la tradition ancienne d'accueil des réfugiés. À tel point que l'afflux d'immigrants issus des pays voisins a modifié sa structure démographique et que la population est désormais majoritairement d'origine non-jordanienne.

Après les réfugiés palestiniens, désormais intégrés à une "classe moyenne" prospère, et les réfugiés fortunés chassés par le conflit iraquien, le pays doit faire face à une nouvelle vague d'immigration (la quatrième en 50 ans), très différente, provoquée par la guerre civile en Syrie. Les nouveaux réfugiés ne participent ni à l'économie ni à la politique jordaniennes ; pour beaucoup démunis et sans toit, ils n'ont que peu d'espoir de rentrer chez eux dans un avenir proche. La Jordanie accueille l'une des plus importantes populations de réfugiés syriens de la région ; à lui seul, le camp de Za'atari comptait

POPULATION :
9,9 MILLIONS D'HABITANTS

CROISSANCE DÉMOGRAPHIQUE : **3,9%**

INFLATION : **3,2%**

PIB : **33,7 MILLIARDS DE DOLLARS**

TAUX DE CHÔMAGE : **12,3%**

REVENU ANNUEL MOYEN :
MOINS DE 5 000 $US

Sur 100 personnes en Jordanie

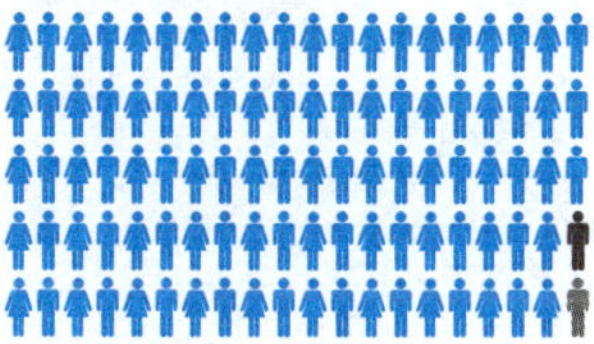

98 sont arabes
1 est d'origine circassienne
1 est d'origine arménienne

Religions
(% de la population)

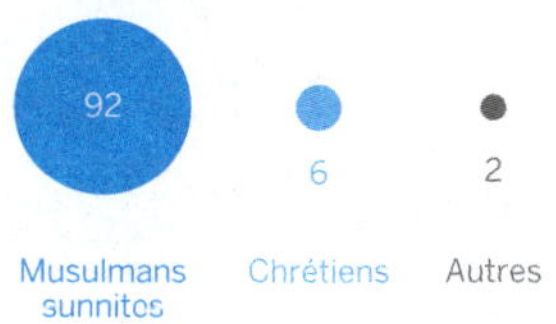

Population au km²

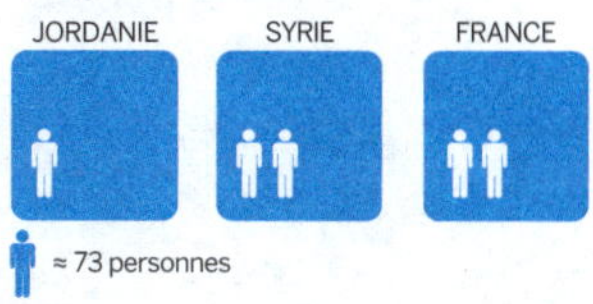

Plus beaux sites classés par l'Unesco

Pétra Incontournable !
Qusayr Amra Le plus beau des châteaux du désert oriental.
Umm ar-Rasas De sublimes mosaïques, vieilles de 1 000 ans.
Zone protégée du Wadi Rum Un désert envoûtant.

Pas d'impairs !

N'utilisez pas la main gauche pour manger.
Ne pointez jamais la plante des pieds en direction de quelqu'un.
Cachez vos épaules et vos genoux, sauf dans les stations balnéaires.
Ôtez vos chaussures à l'entrée d'une mosquée ou d'une maison.

Les usages

On ne serre la main d'une femme que si elle la tend.
On ne donne quelque chose à quelqu'un qu'avec la main droite.
Les baklavas ou les dattes font d'excellents présents.

Liberté d'expression ?

Médias jordaniens Assez libres, tout en respectant les "sensibilités" locales.
Jordan Media City Diffuse 247 chaînes.
Critiques sur le roi Punies par la loi.

courant 2015 plus de 80 000 personnes – elles étaient plus de 200 000 en 2013.

À chaque nouvelle vague de réfugiés, les ressources de la Jordanie et la patience de la population sont mises à rude épreuve. Les systèmes de santé et d'éducation sont particulièrement sollicités, tandis que les prix des logements flambent, jusqu'à devenir hors de portée de la plupart des habitants. Par ailleurs, la menace des militants de l'État islamique en Iraq change aujourd'hui la donne, en faisant naître dans le pays la peur de l'étranger et des idéologies extrémistes.

Les relations avec l'Occident

Ces dernières années, la Jordanie a à plusieurs reprises sollicité l'aide de la communauté internationale pour faire face à l'afflux de réfugiés syriens. Ces appels, relayés par le pape François lors de sa visite dans le pays en 2014, n'ont pas encore rencontré l'écho escompté. D'où un certain sentiment de résignation et d'amertume au sein de la population jordanienne, qui se débat pour faire face notamment au fort taux de chômage et à la baisse du tourisme.

Pour autant, la Jordanie demeure un fervent allié de l'Ouest ; elle a fait partie des premiers pays à participer aux frappes aériennes contre l'État islamique menées par la coalition internationale. Selon toute vraisemblance, elle devrait poursuivre sur la même voie, entre relations amicales avec l'Ouest et fort sentiment d'appartenance aux pays arabes modérés.

Un certain regard sur l'avenir

Par-delà leurs origines diverses, les difficultés politiques et économiques et l'insécurité qui règne au Moyen-Orient, les Jordaniens sont unis dans leur fierté nationale. À juste titre : Abdallah II poursuit un rôle très apprécié de pacificateur entre les intérêts arabes et occidentaux ; la Jordanie fait figure de précurseur, sur le plan régional, en matière de protection de l'environnement et de promotion du tourisme durable ; et Amman connaît une véritable renaissance marquée du sceau de la modernité.

Le royaume hachémite, désireux d'intégrer le cercle des pays développés, est à un carrefour. Les autorités ont su comprendre que le passé faisait partie intégrante de l'avenir ; elles cherchent à tirer parti d'un patrimoine exceptionnel, tout en regardant résolument vers le futur.

Histoire

Toute visite en Jordanie est, de fait, une rencontre avec l'Histoire. Une histoire extraordinairement vivante, qui s'inscrit dans le présent. Ce chapitre présente les événements majeurs qui ont façonné la Jordanie d'aujourd'hui. Une meilleure compréhension du passé ne manquera pas de donner un tout autre relief à votre découverte du pays.

Une jeune nation au passé immémorial

Née sur les décombres de la Seconde Guerre mondiale, la Jordanie est un État récent dont l'histoire est pourtant millénaire. Ce territoire à l'est du Jourdain a vu naître certaines des plus vieilles civilisations de notre planète. Et si la région s'est toujours trouvée aux marges des grands empires, elle a été baignée par les cultures anciennes, du fait de sa position stratégique. Égyptiens, Assyriens, Babyloniens, Hittites, Grecs, Romains, Arabes, Turcs et croisés y ont fait du commerce, construit des cités et livré bataille, léguant au pays un patrimoine culturel saisissant.

Les grandes étapes historiques

Les innombrables traces historiques disséminées dans le pays permettent tout au plus de distinguer des grandes étapes du passé.

Arriver en Jordanie, c'est rentrer de plain-pied dans l'histoire. Datés d'environ 4000 av. J.-C., les dolmens proches de Madaba attestent que les habitants des premiers villages du monde savaient déjà mener à bien des projets communs. Le commerce du cuivre et du bronze a valu par la suite sa prospérité à la région (1200 av. J.-C.) ; on trouve des objets forgés avec le cuivre de ces mines antiques près du Feynan Ecolodge, dans la réserve de biosphère de Dana. Emprunter la route du Roi (King's Highway) ne revient pas seulement à mettre ses pas dans ceux des souverains de jadis : cela permet de comprendre à quel titre cette route a contribué à réunir des cités-États en un pays à part entière entre 1200 et 333 av. J.-C.

Grecs, Nabatéens et Romains ont présidé à la plus glorieuse période de l'histoire jordanienne (de 333 av. J.-C. à 333), dont témoigne le

Quelques livres d'histoire

D'Alexandre à Zénobie. Histoire du Levant antique, de Maurice Sartre (Fayard, 2001)

Une histoire du Moyen-Orient. De l'Antiquité à nos jours, de Georges Corm (La Découverte, Poche, 2007)

Histoire des peuples arabes, d'Albert Hourani (Points Histoire, 2000)

CHRONOLOGIE

Vers 250000 av. J.-C.

Munis de hachettes en silex, les premiers hommes chassent l'éléphant dans les plaines de la vallée du Jourdain, au climat tempéré et humide.

Vers 100000 av. J.-C.

La mer Rouge, qui occupe un bras de l'immense vallée du Grand Rift, se retire du Wadi Araba, laissant derrière elle deux lacs : la mer Morte et le lac de Tibériade (mer de Galilée).

Vers 20000 av. J.-C.

Les chasseurs-cueilleurs vivent dans des camps saisonniers. La viande de chèvre constitue une part importante du régime des communautés primitives du Wadi Madamagh, près de Pétra.

magnifique héritage de Pétra et de Jérash. L'arrivée des dynasties islamiques est avérée dès le VIIe siècle – des preuves en sont disséminées dans les déserts de l'Est jordanien et dans les mystérieuses constructions omeyyades qui parsèment ce paysage désolé. Le conflit entre islam et christianisme, dont les châteaux croisés d'Ajloun, de Kérak et de Shobak (Shaubak) portent les traces, a déterminé les mille ans qui suivirent.

L'impérialisme britannique a ensuite dominé l'histoire jordanienne de l'ère industrielle jusqu'à la révolte arabe des années 1910. Le Wadi Rum, qui se traverse toujours à dos de dromadaire, semble encore empli du cri d'"À Aqaba !", que lançait Lawrence d'Arabie, rallié au soulèvement bédouin. L'histoire de la Jordanie s'écrit dans l'indépendance, la modernisation et la cohabitation difficiles avec ses voisins.

Selon des études allemandes, entre 15 000 et 20 000 tonnes de cuivre auraient été produits par les sites d'extraction par fusion de Feynan, parmi les plus anciens de la région – abandonnant de 150 000 à 200 000 tonnes de scories dans le paysage aride.

La vie dans le Croissant fertile (10000-4000 av. J.-C.)

Premiers sites de peuplement

Des vestiges attestent d'une présence humaine dans la région depuis environ 500 000 ans, époque à laquelle le climat du Moyen-Orient était plus clément et plus humide qu'aujourd'hui. La Jordanie recèle un nombre remarquable de colonies anciennes, notamment du fait de son emplacement dans le Croissant fertile, rassemblant la Mésopotamie, la Syrie et la Palestine. Des découvertes archéologiques effectuées à Jéricho (sur l'autre rive du Jourdain, dans les Territoires palestiniens) et à Al-Beidha, datées d'environ 9000 av. J.-C., ont révélé l'existence de certaines des premières villes du monde.

Dès les premiers peuplements, certains clans se sont consacrés à l'élevage, vivant de la viande, du lait et de la laine de leurs bêtes, tandis que d'autres cultivaient la terre, plantant notamment des olives, du blé et de l'orge. La distinction entre désert et terres cultivées est encore flagrante de nos jours.

Les communautés agraires

La fécondité du sol de la région permit aux premiers hommes d'abandonner leur existence de chasseurs-cueilleurs pour établir les plus anciens villages du monde, entre 10000 et 8500 av. J.-C. – dont Al-Beidha, près de Pétra. Les habitants de ces villages bâtissaient des demeures de pierre et de bois, apprivoisaient, élevaient et cuisinaient des animaux domestiques. Ils plantaient des semences sauvages, cultivaient, écrasaient des graines et conservaient les aliments dans des pots en terre séchés au soleil. Les statues de la fertilité d'Ain Ghazal, qui remontent à 6000 ans av. J.-C., ou les peintures rupestres de Teleilat Ghassul, dans la vallée du Jourdain, témoignent de la complexité de la culture de ces premières communautés. Érigés entre 3000 et 5000 av. J.-C., les dolmens qui parsèment le territoire attestent de l'existence d'une organisation sociale suffisamment élaborée pour qu'y soient mis en œuvre des travaux collaboratifs à vocation pérenne, n'ayant pas pour unique motif celui de la seule subsistance.

Vers 8000 av. J.-C.

Certains des premiers sites de peuplement du monde sont établis à Ain Ghazal, à Al-Beidha, ainsi qu'à Jéricho. Les habitants apprivoisent et élèvent des animaux, dont ils consomment la viande.

Vers 6000 av. J.-C.

Les statues d'Ain Ghazal et les peintures de Teleilat Ghassul, dans la vallée du Jourdain, attestent de l'attachement des premiers habitants de la région pour les croyances et les arts.

Vers 5000 av. J.-C.

Des dolmens près d'Ar-Rawdah indiquent que l'enterrement est alors lié à l'idée d'une vie après la mort. Le savoir-faire nécessaire pour installer ces mégalithes fascine – et demeure un mystère.

Vers 4000 av. J.-C.

Des communautés s'établissent dans l'actuelle Amman et dans le désert, au sud. Du cuivre est extrait à Khirbet Feynan. Des formes d'art, comme la poterie, illustrent l'influence exercée par les voisins égyptiens.

Métallurgie et conflits (4000-1200 av. J.-C.)

La découverte du procédé de la fonte du cuivre, au chalcolithique (4500-3000 av. J.-C.), a constitué une avancée technologique majeure pour la région. À Khirbet Feynan, dans la réserve naturelle de Dana, on peut découvrir les restes des plus anciennes et des plus grandes mines de cuivre du monde. En mille ans, les expériences métallurgiques menèrent à l'alliage de cuivre et de fer pour créer le bronze, matériau plus résistant qui permit de forger de nouveaux outils et, bien entendu, des armes.

C'est au début de l'âge du bronze (3000-2100 av. J.-C.) qu'une tribu sémitique, les Cananéens, s'installa dans la vallée du Jourdain. Avec d'autres tribus de la région, ils élevèrent pour se protéger des

LA VALLÉE DU GRAND RIFT, UNE BIOGRAPHIE MARINE

Impossible de retracer l'histoire de la Jordanie sans évoquer sa situation géographique au bord de l'ancienne vallée du Grand Rift. Difficile de croire, en songeant au filet d'eau qui traverse aujourd'hui Béthanie au-delà du Jourdain, que la vallée était baignée il y a encore 100 000 ans par les eaux de la mer Rouge. En se retirant, la mer laissa deux lacs enclavés : le lac de Tibériade (mer de Galilée) et la mer Morte, située à 400 m sous le niveau de la mer, soit la plus basse altitude sur terre.

Malgré son nom – que l'on doit au géographe et historien grec Pausanias, qui avait remarqué sa salinité empêchant toute vie –, on attribue depuis longtemps à la mer Morte des propriétés curatives. Du reste, les somptueuses stations thermales sont les héritières d'une tradition qui remonte aux temps bibliques. Hérode prit les eaux à Callirhoé, près de la source qui porte son nom, pour soigner ses démangeaisons, et les Byzantins suivirent son exemple sur les routes de pèlerinage menant à Béthanie, au mont Nébo et à la grotte de Loth.

Si les vivants profitèrent de ses vertus, la mer Morte a également servi les morts. Les statues d'Ain Ghazal, qui datent d'environ 6000 av. J.-C., en témoignent (on les voit au Musée national archéologique d'Amman) : leurs yeux sont noircis au bitume. Les Grecs et les Romains surnommaient la mer Morte "mer de Poix" en raison du bitume, un mélange d'hydrocarbures, qui remontait à la surface. Cette substance était recueillie par les Nabatéens, puis revendue aux Égyptiens, qui en enduisaient les barques funéraires et l'employaient pour la momification. Des navires chargés de bitume traversaient régulièrement la mer dans les temps anciens, comme l'illustre la carte en mosaïque de Madaba (p. 125) du VIe siècle. La dernière plaque de bitume apparut en 1936.

Aujourd'hui, la mer Morte et sa région contribuent à la santé et à la prospérité des habitants grâce aux ressources tirées du tourisme et de la potasse. Son histoire ne cesse de resurgir : une partie de la rive ouest appartenait d'ailleurs à la Jordanie lorsque les manuscrits de la mer Morte furent découverts par un berger bédouin à Qumran en 1947 – secteur dont Israël prit le contrôle en 1967 après la guerre des Six-Jours.

Vers 2900 av. J.-C.

Émergence de cités-États au Moyen-Orient. Des villes comme Amman, Pella, Deir Alla et Tell Irbid sont dotées de fortifications ; le commerce se développe avec la Syrie, la Palestine et l'Égypte.

Vers 2300 av. J.-C.

Sodome et Gomorrhe, ainsi que les quatre autres "cités de la Plaine" sont détruites dans un cataclysme, dans le coude sud-est de la mer Morte.

Vers 1500 av. J.-C.

Le Moyen-Orient entre dans une période d'agitation qui voit diminuer l'influence égyptienne. Les Philistins arrivent à l'ouest du Jourdain, et donnent leur nom à l'actuelle Palestine.

Vers 1200 av. J.-C.

Ammon (Rabbath Ammon, Amman), Moab (Dhiban) et Édom (Bozrah) s'imposent comme les royaumes dominants à l'est du Jourdain. La route d'Édom est barrée à Moïse et aux Israélites.

envahisseurs des murs défensifs, le long desquels un ensemble de cités-États vit le jour. Le commerce se développa progressivement avec les puissances syrienne, palestinienne et égyptienne.

L'âge du bronze (qui s'étendit jusqu'à 1200 av. J.-C.) fut une période où les communautés de la région, enrichies grâce à l'indigo, au soufre et au sucre (introduit en Europe par la région de la mer Morte), montrèrent à la fois des signes d'accumulation d'objets de luxe et un souci de sécurité, comme l'indiquent les murailles défensives entourant des cités comme Pella. Les Amorites comptaient parmi les envahisseurs : leur arrivée fut souvent associée à la destruction violente des cités de la Plaine (près de la rive méridionale de la mer Morte), comme Sodome et Gomorrhe (voir l'encadré p. 120).

Les envahisseurs ne s'arrêtèrent pas aux frontières de l'actuelle Jordanie. À la fin de l'âge du bronze (1500-1200 av. J.-C.), le Moyen-Orient tout entier était, semble-t-il, en guerre. Des cités-États prospères de l'actuelle Syrie disparurent, les Égyptiens quittèrent des postes reculés de la vallée du Jourdain pour se retirer sur les rives du Nil, et les peuples de la Mer remodelèrent le paysage politique de la Méditerranée orientale. La mer amena aussi les Philistins, qui s'installèrent sur la rive ouest du Jourdain et laissèrent leur nom à la Palestine.

Quelques livres d'histoire

Les Arabes dans l'histoire, de Bernard Lewis (Flammarion, coll. Champs, 2011)

L'Orient arabe à l'heure américaine, de Henry Laurens (Hachette, coll. Pluriel, 2008)

Le Moyen-Orient au 20e siècle, de Vincent Cloarec et Henry Laurens (Armand Colin, coll. Colin U, 2003)

Histoire de la Jordanie, de Kamal Salibi (Naufal, 1996)

L'unité dans l'adversité (1200-333 av. J.-C.)

Émergence d'une "Jordanie" identifiable

Jamais la Jordanie n'a constitué une entité unique. Au moins jusqu'à la dernière partie du XXe siècle, ses frontières ont avancé et reculé au gré des mouvements de populations, des ambitions politiques et de la convoitise de voisins plus puissants.

Néanmoins, aux environs de 1200 av. J.-C., un embryon de Jordanie émergea du désordre régional sous la forme de trois grands royaumes : Édom au sud, dont Bozrah (l'actuelle Buseira, proche de Dana) était la capitale ; Moab à proximité du Wadi Mujib ; et Ammon, à la frontière du désert d'Arabie, avec Rabbath Ammon (aujourd'hui Amman) pour capitale. Les trois royaumes n'eurent vraisemblablement guère de rapports les uns avec les autres jusqu'à l'avènement d'un nouveau venu dans la région : la cité-État d'Israël. Cette dernière acquit rapidement une puissance militaire incontournable, dominant la Syrie et la Palestine et entrant en conflit avec ses voisins.

Sous la férule de puissants voisins

Sous le règne du roi David, les Israélites infligèrent une vengeance terrible à Édom, massacrant presque l'ensemble de la population masculine. Moab tomba aussi sous contrôle israélite, et le peuple d'Ammon fut réduit au travail forcé par les nouveaux dirigeants. Toutefois, cette

850 av. J.-C.

L'Empire israélite divisé est vaincu par Mesha, roi de Moab. Ce dernier immortalise ses victoires sur la célèbre stèle éponyme qui se dresse dans la capitale moabite de Dhiban.

582 av. J.-C.

Après avoir été affaiblis par les Israélites dirigés par les rois David et Salomon, Ammon, Moab et Édom connaissent une brève unité. Ils sont réduits au rang de provinces babyloniennes sous Nabuchodonosor II.

Vers 500 av. J.-C.

L'invention de la selle de dromadaire transforme la vie des nomades et amène de nouvelles caravanes dans les déserts du sud de la Jordanie, en direction de Damas.

333 av. J.-C.

Alexandre le Grand remporte la bataille d'Issus et défait le roi perse Darius III. Le général poursuit sa route vers le sud, jusqu'en Syrie et en Palestine, qui intègrent l'immense Empire grec.

LA CITE-ÉTAT D'ISRAËL

Les royaumes d'Édom, de Moab et d'Ammon sont cités dans la Bible, en particulier dans les pages concernant les Juifs lors de l'Exode. Selon l'Ancien Testament, Moïse et son frère Aaron guidèrent leur peuple à travers le Sinaï, en Égypte, en quête d'un lieu où s'installer. Les Édomites leur barrèrent la route lorsqu'ils arrivèrent dans le sud de l'actuelle Jordanie. Les Israélites réussirent néanmoins à se faufiler au nord, vers le Jourdain, selon un itinéraire que reprend la route du Roi. Moïse mourut sur le mont Nébo, à portée de vue de la Terre promise, et il revint à son fils Josué de mener les Israélites au-delà du fleuve jusqu'en Cisjordanie, où ils conquirent la ville de Canaan et créèrent la cité-État d'Israël vers 1436 av. J.-C.

domination fut de courte durée : après le règne bref mais prestigieux du roi Salomon, le royaume fut divisé entre Israël et la Judée.

Au milieu du premier millénaire avant l'ère chrétienne, peut-être en réaction aux agressions des Israélites, Ammon, Moab et Édom constituèrent un territoire unifié, parcouru par une route commerciale appelée aujourd'hui la route du Roi (King's Highway). Néanmoins, ce nouveau territoire composite ne résista pas aux assauts de ses voisins et s'inclina devant les conquérants successifs : les Assyriens, les Babyloniens et les Perses. Des siècles allaient passer avant que la Jordanie n'acquérisse une identité propre dans ses frontières actuelles.

Au cœur du Moyen-Orient (333 av. J.-C.-324)

Pour les habitants de la région, les guerres et les envahisseurs ne représentèrent pas le désastre que l'on pourrait penser. Installées au milieu d'un passage entre l'Afrique et l'Asie, les villes proches de la route du Roi étaient idéalement situées pour satisfaire les besoins des armées étrangères de passage. Elles bénéficièrent également de la proximité des routes des caravanes qui sillonnaient les déserts de l'Arabie jusqu'à l'Euphrate, acheminant l'or d'Afrique et l'encens du sud de l'Arabie via les ports de la mer Rouge que sont aujourd'hui Aqaba et Eilat. Les Grecs, les Nabatéens et les Romains tirèrent parti de cette manne, léguant en retour leur culture et leurs connaissances.

Les Grecs

Au IVe siècle av. J.-C., la richesse des terres arabes attira l'attention d'un jeune prodige militaire, Alexandre de Macédoine, dit aussi le Grand, alors âgé de 21 ans. Il traversa la Jordanie comme un ouragan, en 334 av. J.-C., conquérant des territoires s'étendant de l'Asie Mineure à la Palestine.

Vers 323 av. J.-C.

Alexandre meurt à Babylone, mais l'influence grecque se maintient, en particulier par le biais de la langue, qui donne accès à des trésors de connaissances classiques.

Vers 100 av. J.-C.

Âge d'or de la civilisation nabatéenne à Pétra, cœur de l'ancien royaume édomite.

30 av. J.-C.

Hérode le Grand agrandit le château de Machéronte (Mukawir), qui sera le triste cadre, quelques années plus tard, de la danse de Salomé et de la décapitation de Jean-Baptiste.

9 av. J.-C.–40

Arétas IV, le plus grand des rois nabatéens, règne sur une cité aussi riche que belle. Les artisans de cet ensemble de temples, de maisons et de tombes s'inspirent des architectures grecque et romaine.

Les grands sites nabatéens

Pétra (Jordanie)

Siq al-Barid, près de Pétra (Jordanie)

Madâin Sâleh (Arabie saoudite)

Avant sa mort à Babylone, en 323 av. J.-C., Alexandre régnait sur un empire extraordinairement florissant qui allait du Nil à l'Indus. Les siècles passant, le grec devint la lingua franca en Jordanie (du moins à l'écrit), donnant accès à l'immense corpus intellectuel de l'âge classique. Les cités de Philadelphie (Amman), Gadara, Pella et Jérash prospérèrent sous la tutelle hellénique, grâce aux échanges commerciaux en plein essor, en particulier avec l'Égypte, également gouvernée par les Ptolémées, successeurs d'Alexandre.

Les Nabatéens

À la même époque, la Jordanie était essentiellement tournée vers le commerce, grâce à l'importance croissante des Nabatéens, tribu arabe nomade venue du sud. Les Nabatéens ne produisaient que du cuivre et du bitume (utilisé pour rendre étanches les coques des navires) et revendaient les matières premières des territoires voisins. Ces commerçants avertis mirent à profit leur connaissance des points d'eau et des refuges dissimulés dans le désert pour amasser une fortune considérable grâce aux caravanes, d'abord par le pillage, puis par

HISTOIRE DE LA ROUTE DU ROI

Lorsque l'on parle de la route du Roi (King's Highway), il est légitime de demander : "Quel roi ?" En vérité, la route ne fut le chantier d'aucun roi en particulier. Dans l'Orient arabe, les principales voies étaient souvent qualifiées de "royales".

La route du Roi court sur 297 km entre Madaba et Pétra. Pendant un millénaire, jusqu'au début de l'ère chrétienne, elle relia les royaumes d'Ammon, de Moab et d'Édom. L'une des premières mentions de la route figure dans l'épisode biblique où elle est interdite à Moïse par le roi d'Édom. Les Nabatéens l'empruntaient pour acheminer l'encens importé du sud de l'Arabie et d'autres matières premières jusqu'aux grands postes commerciaux de Syrie. Plus tard, elle fut romanisée sous l'empereur Trajan, qui en élargit et détourna des tronçons pour faciliter le passage des armées.

La route revêt une grande importance religieuse pour les chrétiens comme pour les musulmans. Pour atteindre les sites sacrés du mont Nébo sous la protection des croisés, les pèlerins chrétiens empruntèrent cette route, bordée de lieux de culte comme l'église Saint-Étienne à Umm ar-Rasas. Les musulmans la parcoururent pour rejoindre La Mecque jusqu'à ce que les Ottomans tracent le Tariq al-Bint au XVIe siècle, que suivent à peu près le chemin de fer du Hedjaz et la route du Désert (Desert Highway) moderne.

La route du Roi finit naturellement par perdre de son importance, et ce n'est que dans les années 1950 et 1960 qu'elle fut goudronnée. La route de campagne qu'elle est devenue, souvent creusée de nids-de-poule, n'a plus rien d'une voie royale, mais elle n'en traverse pas moins certains des paysages les plus admirables de Jordanie.

26

Date présumée du baptême de Jésus par saint Jean-Baptiste (Jean le Baptiste) à Béthanie au-delà du Jourdain.

106

L'empereur romain Trajan annexe l'Empire nabatéen à la province d'Arabia Petraea (Arabie Pétrée), marquant la fin de l'âge d'or de Pétra.

111-114

La construction de la voie romaine Via Traiana Nova, sur le tracé de l'ancienne route du Roi entre Bosra (en Syrie) et la mer Rouge, redonne vie à cet ancien axe.

Vers 200-300

L'âge d'or de l'Arabie romaine est marqué par la construction de prestigieux monuments dans les cités de la Décapole. Durant son voyage en Palestine, l'empereur Hadrien gratifie même Jérash d'une visite.

l'établissement de droits de douane sur les marchandises acheminées sur les zones qu'ils contrôlaient.

Le commerce le plus lucratif était celui de l'encens et de la myrrhe transportés par dromadaire le long de la route de l'Encens, du sud de l'Arabie jusqu'aux comptoirs septentrionaux. Les Nabatéens avaient également la mainmise sur les épices expédiées en Arabie par bateau depuis la Somalie, l'Éthiopie et l'Inde. Des caravanes affluaient aux quatre coins de la capitale, Pétra, où les produits étaient déchargés et où des services bancaires et de nouvelles montures étaient proposés avant que les marchandises ne continuent vers l'ouest, dans le Sinaï, jusqu'aux ports de Gaza et d'Alexandrie, pour être transportés en Grèce et à Rome.

Centré sur Pétra, l'empire des Nabatéens connut son apogée au moment de la vie du Christ, qui parlait la même langue qu'eux, l'araméen (langue usuelle de toute la région à cette époque). Certes, les Nabatéens ne possédèrent jamais d'empire au sens militaire et administratif du terme, mais ils étendirent leur influence de la Syrie jusqu'à Rome à partir de 200 av. J.-C. À mesure que leur territoire s'agrandissait sous le roi Arétas III (84-62 av. J.-C.), ils contrôlèrent et taxèrent les échanges dans le Hedjaz (nord de l'Arabie), le Néguev, le Sinaï et le Hauran, dans le sud de la Syrie. On peut encore voir des sépultures de communautés nabatéennes sur le site spectaculaire de Madâin Sâleh (Arabie saoudite).

Les grands sites romains

Citadelle (Amman)

Théâtre romain (Amman, ville basse)

Forum, Jérash

Decumanus maximus (Umm Qais)

Ruines de Pella

Les Romains

Le site de Jérash permet de comprendre l'importance des Romains en Jordanie et la place de ce territoire dans l'Empire. Jérash valait bien son pesant de sel et c'est d'ailleurs le commerce lucratif des Nabatéens qui séduisit les Romains.

Au lendemain de leur conquête de la Syrie, en 64 av. J.-C., les Romains convoitaient les richesses des Nabatéens. L'empereur Trajan parvint finalement à annexer leur territoire en 106, fondant ainsi la province romaine d'Arabia Petraea (Arabie Pétrée), avec pour capitale Pétra, puis Bosra (dans l'actuelle Syrie).

La région profita à de nombreux égards de la présence des Romains, qui tracèrent deux nouvelles routes à travers la Jordanie : la Via Traiana Nova (111-114), entre Bosra et la mer Rouge ; et la Strata Diocletiana (284-305), qui reliait Azraq à Damas et à l'Euphrate. Un chapelet de forteresses fut également érigé le long de la frontière orientale de l'Empire, dans le désert oriental à Qasr al-Hallabat, à Azraq et à Umm al-Jimal.

Les IIe et IIIe siècles furent marqués par une intensification des échanges. La Via Traiana devint le principal axe des caravanes, de l'armée et de l'approvisionnement arabes. Cette manne commerciale fit la prospérité des cités de Jérash, d'Umm Qais et de Pella, membres de la

La découverte en 2008 de la plus ancienne église du monde est qualifiée par les plus hautes autorités ecclésiastiques orthodoxes d'"événement capital pour les chrétiens du monde entier". La Jordanie espère faire du site une curiosité touristique.

Vers 284-305

Construction de la voie romaine Strata Diocletiana reliant Azraq à Damas (Syrie). Des forteresses édifiées dans le désert gardent également la frontière orientale de l'Empire.

324

Conversion de l'empereur Constantin au christianisme. À sa mort, la religion domine l'Empire byzantin, où apparaissent quantité d'églises. À l'est du Jourdain, Madaba attire les pèlerins rejoignant Jérusalem.

560

Réalisation de la célèbre carte en mosaïque à Madaba. Trouvée par des ouvriers romains dans les ruines d'une église en 1884, elle reste à ce jour la plus ancienne carte connue de la Palestine.

614

L'empereur Héraclius arrache un accord de paix aux conquérants perses. Malgré cette victoire, le règne des Byzantins en Transjordanie touche à sa fin.

LA RELIGION NABATÉENNE OU LES PORTES DE L'AU-DELÀ

Il faut avoir visité le Siq de Pétra pour comprendre l'impression que produit cet incroyable défilé. Et c'est précisément pour cette raison que ce site fut choisi : ce passage est aussi celui de la vie à la mort.

Étonnamment, on ne connaît que peu de chose de la religion des Nabatéens, si ce n'est la place prépondérante qu'occupait le culte des morts, comme en témoigne son omniprésence à Pétra. On sait néanmoins que ce polythéisme originel des premières tribus arabes du désert empruntait aux fois égyptienne, grecque et romaine, voire aux rites édomites et assyriens, pour produire un syncrétisme religieux unique.

Le principal dieu nabatéen était Dushara, divinité de la montagne, régnant sur le monde naturel. Avec le temps, il fut associé à Osiris, à Dionysos et à Zeus, des panthéons égyptien, grec et romain. Les Nabatéens vouaient aussi un culte de la fertilité à la déesse Al-'Uzza ("la très forte"), qui se confondit avec Aphrodite et Isis. Al-Kutba commandait à la divination et à l'écriture, de même qu'Hermès et Mercure. Allat (littéralement, "déesse") a été comparée à Athéna.

Les premières représentations des dieux nabatéens n'étaient pas figuratives. Des pierres sacrées appelées bétyles signalaient les *widyan* (lits asséchés des rivières ; *wadi* au singulier), carrefours, gorges et sommets importants, et symbolisaient la présence du divin. Des processions religieuses vers les hauts lieux spirituels de Pétra jouaient un rôle majeur dans la vie religieuse de la communauté. Le sacrifice (peut-être humain) et la purification rituelle étaient les moments forts de la cérémonie.

Si le secret des rites religieux nabatéens s'est perdu, les hauts lieux sacrificiels de Pétra ont conservé une forte présence spirituelle. Les statues de dieux, les niches sculptées, les autels et les bassins placés sur les sommets sacrés étaient réservés aux prêtres, chargés d'assurer la médiation entre le ciel et la Terre.

Décapole, un réseau de villes qui reconnaissaient l'influence culturelle romaine tout en conservant leur indépendance.

Dans les siècles qui suivirent la chute de l'Empire romain, les routes commerciales tombèrent progressivement en désuétude, et la Jordanie cessa de jouer le rôle prépondérant qui avait fait sa fortune.

Le temps des religions (324-1516)

L'histoire de la Jordanie est placée sous le signe des grands monothéismes. Les dieux nabatéens cédèrent la place au christianisme, auquel succéda l'islam plusieurs siècles plus tard. Cette époque conflictuelle laissa une empreinte durable – et un chapelet de forteresses.

La conversion au christianisme

L'histoire du christianisme est intimement liée à celle de la Terre sainte à l'ouest du Jourdain. Pourtant, à en croire les témoignages historiques,

629

Défaite des musulmans à Mu'tah contre les chrétiens. Après la mort de Mahomet (632), ils remportent une victoire décisive à Yarmouk en 636 ; l'islam devient la religion dominante dans la région.

Vers 700

Les Omeyyades, venus de Syrie, s'emparent de la région et conçoivent thermes, maisons de chasse et lieux de rencontre fortifiés (appelés aujourd'hui châteaux du désert) dans le désert, à l'est d'Amman.

747

Un séisme détruit le nord de la Jordanie et la Syrie, et ébranle le règne des Omeyyades. Les Abbassides leur succèdent, imposant la domination de la culture perse et un durcissement à l'égard du christianisme.

1095

Le pape Urbain II lance une croisade en représailles contre la destruction d'églises par les Seldjoukides et pour protéger les routes vers la Terre sainte. Il faut cinq ans aux croisés pour prendre Jérusalem.

l'église chrétienne n'aurait peut-être jamais existé si ses premiers partisans n'avaient pas trouvé refuge sur la rive orientale du Jourdain.

En 2008, à 40 km au nord-est d'Amman, des archéologues ont mis au jour ce qu'ils pensent être la première église du monde. Érigé entre 33 et 70, l'édifice, enterré sous l'église Saint-Georges de Rihab, aurait abrité les 70 disciples de Jésus-Christ. Ces premiers chrétiens, désignés par les inscriptions en mosaïques sur le sol de l'ancienne église les "soixante-dix bien-aimés de Dieu et du Seigneur", fuirent Jérusalem, où ils étaient persécutés, et vécurent cachés, perpétuant leurs rites dans l'église souterraine. Des céramiques datant du IIIe au VIIe siècle révèlent que les disciples et leurs familles prospérèrent bien après l'arrivée des Romains.

La conversion de l'empereur Constantin au christianisme en 324 légitima la pratique du culte dans toute la région. À l'est du Jourdain, des églises apparurent (empruntant des pierres aux anciens temples grecs et romains) et furent ornées de mosaïques raffinées, que l'on peut encore admirer aujourd'hui à Madaba, à Umm ar-Rasas et à Pétra. Les pèlerins arpentèrent la Terre sainte en quête de reliques, édifiant des églises dans les sites bibliques comme Béthanie au-delà du Jourdain, le mont Nébo et la grotte de Loth. C'est grâce à leur découverte par les archéologues qu'il fut possible de localiser ces sites bibliques.

Le gendre du prophète Mahomet, le calife Ali, fut assassiné en 660. Mu'awiya, qui lui succéda, fonda la dynastie des Omeyyades (661-750). La querelle de succession qui s'ensuivit divisa l'islam en deux factions, les sunnites et les chiites.

L'avènement de l'islam

Les traces du christianisme sont visibles partout en Jordanie, ne serait-ce qu'au nombre de fidèles dans des villes comme Madaba. Mais le carillon des cloches le dimanche est bien souvent couvert par l'appel du muezzin du haut de la mosquée la plus proche.

Dès 622, dix ans avant la mort du prophète Mahomet, les armées musulmanes se déployèrent vers le nord, propageant rapidement le message de l'islam (un mot qui signifie soumission à Dieu) au-delà des frontières de la péninsule arabe. Après une première défaite contre les Byzantins à Mu'tah (à proximité de Kérak) en 629, ils prirent leur revanche sept ans plus tard à la bataille de Yarmouk. Jérusalem tomba en 638 et la Syrie en 640. L'islam, sous la dynastie sunnite des Omeyyades (661-750), qui avaient établi leur capitale à Damas, devint la religion dominante de la région, et l'arabe remplaça le grec comme lingua franca. En un siècle, les armées musulmanes avaient pris le contrôle d'un vaste empire qui s'étendait de l'Espagne à l'Inde.

Les Omeyyades laissèrent un riche patrimoine – citons la mosquée des Omeyyades à Damas et le dôme du Rocher à Jérusalem. Dans l'est de la Jordanie, l'attachement de cette dynastie pour le désert est à l'origine de la construction d'un ensemble de "châteaux du désert", comme le Qasr Kharana (710) et le Qusayr Amra (711).

1115

Le roi croisé Baudoin Ier construit à Shobak (Shaubak) le château de Mont Réal ("la montagne royale"), qui résiste à de nombreuses attaques de Saladin.

1142

L'imposant château de Kérak est édifié pour résister aux armées de Saladin ; en 1148, il échoit au sadique Renaud de Châtillon, qui se délecte à torturer les prisonniers.

1187

Malgré la valeureuse défense de Shobak et Kérak, Kérak est pris après un siège épique en 1183 ; Saladin défait les armées croisées lors de la bataille décisive de Hattin.

1193

À la suite de la mort de Saladin, les querelles familiales permettent aux croisés de reprendre la majeure partie de leur ancien territoire.

Le terrible tremblement de terre de 747 détruisit des pans entiers de la Jordanie septentrionale et de la Syrie. Les Omeyyades en furent tellement affaiblis qu'une faction sunnite rivale, les Abbassides, ne tarda pas à les renverser. Le changement de dynastie déplaça le centre du pouvoir de Damas à Bagdad, et la domination culturelle perse supplanta la supériorité ethnique arabe. Les Abbassides pratiquaient une forme plus stricte de l'islam. Ils étaient, par ailleurs, beaucoup moins tolérants envers les chrétiens que les Omeyyades.

Dans *Les Croisades vues par les Arabes* (J'ai Lu, 1999), Amin Maalouf dépeint les chevaliers chrétiens, rayonnant dans leurs armures, comme des barbares sans merci qui pillèrent le Moyen-Orient et dont les atrocités ont marqué la conscience collective arabe jusqu'à nos jours.

Les VIIIe, IXe et Xe siècles furent marqués par un essor intellectuel arabe sans précédent, qui ranima les feux artistiques et philosophiques de la Grèce antique, et contribua à fonder les principes de la médecine, de la biologie, de la philosophie, de l'architecture et de l'agriculture. Ces progrès se diffusèrent à travers l'Europe, via l'Espagne et la Sicile. Ils furent l'un des facteurs clés de l'éclosion de la Renaissance européenne. La Jordanie, loin de la sophistication des cours arabes, fut pratiquement ignorée durant cette période.

En 969, les Fatimides du Caire (une dynastie chiite empruntant le nom de la fille de Mahomet, Fatima) ravirent le pouvoir aux Abbassides en Palestine, en Jordanie et dans le sud de la Syrie. Moins d'un siècle plus tard, les Turcs seldjoukides, chassés vers l'ouest par des invasions nomades venant d'Asie centrale, conquirent les derniers territoires des Abbassides et s'emparèrent de la Transjordanie.

Croisades et guerre sainte

Les armées musulmane et chrétienne s'étaient déjà affrontées au VIIe siècle. Les batailles qui allaient suivre marquèrent une escalade dans la violence. Leurs conséquences, et la rhétorique employée à cette époque, résonnent encore de nos jours. Le pape Urbain II lança la première croisade en 1095, pour se venger des destructions d'églises et défendre les routes de pèlerinage vers la Terre sainte. Il fallut cinq ans aux croisés pour atteindre leur objectif, la prise de Jérusalem.

Le Qala'at ar-Rabad d'Ajloun fut édifié par les Ayyoubides, chassés du pouvoir en 1250 par les Mamelouks, de très jeunes guerriers étrangers qui formaient une caste de soldats-esclaves au service des Ayyoubides. Les Mamelouks régnèrent durant les trois siècles suivants.

Vers 1116, les croisés se rendirent maîtres de la plus grande partie de l'"Oultre Jourdain" (zone qui correspond aujourd'hui à la Transjordanie). Ils y bâtirent un ensemble de forteresses commandant les routes reliant Damas au Caire. Leur pouvoir resta néanmoins précaire et ne survécut que grâce à la faiblesse et aux divisions des États musulmans.

Au XIIe siècle, Noureddin (Nour al-Din, littéralement "lumière de la foi"), fils d'un émir turc, parvint à unifier le monde arabe et à vaincre les croisés en Égypte. Le lettré et chef militaire kurde Saladin (Salah al-Din, "droiture de la foi") paracheva son entreprise. Il renversa les souverains fatimides en Égypte, déclara le djihad – la guerre sainte pour défendre l'islam – contre les envahisseurs et s'empara de la plupart des bastions des croisés en Jordanie. Les Ayyoubides, descendants de Saladin,

1258

Les Mongols prennent Bagdad d'assaut ; les armées du fils de Gengis Khan atteignent Ajloun et Salt. Elles sont arrêtées par les Mamelouks, qui rebâtissent les châteaux de Kérak, Shobak et Ajloun.

1453

Les Turcs ottomans s'installent à Constantinople (aujourd'hui Istanbul) ; ils fondent ainsi l'un des plus vastes empires du monde, qui s'étend à tout le Moyen-Orient.

Vers 1516-1916

Les Ottomans portent leur attention sur Jérusalem et Damas ; la région à l'est du Jourdain s'impose comme un centre culturel et politique important.

1798

Napoléon Bonaparte envahit l'Égypte : le Moyen-Orient devient la nouvelle scène des rivalités politiques des pays européens.

morcelèrent son empire à sa mort, en 1193, ce qui permit aux croisés de reconquérir une grande partie de leurs territoires le long de la côte.

Les Mamelouks – à l'origine, des adolescents étrangers capturés et utilisés comme soldats par les Ayyoubides – devinrent si puissants vers 1250 qu'ils renversèrent leurs anciens maîtres. Ils repoussèrent les attaques des armées mongoles commandées par le fils de Gengis Khan, qui s'étaient rendues maîtres de Bagdad et avaient tué le dernier calife.

Aux Ayyoubides succédèrent donc les Mamelouks, qui prirent le contrôle de l'est du Jourdain et reconstruisirent les châteaux de Kérak, de Shobak et d'Ajloun. Ils firent de ces forts des postes de surveillance et des relais pour les pigeons voyageurs. D'une certaine manière, les colombes, admirable moyen de communication, signèrent la défaite des croisés plus sûrement que la puissance de l'islam.

L'Occident sous le charme (1516-1914)

Les Turcs ottomans prirent Constantinople en 1453 et fondèrent un vaste empire qui ne prit fin qu'après la Première Guerre mondiale. Après avoir triomphé des Mamelouks en Jordanie en 1516, ils concentrèrent leurs efforts sur les cités plus actives de la région, comme la ville sainte de Jérusalem et la plaque tournante commerciale de Damas, négligeant une fois de plus l'est du Jourdain. Délaissée par l'Empire ottoman, la Jordanie n'était pas pour autant oubliée de l'Occident : l'affaiblissement des Ottomans au cours des siècles suivants coïncida avec un intérêt croissant de la part des Européens, Britanniques et Français en tête.

Dans la préface des *Orientales* (1829), évoquant l'Europe, Victor Hugo écrit : "Tout le continent penche à l'Orient." Le phénomène n'était pas nouveau : le commerce entre Occident et Orient était établi de longue date, et les descriptions des "perles et de l'or des Barbares" d'Arabie fascinaient depuis longtemps le grand public. À la fin du XVIIIe siècle, des Européens se rendaient dans le désert syrien, vêtus en Albanais et en Turcs, emportant des éditions des *Mille et Une Nuits* et consignant leurs aventures dans des journaux de voyage.

La redécouverte de Pétra par l'orientaliste suisse Jean Louis Burckhardt (1784-1817) en 1812 alimenta l'intérêt pour la région. On fonda des sociétés pour la promotion de l'exploration au Moyen-Orient, et des érudits s'attelèrent à la traduction de textes persans, arabes et sanskrits. L'Orient devint un sujet de prédilection pour les auteurs de fiction occidentaux et conquit un public enthousiaste. À la fin du XIXe siècle, l'Orient arabe exerçait une fascination qui n'avait rien d'une fantaisie passagère ; elle relevait d'une relation complexe alimentée par les scientifiques, les érudits, les voyageurs et les romanciers.

C'est dans ce contexte que se jouèrent les manœuvres politiques du XXe siècle.

La Jordanie compte deux minorités ethniques reconnues, bien qu'elles se soient en majorité intégrées par le mariage. Les Circassiens (musulmans du Caucase ayant fui les persécutions des Russes à la fin du XIXe siècle) vivent près d'Amman. Les Tchétchènes, liés historiquement et ethniquement aux Circassiens, vivent près d'Azraq. Ensemble, ils représentent 2% environ de la population jordanienne.

1812

Jean Louis Burckhardt "redécouvre" Pétra, suscitant parmi les voyageurs, les archéologues, les écrivains et les artistes européens une fascination durable pour la mythique "cité des Nabatéens".

1839

L'artiste britannique David Roberts (1796-1864) visite la région et immortalise Pétra sur des lithographies qui ont fait sa renommée.

1908

L'Empire ottoman, l'"homme malade de l'Europe", établit la ligne de chemin de fer du Hedjaz, reliant Damas à la ville sainte de Médine via Amman, pour réaffirmer son influence dans la région.

1914-1918

La Jordanie est le théâtre de combats entre les Turcs ottomans (alliés aux Allemands) et les Britanniques, installés à Suez (Égypte). Ces derniers occupent Jérusalem en 1917 et, un an plus tard, la Syrie.

La lutte pour une terre arabe (1914-1946)

Évoquant la révolte arabe dont la Jordanie actuelle fut le théâtre au début du XXe siècle, Thomas Edward Lawrence (Lawrence d'Arabie) décrivait ce phénomène comme une "guerre arabe fomentée et menée par des Arabes à des fins arabes en Arabie". Cette description souligne le sentiment grandissant d'identité politique qui se fit jour chez le peuple arabe dans la dernière moitié du XIXe siècle et au début du siècle suivant, au moment où les puissances étrangères (Turcs ottomans, Britanniques et Français) dominaient encore entièrement le Moyen-Orient.

Or, l'histoire a démontré qu'il fallait davantage qu'un simple élan d'indépendance pour créer des États arabes viables ; une diplomatie complexe, à la fois à l'intérieur des pays arabes et dans leurs relations avec l'Occident, a marqué la quête nationaliste tout au long du XXe siècle.

Lawrence d'Arabie

Lawrence d'Arabie au Moyen Orient (éd. du Félin, 2005), d'Alain Fillon

Lawrence d'Arabie (Folio, 2012), de Michel Renouard

Lawrence d'Arabie (Perrin, coll. Biographies, 2014), de Christian Destremeau

La révolte dans le désert (Perrin, coll. Tempus, 2015), de Lawrence d'Arabie. Le récit de ses aventures dans le désert en 1916-1918, publié pour la première fois de son vivant.

La révolte arabe

Les premiers adversaires du jeune mouvement nationaliste arabe furent les Ottomans, qui dirigeaient mollement la majeure partie du Moyen-Orient, notamment les terres de part et d'autre du Jourdain. La révolte arabe commença en 1914, profitant du contexte de la Première Guerre mondiale et de l'alliance conclue entre les Ottomans et les Allemands.

La Jordanie fut le théâtre de combats acharnés durant la guerre opposant les Turcs ottomans, soutenus par les Allemands, aux Britanniques établis à Suez (Égypte). Fin 1917, le général Allenby, à la tête des troupes britanniques, entra dans Jérusalem. Un an plus tard, la Syrie lui emboîta le pas. Leur succès aurait été impossible sans l'aide des tribus arabes, plus ou moins bien regroupées en armée par l'émir Fayçal. Chérif (souverain) de La Mecque et gardien des lieux saints musulmans, Fayçal prit les rênes du mouvement nationaliste arabe en 1914. Il reçut le soutien de son frère Abdallah et du colonel britannique T. E. Lawrence. Ce dernier se chargea de l'organisation et du financement par les Alliés d'une campagne qui traversa le désert depuis l'Arabie et arracha Aqaba

LE CHEMIN DE FER DU HEDJAZ

Ce chemin de fer fut construit entre 1900 et 1908, pour acheminer les pèlerins de Damas jusqu'à Médine, réduisant à trois jours le voyage de deux mois à dromadaire et à pied. Pour la Jordanie, et Amman en particulier, le train était synonyme de prospérité. La ligne de 1 462 km, financée par la générosité de donateurs musulmans, fut en service moins de 10 ans. Les trains et les rails furent en partie détruits durant la révolte arabe en 1917. La ligne fut reconstruite jusqu'à Ma'an, mais ne sert plus qu'au fret. Il est régulièrement question de créer un train pour touristes entre Aqaba et le Wadi Rum.

1916
La révolte arabe, sous la houlette de Fayçal et fort du soutien britannique (et notamment de Lawrence d'Arabie), s'empare d'Aqaba, bloque le chemin de fer du Hedjaz et avance sur Damas.

1917
La déclaration de lord Balfour, qui promet aux Juifs un foyer en Palestine, n'est pas la récompense promise aux Arabes. Le frère de Fayçal, Abdallah, accepte à contrecœur de diriger la Transjordanie.

1923
La Grande-Bretagne fait de la Jordanie un émirat indépendant sous sa protection. La Légion arabe, une force de défense confiée à des officiers britanniques, est sous le contrôle symbolique de l'émir Abdallah.

Années 1930
Les persécutions nazies hâtent l'immigration juive en Palestine, attisant les violences entre Juifs et Arabes. En 1939, la proposition de créer un État binational est rejetée par les deux parties.

aux Ottomans avant de les chasser de Damas. En 1918, les Arabes contrôlaient l'Arabie saoudite, le territoire de la Jordanie actuelle et une partie du sud de la Syrie. Fayçal mit sur pied un gouvernement à Damas, poursuivant son rêve de royaume arabe indépendant.

En dépit des rêves de Fayçal et des promesses faites, la diplomatie du Royaume-Uni louvoyait : on apprit plus tard qu'en mai 1916, les Britanniques et les Français avaient conclu un accord secret, baptisé Sykes-Picot. En 1917, la déclaration Balfour, la dernière d'une série de trois textes britanniques contradictoires, souligna ce double langage :

> "Le gouvernement de Sa Majesté envisage favorablement l'établissement en Palestine d'un foyer national pour le peuple juif, et emploiera tous ses efforts pour réaliser cet objectif."

Cette volonté contradictoire d'attribuer une terre au peuple juif en Palestine et de défendre les droits de la communauté palestinienne en place est au cœur de l'inextricable conflit israélo-palestinien.

La trahison de la cause arabe par les Alliés occidentaux fut mise en évidence par l'accord secret Sykes-Picot de 1916, selon lequel la "Grande Syrie" (correspondant aujourd'hui à la Syrie et au Liban) revenait aux Français, tandis que les Britanniques conservaient la "Palestine" (comprenant les États actuels d'Israël, des Territoires palestiniens et de la Jordanie).

La naissance du royaume de Transjordanie

La révolte arabe n'eut peut-être pas immédiatement l'effet escompté durant les négociations de paix, mais elle eut pour conséquence (après deux décennies de querelles avec les Britanniques) la naissance d'un État moderne en Jordanie.

Lors de la conférence de la paix de 1919, les Britanniques conclurent un accord avec Fayçal, qui reçut l'Iraq, tandis que son frère aîné Abdallah Ier était proclamé roi de Transjordanie, territoire s'étendant de l'Iraq à la rive orientale du Jourdain. Le jeune Winston Churchill décida en 1921 du tracé des frontières. Abdallah fit d'Amman sa capitale. Le Royaume-Uni reconnut en 1923 l'indépendance de l'État, qu'il garda sous sa protection. Une force de défense réduite, la Légion arabe, fut créée et confiée à des officiers britanniques. Plusieurs traités, après 1928, conduisirent à l'indépendance totale en 1946, année où Abdallah fut proclamé roi.

Des relations tourmentées avec Israël et les Palestiniens (1946-1994)

L'un des facteurs déterminants de l'histoire moderne de la Jordanie réside dans sa relation avec les peuples vivant de l'autre côté du Jourdain : les Israéliens, mais aussi les Palestiniens, qui composent aujourd'hui une large part de la population jordanienne.

La création d'un État israélien en Palestine, où les arabes musulmans représentaient environ 90% de la population, est en grande partie à l'origine du conflit israélo-palestinien actuel. Le ressentiment des Palestiniens, partagé par les Arabes de toute la région, a largement pesé sur les relations israélo-arabes.

Georges Corm, dans *Le Proche-Orient éclaté. 1956-2012* (Folio Histoire, 2012), fournit les clés pour mieux appréhender le drame qui secoue les peuples et les États de la région depuis plus de cinquante ans.

1931

L'officier britannique John Bagot Glubb, dit El Farik Glubb Pacha, qui commande la Légion arabe, créé le Desert Camel Corps, constitué principalement de Bédouins nomades montant des dromadaires.

1946

La Jordanie obtient des Britanniques l'indépendance complète. L'émir Abdallah, qui prend la tête de la révolte arabe, est couronné roi.

1947

Les Nations unies votent la partition de la Palestine, mais la ligue arabe rejette cette proposition au motif que tout le territoire doit rester arabe.

1948

Proclamation de l'État d'Israël et retrait des Britanniques. La première guerre éclate entre Arabes et Juifs. Un demi-million de Palestiniens fuient dans la région appelée aujourd'hui Cisjordanie.

Le nouveau royaume hachémite de Jordanie

Le roi Abdallah ne cachait pas son rêve d'une "Grande Syrie" réunissant la Syrie, le Liban, la Jordanie, Israël, les Territoires palestiniens et, plus tard, l'Iraq, en un seul État arabe. Ses voisins arabes le soupçonnaient de poursuivre des objectifs distincts des leurs dans leur combat commun contre Israël. De fait, les troupes jordaniennes s'étaient emparées de Jérusalem-Est et de la Cisjordanie. En réaction à l'instauration à Gaza, en septembre 1948, d'un gouvernement arabe soutenu par l'Égypte, le roi Abdallah se proclama roi de l'intégralité de la Palestine. En avril 1950, il annexa officiellement ce territoire, tout en feignant d'approuver les déclarations arabes en faveur de l'indépendance palestinienne et en refusant dans ses discours le principe de l'annexion territoriale. Le nouveau royaume hachémite de Jordanie fut immédiatement reconnu par le Royaume-Uni et les États-Unis. La première vague de réfugiés palestiniens entraîna pratiquement un doublement de sa population, mettant le pays à rude épreuve.

L'Organisation de libération de la Palestine (OLP) fut créée avec la bénédiction de la Ligue arabe afin de représenter le peuple palestinien. Le gouvernement de la Palestine incombait au Conseil national palestinien (CNP), organe exécutif de l'OLP et structure la plus proche qui soit d'un "gouvernement" de la Palestine.

En juillet 1951, le roi Abdallah Ier fut assassiné à l'extérieur de la mosquée d'Al-Aqsa. Après un intermède, le trône échut à son petit-fils Hussein, alors âgé de 17 ans, qui fut proclamé roi en 1953. En février 1960, la Jordanie accorda une forme de citoyenneté à tous les réfugiés arabes palestiniens installés sur son sol. Ignorant la volonté des autres pays arabes de créer un État palestinien indépendant, le pays continuait à réclamer la reconnaissance de son annexion des Territoires palestiniens. En dépit de l'opposition de la Jordanie, l'Organisation de libération de la Palestine (OLP) fut créée en 1964.

Simultanément, une organisation appelée Mouvement national pour la libération de la Palestine, connue également sous le nom de Fatah, vit le jour. L'un des objectifs déclarés de l'OLP, comme du Fatah, était de former des combattants pour mener des opérations de commando en Israël. À l'issue d'une bataille pour le pouvoir visant le contrôle des organisations de lutte armée, le Fatah devint la principale force au sein de l'OLP. Son chef, Yasser Arafat, prit la tête de son comité exécutif en 1969.

La guerre des Six-Jours

Après une période de paix et de prospérité relatives, le conflit éclata de nouveau entre forces arabes et israéliennes dans les années 1960, pour aboutir à la guerre des Six-Jours, provoquée par les incursions de combattants palestiniens en Israël depuis la Syrie. Lorsque les Syriens annoncèrent qu'Israël rassemblait des troupes en prévision d'une attaque, l'Égypte réagit en demandant le retrait de la Force d'urgence de l'ONU à la frontière israélo-égyptienne. Le président égyptien Nasser ferma ensuite le détroit de Tiran, bloquant l'accès à la mer Rouge et au port

1950

Le roi Abdallah annexe la Cisjordanie et Jérusalem-Est, tout en prêtant un intérêt de pure forme aux appels arabes en faveur de l'indépendance de la Palestine, et en niant officiellement toute annexion territoriale.

1951

L'assassinat du roi Abdallah à la mosquée d'Al-Aqsa à Jérusalem met fin à son rêve d'un État arabe unique qui aurait réuni la Syrie, le Liban, la Jordanie, Israël et la Palestine – rêve qui lui valut l'hostilité de ses voisins.

1953

Lorsque son père est déclaré schizophrène, Hussein monte sur le trône de Jordanie. Le roi, qui a étudié au Royaume-Uni, demande aux troupes britanniques de se retirer de Jordanie.

1958

Les velléités d'indépendance du roi Hussein ne résistent pas à l'échec de l'union avec l'Iraq ; les troupes britanniques sont invitées à revenir.

d'Eilat. Cinq jours plus tard, la Jordanie et l'Égypte signaient un pacte de défense mutuelle, entraînant la Jordanie dans les conflits ultérieurs.

À l'aube du 5 juin 1967, les Israéliens lancèrent une attaque qui anéantit l'armée de l'air égyptienne au sol. Les jours suivants, ils pilonnèrent les troupes égyptiennes dans le Sinaï et l'armée jordanienne en Cisjordanie avant de prendre d'assaut le plateau du Golan en Syrie.

Pour la Jordanie, les conséquences furent désastreuses. Elle perdit la Cisjordanie et sa part de Jérusalem, qui représentaient ses deux principales sources de revenus (l'agriculture et le tourisme), et dut accueillir une nouvelle vague de réfugiés palestiniens.

Avec *La Saga des Hachémites* (Perrin, coll. Tempus, 2012), Rémi Kauffer retrace la vie des quatre frères hachémites, qui ont d'abord rêvé d'un grand royaume arabe débarrassé de la tutelle ottomane, avant de régner sur des états séparés puis de connaître, chacun, un destin funeste. L'auteur clôt sa saga par l'évocation de leur descendant, Hussein de Jordanie, mort en 1999.

Septembre noir

Le militantisme des Palestiniens redoubla après la défaite de 1967. Dès 1968, les *fedayin* (combattants) représentaient véritablement un État dans l'État, défiant ouvertement les soldats jordaniens.

En 1970, les militants palestiniens firent feu sur le cortège du roi Hussein et retinrent 68 étrangers en otages dans un hôtel d'Amman. Dans le même temps, une organisation indépendante, le Front populaire de libération de la Palestine, détourna et détruisit dans le désert trois avions occidentaux devant les caméras de télévision du monde entier. Le 16 septembre, la loi martiale fut déclarée. Des combats sanglants entre militants palestiniens et Jordaniens éclatèrent à Amman et dans toute la Jordanie, faisant 3 000 morts. Au plus fort de la crise, Yasser Arafat put s'échapper, déguisé en cheikh koweïtien, afin de rejoindre Le Caire, où se tenait le sommet de la Ligue arabe. Un cessez-le-feu précaire fut signé, mais il fallut attendre le milieu de 1971 pour venir à bout des derniers foyers de résistance, dans la région d'Ajloun. Les combattants durent alors reconnaître l'autorité de Hussein et choisir entre l'exil ou la soumission. La plupart s'exilèrent au Liban.

La fin des prétentions en Palestine

En 1974, le roi Hussein renonça à contrecœur à ses prétentions sur la Cisjordanie en reconnaissant l'OLP comme l'unique représentant des Palestiniens et son droit de créer un gouvernement dans tout territoire libéré. En 1988, le roi avait rompu tout lien administratif et juridique avec la Cisjordanie.

Pendant ce temps, de profonds changements démographiques, marqués notamment par une augmentation de la population, surtout jeune, modifia le visage de la Jordanie. Les migrations économiques, l'exode rural, l'émigration vers des pays du Golfe de plus en plus riches et l'amélioration de l'éducation contribuèrent à changer les structures sociales et familiales. Plus important, les Palestiniens furent acceptés comme des citoyens en Jordanie.

1960	1967	1970	1988-1989
La Jordanie offre la citoyenneté partielle aux réfugiés arabes palestiniens, mais refuse de céder le territoire palestinien. L'OLP est créée en 1964 avec le soutien de la Ligue arabe.	Israël remporte la guerre des Six-Jours et gagne Jérusalem et la Cisjordanie, ce qui crée une autre vague de réfugiés palestiniens. Le Fatah domine l'OLP sous Yasser Arafat et forme les combattants aux raids contre Israël.	À la suite de Septembre noir, la confrontation entre le gouvernement jordanien et les militants palestiniens fait des milliers de blessés. L'OLP détourne trois avions et les fait exploser (vides) devant la presse.	Le roi Hussein rompt tout lien avec la Cisjordanie et se concentre sur les affaires intérieures : les Jordaniennes votent pour la première fois en 1989 ; les partis politiques sont bientôt autorisés.

L'intégration complète des réfugiés palestiniens dans toutes les strates de la vie quotidienne est à mettre en grande partie au crédit de l'habileté diplomatique du roi Hussein. Victime de nombreuses tentatives d'assassinat (au moins douze) dans les premières années de son règne, il finit par faire l'objet d'un respect croissant, grâce à son intérêt sincère pour le sort des Palestiniens, chose rare dans une région où peu de pays étaient disposés à partager ce fardeau.

La paix avec Israël

Le 26 octobre 1994, la Jordanie, Israël et les Territoires palestiniens signèrent un traité de paix historique qui prévoyait la levée des barrières commerciales entre les deux pays et une coopération plus étroite dans différents domaines, parmi lesquels la gestion de l'eau et la sécurité.

LE ROI HUSSEIN

Depuis sa mort, le roi Hussein est entré dans la légende. Lorsqu'il monta sur le trône, le 2 mai 1953, à l'âge de 18 ans, le jeune homme formé au Royaume-Uni était surtout connu pour son penchant pour les jolies femmes et les voitures de sport. Quarante-cinq ans plus tard, il était salué comme l'une des grandes figures politiques du Moyen-Orient, ayant conservé son trône contre vents et marées, et comme le père de l'État moderne en Jordanie.

La loyauté du roi envers son peuple était bien connue. Dans la grande tradition reprise par son fils plusieurs décennies plus tard, Hussein se déguisait parfois en chauffeur de taxi et demandait à ses passagers ce qu'ils pensaient vraiment du roi.

Son héritage toutefois ne se limite pas au succès de sa politique nationale. Tout au long de son règne, il entretint des liens étroits d'amitié avec le Royaume-Uni et chercha à stimuler les échanges avec l'Occident. De ses efforts diplomatiques pour éviter la guerre du Golfe de 1991 à l'accord de paix avec Israël en 1994, ce souverain courtois et cultivé, régnant sur un pays situé dans l'une des régions les plus conflictuelles du monde, finit par incarner un modèle de modération et de stabilité. Sa popularité grandit encore en 1997, lorsqu'à la suite du meurtre par balles de sept écolières israéliennes dans le nord de la Jordanie par un soldat jordanien, il assista personnellement à leurs obsèques en signe de douleur et de solidarité avec les familles israéliennes.

Hussein se maria quatre fois et eut onze enfants. Très aimé, c'était un homme aux centres d'intérêt variés et un pilote accompli. Il mourut en février 1999 des suites d'une longue maladie, après avoir poursuivi son rôle de négociateur en faveur d'une paix entre Israël et la Palestine. Il reste dans les mémoires comme celui qui épargna à la Jordanie, pays encore jeune, des crises dévastatrices ; un dirigeant capable de concilier les exigences du nationalisme arabe tout en ménageant les intérêts occidentaux, et qui prépara ainsi la Jordanie à jouer un rôle d'intermédiaire entre deux mondes.

1990

Après l'invasion du Koweït par Saddam Hussein, avec l'appui des Palestiniens, le roi Hussein soutient Bagdad tout en demandant la paix. Les travailleurs palestiniens du Golfe affluent en Jordanie.

1994

Un traité de paix historique entre Israël et la Jordanie clôt 46 ans de guerre. Une clause reconnaissant à la Jordanie un rôle particulier sur les lieux saints musulmans de Jérusalem inquiète ses voisins arabes.

1999

Mort du roi Hussein le 7 février. Des chefs d'État et de gouvernement (anciens et actuels) assistent à ses obsèques et rendent hommage à cet artisan de la paix. Son fils, Abdallah, est intronisé.

2000

Le pays accède à l'OMC puis à l'Association européenne de libre-échange en 2001. Un accord de libre-échange avec les États-Unis et les QIZ (zones industrielles à statut spécial) favorise le commerce.

Toutefois, en cette fin de XXe siècle, une clause du traité empoisonnait encore les relations jordano-palestiniennes, qui reconnaissait le "rôle particulier qu'assume le royaume hachémite de Jordanie concernant les lieux saints musulmans de Jérusalem". Cette mention souleva la méfiance de certains Palestiniens sur les intentions du roi Hussein, qui s'était arrogé dès le début de sa longue carrière un rôle plus que particulier dans l'administration de la rive occidentale du Jourdain. Le traité entama quelque temps sa popularité dans la région, mais sans assombrir le règne illustre de l'un des dirigeants les plus aimés du Moyen-Orient.

La Jordanie et la paix avec Israël (L'Harmattan, 2012), de Simon Valadou, analyse les accords de paix signés en 1994 et les mécanismes qui y ont conduit.

Les relations avec Israël et les Territoires palestiniens aujourd'hui

Aujourd'hui encore, les effets à long terme de la paix avec Israël demeurent équivoques. L'accord fut considéré comme un acte de traîtrise par les Palestiniens, et les divergences entre Israël et la Jordanie n'ont pas pour autant cessé – elles concernent non seulement le sort du peuple palestinien, mais aussi d'autres questions comme celle de l'eau, qui sera un enjeu crucial dans les prochaines décennies.

Relations avec l'Iraq depuis 1990

La Fédération arabe

Depuis 25 ans environ, la Jordanie se préoccupe davantage de ses voisins à l'est qu'à l'ouest – et ce, depuis la guerre du Golfe et l'invasion de l'Iraq sous la houlette des Américains.

Les deux pères fondateurs des États modernes d'Iraq et de Jordanie étaient frères : rien d'étonnant à ce que les deux pays aient connu des périodes d'étroite collaboration. En 1958, le roi Hussein tenta de jouer la carte dynastique, en créant une Fédération arabe, alliance éphémère entre la Jordanie et l'Iraq conçue comme une réplique à la République arabe unie (RAU) entre l'Égypte et la Syrie. L'alliance fut brève, mais les liens (notamment commerciaux) entre voisins demeurent solides.

La déclaration de principe de septembre 1993, émise par l'OLP et Israël, amorça la création d'une autorité palestinienne autonome dans les territoires occupés. Ce texte levait pour ainsi dire l'obstacle à la paix entre la Jordanie et Israël que constituait la question territoriale.

La guerre du Golfe

L'invasion du Koweït en 1990 par Saddam Hussein plaça la Jordanie dans une situation inextricable. La majorité de la population palestinienne de Jordanie soutenait l'invasion, car le dictateur iraquien avait assuré que cette épreuve de force signerait la résolution du sort des Palestiniens en Cisjordanie. Dans le même temps, le roi Hussein était conscient que, en se rangeant derrière l'Iraq, il s'aliénerait les alliés occidentaux et compromettrait les échanges et l'aide américains.

Le roi Hussein fit preuve d'un grand savoir-faire diplomatique en refusant de s'allier à la coalition contre l'Iraq, par peur du mécontentement qu'une telle alliance susciterait au sein de la communauté palestinienne

2003
L'invasion américaine en Iraq est décriée par les pays arabes de la région. Le roi Abdallah II se range du côté de Bagdad tout en respectant, du moins en apparence, l'embargo sur les échanges avec l'Iraq.

2005
Trois hôtels d'Amman sont détruits par des attentats-suicides coordonnés, organisés par le bras iraquien d'Al-Qaida. Le tourisme, en plein essor depuis le traité de paix de 1994, subit un revers immédiat.

2007
Dans le cadre de la modernisation des structures politique, économique et sociale du pays, 20% des sièges des conseils municipaux sont désormais réservés aux femmes.

2008
L'Iraq apporte une aide financière aux quelque 500 000 réfugiés iraquiens résidant en Jordanie – la 4e vague de cette ampleur dans l'histoire moderne de ce pays géographiquement modeste.

Selon l'ONU, la guerre du Golfe (de mi-1990 à mi-1991) aurait coûté à la Jordanie 8 milliards de dollars. À lui seul, le blocus naval imposé par les Nations unies sur Aqaba pour faire respecter les sanctions contre l'Iraq signifia pour la Jordanie un manque à gagner de 300 millions de dollars par an entre 1991 et 1994.

de Jordanie. L'Occident pensa qu'il soutenait Saddam, mais le souverain jordanien manœuvra avec beaucoup d'habileté. Tout en restant publiquement solidaire de Bagdad, il s'efforça de promouvoir une solution pacifique au conflit et respecta, officiellement du moins, l'embargo commercial que l'ONU imposait à l'Iraq. Cela lui permit de gagner la confiance des institutions financières occidentales et de bénéficier de prêts et d'aides en provenance d'autres sources, comme le Japon et l'Europe, à l'heure où les aides saoudiennes et américaines, ainsi que l'approvisionnement en pétrole saoudien étaient interrompus.

Malgré ces nouvelles sources de revenus, la guerre du Golfe demanda un lourd tribut à la Jordanie, relativement pauvre, sans grandes ressources et sans manne pétrolière. Paradoxalement, la troisième vague de réfugiés qui frappa la Jordanie en 45 ans vit 500 000 Jordaniens et Palestiniens rentrer des États du Golfe. Cet afflux rapporta 500 millions de dollars qui stimulèrent l'économie dans les années 1990 et financèrent notamment la métamorphose d'Amman en ville moderne et cosmopolite.

Des tensions croissantes avec l'Iraq

Le ressentiment qui accompagna la crise des réfugiés iraquiens explique en partie le refroidissement des relations entre la Jordanie et l'Iraq. L'affaiblissement de l'Iraq, qui se traduit par une vulnérabilité générale de la région face au terrorisme islamiste, est un autre sujet d'inquiétude pour la Jordanie. La perméabilité des frontières irakiennes et les incursions de militants islamistes est source de craintes. Beaucoup en Jordanie redoutent également qu'un Iraq faible ne rende la Jordanie vulnérable face à l'influence croissante des Iraniens et des chiites.

La reine Noor n'est pas la mère du roi actuel. Cette distinction revient à la seconde épouse du roi Hussein, la princesse Mouna, originaire d'Angleterre. Ils sont restés mariés durant 10 ans (1961-1971), après s'être rencontrés sur le tournage du film *Lawrence d'Arabie*.

Les tensions entre la Jordanie et l'Iraq se sont encore aggravées en 2014, lorsque plus de 150 dirigeants sunnites de divers groupes opposés au gouvernement officiel en Iraq se sont réunis à Amman, dans l'objectif de renverser Nouri al-Maliki, alors Premier ministre iraquien. Bien que le gouvernement jordanien ait démenti toute implication dans l'organisation de cette réunion, son homologue iraquien l'a menacé de reconsidérer les accords sur les prix du pétrole – actuellement, la Jordanie importe du pétrole iraquien à un tarif avantageux. Le projet de construction d'un pipeline iraquien, qui offrirait à l'Iraq un accès à la mer Rouge depuis le port jordanien d'Aqaba, pourrait aussi être compromis si les tensions entre les deux pays venaient à s'aggraver.

2011

Le Printemps arabe, qui secoue toute la région, se traduit à Amman par des manifestations de masse contre le pouvoir en place.

2012

Les manifestations se poursuivent, notamment contre l'augmentation du coût de la vie ; les manifestants réclameront, en vain, la fin de la monarchie et l'abdication du roi Abdallah II.

2012-2013

Conséquence de la guerre civile en Syrie, quelque 600 000 réfugiés affluent dans le nord de la Jordanie, où s'établit le deuxième plus important camp de réfugiés au monde.

Février 2015

Après la publication d'une vidéo de l'État islamique (EI) montrant un pilote jordanien prisonnier de l'EI brûlé vif, la Jordanie annonce, en représailles, l'exécution de deux terroristes.

Archéologie

La Jordanie connaît depuis de nombreuses décennies une intense activité archéologique. Inutile d'être Indiana Jones pour mettre la main à la pâte : toutes les bonnes volontés sont les bienvenues. Si vous ne voulez pas vous contenter d'être spectateur et ne résistez pas à la tentation d'explorer le passé à la sueur de votre front, voici quelques suggestions pour vous joindre à des fouilles en amateur, ainsi qu'une liste succincte de sites archéologiques intéressants.

Déterrer le passé

Dès que l'on s'éloigne des sentiers battus dans le centre de la Jordanie, on est sûr de tomber nez à nez avec l'Histoire – colonne renversée au chapiteau colonisé par les coquelicots, tesselles colorées issues de mosaïques brisées, pièces de monnaies inconnues… Regardez de plus près et vous distinguerez probablement les vestiges d'une clôture autour d'une parcelle en train de retourner à l'état sauvage, preuve, s'il en faut, que les habitations remontent aux toutes premières périodes de l'histoire humaine.

Deux siècles d'archéologie en Jordanie

À bien des égards, l'archéologie occidentale moderne est née de l'obsession de relier la tradition biblique avec les vestiges de la Terre promise découverts des deux côtés du Jourdain, et des les placer dans un contexte historique.

Pendant plusieurs décennies, cette tâche a surtout attiré les étrangers, les habitants de la région étant plus préoccupés par les exigences du présent que par l'exhumation du passé.

Ce n'est plus le cas aujourd'hui, car les Jordaniens ont désormais le temps et les moyens de s'intéresser de plus près à leur passé, et l'éducation permet aux nouvelles générations de mieux apprécier la place de leur pays dans le berceau de la civilisation. Des fonds plus importants sont consacrés chaque année aux fouilles archéologiques. C'est ainsi que plusieurs des découvertes majeures, dues à des équipes universitaires jordaniennes et étrangères, ont été effectuées au cours des 30 dernières années. Elles ont culminé en 2008,

1812

À 27 ans, l'explorateur suisse Jean Louis Burckhardt "redécouvre" Pétra et la révèle à l'Occident. Naissance d'une fascination pour l'histoire ancienne de la région, encore vivace aujourd'hui.

1868

Un missionnaire découvre, à Dhiban, la précieuse stèle de Mesha (voir l'encadré p. 142), qui offre l'un des plus anciens exemples d'écriture hébraïque. Après avoir été brisée, la stèle sera reconstituée ; elle est désormais exposée au musée du Louvre à Paris.

Années 1900

La Jordanie et le Levant sont explorés par une foule de prospecteurs britanniques, américains, français et allemands, parmi lesquels un jeune étudiant en archéologie d'Oxford, du nom de T. E. Lawrence.

Années 1920

Après la fin du mandat britannique en Jordanie, quelques projets de fouilles sont menés dans tout le pays, essentiellement pour consolider les principaux monuments.

Années 1930

De remarquables mosaïques, considérées aujourd'hui comme certaines des plus raffinées du Levant, sont mises au jour à Madaba.

Années 1940

Un berger bédouin découvre les manuscrits de la mer Morte à Qumran. À l'époque, un pan de la rive ouest de la mer Morte appartient encore à la Jordanie.

avec la découverte de la plus ancienne église du monde – une trouvaille sur mesure pour une discipline qui doit tant à la curiosité pour l'histoire du christianisme.

Une quête fascinante

L'archéologie de terrain est une tâche minutieuse et gratifiante. C'est d'ailleurs moins la découverte en elle-même que l'impression d'entrer en contact avec une époque révolue qui la rend si captivante. De nombreux sites sont répartis sur tout le territoire jordanien, qu'ils concernent le néolithique précéramique ou, plus proches de nous, les châteaux croisés et leurs alentours. Connus pour leurs divergences sur de nombreux sujets, les archéologues sont néanmoins d'accord sur un point : malgré les fouilles intensives déjà menées, il est plus que probable que des trouvailles d'importance majeure auront encore lieu.

Si vous souhaitez intégrer une mission archéologique et possédez la patience et la discipline requises pour passer de longues heures courbé, avec pinceau et truelle, au fond d'une fosse tendue de repères, vous pourrez sans trop de difficulté intégrer des fouilles en tant que bénévole. Voici quelques conseils.

- ➡ Le nombre de bénévoles est généralement limité dans une fouille : trouvez qui la conduit et faites votre demande à l'avance.
- ➡ Prenez contact avec le chef de projet et mettez en avant vos éventuelles compétences particulières (photographie, prise de croquis).
- ➡ Mentionnez, le cas échéant, vos voyages dans la région et vos connaissances en arabe.
- ➡ Insistez sur votre expérience dans les projets de groupe (l'archéologie est avant tout un travail d'équipe, contrairement à ce que montrent souvent les films).
- ➡ Demandez combien coûtera votre prise en charge. Cette somme permet de compenser le surcoût généré par votre présence au sein de l'équipe.
- ➡ Veillez à avoir du temps devant vous. Pour accéder aux sites, les archéologues doivent préalablement obtenir des permis et des assurances sur la sécurité, ce qui peut demander jusqu'à six mois.
- ➡ Ne soyez pas découragé si votre première candidature n'est pas retenue ; il faut de la patience pour trouver une place – une qualité du reste indispensable sur le terrain !

Quelques livres

Pétra. La cité des caravanes, de Jean-Marie Dentzer et Christian Augé (Gallimard, coll. Découvertes, 1999)

La Jordanie, de Guy Rachet et Claudia Vincent (éd. Place des Victoires, coll. Lieux mythiques, 2009)

Pétra retrouvée, de Léon de Laborde (Pygmalion-Gérard Watelet, coll. Les grandes aventures de l'archéologie, 1997)

Les voyages d'Alix : Pétra (Casterman, 2003), de Christophe Henin et Jacques Martin

Participer à des fouilles en Jordanie

Reportez-vous également à la rubrique *Bénévolat* du *Carnet pratique*, p. 316, où vous trouverez les coordonnées d'organismes français.

Institut français du Proche-Orient (ifpo ; www.ifporient.org). Une bonne source d'information. L'ifpo est né de la fusion, en 2003, de trois instituts, dont l'Institut français d'archéologie du Proche-Orient (IFAPO).

LES MUSÉES ARCHÉOLOGIQUES DE JORDANIE

Vous pourrez admirer des objets mis au jour sur les grands sites de fouilles jordaniens dans les musées.

Musée national (Jordan Museum, p. 45). Statues de la fertilité d'Ain Ghazal et manuscrits de la mer Morte. Une grande partie des collections du Musée archéologique national y est désormais présentée.

Musée archéologique de Salt (p. 102). Un bon survol de l'histoire de la Jordanie.

Musée d'Archéologie et d'Anthropologie d'Irbid (p. 91). Conserve notamment des statuettes du néolithique et une collection numismatique.

American Center for Oriental Research (ACOR ; www.bu.edu/acor). Propose chaque année une longue liste de chantiers en Jordanie et au Moyen-Orient.
American Schools of Oriental Research (www.asor.org). Cet organisme soutient l'étude culturelle et historique du Proche-Orient.
Archaeological Institute of America (AIA ; www.archaeological.org). Le plus grand et le plus ancien institut d'archéologie des États-unis est une source d'information précieuse.
Biblical Archaeological Society (www.bib-arch.org). Publie le magazine *Biblical Archaeological Review*, organise des circuits archéologiques et propose une liste de chantiers ouverts aux bénévoles.
Council for British Research in the Levant (CBRL ; www.cbrl.org.uk). cet institut financé par la British Academy possède des centres de recherches à Amman et à Jérusalem.
Université de Jordanie (☎06-5355000 ; www.ju.edu.jo). La section archéologie de cette université basée à Amman est un bon contact.

Années 1950-1960

Les conflits israélo-arabes et les suites de la Seconde Guerre mondiale réduisent l'activité archéologique en Jordanie.

Années 1970

Des fouilles menées à Ain Ghazal, près d'Amman, mettent au jour les plus anciennes statues anthropomorphes du monde, des œuvres grandeur nature vieilles de 8 500 ans.

Années 1980

Des chantiers tirent de l'oubli les vestiges du temple d'Hercule dans la citadelle d'Amman, une bibliothèque de manuscrits grecs à Pétra et des sites religieux dans la vallée du Jourdain.

Années 1990

Des mines archaïques à l'ouest de Kérak et le site du baptême de Jésus à Béthanie au-delà du Jourdain figurent parmi les nombreuses découvertes de la fin du XXe siècle.

2008

La plus ancienne église du monde, qui abrita 70 disciples de Jésus, est mise au jour sous l'église Saint-Georges de Rihab, près d'Amman.

Les sites bibliques de Jordanie

Indifféremment de toute croyance personnelle, on ne peut rester de marbre en visitant les sites bibliques, empreints d'une ferveur immémoriale. D'Abraham à Moïse et de saint Jean-Baptiste à Jésus-Christ, les pères fondateurs des trois grandes religions monothéistes sont tous intimement liés au paysage jordanien. Il n'est donc pas étonnant que la Jordanie soit une destination de pèlerinage religieux depuis des siècles.

Références bibliques

La rive orientale du Jourdain ne compte pas moins d'une centaine de sites bibliques, parcourus depuis des siècles par des pèlerins, des chercheurs, et d'autres visiteurs. Nous mentionnons ici les plus connus, assortis des passages de la Bible afférents.

Vous trouverez sur le site Bible Places (www.bibleplaces.com) une liste complète et illustrée des sites bibliques de Jordanie (nombreuses photos).

Ain Musa ou Ayoun Musa

"Moïse [Musa, ou Moussa, en arabe] leva la main et, avec le rameau, frappa le rocher par deux fois : l'eau jaillit en abondance, la communauté et son bétail purent boire."

Nombres XX, 11

L'emplacement exact du rocher frappé par Moïse fait débat. Ce pourrait être 'Ain Musa, au nord du Wadi Musa, près de Pétra, ou Ayoun Musa, près du mont Nébo.

Mer Morte

"[...] tandis que les eaux descendant vers la mer de l'Araba étaient complètement séparées"

Josué III, 16

La mer de l'Araba (mer Morte), appelée aussi mer de Sel, est citée à plusieurs reprises dans la Bible.

Le Franciscan Archaeological Institute (www.christusrex.org/www1/ofm/fai/FAImain.html) met en ligne des comptes-rendus de fouilles (en anglais), notamment sur les sites de Madaba et du mont Nébo.

Jebel Haroun

"Dépouille Aaron de ses vêtements et revêts-en son fils Eléazar, car Aaron rejoindra ses pères et mourra là. Moïse fit selon ce que lui avait ordonné Yahvé et ils montèrent sur la montagne de Hor aux yeux de toute l'assemblée."

Nombres X, 26-27

La montagne de Hor serait le Jebel Haroun, à Pétra, également considérée par les musulmans comme un lieu saint.

Jebel Umm al-Biyara

"Il [Amasias, roi de Juda] battit dix mille Édomites dans la vallée du sel ; et durant la guerre, il prit Séla"

II Rois, XIV, 7

Le village au sommet de la montagne d'Umm al-Biyara, à Pétra, aurait abrité l'ancienne communauté de Séla.

Sites bibliques de Jordanie

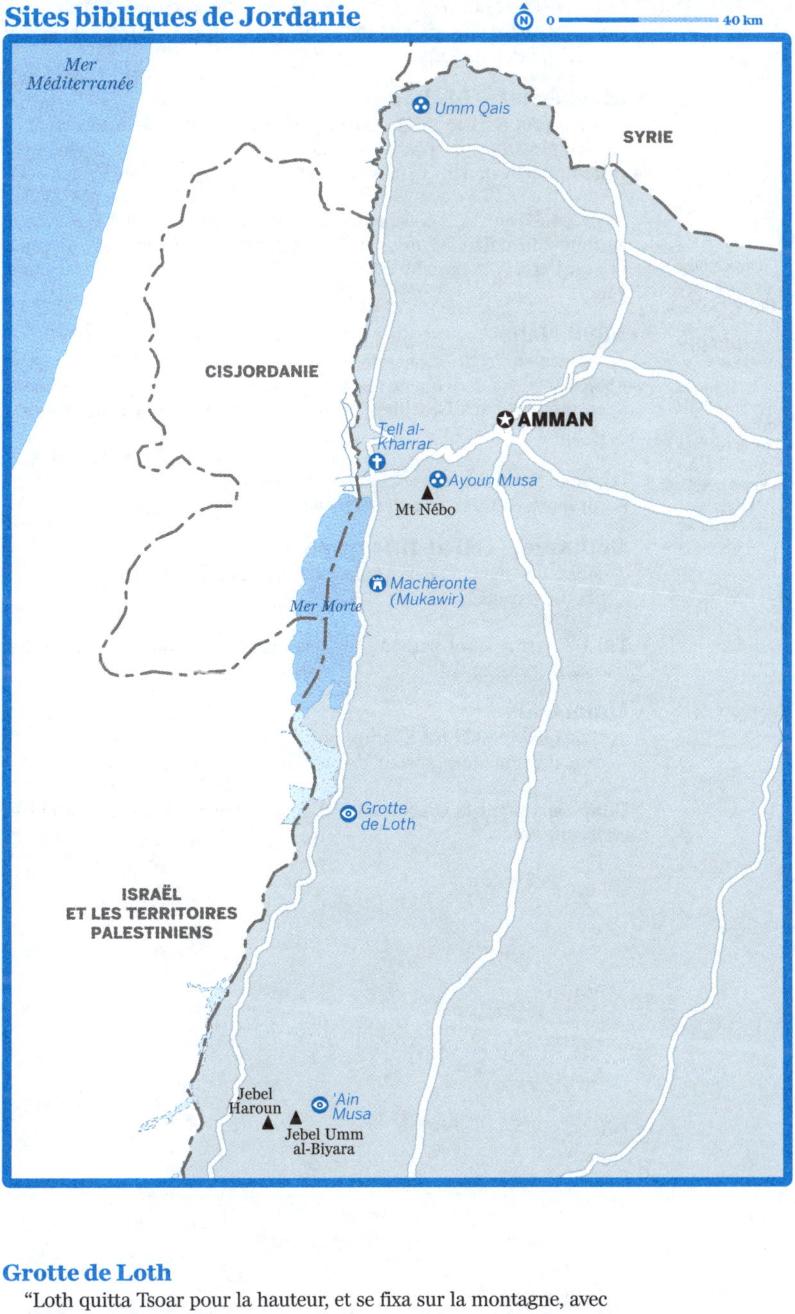

Grotte de Loth

"Loth quitta Tsoar pour la hauteur, et se fixa sur la montagne, avec ses deux filles, car il craignait de rester à Tsoar. Il habita dans une caverne, lui et ses deux filles."

Genèse XIX, 30

La caverne où Loth vécut des années avec ses filles, après que son épouse eut été changée en statue de sel, se trouverait près de la route de la mer Morte, non loin de Safi.

Machéronte (Mukawir)

> "Le roi fut attristé ; mais, à cause de ses serments et des convives, il commanda que l'on lui donne [la tête de Jean], et il envoya décapiter Jean dans la prison."
>
> *Matthieu XIV, 9-12*

Saint Jean-Baptiste, le cousin de Jésus qui l'avait baptisé dans le Jourdain, avait qualifié d'illicite l'union d'Hérode Antipas avec Hérodiade, l'épouse de son frère. À la requête de Salomé, fille d'Hérodiade, il fut donc mis à mort.

Dans *La Bible dévoilée* (Folio Histoire, 2004), Israel Finkelstein et Neil Asher Silberman s'appuient sur les découvertes archéologiques récentes pour répondre aux grandes questions soulevées par la Bible.

Mont Nébo

> "Monte sur cette montagne [...], sur le mont Nébo, au pays de Moab, face à Jéricho, et regarde le pays de Canaan que je donne en propriété aux Israélites. Tu mourras sur la montagne où tu vas monter."
>
> *Deutéronome XXXII, 49-50*

Le mont Nébo est révéré comme un lieu saint, car c'est là que Moïse serait mort. Sa tombe n'a toutefois jamais été découverte.

Béthanie – Tell al-Kharrar

> "Alors Jésus vint de la Galilée au Jourdain vers Jean pour être baptisé par lui."
>
> *Matthieu III, 13*

Tell al-Kharrar serait Béthanie au-delà du Jourdain, où Jésus fut baptisé par saint Jean-Baptiste.

Umm Qais

> "Lorsqu'il [Jésus] fut à l'autre bord, dans le pays des Gadaréniens, deux démoniaques, sortant des sépulcres, vinrent au-devant de lui."
>
> *Matthieu VIII, 28-34*

Umm Qais serait la Gadara citée dans la Bible ainsi que dans d'autres écrits anciens.

La société jordanienne

En Jordanie, de nombreux visiteurs souhaitent découvrir en priorité les sites antiques. Certains viennent en quête des traces de royaumes et d'empires disparus ; d'autres en pèlerinage aux sources de leur religion. Mais tous partagent, une fois sur place, la même émotion quant à la Jordanie actuelle et à la générosité teintée d'optimisme de ses habitants.

Des racines bédouines

L'hospitalité : une tradition

Ahlan wa sahlan ! C'est par cette chaleureuse expression de bienvenue que les Jordaniens s'adressent couramment les uns aux autres et plus encore aux visiteurs étrangers. Le mot *ahl* signifie "gens" ou "famille" et le mot *sahl*, "aise". On peut donc la traduire par "Faites comme chez vous !", mais elle tient également lieu de "Bonjour" ou de "Je vous en prie" après un remerciement.

Les traditions bédouines d'hospitalité et de gentillesse sont profondément enracinées dans la mentalité jordanienne. Nées des rudes conditions de vie dans le désert, elles imprègnent pratiquement toutes les règles de vie en société. Cette coutume séculaire, associée à un esprit d'ouverture et à un grand sens de l'humour, contribue à rendre le pays particulièrement accueillant.

QUESTIONS DE SAVOIR-VIVRE

Voici quelques conseils de bienséance, qui vous aideront à briser la glace sans rompre l'amitié. Bien sûr, si vous commettez des impairs, tout est toujours pardonnable moyennant un sourire, une boîte de baklavas et un compliment sur les enfants !

Poignée de main Elle est importante, mais est généralement réservée aux personnes du même sexe. Après un accrochage entre automobilistes, par exemple, les deux parties passent d'abord les premières minutes à se serrer copieusement la main, à se féliciter et à se demander des nouvelles de la famille... avant de passer à l'affrontement pour déterminer à qui revient la faute.

Démonstrations d'affection en public Ne croyez pas que voir deux hommes se faire la bise vous donne le droit d'en faire autant. Toutes les marques d'affection, hormis entre membres du même sexe (et de nature strictement platonique), sont très mal vues en public – ce qui n'est pas forcément évident, il est vrai, dans les villes, où les jeunes branchés marchent bras dessus, bras dessous avec leur amoureux(se).

Mains et bras La gestuelle est aussi chargée de sens. Au rang des maladresses, on peut par exemple utiliser sa main gauche (réservée aux ablutions) pour tendre un objet, oublier de mettre la main sur le cœur lorsque l'on refuse quelque chose, ou de refuser un cadeau ou un service que l'on a l'intention d'accepter...

Pieds Un sujet sensible, pour les hôtes comme pour leurs invités. Si vous vous rendez à la mosquée ou chez quelqu'un : lavez-vous les pieds et enlevez vos chaussettes ; vous devez avoir les pieds propres et les ramener sous vous en vous asseyant par terre.

L'amour du désert

Plus de 98% des Jordaniens sont arabes et issus de tribus venues de tous les coins du Moyen et du Proche-Orient au fil des siècles. La plupart descendent des Bédouins, premiers habitants des déserts d'Arabie, considérés par beaucoup comme les représentants et les gardiens de l'"arabité". Or les Bédouins constituent la majorité de la population autochtone, ils ne sont pas plus de 40 000 à continuer de mener une existence authentiquement nomade. Bergers et éleveurs de bétail, ceux-là vont d'oasis en oasis à la recherche d'eau et vivent essentiellement dans la Badia, grande plaine rocailleuse et désertique de l'est de la Jordanie.

Peuples des déserts d'Arabie (Hermé, coll. Terres de légende, 2005), de Pierre Bonte (textes) et Étienne Dehau (photos), est une belle invitation à la découverte des déserts (dont le Wadi Rum) et de leurs peuples.

Malgré la sédentarisation de certains Bédouins (comme les B'doul, qui parcouraient jadis les flancs des collines autour de Pétra, et vivent à présent principalement dans le village moderne d'Umm Sayhoun), nombreux sont les Jordaniens à rester très attachés au désert. Cet amour n'est pas toujours très évident, à en juger par les détritus et l'état de dégradation générale de régions aisément accessibles comme le Wadi Rum. En revanche, il est très manifeste dans la manière qu'ont les Jordaniens de faire leurs les grandes qualités des habitants du désert : l'hospitalité, la loyauté, la dignité, la fierté et la courtoisie.

Les gardiens du désert aujourd'hui

Qu'ils soient zawaedha ou zalabia, originaires du Wadi Rum, du Wadi Musa ou de la Badia, les Bédouins sont fiers de "leur Jordanie" et accueillent avec bonheur les visiteurs. Rien de surprenant alors à ce que nombre d'entre eux tirent des revenus du tourisme. Beaucoup se sentent investis de la mission de faire découvrir les merveilles de leur pays aux nouvelles générations de visiteurs. À certains égards, c'est ce qu'ils faisaient depuis des siècles, mais avec un but légèrement différent, en offrant du pain et du sel à qui en avait besoin, étant tacitement entendu qu'on agirait de même à leur encontre le cas échéant. Si, de nos jours, l'argent est devenu le moyen de paiement habituel, les valeurs d'accueil perdurent, tout comme le bouche-à-oreille, par lequel on recommande les campements amis – même si aujourd'hui Internet a remplacé la caravane de dromadaires comme mode de transmission des informations.

Tout n'est cependant pas resté inchangé dans le mode de vie des Bédouins. De nombreux voyageurs se font un portrait idyllique de cette existence pastorale, qu'ils se figurent simple et libre. Mais les conditions de vie dans le désert sont d'une dureté sans concession : lits en poil de chèvre, scorpions, chaleur écrasante en journée, froid glacial la nuit, pénuries. Si l'on ajoute les difficultés des temps modernes (éducation obligatoire, urbanisation rampante, exigences et caprices liés au travail avec les touristes), on comprend aisément que la vie des Bédouins d'aujourd'hui n'est ni simple ni libre.

Les Bédouins sont connus pour leur sens de l'humour. C'est, selon eux, l'une des quatre clefs qui, avec le courage, la vivacité et la foi, favorisent la tolérance et l'humilité.

Rien d'étonnant donc à ce que, même si beaucoup s'affirment nostalgiques de l'âge d'or de la vie nomade, la majorité de la population jordanienne soit en faveur de la sédentarisation et du confort qui s'y attache. Et, si les Bédouins se remémorent avec tendresse les histoires que leur contaient leurs grands-parents, ils ne regrettent pas la rudesse de leur existence. La télévision, Internet et les 4x4 ont changé leur vie pour toujours et, puisqu'ils s'en accommodent, autant faire de même !

Bonnes manières

Les racines bédouines de la Jordanie ont grandement influencé la manière d'être des Jordaniens. Tout visiteur prend d'emblée conscience de l'importance accordée aux bonnes manières. La bienséance, née de longs siècles d'échanges et de conflits entre tribus, est un mode d'expression de l'identité nationale. La codification des convenances et des mœurs s'applique à tous les aspects de la vie sociale : durée et intensité d'un "bonjour" ; nombre de tasses de café à offrir et à accepter ; choix de la personne présentant un plat à un convive donné au cours d'un repas...

Si, pour un étranger, apprendre les subtilités des us et coutumes n'a rien d'aisé, les efforts en ce domaine sont très appréciés, en particulier si l'on est invité chez des Jordaniens.

Si le mode de vie bédouin s'est modernisé par de nombreux aspects, la *beit ash-sha'ar* (tente en peau de chèvre) demeure divisée entre le harem privé féminin et les quartiers masculins, plus ouverts.

Le respect de la royauté

Autre trait typique de l'héritage bédouin : le respect tribal très enraciné pour les anciens, ou cheikhs. Un respect qui s'étend aux dirigeants de la nation. La famille royale hachémite, qui prétend descendre en droite ligne du prophète Mahomet, est respectée et appréciée. Si elle n'est pas sans essuyer des critiques, en particulier quant à une certaine opacité de ses fonctions, la famille royale jordanienne a contribué à redéfinir l'image de la monarchie à travers une approche bienveillante et diplomate (notamment sur la question de la paix au Moyen-Orient) et un investissement de longue date dans des œuvres charitables. Lors

LES REINES DE JORDANIE

Deux femmes d'influence ont contribué à façonner le visage de la Jordanie moderne. L'une et l'autre ont tiré parti de leur accession à la royauté par le mariage pour initier des changements positifs dans la société et ont mis sur pied des organismes caritatifs très respectés sur le plan national.

La reine Noor

Lien avec la royauté Quatrième épouse de l'ancien roi Hussein (aujourd'hui décédé) ; mariée en 1978.

Ancien nom Lisa Halaby ; a pris le nom de reine Noor en se convertissant à l'islam.

Ancien emploi Architecte et urbaniste.

Originaire de Washington D. C. ; études à Princeton.

Milieu d'origine Née dans une famille arabo-américaine de la bonne société (son père a servi dans l'administration de John F. Kennedy et dirigé la compagnie Pan American World Airways).

Aide à la communauté A créé la Noor al-Hussein Foundation.

Activités A joué un rôle important en exposant à l'opinion américaine la position de la Jordanie lors de la première guerre du Golfe (1990). S'est employée activement à promouvoir le droit des femmes, le bien-être des enfants et l'amélioration des conditions de vie des Jordaniens.

Plus de précisions Voir le site officiel de sa fondation (www.nooralhusseinfoundation.org). Lire ses *Souvenirs d'une vie inattendue* (LGF, 2006).

La reine Rania

Lien avec la royauté Épouse du roi actuel, Abdallah ; mariée en 1993.

Ancien nom Rania Al-Yassin

Ancien emploi Gestion des entreprises

Originaire du Koweït ; études à l'université américaine du Caire.

Milieu d'origine Née dans une famille de notables jordaniens d'origine palestinienne.

Aide à la communauté A créé la Jordan River Foundation.

Activités Active sur la scène publique, on la voit sur tous les fronts, des campagnes pour les droits des femmes et l'éducation sur Internet (MOOC) au marathon de la mer Morte.

Plus de précisions Voir son site officiel (www.queenrania.jo).

du Printemps arabe, en 2011, il est devenu flagrant que, en dépit de sporadiques manifestations contre le gouvernement, l'idée d'instaurer une république ne suscitait qu'un enthousiasme limité en Jordanie.

Dans cette partie du monde où, plus encore qu'ailleurs, ce sont les hommes qui incarnent habituellement le pouvoir, la Jordanie se démarque en outre par le profil de ses souveraines. Si vous visitez les nombreuses petites coopératives féminines comme celle de Bani Hamida à Mukawir, il y sera immanquablement fait mention de la reine Noor et de la reine Rania comme marraines, voire fondatrices, de ces projets.

Couvre-chef traditionnel, le keffieh, maintenu par l'*agal* (cordelette noire), est un symbole important. Les Bédouins le portent rouge et blanc, les Palestiniens noir et blanc. Les femmes ne sont officiellement soumises à aucune restriction vestimentaire et rares sont celles qui portent le voile. Pratiquement aucune ne porte le tchador.

Mode de vie

L'importance de la famille

Les liens familiaux occupent une place centrale, tant dans les milieux modernes que traditionnels, et c'est dans le respect des parents que naît l'obéissance aux anciens. La famille élargie demeure importante dans la vie sociale, au sein de laquelle les hommes et les femmes sont plus ou moins séparés. Cette ligne de partage est matérialisée par l'aménagement des maisons, où il existe des espaces distincts pour les deux sexes.

Les repas se prennent habituellement assis au niveau du sol, autour de plusieurs plateaux servant de plats communs. Dans les milieux les plus traditionnels, il arrive que les grands-parents et le chef de famille mangent ensemble, l'épouse et les autres femmes de leur côté, et les jeunes enfants à part.

Le mariage

Le mariage reflète l'allégeance à l'institution qu'est la famille. Les unions arrangées restent fréquentes, et il n'est pas rare de se marier entre cousins germains. Néanmoins, peu de parents vont jusqu'à forcer leur fille à contracter une union contre son gré. Depuis 2001, l'âge légal du mariage est fixé à 18 ans pour les deux sexes ; il était auparavant de 15 ans pour les femmes et de 16 ans pour les hommes. Toutefois, les tribunaux islamiques ont encore la possibilité d'approuver des unions entre des personnes plus jeunes.

La cérémonie de mariage proprement dite a lieu soit à la mosquée, soit à l'église ou dans la maison de l'un ou l'autre des jeunes mariés. Puis les hommes de la famille roulent en cortège dans les rues en faisant le plus de vacarme possible, à grand renfort de Klaxon et de musique. La fête bat ensuite son plein jusqu'à l'aube.

La polygamie (masculine), quoique légale, est rare. Les hommes qui prennent plusieurs épouses (l'islam autorise quatre mariages, à condition que chaque épouse soit traitée à l'identique des autres) doivent en informer à la fois leur première épouse et leur nouvelle épouse. Depuis 2002, les femmes peuvent demander le divorce, à charge pour elles de rembourser le montant de la dot versée par le mari lors du mariage. Le divorce demeure toutefois mal accepté socialement.

Première femme...

Ministre du gouvernement : 1979

Maire (à Ajloun) : 1995

Juge : 1996

Chauffeur de taxi : 1997

Procureur : 2010

Ambassadrice à Washington : 2011

Charpentier : 2013

Le concept d'honneur

En Jordanie, l'"honneur" d'une femme reste une valeur très importante de la société traditionnelle. Les rapports sexuels avant le mariage et l'adultère sont souvent traités avec une extrême sévérité par les autres membres de la famille. Dans certains cas, rares, cela peut conduire à des assassinats.

La journaliste jordanienne Rana Husseini a beaucoup œuvré pour porter ces assassinats sur la place publique et prôner l'interdiction de telles pratiques. Le roi Abdallah lui-même a tenté d'imposer des condamnations plus sévères, mais le chemin vers l'abolition totale des crimes d'honneur est encore long. L'évolution des mentalités qui

LES CRIMES D'HONNEUR

En 2002, l'ouvrage intitulé *Forbidden Love* (*Pour l'honneur de Dalia* en français), de Norma Khouri, devient peu après sa parution un véritable best-seller. Mieux encore, Norma Khouri incarne, du jour au lendemain, la voix que voulait entendre l'Occident : celle d'une femme arabe s'élevant contre la prétendue "tyrannie de l'islam". Elle est invitée dans les débats télévisés et courtisée par la presse pour ce récit qui revêt l'aspect d'une croisade morale, menée par toutes les consciences méritantes dans le monde.

L'histoire, déchirante, raconte la mort de son amie d'enfance, Dalia : un assassinat perpétré au couteau par un père islamiste pour un flirt anodin avec un soldat chrétien. L'événement, mais aussi le récit qu'en fait Norma Khouri, l'aurait obligée à quitter son pays pour fuir aux États-Unis, tandis qu'une fatwa était lancée contre elle. Les comparaisons avec Salman Rushdie ne tardent pas, à la différence que ce dernier n'a jamais prétendu que son œuvre était fondée sur des faits réels.

Car voilà, rapidement, des doutes sont émis sur l'intégrité de l'auteure et le caractère vérifique de son livre. L'existence même de Dalia est remise en question, jetant par là même l'incertitude sur la question des crimes d'honneur, thème central du livre.

Or, une vraie tragédie se cache derrière cette supercherie littéraire. Des crimes d'honneur – crimes perpétrés sur des femmes par un père ou un frère afin de "sauver" l'honneur de la famille – se produisent bel et bien en Jordanie, même s'ils sont de plus en plus rares et qu'ils sont désormais passibles de 10 ans de prison. Les récits à sensation qui font leur miel de cette pratique sapent malheureusement le travail des organismes qui œuvrent pour changer les mentalités.

Le documentaire *Crimes of Honour*, de Shelley Saywell, filmé en Jordanie et en Cisjordanie, permet d'en savoir plus sur ce sujet sensible.

reposent sur des "valeurs" culturelles aussi profondément enracinées prend du temps. Pourtant, plus encore que la loi, c'est elle qui permettra de mettre un terme à ces crimes.

La Jordanie face à la modernité

Un nouveau rôle pour les femmes

Le concept traditionnel de l'honneur (*ird*), qui reste prégnant, s'accorde mal avec les libertés escomptées par de nombreuses femmes des milieux aisés – en grande partie grâce à l'accès sans discrimination à l'un des meilleurs systèmes éducatifs de cette région du monde. Les femmes ont le droit de vote depuis 1967 (mais elles n'ont pu l'exercer pour la première fois qu'en 1989) et un décret royal garantit un minimum de six sièges parlementaires à des femmes.

En 1991, les femmes représentaient seulement 14% de la main-d'œuvre, contre 25% aujourd'hui (selon des chiffres des Nations unies), principalement dans les secteurs de la santé et de l'éducation. Beaucoup travaillent désormais aussi dans des domaines majoritairement masculins, même si elles restent peu représentées dans les médias et dans la Justice, ou moins de 1% des juges sont des femmes.

Les femmes issues de milieux plus traditionnels commencent également à se garantir une indépendance financière et à mieux se faire entendre dans la société jordanienne. On le doit notamment au succès de plusieurs organismes jordaniens encourageant la production artisanale à petite échelle, ainsi qu'à des projets touristiques menés localement.

Selon des statistiques gouvernementales, quinze femmes sont assassinées en moyenne chaque année en Jordanie pour avoir prétendument jeté la honte sur leur famille en ayant eu des relations sexuelles hors mariage, refusé une union arrangée, quitté leur mari ou subi un viol ou une autre agression sexuelle.

Urbanisation

On assiste à une polarisation croissante de la société jordanienne entre les villes et les campagnes. À Amman, la jeunesse occidentalisée des classes moyenne et supérieure profite d'un haut niveau d'éducation, fait

LES RÉFUGIÉS PALESTINIENS

Plus de 2 millions de personnes vivant en Jordanie sont des réfugiés palestiniens enregistrés comme tels, et à peu près la moitié de la population jordanienne serait d'origine palestinienne. Il s'agit pour la plupart de Palestiniens ayant fui leur terre, principalement la Cisjordanie, durant les guerres de 1948 et de 1967, ou le Koweït après la première guerre du Golfe, en 1990-1991. On estime que leur nombre aurait augmenté d'environ 20 000 vers la fin 2014, à la suite de la guerre civile qui fait rage en Syrie.

Beaucoup de Palestiniens ont saisi l'occasion de se voir accorder la citoyenneté jordanienne et participent à la vie politique, culturelle et économique du pays. Toutefois, nombreux sont ceux qui espèrent toujours revenir un jour dans une Palestine indépendante. Ce qui conduit certains à résister à l'intégration dans la société jordanienne et à continuer de vivre, dans des conditions difficiles, dans des camps de réfugiés.

Environ 370 000 réfugiés (18% du total des réfugiés en Jordanie) vivent dans dix camps administrés par l'Office de secours et de travaux des Nations unies pour les réfugiés de Palestine dans le Proche-Orient (UNRWA), qui conduit des projets en lien avec la santé, l'éducation et l'aide sociale. Les camps de réfugiés les plus importants se concentrent dans le nord du pays, où les tentes d'origine ont depuis longtemps été remplacées par des structures permanentes qui leur donnent l'apparence de banlieues. Contrairement au camp de Za'atari, à la frontière syrienne, et au camp d'Azraq, à l'est d'Amman, qui ont été installés pour faire face à la vague massive de réfugiés venant de Syrie.

Pour obtenir des statistiques fiables sur les réfugiés en Jordanie, consultez les deux sites Internet suivants (en anglais) :

Department of Palestinian Affairs (www.unrwa.org)

UNHCR (Agence des Nations unies pour les réfugiés ; www.unhcr.org)

Le système éducatif jordanien est renommé à l'échelle régionale. Le taux d'alphabétisation est de 98% pour les hommes et de 94% pour les femmes. Environ 98% des enfants sont scolarisés à l'école primaire ; l'école est obligatoire pour tous, de 5 à 14 ans.

du shopping dans les centres commerciaux, prend le café dans des lieux mixtes à l'occidentale, suit la dernière mode et rêve sans complexe de démocratie. Parallèlement, dans les zones rurales, le taux de chômage est élevé et beaucoup de gens luttent pour joindre les deux bouts.

Le fort taux de chômage pousse beaucoup d'hommes à aller travailler à Amman ou dans les pays du Golfe, voire plus loin. L'argent qu'ils envoient chez eux est de plus en plus vital pour le budget des familles, et on estime que chaque actif entretient en moyenne quatre personnes. Mais l'absence des hommes et donc d'un modèle masculin tend aussi à modifier le schéma de la famille jordanienne. Avec, pour corollaire inévitable, l'apparition de tensions entre ceux qui, loin de chez eux, sont nostalgiques de la tradition ; et les familles restées sur place, contraintes de s'adapter à un environnement qui se modernise rapidement.

L'islam en Jordanie

Si l'islam est la religion dominante en Jordanie, elle n'en est pas l'unique confession : environ 6% de la population est chrétienne. Cet héritage de cohabitation, allié à une longue tradition d'accueil des étrangers, a fait des Jordaniens un peuple globalement tolérant. Il n'en convient pas moins de garder à l'esprit, en toute circonstance, les usages musulmans, pour ne pas risquer de commettre d'impairs.

Foi et société en Jordanie

On peut raisonnablement affirmer que la foi n'est pas pratiquée en Jordanie de manière aussi ostentatoire que dans des pays voisins, comme l'Arabie saoudite, et que la culture islamique n'y a pas, dans l'art, la prééminence qui est la sienne en Syrie. L'islam n'en est pas moins central dans la vie jordanienne. Il régit la tenue vestimentaire, les projets individuels ou collectifs, la manière de régler les querelles et de dépenser son argent. Il est tenu aussi bien comme socle du quotidien que comme ferment de l'avenir. En d'autres termes, en Jordanie, la foi et la culture son intimement liées, et forment l'assise morale de la société.

L'expression *al-hamdu lillah* ("grâce à Dieu") accompagne souvent les phrases mentionnant des faits positifs, et les mots *in sha' Allah* ("si Dieu le veut") ponctuent celles où l'on évoque l'avenir. Il ne s'agit pas de simples fioritures oratoires mais d'indices des liens profonds qui unissent société et religion.

Religion du Livre

L'islam tire ses racines du judaïsme et du christianisme. Adam, Abraham (Ibrahim), Noé, Moïse (Moussa, ou Musa) et Jésus (Issa) y sont classés au rang de prophètes ; les musulmans ne voient pas en Jésus le fils de Dieu. Si juifs et chrétiens y sont respectés en qualité de "gens du Livre" (*ahl al-kitab*), l'islam se tient pour l'expression la plus aboutie du monothéisme.

Les origines de l'islam

Né dans une famille de marchands de La Mecque (dans l'actuelle Arabie saoudite) en 570, Mahomet reçut sa première révélation à l'âge de 40 ans, et commença à amener ses concitoyens à sa foi nouvelle. L'injonction du Prophète de se soumettre à la volonté de Dieu ne fut pas universellement bien accueillie et eut plus d'impact chez les pauvres que chez les riches de la ville, qui redoutaient son ingérence.

LE CORAN

Pour les musulmans, le Coran (*Quran*), livre sacré de l'islam, contient la vraie parole de Dieu, contrairement à la Bible ou à la Torah, qu'ils estiment seulement inspirées par Dieu et donc subjectives. Communiqué directement, selon les croyants, au prophète Mahomet lors d'une série de révélations au début du VIIe siècle, le Coran est un ouvrage dont le titre signifie "récitation". Il est non seulement le socle de la doctrine islamique, mais aussi une source d'extase spirituelle en soi. On le récite fréquemment, avec enthousiasme et émotion, pour bénir à la fois le récitant et l'auditeur. Les rythmes propres à la langue arabe, tenue pour "sacrée", confèrent à cette récitation un caractère sacramentel intraduisible, et beaucoup de musulmans dans le monde apprennent de longs passages du Coran en version originale pour se sentir plus proches de la parole de Dieu.

Quelques livres

Islam (Gallimard, coll Quarto, 2005), de Bernard Lewis

Dictionnaire amoureux de l'islam (Plon, 2004), de Malek Chebel

L'islam (La découverte, coll. Repères, 2004), d'Anne-Marie Delcambre

La Mecque est la première ville sainte de l'islam. Elle abrite la Kaaba, un monument sacré dont l'origine remonterait, d'après la tradition, à Ibrahim (Abraham) et son fils Ismaël et contenant la pierre noire, jadis vénérée par les païens. Les musulmans doivent faire face à La Mecque lorsqu'ils prient. La seconde ville sainte de l'islam est Médine.

En 622, Mahomet dut fuir avec ses compagnons à Médine, une oasis plus au nord où il continua de prêcher ; Médine est aujourd'hui la deuxième ville sainte de l'islam. Cette migration (l'Hégire) marque le début du calendrier islamique : l'an 1 AH ou 622 de l'ère chrétienne. En 630, les compagnons de Mahomet rentrèrent pour prendre La Mecque. Durant les deux années qui précédèrent sa mort, de nombreuses tribus firent allégeance au Prophète et à la foi nouvelle.

Après la mort de Mahomet, en 632, les tribus arabes conquirent le Moyen-Orient, l'Égypte, l'Afrique du Nord, l'Espagne et enfin le sud de la France, répandant la parole de l'islam sur leur passage. La langue arabe et la foi musulmane perdurèrent longtemps après la fin des conquêtes militaires, unissant de vastes parties de l'Europe, de l'Afrique et de l'Asie dans une même idéologie religieuse et culturelle.

Sunnites et chiites

Après son avènement, l'islam se divisa rapidement en deux branches distinctes. À sa mort, le Prophète ne laissa pas d'instruction sur l'identité de son successeur ou sur la manière dont les futurs chefs islamiques (les califes) devaient être élus.

Dans la bataille pour le pouvoir qui fit rage, les *shi'a* (partisans) apportèrent leur soutien à Ali bin Abi Talib, cousin et gendre de Mahomet, pour qu'il devienne le chef spirituel des musulmans ; les autres défendirent les Omeyyades. La communauté se scinda en deux factions : les chiites, qui se rangent derrière les descendants de Mahomet ; et les sunnites, qui s'en tiennent à la fondation orthodoxe de l'islam.

La plupart des Jordaniens appartiennent à l'école hanafite de l'islam sunnite. Une minorité d'environ 15 000 Druzes dans le nord-est du pays (y compris dans la ville d'Azraq) se réclame d'une forme d'islam chiite.

Doctrine

L'islam est une religion pacifique. Le mot *islam*, qui signifie "soumission" ou "allégeance", décrit ce qui tient d'une recherche de la paix – avec soi-même, la société et la nature – par la soumission consciente à la volonté de Dieu. Cette recherche ne se limite pas à de belles paroles lors de cérémonies religieuses, mais s'opère dans chaque pensée et chaque acte.

Le principal précepte de l'islam est qu'il n'y a qu'un vrai Dieu, créateur de l'univers. Les musulmans croient que le Dieu de l'islam est le même que celui des chrétiens et des juifs, mais qu'il n'a pas de fils et n'a pas besoin d'intermédiaires (comme les prêtres). Ils croient que les prophètes – notamment Adam, Abraham, Jésus et Mahomet – ont été envoyés par Dieu pour révéler Sa parole, et qu'aucun n'était de nature divine.

LES ORIGINES DE L'ISLAM EN QUELQUES DATES

570 Naissance du prophète Mahomet, fondateur de l'islam, à La Mecque.

610 Mahomet reçoit sa première révélation, considérée par les musulmans comme les paroles de Dieu et retranscrite dans le Coran.

622 Mahomet et ses disciples fuient La Mecque pour Médine, marquant la naissance du premier État islamique.

632 Mort de Mahomet. La capitale musulmane est transférée à Damas.

656 Ali bin Abi Talib devient calife ; ses disciples sont appelés les chiites.

661 L'assassinat d'Ali par les fidèles du parent lointain de Mahomet entraîne la division de la communauté musulmane en deux factions, les sunnites et les chiites.

680 Le fils d'Ali est tué à Karbala, agrandissant le fossé entre les deux factions.

LES CINQ PILIERS DE L'ISLAM

La profession de foi (*chahada*). Il s'agit du dogme principal de la religion musulmane : il n'y a d'autre Dieu qu'Allah et Mahomet est son Prophète *(La illaha illa Allah, Mohammed rassoul Allah)*. C'est une expression que l'on entend souvent lors des appels à la prière et à l'occasion des naissances et des décès, par exemple. La première partie de la phrase est devenue une sorte d'exclamation utilisable à tout moment et dans toute situation. Les musulmans la murmurent parfois à eux-mêmes, comme pour reprendre quelques forces avant de traverser les vicissitudes de la journée.

La prière (*salat*). L'obligation de prier se décline rituellement cinq fois par jour (au lever du soleil, à midi, en milieu d'après-midi, au coucher du soleil et avant minuit), à l'appel du muezzin. Les musulmans peuvent s'y conformer n'importe où, pourvu qu'ils se tournent vers La Mecque et se livrent auparavant aux ablutions. La prière en commun à la mosquée (*masjid*) n'est obligatoire que le vendredi.

L'aumône (*zakat*). Faire l'aumône aux pauvres était à l'origine l'un des grands enseignements sociaux de l'islam. Il a été institutionnalisé dans certaines parties du monde musulman sous forme d'impôts redistribués aux nécessiteux. Donner à des voisins plus défavorisés reste une obligation morale pour chacun. En Jordanie, des groupements religieux dirigent de grandes institutions charitables comme l'Islamic Hospital d'Amman.

Le jeûne (*sawm*). Le jeûne pendant le mois du ramadan, neuvième mois du calendrier islamique, commémore la première révélation du Coran à Mahomet. Pour marquer sa foi renouvelée, le fidèle doit alors s'abstenir de toute relation sexuelle et ne rien faire passer entre ses lèvres (cigarettes comprises) du lever au coucher du soleil.

Le pèlerinage à La Mecque (hadj). L'apogée d'une vie pieuse pour un musulman est le pèlerinage qu'il doit accomplir, au moins une fois dans sa vie, aux lieux saints de La Mecque et des environs. En principe, le pèlerin doit s'y rendre au cours de la première quinzaine du mois musulman de *zuul-hijja*, le dernier de l'année, afin d'y retrouver des musulmans du monde entier pour le pèlerinage et la fête du Sacrifice (Aïd al-Adha) qui suit. À son retour, il a le droit d'être appelé *hadji*.

Historiquement, cette croyance semble avoir séduit les peuples nomades de la région en ce qu'elle leur donnait accès à une riche vie spirituelle, dénuée, dans son rapport au Dieu unique, de hiérarchie ou d'intermédiaires, et reposant sur le respect par chacun de devoirs fondamentaux (les cinq piliers).

"Bismillah ar-rahman ar-rahim", littéralement "Au nom de Dieu, le Tout Miséricorde, le Miséricordieux", est la sourate d'ouverture du Coran. Les musulmans l'emploient couramment dans la conversation pour exprimer leur sincérité ou se recommander à Dieu.

Traditions musulmanes

Le musulman doit prier cinq fois par jour en observant les rituels d'ablution (se laver les mains, la bouche, les oreilles, les bras, les pieds et la tête dans une eau courante). En dehors d'un lieu de culte et sans eau à disposition, il peut se frotter avec du sable ou encore mimer le geste.

La tête couverte, il se tourne ensuite vers La Mecque, dont le mihrab indique la direction – le sud-est en Jordanie – et accomplit une série de prosternations et de gestes codifiés. La prière peut s'effectuer ailleurs qu'à la mosquée. Vous verrez fréquemment des Jordaniens agenouillés sur un tapis, au bord de la route ou dans leur arrière-boutique.

Habitués à accueillir des touristes venus visiter des sites païens, les Jordaniens seront peut-être surpris mais aussi ravis de constater que vous vous intéressez à l'islam. Toute discussion bienveillante sur la foi est accueillie comme un gage de paix dans cette région où la religion a trop souvent déclenché des conflits – comme en témoignent les immenses châteaux croisés de Kérak et Shobak, mais aussi les déploiements militaires aux frontières avec Israël.

Traditions artisanales

En entrant dans le bon magasin, le visiteur éprouvera un plaisir particulier à acheter un objet fait main, pratique et esthétique, dont le prix bénéficiera directement à la communauté dont est issu l'artisan. Voici quelques pistes pour mener vos achats judicieusement, dans un esprit de tourisme durable et équitable.

Made in Jordanie

Les objets artisanaux traditionnels n'ont rien de pièces de musée. Ils s'achètent et se marchandent. La situation de la Jordanie, au carrefour de nombreuses routes de caravanes, a transformé ces articles, pratiques et transportables, en une forme de monnaie.

Kilims aux couleurs vives claquant au vent dans les rues de Madaba, villages spécialisés dans la fabrication du savon dans la réserve d'Ajloun, travaux de perles à Pétra : la tradition artisanale est bien visible en Jordanie. De fait, les autorités ont rapidement pris des mesures pour soutenir cet aspect de la culture nationale. Un peu partout dans le pays, on trouve des coopératives artisanales, profitant aux communautés locales et perpétuant ce riche héritage pour les générations futures.

Tissage

La longue tradition de tissage des tapis en Jordanie remonte à l'époque des communautés chrétiennes préislamiques. Les *mafrash* (tapis, également connus sous le nom de kilims) sont généralement plats et tissés. Aujourd'hui encore, notamment à Madaba et à Mukawir, on peut observer la fabrication des tapis en laine, inspirée des premiers motifs byzantins ; même si vous n'avez pas l'intention d'acheter, vous ne pourrez résister à l'enthousiasme des vendeurs qui, quoi qu'il arrive, dérouleront devant vous toutes leurs pièces.

Broderie

La broderie, que beaucoup de femmes apprennent dès l'enfance, fait partie des formes d'artisanat les plus répandues ; traditionnellement, les jeunes filles s'y exerçaient pour décorer les vêtements qu'elles porteraient après leurs noces. Aujourd'hui encore, pratiquée en groupe, la broderie fournit l'occasion de réunions conviviales. Les ouvrages palestiniens sont particulièrement réputés, et l'on peut voir leurs motifs rouges caractéristiques sur les robes traditionnelles (*roza*) vendues dans les boutiques du pays. Les porte-monnaie ornés de motifs élaborés de fleurs en fils de soie sont plus facilement transportables en guise de souvenirs.

Le prix d'un kilim (50-500 JD) dépend de son ancienneté (les plus anciens sont les plus prisés), de l'utilisation ou non de teintures végétales, de sa taille, de l'épaisseur des fils et de la complexité des motifs.

Mosaïque

L'art de la mosaïque est le fruit d'une remarquable tradition en Jordanie. La mosaïque se compose de petits carrés appelés tesselles, taillés dans des pierres naturellement colorées. Il faut d'abord préparer la pierre, taillée dans la surface de la roche puis découpée en tiges de section carrée. Lesdites tiges sont ensuite coupées en tesselles à la tenaille. Les plus petites tesselles forment des motifs plus élaborés, mais leur assemblage est aussi plus difficile et plus long. C'est un peu comme les nœuds d'un tapis : plus il y en a au centimètre carré, plus le travail est tenu pour fin et précieux. Beaucoup d'ateliers du secteur de Madaba assurent l'expédition.

Dinanderie

La Jordanie compte certaines des plus anciennes mines de cuivre du monde (notamment près de Feynan, aujourd'hui dans la réserve de biosphère de Dana). Ce métal est utilisé pour la fabrication des ustensiles du quotidien et des objets pour la maison – plats de service, plateaux, cafetières, etc. Toutes ces pièces sont bien évidemment reproduites de manière industrielle pour alimenter l'industrie touristique, mais vous pourrez encore dénicher des articles authentiques. Pour cela, faites un tour dans les magasins d'antiquités d'Amman, dont beaucoup dépendent d'hôtels de luxe. Vous ne découvrirez sûrement aucune pièce datant de plus de 50 ans (il est de toute façon illégal d'exporter des pièces de plus de 100 ans), mais cela n'enlèvera rien à leur valeur affective.

Quoique désormais difficile à dénicher, *L'Art de l'orfèvrerie bédouine* (Arabesque Commercial, 1989), de Heather Colyer Ross, peut être utile aux amateurs.

Bijoux

Lors de son mariage, une épouse reçoit en dot des bijoux, et notamment des amulettes en argent comme les mains de Fatma (de Fatima, fille de Mahomet), censées protéger contre les *djinns* (démons). Il devient difficile de trouver des pièces anciennes, telles les coiffes en argent ornées de monnaies ottomanes – les dagues bédouines ouvragées (à lame droite, contrairement aux poignards recourbés du Yémen et d'Oman) sont rares également. Les plus belles ont été réalisées au début du XXe siècle par des artisans circassiens, arméniens ou yéménites.

L'artisanat à valeur ajoutée

Plusieurs ONG, comme la Noor al-Hussein Foundation et la Jordan River Foundation, fondées respectivement par la reine Noor et la reine Rania, ont suscité une renaissance de l'artisanat local dans le cadre d'une campagne nationale visant à améliorer les conditions de vie et le

AU CŒUR D'UN ATELIER DE MOSAÏQUE

Pousser la porte d'un atelier de mosaïque, c'est comme s'aventurer dans l'antre du roi de la montagne. Les scies de maçon projettent des nuages de poussière, et l'air résonne du crissement du métal contre la pierre et des claquements des tenailles à découper les tesselles. Lors de notre visite, tous les ouvriers étaient des ouvrières (des tailleuses de pierre aux assembleuses). L'une d'elles, après avoir essuyé ses mains sur sa blouse et calé son téléphone portable entre les pinces, le pinceau et le pot de colle, nous a fait faire le tour du propriétaire.

Les artistes, nous a expliqué Mayzoun, tracent un motif à main levée ou d'après un livre, exactement comme leurs lointains prédécesseurs reproduisaient des scènes tirées de livres de modèles. Ces motifs représentent généralement des situations quotidiennes, avec plantes et animaux (cherchez le poulet, il y en a presque toujours un dans une mosaïque) ; la chasse, la viticulture, les allégories des saisons, et les scènes religieuses ou mythologiques sont les sujets les plus courants. Tout est dans le détail : la cloche au cou d'une gazelle, les palmiers dans une oasis, un sourire narquois sur un visage.

Une fois le dessin tracé, les tesselles sont minutieusement assemblées, traditionnellement sur une épaisse couche de chaux mouillée mêlée de cendre pour former un pavement – aujourd'hui, on les colle plus souvent sur du plâtre humide, puis sur du bois, pour réaliser des plateaux de table ou des décorations murales.

La visite terminée, Mayzoun est retournée à sa table d'assemblage. "Vous nous avez prises en photo ?", a demandé l'une des ouvrières. J'allais lui présenter mes excuses pour l'avoir fait quand elle a ajouté : "Prenez-en une autre, s'il vous plaît. Avec nous toutes, cette fois !" Un rayon de soleil a traversé le nuage de poussière, illuminant les huit visages concentrés, penchés au-dessus de la mosaïque en cours. L'équipe travaillait en rythme, frappant, décollant, insérant et poussant les tesselles pour leur donner vie, formant elle-même un tableau digne d'une mosaïque.

LE MARCHANDAGE : TOUT UN ART !

Les Jordaniens aiment le shopping et le pratiquent comme un art, centré autour du marchandage – qui consiste, pour l'essentiel, à trouver un point d'équilibre entre ce que l'acheteur est prêt à payer et la somme contre laquelle le vendeur est prêt à lui céder l'objet. Cet échange subtil, souvent déroutant pour les personnes habituées aux prix fixes, dépend de facteurs multiples : nombre de ventes réalisées par le vendeur dans la journée, apparence de l'acheteur (si elle indique ou pas qu'il peut se permettre de payer un dinar ou deux de plus), humeur du commerçant... Attention : le marchandage est généralement de rigueur lorsque l'on achète de l'artisanat, mais n'oubliez pas que certaines coopératives affichent des tarifs fixes.

Comme dans tout acte social, il existe un code tacite pour conduire les négociations en douceur. Voici quelques conseils pour faire de cette joute une expérience agréable.

- Considérez le marchandage comme l'occasion de découvrir combien vous êtes prêt à payer pour un article, et utilisez vos talents pour persuader le vendeur de rejoindre votre prix.
- Le marchandage est une activité sociale, à laquelle on se livre souvent autour d'un thé à la menthe brûlant ; n'offensez pas votre interlocuteur en refusant abruptement son hospitalité.
- Évitez de payer d'emblée le prix indiqué : un tel comportement est souvent tenu pour arrogant.
- Commencez le marchandage en dessous du prix que vous vous êtes fixé afin d'avoir de la marge – mais pas trop bas pour ne pas offenser le vendeur.
- Ne vous énervez pas : si les négociations ne correspondent pas à vos attentes, prenez congé en souriant – c'est étonnant comme la formule *ma' as-salama* fait souvent baisser le prix.
- Surtout, n'oubliez pas qu'une bonne affaire en Jordanie est généralement beaucoup plus qu'un simple échange mercantile. Elle restera un moment fort de votre séjour.

statut des femmes en milieu rural, à fournir des revenus à des familles marginalisées, à cultiver les talents et à protéger l'environnement. Les magasins Nature Shops occupent une place de choix au Wild Jordan Centre, à Amman, et dans les centres d'accueil des visiteurs de la RSCN des réserves d'Ajloun, d'Azraq, de Mujib, de Dana et du Wadi Rum.

Des bijoux bédouins, des objets d'artisanat et des costumes traditionnels sont exposés au Musée ethnographique et au musée des Traditions populaires installés à l'intérieur du théâtre romain d'Amman.

Si vous souhaitez dépenser votre argent pour des causes utiles, achetez de préférence des articles dans les boutiques dont les bénéfices seront aux communautés :

Beit al-Bawadi (p. 67). Belles céramiques réalisées par des artisans locaux travaillant sur place. Chaque article coûte entre 50 et 80 JD environ.

Jordan Handicraft Producers Association (34 Khirfan St, 1st Circle ; ⌚8h-16h sam-jeu). Ses 500 membres travaillent à domicile ou dans de petits ateliers. Leur production est présentée dans un bâtiment ancien, dans un quartier d'Amman.

Jordan River Foundation (p. 66). Tapis tissés à la main de Bani Hamida et magnifiques broderies de style palestinien. Vend aussi des coussins, des sacs en poils de dromadaire, des broderies, des paniers et des produits de la mer Morte de grande qualité.

Madaba Tourism Development Association (www.visitmadaba.org). Cet organisme bénévole basé dans une communauté développe des produits touristiques au moyen de talents et ressources locaux.

Made in Jordan (p. 191). Vend de l'huile d'olive, du savon, du papier, des céramiques, des chemins de table et des produits naturels de Wild Jordan à Amman, des bijoux, des broderies, des châles et des sacs en poil de dromadaire, ainsi que des objets de la Jordan River Foundation.

Noor Al-Hussein Foundation (☎5607460 ; www.nooralhusseinfoundation.

org ; fort d'Aqaba). En plus de son showroom à Aqaba, la fondation reste associée à des initiatives devenues indépendantes qui vendent des produits labellisés NHF à Iraq al-Amir, Salt et Wadi Musa (Nabataean Women's Cooperative).

Souk Jara (Fawiz al-Malouf St, Jebel Amman ; ⏲10h-22h ven mai-août). Initiative de quartier de la ville d'Amman, la Jebel Amman Residents Association a pour fer de lance le désormais célèbre souk Jara.

Wild Jordan Centre (p. 66). Vend des produits fabriqués dans les réserves naturelles de Jordanie, notamment des bijoux en argent, des herbes aromatiques bio, des confitures et des bougies. Les œufs d'autruche décorés sont une autre de ses spécialités.

Acheter de l'artisanat

Mieux vaut privilégier les centres d'artisanat spécialisés si l'on cherche des articles de qualité, plutôt que les boutiques de souvenirs généralistes. Malheureusement, certains commerçants surfent sur la vague coopérative en prétendant faire partie d'une fondation au service d'une cause alors qu'il n'en est rien. Vérifiez que l'enseigne correspond bien à ce que vous cherchez !

Détaxe

La plupart des boutiques haut de gamme proposent une détaxe. Si vous dépensez plus de 350 JD, conservez vos tickets de caisse, remplissez un formulaire de détaxe et quittez le pays sous 90 jours, vous pourrez faire recréditer les 16% de taxes sur votre carte bancaire à un guichet de l'aéroport juste avant d'embarquer (plus de détails p. 314).

Exportation

Il est illégal d'exporter un objet vieux de plus de 100 ans. Aussi, n'achetez aucun article (lampes et pièces de monnaie notamment) donné pour "ancien" – même si, de toute façon, il ne l'est probablement pas ! En cas de doute sur la provenance d'un objet, contactez le Bureau des douanes (p. 68) à Amman.

Achats de choix

- *Bijoux en argent (Wadi Musa)*
- *Papier artisanal (Iraq al-Amir, Aqaba, Jérash)*
- *Céramiques (Salt)*
- *Œufs d'autruche peints (Shaumari)*
- *Tissages (Mukawir)*
- *Costumes traditionnels (Madaba)*
- *Savons de la mer Morte (boutique des réserves naturelles, Amman)*

Saveurs jordaniennes

Il suffit de s'aventurer au-delà des stands de kebabs des gares routières pour comprendre que la cuisine jordanienne ne se limite pas aux seuls falafels. Variée et très nuancée elle est en outre, comme dans bien d'autres pays du monde, un élément essentiel des rapports sociaux. Et ce n'est pas tout car, désormais, le pays commence également à se faire remarquer pour ses vins !

Cuisine

Au carrefour des caravanes arabes qui transportaient les épices d'Inde et le riz d'Égypte, la Jordanie a vu naître une cuisine hybride, nourrie de maintes traditions empruntées à ses voisins, en particulier libanais et turcs. On distingue aujourd'hui deux grandes traditions culinaires, arabe et bédouine.

Le mot mezze vient de l'arabe *t'mazza*, qui signifie "déguster par petits morceaux". Les plats de viande sont généralement composés de mouton, de chèvre, de poulet ou d'agneau. Le porc est *haram* (proscrit) pour les musulmans ; les chrétiens ont la possibilité d'en consommer, s'ils en trouvent dans le pays.

Cuisine arabe

De nombreux Jordaniens commencent la journée par un petit-déjeuner composé d'œufs, d'olives, de fromage, de crème aigre et de *foul madamas* (fèves à l'huile d'olive), bien sûr accompagnés de pain. Le pain arabe (sans levain), le *khobz*, se mange avec tout, à tel point qu'il est parfois appelé *a'aish* (vie). Au petit-déjeuner, on le consomme volontiers saupoudré de *za'atar* (thym) ou sous forme de couronnes au sésame, souvent avec un œuf.

Le déjeuner, le principal repas de la journée, est souvent suivi d'une sieste aux heures les plus chaudes. Il comprend invariablement du riz ou des pommes de terres, ainsi que des légumes de saison, mijotés avec un bouillon ou du poulet. Au restaurant, ou lors d'occasions particulières, on déguste aussi de la *maqlouba* : une pyramide de riz fumant, garnie de raisins secs et parfumé à la cardamome, surmontée de tranches d'oignons, de viande et de chou-fleur, avec thym ou persil.

Au dîner, chacun fait comme il l'entend : les enfants grignotent en faisant leurs devoirs, les maîtresses de maison cuisinent éventuellement pour des invités-surprise, les pères sortent manger un kebab entre amis. Le week-end, les Jordaniens dînent en famille, ce qui, dans les grandes villes, signifie parfois aller manger un curry thaïlandais. Dans les restaurants arabes, le repas se déroule autour de mezze, un assortiment de hors-d'œuvre froids ou chauds : feuilles de roquette poivrées, foie émincé et parfumé, tranches d'aubergines épicées, amandes fraîches émondées...

Cuisine bédouine

La cuisine bédouine, celle des nomades, varie en fonction de la saison. Ses produits de base sont le lait de chamelle et le fromage de chèvre, ainsi que les dattes séchées. L'eau est d'autant plus précieuse qu'elle est rationnée ; les Bédouins ont la réputation de boire très peu, notamment pendant la journée, où ils se contentent de quelques gorgées, principalement pour se rincer la bouche.

Les spécialités bédouines, comme le *mensaf* – mouton mijoté sur un lit de riz et de pignons, arrosé de graisse de cuisson et de yaourt –, étaient autrefois réservées aux grandes occasions. Vous pourrez désormais les goûter dans le Wadi Rum et à Wadi Musa. Le *mensaf* cuit dans un *zerb*, un four constitué d'un trou dans le sable garni de bois pour produire de la braise et hermétiquement fermé. Cette cuisson, prolongée plusieurs heures, donne une viande particulièrement savoureuse.

La Cuisine du monde arabe pas à pas (Albouraq, 2010), de Lina Chebaro Baydoun et Nada Mosbah Halawani, propose pas moins de 170 recettes. Mezze, salades, soupes : de quoi prolonger les charmes de votre voyage au Proche-Orient.

Spécialités de saison

Les fruits et légumes frais de Jordanie sont à juste titre réputés.

Printemps L'agneau cuit au *zerb* est plus savoureux que jamais ; le lait de chamelle abonde ; des pastèques mûrissent dans les champs le long de la route du Désert.

Été C'est la récolte des grenades, pistaches, pêches et citrons verts. Pendant le ramadan, jeûnez avec les Jordaniens pour vérifier combien les privations diurnes exaltent les saveurs vespérales !

Automne Cueillez les figues et les raisins, goûtez le maïs assaisonné d'huile d'olive fraîchement pressée. Les bananes et les mangues mûrissent dans la chaleur subtropicale de la vallée du Jourdain.

Hiver Les kakis sont mûrs pour Noël, le moment idéal pour goûter le "poisson du baptême" de Béthanie. Ce rouge le long des routes, ce sont des tomates : les champs près de Safi sont jonchés de cageots pleins.

En-cas

Dans toutes les villes, des stands vendent de savoureux en-cas à la mode locale.

À TABLE AVEC DES AMIS JORDANIENS

Si vous voyagez en Jordanie, surtout si vous vous déplacez seul ou êtes une femme, vous serez sans doute convié à partager un repas chez l'habitant. Même si les Jordaniens s'accommodent facilement des habitudes étrangères, essayez d'observer ces quelques règles de courtoisie.

Partager un repas chez l'habitant

- Apportez quelques baklavas ou, mieux, un souvenir de votre pays.
- Lavez-vous ostensiblement les mains avant le repas.
- Servez-vous uniquement de votre main droite pour manger ou recevoir de la nourriture. La gauche est réservée aux ablutions.
- Ne remettez jamais la nourriture dans le plat ; au besoin, déposez-la sur une serviette.
- Votre hôte vous donnera souvent les meilleurs morceaux ; ne les refusez pas.
- La viande est généralement servie en dernier ; ne vous servez pas seul.
- Si vous êtes assis par terre, n'étirez pas vos jambes avant la fin du repas.

Au restaurant

- Des cure-dents sont souvent fournis. Ils peuvent être utilisés après le repas.
- Un invité est traditionnellement servi abondamment. Même si vous êtes rassasié, essayez d'avaler encore une bouchée par politesse !
- Laissez un peu de nourriture dans votre assiette. Une assiette vide appelle, dit-on, la famine.
- Acceptez un café après le repas – et ne quittez pas la table avant qu'il soit servi.
- Pendant le ramadan, évitez de manger ou de boire en public pendant la journée. En dehors des villes, beaucoup de restaurants ferment à cette période.

Chawarma Agneau ou poulet découpé sur une broche, servi dans un pain non levé avec oignons et tomates.
Falafel Boulettes de purée de pois chiches épicées, frites et servies dans un *khobz* avec des légumes au vinaigre, des tomates, de la salade et du yaourt.
Farouj Poulet rôti sur de grandes broches devant les restaurants, servi avec du pain, des oignons crus et des légumes au vinaigre.
Chich taouq Kebab de poulet mariné et épicé, cuit à la braise.

Plats végétariens

Comme dans les autres pays de la région, la viande est très présente dans les repas en Jordanie, surtout au restaurant. En famille, les Jordaniens consomment beaucoup de légumes et de produits laitiers, et la viande est plutôt réservée aux grandes occasions.

Bien sûr, on peut aussi se régaler de légumes et de produits laitiers dans les restaurants, notamment en optant pour des mezze, mais le concept veggie n'existe pas encore vraiment dans le pays. Ainsi, les soupes peuvent être préparées avec du bouillon de viande et on trouve de la graisse animale dans certaines pâtisseries. Les restaurants suivants offrent un bon choix de plats de légumes – sans assurance quant à la présence éventuelle de viande dans leurs recettes.

Pendant le ramadan, les musulmans jeûnent toute la journée. Ils consomment un copieux petit-déjeuner appelé *suhur* avant le lever du soleil, puis attendent l'*iftar* (fin du jeûne) au coucher du soleil. Ce repas est une fête sous le signe du partage.

Ajloun Restaurant de la réserve forestière d'Ajloun (p. 90)
Amman Wild Jordan Café (p. 61) ; Beit Sitti (p. 55) ; Hashem Restaurant (p. 60)
Aqaba Ali Baba Restaurant (p. 207) ; Formosa Restaurant (p. 207) ; Royal Yacht Club Restaurant (p. 207)
Azraq Azraq Lodge (p. 237)
Jérash Lebanese House (p. 85)
Kérak Kir Heres Restaurant (p. 147)
Madaba Abu Yousef (p. 132) ; Haret Jdoudna (p. 132)
Mont Nébo Asa Moses Restaurant (Siyagha Restaurant ; p. 136)
Pétra Basin Restaurant (p. 181)
Réserve de biosphère de Dana Feynan Ecolodge (p. 153) ; Dana Guest House (p. 153) ; Rummana Campground (p. 154)
Umm Qais Umm Qais Resthouse (p. 98)
Wadi Musa Petra Kitchen (p. 183)
Wadi Rum Bait Ali (p. 226) ; Rum Gate Restaurant (p. 227)

Desserts

Les Jordaniens sont des becs sucrés, et les villes ne manquent pas de pâtisseries dédiées à l'art sublime du baklava. Les immenses plateaux ronds chargés de pâte filo aux fruits secs arrosée de miel, de sirop ou d'eau de rose sont presque des œuvres d'art.

Votre plus doux souvenir sera sans doute la *kunafa*, un dessert diablement bon, à base de fromage frais et de semoule et arrosé de sirop. On commande le plus souvent son dessert au poids – sachant que la plus petite portion est généralement fixée à 250 g !

La Jordanie est réputée pour ses produits laitiers, en particulier son fromage blanc salé. Le *kashkawan* (ou *kishkeh*) est un fromage à pâte molle ; le haloumi et le *chenklich* à la libanaise sont plus fermes.

Boissons

Thé et café

Le thé et le café sont bien souvent au cœur des relations sociales.

Le thé (*chai*) est la boisson la plus populaire. Il se boit nature, sucré (*sukkar ziyada*), peu sucré (*sukkar qalil*) ou sans sucre (*bidoun sukkar*). Dans la plupart des cafés, vous pouvez commander un thé à la menthe (*chai ma' na'ana'*). Les tisanes au thym (*za'atar*) et à la sauge (*marramiya*) sont particulièrement bonnes à Dana.

Le café (*qahwa*) est servi corsé, sucré et parfumé à la cardamome. Vous pouvez le demander dans une tasse à expresso (*finjan*) ou dans une grande tasse (*kassa kabira*). Dans les régions bédouines, il est traditionnellement servi dans des petits bols en porcelaine, et l'hôte

POUR APPRENDRE À CUISINER JORDANIEN

Les choses démarraient mal par cette froide journée d'hiver : les couteaux semblaient dangereusement grands, les oignons, piquants, et les aubergines, trop grosses pour être honnêtes. Avec mes compagnons de stage, nous ne nous en remîmes pas moins à M. Tariq, chef cuisinier à Pétra et notre professeur pour la soirée. En quelques minutes, il nous avait fait éplucher de l'ail à toute allure et trancher une quantité industrielle de tomates sans faire de purée.

Petra Kitchen (p. 183), à Wadi Musa, est le fruit d'une idée innovante. Au lieu d'aller simplement au restaurant, on paie pour préparer soi-même des mezze, une soupe et un plat. Des spécialistes vous apprennent à cuisiner jordanien. Le menu change tous les soirs : en une semaine, vous maîtriserez l'équivalent d'un livre de recettes !

Par cette expérience, vous comprendrez aussi que la cuisine jordanienne n'est pas tant une question d'ingrédients locaux ou de recette que de convivialité. Comme le dit si justement une autre stagiaire : "Si nous avions mangé ce repas au restaurant, sans avoir eu le plaisir de le concocter nous-mêmes et d'avoir ensuite discuté entre nous, il n'aurait jamais eu la saveur qu'il avait ce soir-là."

Si ce concept vous tente, vous pourrez aussi mettre vos talents de cuisinier à l'épreuve à Beit Sitti (p. 55), à Amman.

remplit la tasse de son invité. Un bon invité acceptera d'être resservi trois fois avant d'incliner doucement sa tasse d'un côté puis de l'autre (en arabe, "faire danser" la tasse indique que l'on a eu son content de café).

Dans les cafés jordaniens, on s'assoit et on regarde les passants, on lit ou on fait des parties de cartes avec, en fond sonore, le claquement des dominos ou des pions de backgammon, et le gargouillis de dizaines de narghilés exhalant des senteurs fruitées. Les cafés traditionnels sont théoriquement réservés aux hommes ; avec une tenue adaptée, les touristes féminines peuvent malgré tout s'y aventurer sans générer de réprobation. Très peu de cafés traditionnels servent à manger.

Le *sahlab*, un délicieux breuvage que l'on boit en hiver, est composé de lait chaud parfumé aux noix et à la cannelle. Demandez-le aux vendeurs de boissons, reconnaissables à leurs samovars argentés.

L'eau distribuée dans les hôtels et les restaurants est potable. On en trouve aussi dans des récipients en terre le long des routes de campagne : ménagez votre estomac en préférant l'eau en bouteille. Ne manquez pas les jus (*'assir*) de grenade et de melon frais. Une faible consommation d'alcools comme le vin et l'arak est tolérée chez les non-musulmans.

Alcools

La Jordanie voit prospérer une petite industrie viticole et l'unique microbrasserie de la région. Cette dernière a été fondée par un ingénieur jordanien chrétien qui a rapporté des États-Unis le concept de brassage artisanal. Vendue sous la marque Carakele, sa bière est très appréciée des connaisseurs.

Contrairement à l'industrie brassicole naissante, la viticulture a des origines très anciennes dans la région. En revanche, sa renaissance date d'une vingtaine d'années seulement ; elle est presque exclusivement le fruit du travail d'Omar Zumot. Ce chrétien d'Amman s'est formé à la viticulture dans un monastère en France. Ses vins Saint-Georges, biologiques, font aujourd'hui de l'ombre aux vins plus légers du mont Nébo. N'hésitez pas à comparer les différents crus dans les grands restaurants du pays !

L'arak (un alcool à base d'anis) est également très apprécié par les jordaniens chrétiens (l'islam prohibe la consommation d'alcool), particulièrement à Amman et à Madaba. Mais pensez bien à le diluer dans de l'eau !

Environnement

Avec quelques efforts, il est possible en Jordanie de prendre son petit-déjeuner dans le désert, de déjeuner au sommet d'une colline à l'ombre des pins puis, le soir venu, de savourer une banane ayant poussé dans le climat subtropical de la vallée du Jourdain. Peu de pays peuvent s'enorgueillir d'une telle biodiversité sur un territoire aussi exigu et la Jordanie fait ainsi figure de véritable paradis pour les naturalistes. Heureusement, les autorités ont rapidement pris conscience des atouts du pays et ont su promouvoir l'écotourisme. Aussi, que l'on s'intéresse aux rapaces, aux oiseaux migrateurs ou aux fleurs, est-il possible de trouver son bonheur dans ce tout petit pays.

Le territoire

Le mot *jebel* (djebel) désigne en arabe une montagne généralement aride. Le Jebel Umm Adaani (1 832 m), plus haut sommet du pays, correspond en tous points à cette description. Le terme *wadi* (*widyan* au pluriel) s'applique à un cours d'eau à sec. Le Wadi Mujib, où coule de l'eau en permanence, est une magnifique exception à la règle.

Avec 91 860 km², la Jordanie est six fois plus petite que la France. Les distances sont courtes : seuls 430 km séparent Ramtha, située au nord sur la frontière syrienne, d'Aqaba, dans le Sud. T. E. Lawrence se félicitait en son temps de pouvoir couvrir la distance séparant Azraq d'Amman en trois jours d'une éprouvante méharée. Aujourd'hui, on peut traverser le pays du nord au sud en voiture en 6 heures environ. Toutefois, si l'on souhaite véritablement profiter du paysage, mieux vaut encore se caler sur le pas du dromadaire.

On peut partager le pays en trois grandes régions : la vallée du Jourdain, le plateau oriental et le désert.

Écosystème de la vallée du Jourdain

La Jordanie se trouve en lisière de la vallée du Grand Rift, qui s'étend des lacs de l'Afrique de l'Est au sud de la Syrie. Le rift a été formé à la suite de la séparation des plaques arabique et africaine, événement géologique à l'origine de l'apparition de la mer Rouge. Le Wadi Araba, la mer Morte et la vallée du Jourdain se situent exactement sur la ligne de faille. De nos jours, les sources chaudes qui jaillissent du flanc de la montagne à Hammamat Ma'in traduisent l'existence d'une activité tectonique.

Le Jourdain est le fleuve qui coule à l'altitude la plus basse du monde. Il traverse la partie nord de la vallée et est alimenté par le lac de Tibériade (ou mer de Galilée), le Yarmouk et les cours d'eau qui descendent des collines. L'afflux permanent d'eau douce a favorisé la création d'une vallée humide subtropicale très fertile, où se sont développés une agriculture intensive et de l'élevage.

En vous promenant à l'ombre des flamboyants et des tamaris de la vallée du Jourdain, vous apercevrez peut-être des souimangas et des martins-pêcheurs, ou encore une loutre (espèce menacée) se hâtant vers les roseaux. En revanche, les lions, les ours, les éléphants, les rhinocéros et les troupeaux d'ânes sauvages qui vivaient jadis dans la région, et dont la présence est attestée par des vestiges du paléolithique, ont disparu.

D'autres choses demeurent inchangées. Les poissons de la célèbre mosaïque de Madaba, représentés en train de faire demi-tour pour échapper à une mort certaine à l'embouchure du Jourdain, montrent que la mer Morte formait déjà, à l'époque byzantine, un milieu hostile à toute forme de vie.

Écosystème du plateau transjordanien

Dominant de toute sa hauteur la vallée du Jourdain – entrecoupée de plusieurs gorges lentement creusées au fil du temps par les *widyan* de Zarqa, Mujib et Hasa –, le plateau transjordanien offre un paysage vallonné au climat tempéré. Il englobe les collines boisées du nord de la Jordanie (moins de 1% du territoire est couvert de forêts et de bois), plantées de pins d'Alep, de chênes verts et d'arbousiers à écorce rouge, et peuplées de sangliers, de putois, de fouines et de porcs-épics.

Au printemps, une multitude de fleurs sauvages – roses trémières, coquelicots et marguerites jaunes notamment – émaillent la région de leurs couleurs chatoyantes. C'est aussi le moment idéal pour admirer l'iris noir (qui arbore en fait un violet sombre), la fleur nationale de la Jordanie.

Ce plateau, qui regroupe les principales agglomérations (Amman, Irbid, Zarqa et Kérak), a été traversé des siècles durant par les caravanes – des échanges culturels dont témoigne le paysage, mosaïque de plantations de figuiers et d'oliviers, de vignes et de pâturages ras. En se promenant dans les environs de Madaba en été, on voit les Bédouins faire paître leurs troupeaux de moutons et de chèvres à flanc de colline. En hiver, ils redescendent pour échapper au vent glacial. Leurs pratiques

Pour avoir un aperçu de l'extraordinaire richesse de la mer Rouge, reportez-vous au chapitre *Plongée et snorkeling en mer Rouge* de ce guide, p. 29.

LA BIODIVERSITÉ JORDANIENNE

Oiseaux Du fait de son emplacement géographique, au bord de la vallée du Grand Rift, la Jordanie est survolée par de nombreux oiseaux migrateurs. Plus d'un demi-million d'oiseaux, qui se rendent de Russie et d'Europe centrale en Afrique, font escale dans les oasis et dans les zones humides du pays, de moins en moins nombreuses.

Animaux En 1989, la Royal Society for the Conservation of Nature (RSCN, Société royale pour la conservation de la nature) a lancé un programme de réintroduction du bouquetin de Nubie dans la réserve de Mujib. Certains animaux ont été relâchés dans la nature, et le nombre des troupeaux est en augmentation. La tentative de replacer dans le Wadi Rum des oryx élevés dans la réserve animalière de Shaumari s'est révélée moins fructueuse : certains animaux se sont aventurés vers la frontière de l'Arabie saoudite, tandis que d'autres ont eu du mal à se faire au terrain sablonneux.

Reptiles Les reptiles aux couleurs vives de Jordanie sont timides, mais bien moins que les renards et les autres prédateurs (à fourrure ou à plumes) qui s'en nourrissent. Le *Pseudotrapelus sinaitus* (ou agame du Sinaï) bleu turquoise et le caméléon à la couleur de peau changeante sont deux des habitants les plus étonnants des montagnes jordaniennes. Environ 35 espèces de reptiles ont été recensées en Jordanie. Si certains sont venimeux, ils ne sont pas agressifs, sauf s'ils se croient attaqués (pour savoir comment réagir en cas de morsure, voir l'encadré p. 344).

Invertébrés Les scorpions sont communs dans les zones arides de Jordanie. Ces animaux nocturnes sont peureux. Il est toutefois préférable de secouer ses chaussures le matin, au cas où elles auraient servi de refuge.

Poissons Les eaux du golfe d'Aqaba, sur la mer Rouge, abritent 230 espèces de coraux et 1 000 variétés de poissons.

Plantes La Jordanie compte plus de 2 500 espèces de fleurs et de plantes sauvages, dont environ une vingtaine de variétés d'orchidées. L'ouvrage *Wildflowers of Jordan & Neighbouring Countries*, de Dawud M H Al-Eisawi, en anglais et illustré de superbes photos, vous aidera à en reconnaître quelques-unes. Le Royal Botanic Garden, non loin d'Amman (p. 86), réunit des espèces endémiques du pays.

Réserves naturelles de Jordanie

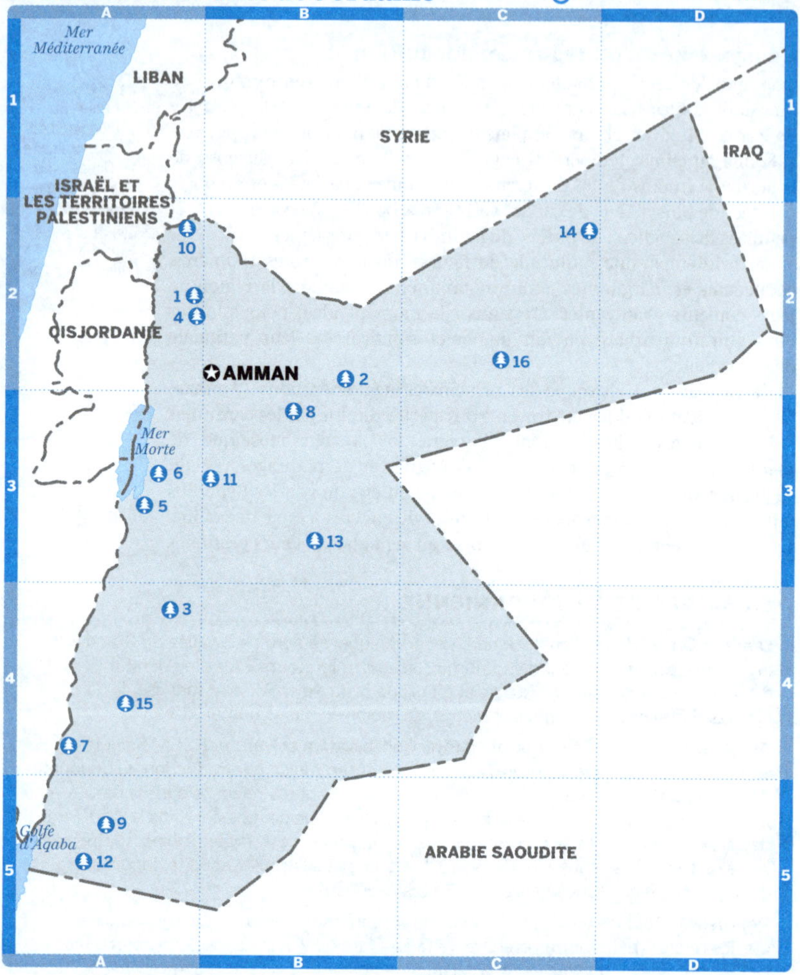

Réserves naturelles de Jordanie

Réserves naturelles

1 Réserve forestière d'Ajloun A2
2 Réserve humide d'Azraq B2
3 Réserve de biosphère de Dana A4
4 Réserve forestière de Dibeen A2
5 Réserve de Fifa A3
6 Réserve de biosphère de Mujib A3
7 Réserve de Qatar A4
8 Réserve animalière de Shaumari B3
9 Zone protégée du Wadi Rum A5
10 Réserve naturelle de Yarmouk A2

Réserves en projet

11 Réserve d'Abu Rukbeh B3
12 Réserve d'Aqaba A5
13 Réserve de Bayer B3
14 Réserve de Burqu C2
15 Réserve du Jebel Masuda A4
16 Réserve de Rajel C2

agricoles façonnent ce territoire depuis l'époque de Moïse, en gravant des sentiers immémoriaux autour des pentes des pâturages.

Quelques coins de nature sauvage demeurent intacts sur le plateau, en particulier vers son extrémité sud, aux alentours de Dana. Cette terre rocailleuse, à l'extraordinaire biodiversité, constitue l'habitat du caracal (lynx du désert), superbe félin reconnaissable à ses très longues oreilles se terminant par des pinceaux de poils noirs. C'est aussi ici que vit le bouquetin de Nubie, une espèce menacée, aux cornes recourbées et torsadées, qui se cache dans les replis escarpés des montagnes de grès.

Le plateau, qui s'étale entre 600 et 900 m au-dessus du niveau de la mer, s'achève près d'Aqaba, au bord de la mer Rouge.

Le site www.jordanflora.com (en anglais) constitue une bonne introduction à la flore de Jordanie.

Écosystème du désert

Le versant est du plateau transjordanien se fond peu à peu avec le désert. Ce dernier, qui occupe plus de 90% du territoire jordanien, n'accueille que 5% de la population. Le basalte volcanique inhospitalier du Nord-Est laisse place dans le Sud au grès et au granit, ainsi qu'aux superbes escarpements du Wadi Rum. Entre les deux, la zone désertique et rocailleuse appelée Badia s'étend sur 1 000 km de terre désolée. Seulement ponctuée de quelques plantes grasses, elle est le royaume des lézards… qui voient parfois passer des dromadaires.

En suivant la route n°10 (Hwy 10 ou route du Désert oriental), habituellement déserte, il est difficile d'imaginer qu'il puisse y avoir de la vie dans pareille désolation. Et soudain, comme par miracle, surgit la réserve humide d'Azraq, et l'on comprend alors pourquoi cette oasis du désert attire tant d'oiseaux migrateurs. Là, hérons et aigrettes pêchent en compagnie des crapauds, tandis que les prédateurs, tels le renard, le loup et le chacal rôdent aux abords des oasis, dans l'espoir de croquer quelque lièvre imprudent.

Certaines espèces du désert ont été chassées jusqu'à extinction longtemps avant que la protection de l'environnement ne devienne une priorité. La réserve naturelle de Shaumari (uniquement accessible dans le cadre de safaris nocturnes organisés par RSCN) accueille des animaux qui peuplaient jadis les plaines désertiques avant leur réintroduction dans la nature.

Si la mer Morte est presque stérile, ce n'est pas le cas des falaises qui l'entourent : de petites oasis de palmiers dattiers et des sortes de jardins de fougères suspendus offrent un refuge aux bruyants rufipennes de Tristram (*Onychognathus tristramii*) ; quant aux escarpements de grès, ils constituent l'habitat du farouche bouquetin de Nubie, une espèce menacée.

Zones protégées

> "Les vrais serviteurs du Tout Miséricordieux sont ceux qui marchent humblement sur la terre."
>
> *Le Coran, sourate 25, verset 63*

La **Royal Society for the Conservation of Nature** (RSCN ; www.rscn.org.jo) est une organisation non-gouvernementale (ONG) fondée en 1966, officiellement mandatée pour mener à bien des projets de protection de la biodiversité. Elle est aujourd'hui la principale agence de protection de l'environnement en Jordanie.

La RSCN a réussi à atteindre ses objectifs de départ : sauver des espèces d'animaux et de plantes menacées d'extinction, et réintroduire plusieurs espèces disparues localement comme l'oryx d'Arabie. Ces vingt dernières années, elle a par ailleurs élargi son champ d'action, en reconnaissant notamment le rôle du tourisme. Un programme de projets écotouristiques centrés sur les réserves naturelles gérées par la RSCN a ainsi pu être mis en place.

Pour tout savoir sur les espèces d'oiseaux visibles en Jordanie, rendez-vous sur www.oiseaux.net.

Réserves naturelles

La RSCN, qui gère neuf réserves (mais pas la zone protégée du Wadi Rum), a notamment pour objectif de créer d'autres zones naturelles remarquables (notamment à Burqu et au Jebel Masuda). Les réserves naturelles ne doivent pas être confondues avec les "parcs nationaux" jordaniens, qui sont en réalité des espaces non protégés, tenant davantage du parc de loisirs – comme par exemple le parc de Zai, près de Salt.

Réserve forestière d'Ajloun (p. 88 ; 13 km², créée en 1988). Sentiers faciles, forêts de pistachiers et de chênes, fleurs printanières et artisanat.

Réserve humide d'Azraq (p. 239 ; 12 km², créée en 1977). Au printemps et à l'automne, on peut observer des centaines d'oiseaux migrateurs depuis un affût et une passerelle de planches au cœur de cette zone marécageuse malheureusement détériorée et de plus en plus petite.

Réserve de biosphère de Dana (p. 149 ; 320 km², créée en 1989). Un territoire sauvage et spectaculaire, traversé par plusieurs sentiers. Ses paysages, qui vont des montagnes aux contours dentelés jusqu'au désert, protègent 600 espèces de plantes, 200 espèces d'oiseaux et plus de 40 espèces de mammifères.

Réserve forestière de Dibbeen (p. 86 ; 8 km², créée en 2005). Cette forêt de pins d'Alep, parmi les dernières de Jordanie, abrite des espèces en voie de disparition comme l'écureuil de Perse.

Réserve de Fifa (27 km², créée en 2011). Végétation subtropicale rare et oiseaux migrateurs aquatiques.

Réserve de biosphère de Mujib (p. 118 ; 212 km², créée en 1988). Cette réserve sert à l'élevage du bouquetin de Nubie. Les visiteurs y profitent d'un formidable programme d'écotourisme – promenades dans des canyons, descentes de chutes d'eau en rappel…

Réserve naturelle de Qatar Un territoire aride au bord de l'escarpement du Wadi Araba.

Réserve animalière de Shaumari (p. 240 ; 22 km², créée en 1975). Une petite réserve conçue pour réintroduire des espèces localement éteintes, tels l'oryx d'Arabie, l'autruche, la gazelle et l'onagre.

Zone protégée du Wadi Rum (p. 197 ; 540 km², créée en 1998). Classé par l'Unesco en 2011 et placé sous la tutelle de l'autorité régissant la zone économique d'Aqaba, ce magnifique désert se trouve au cœur du territoire bédouin. Au programme ici : camping, méharées et balades en 4x4.

Réserve naturelle de Yarmouk (30 km², créée 2011). Cette zone, qui n'a pas été développée, est notamment peuplée d'oiseaux aquatiques, ainsi que de gazelles et de loutres menacées.

La RSCN fait campagne pour sensibiliser l'opinion publique, en particulier les enfants. Elle finance des groupes d'écologistes, forme des guides, lutte contre la chasse et le braconnage, et milite contre l'exploitation minière. Elle s'efforce ainsi de préserver les trésors naturels du pays pour les générations futures.

Écologie et écotourisme

L'écologie est un concept assez nouveau au Proche-Orient. Aussi la Jordanie, où l'on assiste à un véritable engouement pour cette question, fait-elle figure de précurseur. Cela se traduit notamment par des actions en faveur de la protection de l'environnement, mais aussi dans le secteur du tourisme – où le défi à relever est de taille. Vous trouverez dans ce chapitre quelques clés pour minimiser l'impact de votre séjour dans un pays parfois victime de son propre succès.

Écologie

Eau

Difficile d'imaginer que la Jordanie souffre d'un manque d'eau chronique quand on se baigne, en pleine verdure, dans une piscine à débordement d'Aqaba. Or, les faits sont alarmants. La Jordanie, qui compte principalement sur l'eau de pluie et sur des nappes phréatiques souvent surexploitées, est le quatrième pays du monde le plus pauvre en eau. Près de 90% des cours d'eau ont déjà été détournés et la population s'accroît de près de 3,5% par an. Dans un pays déjà frappé par de fréquentes sécheresses, la situation semble vouée à empirer. La consommation nationale actuelle est de 60% supérieure à la reconstitution des ressources en eau, qui pourraient être épuisées d'ici une vingtaine d'années.

Du reste, la Jordanie n'est pas le seul État confronté à ce problème. L'eau est un enjeu politique majeur dans la région : elle a été à l'origine de plusieurs conflits par le passé et continue de susciter des tensions entre la Jordanie et ses voisins. Le traité de paix de 1994 entre la Jordanie, Israël et les Territoires palestiniens autorisait la Jordanie à puiser 50 millions de mètres cubes d'eau par an dans la lac de Tibériade. Des dissensions demeurent quant à l'application de cette mesure - sur cette question, un accord a toutefois été conclu en février 2015.

La Jordanie dispose de 140 m³ d'eau renouvelable par habitant et par an, contre 1 500 pour le Royaume-Uni, 3 033 pour la France, 340 pour Israël et 70 seulement pour les Territoires palestiniens. On estime que ce chiffre tombera à 90 m³ en 2025. Il est communément admis qu'un chiffre inférieur à 500 m³ est synonyme de pénurie d'eau.

Chasse

Vous obtiendrez de nombreux renseignements sur l'insaisissable faune locale en visitant les réserves naturelles. Pas moins de 20 espèces de mammifères sont arrivées à extinction en Jordanie depuis un siècle. Certaines (lion, guépard, ours, gazelle, âne sauvage...) ont été victimes de la chasse et du braconnage, notamment au lendemain de la Seconde Guerre mondiale, quand les armes inondaient la région. Le dernier léopard a été tué près de Dana en 1986. On en aurait aperçu d'autres depuis, mais les preuves n'ont pas été avérées.

Une mauvaise gestion du territoire (illustrée par la déforestation), un pompage d'eau excessif dans les régions du Jourdain, de la mer Morte et d'Azraq, l'urbanisation, l'utilisation immodérée de pesticides, notamment près des sources d'eau de la vallée du Jourdain, ainsi que la pollution atmosphérique et aquatique font peser de lourdes menaces sur les oiseaux et autres animaux (sur les 77 espèces de mammifères présentes en Jordanie, 24 sont en danger).

L'eau en livre

La Géopolitique de l'eau dans le monde arabe (L'Harmattan, revue Eurorient, 2013), sous la direction de Pierre Berthelot

Surpâturage et désertification

À contempler la Terre promise de Moïse du haut du mont Nébo, on constate malheureusement, confronté au spectacle de ce paysage semi-aride, qu'il en reste bien peu de chose – du moins, si l'on parvient à distinguer quoi que ce soit au milieu des tourbillons de poussière soulevés par le bétail. Jadis fertile, cette terre a été dévastée par des siècles de surpâturage qui, conjugué à l'érosion et à la sécheresse, a conduit à une importante désertification (l'expansion incontrôlable du désert dans des zones auparavant fertiles). Selon la RSCN, des millions d'hectares de terre ont été transformés en des zones désertiques inhabitables. En conséquence, la superficie consacrée au bétail et aux cultures a diminué, et les animaux et les plantes endémiques ont vu leur territoire réduit à la portion congrue. La Jordanie compte environ 3 millions de chèvres et de moutons qui, faute de trouver de quoi se nourrir à suffisance, se rabattent sur les réserves naturelles et les lisières des villes.

En 2013, le roi Abdallah II a inauguré un nouveau pipeline, destiné à puiser quelque 120 millions de mètres cubes d'eau par an dans la nappe phréatique de Diseh (vieille de 30 000 ans), près du Wadi Rum. Ce chantier pharaonique a nécessité 4 ans de travaux, le forage de 64 puits et la construction d'une d'une canalisation de 325 km entre Diseh et Amman.

Les défis à relever

Le Parlement jordanien a voté en 1995 une loi de protection de l'environnement, incluant des clauses relatives à l'interdiction de la chasse et à la limitation des pâturages.

La gestion de la crise de l'eau a été placée au cœur de la stratégie de protection environnementale. Les agriculteurs jordaniens, qui comptent pour environ 5% de la population, utilisent 75% des ressources en eau du pays, de manière parfois inefficace. La modernisation des pratiques agricoles et la réparation des canalisations d'Amman victimes de fuites sont des priorités. Mais il existe aussi des projets plus radicaux et controversés, comme l'exploitation d'une source non renouvelable d'eau fossile, puisée dans les nappes phréatiques proches du Wadi Rum, ainsi que la construction d'un ensemble d'usines de dessalement, de centrales hydroélectriques et de canaux destinés à relier la mer Rouge à la mer Morte, afin d'élever le niveau de la mer Morte et de créer une source d'approvisionnement en eau douce. Selon de nombreux analystes, si la crise de l'eau qui menace n'est pas résolue, les "guerres de l'eau" prendront le pas sur les tensions liées au pétrole et deviendront une source de conflit majeure dans un avenir proche.

Depuis les années 1960, Israël et les Territoires palestiniens puisent un tiers de leur eau dans le Jourdain, au point que le fleuve est aujourd'hui réduit à un mince filet composé pour moitié d'eaux usées et d'effluents provenant de la pisciculture.

Écotourisme

L'impact du tourisme

Le tourisme contribue à l'aggravation de la pollution atmosphérique (via les automobiles et diverses industries) et accroît la demande en eau. Il faut aussi déplorer les actes de vandalisme et les dégâts involontaires occasionnés sur des sites comme Jérash et Pétra ; les méfaits des flashs sur les fragiles peintures rupestres ; les déchets abandonnés près des sources chaudes, par exemple... Autant de points négatifs qui soulèvent des questions sur l'impact local de cette manne toute relative.

Dans une région où la protection environnementale en est à ses balbutiements, la Jordanie est à la pointe dans ce domaine. Les autorités encouragent le tourisme responsable et veillent sur le patrimoine culturel du pays, comme en témoignent les efforts pour promouvoir les initiatives artistiques et artisanales, et pour soutenir les modes de vie traditionnels (par exemple en employant des chauffeurs bédouins dans le Wadi Rum).

La RSCN est à pied d'œuvre pour encourager une forme de tourisme plus durable à travers divers projets d'écotourisme, qui sont une source majeure de financement pour les programmes écologiques.

Toute la difficulté réside à trouver un équilibre entre la nécessité de développer le tourisme et les dégâts potentiels que ferait subir à la nature un nombre plus important de visiteurs. Ainsi, les revenus générés par

L'ÉCOTOURISME EN DIX LEÇONS

- Rendre visite (à pied) aux fabricants de savon à la réserve forestière d'Ajloun (p. 89)
- Savourer un smoothie aux baies sauvages au Wild Jordan Centre d'Amman (p. 68)
- Rencontrer les Tchétchènes d'Azraq autour d'un festin à l'Azraq Lodge (p. 237)
- Acheter un tapis tissé main au Bani Hamida Centre (p. 140)
- Se réveiller au chant des oiseaux dans le superbe Rummana Campground (p. 154)
- Se régaler d'un dîner végétarien aux chandelles au Feynan Ecolodge (p. 153)
- Acheter un étui à lunettes de soleil brodé à la boutique d'artisanat de la réserve de Dana (p. 154)
- Se baigner dans les bassins permanents de la réserve de Mujib (p. 118)
- Faire une méharée en compagnie d'un guide bédouin dans le Wadi Rum (p. 227)
- Passer une nuit avec les Bédouins à l'Ammarin Camp (p. 195), près du Wadi Rum

le tourisme au Wadi Rum sont nécessaires pour entretenir cette zone protégée, mais il est difficile de minimiser l'impact d'une grande affluence sur le fragile écosystème du désert. D'où la nécessité de solliciter une coopération active des touristes.

Et comment le minimiser

Économiser l'eau Chaque goutte est importante, vu le manque d'eau chronique dont souffre le pays.

Avoir recours aux guides et services locaux C'est à la fois l'occasion d'en apprendre davantage sur le mode de vie local et d'aider à préserver les traditions.

Acheter intelligent Les centres d'artisanat spécialisés reversent leurs profits aux communautés locales.

S'habiller et se comporter correctement La libéralisation des mœurs et des coutumes est considérée par de nombreux Jordaniens comme une mauvaise habitude venue de l'Occident, et comme une atteinte à leur patrimoine culturel.

Payer les droits d'entrée Les ressources ainsi générées servent à entretenir les réserves jordaniennes.

Dépenser de l'argent... Autant faire vivre les entreprises et commerces locaux.

...sans le jeter par les fenêtres En effet, mieux vaut ne donner de pourboires qu'en échange d'un service rendu, afin de ne pas encourager la mendicité.

Laisser les sites en l'état Depuis qu'on les visite, pour y organiser des fouilles ou les admirer, les sites antiques sont soumis à rude épreuve : de trop nombreux touristes volent des "souvenirs" ou apposent leur marque en gravant des inscriptions dans la pierre des monuments. Une conduite à proscrire, bien sûr.

Respecter les règles Même s'il est tentant de toucher une étoile dans la mer Rouge, d'allumer un feu lorsque l'on campe, de prendre une photo sur le vif sans demander la permission, ou encore de se baigner dans le plus simple appareil, il faut résister, par respect pour le patrimoine naturel et culturel du pays.

> Les réserves naturelles couvrent environ 1% de l'ensemble du territoire jordanien, ce qui est très peu comparé aux chiffres de l'Arabie saoudite (9%) et des États-Unis (11%). Toutefois, si l'on fait le rapport entre les zones habitables et la taille de la population, ce chiffre est considérablement plus important.

Pour un impact positif du tourisme

Il existe de nombreux moyens pour que votre séjour profite au pays. En apportant votre soutien à des entreprises responsables, vous aiderez directement les communautés locales. N'oubliez pas que vous pourrez également faire vos achats dans des magasins œuvrant en leur faveur.

Activités

Abraham Path Initiative (www.abrahampath.org). Vous pourrez suivre certains tronçons de l'itinéraire de randonnée qui va d'Ajloun jusqu'à Pella, en Jordanie puis, au-delà, jusqu'à Israël et les Territoires palestiniens. L'excellent site

L'ÉCOTOURISME, VOCATION DE LA RSCN

L'expression "travail d'équipe" résume à elle seule la politique environnementale menée par la RSCN, qui emploie 330 Jordaniens et a offert un poste à 16 000 Jordaniens au fil des ans. Son rôle tient notamment à impliquer les industries et commerces locaux dans des projets à vocation écologique (comme le Wild Jordan Café, dans les locaux du siège de la RSCN à Amman). La RSCN veille à faire participer les communautés locales, comme à Ajloun ou à Dana, par le biais d'activités génératrices de revenus, qui viennent en complément du mode de vie traditionnel au lieu de le mettre en péril.

Grâce à la mise en commun des intérêts de tous, le travail de la RSCN est particulièrement apprécié en Jordanie ; les Jordaniens comptent pour bonne part des 60 000 visiteurs annuels que reçoivent les réserves naturelles.

Vous l'aurez compris : avec leurs hébergements proposant une nourriture délicieuse dans un cadre fantastique, leurs sentiers de randonnée accessibles à tous, sportifs ou non, et leurs boutiques toutes plus tentantes les unes que les autres, les grandes réserves gérées par la RSCN sont les étapes incontournables de tout voyage en Jordanie placé sous le signe du respect de l'environnement.

Web permet de planifier votre périple et de le rendre profitable aux communautés locales qui retirent des bénéfices du commerce avec les randonneurs.

Jordan Living History Association (JLHA ; www.jerashchariots.com). Cette association propose des reconstitutions historiques très précises à Jérash (où l'organisme fait vivre 65 personnes, y compris des vétérans de l'armée) et dans d'autres régions du pays.

Neighbours Paths (www.foeme.org). Organise des circuits en lien avec les communautés le long du Jourdain, et centrés sur des problèmes transfrontaliers tels que la crise de l'eau ou le travail en faveur de la paix.

Zikra Initiative (www.zikrainitiative.org). Met en contact les citadins jordaniens et étrangers avec les ruraux. Une modeste participation permet de financer un système de microcrédit destiné aux entrepreneurs villageois.

En 1989, la RSCN a lancé un programme de réintroduction du bouquetin de Nubie dans la réserve de biosphère de Mujib. Certains animaux ont été réintroduits dans la nature, et le nombre des troupeaux est en augmentation. Le killi (*Aphanius sirhani*), un poisson endémique des marécages d'Azraq, est sauvé depuis peu de la disparition, et le nombre de spécimens augmente.

Hébergements

RSCN (www.rscn.org.jo). Les hébergements de la RSCN dans les réserves jordaniennes sont des modèles de tourisme durable et responsable. Réservation impérative, possible en ligne.

Campements de coopératives bédouines Celui d'Ammarin Bedouin (p. 195), près de Siq al-Barid (Little Petra), par exemple, est doté d'un petit musée présentant les Bédouins locaux, et ceux du Wadi Rum et de Diseh. Il contribue à préserver le mode de vie bédouin.

Services et commerces équitables

Jordan Inbound Tour Operators Association (www.jitoa.org). Association de coordination, parfaite pour dénicher des tour-opérateurs locaux "verts".

Jordanie pratique

Désagréments et dangers

LA JORDANIE DEPUIS LE PRINTEMPS ARABE

La Jordanie est un pays sûr où, malgré le mécontentement dû à l'immigration iraquienne, à l'afflux de réfugiés syriens, au chômage et à l'inflation, vous ne risquez pas de ressentir l'agitation qui touche les pays voisins.

Le soulèvement démocratique du Printemps arabe de 2011 n'a eu que des répercussions fugaces en Jordanie. Le roi Abdallah II est un chef respecté, qui jouit d'un large soutien de la population en raison de ses efforts pour introduire des réformes démocratiques et combattre la corruption des pouvoirs publics.

TERRORISME

La Jordanie se trouve dans une région difficile : guerres civiles en Syrie et en Iraq, conséquences de la révolution en Égypte, tensions en Palestine. Malgré tout, c'est un véritable pôle de stabilité. On peut toutefois observer de temps à autre des manifestations de soutien aux Palestiniens à Kérak, Tafila, Ma'an et dans les secteurs des universités d'Irbid, de Mu'tah et du nord d'Amman, ainsi que quelques troubles dans le camp de réfugiés syriens de Zaatari.

Les dernières attaques terroristes importantes en Jordanie remontent à 2005, quand trois hôtels d'Amman ont été visés par des attentats-suicides revendiqués par la branche iraquienne d'Al-Qaïda, qui ont fait 60 morts et 115 blessés. En 2012, un projet d'attentat similaire a été déjoué. En 2014, la Jordanie a renforcé ses lois antiterroristes, afin de se prémunir notamment contre les djihadistes en provenance de Syrie ; le pays conserve des liens étroits avec les forces de sécurité américaines et britanniques.

LES RÉGIONS DÉCONSEILLÉES

Lors de nos recherches, les autorités françaises déconseillaient de se rendre dans les camps de réfugiés

DISCUTONS-EN

Le tarif des taxis ? Il est fixé par le gouvernement et n'a pas été ajusté à l'inflation ; les chauffeurs se mettent généralement d'accord sur un prix avec leurs passagers, mais il leur est plus difficile de discuter avec des touristes qui ne parlent pas arabe.

Le prix des chambres ? Les petits hôtels doivent s'adapter à la fluctuation de la clientèle s'ils veulent survivre. C'est ainsi que certains pratiquent des prix aberrants en basse saison et que d'autres augmentent leurs tarifs pour financer des investissements en espérant une bonne saison.

Les suppléments dans les minibus ? Les étrangers n'aiment pas attendre que le minibus soit plein. Les chauffeurs veulent bien partir avant, si on leur verse une compensation pour le manque à gagner. Elle est aussi attendue pour les bagages, qui prennent souvent la place d'un passager.

Deux poids, deux mesures ? Dans le système du marchandage, le prix d'un article résulte d'un compromis entre celui auquel le vendeur veut bien le céder et celui auquel le client veut bien l'acheter au moment de la transaction. C'est pourquoi il est vain de comparer son achat à celui d'un autre voyageur.

palestiniens ou syriens, et dans la ville et la région de Maan. Elles appelaient à faire preuve de vigilance dans les régions de Kérak et de Tafila. Par ailleurs, en raison du contexte régional, les déplacements aux abords de la frontière entre la Jordanie et la Syrie étaient formellement déconseillés, y compris au site de Umm Qais (Gadara), tout comme ceux au niveau de la frontière avec l'Irak.

LA SÉCURITÉ À CŒUR

Les autorités ont beaucoup investi dans le tourisme au cours de la dernière décennie. Aujourd'hui, les enjeux économiques sont tels qu'il existe chez les Jordaniens un réel désir collectif de maintenir la bonne réputation de leur pays en termes de sécurité. Des mesures ont été prises à cet effet, notamment :

- Forte présence policière dans de nombreux hôtels touristiques de tout le pays.
- Détecteurs de métaux dans les hôtels et certains édifices publics.
- Présence de la police touristique sur les sites importants.
- Instauration de postes de contrôle dans toutes les zones frontalières.

JOUER LA SÉCURITÉ, POUR ÉVITER LES ENNUIS

À faire...

- Soyez vigilant en ville, restez à l'écart des grands attroupements.
- Soyez coopératif et poli lors des contrôles de sécurité, notamment à l'entrée des hôtels et aux postes de contrôle routiers.
- Tenez-vous au courant de l'actualité ; consultez les conseils de sécurité officiels (voir l'encadré ci-dessus).
- Pour tout problème particulier, adressez-vous à l'ambassade ou au consulat de votre pays en Jordanie (reportez-vous à la rubrique *Ambassades et consultats* du *Carnet pratique*, p. 313).
- Faites confiance à la police, à l'armée et aux services de sécurité jordaniens. Ils sont particulièrement chaleureux et accueillants, comme le reste de leurs compatriotes.

À ne pas faire...

- Pas de paranoïa – le risque d'avoir des ennuis est rare.
- Ne vous mêlez pas aux manifestations politiques ou aux troubles civils.
- Ne participez pas à des discussions politiques avec des personnes que vous connaissez à peine.

CONSEILS AUX VOYAGEURS

La plupart des gouvernements possèdent des sites Internet qui recensent les dangers possibles et les régions à éviter. Consultez notamment les sites suivants :

- **Ministère des Affaires étrangères français** (www.diplomatie.gouv.fr)
- **Service public fédéral Affaires étrangères de Belgique** (diplomatie.belgium.be)
- **Département fédéral des Affaires étrangères suisse** (www.dfae.admin.ch)
- **Ministère des Affaires étrangères du Canada** (www.voyage.gc.ca)

AUTRES DANGERS

Champs de mines

La Jordanie est signataire de la Convention sur l'interdiction des mines antipersonnel d'Ottawa. Elle a été, en 2012, le premier pays arabe à se déclarer exempt de mines antipersonnel. Certains secteurs longeant la frontière entre la Jordanie et la Syrie se composaient autrefois d'immenses champs de mines. Ils ont été nettoyés, mais de nouvelles mines auraient été récemment enterrées du côté syrien.

Vol et criminalité

La Jordanie a un taux de criminalité très bas. En général, vous pourrez laisser sans crainte votre sac sous la surveillance du personnel des transports ou des hôtels. Ne criez pas immédiatement au voleur s'il vous manque quelque chose : un Jordanien risque gros s'il vole dans un pays où voler un visiteur est très mal vu. Les sanctions sont dures et, dans un contexte de chômage élevé, le risque de perdre son emploi sans espoir de retrouver un gagne-pain est bien réel.

Escroqueries courantes

Taxis Le prix des courses est donné en fils, pas en dinars. Beaucoup d'étrangers ne le savent pas et les chauffeurs leur signalent rarement leur erreur.

"Artisarnaque" Certains objets présentés comme fabriqués en Jordanie au bénéfice d'une organisation à but non lucratif sont en réalité importés.

Le neuf au prix de l'ancien
Les prétendues antiquités sont souvent des articles récents recouverts de poussière. Les lampes à huile et monnaies sont rarement "anciennes" – mais il est de toute façon illégal d'exporter un objet vieux de plus de 100 ans !

Quelques mesures toutes simples

➡ Mettez-vous d'accord sur le prix de la course avant de monter dans un taxi (ou assurez-vous que le chaufeur utilise son taximètre).

➡ Renseignez-vous pour connaître les organismes véritablement impliqués dans le commerce et le tourisme équitables (reportez-vous au chapitre *Écologie et écotourisme*, p. 303).

➡ Payez un article en fonction de votre envie de l'acquérir, pas selon la valeur marchande que vous lui prêtez (voir l'encadré consacré au marchandage, p. 292).

➡ Mettez votre portefeuille ou votre porte-monnaie dans une poche frontale ; évitez d'avoir beaucoup d'espèces sur vous. Ayez toujours de la menue monnaie (pour les trajets en taxis, etc.) à part pour éviter de sortir tout votre argent en public.

➡ Soyez vigilant la nuit à la sortie des discothèques d'Amman : la présence de touristes éméchés, vulnérables et aisés, attire pickpockets et agresseurs.

➡ Scannez ou photocopiez tous vos documents importants (pages d'introduction de votre passeport, cartes bancaires, police d'assurance, billets de train/d'avion/de bus, permis de conduire, etc.). Conservez ces copies à part des originaux. Vous remplacerez ainsi plus aisément ces documents en cas de perte ou de vol. Vous pouvez en laisser une copie dans un fichier attaché à un e-mail envoyé à votre propre messagerie.

Femmes seules

LE BON ÉTAT D'ESPRIT

De nombreuses femmes visitent la Jordanie en solo (y compris l'auteure de ce guide !) et en profitent pleinement. Cela dit, il y a forcément des moments pesants – simples compliments agaçants, demandes en mariage, déclarations d'amour ou, plus rarement, regards insistants et contacts physiques (une main baladeuse dans le bus, par exemple). Dans la mesure du possible, il vaut mieux ignorer ces comportements et ne pas laisser quelques tristes sires gâcher votre voyage.

ATTITUDE À L'ÉGARD DES FEMMES

Les Jordaniens sont souvent étonnés de voir une femme voyager seule. Les hommes, qui n'ont pratiquement pas de contacts avec les femmes avant le mariage, peuvent interpréter cette présence solitaire comme une invitation. Par ailleurs, les stéréotypes sur les femmes étrangères, fondés sur le cinéma et la télévision, en incitent certains à considérer les femmes occidentales comme peu farouches.

ÉVITER LES ENNUIS

Une tenue adaptée

Exposer trop de peau est considéré comme offensant en Jordanie, pays de sensibilité largement conservatrice et musulmane. Pour respecter les coutumes locales (et limiter le harcèlement), il est impératif de s'habiller convenablement, surtout dans les petites villes et les zones rurales.

Dans les quartiers à la mode d'Amman, comme Abdoun et Shmeisani, dans les grands hôtels et les *resorts* au bord de la mer, ou même à Pétra (où les groupes de touristes portent généralement ce qu'ils veulent), vous pourrez vous habiller sans précaution particulière. En dehors de ces régions, optez pour des robes au genou ou des pantalons larges, et couvrez-vous les épaules et le haut des bras.

Sur les plages publiques de la mer Morte et à Aqaba, enfilez un maillot de bain une pièce (ou, mieux encore, un T-shirt et un short) pour aller nager ; gardez votre bikini pour les *resorts* haut de gamme et les centres de plongée. N'enlevez jamais le haut – pas même dans un *wadi*, où les baignades en tenu d'Ève dans les bassins d'eau douce ne passent pas inaperçues.

Certaines femmes étrangères vont jusqu'à se couvrir la tête, mais c'est un comportement déplacé pour les non-musulmanes en Jordanie – la reine Rania elle-même ne porte pas de voile.

Conseils de voyageuses

À faire...

- S'asseoir, si possible, près d'une femme dans les transports publics.
- Rester prudente si l'on s'aventure dans des secteurs isolés de Pétra, de Jérash et du Wadi Rum (mieux vaut ne pas partir seule dans des lieux excentrés).
- Vérifier qu'il n'y a pas de trous judicieusement placés pour glisser un œil dans les chambres et les salles de bains (trous de cigarettes dans les rideaux, etc.).
- Caler une chaise contre sa porte de chambre fermée à clé, pour éviter toute intrusion "accidentelle".
- S'offrir un bon hôtel, où il y a généralement moins de problèmes.
- Se méfier des guides avec peines de cœur, surtout s'ils sont beaux garçons !
- Préparer un alibi – de nombreux Jordaniens seront effarés que vous n'ayez ni famille ni amis avec qui voyager.

- Bavarder avec des hommes en présence d'autres femmes – tous les hommes n'ont pas qu'une idée en tête !
- Porter une alliance – cela ajoutera à votre respectabilité aux yeux des habitants. Pour enfoncer le clou, ayez une photo de votre mari et de vos enfants.
- Apporter des tampons et des contraceptifs – ils sont difficiles à trouver et il est toujours gênant d'en acheter en dehors d'Amman.

À ne pas faire...

- N'allez pas seule dans un petit bar local.
- Évitez de croiser le regard des inconnus – les lunettes noires vous y aideront.
- Ne vous asseyez pas à l'avant dans les taxis individuels ou les *taxis-service*.
- Ne sortez pas les cheveux mouillés – cela est considéré comme très mauvais genre !

Lieux publics

Il n'est pas facile de trouver où se restaurer, prendre un verre ou simplement s'asseoir en public sans attirer tous les regards.

Cafés et bars de catégorie moyenne Presque toujours accueillants pour les femmes à Amman et à Aqaba ; attitude moins compréhensive (quant à votre solitude) dans les villes plus modestes.

Cafés et bars typiques Territoire masculin ; parfois, les regards insistants suffisent à vous faire fuir, même si le patron ne vous l'a pas demandé.

Plages publiques Vous y attirerez forcément des visites indésirables ; mieux vaut s'en tenir à celles des hôtels.

Restaurants La plupart comportent une partie "familiale", où les femmes seules peuvent manger en paix.

Sites touristiques Paradoxalement, les meilleurs endroits pour être "seule".

Toilettes Il n'y a généralement qu'un seul cabinet dans les restaurants et bars de petite taille ; à éviter dans la mesure du possible !

Harcèlement

Certains comportements désobligeants peuvent justifier une scène en public : les personnes présentes s'empresseront de vous soutenir si quelqu'un a dépassé les bornes. Énoncez bien fort *imshi* ("fichez le camp !"), ce qui devrait décourager les avances les plus importunes. Soyez ferme et restez calme. Vous vous aliéneriez la sympathie des témoins en jurant ou en vous énervant.

URGENCES

Les agressions et les viols sont rares en Jordanie. En cas de problème grave, suivez les conseils suivants :

- Rendez-vous dans un poste de police ou une des antennes de la police touristique ; on trouve ces dernières dans la plupart des sites touristiques.
- Soyez claire sur les faits : la police touristique jordanienne prend les plaintes très au sérieux.
- Appelez le **numéro d'urgence** (☎911) national ; des employés anglophones travaillent dans ce centre.

Carnet pratique

Alimentation

Pour un aperçu de la cuisine jordanienne et des habitudes alimentaires dans le pays, reportez-vous au chapitre *Saveurs jordaniennes*, p. 294.

Sauf mention contraire, les fourchettes de prix indiquées dans ce guide s'entendent pour un plat principal, souvent servi avec de la salade, des légumes marinés, des dips (houmous, etc.) et d'autres garnitures ; le tout offert et accompagné de pain arabe plat. En résumé : un plat principal fait souvent office de repas complet ! Lisez bien les mentions en petits caractères sur les cartes des restaurants, surtout dans les établissements des catégories moyenne et supérieure, qui appliquent une taxe sur les ventes (16%) et un supplément pour le service (10%). Dans la mesure du possible, nous avons indiqué les tarifs TTC.

$ moins de 5 JD

$$ 5-10 JD

$$$ plus de 10 JD

Ambassades et consulats

La plupart des ambassades et des consulats sont implantés à Amman. Les bureaux sont généralement ouverts du dimanche au jeudi, de 9h à 11h pour les demandes de visas, et de 13h à 15h pour les retraits.

Représentations jordaniennes à l'étranger

France (☎01 55 62 00 00 ; amjo.paris@wanadoo.fr ou paris-consular@fm.gov.jo ; 80 bd Maurice-Barrès, 92200 Neuilly-sur-Seine)

Belgique (☎02 640 77 55 ; www.jordanembassy.be ; av. Franklin-Roosevelt 104, 1050 Bruxelles)

Suisse (☎031 384 04 04 ; info@jordanembassy.ch ; Thorackerstrasse 3, 3074 Muri bei Bern)

Canada (☎613 238 8090 ; www.embassyofjordan.ca ; 100 Bronson Ave, Suite 701, Ottawa, Ontario K1R 6G8). Consulat honoraire à Vancouver.

Représentations étrangères en Jordanie

France (carte p. 52 ; ☎06-4604630, urgences uniquement 0777 636065 ; www.ambafrance-jo.org ; 40 Al-Mutanabbi St, Jebel Amman)

Belgique Ambassade (☎06-465 5730 ; countries.diplomatie.belgium.be/fr/jordanie/ ; 17 Saad Juma St, 4th Circle, Jebel Amman)

Suisse (☎06 593 14 16 ; www.eda.admin.ch/amman ; 19 Ibrahim Ayoub St, 4th Circle, Jebel Amman)

Canada Ambassade (carte p. 59 ; ☎06-5901500 ; www.canadainternational.gc.ca/jordan-jordanie/ ; 133 Zahran St)

Arabie saoudite Consulat (carte p. 52 ; ☎06-5924154 ; 1st Circle, Jebel Amman)

Égypte Consulat (☎03-2016171 ; angle Al-Isteglal St et Al-Akhatal St, Aqaba ; ⊙8h-15h dim-jeu) ; ambassade (☎06-5605175 ; 22 Qortubah St, Jebel Amman ; ⊙9h-12h dim-jeu)

Israël Consulat (carte p. 59 ; ☎06-5503542 ; embassies.gov.il/amman-en ; Maysaloon St , Shmeisani)

Liban Ambassade (carte p. 52 ; ☎06-5929111 ; Al-Neel St, Abdoun)

Argent

La devise jordanienne est le dinar (JD), souvent appelé *djeï-di* sur place ; il se compose de 1 000 fils. Vous entendrez parler de piastre ou de *qirsh*, équivalents tous deux à 10 fils (1 dinar égale 100 piastres). Attention : les prix sont fréquemment donnés sans mention de l'unité de sorte que 25 peut signifier 25 fils, 25 piastres ou 25 dinars ! Mais, même si vous ne vous y retrouvez pas toujours, les Jordaniens ne chercheront pas à profiter de la situation – exception faite, parfois, de certains chauffeurs de taxi.

INFLATION : GARE À LA HAUSSE DES PRIX

S'il existe une pomme de discorde entre nos lecteurs et les acteurs du tourisme en Jordanie, c'est bien celle qui concerne les tarifs. Logiquement, les voyageurs s'attendent généralement à retrouver à l'identique les prix mentionnés dans ce guide et se montrent soupçonneux à l'égard des propriétaires et des chauffeurs de taxi qui facturent davantage que le montant attendu. À l'inverse, de nombreux prestataires jordaniens s'irritent que les voyageurs demandent des prix devenus peu réalistes – et ce, même si la publication du guide précède de peu leur séjour.

Les tarifs des hébergements, de l'alimentation et des transports en Jordanie sont restés relativement stables ces trois dernières années, mais cela a résulté en grande partie d'une politique délibérée visant à empêcher les effets de l'inflation d'affecter une industrie du tourisme déjà affaiblie. Il est probable que la situation évolue durant la durée de validité de ce guide. L'instabilité politique des pays voisins et un flot d'immigration continu contribuent à faire grimper l'inflation. Face au ralentissement du tourisme dû aux tensions régionales, certains n'ont d'autre choix que d'augmenter leurs tarifs ; d'autres sont contraints de proposer des réductions pouvant sembler excessives.

En résumé, si nous nous appliquons à indiquer les tarifs en vigueur lors de nos recherches sur le terrain (notamment pour les droits d'entrée, les circuits organisés, l'hébergement, les restaurants, l'alimentation et les transports privés), il n'en demeure pas moins qu'ils doivent être considérés *à titre indicatif*.

Une bonne nouvelle cependant : les prix des bus publics, largement subventionnés par l'État, n'ont que très peu augmenté depuis la dernière édition de ce guide, et une hausse dans ce secteur ne semble pas à l'ordre du jour.

Il existe des pièces d'un montant de 1, 5, 10, 25 et 50 piastres ; sur les pièces de 25 et 50 piastres, les montants inscrits sont, respectivement, d'un quart et d'un demi-dinar. Efforcez-vous d'utiliser chaque fois que possible vos grosses coupures, pour payer un plein de carburant ou une note d'hôtel, par exemple, car les petits commerces les prennent plus difficilement.

Cartes bancaires

Les hôtels et restaurants de catégorie supérieure, les agences de voyages, les grandes boutiques de souvenirs et les librairies acceptent la plupart des cartes bancaires. Les commissions (jusqu'à 5%) peuvent gonfler l'addition. Aussi, mieux vaut retirer de l'argent et payer en liquide. Pensez à noter les numéros d'urgence à contacter en cas de perte de votre carte.

Change

Il est facile de changer de l'argent en Jordanie. La plupart des grandes devises, dollar US et euro en tête, sont acceptées (en espèces ou en chèques de voyage).

Il n'existe pas de limitation concernant la somme en dinars que l'on peut introduire en Jordanie. En quittant le pays, vous pourrez changer vos derniers *djeï-di* contre une autre devise.

On peut changer les devises égyptienne et israélienne à Amman et à Aqaba, et les livres libanaises à Amman. Les banques et les agents de change pratiquent des taux similaires pour les espèces (ils sont légèrement plus élevés pour les chèques de voyage) ; les commissions sont plus importantes dans les grands hôtels. Des succursales des banques principales sont installées aux frontières et dans les aéroports.

Chèques de voyage

Les agents de change acceptent pratiquement tous les chèques de voyage ; les plus courants sont les chèques American Express (Amex). Vérifiez bien le montant de la commission avant d'effectuer la transaction.

Distributeurs automatiques de billets (DAB)

Il est tout à fait possible de voyager en Jordanie en n'utilisant que sa carte bancaire, ou presque. On trouve des distributeurs dans toutes les villes, hormis les plus petites localités.

Le montant des retraits autorisé s'élève à environ 500 JD ; contactez votre banque pour connaître le montant des commissions (et le plafond hebdomadaire, pour ne pas avoir de mauvaise surprise). Toutes les banques arborent de grands panneaux (en anglais) indiquant les cartes bancaires acceptées. Les plus courantes sont la Visa et la MasterCard.

Duty free

On trouve des boutiques de *duty free* à l'aéroport international Queen Alia, à côté du Century Park Hotel, à Amman, ainsi qu'aux postes-frontières avec Israël et les Territoires palestiniens.

Il est souvent possible de bénéficier du remboursement des taxes pour les achats effectués dans les boutiques de luxe. Si vous dépensez plus de 350 JD et quittez le pays sous 90 jours, vous pourrez récupérer les 16% de taxes – conservez bien vos tickets. Vous devrez remplir un formulaire ; le montant des taxes sera crédité sur votre compte bancaire – présentez votre carte bancaire au comptoir dédié à l'aéroport, juste avant de passer à l'enregistrement.

Pourboire

Dans les meilleurs restaurants, il est d'usage de laisser 10% de pourboire ; ils sont souvent inclus dans l'addition (sous la forme de frais de service).

ACTIVITÉS

La Jordanie offre parmi les plus belles possibilités d'activités de plein air du Moyen-Orient, depuis les randonnées et escalades au cœur de paysages époustouflants, jusqu'aux chantiers de fouilles archéologiques.

QUOI	OÙ	COMMENT/COMBIEN	REMARQUES
Fouilles archéologiques	Environs de Madaba, mont Nébo, Kérak et Pétra	Contactez un organisme spécialisé avant votre arrivée (voir le chapitre *Archéologie*, p. 275).	Même sans avoir une grande expérience, il est parfois possible de participer à un chantier.
Méharées	Pétra et Wadi Rum	30 JD les 2 heures	Choisissez un guide avec monture plutôt qu'un guide à pied pour une expérience plus authentique.
Vélo	Dana et route du Roi (King's Highway)	**Bike Rush** (carte p. 52 ; ☎079-9454586; www.facebook.com/bikerush ; ⏲12h-21hm sam-jeu) propose des circuits au depart d'Amman	Location de vélos à Amman.
Randonnée	Réserves naturelles de Jordanie	**Royal Society for the Conservation of Nature** (RSCN ; www.rscn.org.jo)	Ne vous attendez pas à un réseau de sentiers bien balisés, avec panneaux et points d'eau en chemin. Pensez plutôt improvisation et autonomie entre deux villages.
Équitation	Pétra et Wadi Rum	**Rum Horses** (carte p. 216 ; ☎079 5802108, 2033508 ; www.wadirumhorses.com)	L'occasion rare de monter un pur-sang arabe...Il est nécessaire de savoir monter. Les bombes ne sont pas fournies.
Sources chaudes	Mer Morte et route du Roi	Droits d'entrée variables	L'eau des sources chaudes contient du potassium, du magnésium et du calcium, entre autres minéraux aux vertus thérapeutiques.
Escalade	Wadi Rum	Voies détaillées sur les sites suivants : www.rumguides.com et www.wadirum.net	Les itinéraires les plus populaires dans le pays figurent dans les excellents ouvrages (en anglais) de Tony Howard et Di Taylor (voir l'encadré *Randonnée*, p. 320).
Course à pied	Amman, la mer Morte et le Wadi Rum	Ultra Marathon de la mer Morte (avril) et Jordan Running Adventure Race (novembre)	Deux formidables courses d'ultrafond.
Hammam	Amman, Madaba, Wadi Musa et Aqaba	Environ 25 JD, massage compris	Idéal pour les muscles endoloris ! Les femmes demanderont à l'avance les services d'une masseuse.

PIÈCES IRAQUIENNES

Si vous collectionnez les pièces et les billets de banque, vous apprécierez peut-être les anciennes pièces iraquiennes, avec le portrait de Saddam Hussein, qui sont en vente à tous les coins de rue du centre d'Amman – et ne sont pas toujours authentiques !

Ailleurs, si vous arrondissez l'addition aux 250 fils supérieurs ou laissez un peu de petite monnaie, vous ferez le bonheur de travailleurs souvent sous-payés – à commencer par les chauffeurs de taxi et les employés des stations-service.

Taxes

La Jordanie perçoit une taxe de 16% sur les ventes, qui s'applique généralement dans les restaurants des catégories moyenne et supérieure. Ces établissements, ainsi que les hôtels, sont également autorisés à facturer un supplément pour le service, calculé à hauteur de 10% du montant de la note. Dans la zone économique spéciale d'Aqaba, la taxe sur les ventes s'élève à 5% seulement ; les Jordaniens affluent pour bénéficier des prix bas.

Transferts internationaux

Certaines grandes banques, comme l'Arab Bank et la Jordan National Bank, effectuent des transferts d'argent internationaux. La Cairo-Amman Bank fait partie du réseau **Western Union** (www.westernunion.com) ; **MoneyGram** (www.moneygram.com) possède des accords avec plusieurs banques. Attention, les coûts sont élevés pour les deux.

Assurance

D'une manière générale, il est conseillé de souscrire une police d'assurance qui vous couvrira en cas d'annulation de votre voyage, de vol, de perte de vos affaires, de maladie ou encore d'accident. Lisez avec la plus grande attention les clauses en petits caractères : c'est là que se cachent les restrictions. Vérifiez notamment que les "sports à risques", comme la moto ou même la randonnée ne sont pas exclus de votre contrat, ou encore que le rapatriement médical d'urgence en avion est couvert. Vous devrez impérativement être assuré pour plonger à Aqaba (consultez l'encadré *Plongez en toute sécurité*, p. 34).

Certaines compagnies règlent directement les frais médicaux. Dans le cas contraire, conservez bien tous les documents nécessaires pour vous faire rembourser ultérieurement. Certaines sociétés d'assurance vous demanderont de téléphoner (à leurs frais) dans votre pays d'origine, afin d'évaluer immédiatement votre problème. Attention ! Avant de souscrire une police d'assurance, vérifiez que vous ne bénéficiez pas déjà d'une assistance par votre carte bancaire, votre mutuelle ou votre assurance automobile. C'est bien souvent le cas. Pour l'assurance automobile, reportez-vous p. 339.

Bénévolat

En France, quelques organismes offrent des opportunités de travail bénévole sur des projets de développement ou d'environnement, parfois sur des périodes courtes, de une à quatre semaines. Certaines associations s'adressent plus spécifiquement aux jeunes. Les chantiers proposés sont variés. Il s'agit d'une bonne formule pour s'immerger dans le pays, connaître l'envers du décor touristique et bénéficier d'une ambiance internationale (les volontaires viennent de divers pays en général). En revanche, les conditions de vie sur place sont souvent spartiates, et la réalité du terrain peut être plus dure qu'on ne l'imaginait.

En France, vous pourrez contacter **France Volontaires** (☎01 53 14 20 30 ; www.france-volontaires.org ; 6 rue Truillot, BP220, 94203 Ivry-sur-Seine cedex) et le **Comité de coordination pour le service volontaire international** (CCVIS ; ☎01 45 68 49 36 ; ccivs.org ; Maison de l'Unesco, 1 rue Miollis, 75015 Paris), et consulter le site du **Centre d'information sur le volontariat international** (www.civiweb.com). **Cotravaux** (☎01 48 74 79 20 ; www.cotravaux.org ; 11 rue de Clichy, 75009 Paris) est un "réseau d'acteurs du travail volontaire". Il regroupe 19 associations, dont plusieurs proposent des missions en Jordanie, en lien avec des partenaires locaux. Vous en trouverez la liste (avec coordonnées et liens) sur son site Internet.

Sur place, vous pourrez contacter notamment :

Royal Society for the Conservation of Nature (www.rscn.org.jo). La RSCN (voir le chapitre *Environnement*, p. 301) offre des possibilités de travailler dans des réserves naturelles dans le cadre de projets de bénévolat de 3 mois. Le gîte et le couvert sont généralement offerts en échange de divers services (missions dans les centres d'accueil des visiteurs, etc.). Les Jordaniens sont plus facilement sélectionnés pour ces postes mais, si vous avez des connaissances particulières, dans le management ou l'environnement par exemple, vous aurez peut-être vos chances.

Climat

Amman

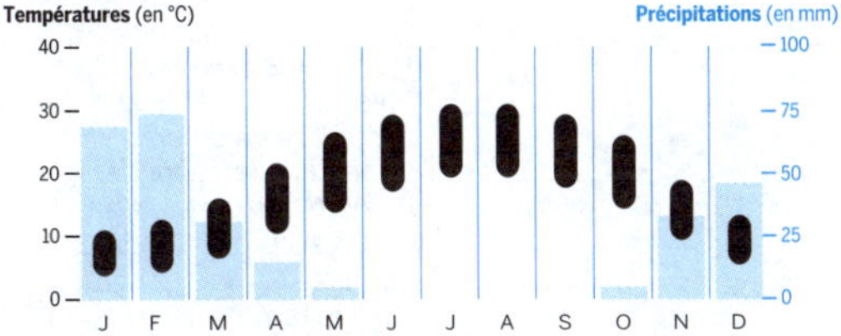

Aqaba

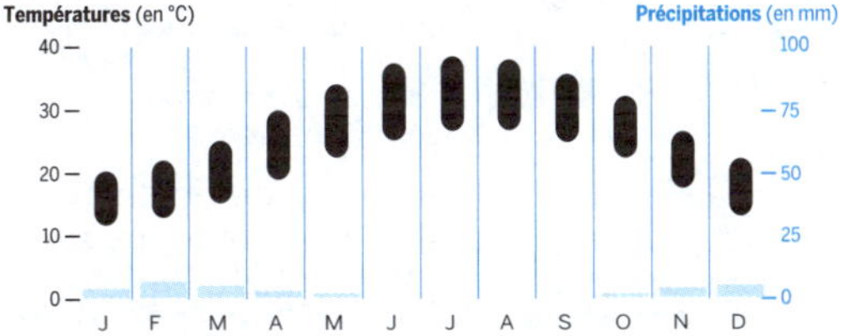

Royal Botanic Garden (royalbotanicgarden.org ; Rumman). Près de Rumman, au nord de la capitale, le jardin botanique royal (voir p. 86) accueille des bénévoles, ayant de préférence un intérêt pour les plantes.

Cartes et plans

En France, vous pourrez notamment vous procurer la carte routière *Jordanien* (1/700 000) publiée par l'éditeur allemand freytag & berndt (coll. Auto Karte). Il existe également une carte *Syria & Jordan* (1/610 000–1/740 000) chez ITMB (International Travel Maps) et une carte routière *Jordanien, Syrien, Libanon* (1/1 250 000) chez Hilderbrand. La carte *Jordan* (1/700 000) de Cartographia est disponible sur certains sites de vente en ligne.

Sur place, la *Map of Jordan* (gratuite), éditée par le Jordan Tourism Board (office national du tourisme), est pratique, avec un plan d'Amman au verso. Le Royal Geographic Centre of Jordan publie de bonnes cartes, dont une détaillant des randonnées autour de Pétra.

Cours

Amman est une ville appréciée par les personnes voulant apprendre l'arabe. Pour une liste d'institutions proposant des cours, reportez-vous p. 55.

Douanes

Vous pourrez importer librement :

- 1 l d'alcool ou 2 bouteilles de vin
- 200 cigarettes, 25 cigares ou 200 g de tabac
- Une quantité raisonnable de parfum destiné à usage personnel
- Des cadeaux n'excédant pas une valeur de 50 JD ou l'équivalent de 150 $US
- Sans surprise, les drogues et les armes sont prohibées ; il est également interdit d'importer des films ou des magazines pornographiques.
- L'exportation de tout objet datant de plus de 100 ans est illégale. En conséquence, abstenez-vous d'acheter des souvenirs (pièces de monnaie, lampes à huile, etc.) présentés comme des antiquités. Pour plus de précisions, contactez le **Customs Departement** (département des douanes ; ☎06 4623186 ; www.customs.gov.jo), à Amman.

Électricité

Les prises de courant en Jordanie sont éclectiques : prises européennes à 2 ou 3 broches, ou prises carrées britanniques à 3 broches.

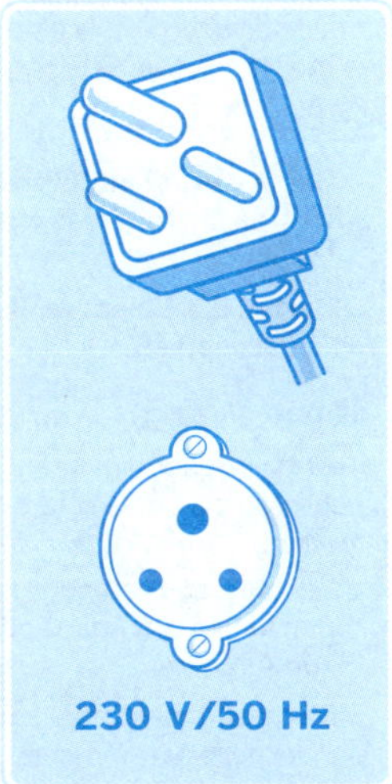

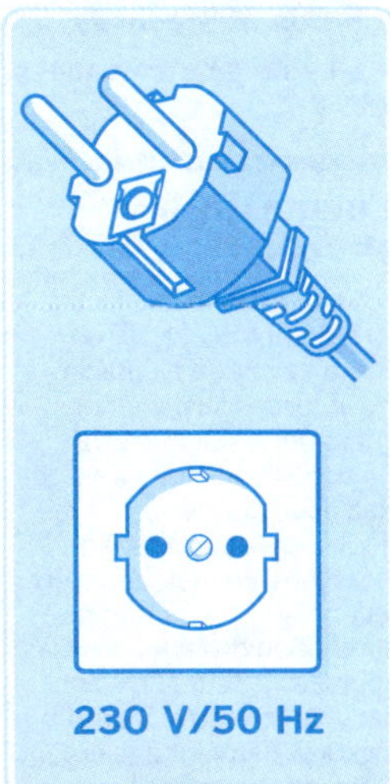

RENSEIGNEMENTS PRATIQUES

Presse

Jordan Times (www.jordantimes.com). L'un des grands journaux nationaux.

Radio

- **Radio Jordan** (96.3 FM)
- **RFI** (97.4 FM)
- **Tubes du moment** Essayez 99.6 FM.

Télévision

- **Channel 2 de Jordan TV** (en français et en anglais)
- **Chaînes satellite** (BBC, CNN, MTV, Al-Jazeera...). Disponibles dans la plupart des hôtels des catégories moyenne et supérieure.

Cartes de réduction

- **Carte d'étudiant internationale ISIC** (www.isic.fr). Donne droit à des réductions sur certains sites touristiques.
- **Cartes d'étudiant émises par les universités** Pas acceptées.

Tabac

Il est théoriquement interdit de fumer dans les lieux publics, mais la loi est rarement appliquée. À noter toutefois :

- Les hôtels de catégorie supérieure d'Amman, de la mer Morte et d'Aqaba possèdent quelques chambres non-fumeurs.
- De rares restaurants haut de gamme proposent un espace non-fumeurs.

Poids et mesures

- Le système métrique est en usage en Jordanie.

Formalités et visas

Pour relancer le tourisme, fortement affecté par un contexte régional difficile, les autorités jordaniennes ont annoncé en juin 2015 “la suppression des frais de visa pour tous les touristes (individuel ou groupe) qui réservent leur séjour via un réceptif jordanien” et une diminution du tarif des visas pour les visiteurs arrivant par voie terrestre. D'autres mesures seraient également à l'étude. Avant le départ, il est impératif de contacter les ambassades et les consulats (coordonnées p. 313) pour s'assurer que les modalités d'entrée sur le territoire n'ont pas changé.

Pour l'heure, le visa est obligatoire pour tout étranger pénétrant en Jordanie. Il est délivré à l'arrivée pour une période d'un mois, soit à l'aéroport (Amman ou Aqaba), soit aux postes-frontières terrestres. Notez que votre passeport doit être valable au minimum 6 mois après votre date d'entrée sur le territoire jordanien.

À l'aéroport

Les visas sont délivrés par les comptoirs d'immigration à l'arrivée à l'aéroport d'Amman. Il n'y a pas de formulaire à remplir. Le paiement (si nécessaire) s'effectue en dinars jordaniens (en espèces). Il existe des bureaux de change à proximité des comptoirs, mais ils sont parfois fermés, et les distributeurs automatiques ne sont accessibles qu'après le passage de l'immigration. Si vous devez acquitter des frais de visa, mieux vaut avoir sur vous la somme requise en dinars jordaniens.

Aux postes-frontières

Les visas sont délivrés sans trop de problème à n'importe quel poste-frontière (sauf au niveau du pont du roi Husein – King Hussein Bridge –, où les choses sont plus compliquées), pour 10 JD environ.

Via la zone économique d'Aqaba

Avant même les nouvelles mesures incitatives, les visiteurs en provenance de l'étranger pénétrant en Jordanie à Aqaba (par avion, bateau ou voie terrestre) obtenaient leur visa gratuitement – Aqaba est une zone économique spéciale (Aqaba Special Economic Zone Area, ASEZA) –, mais pour une durée limitée à 2 semaines.

Prorogation de visa

Des extensions de visa valables jusqu'à 3 mois sont délivrées gratuitement à Amman et à Aqaba, dans les postes de police (veillez à arriver de préférence entre 10h et 15, du samedi au jeudi – le plus tôt est le mieux). Vous pourrez vous faire aider par les employés de votre hôtel pour remplir le formulaire (en arabe) ; ils devront également confirmer par écrit que vous résidez bien dans l'établissement. Renseignez-vous au préalable pour connaître tous les documents requis. La procédure d'enregistrement prend environ 30 minutes. Pour les séjours supérieurs à 3 mois, une visite médicale est exigée. En dépassant la validité de votre visa, sachez que vous vous exposez à une amende de 2 JD par jour de séjour.

Si vous souhaitez résider en Jordanie ou en cas de problème lié à votre visa, contactez le **Borders and Residence Departement** (☎06-5505360 ; Majed al-Idwans St, Shmeisani, Amman ; ⏲8h-15h dim-jeu, 8h-13h sam). Depuis la ville basse d'Amman, prenez le *taxi-service* n°6 ou 7 jusqu'à Shmeisani, d'où vous devrez parcourir le reste du trajet à pied (15 min). Le bureau jouxte le poste de police central de Shmeisani (*markaz moudiret ash-shorta*).

Poste de police d'Al-Madeenah (carte p. 46 ; ☎06-4657788; 1er ét., Al-Malek Faisal St, ville basse). En face de l'Arab Bank, dans le centre d'Amman. Pour commencer les formalités de prorogation de visa.

Poste de police de Muhajireen (Markaz Amn Muhajireen ; carte p. 52 ; Al-Ameerah Basma bin Talal Rd, ville basse). À l'ouest du centre. Pour terminer les formalités.

Visa à entrées multiples

Ces visas ne sont délivrés que par les ambassades et les consulats de Jordanie à l'étranger (coordonnées p. 313).

Visas pour les pays voisins

Si vous souhaitez visiter des pays voisins, demandez impérativement les visas requis avant de quitter votre pays d'origine. En général, les représentations de ces pays en Jordanie ne délivrent pas de visas aux non-résidents. Notez par ailleurs que les voyageurs titulaires d'un passeport comportant des cachets d'entrée et de sortie israéliens sont refoulés à l'entrée d'autres pays de la région, comme le Liban et l'Arabie saoudite. Vous pouvez demander aux douaniers israéliens d'apposer de préférence ces cachets sur une feuille volante, comme ils le font de plus en plus fréquemment – mais pas systématiquement.

ARABIE SAOUDITE

Il n'est pas possible de visiter l'Arabie saoudite en tant que touriste ; seuls les personnes venant pour des motifs professionnels et les musulmans effectuant le pèlerinage à La Mecque sont admis dans le Royaume. Il est en revanche possible de demander un "visa de visite" pour les familles des étrangers résidant dans le pays.

ÉGYPTE

Le visa (20 $US, payable en dollars) est accordé sur le bateau depuis la Jordanie ou à l'arrivée en Égypte (pas à Taba). Lors de nos recherches, les autorités françaises déconseillaient formellement les déplacements au Sinaï, hormis dans les stations balnéaires de la bande côtière orientale (Charm el-Cheikh et Taba notamment). Consultez les conseils aux voyageurs mis en ligne par les autorités de votre pays (voir l'encadré p. 309). Si vous prévoyez de ne pas aller au-delà des stations balnéaires de la bande côtière orientale du Sinaï, vous pourrez obtenir gratuitement à l'arrivée un Sinai Entry Stamp ("tampon d'entrée au Sinaï"), valable 15 jours.

Le consulat et l'ambassade d'Égypte en Jordanie (respectivement à Aqaba et à Amman, voir p. 313) délivrent des visas à entrée(s) simple/multiples (20/25 JD).

IRAQ

Les voyages en Iraq sont actuellement déconseillés.

ISRAËL ET LES TERRITOIRES PALESTINIENS

Les Français, les Belges, les Suisses et les Canadiens (ainsi que les ressortissants de nombreux autres pays) n'ont pas besoin de visa. Lors de nos recherches, trois postes-frontières étaient ouverts aux étrangers, au pont du cheikh Hussein (Sheikh Hussein Bridge), au pont du roi Hussein (King Hussein Bridge) et à Wadi Araba.

LIBAN

Lors de nos recherches, les autorités françaises déconseillaient les déplacements sur une partie du territoire libanais (le reste du pays est en revanche sûr). Les visas, obligatoires, sont délivrés rapidement aux points d'entrée dans le pays, mais pas à l'ambassade du Liban à Amman.

SYRIE

L'accès à l'ensemble du territoire syrien est actuellement formellement déconseillé.

Handicapés

Fin 2000, l'athlète Maha Al-Barghouthi a offert à la Jordanie sa première médaille d'or olympique, à l'occasion des Jeux paralympiques de Sydney. Sa victoire, fêtée par le pays, a d'une certaine manière contribué à mettre les handicapés sur le devant de la scène – pour une courte période cependant. Aujourd'hui encore, et même si les Jordaniens se montrent toujours prêts à aider, le pays reste dans l'ensemble très difficile d'accès pour un voyageur handicapé : villes surpeuplées, circulation chaotique, trottoirs hauts, sites immenses (Pétra, Jérash, etc.), nombreuses

RANDONNÉE

Avec des paysages préservés et très variés, et un patrimoine à portée de regard de nombreux sentiers, la Jordanie se prête particulièrement à la marche.

Gardez à l'esprit que les GPS et les téléphones portables ne fonctionneront pas toujours dans les canyons encaissés et renseignez-vous bien sur les conditions météorologiques avant de partir : au printemps, des crues soudaines peuvent rendre les *widyan* (lits de rivière généralement à sec) impraticables.

Quand partir

- **Meilleure saison** De mi-mars à fin avril, lorsque la chaleur n'est pas trop forte et que les pluies ont cessé. La nature est en fleurs et les puits débordent.
- **Bonne saison** De fin septembre à mi-octobre, quand il fait sec et pas trop chaud.
- **À éviter** De novembre à mars, les pluies rendent dangereux le camping et les randonnées dans les *widyan* étroits, où des inondations peuvent se produire de manière soudaine. Les chemins se retrouvent souvent inondés, ce qui oblige à changer d'itinéraire. Les températures sont trop basses pour le camping.

Où marcher

Les plus belles destinations pour les randonneurs sont les réserves naturelles d'Ajloun, de Dana et du Wadi Mujib, où la plupart des sentiers requièrent l'aide d'un guide (attention : certains ne travaillent pas pendant le ramadan ; renseignez-vous sur leur disponibilité). Si vous ne souhaitez pas être accompagné, il existe de fantastiques randonnées autour de Pétra et dans le Wadi Rum. Des Bédouins proposent également des marches guidées le long d'anciennes routes de caravanes qui relient ces deux sites exceptionnels.

Des itinéraires plus longs sont possibles avec une tente : le parcours entre Dana et Pétra, notamment, constitue un beau trekking de 4 jours qui vous conduira au Wadi Feinan, au Wadi Ghuweir et à Siq al-Barid (Little Petra).

Que prendre avec soi

Les pantalons légers et les T-shirts à manches longues, parfaitement adaptés à cette activité, permettent en outre de respecter les codes vestimentaires locaux. À emporter également : un chapeau, de la crème solaire, une gourde, des comprimés pour purifier l'eau, une lampe torche ou frontale, de l'antimoustique. Prévoyez des chaussures de randonnée légères et un sac étanche pour les parcours dans les *widyan* inondés.

curiosités nécessitant de longues marches sur des terrains accidentés…

Il existe néanmoins quelques points positifs :

- L'aménagement d'un accès pour les handicapés est désormais obligatoire dans tous les bâtiments publics nouvellement construits.
- À Pétra, des calèches sont mises à disposition des handicapés pour les aider à accéder aux sites principaux.
- Le Royal Diving Club est membre de l'**Access to Marine Conservation for All** (AMCA ; www.amca-international.org), une association qui permet aux handicapés de goûter aux joies de la plongée et du snorkeling.

En France, l'**APF** (Association des paralysés de France ; ☎01 40 78 69 00 ; www.apf.asso.fr ; 17 bd Auguste-Blanqui, 75013 Paris) et l'association **Handi Voyages** (handivoyages.free.fr) peuvent fournir des informations utiles sur les voyages accessibles. L'association **Ailleurs & Autrement** (www.ailleursetautrement.fr) organise des voyages adaptés aux personnes à mobilité réduite. **Yanous** (www.yanous.com) et **handicap.fr** (www.handicap.fr) constituent également de bonnes sources d'information.

Hébergement

La Jordanie possède des hébergements adaptés à tous les budgets, même si le choix est limité en dehors des principaux centres touristiques – le pays étant assez compact, la plupart des sites peuvent toutefois se visiter en une journée à partir des grandes villes.

Les tarifs sont au plus haut pendant les deux saisons hautes (de septembre à octobre et de mars à mi-mai), ainsi qu'à l'occasion des week-ends de

Comment organiser une randonnée

Adressez-vous de préférence à la RSCN, au centre d'accueil des visiteurs de Pétra ou du Wadi Rum, ou à une agence privée spécialisée comme celles indiquées ci-après. Si vous louez les services d'un guide bédouin sans intermédiaire, assurez-vous de bien vous mettre d'accord sur les services offerts, afin qu'aucune des deux parties ne soit déçue. Les tarifs (négociables) vont de 30 à 100 JD, en fonction des compétences requises pour la randonnée choisie. Pour une liste de prestataires spécialisés proposant des formules au départ de la France, reportez-vous p. 335.

RSCN (☎06-4616523 ; www.rscn.org.jo). Large éventail de randonnées guidées dans les réserves naturelles de Jordanie ; organise aussi des expéditions beaucoup plus longues sur demande.

Terhaal Encounters (☎06-5813061 ; www.terhaal.com). Recommandée pour les randonnées écotouristiques et sportives, en individuel ou en groupe, avec descentes en rappel et canyoning. Profite financièrement aux communautés locales.

Tropical Desert Trips (☎07-95438708 ; tropicaldeserttrips.com). Circuits de randonnée, escalade et canyoning dans toute la Jordanie.

Yamaan Safady (☎077 7222101 ; www.adventurejordan.com). Conduit chaque semaine des randonnées vers des sites comme le Wadi Yabis et le Wadi Hasa dans le cadre des activités de l'Adventure Jordan Hiking Club.

Pour en savoir plus

Procurez-vous cartes et livres avant d'arriver en Jordanie, car il n'est pas toujours facile de trouver des supports fiables dans le pays.

Trekking & Canyoning in the Jordanian Dead Sea Rift (en anglais), d'Itai Haviv, contient de nombreux itinéraires de randonnée et de canyoning à travers les *widyan* de la Jordanie centrale.

Les alpinistes britanniques Tony Howard et Di Taylor ont consacré une bonne partie de leur vie à explorer et à dresser des cartes des sentiers de randonnée et des voies d'escalade du royaume. Ils ont notamment publié *Treks & Climbs in Wadi Rum*, *Walks & Scrambles in Wadi Rum* et *Jordan: Walks, Treks, Caves, Climbs & Canyons*. L'ouvrage *Randos autour du monde*, publié par Lonely Planet, réunit de nombreux conseils pratiques pour bien préparer ses randonnées.

vacances à Aqaba et dans les *resorts* au bord de la mer Morte.

La forte inflation et la hausse des taxes contribuent à la montée en flèche des prix. En conséquence, les tarifs de certains hébergements pourront avoir augmenté d'ici votre passage.

Camping

Pour de nombreux voyageurs, une nuit à la belle étoile – ou au moins sous la tente – est l'un des moments forts d'un séjour en Jordanie. Une solution très courante consiste à passer la nuit dans une tente bédouine traditionnelle en peau de chèvre, dans un campempent du Wadi Rum. Les équipements sont rudimentaires, mais l'expérience restera inoubliable.

Il est possible de camper avec sa propre tente sur quelques sites du sud du pays, notamment dans le désert du Wadi Rum. Il est plus difficile de faire du camping sauvage dans le Nord – notamment parce que les Bédouins sont installés dans les plus beaux endroits et qu'il est très difficile de trouver un lieu isolé pour planter sa tente.

Sachez en outre qu'apporter sa tente pour économiser l'hôtel n'est pas un bon calcul, car le camping est rarement envisageable si l'on n'est pas motorisé. En outre, les chambres bon marché ne manquent pas près des grands sites touristiques du pays.

Hôtels

Des pensions familiales aux luxueux *resorts* de la mer Morte, le choix est aussi vaste qu'intéressant ! Il est préférable de réserver en haute saison, surtout dans les stations de la mer Morte, à Jérash et pour les hôtels des catégories moyenne et supérieure d'Aqaba et de Wadi Musa (pour Pétra).

Le petit-déjeuner varie : simple tranche de pain accompagnée d'un morceau de fromage industriel dans les établissements bon marché ; délicieux assortiment de yaourts, d'houmous, de *foul* (purée de fèves) et d'olives dans les hôtels de catégorie moyenne ; buffets gargantuesques dans les hôtels de catégorie supérieure.

Les adresses affichant la "climatisation" possèdent à la fois des appareils de chauffage et de refroidissement, au moins dans certaines chambres.

PETITS BUDGETS

On trouve des chambres bon marché dans la majorité des villes. Certaines sont rudimentaires, d'autres plus accueillantes, bien que simples. La plupart sont impeccables.

Dans les villes moins fréquentées, comptez à partir de 15/20 JD pour une simple/double, et 25/35 JD environ pour une chambre un peu plus jolie avec salle de bains privative. Il est possible de négocier les prix, surtout en basse saison. Certains établissements dans la ville basse d'Amman possèdent des dortoirs, mais on en trouve rarement ailleurs. En revanche, la plupart des établissements modestes possèdent des chambres triples (à 3 lits), que l'on peut partager avec d'autres voyageurs afin de réduire les dépenses. En été, certaines adresses acceptent que les visiteurs dorment sur le toit (environ 5 JD/pers). Il n'y a pas d'auberge de jeunesse en Jordanie.

Attention : de nombreux hôtels bon marché, situés au-dessus de boutiques ou de cafés, peuvent être bruyants la nuit. Évitez les chambres sans fenêtre (étouffantes en été) et vérifiez que le chauffage fonctionne en hiver (la saison est glaciale).

Les paiements se font généralement en dinars jordaniens.

TARIFS DES HÉBERGEMENTS

Les prix indiqués dans cet ouvrage s'entendent pour une chambre double en haute saison. Sauf mention contraire, il s'agit de chambres avec salle de bains.

$ moins de 40 JD

$$ 40-90 JD

$$$ plus de 90 JD

CATÉGORIE MOYENNE

Les hôtels de cette catégorie présentent le meilleur rapport qualité/prix. En général, ce sont des établissements privés tenus par des familles qui sont fières d'accueillir leurs clients. Les propriétaires constituent une bonne source d'information ; ils sauront vous conseiller pour les moyens de transport et vous indiquer des sites à découvrir ; certains organisent même des circuits. La plupart des hôtels familiaux servent des petits-déjeuners maison, et les hôtes peuvent parfois se joindre à la famille s'ils ont commandé à dîner.

Il existe au minimum un établissement de cette catégorie dans la plupart des villes – ils sont nombreux à Amman, Madaba, Wadi Musa (près de Pétra) et Aqaba. En principe, les chambres possèdent une salle de bains (avec eau chaude), sont chauffées (indispensable en hiver) et sont équipées de la TV (avec parfois des chaînes par satellite), d'un réfrigérateur et du téléphone.

Les prix démarrent à 40/55 JD environ pour une simple/double ; il est parfois possible de négocier, surtout si vous séjournez plusieurs jours. Certains établissements acceptent les cartes bancaires.

CATÉGORIE SUPÉRIEURE

Boissons de bienvenue, halls en marbre et chambres luxueuses... Cette catégorie, où officient des employés en livrée, est bien représentée à Amman, à Wadi Musa (Pétra) et à Aqaba. La plupart ont une agence de voyages dans leur galerie marchande, où vous pourrez louer une voiture et réserver des chambres d'hôtel pour les prochaines étapes de votre voyage.

Si la majorité des établissements de cette catégorie appartiennent à des chaînes internationales, ils reflètent toujours les caractéristiques du pays, avec un design intérieur arabisant, d'excellents restaurants de cuisine moyen-orientale, des boutiques vendant de beaux objets artisanaux et des librairies disposant d'un choix d'ouvrages (essentiellement en anglais) sur la Jordanie.

Les voyageurs indépendants peuvent souvent négocier un prix sans réservation. En dehors de la haute saison et des vacances (périodes où les réservations sont obligatoires), il est possible de loger dans un hôtel de catégorie supérieure au tarif d'un établissement de catégorie inférieure.

Les grands hôtels appliquent une taxe et un supplément pour le service (26% en tout) ; vérifiez si ces majorations ont été incluses dans le tarif promotionnel. Les principales cartes bancaires sont acceptées.

Réserves naturelles

Plusieurs réserves naturelles offrent une gamme variée d'hébergements – camping, bungalows, chambres de luxe en écolodge. Pour obtenir des renseignements et réserver en ligne, rendez-vous sur le site Web de

RÉSERVATION EN LIGNE

Trouvez un vol, un séjour ou un hôtel en quelques clics dans la rubrique "Réserver" de www.lonelyplanet.fr.

la **Royal Society for the Conservation of Nature** (RSCN, Société royale pour la protection de la nature ; www.rscn.org.jo). Dans certains secteurs, notamment dans la splendide réserve de biospère de Dana (ouverte de mars à novembre), il est impératif de réserver.

Camper dans ces réserves revient cher. Cela s'adresse aux voyageurs prêts à dépenser plus pour se réveiller au cœur d'une nature sauvage, et qui ont envie d'apporter leur pierre à l'édifice du tourisme responsable que promeut la RSCN (voir le chapitre *Environnement*, p. 301). On peut aussi réserver via le **Wild Jordan Centre** (carte p. 46 ; ☎4616523 ; www.rscn.org.jo ; Othman Bin Affan St, ville basse) à Amman.

Resorts

Si vous pouvez vous offrir ne serait-ce qu'une nuit de luxe pendant votre séjour, prévoyez une escale dans l'un des complexes balnéaires de la mer Morte. Ces merveilleux établissements, qui méritent à eux seuls le détour, offrent en outre le meilleur accès qui soit à la mer Morte – où les autres types d'hébergement sont inexistants. Les clients d'un *resort* peuvent également utiliser les équipements des hôtels voisins, qui proposent de quoi se divertir dans un lieu où il n'y a par ailleurs pas de vie nocturne.

Il existe également des *resorts* à Aqaba et dans ses environs, où l'on trouve notamment des établissements des chaînes Mövenpick et InterContinental. Avec un accès direct aux eaux calmes de la mer Rouge, de nombreuses piscines, des salles de sport et des restaurants haut de gamme, ils apportent une note chic à la deuxième ville du pays.

Location d'appartements et de maisons

À Amman, les quotidiens en anglais, les tableaux d'affichage des centres culturels et du centre de langues de l'Université de Jordanie, et les annonces dans les cafés des environs de Rainbow Street (notamment au Books@café) sont les meilleurs endroits pour trouver des annonces d'appartements ou de maisons à louer. Consultez également l'adresse suivante : www.expatriates.com/classifieds/amm/housingavailable (en anglais). Si vous pensez résider à Amman pour une période prolongée, promenez-vous à Jebel Amman, à Weibdeh et à Shmeisani, ou entre le 1st Circle et le 5th Circle : des locations sont souvent proposées sur des panneaux affichés dans les résidences ou sur les vitrines des boutiques.

Un appartement meublé dans un bon quartier d'Amman coûte généralement entre 500 et 1 000 JD par mois, un peu moins s'il n'est pas meublé. Un appartement ou une petite maison meublé(e) dans un quartier moins chic revient entre 300 et 500 JD par mois – à ce prix, ne vous attendez pas à ce que tout fonctionne parfaitement. Attention, certains propriétaires insistent pour recevoir 6 mois de loyer d'avance.

Heure locale

La Jordanie est à l'heure GMT/UTC +2/3 heures en hiver/été. Quand il est midi à Amman, il est 11h à Paris et 5h à Montréal. Attention : les dates des changements d'heure sont légèrement décalées par rapport à celles de la France, par exemple (l'heure d'été est en vigueur d'avril à octobre).

Heures d'ouverture

Les heures d'ouverture varient. De nombreux sites touristiques, bureaux et banques ferment plus tôt en hiver et pendant le ramadan. Les horaires suivants ne sont donnés qu'à titre indicatif. En Jordanie, les deux jours de week-end sont le vendredi et le samedi. Les heures d'ouverture peuvent être réduites ces jours-là.

Banques 8h-15h, dim-jeu

Restaurants 12h-24h, tlj

Cafés 9h-24h, tlj

Bars et clubs 9h-1h, tlj

Boutiques 9h-20h, sam-jeu ; certaines ferment de 14h à 16h

Souks 9h-20h, tlj

Homosexualité

L'homosexualité est illégale dans de nombreux pays du Moyen-Orient. Ce n'est pas le cas en Jordanie, où les pratiques homosexuelles sont légales à partir de 16 ans. Les manifestations amoureuses en public sont mal vues chez les hétérosexuels comme chez les homosexuels, bien que se tenir la main pour deux ami(e)s du même sexe soit une pratique courante.

Toutefois, bien que légale, l'homosexualité est mal perçue dans la société ; il n'est pas rare d'entendre parler de discrimination et de harcèlement. En février 2014, 10 Jordaniens gays et lesbiens ont été arrêtés lors d'une soirée privée, soi-disant pour éviter un trouble à l'ordre public. Dans la capitale, la scène gay reste très discrète.

Si vous vous mettez en quête d'informations, faites-le avec précaution. Parmi les établissements *gay-friendly* qui attirent des jeunes de tout bord, figurent le très polyvalent Books@café et le Blue Fig Café, à Amman.

Internet (accès)

Dans presque toutes les villes jordaniennes, on trouve au minimum un centre Internet public. Le Wi-Fi est de plus en plus répandu dans les hôtels, toutes catégories confondues, ainsi que dans les cafés et les restaurants.

Pour rester connecter sur la route avec votre ordinateur portable, les fournisseurs Zain et Orange proposent des modems USB, qui permettent de surfer pour moins de 20 JD.

Jours fériés

Les administrations et les banques ferment les jours fériés. En revanche, les magasins, les bureaux de change et les restaurants restent généralement ouverts, et les transports publics fonctionnent normalement. Toutefois, durant l'Aïd el-Fitr (fin du jeûne du ramadan) et l'Aïd al-Adha (fête du mouton), qui font l'objet de réjouissance familiales, de nombreux commerces ferment leurs portes.

Les sites archéologiques et les réserves naturelles sont souvent pris d'assaut les vendredis et les jours fériés.

Nouvel An 1er janvier

Vendredi saint mars/avril

Fête du Travail 1er mai

Jour de l'Indépendance 25 mai

Jour de l'Armée et anniversaire de la Grande Révolte arabe 10 juin

Noël 25 décembre

Voici la liste des principales fêtes musulmanes. Le tableau ci-dessous indique les dates correspondantes dans le calendrier occidental.

Nouvel An Premier jour de *muharram*.

Anniversaire du Prophète Fêté le 12 *rabi' al-awwal*.

Aïd al-Isra wal-Mi'raj Fête commémorant la visite nocturne du prophète Mahomet au ciel.

Ramadan Neuvième mois du calendrier islamique.

Aïd el-Fitr (ou Aïd-el-Séghir ; début de *shawwal*), marque la fin du jeûne du ramadan.

Aïd al-Adha Commémore le jour où Allah a épargné à Ibrahim (Abraham dans la Bible) le sacrifice de son fils Isaac. Cette date marque aussi la fin du hadj (pèlerinage à La Mecque).

Ramadan

Pendant le mois du ramadan, les musulmans doivent s'abstenir de manger, de boire, d'avoir des relations sexuelles et de fumer entre le lever et le coucher du soleil afin de respecter le 4e pilier de la sagesse islamique. Même mâcher du chewing-gum est *haram* (interdit). Les trois prochaines années, le ramadan tombera en début d'été.

Bien que la plupart des musulmans de Jordanie ne suivent pas ces injonctions à la lettre, la plupart s'y conforment avec plus ou moins de rigueur. Les étrangers ne sont tenus à rien, mais il est généralement considéré comme impoli de fumer, de boire ou de manger dans les lieux publics pendant le ramadan.

Durant cette période, les horaires des commerces tendent à être irréguliers – vers la fin du mois, les susceptibilités peuvent aussi être exacerbées. Dès le coucher du soleil, la plupart des villages se transforment en lieux fantômes, tandis que les habitants rentrent chez eux pour rompre le jeûne. Les transports publics fonctionnent à peu près normalement et les sites touristiques et les restaurants des hôtels restent ouverts – il est possible que l'on ne vous serve pas d'alcool ou alors uniquement dans votre chambre.

Librairies spécialisées

Librairie des éditions Geuthner (☎01 46 34 71 30 ; 16 rue de la Grande-Chaumière, 75006 Paris ; ⏲14h-18h30 lun, 9h-12h30 et 14h-18h30 mar-ven). Publie essentiellement des ouvrages consacrés au Proche-Orient, au Moyen-Orient et à l'Extrême-Orient.

FÊTES MUSULMANES

Les dates, calculées en fonction du calendrier lunaire, peuvent varier légèrement.

ANNÉE DE L'HÉGIRE	NOUVEL AN	ANNIVERSAIRE DU PROPHÈTE	DÉBUT DU RAMADAN	AÏD EL-FITR	AÏD AL-ADHA
1436	25.10.14	03.01.15	18.06.15	18.07.15	24.11.15
1437	15.10.15	24.12.15	07.06.16	06.07.16	13.09.16
1438	3.10.16	12.12.16	27.05.17	25.06.17	02.09.17
1439	22.09.17	01.12.17	16.05.18	15.06.18	22.08.18

Librairie du monde arabe (☎01 43 29 40 22 ; www.mondearabe.fr ; 15-17 rue de l'École-Polytechnique, 75005 Paris ; ⏲10h-19h mar-sam)

Librairie-boutique de l'Institut du monde arabe (☎01 40 51 39 30 ; www.imarabe.org/librairie/librairie-boutique ; 1 rue des Fossés-Saint-Bernard, place Mohammed-V, 75005 Paris ; ⏲10h-18h45 mar-jeu et sam-dim, 10h-19h45 ven)

L'INSTITUT DU MONDE ARABE

Installé au cœur du Paris, l'**Institut du monde arabe** (IMA ; ☎01 40 51 38 38 ; 1 rue des Fossés-Saint-Bernard, place Mohammed-V, 75005 Paris), fruit d'un partenariat entre la France et les pays membres de la Ligue arabe, vise à faire connaître le monde arabe dans ses dimensions culturelle, religieuse, sociale et anthropologique, et à promouvoir le dialogue entre l'Orient et l'Occident. Doté notamment d'un musée d'art arabo-musulman, d'une bibliothèque, d'un auditorium et d'une librairie, il offre une programmation très diversifiée, abordant tous les domaines de l'art et de la culture du monde arabe. Des cours de langue et de civilisation arabes sont dispensés sur place. À l'approche de son 30e anniversaire (il a été inauguré en 1987), l'IMA devrait faire l'objet d'importants travaux de réaménagement.

Offices du tourisme

Le site Internet du **Jordan Tourism Board** (JTB ; fr.visitjordan.com) est très détaillé et régulièrement mis à jour. Il constitue votre meilleure source d'information depuis l'étranger. Outre de nombreux renseignements et liens, il propose aussi des brochures téléchargeables en ligne, notamment en français. Ces documents sont également disponibles, ainsi que des cartes, dans les offices du tourisme en Jordanie.

Le pays possède un bon réseau d'offices du tourisme et de centres d'accueil des visiteurs. Le principal office du tourisme d'Amman est installé au rez-de-chaussée du **ministère du Tourisme et des Antiquités** (Ministry of Tourism & Antiquities ; carte p. 52 ; ☎poste 254 4603360 ; rdc, Al-Mutanabbi St, Jebel Amman ; ⏲8h-21h), dans le quartier de Jebel Amman.

Photo et vidéo

Pour des conseils professionnels, procurez-vous l'ouvrage *La Photo de voyage* de Richard l'Anson, publié par Lonely Planet.

Matériel

On trouve facilement des accessoires pour appareil photo numérique et des cartes mémoire. Une carte mémoire de 1 Go coûte environ15 JD. Il est possible de faire graver ses photos sur CD et d'obtenir des tirages numériques dans de nombreuses boutiques.

Photographier les habitants

Certaines personnes, en particulier les femmes et les personnes âgées, refusent qu'on les prenne en photo. Demandez toujours l'autorisation. S'obstiner à prendre une photo contre la volonté de quelqu'un peut provoquer des réactions violentes ; restez courtois et faites preuve de bon sens. Les enfants, en général, se précipitent devant les objectifs.

Les Jordaniens sont très fiers de leur pays et pourront se sentir offensés si vous photographiez des scènes "négatives" ou suggérant des conditions de vie difficiles, même s'il s'agit d'une simple place de marché.

Restrictions

Il est formellement interdit de photographier les zones militaires, ainsi que les sites considérés comme "stratégiques" – ponts, bâtiments administratifs... Soyez particulièrement vigilant dans le désert oriental, où plusieurs zones militaires sensibles sont situées à proximité de châteaux du désert, ainsi que sur la route de la mer Morte (Dead Sea Highway), où de nombreux postes de contrôle sont destinés à protéger la frontière avec Israël et les Territoires palestiniens.

Poste

Vous pourrez vous procurer des timbres dans les boutiques de souvenirs qui vendent des cartes postales. On trouve des boîtes à lettres dans les villes. Les courriers postés de Jordanie mettent seulement 3 ou 4 jours pour parvenir en Europe, mais jusqu'à deux semaines pour atteindre l'Amérique du Nord. On trouve des bureaux de poste dans toutes les villes, mais mieux vaut expédier ses paquets depuis Amman ou Aqaba. Pour des précisions concernant les tarifs postaux, consultez le site Internet de **Jordan Post** (www.jordanpost.com.jo), très complet.

FedEx (www.fedex.com.jo) a un bureau à Amman et **DHL** (www.dhl.com) est représenté à Amman et à Aqaba. Avec ces transporteurs, comptez environ 40 JD pour envoyer un colis de 500 g vers la plupart des pays – le tarif au kilo baisse considérablement pour les envois plus importants.

VERS LE/L'	LETTRE/ CARTE POSTALE	COLIS DE 1 KG
Moyen-Orient	600 fils	9 JD
Europe	800 fils	18 600 JD
Canada	1 JD	15 300 JD

Problèmes juridiques

Le système juridique jordanien provient de traditions diverses. Le droit civil et le droit commercial se fondent en grande partie sur le droit commun hérité des Britanniques, tandis que les questions religieuses et familiales relèvent généralement des tribunaux islamiques de la charia, ou de leurs équivalents pour les non-musulmans. En bref :

- L'âge légal pour être autorisé à conduire et à boire de l'alcool est 18 ans.
- La majorité sexuelle est fixée à 16 ans pour les hommes et les femmes.
- Concernant cette dernière, vous pouvez être passible de poursuites tombant sous le coup de la loi de votre pays d'origine, même à l'étranger.
- Les voyageurs sont tenus de respecter la loi.
- Les sanctions pour usage de drogue sont sévères.
- Critiquer le roi est puni par la loi.
- Les excès de vitesse, la conduite en état d'ivresse et l'oubli de la ceinture de sécurité ne sont pas tolérés.
- Si vous vous mettez dans une situation délicate, votre ambassade ne pourra guère faire plus que prévenir vos proches et vous conseiller un avocat sur place.

Téléphone

L'indicatif de la Jordanie est le ☎962. Pour appeler la Jordanie depuis l'étranger, composez le code d'accès international en vigueur dans votre pays (☎00 en France, en Belgique et en Suisse, ☎011 au Canada), suivi du ☎962, de l'indicatif de la ville sans le 0 initial et du numéro de votre correspondant.

Pour appeler à l'étranger depuis la Jordanie, faites le ☎00, suivi de l'indicatif du pays concerné (☎33 pour la France, ☎32 pour la Belgique, ☎41 pour la Suisse et ☎1 pour le Canada) et du numéro de votre correspondant sans le 0 initial.

Le service des télécommunications jordanien est privatisé. Vous pourrez téléphoner depuis une agence téléphonique privée, votre hôtel ou une boutique, ou encore acheter une carte à utiliser dans l'un des 1 000 téléphones payants du pays.

Les communications locales reviennent à environ 150 fils les 3 minutes. Il vous sera facile d'appeler depuis votre hôtel, d'où les communications sont parfois gratuites. Le prix des appels vers l'étranger varie énormément : voyez avec l'opérateur.

Vous pouvez téléphoner vers l'étranger depuis n'importe quel téléphone payant ou d'un hôtel, mais cela revient cher. En principe, il n'est pas possible de passer des appels en PCV.

Indicatifs régionaux

Pour appeler depuis un téléphone fixe, composez l'indicatif régional à 2 chiffres avant le numéro à 6 ou 7 chiffres.

- ☎02 District du Nord
- ☎03 District du Sud
- ☎05 Vallée du Jourdain, districts du Centre et de l'Est
- ☎06 District d'Amman
- ☎07 Préfixe pour les numéros de mobiles à 8 chiffres
- ☎0800 Préfixe pour les numéros gratuits
- ☎1212 Renseignements (à Amman)
- ☎131 Renseignements (en dehors de la capitale)
- ☎132 ou ☎133 Renseignements internationaux

Numéros d'urgence

- ☎911 Ambulance
- ☎911 Pompiers
- ☎911 Police

Téléphones mobiles

Les téléphones mobiles en Jordanie utilisent le réseau GSM (900/1800) – également employé en France, en Belgique et en Suisse, mais pas au Canada. Les deux opérateurs principaux sont **Zain** (www.zain.com) et **Orange** (www.orange.jo). Tous deux proposent une gamme complète de formules et de cartes prépayées (pièce d'identité obligatoire pour l'achat). La 3G est disponible dans tout le pays.

Toilettes

La plupart des hôtels et des restaurants, hormis ceux de la catégorie petits budgets, sont équipés de toilettes à l'occidentale. Ailleurs, vous trouverez des toilettes à la turque, avec un robinet pour se laver et un seau d'eau en guise de chasse d'eau.

Le papier toilette (dont l'usage est considéré comme non hygiénique dans la plupart des pays du Moyen-Orient) est rarement disponible, hormis dans les établissements des catégories moyenne et supérieure. La population locale préfère utiliser le robinet, puis jeter le papier toilette (qui sert à se sécher) dans le petit panier situé à côté des toilettes. Jetez toujours les papiers usagés dans ces paniers afin d'éviter de boucher les canalisations.

Si vous avez un besoin pressant dans le désert ou les montagnes de Jordanie, choisissez impérativement un endroit éloigné des cours d'eau et enterrez vos excréments aussi profondément que possible.

Travailler en Jordanie

Les petits boulots sont assez rares en Jordanie, d'autant plus qu'ils sont très demandés par les réfugiés palestiniens et iraquiens. Si vous prévoyez de rester longtemps dans le pays et possédez des qualifications particulières, il est préférable de chercher un travail avant de partir. L'employeur jordanien devra, le cas échéant, régler votre billet d'avion et s'occuper de votre permis de travail.

Plongée

Si vous êtes moniteur de plongée diplômé, vous pourrez peut-être trouver un emploi dans l'un des centres de plongée d'Aqaba, surtout en haute saison (septembre-mars). Tout en sachant que ces postes sont très recherchés par les Jordaniens.

Transports

DEPUIS/VERS LA JORDANIE

Depuis la redécouverte de Pétra par l'explorateur Suisse Jean Louis Burckhardt au XIXe siècle, les touristes affluent dans cette région du Moyen-Orient. La Jordanie est plutôt bien desservie. Outre l'avion, on peut aussi venir par voie terrestre depuis Israël et les Territoires palestiniens, ainsi que par ferry sur la mer Rouge au départ de Nuweiba en Égypte (en raison de la situation instable qui prévaut au Sinaï, consultez impérativement les conseils aux voyageurs mis en ligne par les autorités de votre pays – voir p. 309).

De Jordanie, on peut gagner toutes les capitales du Moyen-Orient ; Amman est très bien reliée aux autres pays arabes et on peut associer un séjour en Jordanie à une escapade à Dubaï et dans d'autres pays de la péninsule Arabique, par exemple.

Pour trouver un vol, un séjour ou un hôtel en quelques clics, rendez-vous à la rubrique "Réserver" de www.lonelyplanet.fr.

Entrer en Jordanie

Le visa est obligatoire pour tout étranger pénétrant en Jordanie. Toutefois, il est désormais gratuit pour les touristes arrivant par avion et ayant réservé leur séjour via un réceptif jordanien, et revient à seulement 10 JD pour les visiteurs arrivant par voie terrestre. Notez que votre passeport doit être valable au minimum 6 mois après votre date d'entrée sur le territoire jordanien. Consultez également la rubrique *Formalités et visas* du *Carnet pratique*, p. 318.

Gardez toujours votre passeport sur vous, notamment lorsque vous voyagez dans des zones sensibles comme la frontière avec Israël et les Territoires palestiniens, sur la route de la mer Morte (Dead Sea Highway) et sur les axes routiers reliant celle-ci aux villes de l'intérieur – les contrôles sont fréquents.

Voie aérienne

Aéroports et compagnies aériennes

L'**aéroport international Queen Alia** (carte p. 73 ; ☎06-4010250 ; www.qaiairport.com), à environ 35 km au sud d'Amman, est la principale porte d'accès au pays. On y trouve des DAB, des bureaux de change, une poste et une salle des objets trouvés. Le hall des départs compte plusieurs cafés et une bonne sélection d'articles en duty-free – confiseries arabes, produits de la mer Morte... Les loueurs de voitures sont rassemblés dans le hall des arrivées.

L'**Amman Airport Hotel** (☎06-4451000 ; www.ammanairporthotel.com ; ch à partir de 100 JD), l'unique hôtel de la zone aéroportuaire, est à 2 km des terminaux.

Il existe un second aéroport international à Aqaba ; certains vols à destination d'Amman y font escale. C'est de là qu'arrivent et partent les vols depuis/vers Charm el-Cheikh, en Égypte.

AVERTISSEMENT

Les informations contenues dans ce chapitre sont particulièrement susceptibles de changements. Vérifiez directement auprès de la compagnie aérienne ou de l'agence de voyages les modalités d'utilisation de votre billet d'avion. N'hésitez pas à comparer les prestations. Les détails fournis ici doivent être considérés à titre indicatif et ne remplacent en rien une recherche personnelle attentive.

VOYAGES ET CHANGEMENTS CLIMATIQUES

Tous les moyens de transport fonctionnant à l'énergie fossile génèrent du CO_2 – la principale cause du changement climatique induit par l'homme. L'industrie du voyage est aujourd'hui dépendante des avions. Si ceux-ci ne consomment pas nécessairement plus de carburant par kilomètre et par personne que la plupart des voitures, ils parcourent en revanche des distances bien plus grandes et relâchent quantité de particules et de gaz à effet de serre dans les couches supérieures de l'atmosphère. De nombreux sites Internet utilisent des "compteurs de carbone" permettant aux voyageurs de compenser le niveau des gaz à effet de serre dont ils sont responsables par une contribution financière à des projets respectueux de l'environnement. Lonely Planet "compense" les émissions de tout son personnel et de ses auteurs.

La compagnie aérienne nationale, **Royal Jordanian** (☎06-5100000 ; www.rj.com), établie de longue date, offre un bon niveau de sécurité. Elle assure des vols directs pour les grandes villes européennes et toutes les capitales du Moyen-Orient, ainsi que des vols quotidiens Amman-Aqaba. **Royal Wings** (www.royalwings.com.jo), sa filiale, qui possède des avions plus petits, organise des vols affrétés onéreux.

De nombreuses compagnies possèdent des bureaux à Amman.

Air France (carte p. 59 ; ☎06-5100777 ; www.airfrance.com)

British Airways (☎06-5828801 ; www.ba.com)

Emirates (carte p. 52 ; ☎06-4615222 ; www.emirates.com)

Fly Dubai (☎06-5004445 ; www.flydubai.com)

Gulf Air (carte p. 52 ; ☎06-653613 ; www.gulfair.com)

Iraqi Airways (☎06-4638600 ; www.iraqiairways.com.iq)

KLM (carte p. 46 ; ☎06-655267 ; www.klm.com)

Kuwait Airways (carte p. 59 ; ☎06-5690144 ; www.kuwaitairways.com)

Lufthansa Airlines (carte p. 59 ; ☎06-520018 ; www.lufthansa.com)

Qatar Airways (carte p. 59 ; ☎06-5679444 ; www.qatarairways.com)

Saudi Arabian Airlines (☎06-5777766 ; www.saudiairlines.com)

Turkish Airlines (carte p. 52 ; ☎06-5548100 ; www.turkishairlines.com)

Pour une liste de tour-opérateurs proposant des séjours, des circuits et parfois des vols secs, voir la rubrique *Voyages organisés*, p. 334. Consultez également l'encadré *Agences en ligne*, p. 330.

Depuis/vers la France

Air France (☎36 54 ; www.airfrance.fr) et **Royal Jordanian** (☎01 42 65 99 80 ; www.rj.com) assurent des vols directs quotidiens Paris-Amman (4 heures 30 environ). Selon la période, les tarifs les plus intéressants pour un aller-retour en classe économique varient entre 500 et 600 €.

De nombreuses compagnies proposent des vols avec escale. Vous pourrez notamment consulter les offres de **Turkish Airlines** (☎01 74 25 04 96 ; www.turkishairlines.com), d'**Alitalia** (☎0892 655 655 ; www.alitalia.com), d'**Emirates** (☎01 57 32 49 99 ; www.emirates.com), de **Lufthansa** (☎0892 231 690 ; www.lufthansa.com) et d'**Etihad Airways** (☎01 57 32 43 43 ; www.etihad.com).

Voici les coordonnées de quelques agences :

Nouvelles Frontières (☎0825 000 747 ; www.nouvelles-frontieres.fr)

Thomas Cook (☎0826 826 777 ; www.thomascook.fr)

Voyageurs du Monde (☎01 42 86 16 00 ; www.vdm.com)

Depuis/vers la Belgique

Lors de nos recherches, il n'existait pas de vol direct entre la Belgique et la Jordanie.

De nombreuses compagnies assurent des vols avec escale(s) entre Bruxelles et Amman. En moyenne, les tarifs les plus intéressants pour un aller-retour en classe économique avec 1 escale démarrent à moins de 400 €.

Vous pourrez notamment vous adresser aux agences suivantes :

Airstop (☎070 233 188 ; www.airstop.be)

Connections (☎070 23 33 13 ; www.connections.be)

Gigatours Voyages Éole (Éole à Bruxelles ☎02 672 35 03 ; www.voyageseole.be)

TAXE DE DÉPART

En quittant le pays, les voyageurs doivent acquitter une taxe de départ. Elle s'élève à 4 JD par voie terrestre, à 6 JD par voie maritime et à 15 JD par voie aérienne. Si vous quittez la Jordanie par avion, elle sera généralement comprise dans le prix du billet.

AGENCES EN LIGNE

Vous pouvez réserver votre vol via une agence en ligne ou vous renseigner auprès d'un comparateur de vols :

- www.bourse-des-vols.com
- www.ebookers.fr
- www.expedia.fr
- www.govoyages.com
- www.illicotravel.com
- www.kayak.fr
- www.opodo.fr
- www.skyscanner.fr
- voyages.kelkoo.fr
- www.voyages-sncf.com

Depuis/vers la Suisse

Lors de nos recherches, Swiss ne desservait pas la Jordanie.

Royal Jordanian (☎022 817 4802 ; www.rj.com) propose des vols directs ou avec 1 escale entre la Suisse (Genève ou Zurich ; 4 heures environ) et Amman. En moyenne, les tarifs les plus intéressants pour un aller-retour en classe économique démarrent à moins de 800 FS.

Vous pourrez notamment vous renseigner auprès de **STA Travel** (☎058 450 49 49 ; www.statravel.ch).

Depuis/vers le Canada

En partenariat avec d'autres compagnies, **Air Canada** (☎1 888 247 2262 ; www.aircanada.com) assure des vols avec 1 ou 2 escales (souvent à Francfort ou à Istanbul) entre le Canada et la Jordanie. À titre indicatif, les tarifs les plus intéressants pour un aller-retour entre Montréal et Amman s'élèvent à 1 400 $C environ. **Royal Jordanian** (☎514 631 2403 ; www.rj.com) propose des vols directs ou avec 1 escale entre les deux pays. Entre Montréal et Amman (vols directs, 10 heures environ ou avec 1 escale), les prix en classe économique démarrent à 1 150 $C environ.

Quelques adresses intéressantes :

Travelocity (☎1 855 222 6739 ; www.travelocity.ca)

Expedia (☎1 888 397 3342 ; www.expedia.ca)

Travel Cuts – Voyages Campus (☎1 800 667 2887 ; www.travelcuts.com)

Voie terrestre

Il est facile de rejoindre la Jordanie par voie terrestre en venant d'Israël et des Territoires palestiniens. Les étrangers résidant en Arabie saoudite (et les passagers en transit en mesure de prouver qu'ils n'ont pas d'autre moyen de se rendre en Jordanie) peuvent également traverser cette dernière pour entrer en Jordanie.

La majorité des visiteurs circulant par voie terrestre arrivent en Jordanie en bus ou en *taxi-service* (taxi collectif), mais il est également possible de venir avec son propre véhicule (reportez-vous à la rubrique *Voiture et moto*, p. 338).

Depuis/vers la frontière jordanienne

ÉGYPTE

La plupart des touristes voyagent entre la Jordanie et l'Égypte par bateau. Il est plus rapide et économique de passer par la voie terrestre, via Israël et les Territoires palestiniens en franchissant la frontière au niveau de Wadi Araba. Si vous optez pour cet itinéraire :

- Prenez un taxi jusqu'à Wadi Araba, puis un autre entre Yitzhak Rabin, en Israël, et Taba, en Égypte.
- Des taxis partent aussi des deux côtés de la frontière à destination d'Eilat. Il y a des bus depuis Eilat vers chacun des deux côtés.
- En tout, le trajet prend environ 1 heure 30.
- Attention toutefois : lors de nos recherches, les autorités françaises déconseillaient de se déplacer par la route sur la bande côtière comprise entre Taba et Charm el-Cheikh. De plus, les zones frontalières entre Israël et les Territoires palestiniens et l'Égypte restent des zones de tension. Avant de partir, consultez les conseils aux voyageurs mis en ligne par les autorités de votre pays (voir p. 309).

ISRAËL ET LES TERRITOIRES PALESTINIENS

Plusieurs villes jordaniennes sont reliées par des bus directs à des destinations en Israël et dans les Territoires palestiniens. En prenant un bus pour aller d'Amman à Tel-Aviv, vous vous épargnerez les complications liées au passage de la frontière. Cependant, cela vous reviendra plus cher que de la franchir en individuel et vous devrez par ailleurs attendre que tous les passagers aient accompli les formalités de douane et d'immigration. Consultez les conseils officiels aux voyageurs avant d'établir votre itinéraire.

D'Amman, des bus **Trust International Transport** (☎06-5813427) partent pour Tel-Aviv (6 heures), Haïfa (7 heures) et Nazareth

(7 heures) à 8h30 tous les jours, sauf le samedi, du bureau de la compagnie à hauteur du 7th Circle. Les bus franchissent la frontière au pont du cheikh Hussein (Sheikh Hussein Bridge). Leurs horaires varient fréquemment ; vérifiez les heures de départ, et pensez à réserver et à récupérer vos billets à l'avance à la gare routière. Un bus **Jordan Express Tourist Transport** (☎06-5664141 ; www.jett.com.jo ; Al-Malek al-Hussein St, Shmeisani, Amman) rallie le pont du roi Hussein (King Hussein Bridge, 8,500 JD, 1 heure, 7h).

Si vous êtes motorisé, vous pourrez passer par le pont du roi Hussein, le pont du cheikh Hussein ou Wadi Araba.

PONT DU ROI HUSSEIN (KING HUSSEIN BRIDGE/ ALLENBY BRIDGE)

➡ Prenez un *taxi-service* depuis la gare routière d'Abdali ou la gare routière sud à Amman, à destination du pont du roi Hussein (8 JD, 45 min). Chaque jour, un bus JETT (8,500 JD, 1 heure, 7h) rejoint directement le côté israélien de la frontière. Un taxi privé jusqu'au pont revient à 22 JD environ. Les transports publics s'arrêtent au terminal d'immigration destiné aux Jordaniens : demandez à être déposé au second terminal, pour les étrangers.

➡ Les deux postes frontières sont distants de 5 km. Des bus (7 JD, supplément bagage 1,500 JD/bagage, 10 min-1 heure suivant l'attente à la frontière) circulent entre les deux côtés de la frontière (les retards sont fréquents). Asseyez-vous de préférence à l'avant du bus, pour être en tête de file pour passer les formalités d'immigration du côté israélien.Il est impossible de franchir la frontière à pied, en stop ou à bord d'un véhicule individuel.

➡ Les services d'immigration jordaniens ne tamponneront pas votre passeport ici, mais vous remettront un formulaire de sortie, qui vous permettra de revenir en Jordanie en passant par ce poste et sans obtenir de nouveau visa pendant 2 semaines. Au-delà, vous devrez repasser par le pont du cheikh Hussein ou demander un visa à l'ambassade jordanienne de Tel Aviv. Les frais de sortie du territoire s'élèvent à 10 JD.

➡ Du côté israélien, assurez-vous d'obtenir le formulaire d'immigration avec votre photo que les autorités délivrent désormais, plutôt qu'un tampon dans votre passeport.

➡ Attendez-vous à une longue attente à la frontière – comptez 2 heures et partez tôt afin de pouvoir effectuer le trajet Amman-Jérusalem dans sa totalité en cas de retard, lié à des questions de sécurité par exemple. La fréquentation augmente les dimanches matin (après le week-end) et à l'approche des vacances, ce qui ralentit encore la procédure. Si vous êtes pressé, il existe un service VIP qui permet de passer rapidement les contrôles d'immigration et de sécurité des deux côtés.

TAMPON ISRAËLIEN : GARE À LA STIGMATISATION

Compte tenu des tensions avec Israël, plusieurs pays de la région (dont le Liban, l'Arabie saoudite, l'Iran, la Libye et le Yémen et, dans une moindre mesure, Bahreïn, le Qatar, les Émirats arabes unis et Oman – mais pas l'Égypte, la Turquie, la Tunisie ou le Maroc) refusent l'accès à leur territoire aux voyageurs titulaires d'un passeport conservant des traces d'un voyage en terre israélienne (comme les tampons d'entrée et de sortie qui peuvent être apposés à la frontière avec la Jordanie). Si vous envisagez de combiner votre séjour en Jordanie avec une excursion en Israël, ces informations vous seront utiles.

➡ À l'arrivée et au départ, les services d'immigration israéliens vous remettront généralement un formulaire d'immigration au lieu de tamponner votre passeport. Conservez-le précieusement : il serait très problématique de le perdre.

➡ Si vous arrivez en Israël par le pont du roi Hussein (King Hussein Bridge), vous pouvez également demander aux autorités jordaniennes de tamponner un papier au lieu de votre passeport. Vous avez aussi la possibilité de rejoindre directement Amman par avion depuis l'aéroport David-Ben-Gourion à Tel Aviv.

Désagréments à la frontière

Vous prévoyez une excursion d'une journée à Jérusalem depuis Amman ? Réfléchissez-y à deux fois ! Sécurité intrusive, queues chaotiques : de nombreux lecteurs ont signalé les difficultés rencontrées pour franchir la frontière au niveau du pont du roi Hussein, notamment du côté israëlien. Vous serez interrogé sur les motifs de votre visite : une question délicate lorsque l'on a déjà passé la moitié de la journée au poste-frontière !

LES TRANSPORTS PAR VOIE TERRESTRE EN BREF

Il est possible d'aller de Pétra à Jérusalem (et vice-versa) dans la journée, ainsi qu'à quelques autres destinations populaires dans la région. Voici un récapitulatif des différents itinéraires envisageables. Pour des informations sur les visas, voir p. 318.

Pétra et Jérusalem via Amman et la Cisjordanie

Lors de nos recherches, les autorités françaises déconseillaient les déplacements en Cisjordanie. Consultez les conseils aux voyageurs officiels.

Par cet itinéraire, vous réussirez peut-être à éviter que votre passeport ne porte la preuve d'un passage en Israël (voir l'encadré p. 331). Les délais d'attente sont très longs à la frontière, qu'il est impossible de franchir avec son propre véhicule. Depuis Pétra, prenez un bus pour la gare routière sud d'Amman (3 heures), un *taxi-service* ou un bus jusqu'au pont du roi Hussein (1 heure), un bus pour franchir la frontière (3 heures d'attente ; frontière fermée dès 12h les vendredi et samedi), puis un *taxi-service* ou un bus pour la porte de Damas à Jérusalem (30 min). Ce trajet fonctionne également dans le sens inverse, de Jérusalem à Petra.

Pétra et Jérusalem via Aqaba et Eilat

Il est possible de voyager avec son propre véhicule sur cet itinéraire. Si vous pénétrez en Jordanie par le poste-frontière de Wadi Araba (Yitzhak Rabin), vous serez peut-être dispensé de payer le visa jordanien – Aqaba est située dans une zone de libre échange ; valable uniquement pour les séjours de 2 semaines au maximum. Les délais d'attente sont moins longs ici qu'aux autres points de passage de la frontière.

Depuis Pétra, prenez un bus pour la gare routière principale d'Aqaba (2 heures 30), puis un *taxi-service* ou un bus pour le poste-frontière de Wadi Araba (Yitzhak Rabin ; 15 min). Traversez à pied (30 min ; frontière ouverte tous les jours), puis empruntez un *taxi-service* ou un bus pour Eilat (15 min), et enfin un bus pour la porte de Damas à Jérusalem (5 heures). Ce trajet fonctionne dans les deux sens.

Pétra et Charm el-Cheikh via Aqaba et Nuweiba

Reportez-vous p. 330 pour des mises en gardes concernant les déplacements par voie terrestre en Égypte.

Il revient habituellement à 80 JD.

➡ Pour rejoindre Jérusalem depuis la frontière, prenez un *sherut* (taxi collectif israélien ; 50 NIS environ, 30 min) jusqu'à la porte de Damas.

➡ Dans le sens inverse, il faut acquitter une taxe de sortie d'Israël de 177 NIS. Si vous avez l'intention de retourner en Israël, conservez bien le formulaire d'entrée qui vous sera remis par les Jordaniens : vous devrez le présenter en quittant le territoire jordanien.

➡ La frontière est ouverte de 8h à 22h du dimanche au jeudi, et de 8h à 13h30 les vendredi et samedi. Elle est fermée pour Yom Kippour et à l'Aïd al-Adha.

PONT DU CHEIKH HUSSEIN (SHEIKH HUSSEIN BRIDGE/JORDAN BRIDGE)

➡ Des *taxis-service* circulent régulièrement entre la gare routière ouest d'Irbid et la frontière (1 JD, 45 min). En taxi, comptez 40 JD environ depuis Amman et 20 JD depuis Irbid.

➡ Vous pourrez demander aux autorités jordaniennes de ne pas tamponner votre passeport.

➡ Arrivé au pont, il faut parcourir 2 km à pied pour rejoindre le côté israélien. Des bus traversent le pont (1,500 JD) toutes les 30 minutes environ.

➡ Des taxis vous conduiront à la gare routière de Beit She'an (10 min), où l'on trouve des correspondances. Pour rejoindre Tel Aviv, il est plus rapide d'aller de Beit She'an à Afula, puis de changer.

➡ Si vous venez d'Israël, prenez un bus pour Tibériade et changez à Beit She'an (à 6 km de la frontière). De là, montez dans un autre bus pour la frontière israélienne (arrivez tôt, car il n'y a que quelques liaisons par jour).

➡ À ce poste-frontière, la taxe de sortie israélienne s'élève à 102 NIS. La navette qui traverse le pont en direction de la Jordanie coûte 7 NIS.

➡ Il est bien plus rapide de franchir la frontière ici qu'au pont du roi Hussein. C'est aussi plus pratique si vous voyagez en petit groupe et

Le trajet depuis Charm el-Cheikh ou Nuweiba et à destination du Wadi Rum ou de Pétra nécessite une halte d'une nuit à Aqaba.

Depuis Pétra, prenez un bus pour la gare routière principale d'Aqaba (2 heures 30), puis un *taxi-service* ou un bus pour le terminal du ferry (30 min) et enfin un ferry à 14h pour Nuweiba (1 heure), d'où un bus vous conduira à Charm el-Cheikh (2 heures 30).

De Charm el-Cheikh à Pétra, il n'est pas possible d'effectuer le trajet dans la journée par les transports en commun, car on arrive trop tard à Aqaba. Prenez d'abord un bus de Charm el-Cheikh jusqu'au terminal des ferrys de Nuweiba (3 heures), puis empruntez le bateau de 15h jusqu'au terminal sud d'Aqaba (3 heures), et un *taxi-service* ou un bus jusqu'à Aqaba (30 min). Prenez enfin un taxi privé pour Pétra, ou passez la nuit à Aqaba et prenez un bus pour Pétra le lendemain (2 heures 30).

Attention : les longs retards sont fréquents sur le ferry qui relie Aqaba à Nuweiba, dans les deux sens.

Pétra et le mont Sainte-Catherine via Aqaba

Le poste-frontière de Wadi Araba ne délivre que des autorisations d'entrée valables pour la péninsule du Sinaï. Pour aller dans d'autres régions d'Égypte, vous devrez vous organiser à l'avance et demander un visa complet au consulat d'Égypte à Aqaba, à l'ambassade d'Égypte à Amman ou, mieux encore, dans une représentation égyptienne dans votre pays d'origine. En raison de la situation au Sinaï, reportez-vous aux mises en garde concernant les déplacements par voie terrestre en Égypte p. 330 et consultez impérativement les conseils aux voyageurs officiels.

Depuis Pétra, prenez un bus pour la gare routière principale d'Aqaba (2 heures 30), puis un *taxi-service* ou un bus pour le poste-frontière de Wadi Araba (Yitzhak Rabin ; 15 min) et franchissez la frontière à pied (30 min). Prenez un *taxi-service* ou un bus pour Taba (15 min), puis un *taxi-service* pour le mont Sainte-Catherine (3 heures). Par les transports en commun, le trajet du retour n'est pas envisageable en une seule journée. Si vous ne souhaitez pas passer une nuit à Aqaba, prenez un taxi privé.

pouvez partager les frais de transport.

➡ La frontière est ouverte de 6h30 à 21h du dimanche au jeudi, et de 8h à 21h les vendredi et samedi. Elle est fermée pour Yom Kippour et le Nouvel An musulman (mais ouverte à l'Aïd al-Adha).

WADI ARABA (YITZHAK RABIN)

➡ Des taxis circulent entre Aqaba et la frontière (10 JD, 15 min). Les frais de sortie du territoire s'élèvent à 10 JD.

➡ Il suffit de quelques minutes pour franchir la frontière à pied.

➡ Des bus desservent le centre d'Eilat, à 2 km de là (5 min). Comptez 50 NIS en taxi.

➡ Dans l'autre sens, les bus de Jérusalem à Eilat vous déposent à l'embranchement pour la frontière (5 min), à courte distance à pied.

➡ La taxe de sortie israélienne à cette frontière est fixée à 102 NIS.

➡ En entrant en Jordanie par ce poste-frontière, vous pourrez être exempté des frais de visa, car Aqaba se trouve dans une zone de libre échange – valable uniquement pour les séjours de 2 semaines au maximum.

➡ La frontière est ouverte de 6h30 à 20h du dimanche au jeudi, et de 8h à 22h les vendredi et samedi. Elle est fermée pour Yom Kippour et le Nouvel An musulman.

ARABIE SAOUDITE

Il n'est pas possible d'obtenir un visa de tourisme pour l'Arabie saoudite (voir p. 319). Si vous pouvez prétendre au visa de transit (difficile à obtenir), sachez que le principal poste-frontière emprunté par les transports publics se trouve à Al-Umari, au sud d'Azraq. Les deux autres points de passage sont Ad-Durra, au sud d'Aqaba, et Al-Mudawwara, plus à l'est. Plusieurs compagnies desservent Djedda et Riyad au départ de la gare routière d'Abdali à Amman.

Les bus climatisés de **Jordan Express Tourist Transport** (☎06-5664141 ; www.jett.com.jo ; Al-Malek al-Hussein St, Shmeisani, Amman) desservent Djedda, Riyad et Dammam.

Ailleurs au Moyen-Orient

Pour rallier d'autres destinations du Moyen-Orient, il faut s'armer de patience et, surtout, rassembler tous les visas requis. Vu la longueur des trajets, l'inconfort dû à la chaleur et les nombreux retards, la plupart des voyageurs finissent par se rabattre sur l'avion.

JETT (☎06-5664141 ; www.jett.com.jo ; Al-Malek al-Hussein St, Shmeisani, Amman) offre un service de cars à destination du Caire (32 JD) 4 fois/semaine, au départ des bureaux internationaux de la compagnie, à Amman. Vérifiez les horaires et les tarifs avant le départ, car ils changent fréquemment.

Voie maritime

On peut visiter l'Égypte à l'occasion d'une excursion depuis Aqaba (consultez les conseils aux voyageurs mis en ligne par les autorités de votre pays ; voir p. 309). La Jordanie ne partage pas de frontière terrestre avec l'Égypte ; ce voyage implique donc une courte traversée en bateau jusqu'à Nuweiba ou Taba. Presque toute l'année, on peut acheter son billet au dernier moment. Les choses se compliquent pendant le hadj, dont les dates fluctuent (il tombera fin août ou en septembre dans les prochaines années), lorsque des milliers d'Égyptiens reviennent de leur pèlerinage à La Mecque et convergent vers Aqaba. Des visas touristiques pour l'Égypte sont délivrés sur le bateau ou à l'arrivée à Nuweiba (ainsi qu'au consulat d'Égypte à Aqaba). Attention : Taba ne délivre que des Sinai Entry Stamps ("tampons d'entrée au Sinaï"), valables 15 jours.

Il existe deux liaisons maritimes principales à destination de l'Égypte et au départ du terminal des passagers situé juste au sud d'Aqaba. Les horaires changent régulièrement : renseignez-vous auprès d'**Arab Bridge Maritime** (☎03-2092000 ; www.abmaritime.com.jo/en).

Le bateau express pour Taba (moins de 8 ans/standard 70/95 $, 45 min) lève l'ancre à 18h. Le ferry du retour quitte Taba à 6h30.

Il y a également un car-ferry (1re classe/économique/3e classe 95/75/95 $, 3 heures), plus lent, qui circule 2 fois/jour (départ à minuit et à 14h). Il est connu pour ses retards (le trajet peut prendre 12 heures si la mer est agitée), voire ses annulations. Le service de nuit, qui transporte également des marchandises, est considéré comme plus fiable. Les moins de 8 ans bénéficient de tarifs réduits (1re classe/économique/3e classe 70/60/55 $). Dans l'autre sens, les bateaux quittent Nuweiba à 6h et 15h.

La taxe de départ (6 JD) n'est pas comprise. Vous devrez présenter votre passeport pour acheter votre billet. Notez qu'au départ de Nuweiba, vous devrez payer en dollars américains. Vous trouverez des bureaux de change dans les terminaux d'Aqaba et de Nuweiba.

Les passeports, collectés sur le bateau (dans les deux sens), sont rendus à l'arrivée au bureau d'immigration. En provenance d'Égypte, vous arriverez à Aqaba trop tard pour rallier Pétra ou le Wadi Rum par les transports publics. Il vous faudra donc passer une nuit sur place ou prendre un taxi depuis le centre-ville.

VOYAGES ORGANISÉS

Circuits organisés depuis l'étranger

Les voyagistes proposent une gamme étendue de circuits thématiques qui font généralement la part belle à la culture et à l'histoire. Certains incluent dans leur programme des incursions à la découverte des joyaux des pays voisins – Jérusalem, le Liban, l'Égypte. D'autres privilégient la randonnée à pied ou chamelière, ou encore la plongée en mer Rouge. Les tarifs proposés varient évidemment grandement en fonction de critères variés (périple sur mesure ou en groupe plus ou moins restreint, nuit en hôtel de luxe ou en bivouac, transports en 4x4 ou à dos de dromadaire, nature des activités proposées...). Globalement, vous débourserez rarement moins de 1 000 € pour un voyage d'une semaine (vols internationaux compris) et souvent beaucoup plus. De nombreux circuits vous conduiront d'une manière ou d'une autre jusqu'à Pétra : vérifiez bien que le temps imparti à ce site majeur, incontournable, ne se limite pas à une visite au pas de course.

Vous trouverez d'autres prestataires à la rubrique *Depuis/vers la Jordanie* (p. 328) et dans l'encadré *Agences en ligne* (p. 330).

Culture et patrimoine

Arts et vie (www.artsetvie.com) ; Paris (☎01 40 43 20 21 ; 251 rue de Vaugirard, 75015 Paris ; autres agences à Lyon, Grenoble, Marseille et Nice). Ce spécialiste des voyages culturels propose en Jordanie un circuit de 9 jours, entre désert et Jourdain.

Arvel Voyages (☎04 72 44 90 98 ; www.arvel-voyages.com ; 31 cours Émile-Zola, BP 22080, 69616 Villeurbanne

Cedex ; antenne à Évreux). Cette association de tourisme responsable et durable propose deux voyages pour découvrir la Jordanie : un circuit de 15 jours "Sur les traces de Lawrence d'Arabie" et un voyage combiné avec la Cisjordanie, intitulé "Une terre, des peuples".

Autre Jordanie (☎01 42 36 23 29 ; www.autrejordanie.com ; 3 rue des Lavandières-Sainte-Opportune, 75001 Paris). Circuits combinés avec l'Égypte, le Liban ou Jérusalem.

Clio (☎01 53 68 82 82 ; www.clio.fr ; 34 rue du Hameau, 75015 Paris). Les merveilles patrimoniales et historiques de la Jordanie en 9 ou 12 jours, en compagnie d'un conférencier.

Comptoir des Voyages / Afrique du Nord, Moyen-Orient et Asie centrale (www.comptoir.fr) ; Paris (☎01 53 10 70 92 ; 6 rue des Écoles, 75005 Paris) ; Lyon (☎04 72 44 13 40 ; 10 quai de Tilsitt, 69002 Lyon) ; Marseille (☎04 84 25 21 80 ; 12 rue Breteuil, 13001 Marseille) ; Toulouse (☎05 62 30 15 00 ; 43 rue Peyrolières, 31000 Toulouse). Six voyages, de 5 à 12 jours, dont un en famille.

Intermèdes (☎01 45 61 90 90 ; www.intermedes.com ; 60 rue de La Boétie, 75008 Paris). Un circuit de 10 jours de Pétra à Jérusalem (entre autres voyages proposés), en compagnie d'un conférencier.

La Maison des Orientalistes (☎01 56 81 38 30 ; www.orientalistes.com ; 76 rue Bonaparte, 75006 Paris). Différents circuits, de 5 à 11 jours, pour découvrir les trésors du pays.

Voyageurs du Monde (www.vdm.com) ; Paris (☎01 42 86 16 00 ; 55 rue Sainte-Anne, 75002 Paris ; 12 autres agences en France) ; Belgique (☎02 543 95 50 ; 23 chaussée de Charleroi, 1060 Bruxelles) ; Suisse (☎022 518 04 94 ; 19 rue de la Rôtisserie, 1204 Genève). Plusieurs circuits en Jordanie et un voyage combinant le royaume hachémite et Israël sur les traces de l'Histoire sainte, intitulé "Mémoire de pierre et de sable".

Plongée

Le littoral de la mer Rouge fait le bonheur des amateurs de plongée. Reportez-vous également au chapitre *Plongée et snorkeling en mer Rouge* (p. 29), où vous trouverez les coordonnées de prestataires locaux.

Aéromarine (☎01 43 29 30 22 ; www.aeromarine.fr ; 22 rue Royer Collard, 75005 Paris)

Océanes (☎04 42 52 82 40 ; www.oceanes.com ; 147 chemin des Ruches, Les Gardis, 13490 Jouques)

Ultramarina (www.ultramarina.com ; 0825 02 98 02) ; Nantes (2ter rue des Olivettes, 44032 Nantes Cedex 1) ; Paris (29 rue de Clichy, 75009 Paris) ; Marseille (27 rue de la Palud, 13001 Marseille) ; Lyon (11 rue Bugeaud, 69006 Lyon) ; Belgique (Océan Voyages ; ☎04 344 44 30 ; rue aux Frênes 1, 4020 Liège) ; Suisse (☎022 786 14 86 ; rue des Eaux Vives 76, 1207 Genève)

Randonnée

Allibert Trekking (www.allibert-trekking.com) ; France (☎01 44 59 35 35, 37 bd Beaumarchais, 75003 Paris ; ☎04 50 53 88 00, 156 av. de l'Aiguille-du-Midi, 74400 Chamonix ; ☎04 76 45 50 50, rue de Longifan, 38530 Chapareillan ; ☎05 34 44 55 70, 19 rue Léon-Gambetta, 31000 Toulouse ; ☎04 93 22 62 48, 4 rue des Mesures, 06270 Villeneuve-Loubet) ; Belgique (☎02 318 32 02) ; Suisse (☎022 519 03 23). 10 périples de randonnée de 8 à 14 jours, avec des niveaux de difficulté variés. Le circuit "Au royaume des Nabatéens" est adapté aux familles ; ceux intitulés "Bédoins, canyons et dunes" et "Wadi Rum-Pétra : la piste oubliée" sont plus exigeants.

Atalante (www.atalante.fr) ; Paris (☎01 55 42 81 00 ; 18 rue Séguier, 75006 Paris) ; Lyon (☎04 72 53 24 80 ; 36 quai Arloing, 69009 Lyon) ; Bruxelles (☎02 627 07 97 ; rue César-Franck 44, 1050 Bruxelles). 5 itinéraires de 8 à 14 jours, de niveaux variés, dont un destiné aux familles : "Les aventuriers de Pétra".

Huwans Club Aventure (www.clubaventure.fr) ; Paris (☎01 44 32 09 30 ; 18 rue Séguier, 75006) ; Lyon (☎04 96 15 10 52 ; 38 quai d'Arloing, 69009) ; Marseille (☎04 96 15 20 20 ; 4 rue Henri et Antoine Maurras, 13016 Marseille). Dix formules, dont certaines alternant marche et visites culturelles ("Sur les pas de Lawrence", par exemple), et d'autres au rythme plus soutenu ; un circuit à destination des familles.

Nomade Aventure (☎0 825 701 702 ; www.nomade-aventure.com) ; Paris (40 rue de la Montagne-Sainte-Geneviève, 75005 Paris) ; Lyon (10 quai Tilsitt, 69002 Lyon) ; Toulouse (43 rue Peyrolières, 31000 Toulouse) ; Marseille (12 rue Breteuil, 13001 Marseille). Quinze circuits, dont un voyage "photo et randonnée" dans le Wadi Rum, via Pétra et la mer Rouge.

Tamera (☎04 78 37 88 88 ; www.tamera.fr ; 26 rue du Bœuf, 69005 Lyon). Un circuit facile de 9 jours à pied, sur les traces des Nabatéens.

Terres d'aventure Paris (☎0825 700 825 ; www.terdav.com ; 30 rue Saint-Augustin, 75002 Paris) ; plusieurs agences en France, en Belgique (☎02 543 95 60), en Suisse (☎022 518 05 13) et au Canada (Québec ☎0418 651 91 91). Treize voyages : 6 treks ou randonnées accompagnés, 3 formules pour les familles (dont une "rando aquatique bédouine") et 4 randos en liberté.

Zig Zag (☎01 42 85 13 93 ; www.zigzag-randonnees.com ; 54 rue de Dunkerque, 75009 Paris). Des programmes à durée modulable, dont un circuit intitulé "De Jérusalem à Pétra : désert et Nabatéens", sur 9 jours.

Circuits organisés locaux

Vous pourrez aussi opter pour un itinéraire sur mesure, conçu par un opérateur local. De nombreuses agences jordaniennes fournissent des voitures avec chauffeur et organisent des randonnées ou des circuits sur le thème de l'archéologie, par exemple.

Si vous souhaitez randonner ou vous adonner à d'autres activités de plein air dans des réserves naturelles, contactez la **Royal Society for the Conservation of Nature** (RSCN ; ☎06-4616523 ; www.rscn.org.jo), qui propose des formules de courte durée et des itinéraires plus complets. Pour explorer le Wadi Rum, adressez-vous de préférence à une agence gérée par des Bédouins, comme **Wadi Rum Mountain Guides** (www.bedouinroads.com).

Pour visiter des endroits isolés comme les châteaux du désert dans l'est du pays, les voyageurs individuels au budget serré pourront envisager de réserver une excursion bon marché au départ d'Amman : ils s'épargneront ainsi les complications tout en faisant des économies.

Atlas Travel & Tourist Agency (☎06-4642034 ; www.atlastours.net). Propose aussi des excursions en Israël et dans les Territoires palestiniens et au Liban.

Desert Guides Company (☎06-5527230 ; www.desertguidescompany.com). Treks, VTT et aventure.

Engaging Cultures Travel (engagingcultures.com). Une petite agence d'Amman particulièrement réputée pour ses circuits sur mesure privilégiant l'immersion culturelle.

Golden Crown Tours (☎06-5511200 ; www.goldencrowntours.com). Circuits sur les thèmes de l'archéologie, de la religion et de l'aventure.

Jordan Beauty Tours (☎079-5581644 ; www.jordanbeauty.com ; Pétra). Circuits sur les thèmes de la Bible et de l'archéologie, randonnées, meharées, plongée et excursions en Israël.

La Beduina (carte p. 184 ; ☎06-5541631 ; www.labeduinatours.com). Circuits thématiques : marche, cuisine, équitation, meharées, yoga...

Petra Moon Tourism Services (carte p. 184 ; ☎079 6170666 ; www.petramoon.com ; à Wadi Musa, sur la route principale à destination de Pétra). La meilleure agence de Wadi Musa, pour organiser des excursions à Pétra et ailleurs dans le pays, notamment dans le Wadi Rum et à Aqaba. Excursions à cheval au djebel Haroun, treks à la réserve de Dana (4-5 jours), randonnées de Tayyibeh à Pétra, meharées au Wadi Rum... Son circuit de 14 jours à travers la Jordanie (10-18 participants) est très populaire.

Tropical Desert Trips (☎07-95438708 ; tropicaldeserttrips.com). Circuits aventure : randonnée, escalade, canyoning, exploration du désert.

Zaman Tours & Travel (carte p. 184 ; ☎2157723 ; www.zamantours.com ; Wadi Musa). Circuits aventure, camping, méharées et randonnées.

COMMENT CIRCULER

En raison de sa superficie relativement restreinte, on peut aisément traverser la Jordanie du nord au sud (430 km environ) en à peine plus de 5 heures. Bien sûr, les distances ne sont pas tout... La plupart des sites dignes d'intérêt ne sont pas situés le long des axes principaux, comme la route du Désert (Desert Highway). On les trouve plutôt au bord de spectaculaires routes de montagne, dans le nord du pays, ou le long de la route du Roi (King's Highway), un axe historique et nettement plus champêtre. Pour profiter au mieux du voyage, il faut donc prévoir un peu plus de temps que ne semblent en requérir les distances indiquées sur les cartes.

Les transports en commun sont avant tout conçus pour répondre aux besoins de la population locale. De nombreux sites d'intérêt sont difficiles d'accès (notamment la mer Morte, les châteaux du désert et la route du Roi). Aussi, mieux vaut louer une voiture ou participer aux circuits organisés par les hôtels d'Amman et de Madaba. On peut aussi avoir recours à un taxi privé (de couleur jaune) ; le chauffeur rendra le trajet d'autant plus agréable qu'il vous donnera des renseignements culturels et vous prodiguera des conseils.

Avion

Il existe une seule ligne intérieure, qui relie Amman à Aqaba. Les billets sont en vente dans les agences de voyages et les bureaux de Royal Jordanian.

Royal Jordanian (☎06-5100000 ; www.rj.com). 2 vols/jour entre Amman et Aqaba (aller 40 JD environ, 1 heure).

Royal Wings (www.royalwings.com.jo). Une filiale de Royal Jordanian, spécialisée dans les vols affrétés (onéreux).

Bus

Bus locaux

Les deux plus grandes villes du pays, Amman et Irbid, disposent d'un réseau de bus efficace et bon marché. Néanmoins, les gares et stations locales sont chaotiques et, bien souvent, les horaires ne sont pas affichés. Heureusement, vous trouverez toujours un usager prêt à vous aider !

Minibus

Les minibus publics constituent le moyen de transport le plus courant. Ils ne partent généralement que lorsqu'ils sont pleins. Aussi, vous devrez fréquemment attendre 1 heure ou plus, surtout à la campagne. Il est théoriquement interdit de voyager debout. Il n'est pas rare d'assister à des échanges de sièges entre les passagers : pour une question de convenance, un étranger seul, homme ou femme, ne doit pas prendre place à côté d'une personne du sexe opposé. Les Jordaniens ont pour habitude de frapper un coup sec sur la vitre latérale à l'aide d'une pièce de monnaie pour indiquer qu'ils veulent descendre.

Bus touristiques

Plus spacieux, les bus climatisés sont aussi plus rapides et plus fiables, car ils partent généralement à des horaires fixes et ne s'arrêtent pas en route pour prendre des passagers. Dans l'idéal, mieux vaut acheter son billet la veille.

JETT (☎06-5664141 ; www.jett.com.jo ; Al-Malek al-Hussein St, Shmeisani, Amman). La compagnie nationale JETT offre les trajets en bus les plus confortables entre Amman et Aqaba. Elle dessert aussi le pont du roi Hussein (King Hussein Bridge), ainsi que Pétra et Hammamat Ma'in.

Trust International Transport (☎06-5813427). La compagnie assure chaque jour la liaison Amman-Aqaba (7 JD, 4 heures, 4/jour), avec des départs entre 7h30 et 19h. Tous les bus partent des bureaux situés (peu commodément) au 7th Circle, près du centre commercial Safeway. Trust possède également un guichet de réservation à la gare routière d'Abdali. D'autres services, par exemple pour Irbid, sont parfois assurés. Vérifiez les horaires auprès du guichet de réservation. Pour rejoindre l'arrêt de départ depuis le centre d'Amman, comptez 2,500-3 JD en taxi.

Hijazi (☎02-7240721, 06-638110). Dessert Irbid.

En stop

Le stop n'est sûr dans aucun pays du monde et nous ne le recommandons pas. Les voyageurs optant pour ce mode de déplacement doivent réaliser qu'ils prennent un risque, plus ou moins important, mais bien réel. Cela étant, les Jordaniens y ont parfois recours, lorsque les transports publics sont limités voire inexistants – par exemple, sur certains segments de la route du Roi. Les policiers stationnés aux grands carrefours et aux postes de contrôle arrêteront volontiers les conducteurs pour les persuader de vous prendre en stop – quand ils ne vous emmèneront pas eux-mêmes à destination !

Si vous choisissez l'auto-stop, gardez ces conseils en tête :

- Pour des questions de sécurité, abstenez-vous de faire du stop ou de prendre des auto-stoppeurs sur la route du Désert oriental.
- Il est déconseillé aux femmes seules de faire de l'auto-stop.
- Évitez le créneau 13h-16h, car le trafic se raréfie.
- Pour vous signaler aux véhicules, pointez l'index dans la direction où vous souhaitez vous rendre.
- Attendez-vous à devoir payer, et demandez au conducteur combien il réclame.
- Si l'on ne vous demande rien, offrez simplement une petite somme en fin de parcours, que le conducteur refusera le plus souvent (si vous prenez à votre tour des auto-stoppeurs, ne leur faites pas payer le trajet !).
- Emportez un chapeau et beaucoup d'eau.
- Ne soyez pas plus de deux à la fois ; évitez d'avoir l'air trop débraillé.
- Évitez les camions sur les routes sinueuses et pentues (entre l'embranchement de Wadi Rum et Aqaba, par exemple) : ils peuvent être désespérément lents.

Taxis

Taxis privés

Les taxis privés sont jaunes, fonctionnent comme des taxis ordinaires et peuvent se louer à la journée. À Amman, la plupart des chauffeurs utilisent un compteur (attention : les tarifs sont indiqués en fils et non en dinars). En dehors d'Amman, négociez un prix raisonnable avant de vous mettre en route. En Jordanie, prendre un taxi privé ne présente pas de danger particulier pour une femme seule. Néanmoins, il est peut-être préférable de s'installer sur la banquette arrière, pour plus de tranquillité. Concernant les tarifs, reportez-vous à l'encadré *Discutons-en* du chapitre *Désagréments et dangers*, p. 308.

Taxis collectifs (taxis-service)

Les taxis collectifs ou *taxis-service* (*servis*) sont blancs et suivent des itinéraires fixes. Ils circulent dans les centres urbains, d'une ville à l'autre, et entre la Jordanie et les pays voisins. Leur numéro et leur itinéraire sont généralement indiqués en arabe et ils ne partent que lorsqu'ils sont pleins. Ils coûtent jusqu'à deux fois plus cher qu'un minibus et environ 50% de plus qu'un bus public, mais ils sont plus rapides, car ils s'arrêtent moins souvent pour prendre des passagers. Si vous ne voulez pas attendre l'arrivée d'autres personnes ou préférez avoir plus d'espace, rien ne vous empêche de payer une place supplémentaire. Dans les taxis collectifs, les chauffeurs pourront demander aux femmes de s'asseoir à l'avant si la banquette arrière est occupée par des hommes. C'est une pratique commune, acceptée par les Jordaniennes.

Vélo

Selon les périodes de l'année, se déplacer à vélo est soit très agréable... soit inconscient. Les moments les plus propices vont de mars à mai et de septembre à novembre, lorsque l'on a à subir ni la chaleur écrasante de l'été, ni les rafales glaciales du vent hivernal. Les pièces détachées sont rares. Aussi, prévoyez un pneu de rechange, des maillons de chaîne, des rayons, deux chambres à air et un kit de réparation avec un jeu de clés à écrous. Vous devrez être équipé de vitesses pour monter les côtes ; emportez aussi deux bidons d'eau. Enfin, limitez le contenu des sacoches à 15 kg. Si vous ne souhaitez pas apporter votre vélo, vous pourrez en louer un à Amman, à la boutique de **Bike Rush** (carte p. 52 ; ☎079 9454586 ; www.facebook.com/bikerush ; ⏲12h-21h sam-jeu), qui vous le livrera à votre adresse et propose également chaque semaine des excursions à vélo, assistées par une voiture.

Voiture et moto

En dehors d'Amman, il est facile de conduire en Jordanie. Des routes spectaculaires relient les hautes terres à la vallée du Jourdain, située au-dessous du niveau de la mer. Quelle incroyable expérience de songer que, en escaladant une colline, on est en réalité en train de grimper vers le niveau de la mer ! C'est bel et bien ce qui se passe si l'on emprunte la route de la mer Morte (Dead Sea Highway) en direction de la mer Rouge.

En théorie, le permis de conduire international n'est pas obligatoire en Jordanie (en général, votre permis de conduire national suffira, sauf si vous projetez de passer une frontière). Néanmoins, il est préférable d'en détenir un (en cas d'accident, notamment).

4x4

À moins de se rendre dans des endroits reculés du désert, comme Burqu, il n'est pas indispensable d'avoir un 4x4. Par ailleurs, il est vivement conseillé d'avoir une certaine expérience de la conduite hors piste avant de s'élancer dans le désert : se retrouver ensablé par 45°C peut vite tourner au drame.

Des agences fiables louent des 4x4 à Amman et à Aqaba. Sachez qu'ils sont beaucoup plus chers que les berlines (150 JD/jour au minimum).

Location

Louer une voiture est un excellent moyen de partir à la découverte de la Jordanie, et notamment de la route du Roi et de la région de la mer Morte.

Les loueurs ne manquent pas à Amman, où de nombreuses agences jordaniennes et étrangères sont installées dans le secteur des King Abdullah Gardens, à Shmeisani. En revanche, il n'y en a que quelques-uns à Aqaba, et seulement un ou deux (ouverts de manière irrégulière) à l'aéroport international Queen Alia et à la frontière au niveau du pont du roi Hussein, en direction d'Israël et les Territoires palestiniens. Ailleurs, les agences se résument le plus souvent à un employé dans un bureau avec un téléphone et une seule voiture disponible (la sienne !). Vous obtiendrez les meilleurs tarifs à Amman, où la concurrence fait rage.

Le tarif à la journée tourne autour de 40 JD, ce qui inclut généralement le kilométrage illimité – de nombreuses agences requièrent pour cela une location de 48 heures au minimum. On peut habituellement rendre la voiture dans une autre ville (par exemple à Aqaba), moyennant un petit supplément. Toutes les agences réclament un dépôt de garantie pouvant aller jusqu'à 400 JD, payable (généralement par carte bancaire) au moment où l'on récupère le véhicule. Cette somme est remboursée à la remise du véhicule.

Les cartes routières ne sont pas fournies par les agences de location (reportez-vous à la rubrique *Cartes et plans* du *Carnet pratique*, p. 317) ; les sièges pour enfants, généralement disponibles, font l'objet d'un supplément.

La plupart des agences ne louent pas aux moins de 21 ans, voire de 26 ans. Les voitures louées en Jordanie ne sont pas autorisées à quitter le territoire national.

Avis (carte p. 59 ; ☎06-5699420, 24h/24 777-397405 ; www.avis.com.jo ; King Abdullah Gardens, Amman). Agences au pont du roi Hussein et à Aqaba ; filiales à l'aéroport, au Royal Hotel et au Jordan InterContinental Hotel à Amman. La plus grosse compagnie de location en Jordanie.

Budget (carte p. 59 ; ☎06-5698131 ; www.budget.com ; 125 Abdul Hameed Sharaf St, Amman)

Europcar (carte p. 59 ; ☎06-5655581 ; www.europcar-middleeast.com ; Isam Al-Ajlouni St, Amman). Filiales au Radisson SAS et aux King Abdullah Gardens (Amman), ainsi qu'à Aqaba.

Hertz (carte p. 59 ; ☎06-5920926 ; www.hertz.com ; King Abdullah Gardens, Amman). Bureaux à l'aéroport, au Grand Hyatt Amman, au Sheraton et à Aqaba.

Assurance

Les tarifs de location incluent la plupart du temps une assurance de base avec une franchise allant jusqu'à 400 JD (c'est-à-dire que vous ne paierez pas plus de 400 JD en cas d'accident). La majorité des agences proposent en plus une assurance tous risques (CDW) moyennant 7 à 10 JD/jour qui vous épargnera le moindre coût (parfois avec une franchise maximale de 100 JD).

Les grandes compagnies offrent souvent une assurance individuelle contre les accidents et une protection contre le vol ; celles-ci seront peut-être déjà comprises dans votre assurance voyage (consultez la rubrique *Assurance* du *Carnet pratique*, p. 316). Lisez soigneusement toutes les clauses du contrat avant de signer (une traduction en anglais doit toujours vous être fournie).

Si vous conduisez votre propre véhicule en Jordanie, il vous faudra obligatoirement souscrire une assurance responsabilité civile (35 JD, valable 1 mois) à la frontière et payer un droit de douane minime (5 JD) pour l'enregistrement du véhicule (à acquitter à la frontière jordanienne ou au terminal du ferry de Nuweiba, en Égypte).

QUE FAIRE EN CAS D'ACCIDENT ?

- Ne déplacez pas le véhicule.
- Faites venir immédiatement un policier pour constater l'accident.
- Obtenez de la police un rapport (capital pour l'assurance ; en arabe, c'est mieux) et contactez l'agence.
- En cas de blessure grave, appelez les urgences au ☎911 ; quelqu'un vous répondra en anglais.
- Mettez-vous en rapport avec votre compagnie d'assurance voyage et l'ambassade/consulat de votre pays à Amman (coordonnées p. 313).
- Si vous êtes impliqué dans un accident avec votre propre véhicule, la police conservera votre permis de conduire et votre passeport jusqu'à ce que l'affaire passe au tribunal – ce qui peut prendre des semaines.
- Les conducteurs qui renversent un piéton sont généralement jugés responsables, quelles que soient les circonstances.

Sécurité routière

L'état des routes est assez variable, bien que globalement bon ; attention aux ralentisseurs, fréquents et non signalés, que l'on trouve en principe à l'entrée des villes mais aussi en plein milieu des principales *highways* ("autoroutes"). Sachez que ce terme ne désigne pas une route à deux voies en Jordanie, mais simplement un grand axe.

- La Jordanie connaît un nombre élevé d'accidents de la route, notamment de nuit. Évitez de circuler de nuit sur les grands axes comme la route du Désert oriental, la route de la mer Morte et celle qui relie Amman à Trebil (en direction de l'Irak).

À lire avant de prendre la route :

- La signalisation, fantasque, permet de s'acheminer dans la bonne direction, mais elle n'est généralement pas suffisante pour conduire jusqu'à destination.
- La plupart des panneaux routiers portent des inscriptions en anglais, mais la transcription de l'arabe varie, y compris pour un même lieu (Om Qeis/Umm Qais, par exemple).
- Des panneaux signalent les sites touristiques en marron ; les routes, en bleu ; et les mosquées et autres sites musulmans, en vert.
- Attention quand il pleut : l'eau et le sable, voire l'huile, forment alors un mélange dangereux sur les routes.
- Gare aux irruptions de troupeaux de chèvres et de dromadaires, même sur les axes importants.
- Les stations-service étant assez peu nombreuses, faites le plein *dès que* l'occasion se présente – prenez notamment vos précaution en remontant de la mer Morte vers la route du Roi, faute de quoi vous pourriez bien vous retrouver en panne sèche (plus le dénivelé est grand, plus la consommation est importante).
- Les Jordaniens n'aiment pas rester sur une seule voie et doublent souvent en utilisant celle de droite.

Code de la route

Si vous venez d'un pays où la majorité des conducteurs respectent assez scrupuleusement le code de la route, vous serez sans doute choqué par la façon dont les Jordaniens conduisent, en particulier à Amman. Ils se servent rarement du clignotant, et préfèrent klaxonner plutôt que de ralentir. Quant aux piétons, ils prennent des risques. Toutefois, quiconque a déjà roulé en voiture dans d'autres pays du Moyen-Orient trouvera le trafic plutôt calme, en comparaison. À condition de limiter au minimum vos déplacements dans la capitale et de vous montrer prudent, vous ne devriez pas rencontrer trop de difficultés.

Les véhicules roulent du côté droit de la route. La vitesse maximale autorisée est de 50 km/h dans les agglomérations (70 km/h sur les routes à plusieurs voies d'Amman) et de 90 à 110 km/h sur les nationales.

Le port de la ceinture de sécurité est désormais obligatoire – comme ne le montrent pas toujours les automobilistes. La police de la route est postée çà et là le long des nationales.

Contrôles

Vous aurez sans doute à passer des postes de contrôle, notamment sur la route de la mer Morte, près de la frontière sensible avec Israël et les Territoires palestiniens, ou dans la vallée du Jourdain. Arrêtez-vous toujours. Les étrangers passent généralement sans encombre, mais vous devrez éventuellement présenter vos papiers. Ayez toujours à portée de main votre passeport, votre permis de conduire, le contrat de location ou la preuve que vous êtes propriétaire du véhicule, et les papiers de celui-ci.

Carburant et pièces détachées

La plupart des stations-service sont situées à la périphérie des grandes villes et à certains carrefours routiers. Très nombreuses le long de la route du Désert, elles sont plus rares sur la route du Roi et encore davantage sur la route de la mer Morte. On ne trouve de l'essence sans plomb (*khal min ar-rasas*) que dans quelques rares stations-service d'Amman.

Les garages, installés eux aussi à la périphérie des villes, pourront prendre en charge la plupart des réparations. Contactez systématiquement la compagnie de location avant d'entreprendre quoi que ce soit.

Transport de véhicule

Si vous venez en Jordanie avec votre propre véhicule, commencez par vous renseigner auprès d'une association automobile dans votre pays d'origine. Vous devez notamment prévoir :

- Les papiers du véhicule et une assurance responsabilité civile.
- Un "carnet de passage en douane", faisant office de passeport pour le véhicule et de décharge temporaire pour la taxe d'importation, que vous pourrez par exemple vous procurer auprès du **Royal Automobile Club of Jordan** (☎06-5850626, pour les carnets 4622467 ; www.racj.com).
- Dans ce carnet, devront être répertoriées les éventuelles pièces de rechange coûteuses que vous projetez d'emporter avec vous (boîte de vitesses, par exemple).
- Des pièces détachées et des connaissances en mécanique, surtout si vous êtes à moto !

Santé

En Jordanie comme ailleurs, la prévention et le bon sens restent les meilleurs garants d'un voyage sans problème de santé majeur. En réalité, la fréquentation des services médicaux du pays par les voyageurs est surtout liée aux accidents de la route ; soyez donc prudent, à pied comme au volant, bouclez votre ceinture de sécurité (même si les Jordaniens ne le font pas toujours) et respectez les limitations de vitesse. En cas d'urgence, contactez votre ambassade ou votre consulat, qui sauront vous orienter. Et n'oubliez pas de souscrire une police d'assurance prenant en charge les frais médicaux avant de partir !

AVANT LE DÉPART

Quelques conseils

Assurez-vous que vous êtes en bonne santé avant de partir. Si vous suivez un traitement de façon régulière, n'oubliez pas votre ordonnance (avec le nom du principe actif). En outre, l'ordonnance vous permettra de prouver que vos médicaments vous ont été légalement prescrits, des médicaments en vente libre dans certains pays ne l'étant pas dans d'autres. Si vous devez transporter des seringues et des aiguilles, pensez à vous munir d'une lettre de votre médecin expliquant qu'il s'agit d'une nécessité médicale, et gardez le tout à portée de main à l'entrée ou à la sortie du territoire jordanien.

Assurance

Il est vivement conseillé de souscrire une police d'assurance avant de partir pour la Jordanie (reportez-vous également à la rubrique *Assurance* du *Carnet pratique*, p. 316). Vérifiez qu'elle couvre les points suivants :

- défraiement direct auprès des services de soins (ou remboursement ultérieur) pour les dépenses engagées en Jordanie
- aide à la localisation des services de soins les plus proches
- traitement dentaire d'urgence
- rapatriement ou transport sanitaire aérien vers des services de soins mieux équipés

Trousse médicale de voyage

Veillez à emporter avec vous une petite trousse à pharmacie contenant quelques produits indispensables. Certains ne sont délivrés que sur ordonnance médicale. Attention, les liquides et les objets coupants sont interdits en cabine et doivent obligatoirement être placés en soute.

- des antibiotiques, à utiliser uniquement aux doses et pour les périodes prescrites ; cessez le traitement en cas de réactions graves
- un antidiarrhéique et un réhydratant, en cas de forte diarrhée, surtout si vous voyagez avec des enfants
- un antihistaminique en cas de rhumes, d'allergies, de piqûres d'insectes, de mal des transports
- un antiseptique ou un désinfectant pour les coupures, les égratignures superficielles et les brûlures, ainsi que des pansements gras pour les brûlures
- de l'aspirine ou du paracétamol (douleurs, fièvre)
- une bande Velpeau et des pansements pour les petites blessures
- une paire de lunettes de secours (si vous portez des lunettes ou des lentilles de contact) et la copie de votre ordonnance
- un produit antimoustique, un écran total, une pommade pour soigner les piqûres et les coupures
- des comprimés pour stériliser l'eau
- une paire de ciseaux à bouts ronds, une pince à épiler et un thermomètre à alcool
- des préservatifs

VACCINS RECOMMANDÉS

Si vous venez d'une zone touchée par la fièvre jaune, une preuve de vaccination vous sera demandée en entrant en Jordanie. Les vaccins suivants sont recommandés :

Diphtérie, tétanos, poliomyélite À mettre à jour systématiquement (pour les adultes, rappels recommandés à 25, 45 et 65 ans, puis tous les 10 ans).

Hépatite A À faire pratiquer systématiquement (validité 5 ans) ; il existe un vaccin combiné hépatites A et B

Hépatite B Pour des séjours longs ou répétés (2 injections espacées d'un mois, 1 rappel 6 mois plus tard ; schéma vaccinal accéléré également possible ; validité 10 ans)

Rage En cas de séjour prolongé, en situation d'isolement. Un traitement reste obligatoire en cas de contact avec un animal enragé ou dont le comportement paraît suspect (rappel : 1 an après les 3 premières injections, puis 5 ans)

Typhoïde En cas de séjour prolongé, dans des conditions d'hygiène précaires (validité 3 ans)

Vaccins

Faites inscrire vos vaccinations dans un carnet international de vaccinations que vous pourrez vous procurer auprès de votre médecin ou d'un centre.

Planifiez vos vaccinations à l'avance (au moins 6 semaines avant le départ), car certaines demandent des rappels ou sont incompatibles entre elles. Les vaccins ont des durées d'efficacité très variables ; certains sont contre-indiqués pour les femmes enceintes.

Voici les coordonnées de quelques centres de vaccination :

Institut Pasteur (☎01 45 68 80 88 ; www.pasteur.fr/fr/sante ; 209-211 rue de Vaugirard, 75015 Paris ; ⏲lun-sam, vaccinations sans rdv)

Centre de vaccination Air France (☎01 43 17 22 00 ; www.vaccinations-airfrance.fr ; 148 rue de l'Université, 75007 Paris ; ⏲lun-sam)

Hôpital Nord – Centre de santé du voyageur (☎04 91 96 89 11 ; fr.ap-hm.fr/mise-en-avant/centre-de-sante-du-voyageur ; Pavillon des maladies infectieuses et tropicales, chemin des Bourrely, 13015 Marseille ; ⏲lun-ven sur rdv)

Centre de vaccinations internationales ISBA (☎04 72 76 88 66 ; www.isbasante.com ; 7 rue Jean-Marie-Chavant, 69007 Lyon ; ⏲lun-ven sur rdv). Autre centre à Grenoble. Coordonnées sur le site Web.

Santé sur Internet

Il existe de très bons sites Internet consacrés à la santé en voyage. Avant de partir, vous pouvez consulter les conseils en ligne du **ministère des Affaires étrangères français** (www.diplomatie.gouv.fr).

Le site du **Comité d'informations médicales** (Cimed ; www.cimed.org) présente des fiches en ligne sur les vaccinations requises et les risques sanitaires dans chaque pays. Vous trouverez aussi de nombreuses informations sur les sites Web des centres de vaccination indiqués à la rubrique *Vaccins*, ainsi que plusieurs liens sur le site de **Lonely Planet** (www.lonelyplanet.fr).

PENDANT LE VOYAGE

En avion

Les trajets en avion, principalement du fait d'une immobilité prolongée, peuvent favoriser la formation de caillots sanguins dans les jambes (le risque est d'autant plus élevé que le vol est plus long). Généralement, l'un des premiers symptômes est un gonflement ou une douleur au niveau du pied, de la cheville ou du mollet. En prévention, buvez en abondance des boissons non alcoolisées, faites jouer les muscles de vos jambes lorsque vous êtes assis et levez-vous de temps à autre pour marcher dans la cabine.

Mal des transports

Pour prévenir le mal des transports, qui se traduit principalement par une envie de vomir, mangez légèrement avant et pendant le voyage. Essayez aussi de trouver un siège dans une partie du véhicule où les oscillations sont moindres : près de l'aile dans un avion, au centre dans un bateau ou dans un bus. Les antihistaminiques préviennent efficacement le mal des transports, mais ils peuvent provoquer une somnolence. Il existe aussi des traitements à base de plantes ou homéopathiques.

EN JORDANIE

Disponibilité et coût des soins médicaux

Les soins médicaux sont dans l'ensemble de très bonne qualité en Jordanie, où tous les traitements d'urgence ne requérant pas d'hospitalisation sont gratuits.

➡ Il existe des hôpitaux publics et privés modernes et bien équipés à Amman, Irbid, Aqaba et Kérak.

➡ On trouve de bons hôpitaux régionaux à Madaba, Ramtha et Zarqa.

➡ Toutes les villes possèdent des centres de santé (dispensaires) plus rudimentaires.

➡ Les cabinets dentaires sont assez modernes et bien équipés dans les centres urbains.

➡ Les pharmacies sont bien fournies dans la plupart des villes ; les pharmaciens pourront vous conseiller.

➡ Tous les médecins (et la plupart des pharmaciens) parlent anglais ; beaucoup ont fait leurs études à l'étranger.

➡ Dans toutes les villes, les numéros de téléphone des pharmacies et des hôpitaux figurent dans les journaux de langue anglaise.

➡ Pour appeler une ambulance en Jordanie, composez le ☎911.

Eau et alimentation

Eau

Globalement, il est déconseillé de boire l'eau du robinet en Jordanie. Mieux vaut s'en tenir à l'eau en bouteille, que l'on trouve partout, surtout pour un court séjour – vérifiez que les bouteilles sont correctement scellées. Pour stériliser l'eau, la meilleure solution consiste à la faire bouillir durant 15 minutes. Vous pouvez aussi la traiter chimiquement avec des comprimés ou des gouttes – le Micropur, vendu en pharmacie, est par exemple très efficace.

Dans le sud de la Jordanie, notamment dans le Wadi Rum, l'eau du robinet provient des sources naturelles de Diseh – elle est donc très pure. Ne buvez jamais l'eau des *widyan* en pleine nature. Il existe un risque de dysenterie amibienne dans la vallée du Jourdain.

Si vous vous retrouvez coincé dans le désert sans eau, vous risquez bien plus de tomber gravement malade (voire de mourir) à cause de la déshydratation plutôt que d'un problème gastrique. En résumé, si on vous propose de l'eau et que vous en avez besoin, ne vous inquiétez pas de sa provenance. De deux maux, il faut choisir le moindre !

Diarrhée

Le changement de nourriture, d'eau ou de climat suffit à la provoquer ; si elle est causée par des aliments ou de l'eau contaminés, le problème est plus grave. En dépit de toutes vos précautions, vous aurez peut-être la "turista", mais quelques visites aux toilettes sans aucun autre symptôme n'ont rien d'alarmant. Il est fortement recommandé d'emmener avec soi un antidiarrhéique et un antiseptique intestinal (de type Intetrix et Ercefuryl). Demandez conseil à votre pharmacien et à votre médecin. La déshydratation est le danger principal lié à toute diarrhée, particulièrement chez les enfants. Ainsi le premier traitement consiste à boire beaucoup. Quand vous irez mieux, continuez à manger légèrement. Lorsque la diarrhée persiste au-delà de 48 heures ou s'il y a présence de sang dans les selles, il est préférable de consulter un médecin.

Quelques précautions pour prévenir la diarrhée :

➡ Sauf exception, évitez de boire l'eau du robinet si elle n'a pas été bouillie, filtrée ou stérilisée (comprimés à l'iode).

➡ Méfiez-vous des glaces vendues dans la rue ou s'il existe un risque qu'elles aient pu fondre et être recongelées. Si vous avez le moindre doute (coupure de courant les jours précédents par exemple), abstenez-vous.

➡ Gare aux coquillages – moules, huîtres et palourdes – en dehors d'Aqaba, ainsi qu'aux viandes crues servies dans les restaurants libanais.

➡ Préférez les restaurants très fréquentés. Attention aux buffets (où certains plats peuvent être de la veille), surtout dans les établissements vides.

Maladies infectieuses

Hépatites

L'hépatite est un terme général qui désigne une inflammation du foie. Elle est le plus souvent due à un virus. Les formes les plus habituelles se manifestent par une fièvre, une fatigue qui peut être intense, des douleurs abdominales, des nausées, des vomissements, associés à la présence d'urines très foncées et de selles décolorées presque blanches. La peau et le blanc des yeux prennent une teinte jaune (ictère). L'hépatite peut parfois se résumer à un simple épisode de fatigue sur quelques jours ou semaines.

Hépatite A C'est la plus répandue, mais il existe un vaccin, recommandé en cas de fort risque d'exposition. La contamination est alimentaire : l'hépatite A se transmet par l'eau, les coquillages et, d'une manière générale, tous les produits manipulés à mains nues. Il n'y a pas de traitement médical ; il faut simplement se reposer, boire beaucoup, manger légèrement et s'abstenir totalement de toute boisson alcoolisée pendant au moins six mois.

Hépatite B Elle est très répandue, mais la vaccination est très efficace. Elle se transmet par voie sexuelle ou sanguine (piqûre, transfusion). Évitez de vous faire percer les oreilles, tatouer, raser ou de vous faire soigner par piqûres si vous avez des doutes quant à l'hygiène des lieux. Les symptômes de l'hépatite B sont les mêmes que ceux de l'hépatite A.

Tuberculose

Cette maladie ne présente pas de grand danger pour le voyageur. Les enfants de moins de 12 ans sont plus exposés que les adultes. En cas de séjour prolongé en Jordanie, il est donc conseillé de les faire vacciner. La tuberculose se propage par la toux ou par des produits laitiers non pasteurisés faits avec du lait de vaches tuberculeuses. On peut boire du lait bouilli et manger des yaourts ou des fromages (l'acidification du lait dans le processus de fabrication élimine les bacilles) sans courir de risques.

Typhoïde

La fièvre typhoïde est une infection du tube digestif. Elle se transmet directement de personne à personne par les mains contaminées ou indirectement par de l'eau ou de la nourriture contaminées par des matières fécales humaines. Mieux vaut être vacciné, même si la vaccination n'est pas entièrement efficace.

Fièvre, maux de tête et de gorge parfois accompagnés de vomissements, de diarrhée ou de constipation, puis une éruption rose sur l'abdomen sont généralement les premiers symptômes, qui s'accompagnent parfois d'une septicémie (empoisonnement du sang). S'il n'y a pas d'autres complications, la fièvre et les autres symptômes disparaissent peu à peu la troisième semaine. Cependant, un suivi médical est indispensable, car les complications sont fréquentes, en particulier la pneumonie (infection aiguë des poumons) et la péritonite (éclatement de l'appendice). De plus, la typhoïde est très contagieuse.

VIH/sida

L'infection est présente en Jordanie, comme dans pratiquement tous les pays – toutefois, on ne dispose pas de chiffres fiables concernant le nombre de malades. La transmission se fait : par rapport sexuel (hétérosexuel ou homosexuel – anal, vaginal ou oral), d'où l'impérieuse nécessité d'utiliser des préservatifs à titre préventif ; par le sang, les produits sanguins et les aiguilles contaminées. Il est impossible de détecter la présence du VIH chez un individu apparemment en parfaite santé sans procéder à un examen sanguin.

Évitez, s'ils ne sont pas stérilisés, tous les instruments de chirurgie, les aiguilles d'acupuncture et de tatouage, ainsi que les instruments utilisés pour percer les oreilles ou le nez.

Un test sérologique de dépistage de l'infection par le VIH est exigé à l'entrée du pays pour les personnes souhaitant obtenir une carte de séjour (les tests faits en France sont acceptés). Rappelons néanmoins que toute demande de certificat attestant la séronégativité pour le VIH est contraire au Règlement sanitaire international (article 81).

Coupures, piqûres et morsures

Rage

Cette maladie est transmise par un animal contaminé. Morsures, griffures ou même simples coups de langue d'un mammifère doivent être nettoyés immédiatement et à fond. Frottez avec du savon et de l'eau, puis nettoyez avec de l'alcool. S'il y a le moindre risque que l'animal soit contaminé, allez immédiatement voir un médecin. Même si l'animal n'est pas enragé, toutes les morsures doivent être surveillées de près pour éviter les risques d'infection et de tétanos.

Il existe un vaccin antirabique, conseillé en Jordanie en cas de séjour prolongé en situation d'isolement. La vaccination préventive ne dispense pas de la nécessité d'un traitement antirabique immédiatement après un contact avec un animal enragé ou dont le comportement peut paraître suspect.

EN CAS DE MORSURE DE SERPENT...

- Ne paniquez pas : les morsures ne sont pas toutes chargées en venin.
- Bandez étroitement le membre comme pour une foulure et immobilisez-le avec une attelle.
- Ne posez pas de garrot, ne sucez pas le venin.
- Trouvez un médecin. Essayez de lui rapporter le serpent mort ; ne cherchez pas à l'attraper s'il y a le moindre risque qu'il morde à nouveau.

Affections liées à l'environnement

La Jordanie n'est pas un pays dangereux. Toutefois, n'oubliez pas que les environnements désertiques présentent des risques spécifiques (reportez-vous au tableau ci-dessous). Certains voyageurs se mettent en danger en partant en randonnée dans le désert aux heures les plus chaudes de la journée, surtout dans le Wadi Rum. Les coups de chaleur sont naturellement les problèmes les plus fréquents, mais il peut aussi faire très froid dans le désert : les personnes qui campent entre décembre et février sans matériel adéquat s'exposent à des risques d'hypothermie.

RISQUES ENVIRONNEMENTAUX

PROBLÈME	SYMPTÔMES	TRAITEMENT	PRÉVENTION
Insolation – suite à une exposition prolongée au soleil.	Nausées, peau chaude, maux de tête.	Rester dans le noir, appliquer une compresse d'eau froide sur les yeux et prendre de l'aspirine.	Se préparer avant une longue randonnée ; s'acclimater à la chaleur avant toute activité ; porter un chapeau et se couvrir le cou ; éviter le soleil de la mi-journée en été ; mettre de l'écran solaire.
Coup de chaleur – suite à une longue période d'exposition à des températures élevées ; le mécanisme de régulation thermique du corps ne fonctionne plus.	Malaise général, transpiration faible ou inexistante, forte fièvre (39 à 41°C), céphalée lancinante, difficultés à coordonner ses mouvements, signes de confusion mentale ou d'agressivité.	Hopitalisation indispensable. En attendant : installez le malade à l'ombre, ôtez-lui ses vêtements, couvrez-le d'un drap ou d'une serviette mouillés et éventez-le continuellement.	Idem
Piqûres de moustique – il n'y a pas de paludisme en Jordanie.	Irritation ; infection.	Ne pas gratter les piqûres ; appliquer une lotion antiseptique.	Utiliser un répulsif à base de DEET ; dormir sous une moustiquaire.
Piqûres de punaises	Aspect bosselé, fortes démangeaisons.	Appliquer une lotion achetée en pharmacie.	Vaporiser le matelas ou changer d'hôtel !
Gale	Rougeurs et démangeaisons, souvent entre les doigts.	Appliquer une lotion achetée ; traiter les personnes en contact avec la personne infectée, ainsi que tous les textiles en contact avec la peau (vêtements, literie...).	Idem
Morsure de serpent	Douleur ; gonflement.	Consulter rapidement un médecin ; voir l'encadré page précédente.	Porter des chaussures montantes et des pantalons en randonnée ; ne pas hasarder la main dans les trous ; être vigilant si l'on ramasse du bois.
Piqûre de scorpion	Douleur intense.	Consulter un médecin.	Vérifiez l'intérieur des chaussures le matin, en particulier si vous campez près de Little Petra.

Langue

L'arabe est la langue officielle de la Jordanie. Il existe des différences importantes entre l'arabe classique (*fus-Ha*, langue du Coran et de la poésie ancienne), l'arabe moderne normalisé – lingua franca du monde arabe utilisée à l'école, dans l'administration et les médias – et les dialectes, c'est-à-dire l'arabe de tous les jours. L'arabe parlé en Jordanie (et exposé dans ce chapitre) est l'arabe levantin (proche de celui des Libanais, Palestiniens et Syriens).

La prononciation de l'arabe est assez difficile. Le tableau p. 349 vous sera utile, mais il reste indicatif tant les règles de prononciation et d'usage des voyelles sont nombreuses. L'arabe possède notamment deux sonorités difficiles pour les étrangers : la lettre *'ayn* et le coup de glotte (*hamza*). Pour prononcer la lettre *'ayn*, il faut contracter les muscles du fond de la gorge – l'air peut alors s'échapper, créant un son semblable, dit-on, à un étranglement ! Dans de nombreux systèmes de transcription, *'ayn* est figuré par une apostrophe inversée (') et le coup de glotte par une apostrophe ('). Ici, pour faciliter l'usage, nous avons simplifié la transcription (ainsi que dans le reste du livre) en utilisant seulement l'apostrophe, sans faire la distinction entre le coup de glotte et le *'ayn*, ce qui ne devrait pas, en principe, empêcher un Jordanien de vous comprendre. Montrez-lui les mots écrits et apprenez avec lui à les prononcer !

Les syllabes accentuées sont en italique.

EXPRESSIONS DE BASE

Bonjour.	مرحبا	mar·*Ha*·ba
Au revoir.	خاطرَك	*khae*·trak (m)
	خاطرِك	*khae*·trik (f)
Oui.	ايه	'eh
Non.	لا	laa
S'il vous plaît.	اذا بتريد	*'i*·za bit·*reed* (m)
	اذا بتريدي	*'i*·za bit·*ree*·dee (f)
Merci.	شكراً	*shouk*·ran
Pardon.	عفواً	*'af*·wan
Excusez-moi.	آسف/آسفة	*'aa*·sif/*'aas*·fe (m/f)
Comment allez-vous ?	كيفك؟/كيفِك؟	*kay*·fak/*kay*·fik (m/f)
Bien, merci. Et vous ?	منيح/منيحة	mneeH/*mnee* Ha (m/f)
	وأنت/أنتي؟	ou 'ent/*'en*·tee (m/f)
Comment vous appelez-vous ?	شو اسمَك؟	shou *'es*·mak (m)
	شو اسمِك؟	shou *'es*·mik (f)
Je m'appelle...	اسمي...	*'es*·mee...
Parlez-vous anglais ?	بتحكي إنكليزي؟	*btaH*·kee 'ing·*lee* zee
Je ne comprends pas.	ما فهمتْ	maa *fha*·met
Puis-je prendre une photo ?	بتسمحني	btsa·*maH*·nee
	اخذ صورة؟	*'aa*·khud *sou*·ra

HÉBERGEMENT

Où y a-t-il un/une... ?	وين...؟	wayn...
camping	مخيّم	mu·*khay*·yam
pension	بيت الضيوف	bayt id·du·*youf*
hôtel	فندق	*fun*·du'
auberge de jeunesse	فندق شباب	*fun*·du' sha·*baeb*
Avez-vous une chambre... ?	في عندكن غرفة...؟	fee *'ind*·kun *ghur*·fe...
simple	بتخت	bi·*takht*
	منفرد	mun·*fa*·rid
double	بتخت	bi·*takht*
	مزدوّج	muz·*daw*·wej
à lits jumeaux	بتختين	bi·takh·*tayn*
Quel est le prix par... ?	قديش لـ...؟	'ad·*deesh* li...
nuitée	ليلة	*lay*·le
personne	شخص	shakhs

Pourrais-je avoir une autre (couverture) ?
اعطني/اعطيني 'a'·ti·nee/'a'·tee·nee (m/f)
(بطانية) تاني (ba·taa·nee·ye) tae·nee

La (climatisation) ne fonctionne pas.
(المكيف) مانه (il·mu·kay·yef) maen·nu
شغال. sha·ghael

ORIENTATION

Où est le/la... ?	وين الـ...؟	wayn il...
banque	بنك	bank
marché	سوق	sou'
poste	مكتب البريد	mak·tab il·ba·reed

Pouvez-vous me montrer (sur la carte) ?
بتورجني (عالخريطة)؟ btwar·ji·nee ('al·kha·ree te)

Quelle est l'adresse ?
شو العنوان؟ shou il·'un·waen

Auriez-vous l'amabilité de me l'écrire ?
اذا بتريد/بتريدي 'i·za bit·reed/bit·ree·dee
اكتبه/اكتبيه؟ 'ik·tu·bu/'ik·tu·beeh (m/f)

À quelle distance est-ce ?
قديش هو بعيد 'ad·deesh hu·wa ba·'eed
من هون؟ min houn

Comment puis-je y aller ?
كيف بوصل لهناك؟ kayf bou sal la·hu·naek

C'est...	...هو/هي	hu·we/hi·ye... (m/f)
derrière...	...خلف	khalf...
devant...	...قدام	'ad·daem ...
près de...	...قريب من	'a·reeb min...
à côté de...	...جنب	jinb...
à l'angle	عند الزاوية	'ind az·zae·wi·ye
en face de...	...مواجه	mu·wae·jeh...
tout droit	للقدام	lil·'ad·daem
Tournez...	اتجه/اتجهي	'it·ta·jih / 'it·taj·hee (m/f)
à gauche	ليسار/لشمال	li·ya·saer/ li·shi·mael
à droite	ليَمين	li·ya·meen

AU RESTAURANT

Pouvez-vous me recommander un... ?
بتوصي بـ...؟ btou·see bi...

bar	بار	baar
café	مقهى	ma'·ha
restaurant	مطعم	mat·'em

Je voudrais... s'il vous plaît.	...بدي لو سمحت	bid·dee... law sa·maHt
la partie non-fumeurs	قسم غير المدخنين	'ism ghayr il·mu·dakh·khi·neen
une table pour (4) personnes	طاولة لـ(أربع) اشخاص	tae·wi·le li·('ar·ba·'at) 'esh·khaes

PANNEAUX

Entrée	مدخل
Sortie	مخرج
Ouvert	مفتوح
Fermé	مغلق
Renseignements	معلومات
Interdit	ممنوع
Toilettes	دوراتُ المياه
Hommes	الرجال
Femmes	النساء

Que me conseillez-vous ?
بشو بتوصي؟ bi·shou btou·si

Quelle est la spécialité locale ?
شو الوجبة الخاصة؟ shou il·waj·be il·khae·se

Avez-vous des plats végétariens ?
في عندكن fee 'ind·kun
طعام نباتي؟ ta·'aem na·bae·tee

Je voudrais... s'il vous plaît.	...بدي لو سمحت	bid·dee... law sa·maHt
la note	الحساب	il·Hi·saeb
la carte des boissons	قائمة المشروبات	'ae·'i·met il·mash·rou·baet
le menu	قائمة الطعام	'ae·'i·met it·ta·'aem
ce plat	ذالك الوجبة	zae·lik il·waj·be

Pourriez-vous préparer un repas sans... ?	بتقدروا تحضروا وجبة بدون...؟	bta'·de·rou tu·had·de·rou waj·be bi·doun...
beurre	زبدة	zeb·de
œufs	بيض	bayd
viande	مرق لحم	mir' laHm
Je suis allergique à/au/aux...	أنا عندي حساسية ...من	'a·na 'in·dee Ha·sae·see·ye min...
produits laitiers	الألبان	il·'al·baen
gluten	الغلوتين	il·ghlou·teen
noix	المكسرات	il·mu·kas·si·raet
fruits de mer	الطعام البحري	it·ta·'aem il·baH·ree
bière	بيرا	bee·ra
café	قهوى	'ah·wae
jus d'orange	عصير برتقال	'a·seer bur·te·'ael
eau minérale	مياه معدنية	mee·yaah ma'·da·nee·ye
vin rouge	نبيذ احمر	nbeez 'aH·mer
thé	شاي	shaay
vin blanc	نبيذ ابيض	nbeez 'ab·yad

URGENCES

Au secours ! !ساعد *sae·'id* (m)
!ساعدي *sae·'i·dee* (f)

Allez-vous-en !
!روح!/روحي *rouh/rou·hee* (m/f)

Appelez... ! !...اتصل بـ *'it·ta·sil bi...*
un médecin دكتور *duk·tour*
la police الشرطة *ish·shur·ta*

Je suis perdu.
أنا ضائع *'a·na dae·'i'* (m)
أنا ضائعة *'a·na dae·'i·'e* (f)

Où sont les toilettes?
وين الحمامات؟ *wayn il·Ham·mae·maet*

Je suis malade.
أنا مريض *'a·na ma·reed* (m)
أنا مريضة *'a·na ma·ree·de* (f)

Je suis allergique aux (antibiotiques).
أنا حساسي/ *'a·na Ha·sae·see* (m)
حساسية من *ha·sae·see·ye* (f) *min*
(مضاد حيوي) *(mu·daed Ha·ya·wee)*

CHIFFRES ET NOMBRES

1	١	واحد	*waa·Hed*
2	٢	اثنين	*'it·nayn*
3	٣	ثلاثة	*ta·laa·te*
4	٤	اربع	*'ar·ba'*
5	٥	خمسة	*kham·se*
6	٦	ستة	*sit·te*
7	٧	سبعة	*sab·'a*
8	٨	ثمانية	*ta·maa·ne*
9	٩	تسعة	*tis·'a*
10	١٠	عشرة	*'ash·re*
20	٢٠	عشرين	*'ish·reen*
30	٣٠	ثلاثين	*ta·laa·teen*
40	٤٠	اربعين	*'ar·be·'een*
50	٥٠	خمسين	*kham·seen*
60	٦٠	ستين	*sit·teen*
70	٧٠	سبعين	*sab·'een*
80	٨٠	ثمانين	*ta·ma·neen*
90	٩٠	تسعين	*tis·'een*
100	١٠٠	مية	*mi·'a*
1 000	١٠٠٠	الف	*'elf*

Les nombres arabes, contrairement aux lettres, se lisent de gauche à droite.

ACHATS ET SERVICES

Où y a-t-il un/une... ? وين...؟ *wayn...*
grand magasin
محل المنوعات *ma·Hal il·mu·naw·wa·'aet*
épicerie
بقالة *ba·'ae·le*
maison de la presse
وكالة الأنباء *wi·kae·let il·'en·baa'*
boutique de souvenirs
محل التذكارات *ma·Hal it·tiz·kae·raet*
supermarché
سبر مركت *su·ber·markt*

Je cherche...
...بدور عن *bi·daw·wer 'an...*

Puis-je regarder ?
ورجني ياه؟ *war·ji·nee yaah* (m)
ورجيني ياه؟ *war·jee·nee yaah* (f)

En avez-vous d'autres ?
في عندكن غيره؟ *fee 'ind·kun ghay·ru*

Il y a un défaut.
هو خربان *hu·we khar·baen*

Combien ça coûte ?
قديش هقه؟ *'ad·deesh ha'·'u*

Pouvez-vous m'écrire le prix ?
اكتب الهق *'ik·tub il·ha'* (m)
اكتبي الهق *'ik·tu·bee il·ha'* (f)

C'est trop cher.
هيدا غالي اكتير *hay·da gha·lee 'ik·teer*

Quel est votre meilleur prix ?
شو احسن سعر *shou 'iH·sen si'r*
طبعكن؟ *ta·ba'·kun*

Il y a une erreur sur la facture.
في خطأ بالحساب *fee kha·ta' bil·Hi·saeb*

Où y a-t-il un DAB ?
وين جهاز الصرافة؟ *wayn je·haez is·sa·rae·fe*

Où y a-t-il un bureau de change ?
وين مكتب صرافة؟ *wayn mak·teb sa·rae·fe*

Quel est le taux de change ?
شو سعر التحويل؟ *shou si'r it·taH·weel*

Où est le cybercafé le plus proche ?
وين أقرب مقهى *wayn 'a'·reb ma'·ha*
الانترنت؟ *il·'in·ter·net*

Quel est le prix à l'heure ?
قديش بتكلف *'ad·deesh bit·kal·lef*
لساعة وحدة؟ *la·sae·'a waH·de*

Où est le téléphone public le plus proche ?
وين أقرب تلفون *wayn 'a'·reb te·li·foun*
عمومي؟ *'u·mou·mee*

Je voudrais acheter une carte téléphonique.
بدي اشتري *bid·dee 'ish·ta·ree*
بطاقة تلفون *bi·tae·'e te·li·foun*

L'ALPHABET ARABE

L'arabe s'écrit de droite à gauche. La forme des lettres change en fonction de leur place dans les mots (initiale, médiane, finale, lettre seule).

FINALE	MÉDIANE	INITIALE	SEULE	TRANSCRIPTION ET PRONONCIATION
ـا	ـاـ	اـ	ا	aa ; a long comme dans pâte / ae ; comme "è" long
ـب	ـبـ	بـ	ب	b ; comme en français
ـت	ـتـ	تـ	ت	t ; comme le "t" français
ـث	ـثـ	ثـ	ث	th ; comme le "th" anglais dans "*thin*"
ـج	ـجـ	جـ	ج	j ; comme le "j" français (parfois "dj")
ـح	ـحـ	حـ	ح	H ; "h" fortement expiré, avec un son guttural
ـخ	ـخـ	خـ	خ	kh ; comme la *jota* espagnole ou le "ch" allemand
ـد	ـدـ	دـ	د	d ; comme le "d" français
ـذ	ـذـ	ذـ	ذ	dh ou z ; comme le "th" anglais de "*this*"
ـر	ـرـ	رـ	ر	r ; comme le "r" roulé espagnol
ـز	ـزـ	زـ	ز	z ; comme le "z" de zoo
ـس	ـسـ	سـ	س	s ; comme les deux "s" français dans asseoir
ـش	ـشـ	شـ	ش	sh ; "ch" comme dans char
ـص	ـصـ	صـ	ص	s ; comme les deux "s" français, mais appuyés
ـض	ـضـ	ضـ	ض	dh ; comme le "th" anglais de "*this*" mais appuyé
ـط	ـطـ	طـ	ط	t ; comme le "t" français, mais appuyé
ـظ	ـظـ	ظـ	ظ	z ; comme le "z" de zoo, mais appuyé
ـع	ـعـ	عـ	ع	' ; le *'ayn* est comme grondé au fond de la gorge
ـغ	ـغـ	غـ	غ	gh ; comme le "r" de robe, non roulé
ـف	ـفـ	فـ	ف	f ; comme le "f" français
ـق	ـقـ	قـ	ق	q ; comme un "k" très guttural, une *hamza* ou "g" !
ـك	ـكـ	كـ	ك	k ; comme le "k" français
ـل	ـلـ	لـ	ل	l ; comme le "l" français
ـم	ـمـ	مـ	م	m ; comme le "m" français
ـن	ـنـ	نـ	ن	n ; comme le "n" français
ـه	ـهـ	هـ	ه	h ; comme un "h" fortement aspiré
ـو	ـوـ	وـ	و	w ; comme "w" anglais de "*why*" / "ou" long
ـي	ـيـ	يـ	ي	y ; comme "y" français / ee ; comme un "i" long
		ء		*Hamza* :
ـأ	ـئـ ـؤ	أ	أ	coup de glotte + "a"
ـأُ	ـئـ ـؤ	أُ	أُ	coup de glotte + "ou"
ـإ	ـئـ ـؤ	إ	إ	coup de glotte + "i" ou "é"
ـأْ	ـئـ ـؤْ	أْ	أْ	coup de glotte seul
ـآ	ـآـ	آ	آ	coup de glotte + "a" long
ـؤو	ـؤو	أو	أو	coup de glotte + "ou" long
ـئي	ـئيـ	إي	إي	coup de glotte + "i" long
ـَو	ـَوـ	أَو	أَو	coup de glotte + "aou"
ـَي	ـَيـ	أَي	أَي	coup de glotte + "aï"

MOTS INTERROGATIFS

Quand ?	امتى؟	'em·ta
Où ?	وين؟	wayn
Qui ?	مين؟	meen
Pourquoi ?	ليش؟	leesh

HEURE ET DATE

Quelle heure est-il ?
كم الساعة؟ — kam 'is·sae·'e

Il est une heure.
الساعة وحدة — 'is·sae·'e wah·de

Il est (deux) heures.
هي (تنتين) — hi·ye (tin·tayn)

(deux heures) et demie.
تنتين) ونصّ) — (tin·tayn) ou nus

À quelle heure... ?
امتى...؟ — 'em·ta...

à...	في...	fee...
hier...	مبارح...	mbae·reH...
demain...	بكرة...	buk·ra...
matin	صبح	sa·baH
après-midi	بعد ظهر	ba'd zuhr
soir	مسا	ma·sae
lundi	يوم الأتنين	yawm il·'it·nayn
mardi	يوم التلات	yawm il·ta·laat
mercredi	يوم الاربعة	yawm il·'ar·ba·'a
jeudi	يوم الخميس	yawm il·kha·mees
vendredi	يوم الجمع	yawm il·jum·'a
samedi	يوم السبت	yawm is·sabt
dimanche	يوم الاحد	yawm il·'a·Had

TRANSPORTS

Est-ce le/l'... pour (Pétra) ?	هيدا الـ... لـ(البتراء)؟	hay·dae il... la·(bee·tra)
bateau	سفينة	sfee·ne
bus	باص	baas
avion	طائرة	tae·'i·re
train	قطار	'i·taar

à quelle heure est le ... bus ?	أمتى الباص...؟	'em·ta il·baas il...
premier	اول	'aw·wel
dernier	اخر	'ae·khir
prochain	قادم	'ae·dim

Un billet ... (pour Pétra) s'il vous plaît.	تذكرة... لـ(البتراء) اذا بتريد	taz·ki·re... (la·bee·tra) 'i·za bit·reed
aller	ذهاب	za·haeb
aller-retour	ذهاب واياب	za·haeb ou 'ee·yaeb

Combien de temps le trajet dure-t-il ?
الرحلة، كم ساعة بتاخذ؟ — ar·riH·le, kam sae·'a bi·tae·khud

Est-ce direct ?
الطريق مباشر؟ — it·ta·ree' mu·bae·shir

À quel(le) gare/arrêt sommes-nous ?
شو هيدا المحطة / الموقف؟ — shou hay·dae il·mHat·te / il·maw·'if

Pouvez-vous me signaler quand nous arrivons à...
اولي/اوليلي لما منوصل عند... — 'ou·lee/'ou·lee·lee (m/f) lam·ma mnou·sal 'ind...

Quel est le prix pour... ?
قديش الاجرة لـ...؟ — 'ad·deesh il·'uj·re la...

Veuillez m'emmener à (cette adresse).
اوصلني عند (هيدا العنوان) — 'ou·sal·nee 'ind (hay·dae il·'un·waen)

S'il vous plaît...	اذا بتريد...	'i·za bit·reed...
arrêtez-vous ici	قف هون	'if houn
attendez ici	استنّا هون	stan·naa houn

Je voudrais louer...
بدي استأجر... — bid·dee 'is·ta'·jir...

un 4x4	سيارة ذات الدفع الرباعي	say·yae·re zaat id·daf' er·ru·bae·'ee
une voiture	سيارة	say·yae·re

avec chauffeur
ومعها سائق — ou ma·'aa sae·'i'

climatisé(e)
بالمكيف — bil·mu·kay·yef

Combien coûte la location... ?	قديش الاجرة لـ...؟	'ad·deesh il·'uj·re la...
par jour	يوم	yawm
par semaine	أسبوع	'us·bou'

Est-ce la route pour (Pétra) ?
هيدا الطريق لـ(البتراء)؟ — hay·dae it·ta·ree' la·(bee·tra)

J'ai besoin d'un mécanicien.
لازمني ميكانيكي — lae·zim·nee mee·kaa·nee·kee

Je n'ai plus de carburant.
خلص البنزين بسيارتي — kha·las il·bi·troul bi·say·yae·re·tee

J'ai un pneu à plat.
اطار السيارة ما فيه هواء — 'i·taer is·say·yae·re ma fee·hu ha·wae

Glossaire

GLOSSAIRE GÉNÉRAL

Voici une sélection de mots arabes communément employés en Jordanie, complétés par quelques abréviations et termes spécifiques. L'encadré à la page suivante répertorie des termes archéologiques, utiles pour visiter des sites anciens comme Pétra ou Jérash.

abaya – pièce de tissu noir descendant jusqu'au sol que les femmes portent par-dessus leurs vêtements
abu – "père de..."
agal – cordelette noire utilisée pour retenir le *keffieh*
aïd – fête
Aïd el-Adha – fête du Sacrifice ; la plus importante fête de l'islam ; marque la fin du pèlerinage à La Mecque
Aïd el-Fitr – fête de la rupture du jeûne, célébrée à la fin du ramadan
ain (pl. ayoun) – source ou puits
amir – voir *émir*
arak – eau-de-vie
Ayyoubides – dynastie fondée par Saladin (Salah ad-Din) en Égypte, en 1169

bab (pl. abouab) – porte
badia – steppe
beit – maison
beit ash-sha'ar – tente bédouine en poil ou peau de chèvre
benzin 'adi – essence
bin – "fils de" ; ou *ibn*
burj – tour

calife – chef suprême musulman
caravansérail – ou *khan* ; cour de marché entourée d'une grande auberge où faisaient halte les caravanes
cheikh – membre officiel de la mosquée ou religieux respecté pour son savoir
chicha – voir *narghilé*
Coran – livre saint de l'islam
coufique – écriture arabe ancienne, stylisée

Décapole – littéralement : "dix villes" ; terme se référant à une confédération de villes de l'Empire romain, dont faisaient partie Amman et Jérash
deir – monastère
djalabiyya (jalabiyya) – tunique masculine longue
djanoub(iyyé) – janoub(iyyé) sud (du sud)
djazira (jazira) – île
djihad – guerre sainte pour la défense de l'islam ; combat personnel pour devenir un bon musulman
djisr (jisr) – pont
douwar – rond-point

émir – chef musulman (civil ou militaire) ; signifie "prince"

hadj – pèlerinage à La Mecque
hadji – celui qui a accompli le pèlerinage
hammam – en Jordanie, source chaude naturelle ; désigne parfois les bains à vapeur, les toilettes ou la douche
haram – zone interdite ou, plus généralement, ce qui est interdit
hidjab – foulard féminin

ibn – "fils de..." ; ou *bin*
il-balad – centre-ville
imam – chef religieux
Intifada – soulèvement palestinien contre les autorités israéliennes sur la rive ouest, à Gaza et à Jérusalem-Est, qui débuta en décembre 1987
iwan – salle voûtée ouvrant sur une cour centrale

jebel (djebel) – colline ou montagne
JETT – principale compagnie de bus privée de Jordanie

keffieh – carré de tissu porté sur la tête par les Arabes/Bédouins
khal min ar-rassas – essence sans plomb
khirbat – ruines d'un ancien village
khoutba – sermon musulman
kilim – tapis

madrasa – collège théologique associé à une mosquée ; également : école
mafrash – tapis
maidan – place de ville
Majlis al-Umma – Assemblée nationale jordanienne
malek – roi
malekah – reine
Mamelouks – littéralement : "esclaves" ; dynastie musulmane, milice d'élite recrutée parmi les esclaves
masjid – mosquée

médina – centre-ville fortifié d'une cité musulmane
mezze – plats d'entrée
mihrab – niche dans le mur d'une mosquée, indiquant la direction de La Mecque
minaret – tour dominant une mosquée
minbar – chaire de mosquée
muezzin – musulman qui lance l'appel à la prière, du haut du minaret
moumtaz – essence "super" ou "1re classe" (notamment dans le train) ; littéralement : "excellent"

Nabatéens – peuple de l'Antiquité installé entre l'Euphrate et la mer Rouge, et dont la capitale était Pétra
narghilé – pipe à eau utilisée par les hommes pour fumer du tabac

Omeyyades – première grande dynastie de califes arabes
oud – luth arabe

qala'at – fort
qasr – palais ou château
qibla – direction de La Mecque
Quran – Coran, livre sacré des musulmans
qousayr – petit château ou palais

rababa – instrument de musique bédouin à une corde
ramadan – mois du jeûne chez les musulmans
ras – cap, pointe ou promontoire
RSCN – Royal Society for the Conservation of Nature (Société royale de protection de l'environnement)

Saladin – (Salah ad-Din en arabe, 1138-1193) ; sultan qui reprit Jérusalem aux croisés et fonda la dynastie des Ayyoubides
saqiya – pompe à eau actionnée par un âne
servis – *taxi-service*, ou taxi collectif
shahid – martyr
shamal(iyyé) – nord (du nord)
sidd – barrage
siq – gorge, canyon, défilé
souk – marché

LEXIQUE ARCHÉOLOGIQUE

Lors de votre voyage sur les sites antiques de Jordanie, vous rencontrerez des termes issus du nabatéen, du latin, du grec, et des mots plus techniques.

agora – grande place bordée de boutiques et d'édifices publics
bétyle – pierre sacrée dressée
chapiteau – partie haute d'une colonne (sculptée)
cardo maximus – axe romain nord-sud
colonnade – rangée de colonnes décorant un édifice ou formant un ensemble architectural
corinthien – ordre architectural caractérisé par des colonnes cannelées et des chapiteaux ornés de feuilles d'acanthe
decumanus – axe romain est-ouest
dorique – ordre architectural, caractérisé notamment par la présence de colonnes non cannelées surmontées d'un chapiteau sans ornement
forum – espace public ouvert servant aux rassemblements
haut lieu (du sacrifice par exemple) – site sacré au sommet d'une éminence
hippodrome – stade servant généralement aux courses de chevaux et de chars
ionique – ordre architectural, caractérisé par des colonnes cannelées surmontées d'un chapiteau orné de deux volutes (tournant dans des sens contraires)
loculus (pl. loculi) – niche dans un tombeau, destinée à accueillir les défunts
macellum – marché couvert (bâtiment)
nécropole – cimetière
nymphée – littéralement "temple des nymphes" ; espace aménagé avec bains, fontaines et bassins, fontaine monumentale
pédiment – partie triangulaire haute sur la façade d'un bâtiment
portique – structure soutenue par des colonnes
propylée – entrée monumentale d'un temple ou d'un palais
stèle – pierre ou colonne commémorative ornée d'inscriptions
temenos – cour sacrée
tétrapyle – porche formé de quatre arcades, qui se trouvait aux carrefours principaux des cités romaines
triclinium – salle de banquets romaine

tell – tertre formé par l'accumulation de ruines
thop – tunique bédouine traditionnelle
Transjordanie – région historique, rebaptisée Jordanie après l'indépendance

umm – "mère de..."
UNRWA – Office de secours et de travaux des Nations unies pour les réfugiés de Palestine dans le Proche-Orient

wadi – vallée ou lit d'une rivière à sec sauf après de fortes pluies (pluriel : *widyan*)

zerb – four bédouin creusé dans le sable

GLOSSAIRE CULINAIRE

La transcription de l'arabe au français peut varier. Ce que nous désignons ici comme *kebbé* peut être écrit *koubbeh, kibba, kibby* ou même *gibbeh*.

ALIMENTS DE BASE

beid – œuf
ejja – omelette
jibné – fromage
khobz – pain
labné – yaourt
makarone – pâtes
ruz – riz
shorba – soupe
sukkar – sucre

VIANDE ET POISSON

farouj – poulet
kibda – foie
samak – poisson

LÉGUMES

'adas – lentilles
banadoura – tomate
batâta – pomme de terre
khadrawat – légumes
khiyar – concombre

MEZZE

baba ghanouj – (litt. "le favori du père") purée d'aubergines à la *tahiné* (purée de sésame)
balila – en-cas de légumes bouillis et salés
basterma – pastrami, connu d'Arménie au Liban
chich taouq – viande de poulet grillée servie avec des oignons et du pain
fatayer – triangles au fromage ou aux épinards ; appelés aussi *bouraik*
fatté – yaourt avec ail et houmous, parfois du poulet
fattoush – salade avec *summaq*, tomates et croûtons de pain frits
foul – purée de fèves, piments, oignons et huile d'olive
foul masrih – *foul* avec *tahiné*
foul medames – *foul* à l'huile d'olive, agrémenté de piments et d'oignons
gallai – tomates sautées avec ail, oignons et poivrons, recouverts de fromage et de pignons sur du pain arabe
kebbé – *kofta* (boulette) libanaise de blé concassé, d'agneau haché et d'oignons ; servie crue ou frite
houmous – purée de pois chiches, avec huile d'olive, oignon, citron et *tahiné*
labné – fromage frais
makdous – aubergines au vinaigre, aux noix et à l'huile
manqouché (plur. *manaqish*) – pains au thym ou au fromage
mosabaha – *houmous* avec des pois chiches entiers
mouhamara – purée aux noix, à l'huile d'olive et au cumin
moutabbal – *baba ghanouj*, en plus onctueux
sambousek – friand à la viande et aux pignons
shanklish – fromage blanc sec et salé, épicé, parfois grillé et servi en salade
tabboulé – salade de persil et tomates au boulgour
tahiné – purée de sésame
tridah – œuf, yaourt et viande
yalenjé – feuilles de vigne farcies

PLATS

chawarma – émincés de poulet ou de mouton cuits à la broche, servis dans une sorte de pita avec tomates et garniture
friké – *maqlouba* avec du blé concassé
fassoulyé – ragoût de haricots blancs
gallaya – plat bédouin de poulet à la tomate, avec d'autres légumes, de l'ail et des épices
kofta – boulette de viande, souvent mijotée
maqlouba – riz à la vapeur recouvert de tranches d'aubergines ou de viande grillées, de tomates grillées, chou-fleur et pignons
mouloukhiya – feuilles de corête séchées, cuites en ragoût avec du poulet ou des morceaux d'autres viandes
mousakhan – poulet rôti servi sur du pain, avec des oignons, de l'huile d'olive et des pignons
sawani – viande ou légumes cuits sur des plaques dans un four à bois
sawda djaj – foies de poulet à la mélasse de grenade et au citron

DESSERTS

ftir jibné – pâtisseries (gros gâteaux)
haliwat al-jibné – gâteau fourré au fromage frais
halva – pâte au sésame
kunafa – fromage frais enrobé de semoule et recouvert de sirop
ma'amoul – biscuits fourrés aux dattes et aux pistaches, et parfumés à l'eau de rose
m'shekel – sorte de baklava
mouhallabiyya – gâteau de riz à l'eau de rose

FRUITS

battikh – pastèque
bourtoukal – orange
'inab – raisin
mishmish – abricot
maouz – banane
roumman – grenade
tamer – datte
tin – figue
touffah – pomme

CONDIMENTS

filfil – piments
summaq – sumac, épice brun-rouge acidulée
torshi – légumes au vinaigre (*pickles*)
toum – ail
za'atar – thym
zeyt – huile
zeytoun – olive

BOISSONS

'asir – jus (de fruit)
chai – thé
karkadé – hibiscus sucré
maya at-ta'abiyya – eau minérale
qahwa – café
sefiha – boisson au citron et à la menthe

En coulisses

VOS RÉACTIONS ?

Vos commentaires nous sont très précieux et nous permettent d'améliorer constamment nos guides. Notre équipe lit toutes vos lettres avec la plus grande attention. Nous ne pouvons pas répondre individuellement à tous ceux qui nous écrivent, mais vos commentaires sont transmis aux auteurs concernés. Tous les lecteurs qui prennent la peine de nous communiquer des informations sont remerciés dans l'édition suivante, et ceux qui nous fournissent les renseignements les plus utiles se voient offrir un guide.

Pour nous faire part de vos réactions, prendre connaissance de notre catalogue et vous abonner à notre newsletter, consultez notre site Internet : **www.lonelyplanet.fr**

Nous reprenons parfois des extraits de notre courrier pour les publier dans nos produits, guides ou sites Web. Si vous ne souhaitez pas que vos commentaires soient repris ou que votre nom apparaisse, merci de nous le préciser. Notre politique en matière de confidentialité est disponible sur notre site Internet.

À NOS LECTEURS

Merci à tous les voyageurs qui ont utilisé la dernière édition de ce guide et qui nous ont écrit pour nous faire part de leurs conseils, de leurs suggestions et de leurs anecdotes, et notamment à :
Alice Borius, Benjamin de Buttet, Camille Corbel, Lionel Poiblanc, Julie Reghiss, Delphine Ternus

UN MOT DES AUTEURS

Jenny Walker

Retrouver les Jordaniens est toujours un grand plaisir ! Un guide est le fruit d'un travail d'équipe : un grand merci à Helen Elfer et, bien sûr, à Paul Clammer, avec qui j'ai travaillé sur ce projet. Je tiens également à remercier mon très cher époux, Sam Owen, pour l'infinie patience dont il a fait preuve pendant toute la durée des recherches et de la rédaction du guide. Comme d'habitude, je n'aurais pas pu aller jusqu'au bout de mon travail sans lui. Chacun de nos voyages en Jordanie a ressemblé à un merveilleux retour à la maison : du fond du cœur, merci à tous ceux qui nous ont aidés.

Paul Clammer

Tous mes remerciements à Susan Andrew et Soda (son chat fou et borgne), à Steve Catling et à Sandra Tahir Wells, à Amman. Merci aussi à Luma Qadoumi de BeAmman, et à Daniel Robards d'Engaging Culture Travel. Je veux également remercier Habiba Dingwall et Ryan Guillou pour la visite en avant-première des Royal Botanic Gardens. Enfin, je voudrais exprimer toute ma gratitude et mon amour à Robyn, la première à avoir eu l'idée d'aller en Jordanie !

REMERCIEMENTS

Données des graphiques climatiques adaptées de Peel MC, Finlayson BL & McMahon TA (2007) "Updated World Map of the Köppen-Geiger Climate Classification", *Hydrology and Earth System Sciences*, 11, 1633-44.

Illustration p. 164-165 : Michael Weldon

Photographie de couverture : le Trésor (Al-Khazneh), Pétra, Jordanie, Danita Delimont Stock/AWL

À PROPOS DE CET OUVRAGE

Cette 5e édition du guide *Jordanie* est une traduction-adaptation de la 9e édition du guide *Jordan* (en anglais), rédigée par Paul Clammer et Jenny Walker (qui avait déjà participé à la précédente édition).

Traduction
Charles Ameline
et Florence Delahoche

Direction éditoriale
Didier Férat

Adaptation française
Marie Thureau

Responsable prépresse
Jean-Noël Doan

Maquette
Laurence Tixier

Cartographie
Cartes originales de David Kemp, adaptées en français par Nicolas Chauveau.

Couverture
Adaptée par Annabelle Henry pour la version française.

Remerciements à
Sarah Arfaoui et Claire Chevanche pour leur préparation soignée du manuscrit ; à Claude Albert et à Jean-Victor Rebuffet pour leur précieux travail sur le texte et les nombreux enrichissements ; à Christiane Mouttet pour sa relecture attentive ; et à Claire Chevanche (encore !) pour les renvois de pages. Merci aussi à Clare Mercer, Joe Revill, Sarah Nicholson et Luan Angel du bureau de Londres, et à Andy Nielsen, Darren O' Connell, Chris Love, Sasha Baskett, Angela Tinson, Jacqui Saunders, Ruth Cosgrave et Glenn van der Knijff du bureau australien.

Index

Référence des cartes
Référence des photos

Référence des cartes
Référence des photos

INDEX DES ENCADRÉS

Histoire, culture et société

Religion

Art et artisanat

À table

Sites, itinéraires et escapades

Nature, environnement et écotourisme

INDEX DES ENCADRÉS (SUITE)

Sports et activités de plein air

Pratique

NOTES

Légende des cartes

À voir

- Château
- Monument
- Musée/galerie/édifice historique
- Ruines
- Église
- Mosquée
- Synagogue
- Temple bouddhiste
- Temple confucéen
- Temple hindou
- Temple jaïn
- Temple shintoïste
- Temple sikh
- Temple taoïste
- Sentō (bain public)
- Cave/vignoble
- Plage
- Réserve ornithologique
- Zoo
- Autre site

Activités, cours et circuits organisés

- Bodysurfing
- Plongée/snorkeling
- Canoë/kayak
- Cours/circuits organisés
- Ski
- Snorkeling
- Surf
- Piscine/baignade
- Randonnée
- Planche à voile
- Autres activités

Où se loger

- Hébergement
- Camping

Où se restaurer

- Restauration

Où prendre un verre

- Bar
- Café

Où sortir

- Salle de spectacle

Achats

- Magasin

Renseignements

- Banque
- Ambassade/consulat
- Hôpital/centre médical
- Accès Internet
- Police
- Bureau de poste
- Centre téléphonique
- Toilettes
- Office du tourisme
- Autre adresse pratique

Géographie

- Plage
- Refuge/gîte
- Phare
- Point de vue
- Montagne/volcan
- Oasis
- Parc
- Col
- Aire de pique-nique
- Cascade

Agglomérations

- Capitale (pays)
- Capitale (région/État/province)
- Grande ville
- Petite ville/village

Transports

- Aéroport
- Poste frontière
- Bus
- Téléphérique/funiculaire
- Piste cyclable
- Ferry
- Métro
- Monorail
- Parking
- Station-service
- Station de métro
- Taxi
- Gare/chemin de fer
- Tramway
- U-Bahn
- Autre moyen de transport

Les symboles recensés ci-dessus ne sont pas tous utilisés dans ce guide

Routes

- Autoroute à péage
- Voie rapide
- Nationale
- Route secondaire
- Petite route
- Chemin
- Route non goudronnée
- Route en construction
- Place/rue piétonne
- Escalier
- Tunnel
- Passerelle
- Promenade à pied
- Promenade à pied (variante)
- Sentier

Limites et frontières

- Pays
- État/province
- Frontière contestée
- Région/banlieue
- Parc maritime
- Falaise
- Rempart

Hydrographie

- Fleuve/rivière
- Rivière intermittente
- Canal
- Étendue d'eau
- Lac asséché/salé/intermittent
- Récif

Topographie

- Aéroport/aérodrome
- Plage/désert
- Cimetière (chrétien)
- Cimetière (autre)
- Glacier
- Marais/mangrove
- Parc/forêt
- Site (édifice)
- Terrain de sport

LES GUIDES LONELY PLANET

Une vieille voiture déglinguée, quelques dollars en poche et le goût de l'aventure, c'est tout ce dont Tony et Maureen Wheeler eurent besoin pour réaliser, en 1972, le voyage d'une vie : rallier l'Australie par voie terrestre via l'Europe et l'Asie. De retour après un périple harassant de plusieurs mois, et forts de cette expérience formatrice, ils rédigèrent sur un coin de table leur premier guide, *Across Asia on the Cheap*, qui se vendit à 1 500 exemplaires en l'espace d'une semaine. Ainsi naquit Lonely Planet, dont les guides sont aujourd'hui traduits en 12 langues.

NOS AUTEURS

Jenny Walker

Auteure-coordinatrice ; Madaba et la route du Roi ; Pétra ; Aqaba, le Wadi Rum et la route du Désert ; Azraq et la route du Désert oriental Le premier contact de Jenny avec le monde arabe date du temps où elle était étudiante, et où elle attrapait des papillons pour son père qui écrivait un ouvrage sur l'Arabie saoudite. Plus tard, elle a poursuivi son chemin en rédigeant un mémoire sur Charles Montagu Doughty (poète, écrivain et grand voyageur anglais) et Lawrence d' Arabie, à l'université de Stirling (Écosse), puis une thèse sur l'Orient arabe dans la littérature britannique (à l'université d'Oxford). Elle poursuit actuellement des recherches consacrées aux déserts d'Arabie dans la littérature contemporaine à l'université de Nottingham Trent. Membre notamment de la Guilde britannique des écrivains voyageurs, elle a beaucoup écrit sur le Moyen-Orient pour Lonely Planet et d'autres éditeurs. Avec son mari, le lieutenant-colonel (retraité) Sam Owen, elle a consacré un ouvrage au sultanat d'Oman (*Off-Road in the Sultanate of Oman*, non traduit en français), où elle a passé les 16 dernières années, et où elle est aujourd'hui doyen associé d'une école d'ingénieurs à Mascate. Jenny a voyagé dans plus de 110 pays. Pour ce guide, elle a également signé le chapitre *Femmes seules*.

Paul Clammer

Amman ; Jérash, Irbid et la vallée du Jourdain ; Route de la mer Morte Paul a contribué à plus de 25 guides Lonely Planet et a travaillé comme guide dans de nombreux pays, de la Turquie au Maroc, après avoir été, il y a bien longtemps, biologiste moléculaire. Il a beaucoup voyagé dans le Moyen-Orient et dans le monde musulman, et a vécu presque un an à Amman avant de collaborer à ce guide – ce qui lui a laissé le temps de dénicher les meilleurs falafels, houmous et *chawarma* de la ville. Pour ce guide, Paul a également rédigé les chapitres *Désagréments et dangers*, *Carnet pratique*, *Transports* et *Santé*.

Jordanie
5e édition
Traduit et adapté de l'ouvrage *Jordan, 9th edition, July 2015*

Dépôt légal septembre 2015
ISBN 978-2-81614-856-5
Imprimé par Pollina, Luçon, France - L73305

En Voyage Éditions | un département place des éditeurs